致谢：北京市维诗律师事务所

私　法

PRIVATE LAW REVIEW

Vol. 17 No. 1

第 17 辑 · 第 1 卷(总第 33 卷)

北京大学法学院 主办

易继明 主编

华中科技大学出版社

武汉 · 2020

谢怀栻教授序

中国自古以来没有“私法”。人民之间不存在“私法关系”。就连婚姻关系，也是受统治的（受家长、族长和父母官的管制）。新中国成立以后，仍旧不承认“私法”，把民法作为公法。婚姻方面，虽然提倡“婚姻自由”，但是婚姻登记还是被“组织”或“单位”所控制，所掌握。甚至对民事诉讼，也要讲“无限制干预”。这种情况极大地阻碍了我国经济的发展。

直到20世纪80年代，情况才大变，“私法”概念得到承认，“私人”之间的“私法关系”得到承认，企业之间的“私法关系”也得到承认。“私法”与“公法”（宪法、刑法、诉讼法）能够并肩而立了。

正因如此，在我国的法学中，对私法的研究仍较薄弱。私法方面的一些原理，一直没有得到充分彻底的阐述和研究。可是一个国家的法律文化中，私法文化如果得不到充分的发展，这样的法律文化必将是虚弱的。因此，要提高我国的法学理论水平，丰富我国的法律文化，就必须特别加强对我国私法的研究，特别是提倡私法精神，发扬私法文化。

北京大学的一些中青年法学者有鉴于此，特别办了《私法》这个出版物，聚集了一些对私法研究特别有认识、有兴趣的学者，致力于私法的研究，将他们的研究成果发表出来，为我国私法文化的建设贡献力量。这是一件非常值得称道的事。我相信他们的努力一定会成功，特书数语以表祝贺。

谢怀栻

2001年4月

王利明教授序

《私法》的主编易继明博士请我为他的出版物作序，我感到非常高兴。

公法、私法之分肇始于罗马法时代。此后，在欧洲漫长的历史长河中，私法不仅吸收了教会法、各地习惯法等营养，而且借助于资本主义经济和思想文化的蓬勃发展，逐渐形成了一种内涵丰富、影响深远的私法传统以及私法文化。这种私法传统和私法文化，一方面为西方文明的产生、发展和繁荣提供了思想动力和制度保障，而另一方面，西方文明的兴盛也为私法制度和私法精神的完善、深化与发展提供了原动力和物质基础。因此，可以说，私法传统和私法文化是欧洲资本主义发展的重要元素之一。

众所周知，私法传统在我们国家一直未能形成与发达，其中的原因较为复杂，既有经济方面的原因（比如资本主义生产方式在我国迟迟不能发展），也有社会文化方面的原因（比如儒家的道德规范对整个中华文明的影响）。在我看来，私法传统对于一个民族来说非常重要。它不仅影响到法律制度及法律文化，而且对于一个民族的制度选择、思维习惯、行为方式等也产生着广泛而深远的影响。现阶段，我国正在致力于社会主义市场经济建设和民主法制建设，努力实现中华民族的伟大复兴，在这个过程中，加强民商立法、弘扬民法精神、培育私法文化，对于我们实现这一伟大目标将发挥举足轻重的作用。

加强民商立法，在当前主要是制定民法典。我国民法典的制定自 20 世纪 50 年代初期以来，曾为无数的学者所呼吁和企盼。迄今为止，我国几个重要的法律部门如刑法、刑事诉讼法、民事诉讼法都已制定了较为系统完备的法律。它们尽管在名称上未被称为法典，但实际上已具备了法典的特点和功能。然而，民法典至今仍未出台，许多学者曾呼吁，在刑法典的修改工作完成以后，民法典的起草工作应尽快地提上议事日程。我认为民法典的制定的必要性并不仅仅在于法律工作者的热烈企盼，而主要在于我国经济和社会发展的迫切需要。民法典的制定，正是实行依法治国战略，完善社会主义市场经济的法律体系的重要标志。通过制定民法典，全面地将公民法人的民事权利法定化、明确化，充分保护其合法权益，并使人民法院审理民事、经济案件有法可依、有章可循。通过制定民法典，可以为交易当事人从事各种交易行为提供明确的行为规则，使其明确自由行为的范围，逾越法定范围的后果和责任，从而对其行为后果有合理预期，这就能从制度上保障市场经济的良性运转，从而有利于市场经济秩序的建立。通过制定民法典，还能够弘扬人格独立、人格平等、契约自由、责任自负等理性的精神，这些都是建立法制社会所必需的。

随着我国《合同法》的制定颁行，市场经济合同活动的规则由以前纷繁、复杂、冲突与落后的状态走向统一和谐与完善。作为民法典重要组成部分的《合同法》的出台，是我国民法典制定工作的一个重要步骤。在《合同法》制定以后，如何加快民法典其他部分的制定步伐呢？考虑到我国民法典不太可能采取“一步到位式”的法典编纂方法，而只能采用分段制定、最后通过汇编整理修订的方式来完成，因此，我们目前应该着重考虑民法典体系的总体设计。我认为，我国民法典总体上应采用大陆法系的民法典体系，同时应采用潘得克顿式（德国式）的模式，既要有总则，又要明确区分债权与物权。但传统的大陆法系民法典体系具有的几个缺陷应加以克服。首先，在传统民法典的体系中缺乏独立的人格权制度。而人格权制度既无法在总则的“民事主体制度”中作出规定，也不能在侵权法中规定，因此，人格权制度应该独立成编，并置于分则之首。其次，传统大陆法系的民法根据债的发生原因，将侵权行为法仅仅作为债法的组成部分，这种模式强调了侵权行为制度与债法其他制度的共性，却忽略了侵权制度所具有的更强的个性。而且由于债权总论中的许多规则无法适用于侵权制度，从而造成了债法体系的不和谐。同时，将侵权法放在债法之中也限制了极为复杂的侵权制度的发展。因此，我认为侵权法应该从债法中分离出来，作为民法分则中的一个独立制度。侵权法与债法的分离，并不意味着债法制度的消亡，债法的基本规则仍将与合同法及其他债法制度（如无因管理、不当得利）共同组成“债与合同法制度”，放在侵权制度之前。

在民法典体系确立之后，我们需要分阶段、分步骤，根据社会生活的实际需要程度展开民法典的制定工作。我认为，当前要做的第一项工作应当是加快物权法的制定工作。作为调整人对生产资料、生活资料的支配与使用的重要法律制度，物权法是市场经济最基本的法律规则。如果缺了一个系统合理的物权法律制度，市场经济所需要的法律体系和规则便难以真正建立和完善。在制定物权法的同时，需要加紧修改《婚姻法》、《继承法》及知识产权法的工作。第二项工作就是，制定完善的侵权行为法与人格权法。目前对人格权和侵权责任加以规定的主要法律就是《民法通则》，但《民法通则》的规定过于简略，远远不能适应社会生活与司法实践的要求。因此，应当有一部完善的侵权行为法与人格权法。与此同时，应该加紧对民法总则的修订工作。鉴于《民法通则》主要是关于民法总则内容的规定，因此可以在《民法通则》的基础上完善民法总则内容的修订工作。

迈进新世纪的中国，需要一部民法典。由于我国市场经济体系的建立为民法典的制定奠定了经济基础，我国司法实践已为民法典的制定工作积累了丰富的实践经验，广大民法学者也做了大量的理论准备，因此颁行一部体系完整、内容充实、符合中国国情的民法典，是完全可行的，并将为我国在 21 世纪经济的腾飞、文化的昌明、国家的长治久安提供强有力的保障。我们有充分的理由相信，一部有中国特色的、先进的、体系完整的民法典的问世在不远的将来，将成为现实。如果说 19 世纪初的法国民法典和 20 世纪初的德国民法典的问世成为世界民法发展史上的重要成果，则 21 世纪中国民法典的出台，必将在民法发展史上留下光辉的篇章。

由于历史及文化的原因，我国的私法传统过于薄弱，学界对其重视和研究尚不够。为此，我们需要大力弘扬民法精神、培育私法文化。这种精神和文化的培育和发扬，需要一大批人持久而踏实的努力。今天，一批青年学者能够通过出版严肃的学术出版物的形式，来弘扬和发展这种精神和文化，确实是难能可贵的。我想，他们应该得到所有法学界人士甚至是整个社会的支持和认同，因为这不仅是为我们法学界的学术研究做贡献，同时也是在为我们这个社会、为我们的民族做贡献。

祝愿《私法》系列出版物越办越好，也祝愿我国私法研究日益繁荣与昌明。

王利明

2002 年 6 月

梁慧星教授序

私法和公法的划分，是大陆法系区别于英美法系的重要特征之一。作为公法的对称，私法是市民社会的基本法，它调整市民社会中一切私人性质的人身关系和财产关系，在一国法律体系中居于重要的基础性地位。通过物权界定资源归属，通过契约实现资源流动，通过侵权责任救济受到损害的社会关系，通过亲属和继承给个人以家庭的温情与扶助，这些形成了大陆法国家对社会进行治理的基本模式。这种通过私法来实现社会治理的模式，可以有效地将国家权力排除在私人生活之外，实行私人生活的非政治化和非意识形态化，从而实现私人生活的自由、平等与博爱，这是对人的一种终极关怀。

私法在大陆法国家法律体系中具有核心地位，也决定了私法制度、私法理论与私法文化的研究在大陆法国家的法学研究中占有举足轻重的地位。众所周知，在我国，由于历史文化方面的原因，私法一直没有得到很好的发展。清末改制后引进欧陆民法，形成了大陆法传统。但其后民国法统被废除，转而实行高度集中的计划经济，根本谈不上有什么真正意义上的“私法”，甚至对“私人”性质的东西都畏如蛇蝎。《私法》的创办，弥补了中国没有以“私法”命名出版物的缺憾，倡导了一种“私的”精神和理念，也为国际民商法苑增添了一道中国的风景线。

近些年来，法学教育、法学研究逐渐呈现出欣欣向荣的景象，这是一件值得我们欢欣鼓舞的事情。然而，相对中国社会转型的发展方向而言，我们的法学研究和民事立法仍然有些不成熟的表现。早年《民法通则》的制定，就曾遭到一些经济法学学者们的反对，嗣后又有民法与经济法长达数年的论战，不仅民法、经济法学者悉数卷入，许多法理、宪法和行政法学者也被潮流所挟，所发表文章数量之巨，所耗费的人力、物力难以计数。实际上，以今天将私法作为市民社会基本法的观点来看，这些都是一些无谓的争论。私法本身包含了所有与建构市民社会有关的“私人性”的法律，具有其自身的一般价值和完整体系，是可以作为一个整体的理论而存在的。而且，这种理论也并不排斥具有一些“社会性质”但以“私的”价值为追求目标的成分（如反垄断法和反不正当竞争法）。

《私法》倡导将私法作为一个整体的学问进行整合性研究，特别重视私法基本理论，是一个非常有创见、有理论品位的学术出版物。事实上，现在提交到全国人大常委会审议的民法草案出现了一些立法随意性倾向，也是缺乏私法一般理论研究，特别是缺乏将私法作为一个整体进行研究的结果。没有对私法制度、私法理论与私法精神的统摄性研究，就很难保证民法典有一个完备的体系，民法也就会失去作为市民社会一般法所应当具有的包容性，也很容易使我们在制定中国民法典的过程中迷失方向。

在这个意义上，我欣喜地关注着《私法》的诞生与成长，希望《私法》能一如既往地奉行严格的学术标准和严谨的学术规范，为中国法学的发展留下一笔厚重的财富。

梁慧星

2003年4月

目录

〔编后记〕

Contents

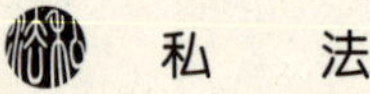

私　法

Afterwords

中国民商法典编纂中对知识产权制度的整合与锻萃——涵《中华人民共和国民商法典“知识产权编”草案建议稿（黄河版）》

王明锁

摘　要：知识产权是市场经济科学技术财产化的产物。我国《民法通则》在民事权利章规定知识产权专节，与人身权、物权、债权并列，极具中国科学特色和重大理论实践意义。民法典编纂第一步已经完成的《民法总则》，承继了《民法通则》将知识产权作为民事基本权利类型的特色亮点；但在第二步即各分编草案中，知识产权被排除在外。从知识产权的社会基础、法律属性、价值地位及中国新时代特色与市场经济全球化趋势等方面看，不应放弃知识产权为民事权利基本类型的准确定位，知识产权制度中的行政性规范和知识产权变化较快等因素不应成为排斥知识产权编入民法典的理由。在完成物权编草案建议稿后，对知识产权部分进行整合锻萃，继续知行合一，凝拟出知识产权编草案建议稿：总则，专利权，商标权，作品创作者权，作品传播者权，其他知识产权，知识产权证书，共七章 195 条。加上通则编 226 条，人身权编 247 条，物权编 398 条，共 1066 条。从整部民商法典的结构看，属于静态性、支配性的民事权利类型已经完成，对所剩动态性、交换性民事权利类型的债权与继承权的研究及条文拟定尚待新的努力。

关键词：民法典编纂；民商法典；知识产权编；草案建议稿；黄河版

作者简介：王明锁（1954—　），河南大学法学院、知识产权学院教授，硕士生导师；主要研究方向为民商法学。

目　次

一、引言：知识产权何去何从？

中国共产党十八届四中全会提出“加强市场法律制度建设，编纂民法典”的伟大任务。但对于编纂成什么样的民法典，各界争议极大。在新中国民商法史上具有里程碑意义的1986年颁布的《民法通则》将知识产权作为民事权利的独立类型，颇具中国科学特色和重大理论实践价值。而在2002年形成的民法草案中，其结构体例则为总则、物权法、合同法、人格权法、婚姻法、收养法、继承法、侵权责任法和涉外民事关系适用法，共9编，其中未含知识产权。[1]与《民法通则》相隔30多年，与2002年民法草案相距近20年，2017年颁布的《民法总则》的民事权利章，依然遵循《民法通则》的理论与实践，将知识产权与物权一样作为民事权利的单独类型。但于2018年8月提交审议的民法典各分编草案，则为物权、合同、人格权、婚姻家庭、继承和侵权责任，共6编；除收养被并入婚姻家庭和涉外民事关系适用被排除外，未含知识产权，此明显为2002年草案之延续，与《民法通则》和《民法总则》的立法意旨很不一致。[2]对此，全国人大常委会法工委在向常委会作草案说明时就知识产权被弃置给出的理由主要是两个：一是我国知识产权法一直采民事特别法立法方式，既规定民事权利内容，也规定行政管理内容，民法典是调整平等民事主体之间民事关系的法律，难以纳入行政管理方面的内容，也难以抽象出不同类型知识产权的一般性规则。二是知识产权制度仍处于快速发展变化中，国内立法、执法、司法等需要不断调整适应。若现在就将知识产权法律规范纳入民法典，恐难保持其连续性和稳定性。[3]但对此理由，参加审议的多数委员持反对意见，认为现在编纂民法典，应当使知识产权成编入典，[4]在原有基础上更上层楼，融入中国新时期法治理念和私法法理，[5]并使中国民法典编纂从过去长期的跟着走、学着走到现代的自主走、一起走和领着走，并能真正建立起具有中国特色、中国气派的科学严谨的民商法体系和话语体系，将来也能使中国民商法典屹立于世界民商法之

1　王明锁：《中国民商法体系哲学研究》，北京：中国政法大学出版社2011年版，第11页。

2　从民事权利类型上看，人身权被人格权替代，债权被砍切成了合同与侵权责任，知识产权则没了踪影。有发展和值得称道的是，《民法通则》中的“财产所有权和与财产所有权有关的财产权”成为“物权”编，继承权从《民法通则》中的一个条文成为继承一编。此二者为国内同仁一致赞同，也与传统民法典规定的民事权利类型吻合。而前三种情形，恰是学界激烈争论之焦点，并严重影响着民法典的科学性、民族性、时代性以及民法典编纂的质量与进程，更难形成具有中国特色、中国气派的民商法学的学科体系和话语体系。

3　参见《民法典分编草案首次提请审议》，《人民日报》2018年8月28日。

4　朱宁宁：《知识产权是否单独入“典”引发常委会委员热议》，《法制日报》2018年9月4日。

5　张文显：《在“私法中的法理”学术研讨会上的致辞》，《中国法律评论》2018年12月22日。

林。[6]可见，知识产权是否独立成编入典，民法将作如何变迁等，[7]至今仍为不可回避的重大疑难问题。本文对知识产权制度进行整合锻萃，[8]认为应当使知识产权成为民商法典的独立一编，[9]让知识产权在现代中国民商法典民商事权利体系中更加灿烂多彩。

二、知识产权制度的法律渊源：科学技术财产化

民商法典中的人身权以人格身份为客体，物权以物质财富为客体，知识产权以精神财富（知识产品、智力成果）为客体，债权以交易给付行为为客体，继承权以取得死者所留遗产为客体。此乃市场经济基础上构筑和健全民商法典权利内容体系之五大基本制度。在人类社会发展史上，“人们首先必须吃、喝、住、穿”（恩格斯语），故人的资格与物权制度最先发达和被重视，先行成就了著名的《汉穆拉比法典》和罗马法。罗马法的人法、物法、诉讼法结构体系更成就了罗马法为“简单商品生产即资本主义前的商品生产的完善的法”（恩格斯语）的美誉。虽然罗马法把物区分为有形体物和无形体物[10]从而为后来的无形财产提供了概念雏形，也已经有了把诗歌、故事和羊皮、纸张，把板和画分开来看的观念，[11]我国宋代也已出现山东刘家功夫针铺使用的“白兔为记”这种真正具有商标意义之标识，但都尚未有关于知识产权（版权、专利权、商标权）的规定。

资本主义的生产方式快速改变以往的一切。工业革命在18世纪下半叶发生于英国，后来相继发生于世界各文明国家。工业革命是由蒸汽机、各种纺纱机、机器织布机和一系列其他机械装置的发明而引起的。资本不创造科学，但是为了生产过程的需要利用科学、占有科学。这使得科学发明也成了资本主义企业

6 郝铁川：《当代中国法治的路线图、面临的挑战及对策》，《法制日报》2018年12月19日。

7 易继明：《知识经济时代民法的变迁》，《法学》2001年第8期。

8 取“中药需九蒸九晒之熟地，经水火锻炼萃取精髓”之意。王明锁主编：《知识产权法学》，郑州：河南人民出版社1994年版；王明锁主编：《知识产权法学》，郑州：郑州大学出版社2004年版；王明锁：《中国民商法体系哲学研究》，北京：中国政法大学出版社2011年版；王明锁、徐敏：《略谈著作权法中的几个问题》，《河南大学学报（社会科学版）》1996年第1期；王明锁：《中国民商法体系及民商法法典化的再思考》，《中国法学》2008年纪念中国改革开放30年专刊。

9 主张知识产权作为民法典单独一编的还有中国人民大学知识产权学院院长、中国知识产权法学研究会会长刘春田教授。见刘春田：《我国民法典设立知识产权编的合理性》，《知识产权》2018年第9期。北京大学法学院易继明教授认为，知识产权法整体纳入式的“入典”模式，既是知识产权制度自身的体系化，也是现代民法典不断自我完善的过程。见易继明：《中国民法典制定背景下知识产权立法的选择》，《陕西师范大学学报（哲学社会科学版）》2017年第2期。

10 〔古罗马〕查士丁尼：《法学总论——法学阶梯》，张启泰译，北京：商务印书馆1989年版，第59页。

11 〔古罗马〕查士丁尼：《法学总论——法学阶梯》，张启泰译，北京：商务印书馆1989年版，第55—56页。

的宝贵财富或财产产权。在此基础上，知识产权制度产生和发展了起来。另一方面，12 世纪，英国出现行业协会。为鼓励和引进技术，英国王室先后授予多项技术垄断权，如 1236 年，亨利三世曾向一位波尔多市民的色布制作技术授予 15 年的垄断权，以刺激经济发展。但这时的授权依据仅是以奖赏形式出现，系王权体现，故随着英王垄断权授予的滥用，造成市场竞争破坏和公众巨大不满，以致 17 世纪初废除了之前所授予的技术垄断权。1623 年，英国议会制定《垄断法》，规定对“新制造品的真正第一个发明人授予在本国独占实施或制造该产品的专利证书和特权，为期 14 年或以下，在授予专利证书和特权时其他人不得使用”。此《垄断法》被认为是现代专利法之鼻祖，为欧美各国效仿，建立专利制度。1709 年的《安娜女王法令》则赋予作者对其作品的独占权，成为最早的版权法渊源。美国 1776 年独立，1787 年在宪法中宣布“对于著作家及发明家保证其作品及发明物于限定期限内之专有权，以奖励科学与适用技艺的进步”。并于 1790 年制定联邦专利法和版权法。在法国，1789 年革命时宣布，作者和发明人的权利是公民不可剥夺的权利，并于 1791 年制定了专利法。直接以罗马法为基础的典型的资产阶级社会的法典，即 1804 年的《拿破仑民法典》更成了法国知识产权法的基本法理依据。1803 年和 1809 年先后颁布两个《备案商标保护法令》，成为最早的保护商标权的成文法。[12]并由此逐步形成了具有国际性的知识产权保护制度，如《保护工业产权巴黎公约》和《保护文学艺术作品伯尔尼公约》，构成保护知识产权的国际法基本体系。

三、知识产权制度的社会渊源：中华民族的智识成果及其世界影响

知识产权制度之社会基础，本源于人类文明与科学技术之进步。中华民族，自古于天文、农医、工器、科技、金融、军事、文化诸领域，莫不有辉煌成就。如最古老的《周髀算经》[13]、《甘石星经》[14]，东汉末年张仲景的《伤寒杂

---

12 郑成思：《知识产权法》，北京：法律出版社 2003 年版，第 161—162 页。

13 天文学和数学著作，约成书于公元前 1 世纪，阐明盖天说和四分历法。唐初被规定为国子监明算科教材。

14 甘德、石申是战国时期卓越的天文学家。甘德的《天文星占》八卷与石申的《天文》八卷被后人合为一部，称《甘石星经》，是我国及世界上最早的一部天文学著作，宋代以后失传。从唐代的天文学书籍《开元占经》里见到其片断摘录，表明甘德和石申曾系统地观察了金木水火土五大行星的运行，发现了五大行星出没规律；记录了 800 颗恒星的名字，测定了 121 颗恒星的方位。后人将该测定记录称为《甘石星表》，这是世界上最早的恒星表，比希腊天文学家伊巴谷测编的欧洲第一个恒星表大约早 200 年，后世许多天文学家在测量日、月、行星的位置和运动时，都要用到《甘石星经》中的数据。另有意思的是，甘德、石申的一次星象观察发现，还被楚魏齐秦等国作不同解读，即时开启了新一轮的战国争雄。

病论》[15]，唐代孙思邈的《千金要方》[16]等等。北宋沈括的《梦溪笔谈》，全书30卷，十七目，凡609条，含天文、数学、物理、化学、生物等各学科，涉古代中国自然科学、工艺技术及社会历史现象，其价值非凡，具世界性影响。日本在19世纪中期排印；20世纪，法、德、英、美、意等国都有学者深入研究，其前早有英、法、意、德等各种语译本，被英国科学史家李约瑟评价为“中国科学史上的里程碑”。

明朝科学家宋应星的《天工开物》，3卷18篇，全书收录农业和手工业，诸如机械、砖瓦、陶瓷、硫磺、烛、纸、兵器、火药、纺织、染色、制盐、采煤、榨油等生产技术，是世界上第一部关于农业和手工业生产的综合性著作，是中国古代一部综合性的科学技术著作，强调人类要和自然相协调、人力要与自然力相配合，更多着眼于手工业，突出反映了中国明代末期出现资本主义萌芽时期的生产力状况，被外国学者称为“中国17世纪的工艺百科全书”。该书于崇祯十年（1637年）初版发行，很快引起学术界与刻书界注意。第二版于清初顺治年刊刻发行，南北各地流通，成为向国外出口书籍之一。17世纪传入日本，1771年日本书商发行翻刻本，学者佐藤信渊依据宋应星的天工开物思想提出富国济民的“开物之学”。18世纪传到朝鲜，受到李朝后期知识界尤其是实学派学者的重视。18—20世纪在欧美国家传播，法、英、德、意、俄等欧洲国家和美国大图书馆都藏有此书不同时期的中文本。1830年，法兰西学院汉学家儒莲将《丹青》章论银朱部分译成法文；1832年，被转译为英文刊于印度《孟加拉亚洲学会学报》；1833年，此书制墨及铜合金部分译文又发表于法国《化学年鉴》及《科学院院报》，后又译成英文和德文。1837年，《天工开物》养蚕部分及《授时通考·蚕桑门》开始被译成法文，由巴黎皇家印刷出版，名为《桑蚕辑要》。因其提供了一整套关于养蚕、防治蚕病的完整经验，对欧洲蚕丝业产生了很大影响。英国生物学家达尔文在读了儒莲翻译的《天工开物》中论桑蚕部分的译本后，把它称为“权威著作”。达尔文在他的《动物和植物在家养下的变异》（1868年）卷一谈到养蚕时写道：“关于中国古代养蚕的情况，见于儒莲的权威著作”。他把中国古代养蚕技术措施作为论证人工选择和人工变异的例证之一。18世纪欧洲工业革命已开序幕，但农业生产十分落后，《天

15 中国传统中医学之集大成。作者张仲景，东汉南阳人。219年张仲景去世，该书失去作者庇护，开始了世间之旅，因书籍传播只能靠一份份手抄，流传十分艰难。后原书亡失。至晋朝一代，太医令王叔和偶然见到此书，虽已断简残章，则兴奋难耐，便利其身份，全力搜集《伤寒杂病论》各种抄本，并最终找全关于伤寒部分，加以整理，名为《伤寒论》。《伤寒论》著论22篇，记述397条治法，载方113首，总计5万余字，但《伤寒杂病论》中杂病部分没了踪迹。就王叔和之功，清代名医徐大椿说，“苟无叔和，焉有此书”。

16 作者以人命重于千金，故取“千金”为书名。乃感于当时方药本草部秩浩繁，求检不易，乃博采群经，去复删繁，并结合个人经验撰成。

工开物》传入后，直接推动了欧洲农业革命。欧洲于 12 世纪学会造纸，但一直以破布为原料单一生产麻纸，18 世纪以后耗纸量激增，但破布供应有限，造纸业出现原料危机。1840 年，儒莲将《造纸》章译成法文刊于《科学院院报》，其中提到以野生树皮纤维、竹类及草类纤维代替破布造纸，还可用各种原料混合制浆。这些信息迅速得到反馈，法、英、德人皆以其他原料成功造纸，终使造纸原料危机得以缓解。1869 年，儒莲和法国化学家商毕昂把《天工开物》有关手工业各章的法文摘译出来，并集中收于《中华帝国工业之今昔》一书，在巴黎出版。1964 年，德国学者蒂路把《天工开物》前 4 章《乃粒》、《乃服》、《彰施》及《粹精》译成德文并加注释，题目为《宋应星著前四章》。1966 年，美国宾夕法尼亚大学的任以都博士将《天工开物》全文译成英文，并加译注，题为《宋应星著 17 世纪中国技术书》，在伦敦和宾夕法尼亚两地同时出版。这是《天工开物》第一个欧文全译本。可见《天工开物》对世界的影响长达 4 个世纪，受益最大最多者均为欧美今日发达国家。因此可以说欧美今日发达国家之财富，很大程度上无不受益于中华民族古代之先进科技；今日欧美发达国家在享受现代科技文明成果时，实在当扪心自问和饮水思源。

世人皆知的造纸术、印刷术、指南针和火药，此中国古代四大发明，更是中国古代人民的伟大创造，对政治、经济、文化发展产生了巨大推动作用。这些发明经由各种途径传至西方，对世界科学技术文明发展均产生极大影响。1620 年，英国哲学家培根曾在《新工具》一书中提到：印刷术、火药、指南针这三种发明已经在世界范围内把事物的全部面貌和情况都改变了。马克思和恩格斯更是将这些发明的意义推到了新的高峰，马克思在《机器、自然力和科学的运用》中写道：火药、指南针、印刷术——这是预告资产阶级社会到来的三大发明。火药把骑士阶层炸得粉碎，指南针打开了世界市场并建立了殖民地，而印刷术则变成了新教的工具，总的来说变成了科学复兴的手段，变成对精神发展创造必要前提的最强大的杠杆。恩格斯在《德国农民战争》中指出：一系列的发明都各有或多或少的重要意义，其中具有光辉的历史意义的就是火药和印刷术的发明。现在已经毫无疑义地证实了，火药是从中国经过印度传给阿拉伯人，又由阿拉伯人和火药武器一道经过西班牙传入欧洲。英国汉学家麦都思指出：中国人的发明天才，很早就表现在多方面。中国人的三大发明［航海罗盘（司南）、印刷术、火药］，对欧洲文明的发展提供了异乎寻常的推动力。来华传教士、汉学家艾约瑟最先在上述三大发明中加入造纸术，他在比较日本和中国时指出：我们必须永远记住，他们（指日本）没有如同印刷术、造纸、指南针和火药那种卓越的发明。中华民族的这个发明清单后来又被著名英国生化学家、科技史专家和汉学家李约瑟发扬光大。

编纂于明朝永乐年间的《永乐大典》，乃是由姚广孝以及内阁首辅解缙总

编的一部中国古典集大成的旷世大典，是中国百科全书式的文献集，全书 22937 卷， 11095 册，约 3.7 亿字，由 2000 名学者在 1403—1408 年编成（目录占 60 卷），汇集了古今图书七八千种，显示了中国古代科学文化的光辉成就。但《永乐大典》除正本尚未确定外，副本惨遭浩劫，多亡于战火，仅存 800 余卷且散落于世界多地。《不列颠百科全书》在“百科全书”条目中称中国明代类书《永乐大典》为“世界有史以来最大的百科全书”。《永乐大典》已经成为中国文化的一个灿烂符号。

中国古代先进的科学技术和灿烂的文化文明，中华民族没有独坐自享，而是贡献给了世界，奉献给了人类；并且也坚实地促进和奠定了人类知识产权法律制度的本源基础，为后世知识产权制度的产生繁荣做出了不可否认和磨灭的功绩。中国古人能够做到的事情，中华民族的后代们也一定能够做到。今世今生的我们，不可数典忘祖，也不应妄自菲薄和失却自信！

毛泽东说：“中国应当对于人类有较大的贡献。”邓小平也说过：“在科学技术方面，我国古代曾经创造过辉煌的成就，四大发明对世界文明的进步起了伟大作用。但是我们祖先的成就，只能用来坚定我们赶超世界先进水平的信心，而不能用来安慰我们现实的落后。我们现在在科学技术方面的创造，同我们这样一个社会主义国家的地位是很不相称的。”

四、我国知识产权制度的历史渊源：挨打落后中的醒悟

“中国封建社会内的商品经济的发展，已经孕育着资本主义的萌芽，如果没有外国资本主义的影响，中国也将缓慢地发展到资本主义社会。外国资本主义的侵入，促进了这种发展。”[17]

（一）中国专利制度之产生

中国古代科技，遥领于先，影响后世者众。但自明朝发明牙刷之后，却固穷守拙，思智僵化；后虽历康乾时盛，但其自傲自大、闭关锁国致随后败象丛生，洋人入侵，国将无国，民将族亡。究其缘由，有认“器不如人”，有认“制不如人”所致。[18]其间有知识分子将西方专利思想引入。洪仁玕在其《资政新篇》中提出：“倘有人能造如外邦火轮车，一日夜能行七八千里

17 毛泽东：《中国革命和中国共产党》，载《毛泽东选集》（第 2 卷），北京：人民出版社 1991 年版，第 626 页。

18 鸦片战争失败，有认为系因“器不如人”、“制度不如人”、“文化不如人”，甚或“字不如人”，故欲“师以夷而治夷”。但洋务运动 30 年之最大成果于 1894 年甲午海战全军覆没，康梁变法以失败告终，文化文字还依然存在；而洋烟洋火、洋布洋袜、洋钉洋车、洋油洋灯、洋枪洋炮……一切被洋货更加激烈冲斥。

者，准其自专其利，限满准他人仿效。”此即西方专利制度之翻版，亦“专利”之由来。1881年改良派郑观应在筹建上海机器织布局时，上书李鸿章，要求给织布局机器织布工业以10年专利，次年经李鸿章奏请，光绪帝御赐该局用机器织布10年专利。此后，这种工业垄断权逐渐增多，如1889年广州商人钟锡良在广州开设造纸厂，被批准专利10年；1895年，烟台开办酒厂用葡萄酿酒，被批准专利15年。后光绪接受维新派“除旧布新”之建议，于1898年颁布《振兴工艺给奖章程》。但变法失败，该章程失其意义。孙中山领导推翻帝制，遂公布《奖励工艺品暂行章程》。1944年，民国政府颁布我国第一部专利法，即《中华民国专利法》。

新中国成立后，政务院于1950年公布《保障发明与专利权暂行条例》。1963年公布《发明奖励条例》。1978年党的十一届三中全会决定将工作重心转移到经济建设上来，提出“四个现代化，关键是科学技术的现代化”、“科学技术叫生产力，科技人员就是劳动者”[19]等重要论断，专利制度受到重视。1979年，国家科委成立专利法起草小组。1980年，成立中国专利局。1984年3月六届全国人大常委会通过《专利法》，并于1985年4月1日正式实施。1986年颁布的《民法通则》，将专利权列入基本民事权利类型，规定“知识产权”专节；第95条规定，公民、法人依法取得的专利权受法律保护；第97条规定了公民的发现权、发明权和其他科技成果权及其证书和相关奖励制度。其后，《专利法》于1992年、2000年、2008年三次修订，以更好地适应社会发展需要。

（二）中国商标制度之产生

先有商品，后有商标；先有器物之发明，后有器物之标识。春秋时期兵器中被争相购置的“干将”、“莫邪”宝剑之类，已开始具有相同产品的不同来源和质量的功能。战国时期的铜器上可见不同制作者的身份与名称。宋代山东刘家功夫针铺在功夫针包装上使用“白兔标识”为记，使消费者认明商品来源，当为真正意义上之商标。“杏花村”、“浔阳楼”作为酒店招牌，亦具相同商品不同来源之功用。但现代意义的商标制度，则是在鸦片战争后伴随帝国主义强迫清政府签订的对外通商条约中产生的。1902年《中英续订商约》规定，“英国本有保护华商贸易牌号，以防英国人民违反迹近假冒之弊。中国现亦应允保护英国贸易牌号，以防中国人民违反迹近假冒之弊”。1903年《中美商约》规定，“美国人民之商标，在中国所设立之注册局所，由中国官员查察后，缴纳公道规费，并遵守所定公平章程，中国政府允示禁冒用”。在日本、葡萄牙等

19 邓小平：《科研工作要走在前面》，载《邓小平文选》（第2卷），北京：人民出版社1994年版，第34页。

国与清政府所订不平等条约中，也有类似条款。此条约条款直接导致1904年清政府颁布《商标注册试办章程》。1923年，国民政府颁布《商标法》44条；1930年，国民政府另行颁布新商标法。依照这些商标法规定，当时申请商标注册的多为外国商人，系为保护外国商人利益而设。

新中国成立后，1950年公布《商标注册暂行条例》，1963年公布《商标管理条例》，1982年通过《商标法》。1986年的《民法通则》也将商标权上升规定为民商事主体的基本民商权利，于第96条规定：“法人、个体工商户、个人合伙依法取得的商标专用权受法律保护。”将专利权、商标权、版权及其他智力成果权一起规定于“知识产权”专节。

（三）中国版权制度之产生

中国古代具有灿烂的科学技术和思想文化。雕版印刷的采用，产生于隋唐时期。1907年英国人斯坦因从中国敦煌千佛洞中偷盗走的一部唐懿宗咸通九年（868年）四月十五日由王玠印成的汉字本《金刚般若波罗蜜经》（即《金刚经》，现存于伦敦大英博物馆），被认为是世界上第一部雕版印刷书籍。在我国，由于独立方块汉字的优势，即使是雕版印刷，也可能大规模出版图书。[20]后唐长兴三年（932年），朝廷命田敏在国子监主持校正《九经》并且“刻板印卖”，可认为当时的国子监乃是世界上第一个官办的以出售为目的而大量印制图书的出版社，自此“天下书籍遂广”。其中刻板、校正、印刷、出售，自然花费材料、人工、智力，且需取得利润，故版权保护已有客观需要。特别是活字印刷术对印刷业的促进，使作品得以简便传播。为谋利益，翻版印刷出现。为防止翻版，实践中已有“追版劈毁，断罪施刑”之措施，有些书籍中也有“已申上司，不许复版”之记载。故开始出现旨在保护作者、编者及出版者利益而禁止抄袭、翻版的官方榜文。但这只是对印刷出版者的控制，并无对作品创作者的保护，只有极个别情况下涉及对作品作者利益的关注和保护。[21]

---

20 1919年五四运动时期，许多人认为洋务运动的“器不如人”和戊戌维新的“制不如人”都太肤浅，中国的最大问题是思想文化不如人，因此提出打倒“孔家店”，其先驱们曾认为导致中国落后的罪魁祸首是“汉字”，是“字不如人”，故提出要废除汉字。值得提出的是，在中国改革开放40周年获100名改革先锋称号、改革先锋奖章者中，有一位是推动汉字信息化的“王码五笔字型”发明者王永民。王永民创立汉字键盘设计三原理及数学模型，1983年发明“王码五笔字型”汉字输入法，首创“汉字字根周期表”，有效解决了进入信息时代的汉字输入难题。1998年发明“98规范王码”，是符合国家语言文字规范并较早通过鉴定的汉字输入法，推动了计算机在我国的普及，其发明技术获得中、美、英等国专利40余项。

21 宋咸淳二年（1266年）六月的一份附于古书《方舆胜览》后的福建转运司的《附白》中写道：创作者吴吉之父，撰有《事文类聚》等三部书，吴吉本人编撰了《朱子四书附录》。这四部书是吴吉父子“一生灯窗辛勤所就，非其他剽窃编类者比。当来累经两浙转运司、浙东提举司给榜禁辑翻刊”。于是福建地方官也以同样“给榜”形式，“约束所属不得翻刊上述书版”。参见《方舆胜览》，上海：上海古籍出版社1986年版；另见郑成思：《知识产权法》，北京：法律出版社2003年版，第268页。

中国的活字印刷术被引进英国，开始尚鼓励印刷和进口图书。1534 年，英国取消图书进口自由。1556 年，印制图书自由也被取消。随即盗印图书活动猖獗，直接影响出版商利益。出版商们强烈要求能通过法律保护他们的翻印专有权。与此同时，要求保护作者权的呼声也与日俱增。1690 年，英国哲学家洛克在《论国民政府的两个条约》中指出：作者在创作作品时花费的时间和劳动，与其他劳动成果的创作人的花费没有什么不同，因此作品也应当像其他劳动成品一样，获得应有的报酬。这种要求完全符合私有财产权制度的要求。1709 年，英国通过了世界上第一部版权法——《安娜女王法令》，即《为鼓励知识创作而授予作者及购买者就其已印刷成册的图书在一定时期内之权利的法》。此即真正意义上的既保护出版商利益也保护作品作者利益的现代意义的版权法或者著作权法。

中国的近现代版权制度同样是伴随着帝国主义的经济掠夺和文化入侵产生的。鸦片战争后，西方著作权观念与制度传入中国。1903 年的《中美续议通商行船条约》、《中日续议通商行船条约》中始有著作权保护条款。伴随“西风东渐”和《大清民律草案》的制定，1910 年颁布《大清著作权律》，1915 年、1928 年相应政府均颁布《著作权法》。新中国成立后，50 至 60 年代，主要通过相关部门规定，强调要尊重著作权和出版权，禁止翻版、抄袭、篡改等行为。80 年代对外开放后，1981 年国务院批准《国家出版局加强对外合作出版管理的暂行规定》，1983 年颁布《关于处理中美双方目前互相翻印、翻译出版书刊版权问题的意见》，1984 年颁布《图书、期刊版权保护试行条例》。在民商基本法范围内，1986 年《民法通则》在民事权利章规定知识产权专节，于第 94 条明确规定：“公民、法人享有著作权（版权），依法有署名、发表、出版、获得报酬等权利。”标志着我国著作权法律制度进入一个新的层次和阶段。1990 年专门颁布《著作权法》，其中包括了著作权，还包括了邻接权（出版、表演、录音录像、播放者权）。

这里需要提出和注意的是，近代中国版权制度的产生，其开始的催生因素在于保护外国人的版权利益。改革开放之初，版权制度之进步，也有首先为调整对外出版合作之需要。但当今现代市场经济条件下的版权制度，定当是全部民商主体之版权利益，而不应再有任何的局部性、应时性和片面性。

五、知识产权发展模式的选择：新时代民商法典编纂的应然之路

我国《民法通则》在对以科学技术和文化思想为基础的知识产权的规定和保护上，从局部性、应时性和片面性的层次逐步提升到了全局性、长远性、普适性的高度，于民事权利章专门规定知识产权一节，使之与物权、债权等基本民事权利并列平行。应当说这有着十分显明的科学性、时代性、先进性和民族性特色。[22]在编纂民法典的第一步中，《民法总则》沿袭了《民法通则》的做法，依然规定“民事权利”专章，于第123条规定：“民事主体依法享有知识产权。知识产权是权利人依法就下列客体享有的专有的权利：（一）作品；（二）发明、实用新型、外观设计；（三）商标；（四）地理标志；（五）商业秘密；（六）集成电路布图设计；（七）植物新品种；（八）法律规定的其他客体。”这使知识产权与人身权、物权、债权仍处于同等的法律位阶，并且加充了知识产权客体类型。按照正常的逻辑思路，这里对民事权利类型抽象概括的宣誓和提纲挈领的规定，无疑是为民法典分编编纂中各民事权利类型独立成编指明了清晰的方向和留下了广阔的空间，即知识产权也要与物权一样成为民法典的独立一编。但令人不解和十分遗憾的是，在民法典编纂的第二步即起草的民法典各分编草案中，却没有了知识产权的踪影。为此，在全国人大常委会对民法典各分编草案的审议中自然引发热烈争议。[23]综合关于知识产权制度的现代发展模式，概有三种主要观点：一是认为知识产权仍应采取现行的单行法形式[24]；二是认为可先将知识产权嵌入性编入民法典，然后再成独立之知识产权法典[25]；三是认为知识

22 王家福先生认为，在《民法通则》中对知识产权作出明确规定具有划时代的意义。参见最高人民法院《民法通则》培训班编辑组：《民法通则讲座》，北京市文化局出版处1986年9月，第211页。

23 朱宁宁：《知识产权是否单独入“典”引发常委会委员热议》，《法制日报》2018年9月4日。

24 梁慧星在《中国民法典草案建议稿附理由》中分为总则编、物权编、债权总则编、合同编、侵权责任编、亲属编、继承编。另见梁慧星：《民法典编纂若干理论问题的思考》（2016年10月17日四川大学法学院演讲，由博士生周奥杰根据录音整理、本人进行补充修改定稿，2016年12月16日）。

25 吴汉东：《知识产权立法体例与民法典编纂》，《中国法学》2003年第1期；吴汉东：《民法法典化运动中的知识产权法》，《中国法学》2016年第4期。

产权当为民法典的独立一编[26]。对此主要主张，笔者坚持知识产权应当成为民法典[27]的专门一编。

第一，从知识产权的社会基础看，科技进步已成为我国社会发展的新亮点。在近现代社会，经济发展、民生改善、国家安全、民族复兴，都离不开科技的进步。改革开放以来，中国在科学技术的创造创新上重新显现出了巨大的活力和竞争力。从社会创新土壤、创新人才和创新战略理念及政策法律导向上看，我国现代科学技术发展进步都有了相当深厚的基础，整体上作为一个创新型国家的格局已经形成，科技发展对国际的贡献也越来越大，从更多的跟人学、跟着走开始进入平等交流甚至可以领着走的阶段，也形成了当代中国对李约瑟关于“为什么近代科学蓬勃发展没有出现在中国”之问的答案。在世界知识产权组织（WIPO）公布的 2017 年全球国际专利的统计数据中，从各个国家的申请数量看，中国较上年增加 13.4%，至 48882 件，超过日本的 48208 件，首次升至全球第二位；首位的美国申请数达到 56624 件。从企业申请数量看，中国通信设备巨头华为技术与中兴通讯（ZTE）等中国企业继上年之后，再次排名第一位和第二位，位居第三的是美国半导体巨头英特尔。进入榜单的日本企业分别是排名第四的三菱电机和排名第九的索尼。在日本技术强国的地位出现动摇的背景下，知识产权领域逐渐走向中美两强时代。2018 中国企业 500 强中有 382 家企业提供了专利数据，比上年多了 9 家；共申报专利 95.55 万件，较上年增长 29.60%，增速较上年提高 15.14 个百分点；共申报发明专利 34.55 万件，较上年大幅增长 51.72%，增速提高了 31.79 个百分点。华为和国家电网的专利数量均超过 7 万件，其中华为有 7.43 万件，居首位。发明专利方面，华为以 6.69 万件高居首位。[28]可见科技发明在企业法人资产及我国

---

26 中国人民大学知识产权学院院长、中国知识产权法学研究会会长刘春田教授主张知识产权应当是民法典的一编。见刘春田：《我国民法典设立知识产权编的合理性》，《知识产权》2018 年第 9 期。相同主张者，易继明教授认为：知识产权法整体“入典”，既是知识产权制度自身的体系化，也是现代民法典不断自我完善的过程，见易继明：《中国民法典制定背景下知识产权立法的选择》，《陕西师范大学学报（哲学社会科学版）》2017 年第 2 期。另见王明锁：《中国社会主义民法应当具备的科学体系》，载《中州民法论坛荟萃》，北京：法律出版社 1990 年版；王明锁：《论中国民商立法及其模式选择》，《法律科学》1999 年第 5 期；王明锁：《中国民商法体系及民商法法典化的再思考》，《中国法学》2008 年纪念中国改革开放 30 年专刊；王明锁：《中国民商法体系哲学研究》，北京：中国政法大学出版社 2011 年版。另据梁慧星先生讲，江平教授、王家福教授、魏振瀛教授均主张民法典设立知识产权编，参见梁慧星：《民法典编纂若干理论问题的思考》（2016 年 10 月 17 日四川大学法学院演讲）。

27 由于我国坚持民商合一立法模式，故现在编纂的民法典，从更为科学准确的角度，当称之为民商法典。见王明锁：《民商合一模式的演进及民法典编纂中的创新性选择》，《北方法学》2018 年第 2 期。

28 在统计学方面，尽管重视的仍然是专利申请量（实际上专利批准授予量才更能真实反映科技进步及其成果情况），但已经能从某种程度上说明中国科技进步的发展现状与前景。此外，华为及孟晚舟事件的出现，无疑更能说明美国极力遏制中国科技进步的真实意图。

经济生活中已经具有十分重要的意义。此种形势下，技术问题与法律问题总是存在交叉互动的关系[29]，在现代国家中，法不仅必须适应于总的经济状况，不仅必须是它的表现，而且还必须是不因内在矛盾而自己推翻自己的内部和谐一致的表现（恩格斯语）。因此在民法典的民商事权利体系中，不仅要有反映物质财富的物权制度，也要有反映知识产品或者精神财富的知识产权制度。

第二，从市场经济的构成要素看，技术市场和知识产权不应缺位。中共十八届四中全会决定中指出的是“加强市场法律制度建设，编纂民法典”。这里的市场，理应包括人才市场、物品市场、技术市场或智力成果市场在内；其机制体系必然应包括市场主体、市场客体以及主体对客体进行支配的权利。市场客体中，科学技术和知识产品越来越凸显出其从未有过的重要地位。与此相适应，民商基本法中即应对知识产权进行确认和加强保护。习近平总书记在首届中国国际进口博览会致辞中指出：要营造国际一流营商环境。中国将保护外资企业合法权益，坚决依法惩处侵犯外商合法权益特别是侵犯知识产权行为。因此，在全面深化改革、扩大开放，让市场在资源配置中真正起决定性作用，加强市场法律制度建设和营造诚信一流的营商环境这一历史进程中，知识产权绝不应当缺位或者被降低规格，不应当停留或者回复到重物质财富而轻智力成果的层次。那种“贪钱重物迷娱乐，科学巨匠无人问”的庸俗奇怪的社会现象一定是误国误民误前途的。对此作为民商基本法的民法典绝不应当编而不见、视而不管或无所作为和不作为。

第三，从法典内容的逻辑结构上看，不能没有知识产权的权利类型。人才市场存在和交流的前提是民商主体人身权中的人格平等和身份自由；物品市场存在和交流的前提是物权中的财产所有权；科学技术市场存在和交流的前提乃是知识产权，如通常的专利技术版权等等。[30]编纂民法典，必须按照一定的标准规则和逻辑技术将有关的市场交易规则上升为具有科学体系的民商法律规范，而不应是简单地将现有法律汇编在一起，也不能是简单任意挑拣，将现成的或

29 李扬主编：《知识产权的合理性、危机及其未来模式》，北京：法律出版社 2003 年版，第 290 页。

30 全国技术转移公共服务平台公布的专利求购信息：如求购一种医疗影像，价格面议；求购化妆品 300 万元；求购一种低成本、低价格一次性卫生环保睡袋 10 万元；求购智能包装箱 10 万元；求购腰扭伤急性慢性特效药 40 万元。专利出售信息：如发动机与变速箱之间的离合器片快速拆装设计，价格面议；一种治疗风湿关节痹病的膏药（公开号：CN104800823A），价格面议；汽车入水保护系统，价格面议；专利转让一种组合式不泄漏异味和尿液狗厕所，价格面议；专利转让砻谷机 20 万元；专利转让怀菊花保健枕头，1 万元；一种多功能棒料加工装置（公开号：CN206912277U），价格面议；一种四驱越野车传动系统，价格面议；一种拼音输入法及其键盘；文字转语音识别眼镜（访问时间：2018 年 12 月 27 日）。

传统上认为正确无争议的物权入典[31]，而个别人认为有困难的知识产权就予以排除。如果将知识产权排除在民法典之外，技术市场就没有了存在和交换的客体基础和权利结构。无论从与人身权、物权的权利类型的照应上，还是从与合同中的技术转让合同、技术使用合同、商标转让合同、商标使用合同、出版合同、演出合同等具体处分和转让权利内容的关系上，都应有知识产权编的事先存在。否则，民法典草案合同之债部分中的技术合同以及侵权行为之债中的侵害知识产权的行为类型就都会成为无源之水或无本之木，就连继承遗产种类中的知识产权也会失去前提和法律体系上的依据。

第四，从法典编纂与修订的技术上看，法律的正常修改不应成为将知识产权编入民法典的障碍。有人将知识产权法变化较快作为知识产权不应编入民法典的理由，认为知识产权法变动性大，民法典具有稳定性，如果将知识产权纳入民法典，不利于对知识产权的修改。对此若从历史上编纂和修改法典的技术上考察，《法国民法典》从起草到颁布，3 年零 7 个月，2283 条，分人、财产及所有权的各种变更、取得财产的各种方法三卷。其编排体系科学逻辑严谨、用语简明内容确切，并成为“典型的资产阶级社会的法典”，“成为世界各地编纂法典时当做基础来使用的法典”。自颁布至今 210 多年，其间大小修改几乎难以统计，但至今风采依旧，仍为原本 2283 条。只论其编纂修订技术，即令我国目前为编修民法典而犯难者无语和汗颜。[32]即使近看眼前我国改革开放 40 年，作为我国根本法的宪法从 1982 年颁布至今也已五次修订，而《专利法》、《商标法》则修订 3 次，《著作权法》修订 2 次。根本法都比单行的专利法、商标法修改次数多，怎么能将修改次数作为编纂法典的障碍呢？因此以知识产权法变化较快而不便进入民法典的主张，只能说是其观念落后或技术低拙，或者说是对责任担当的一种逃避和推脱。若以此思路，必然是将民商事单行法简单汇编或选编成所谓的民法典而已，根本谈不上所谓民法典之编纂。法典编纂理应根据法律部门的性质和作用进行甄别调整、补充增加、改动剔除等等，使民商者归民商，行政者归行政。[33]如此，原来的民商事法律方能得到铅洗锻萃，

---

31 举一简单例子。有人向某著名大学一位物权法博导教授询问：“学生向老师借自行车，一个星期，老师同意了，将车子交给学生。学生接过车子，骑上车子跑外地去了。这一星期内，学生在外对老师的这辆自行车享有不享有物权？”这位专家把问题推给读者，看哪位读者愿意回答。原因在于看似在教科书中毫无争议的简单问题，却将会导致传统物权法理论大厦的垮塌。

32 王明锁：《论法律的修改技术及其价值判断——以几部民商法的修改为例》，《河南师范大学学报（哲学社会科学版）》2009 年第 1 期。

33 如有的知识产权法学著作将著作权管理（含管理组织、行政管理、集体管理），著作权保护（含侵权行为、侵权诉讼、纠纷仲裁、救济措施），专利许可证贸易，注册商标的补正（含注册不当商标的撤销、争议的裁定），商标的管理，商标权的保护等都是作为单独的章来安排的。参见曹新明主编：《知识产权法学》，北京：人民法院出版社、中国人民公安大学出版社 2003 年版。

相关行政法规范也将得以充实完善和升华发展。

第五，从法典编纂规范的性质上看，知识产权法具有混合规范的性质，也不应成为阻碍知识产权编入民法典的理由。有人认为，知识产权法中包含着民事性规范和行政性、程序性、商法性规范，是公法与私法的混合；如果将知识产权编入民法典，就会破坏民法典属于民事法律规范的私法性质。对此听起来似有道理，但根本经不起分析。其一，公法私法自古争议，哪有单纯的公与单纯的私需要截然区分？其二，我国民法典编纂，本持民商合一，代理、合同中已经包含商事在内，此处为什么认为知识产权为商事性规范而不能编入民法典？其三，行政性和程序性规范，与民法典其他内容难道就没有联系？物权中的不动产登记、婚姻中的结婚登记、合同中的审批、继承中的遗嘱公证等，并没有影响物权、婚姻、合同、遗嘱成为民法典的天然内容，为什么知识产权因其与行政管理的联系就不能进入民法典？所谓的民法典编纂，本来就是要按照一定的理念规则，科学合理严谨周密地对现有规范进行整合调整，但我们有人却一定要把编纂民法典简单地搞成汇编，将现有规范机械地甚至原封不动地编到一起，就算万事大吉或大功告成。应当说，这种主张和做法从本质上就没有把握编纂之本义，或者说依然是一种没有责任担当或者是一种不作为的态度。[34]为什么我们不能通过民法典的编纂，使知识产权法部分中民事的归民事，行政的归行政？这不正是需要通过法典编纂才能解决的问题和要达到的目的吗？不愿意通过科学编纂的方式让知识产权保留并提升到与物权平行的民事基本法律制度，其真实原因是不是有某种利益之争或权力之争的因素在作祟呢？[35]

第六，从知识产权的规范存量上看，知识产权应当而且完全可以成为民法典的独立一编。有人认为知识产权的内容分散且较少，将其编入民法典，并不会增加民法典的存量，知识产权是社会生活的很小部分，创业创新是精英们的事情，与小企业和老百姓并无关系。并以此反对将知识产权编入民法典。应当说此种观点更是不顾事实和荒谬至极。其一，难道立法要分别为平民百姓和贵

34 这种情况普遍存在。如“在不同类型的社会形态的民法典中，都可以看到关于债的规定，债在整个民法中有不可忽视的作用”（赵中孚关于债的论述）。王家福先生针对制定侵权行为法的状况曾经鲜明警醒地指出：“我国现在正在制定《侵权责任法》，这种思路是一个单行法架构的思路。应该说侵权法和合同法是相对应的，是债权篇里的主要内容，应该统一在债权篇的法律规定里。”王家福：《对新中国的民事立法的感言》，《法学家》2009 年第 5 期。但是我们的立法实践却将债砍切分割为合同和侵权责任，并将知识产权干脆排除于民法典分编之外。

35 民法典编纂过程中迫不及待地单独对专利法进行修改，不是消减行政对知识产权私权的干预，而恰是加大加重行政管理，即可说明科学编纂民法典困难之所在。易继明：《评中国专利法第四次修订草案》，载易继明主编：《私法》（总第 30 卷），武汉：华中科技大学出版社 2018 年版。此类问题在关于不动产统一登记方面也曾存在。如有人反对不动产统一登记，仍主张保留将不动产区分为房产、土地、农业、林业、矿产等分别由相应不同行政主管部门进行登记的制度。

族精英立法吗？难道立法要回到“礼不下庶人，刑不上大夫”的等级立法的历史吗？其二，“人民，只有人民，才是创造世界历史的动力”；群众是真正的英雄；高手在民间。认为发明创造仅是精英的事情，乃纯粹脱离实际和无视现实[36]，与党和国家“大众创业、万众创新”的理念号召完全背道而驰。其三，知识产权由专利、商标、版权、其他知识产权部分共同组成，只现有条文即为 210 条。而婚姻法 51 条、继承法 37 条，新搞的人格权编加来加去也就 40 多条，难道将它们编入民法典是因其存量大，而不能把知识产权纳入民法典反而是因其存量小？其四，在编纂民法典的开始阶段，许多人为了宣扬自己能参与编纂的民法典的重要，就竟唱“民法典是社会百科全书”、“是权利法和权利宣言”的高调，但真正静下心来认真读一读公布的民法典草案的条文内容，真的具有百科全书的内容和感受吗？其五，在中国科学院第十九次院士大会、中国工程院第十四次院士大会上，习近平总书记站在建成社会主义现代化强国的战略高度明确指出：“实现建成社会主义现代化强国的伟大目标，实现中华民族伟大复兴的中国梦，我们必须具有强大的科技实力和创新能力。”这为我们提出了推进科技创新的具体要求，为我们建设世界科技强国指明了方向。而我们编纂民法典，为什么不能把在现代市场经济生活中处于核心至高地位的促进科学技术进步的知识产权放进民法典，从而使民法典真正具有更为充实丰富的现代内容，真正具有社会百科全书和权利法的色彩呢？

第七，从编纂民法典所处的时代看，知识产权应当成为民法典的独立一编。编纂民法典的时代，经济、政治、文化等各方面都具有前所未有的机遇和挑战。“当代社会历史的客观进程，当代任何重大的科学技术问题、经济问题、社会发展问题和环境问题等所具有的高度的综合性质，不仅要求自然科学、技术科学和社会科学的各主要部门进行多方面的广泛合作，综合运用多学科的知识和方法，而且要求把自然科学、技术和人文社会科学知识结合成为一个创造性的综合体。”[37]凡著名之法典，无不带有时代特性。新中国编纂民法典，70 年“三起两落久徘徊，早过甲子未成功”[38]。如今编纂中国特色的社会主义民法典，理应突出其时代性。中华民族曾为世界提供了先进的科技文明，也已为知识产权法律保护制度做出了巨大贡献和提供了新的智慧。在世界民商法方面，已有不少国家将知识产权作为民法典的重要内容[39]，我国《民法通则》和《民法总则》

36　诸如弹棉花机的改进、除草机、摘棉花机、做麻花机等发明，民间非物质文化遗产的传承等等，都说明人民群众的智慧与创造能力。

37　宋健主编：《现代科学技术基础知识》（干部选读），北京：科学出版社、中共中央党校出版社 1994 年版，第 46—47 页。

38　王明锁：《中国民商法体系哲学研究》，北京：中国政法大学出版社 2011 年版，第 6—9 页。

39　参见《意大利民法典》，费安玲、丁玫译，北京：中国政法大学出版社 1997 年版；《越南民法典》，米良译、徐中起校，昆明：云南大学出版社 1998 年版。

也已将知识产权提升到了民商基本权利的高度。如果要“不忘初心、牢记使命、继续前进”的话，自然应当在此基础上把知识产权集中凝练提升为民法典的一编。如此模式，将走在世界民商法知识产权制度的前列。而如果回避问题、遇难而退，则无疑与时代精神相悖。如果在当今新时代的大背景下编纂民法典，把本来与物权具有同等权利类型意义价值的知识产权排除在法典分编之外，不仅不能在立法上有所创新，而且仍旧与世界民商立法具有巨大的明显差距。正如全国人大常委会审议民法典各分编草案时徐显明委员所强调的那样，权利的与时俱进，决定了民法典的与时俱进。“新诞生的权利在民法典中得不到反映，这样的立法就是落后的。所以在总体考虑上，应把眼光放得再长一些，具有一些历史感。”[40]

第八，从对知识产权重要价值的认知程度上，也需要将知识产权提升至基本法民商权利内容的构架层次。知识产权是市场经济和科学技术进步的直接产物，同时反过来又是科学技术进步和国强民富社会全面发展的重要法律武器与法律保障。美国总统林肯曾经说过：专利制度是为天才之火添加利益之油！至今这句名言还被镌刻在美国国家专利局的大门上。美国、日本靠科技人才和科技实力发展成为经济强国。“现代国际间的竞争，说到底是综合国力的竞争，关键是科学技术的竞争。”改革开放的中国，已成为第二经济实体，被美国视为是对自己的挑战。中美贸易之争，美国加征关税，条条针对着中国高技术制造业发展，处处针对着中国产业的转型升级，其核心问题乃为科技进步与知识产权问题。我们对此应当十分清醒和警惕，应当巧善改革，破除发展面临的体制机制上的障碍与不足，鼎力激活蛰伏的各项发展潜能，充分利用上层建筑的法律手段让各类市场主体在科技创新和国内国际市场竞争的第一线奋勇拼搏。中国编纂民法典，是新中国民商立法水平提升的重大举措，是百年不遇的重大事件。全国人大常委会审议民法典各分编草案，发现知识产权缺位，引发热烈争议。对此我们理当胸怀全局大局，在法律制度上全力服务于社会科学技术的进步和中国所面临的空前挑战，要对民商法中的知识产权及其相关配套的侵权行为之债和契约行为之债的制度进行明确的宣誓确认和系统规范，以期对社会全面发展和中华民族的伟大复兴提供强有力的法律服务和法律保障。

第九，从编纂法典应当具有的理念和灵魂看，应当使中国的民商法典在世界民商法之林树起一帜。中国古代在科学技术上对世界有过重大贡献，现代中国在知识产权制度上也应当有所作为和创新。市场经济的缓慢发展使我们失去了机会，故步自封、闭关锁国使我们曾经沦落到“东亚病夫”、国破家亡的地

40　朱宁宁：《知识产权是否单独入“典”引发常委会委员热议》，《法制日报》2018 年 9 月 4 日。

步，新中国成立让中国人民站了起来，改革开放后市场经济的地位给了我们难得的发展机遇！编纂民法典是我国民商立法的大事，是社会主义法治体系和法治中国建设的重要步骤。编纂好民法典的各个分编是编纂好民法典的多台重戏，形成一部科学完整、结构合理、逻辑严谨且具中国特色、中国气派的民法典，是对新时代中国特色社会主义市场经济社会生活在法律上的最集中最系统的表达。这次民法典编纂的最大特点，表现为它是在社会主要矛盾已经发生深刻变化的背景下进行的。编纂中国的民法典，应当从过去的重财物轻智识、重温饱轻幸福、重稳定轻和谐的思路中摆脱出来，理当追求创新和发展。实现中华民族的伟大复兴梦，不仅要为新中国改革开放 40 年取得的社会经济科技成果而骄傲，更要树立起中国将在世界民商法理论与实践发展方面能有新的智慧和贡献的信心。《民法通则》和《民法总则》既然已经将知识产权上升为民商法基本权利类型的高度，那么在民法典编纂中，对待知识产权就应当像对待物权一样独立成为专门的一编。

第十，从编纂法典的技术和能力方面看，我国不仅应当而且完全能够成就知识产权编和统一的民商法典。在民法典中是否包括知识产权？有人认为规定知识产权的国际立法上“没有成功的立法例”，法典化“似乎是令人诚惶诚恐的任务”[41]；也有的是事前询问和征求外国专家，问我们能不能在民法典中规定知识产权，得到的回答是“不行”，是“No”！于是我们的人就被吓破了胆，就把人家的一个“No”当成了“圣经”和真理答案。故认为我们编纂民法典，不能将知识产权编入民法典，就在总则中规定这么一条，表明知识产权是私权就可以了。即仍然停留在当时 2002 年民法草案的水平，或者说等以后条件成熟时再编纂专门的知识产权法典。其实这些理由也是站不住脚的。其一，既然承认知识产权是私权，那么就和物权、债权、继承权相同。既然相同，物权等可以单独成编，为什么知识产权不能单独成编？其二，《民法总则》中既然规定了知识产权，表明知识产权就是民事权利类型，分编就应当对此充实和扩展，而不是安于现状和止步不前。其三，立法例成功不成功，本来就没有统一的标准，鞋子只有穿在自己的脚上才知道合适不合适。《意大利民法典》第五编为劳动，其中第九章为智力作品权和工业发明权，第十章是竞争规则和康采恩。[42]《越南民法典》第六编为知识产权和技术转让权，其中包括著作权、工业所有权、技术转让三章。[43]《法国民法典》维持着 200 多年前的古典风情，在民法典

41 〔比〕马克·苑·胡克主编：《比较法的认识论与方法论》，魏磊杰、朱志昊译，北京：法律出版社 2012 年版，第 269 页。

42 《意大利民法典》，费安玲、丁玫译，北京：中国政法大学出版社 1997 年版。

43 《越南民法典》，米良译、徐中起校，昆明：云南大学出版社 1998 年版。

之外编有独立的知识产权法典。《俄罗斯联邦民法典》的第七编为知识产权，是俄罗斯之特色。土库曼斯坦则将专利、商标等排除于法典之外，而将著作权作为该法典之独立一编。[44]可见特色各异，本无统一标准。即使在别国是所谓成功的经验，我们也定不能照抄照搬。成功不成功，路子只有自己走，事情只有自己做，然后总结才知道。[45]

第十一，从我国关于知识产权的认知和立法规定方面看，应当是更上一层楼，而不是停滞不前。在我国《民法通则》颁布后的民法理论中，通常都已包括了知识产权法在内，即知识产权已经成为中国民法理论的重要内容，形成了具有中国特色的民商法理论体系和权利话语体系。[46]《民法通则》作为民商事立法的基本法和重要里程碑，规定了知识产权专节。民法典编纂的第一步，在《民法总则》中又明确坚守了《民法通则》中关于知识产权的民商事权利或私权的属性；将通则中关于知识产权的 4 个条文合并为 1 个条文；丰富发展了知识产权的种类和内容，将地理标志、商业秘密、植物新品种都明确归入知识产权的客体范畴；仍然使知识产权与人身权、物权一样受到法律的同等重视；为民法典分编的编纂指明了方向和逻辑理路，为规定知识产权编留下了极大的容量空间，具有十分明显的特色亮点。因此在民法典分编中，应当更上一层楼，将这一特色亮点发扬光大，而不是停滞不前，更不是要将其抹杀或熄灭。

第十二，从立法技术与民法科学体系结构的安排上，知识产权应当成为民法典的独立一编。《民法通则》规定的民事权利章为 4 节，分别是财产所有权和与财产所有权有关的财产权（实为物权，并含继承权一条）、债权、知识产权、

---

44 土库曼斯坦民法典的体系结构为：第一编总则，第二编物权，第三编债权，第四编著作权，第五编继承。参见《土库曼斯坦民法典》，魏磊杰、朱淼、杨秋颜译，蒋军洲校，厦门：厦门大学出版社 2016 年版。

45 这里需指出的是，可能由于法学的保守性思维，许多违反人们正常思维和不合逻辑的东西大行其道，而明白务实、通俗易懂的东西却没有市场。若按保守者的说法，南京长江大桥恐怕至今也还不会有。因为旧中国时期，国民党政府请教外国专家，要修南京长江大桥，得到的回答是“不可能”！是“Impossible”！但是在新中国，不可能成了现实。改革开放 40 年的成功经验，难道不应使我们自豪和骄傲，难道还树不起我们应有的自信？！

46 在笔者对 14 种民法教材内容或民法专门观点所作的研析中，主张有总论（总则、通则）和物权编的占 100%，主张债编的占 100%（分歧在于债权、债权总论、债权分论、合同分论），主张继承编的占 85.4%，主张知识产权编的占 71.4%，主张人身权编的占 64.2%；主张侵权责任编的占 35.7%，主张亲属编的占 21.4%，主张民事主体编的占 14.2%，主张国际私法、附则、民事行为、时效期限为编的占 0.07%。参见王明锁：《中国民商法体系哲学研究》，北京：中国政法大学出版社 2011 年版，第 14 页。另外，江平教授、李永军教授等也是把知识产权作为民法内容的。见江平、张佩霖编著：《民法教程》，北京：中国政法大学出版社 1986 年版；李永军《民法总论》，北京：中国政法大学出版社 2008 年版；刘定华、屈茂辉主编：《民法学》，长沙：湖南人民出版社、湖南大学出版社 2000 年版。但现在的草案分编则是将占比 35.4%的侵权责任、21.4%的婚姻亲属和民法教材中根本不存在独立成编的人格权与合同法设置成了独立编，而将占比 100%的债和 71.4%的知识产权排除在了独立成编的范围。

人身权。《民法总则》继续《民法通则》的技术安排，依然设立民事权利一章，依然规定民事权利的基本类型为人身权、物权、债权、知识产权、继承权。[47]从现在民法典分编设置情况看，通则和总则中关于民事权利类型的规定，应当直接决定着民法典的分编结构。其一，通则中财产所有权和与财产所有权有关的财产权一节和总则中关于物权的权利规定，加上独立的物权法和部分担保法已经成为民法典的物权编，物权设编无疑义。其二，通则和总则中关于继承权的规定，加上独立的继承法也已成为民法典的继承权编，对此可谓无任何疑义。五者已有其二，完全符合正常的思路规律和技术安排。但是，关于其他民事权利的规定则开始出现魔术或者发生人为的窑变。首先，通则和总则中关于人身权的规定，加上婚姻法、收养法，在民法典分编中被分编成了人格权编和婚姻家庭编。对此遂发生了人所共知的最为激烈的论战！其次，通则和总则中关于债权的规定，加上已有的合同法、侵权法和部分担保法，在民法典分编中分编成了合同编、侵权责任编，而不见债的统一规则。关于是否需要债的总则及相关问题也发生了重大争论。再次，通则和总则中关于知识产权的规定，加上已有的专利法、商标法、著作权法，在民法典分编中等于成了零，没有了踪没有了影！如此观之，一清二楚、明明白白。不知此为何种的立法技术与体系观念，不引发争论热议才灼灼怪事！故从符合逻辑科学严谨的立法技术着眼，通则和总则中的物权规定＋物权法等于物权编，人身权规定＋人格婚姻收养法应当等于人身权编，债权规定＋合同法、侵权法应当等于债权编，继承规定＋继承法等于继承权编，那么通则和总则中对知识产权的规定＋专利法、商标法、著作权法，自然应当等于知识产权编。

第十三，从经济全球化的趋势看，知识产权更需要提升和加强，以营造国际一流营商环境。“中国将尊重国际营商惯例，对在中国境内注册的各类企业一视同仁、平等对待。中国将保护外资企业合法权益，坚决依法惩处侵犯外商合法权益特别是侵犯知识产权行为，提高知识产权审查质量和审查效率，引入惩罚性赔偿制度，显著提高违法成本。”[48]其中的知识产权制度的逻辑体系是：知识产品是企业民商主体的创造成果；取得知识产权，是民商主体自愿申请；国家对企业民商主体的申请进行审查，是国家行政行为，是行政法的事情；企业民商主体取得知识产权后，享有自由支配之权，与物权一样属于静态性权利，受法律保护；如有侵犯，侵权者需承担侵权责任，属于侵权之债的范畴；对于

47　顺便指出，这正是我国《民法通则》与传统《民法总则》内容的区别所在，认为“称民法总则有问题”，经过研究认为“民法通则”更符合实际。参见《民法通则讲座》。由此可以认为中国民法典编纂中将原来的通则改称为总则并不合适，似为忘了初心使命，为邯郸学步、削足适履之举。

48　习近平：《共建创新包容的开放型世界经济——在首届中国国际进口博览会开幕式上的主旨演讲》，新华社上海 2018 年 11 月 5 日电。

知识产权还可以通过契约等方式进行转让等民商事交易，属于契约之债范畴；权利人为自然人者，若逝亡之时，与物权一样按照继承处理。如此可见，在现代的营商环境与内容中，知识产权乃新的最大焦点。故若知识产权缺位，即市场经济残缺；若完善和提升一流的营商环境，即应当十分重视知识产权地位的提升及其在民法典中的层次。

第十四，从知识产权的特性看，知识产权属于民事权利中支配性的权利，与物权一起构成科学完整的产权制度。民事权利以平等、自愿、诚信、公平为基本原则。在民事权利中，有请求权和支配权之分。所谓的支配权，是指民商主体对相应的客体具有占有、使用、处分、收益等支配行为。物权是民商主体对物进行支配利用的权利，为支配权；知识产权是民商主体对自己所创造的智力成果进行控制支配的权利。民商法中的产权制度包括财物产权制度和知识产权制度，两者构成科学完整的产权制度体系。在民商法典中，财物产权表现为物权或者物产权，知识产权表现为智力成果权、知识产权或者知产权。知识产权主体对自己的智力成果，基于平等、自愿、诚信、公平等原则，可以自己支配利用，可以允许他人使用，也可以转让他人所有，可以申请取得知识产权也可以不予申请。有人擅自利用自己的知识产权，权利人有权提出侵权之诉，要求侵权人承担民商责任，也可以自愿协商解决或者放弃权利。对违反行政法或者刑法的侵害知识产权的行为，则依法追究行政法律责任或刑事法律责任。这些权利特性与物权的权利主体、内容、保护均无区别。故将知识产权放入民法典，置于物权之后，是极为科学妥当的。而如果将知识产权排除在民法典之外，将会使民商权利体系遭到破坏割裂，将会使知识产权缺少了民商事法律关系的基础理论和债中的侵权行为与契约行为的制度配合，使知识产权成为独枝孤木，失去理论涵养和制度支撑。

第十五，从我国关于知识产权规定的沿革发展上看，知识产权应当被发扬光大为民法典的独立一编。旧中国在殖民地半殖民地的条件下，起步规定了专利法、商标法和著作权法。新中国在改革开放之初，也规定了相应的专利法、商标法和著作权制度。在新中国民法法典化过程中，《民法通则》将专利、商标和著作权制度合并归类为知识产权，与物权、债权、人身权等基本民事权利类型平行。根据党的十八届四中全会决定，重启民法典之编纂，在其第一步的《民法总则》中，继承和发展《民法通则》的做法，依然规定"民事权利"专章，单条规定民事主体依法享有知识产权，权利人依法就八大类知识产品或智力成果享有专门利用的权利，使知识产权与物权等处于同等的法律地位。应当说，《民法总则》中关于知识产权条文减少而内容增加的举措，绝不是对知识产权的削弱或舍弃，而恰恰是为了给民法典分编留下空间，等待着在法典编纂的第二步中能够作出集中统一和完善精细的科学规定。若按正常逻辑思路和已成规律的做法，知识产权无疑当与物权一样成为法典的一编。我们迈着科学技术飞速发展的新时代步伐，前瞻世界经济和世界知识产权竞争的新浪潮，我们应当不忘初心而坚定前行，将知识产权充实整合发展提升为民法典的独立一编，让我国的知识产权之光更加灿烂光彩，让熊熊燃起的创新创造之火烧得更旺！

第十六，从知识产权对促进民商主体创新发展的价值意义和《民法通则》当时对知识产权的规定理念来看，也应当将其拓展提升为知识产权专编。新中国于20世纪五六十年代和改革开放初期，都是想编纂出完整民法典的，“到1982年就起草了民法四稿[49]。但是，由于民法涉及到各个方面，情况很复杂；我国的经济体制改革正在发展，当时要制定一个完整的民法典有困难。所以，彭真、习仲勋（当时是法制委员会主任）决定，先制定单行法，根据需要，哪个成熟了，就先制定哪个。在先后制定了一批单行法律之后，又制定了《民法通则》”[50]。“《民法通则》专门有一章规定民事权利，这是我国民法的一个特色。”在传统物权和债权外，特别规定了知识产权和人身权。在国外，由于历史的原因，“没有哪一个国家的民法里关于知识产权的规定有咱们规定得这样完整”，“人身权一个是身份权，一个是人格权”。[51]对此王家福先生评价认为：《民法通则》在宪法与刑法已有规定外，又从民事的角度对人身权利作比较完备的规定，这是我国社会主义法制的进步。人民是国家的主人，社会的支撑者，建设的主力军。人身权比财产权有更重要的地位。只有认真保护了公民的和法人的人身权，才能使亿万人民、数以百万计的法人身上蕴藏的无穷无尽的创造力像火山一样迸发出来，把我国社会主义现代化建设事业生机勃勃地推向胜利的高峰。王家福先生十分重视知识产权，不遗余力地推动知识产权制度的建立，1981年在《法学研究》上发表关于专利法制定的文章，短短几年，知识产权在《民法通则》中被专节规定。王家福先生认为“在中国《民法通则》中对知识产权作出明确规定具有划时代的意义”，认为“《民法通则》以基本法的形式，明确规定知识产权，可以促进对创造性脑力劳动者合法权益的保护，推动技术迅速转化为生产力，促进文化成果更广泛地传播，促进国际文化技术的交流”。[52]但是斗转星移30余年，科技超显竞争空前，如今编纂中国民法典，分编草案竟

49　《中华人民共和国民法草案（第四稿）》的第五编为“智力成果权”，3章21条，为法典的独立一编。

50　“由于与传统的民法总则内容不完全一样，所以称民法总则有点问题。原来想叫民法总纲，向委员长汇报后，委员长提出可否叫《民法通则》。经过研究，认为委员长提的《民法通则》比民法总纲要好，更符合实际。为什么搞民法通则而不是搞民法总则，是根据实际情况，根据我们需要规定的内容来决定的。”参见《民法通则讲座》。现在看来，2017年通过的所谓的《民法总则》的内容仍然具有同样的特点，所以叫民法通则显然比叫民法总则更科学合理和具有中国特色。

51　参见《民法通则讲座》，1986年9月，第12—13页、第44—45页。

52　参见《民法通则讲座》，1986年9月，第211页。

然没有知识产权的踪影，《民法通则》中物质商品与知识商品同辉运行的光景逝去，现在草案的科学性、时代性和民族性很是令人遗憾担忧，一方面现代中国工业革命不断取得世界性的新突破，使中华民族能够吐气扬眉，另一方面则不能使知识产权在民法典中续放光彩，有物产权而无知产权，乃重返重物轻智之锈轨腐念也。故在《民法通则》对知识产权专节规定的基础上，如同对待物权一样拓展为一编方为明智的最佳选择！

第十七，从民法典编纂和创新驱动发展战略看，将知识产权编入民法典是适时的和恰当的。2014 年党的十八届四中全会《关于全面推进依法治国若干重大问题的决定》中指出，要加强重点领域立法，保障公民人身权、财产权，完善激励创新的产权制度、知识产权保护制度和促进科技成果转化的体制机制，“加强市场法律制度建设，编纂民法典”。2015 年中共中央、国务院发布《关于深化体制机制改革加快实施创新驱动发展战略的若干意见》明确指出，要根据科学技术活动特点，把握好科学研究的探索发现规律，为科学家潜心研究、发明创造、技术突破创造良好条件和宽松环境；把握好技术创新的市场规律，让市场成为优化配置创新资源的主要手段，让企业成为技术创新的主体力量，让知识产权制度成为激励创新的基本保障；要坚持全面创新，把科技创新摆在国家发展全局的核心位置；实现科技创新、制度创新、开放创新的有机统一和协同发展；到 2020 年，基本形成适应创新驱动发展要求的制度环境和政策法律体系，为进入创新型国家行列提供有力保障。2016 年，按照全国人大的安排，编纂民法典拟分为两步走，民法典由《民法总则》和各分编组成，《民法总则》争取在 2017 年全国人大通过，各分编将在 2018 年整体提请审议，并力争 2020 年提请全国人大审议通过。可见，国家的创新驱动发展战略与知识产权制度、知识产权制度与民法典编纂、民法典编纂与全面依法治国之间具有非常密切的逻辑关系和时间联系。民法典中知识产权编的缺位，将严重影响创新驱动发展战略和全面依法治国的层次和水准。因此，使知识产权依旧游离于民法典之外或安于现状的做法，以及等待所谓条件时机成熟时再编入民法典或者再专门编纂知识产权法典的说法，都与新时代的中国特色要求不相符合，而在民法典各分编编纂之时，凝聚智慧，一鼓作气将知识产权成就为民法典的专门一编，则是适时恰当、守正创新和明智果敢之举。正如张文显教授所说：“整个法治建设和法治改革要以问题为导向，民法典的编纂更应当坚持问题导向，直面民事法律领域的突出问题，积极回应人民群众的美好期待。”[53]恩格斯在论述民法与社会的关系时曾经指出，如果说民法准则只是以法律形式表现了社会的经济生活条件，那么这种

53　张文显：《中国民法典的历史方位和时代精神》，《经贸法律评论》2018 年第 1 期（创刊号）。

准则就可以依情况的不同而把这些条件有时表现得好，有时表现得坏。对此，我们的选项应当是表现得好和更好，而非表现得差或更差！是表现得好而非表现得快，因为我们面临的主要矛盾和问题不是没有一般的民商法律，而是没有体系科学、逻辑严谨、内容精当、形式优美、具有中国特色中国气派和社会主义时代特色的高水平高质量的民商法典。

六、知行合一久锻萃，成就知识产权编：《中华人民共和国民商法典“知识产权编”草案建议稿（黄河版）》

无论在社会创新土壤和创新人才，还是在创新支持力度和政策法律导向上，我国现代科学发展都具有了广阔深厚的基础，整体上作为创新型国家的格局已经形成，中国科技发展对国际的贡献愈来愈大。在新的历史时期和历史方位，必须不忘初心牢记使命砥砺前行，顺应潮流积极应变主动求变，与新时代同行，与良法善治相应。“行之力则知愈进，知之深则行愈达。”科技创新如此，法典编纂亦如此。本文继续知行合一，在前“三编”[54]基础之上，拟就《中华人民共和国民商法典“知识产权编”草案建议稿（黄河版）》。其中对尚须指出之重要问题，以注释方式表达。

第四编 知识产权

第一章 总则

第八百七十二条[55] 为与现代市场经济相适应，增强科技实力和创新能力，发展繁荣社会主义智力成果，遵循民商权利的科学类型，本法典设知识产权编，加强尊重和保护知识产权，促进社会全面和谐进步。

第八百七十三条 知识产权是民商主体依法对知识产品或者智力成果进行

54 王明锁：《中国民商法典编纂的重大疑难问题——附〈中华人民共和国民商法典“通则编”草案建议稿〉（黄河版）》，《晋阳学刊》2016年第3期（第一编“通则”，226条）；《中国民商法典编纂中对人身权制度的整合与完善——附〈中华人民共和国民商法典“人身权编”草案建议稿〉（黄河版）》，《晋阳学刊》2017年第1期（第二编“人身权”，247条）；《中国民商法典编纂中对物权制度的修正整合与创新完善——附〈中华人民共和国民商法典物权编草案建议稿（黄河版）〉》，载《私法第16辑·第2卷（总第32卷）》，武汉：华中科技大学出版社（第三编“物权”，398条）。三编共为871条。

55 所拟《中华人民共和国民商法典草案建议稿（黄河版）》连续计算条文，第三编“物权”最后一条为第871条，故本编首条为第872条。

占有、使用、收益、处分等支配性的权利。除法律特别规定或者知识产权人约定允许外，不经知识产权人同意，任何组织和个人不得利用。

第八百七十四条　知识产权包括专利权、商标权、作品创作者权、作品传播者权和其他知识产权。民商主体在市场经济和社会生活中的一切智识创造成果，均受本法保护。[56]

第八百七十五条　知识产权的范围以本法规定的保护范围为依准。本法规定与参加的世界知识产权条约或者公约规定的范围不一致的，以参加的知识产权条约或者公约的规定为保护范围，但是我国进行声明保留的条款除外。

第八百七十六条　民商主体享有知识产权，依法应当申请或者审核的，以审核批准的时间为权利产生时间；没有规定需要申请或者审核的，自智识成果创造完成时，即取得和享有相应的知识产权。

第八百七十七条　知识产权属于有期限限制的民商权利。在法律规定期限内，知识产权具有受法律保护的效力。超过规定期限的，知识产权不再受法律保护，但是知识产权中的人身利益不受保护期限的限制。

第八百七十八条　知识产权人取得的知识产权，在享有知识产权的地域范围内受法律保护。知识产权人的权利需要在其他地区或者国家也受到法律保护的，应当另外申请和取得在相应地区和国家的知识产权。但是根据法律特别规定或者有关国际条约、公约、协定及互惠原则，不需要另外申请即可在其他地区或者国家也受到同等保护的除外。

第八百七十九条　知识产权人享有知识产权，以权利人取得的知识产权权利证书为公示公信的形式。但依法无需取得相应知识产权权利证书即享有权利的，也受到法律保护。

第八百八十条　民商主体取得和行使知识产权，应当遵守本法典规定，并不得损害其他民商主体的合法权益。

第八百八十一条　知识产权受到法律严格保护，任何组织和个人不得侵犯。侵犯他人知识产权的行为，依照本法典债权编的侵权行为之债的规定承担民商法律责任；同时违反其他法律规定的，依照相应法律承担其他的法律责任。

56　对知识产权种类的排序，我国理论上通常为著作权、专利权、商标权；而在国际知识产权理论中有的排序为工业产权（专利权和商标权）和版权，有的排序为品牌、商标、著作权、专利、设计以及相关权利，或者专利、著作权和商标。见〔美〕卡拉·C. 希比：《国际知识产权简明教程——在全球范围保护您的品牌、商标、著作权、专利、设计以及相关权利》，何群译，北京：经济科学出版社 2006 年版，第 5 页。

第二章 专利权[57]

第一节 一般规定

第八百八十二条 工业生产领域的发明创造是经济发展、社会进步、国家安全、人民幸福和民族尊严的重要基础。国家鼓励和支持一切有益于人类社会的科学技术的发明创造，依法授予发明创新者相应的专利权，允许其独占利用和收享利益。[58]

第八百八十三条 民商主体有权对自己生产或者使用的产品，所使用的方法或其改进提出新的技术方案，以期实现更为先进新颖、高效实用的目的，并可以依法取得发明专利权。

第八百八十四条 民商主体有权对自己生产或者使用的产品的形状、构造或者其结合提出新的技术方案，以期实现更为新颖先进、适于实用的目的，并可以依法取得实用新型专利权。

第八百八十五条 民商主体有权对自己所生产产品的形状、图案或者其结合以及色彩与形状、图案的结合作出富有视觉美感并适于工业应用的新设计，以期实现更为美观雅致和受人喜爱的目的，并可以依法取得外观设计专利权。

第八百八十六条 民商主体对自己的发明、实用新型或者外观设计，欲取得相应专利权的，应当向国家专利局提出申请。

向国家专利局申请专利，通过审查，符合专利权条件的，授予申请人相应的专利权。

第八百八十七条 权利人对取得的专利成果，依法享有独占利用、处分支配和收取利益的权利。未经专利权人许可，除本章第七节特别规定的强制许可外，其他任何组织和个人均不得利用专利权人的专利。

---

57 将专利权排在知识产权制度的首位，首先是因为根据马克思所说，自然科学是一切知识的基础。其次是因为专利与市场经济的产品关系最为直接和密切。专利制度在经济生活中产生及立法的历史较早、对国家经济社会发展作用巨大，还因为“专利权是标准中知识产权体系的核心与重点”。参见李扬主编：《知识产权的合理性、危机及其未来模式》，北京：法律出版社 2003 年版，第 288 页。

58 专利权鼓励发明创造的实质在于专利权人从自己独占实施和转让他人实施的过程中取得利益，以补偿前期的成本投入和赚取难以确定的利益，而不应当主要是事前给钱买取民商主体去进行所谓的创造和申请。如果凡是提出申请专利者，即给予确定标准数额的奖励，即必然会出现为取得特定奖励而申报专利的虚假现象（因为申请的不一定属于真实的发明，不一定能被授予专利；即使有的被授予专利，其价值也极不相同），其申报专利的发明创造的真正价值意义将受到质疑。如果将专利申请数量与审核批准数量及专利实际实施使用数量、使用年限、使用收益效果进行比较，即可发现其明显差异。因此凡对申请者即予奖励的措施更多的只能是造成虚假的专利增长，而与民商法的诚信原则相违背，与专利制度的本质意旨不合。专利人的利益与专利制度的真正价值应当是从专利实际使用的期限和使用量及收益方面来衡量。

第二节　专利权的条件

第八百八十八条　发明专利权的客体（发明）是产品或者方法的新的技术方案。能够取得发明专利权的新的技术方案，应当具备新颖性、创造性和实用性，即在申请日以前没有同样的发明创造，也没有任何人就同样的技术方案在申请日以前向国家专利局提出过申请，并记载在申请日以后公布的专利申请文件或者公告的专利文件中；与已有的技术相比，具有实质性特点和进步；产品能够被制造或者使用，并产生积极的效果。

第八百八十九条　实用新型专利权的客体（实用新型）是产品形状、构造及其结合或者微创性的新技术方案，应当在申请日以前没有同样的发明创造，也没有任何人就同样的技术方案在申请日以前向国家专利局提出过申请，并记载在申请日以后公布的专利申请文件或者公告的专利文件中；与申请日以前在国内外为公众所知的技术相比，具有突出的实质性特点和显著的进步；产品能够被制造或者使用，并产生积极的效果。

第八百九十条　外观设计专利权的客体（外观设计）是产品形状、图案、色彩及其组合搭配的新设计，应当具有新颖性或者独创性，且富有美感和适合于工业上的应用，即与申请日以前在国内外出版物上公开发表过或者国内公开使用过的外观设计不相同且不相近似；富有美感、高雅脱俗、受人喜爱、具欣赏性；并能够用工业生产的方式将外观设计置于产品之上。

第八百九十一条　申请专利的发明创造在申请日以前六个月内，有下列情形之一的，不丧失新颖性：

（一）在中国政府主办或者承认的国际展览会上首次展出的；

（二）在规定的学术会议或者技术会议上首次发表的；

（三）他人未经申请人同意而泄露其内容的。

第八百九十二条　对于下列情形，不授予专利权：

（一）科学发现；

（二）智力活动的规则和方法；

（三）疾病的诊断和治疗方法；

（四）用原子核变换方法获得的物质；

（五）对平面印刷品的图案、色彩或者二者的结合作出的主要起标识作用的设计；

（六）转变基因或者进行基因编辑的植物；

（七）动物。

对于非转基因类植物品种[59]和对动物品种的生产方法，可以授予专利权。[60]

第三节 专利权的申请

第八百九十三条 取得专利权，实行先申请原则。同样的发明创造或者技术方案，必须先提交专利申请，才能取得和享有专利权。

第八百九十四条 民商主体在国内申请专利和办理其他专利事务的，可以直接向国家专利局提出申请，也可以委托专利代理机构办理。

第八百九十五条 在中国没有住所或者营业场所的外国民商主体在中国申请专利的，依照其所属国同中国签订的协议或者共同参加的国际条约，或者依照互惠原则办理。

第八百九十六条 民商主体将在中国完成的发明或者实用新型向外国申请专利的，应当事先报经国家专利局进行保密审查。

民商主体可以根据中华人民共和国参加的国际条约提出专利国际申请。申请人提出专利国际申请的，也应当按照前款规定办理。

第八百九十七条 申请发明或者实用新型专利的，应当提交请求书、说明书及其摘要和权利要求书等文件。

申请外观设计专利的，应当提交请求书、该外观设计的图片或者照片以及对该外观设计的简要说明等文件。申请人提交的有关图片或者照片应当清楚地显示要求专利保护的产品的外观设计。

第八百九十八条 国家专利局收到专利申请文件之日为申请日。如果申请

59 实际上随着社会发展，对植物新品种可以授予专利权。参见最高人民法院 2018 年 12 月 19 日发布指导案例 100 号：《山东登海先锋种业有限公司诉陕西农丰种业有限责任公司、山西大丰种业有限公司：侵害植物新品种权纠纷案》。先锋国际良种公司是“先玉 335”植物新品种权的权利人，其授权山东登海先锋种业有限公司作为被许可人对侵害该植物新品种权提起民事诉讼。登海公司于 2014 年 3 月向西安市中级人民法院起诉，称 2013 年山西大丰公司生产、陕西农丰种业销售的外包装为“大丰 30”的玉米种子侵害“先玉 335”的植物新品种权。北京玉米种子检测中心于 2013 年对送检的被控侵权种子依据 NY/T1432-2007 玉米品种 DNA 指纹鉴定方法，使用 3730XL 型遗传分析仪、384 孔 PCR 仪进行检测，结论为待测样品与对照样品“先玉 335”比较位点数 40，差异位点数 0，结论为相同或极近似。对此大丰公司提出异议。该站于 2011 年委托农业部植物新品种测试中心对“大丰 30”进行 DUS 测试，即特异性、一致性和稳定性测试，结论为“大丰 30”与“先玉 335”为不同品种。审理结果认为大丰公司生产、农丰种业销售的“大丰 30”并未侵害“先玉 335”的植物新品种权。驳回登海公司的再审申请。

60 转基因技术和基因编辑技术，对社会发展和人类生存安全具有重大影响，须慎重对待，并且从相关法律的角度予以回应，而不应当进行故意漠视或坐视不管。科学技术的进步应当是造福于人类，增强人类的生活幸福感，而不是一味地为了金钱利益而对人类本身进行排挤、侵害，使技术金钱对人类人性进行扭曲，甚至对人类生存安全造成危险（如在没有发明出化解塑料制品技术的情况下，即将塑料制品技术投入使用，已经给人类和海洋生物生存环境造成了极大危害；据说当时实施生产塑料制品技术即遭到这位有良心的发明人的反对，并因此而自杀身亡）。民商法的一个基本准则是避免危险和消除危险，消除危险虽是民商法律责任的一种方式，但毕竟是事后措施，多为时已晚。

文件是邮寄的，以寄出的邮戳日为申请日。如果申请是以电子网络系统发出的，国家专利局电子网络系统显示的收到日为申请日。

第八百九十九条　申请人自发明或者实用新型在外国第一次提出专利申请之日起十二个月内，或者自外观设计在外国第一次提出专利申请之日起六个月内，又在中国就相同主题提出专利申请的，依照该国同中国签订的协议或者共同参加的国际条约，或者依照相互承认优先权的原则，可以享有优先权。

申请人自发明或者实用新型在中国第一次提出专利申请之日起十二个月内，又向国家专利局就相同主题提出专利申请的，可以享有优先权。

第九百条　申请人要求优先权的，应当在申请的时候提出书面声明，并且在三个月内提交第一次提出的专利申请文件的副本；未提出书面声明或者逾期未提交专利申请文件副本的，视为未要求优先权。

第九百零一条　一件发明或者实用新型专利申请应当限于一项发明或者实用新型。属于一个总的发明构思的两项以上的发明或者实用新型，可以作为一件申请提出。一件外观设计专利申请应当限于一项外观设计。同一产品两项以上的相似外观设计，或者用于同一类别并且成套出售或者使用的产品的两项以上外观设计，可以作为一件申请提出。

第九百零二条　申请人可以对其专利申请文件进行修改，但是对发明和实用新型专利申请文件的修改不得超出原说明书和权利要求书记载的范围，对外观设计专利申请文件的修改不得超出原图片或者照片表示的范围。

申请人可以在被授予专利权之前随时撤回其专利申请。

第四节　专利权的取得

第九百零三条　民商主体对自己的科技创新成果，依法向国家专利局申请，经审查授予专利后，取得专利权。

第九百零四条　同样的发明创造只能授予或者取得一项专利权。但是同一申请人同日对同样的发明创造既申请实用新型专利又申请发明专利，先获得的实用新型专利权尚未终止，且申请人声明放弃该实用新型专利权的，可以授予和取得发明专利权。

第九百零五条　两个以上的申请人分别就同样的发明创造申请专利的，授予最先申请的人取得专利权。

第九百零六条　依法取得的专利权，受法律保护，任何人不得擅自利用或者侵犯。

发明或者实用新型专利权的保护范围以其权利要求的内容为准。外观设计专利权的保护范围以表示在图片或者照片中的该产品的外观设计为准。

第五节 专利权的归属

第九百零七条 执行组织单位的任务或者主要是利用单位的物质技术条件所完成的发明创造为职务发明创造。职务发明创造申请专利的权利属于该单位；申请被批准后，该单位为专利权人。

第九百零八条 非职务发明创造，申请专利的权利属于发明人或者设计人；申请被批准后，该发明人或者设计人为专利权人。

对非职务发明创造专利申请，应当予以鼓励，不得刁难、压制或者打击。

第九百零九条 利用单位的物质技术条件所完成的发明创造，单位与发明人或者设计人订有契约，对申请专利的权利和专利权的归属有约定的，从其约定。没有约定或者约定不明确的，单位与发明人或者设计人共同享有专利权。

第九百一十条 两个以上的民商主体合作完成的发明创造，或者一方接受另一方的委托所完成的发明创造，其专利申请权和专利权的归属，有协议的按照协议确定，没有协议或者协议约定不明确的，属于完成或者共同完成的民商主体享有。

第九百一十一条 专利申请权和专利权的归属可以转让。

中国民商主体向外国民商主体转让专利申请权或者专利权的，应当经国家专利局办理审核手续。

转让专利申请权或者专利权的，当事人应当订立书面契约，并向国家专利局登记，由国家专利局予以公告。专利申请权或者专利权的转让自登记之日起生效。

第六节 专利权人的权利

第九百一十二条 发明人或者设计人有权在专利文件中写明自己是发明人或者设计人。

专利权人有权在其专利产品或者该产品的包装上标明专利标识。但不得进行虚假说明，以欺诈或者误导消费者。[61]

---

61 如《中国经营报》记者通过调查发现，金龙鱼食用调和油实有两个版本，其名称、包装相似，一款有“非转基因”标识，另一款没有。二者配方大相径庭，却用着一样的宣传语。其（转基因）的配料表显示，转基因原料达 70%：49%为转基因大豆油，21%为转基因菜籽油。这款转基因调和油包装上的右侧醒目位置还印有“中国发明专利配方”字样。按照包装上提供的专利号（ZL 2014 10256274.7）查询发现，这一专利的名称为“调和油组合物及其制备方法”，主要内容仅是一种新的芝麻油制备方法，用以改善风味。长期以“黄金比例 1∶1∶1”占领消费者心智的金龙鱼旗下的多款产品主要原料都是价格较为低廉的转基因大豆油或菜籽油。但随着《食品安全国家标准植物油》（GB2716—2018）（食用油新国标）的落地，许多厂家讳莫如深的调和油配比将得以公之于众（最新报道时间：2019 年 1 月 27 日）。而据以前报道，在中国，嘉里粮油（隶属马来西亚华裔创办的郭兄弟集团香港分公司）旗下的“金龙鱼”食用油，10 年来一直以绝对优势稳居小包装食用油行业第一品牌地位。

第九百一十三条　专利权人有权独自实施其专利，也有权允许其他人实施专利。

实施是指为生产经营目的而制造、使用、许诺销售、销售、进口其专利产品，或者使用其专利方法以及使用、许诺销售、销售、进口依照该专利方法直接获得的产品。

第九百一十四条　发明和实用新型专利权被授予后，除特别规定的强制许可外，未经专利权人许可，任何组织和个人都不得实施其专利。

外观设计专利权被授予后，未经专利权人许可，任何组织和个人都不得实施其专利。

第九百一十五条　专利权人有权允许他人单独实施自己的专利。专利权人应当与实施人订立专利实施许可合同；实施人应当向专利权人支付专利使用费。

被许可人无权允许合同规定以外的人实施该专利。

发明专利申请公布后，申请人可以要求已经实施其发明的人支付适当的费用。

第九百一十六条　专利申请权或者专利权的共有人对权利的行使有约定的，按照其约定；没有约定或者约定不明确的，共有人可以单独实施或者以普通许可方式许可他人实施该专利；许可他人实施该专利的，收取的使用费应当在共有人之间分配。

除前款规定的情形外，行使共有的专利申请权或者专利权应当取得全体共有人的同意。

第九百一十七条　被授予专利权的单位应当对职务发明创造的发明人或者设计人给予奖励；发明创造专利实施后，根据其推广应用的范围和取得的经济效益，对发明人或者设计人给予合理的报酬。[62]

第七节　专利实施的强制许可

第九百一十八条　有下列情形之一的，国家专利局根据具备实施条件人的申请，可以给予实施发明专利或者实用新型专利的强制许可：

（一）专利权人自专利权被授予之日起满三年，且自提出专利申请之日起满四年，无正当理由未实施或者未充分实施其专利的；

（二）专利权人行使专利权的行为被依法认定为垄断行为，为消除或者减少该行为对竞争产生的不利影响的。

第九百一十九条　申请强制许可人应当提供证据，证明其以合理的条件请

62　此规定乃专利激励机制的本义所在。事先即以奖励的方式鼓励提出专利申请，在很大程度上只是增加了专利申请数量。近年所谓的知识产权人才奇缺，实际上主要是由于专利申请量在事先奖励机制下数量增加，对专利申请进行审查的人员即相对缺乏，故频频开办所谓的知识产权学院来满足知识产权人才缺乏的状况。对此似乎应当有更为理性的认识和客观的分析。事后奖励是对结果的肯定，事先奖励是对虚假的鼓动。

求专利权人许可其实施专利，但未能在合理的时间内获得许可。

第九百二十条 在国家出现紧急状态或者非常情况时，或者为了公共利益的目的，国家专利局可以给予实施发明专利或者实用新型专利的强制许可。

第九百二十一条 一项取得专利权的发明或者实用新型比前一已经取得专利权的发明或者实用新型具有显著经济意义的重大技术进步，其实施又有赖于前一发明或者实用新型的实施的，国家专利局根据后一专利权人的申请，可以给予实施前一发明或者实用新型的强制许可。根据前一专利权人的申请，也可以给予实施后一发明或者实用新型的强制许可。

第九百二十二条 国家专利局作出的给予实施强制许可的决定，应当及时通知专利权人，并予以登记和公告。

给予实施强制许可的决定，应当根据强制许可的理由规定实施的范围和时间。强制许可的理由消除并不再发生时，国家专利局应当根据专利权人的请求，作出终止实施强制许可的决定。

第九百二十三条 取得实施强制许可民商主体不享有独占的实施权，并且无权允许他人实施。

第九百二十四条 取得实施强制许可的民商主体应当付给专利权人合理的使用费。使用费数额由双方协商；协商不成的，由国家专利局裁决。

第九百二十五条 当事人对国家专利局关于实施强制许可的决定或者对使用费的裁决不服的，可以依法向人民法院起诉。

第九百二十六条 国有法人的发明专利，对国家利益或者公共利益具有重大意义的，经有关主管部门报经国务院批准，可以决定在批准的范围内应用，允许指定单位实施，实施单位应当按照国家规定向专利权人支付使用费。

第八节 专利权的期限、终止和无效

第九百二十七条 民商主体申请专利权被批准授予的，在规定期限内享有专利权。发明专利权的期限为二十年，实用新型专利权和外观设计专利权的期限为十年，均自申请日起计算。

第九百二十八条 专利权人享有专利权，应当自被授予专利权的当年开始缴纳年费。

没有按照规定缴纳年费或者专利权人以书面声明放弃其专利权的，专利权在期限届满前终止。专利权在期限届满前终止的，由国家专利局登记和公告。

第九百二十九条 自国家专利局公告授予专利权之日起，任何人认为该专利权的授予不符合法律规定的，可以请求专利复审委员会宣告该专利权无效。

专利复审委员会对宣告专利权无效的请求应当及时审查和作出决定，并通知请求人和专利权人。宣告专利权无效的决定，由国家专利局登记和公告。

第九百三十条　宣告无效的专利权视为自始不存在。

宣告专利权无效的决定，对在宣告专利权无效前人民法院作出并已执行的裁判决定，以及已经履行的专利权合同，不具有追溯力。当事人不负返还专利侵权、专利使用、专利转让等费用的责任。但是明显违反公平原则的，应当全部或者部分返还。因专利权人的恶意给他人造成的损失，应当给予赔偿。

第三章　商标权

第一节　一般规定

第九百三十一条　民商主体可以在自己生产或者经营的商品上标注标牌标记，以区别和表明自己的商品质量、品质性能等与众不同，以维护商品商业信誉，保证商品品质和服务质量，保障消费者和生产经营者利益，促进市场经济繁荣发展，最大限度地满足人民日益增长的幸福生活需要。

第九百三十二条　商标是商品上的标志或者商品的牌子。经国家商标局核准并登记注册的商标为注册商标。商标注册申请人对于获得注册的商标享有商标专用权，受法律保护。民商主体在商品生产和商业服务活动中，对其商品或者服务需要取得商标专用权的，应当向商标局申请商标注册。

第九百三十三条　民商主体可以单独申请商标注册，也可以共同申请商标注册。对于共同申请的注册商标，民商主体共同享有商标专用权。

第九百三十四条　法律规定必须使用注册商标的商品，民商主体必须申请商标注册，未经核准注册的，不得进行市场销售。

第九百三十五条　注册商标在其注册所属地区或者国家发生法律效力。注册商标在其他地区或者国家发生法律效力的，应当依法分别申请注册或者根据相关特别法律规定或者条约和公约确定其效力。

第九百三十六条　申请注册和使用商标，应当遵循诚实信用原则。商标使用人应当对其所用商标的商品质量和服务质量负责，禁止欺诈行为。

第二节　商标的条件

第九百三十七条　商品制造或销售者用于商品上的商标为商品商标。商业服务业者用于服务行业方面的商标为服务商标。以团体、协会或者其他组织名义注册，供该组织成员在民商事活动中使用，以表明使用者在该组织中的成员资格的标志，为集体商标。由对某种商品或者服务具有监督能力的组织所控制，而由该组织以外的民商主体使用于其商品或者服务，以证明该商品或者服务的原产地、原材料、制造方法、品质质量或者其他特定品格的标志，为证明商标。

第九百三十八条　任何能够将自己的商品或者服务与他人的商品或者服务

区别开来的标志，包括文字、图形、字母、数字、三维标志、颜色组合和声音、气味、触感等，以及文字、图形、声音等要素的组合，均可作为商标进行申请注册。[63]

第九百三十九条　申请注册的商标，应当有显著特征，便于识别，并不得与他人在先取得的商标专用权利相冲突。

第九百四十条　用于商品生产销售和商业服务的标记不得与国家政府或者国际组织的名称、徽记等标志、图形等相同或者相近似；不得带有民族、种族等歧视性；不得带有欺骗性，容易使公众对商品的质量等特点或者产地产生误认；不得有害于社会道德风尚或者其他不良影响。

第九百四十一条　县级以上行政区划的地名或者公众知晓的外国地名，不得作为商标。但是地名具有其他含义或者作为集体商标、证明商标组成部分的除外；已经注册的使用地名的商标继续有效。

第九百四十二条　商品的通用名称、图形、型号，直接表示商品的特性质量、原料成分、功能用途、重量数量及其他特点的标记，不得作为商标注册。但是这些标志经过使用具有显著特征并便于识别的，可以作为商标注册。

第九百四十三条　以三维（立体）标志申请注册商标的，仅由商品自身的性质产生的形状、为获得技术效果而需有的商品形状或者使商品具有实质性价值的形状，不得作为商标注册。[64]

第九百四十四条　在市场上具有较高声誉并为相关公众所熟知的商标，为驰名商标，包括注册驰名商标和未注册驰名商标。

商标使用的时间、范围，商品的质量及其稳定性，公众的信赖程度与口碑，在公众范围内的实际知名度和对商标进行宣传形成的知名度，是影响商标是否驰名的因素。

驰名商标为事实上的认定。不得以驰名商标字样注册，生产经营者不得将驰名商标字样用于商品、商品包装或者容器上，或者用于广告宣传、展览以及

63　有的商标标识在实践中也会有争议。如 Christian Louboutin 的“红底鞋”商标，最先在法国申请鞋类商标，并且向世界知识产权组织提交申请，后就此国外注册商标申请在中国领土延伸保护，发生纠纷。评审委认定该申请商标为图形商标；一审法院认定申请商标为三维标志；二审认定申请商标为限定使用位置的单一颜色商标。对此，笔者认为作为商标，分类如何并不重要，关键在其具有显著特性和区别性。只要具有明显特性、容易识别，即可作为注册商标，至于算作图形还是三维等，乃次要末节问题，不应影响其作为商标标识注册并受法律保护的本质属性。

64　三维商标即立体商标，与通常所见的表现在一个平面上的商标图案不同，而是以一个具有长、宽、高三种度量的立体物质形态出现，此种形态可出现在商品的外形上，也可表现在商品的容器或其他地方。但并不是所有的三维标志都可作为商标注册。如仅由通用灯泡形状、麻花形状，剃须刀刀片形状、剪刀形状、轮胎形状、钻石切面形状等并不能作为商标注册。因为这些形状是任何同类商品都必然要具有的形状，而不是区别与其他商品图形形状的标志。

其他商业活动。

第九百四十五条　就相同或者类似商品申请注册的商标是复制、摹仿或者翻译他人未在中国注册的驰名商标，容易导致混淆的，不予注册并禁止使用。

就不相同或者不相类似商品申请注册的商标是复制、摹仿或者翻译他人已经在中国注册的驰名商标，误导公众，致使该驰名商标注册人的利益可能受到损害的，不予注册并禁止使用。

为相关公众所熟知的商标，持有人认为其权利受到侵害时，可以依照本法规定请求驰名商标保护。

第九百四十六条　商标中有商品的地理标志，而该商品并非来源于该标志所标示的地区，误导公众的，不予注册并禁止使用；但是已经在不知情的情况下取得注册的继续有效。

地理标志是指标示某商品来源于某地区，该商品的特定质量、信誉或者其他特征，主要由该地区的自然因素或者人文因素所决定的标志。

第九百四十七条　未经授权，代理人或者代表人以自己的名义将被代理人或者被代表人的商标进行注册，被代理人或者被代表人提出异议的，不予注册并禁止使用。

就同一种商品或者类似商品申请注册的商标与他人在先使用的未注册商标相同或者近似，申请人与该他人具有前款规定以外的合同、业务往来关系或者其他关系而明知该他人商标存在，该他人提出异议的，不予注册。

第三节　商标注册的申请

第九百四十八条　商标注册申请人应当按照规定的商品分类表填报使用商标的商品类别和商品名称，提出注册申请。

商标注册申请人可以通过一份申请就多个类别的商品申请注册同一商标。

第九百四十九条　注册商标需要在核定使用范围之外的商品上取得商标专用权的，应当另行提出注册申请。

注册商标需要改变其标识的，应当重新提出注册申请。

第九百五十条　商标注册申请人自其商标在外国第一次提出商标注册申请之日起六个月内，又在中国就相同商品以同一商标提出商标注册申请的，依照该外国同中国签订的协议或者共同参加的国际条约，或者按照相互承认优先权的原则，可以享有优先权.

依照前款要求优先权的，应当在提出商标注册申请的时候提出书面声明，并且在三个月内提交第一次提出的商标注册申请文件的副本；未提出书面声明或者未按期提交商标注册申请文件副本的，视为未要求优先权。

第九百五十一条　商标在中国政府主办的或者承认的国际展览会展出的商

品上首次使用的，自该商品展出之日起六个月内，该商标的注册申请人可以享有优先权。

依照前款要求优先权的，应当在提出商标注册申请的时候提出书面声明，并且在三个月内提交展出其商品的展览会名称、在展出商品上使用该商标的证据、展出日期等证明文件；未提出书面声明或者未按期提交证明文件的，视为未要求优先权。

第九百五十二条　商标注册申请等有关文件，可以以书面方式或者数据电文方式提出。

为申请商标注册所申报的事项和所提供的材料应当真实、准确、完整。

第九百五十三条　申请商标注册或者办理其他商标事宜，可以自行办理，也可以委托商标代理机构办理。

第九百五十四条　外国人或者外国企业在中国申请商标注册的，应当按其所属国和中国签订的协议或者共同参加的国际条约办理，或者按照对等原则办理。

第九百五十五条　商标国际注册遵循中国缔结或者参加的有关国际条约确立的制度规定办理。

第四节　商标权的取得

第九百五十六条　对申请注册的商标，经商标局审查完毕，符合本法规定的，予以初步审定公告。

第九百五十七条　商标局对两个以上的商标注册申请人，在同种类商品上，以相似的商标申请注册的，初步审定并公告申请在先的商标；同一天申请的，初步审定并公告使用在先的商标。

第九百五十八条　申请商标注册不得损害他人现有的在先权利，也不得以不正当手段抢先注册他人已经使用并有一定影响的商标。

第九百五十九条　对初步审定公告的商标，自公告之日起三个月内，利害关系人认为不符合商标条件的，可以向商标局提出异议。公告期满无异议的，予以核准注册，发给商标注册证书，并予公告。

第九百六十条　商标注册申请人自予以核准注册公告之日起，取得商标专用权。

第五节　商标权人的权利

第九百六十一条　注册商标的专用权，以核准注册的商标和核定使用的商品为限。

第九百六十二条　商标权人对于注册商标，有权用于商品、商品包装或者容器上，有权用于商品交易文书上，或者商品展览、广告宣传以及识别商品来

源等其他商业活动。

商标权人在使用注册商标时，有权标明注册商标字样或者注册标记，并有权合并使用相关防伪技术标识。

第九百六十三条　商标权人使用注册商标，可以变更注册人的名义、地址或者其他注册事项。但是应当向商标局提出变更申请，而不得自行更改。

第九百六十四条　商标权人有权转让注册商标。转让注册商标的，转让人和受让人应当签订转让协议，并共同向商标局提出申请。受让人应当保证使用该注册商标的商品的质量。

转让注册商标的，商标注册人对其在同一种商品上注册的近似的商标，或者在类似商品上注册的相同或者相近似的商标，应当一并转让。

转让注册商标经商标局核准后，予以公告。受让人自公告之日起享有商标专用权。

第九百六十五条　商标权人有权许可他人使用自己的注册商标。许可他人使用其注册商标的，应当签订商标许可使用合同，许可人应当监督被许可人使用其注册商标的商品的质量。被许可人应当保证使用该注册商标的商品质量。

经许可使用他人注册商标的，必须在使用该注册商标的商品上标明被许可人的名称和商品产地。

许可他人使用其注册商标的，许可人应当将其商标使用许可合同报商标局备案，并由商标局公告。

第九百六十六条　注册商标专用权受法律保护。伪造、擅自制造他人的注册商标标识或者销售伪造、擅自制造他人注册商标标识等，构成侵犯他人商标专用权的，依照本法典债权编侵权行为之债进行认定，权利人有权要求侵权人承担民商法律责任。违反其他法律规定的，依法承担其他相应的法律责任。

第六节　注册商标的期限

第九百六十七条　注册商标的有效期为十年，自核准注册之日起计算。

第九百六十八条　注册商标有效期满，需要继续使用的，商标注册人应当在期满前十二个月内向商标局申请办理续展注册；在此期间未能办理的，可以给予六个月的宽展期。

商标局对续展期限的商标应当予以公告。

第九百六十九条　注册商标的期限续展不限次数。每次续展有效期为十年，自该商标上一有效期限届满之次日起计算。

第九百七十条　注册商标有效期届满，在宽展期内仍未办理期限续展的，商标局注销其注册商标，予以公告，商标权丧失法律效力。

第七节 注册商标的无效宣告

第九百七十一条 已经注册的商标，如果发现其违反法律规定的，由商标局宣告该注册商标无效；其他单位或者个人也可以请求商标局依法宣告该注册商标无效。

第九百七十二条 宣告无效的注册商标，由商标局予以公告，该注册商标专用权视为自始不存在。

第九百七十三条 宣告注册商标无效的决定，对宣告无效前已经执行的商标侵权案件的裁决等法律文书以及已经履行的商标转让或者使用许可合同不具有追溯力。但是，因商标注册人的故意而给他人造成损失的，应当承担民商责任。

依照前款规定不返还商标侵权赔偿金、商标转让费、商标使用费，明显违反公平原则的，应当全部或者部分返还。

第四章 作品创作者权[65]

第一节 一般规定

第九百七十四条 民商主体有权就科技发明、科学发现、商品特性、使用方法等予以阐明；有权就自然现象、社会生活的见解，或者政治、经济、思想、文化等方面的研究予以表达，享有作品创作者权。

作品创作者权亦称著作权（版权），或者作品权。

第九百七十五条 本法所称的作品，包括以下列形式创作的自然科学、社会科学、工程技术、文学艺术等作品：

（一）文字作品；

（二）口述作品；

（三）艺术作品；

（四）美术作品；

（五）影像作品；

（六）民间文化作品；

（七）建筑作品；

（八）图形作品；

（九）模型作品；

（十）软件作品；

---

65 作品创作者权，通常理论中叫著作权；有的叫“作者权”，并且将作者权与作品传播者权合称为“作者权与传播者权”一章，见郑成思：《知识产权法学》，北京：法律出版社 2003 年版，第 112 页；也有的叫“作品权（著作权）”，见江平、张佩霖主编：《民法教程》，北京：中国政法大学出版社 1986 年版，第 309 页。

（十一）其他新形式的创造作品。

第九百七十六条　本法所规定作品不适用下列情形：

（一）法律、法规，政党、国家机关的决议、决定、命令和其他具有立法、行政、司法性质的文件，及其官方正式译文；[66]

（二）时事新闻；

（三）历法、通用数表、通用表格和公式。

第九百七十七条　禁止创作危害社会、败坏道德风尚的作品。依法禁止发表、传播的作品，不受保护。

创作作品和行使著作权，应当遵守法律规定，不得损害他人利益和公共利益。

国家著作权机构对著作权依法管理和监督。

第九百七十八条　中国民商主体创作的作品，不论是否发表，即享有著作权。

外国民商主体的作品根据其所属国与中国签订的协议或者共同参加的国际条约享有的著作权，受国民待遇保护。其作品首先在中国境内发表的，依照本法享有著作权。

未与中国签订协议或者共同参加国际条约的国家的作者以及无国籍人的作品首次在中国参加的国际条约的成员国发表的，或者在成员国和非成员国同时发表的，受本法保护。

第二节　著作权人的权利

第九百七十九条　著作权人是指创作作品的人，即作者。但是依照本法其他享有著作权的自然人或者非自然人也可以享有著作权，成为著作权人。

第九百八十条　作者通常是自然人。但是由法人或者其他组织主持，代表法人或者其他组织意志创作，并由法人或者其他组织承担责任的作品，法人或者其他组织被视为作者。

第九百八十一条　著作权人享有以下与人身密切相关的权利：[67]

（一）在作品上签署姓名，以表明特定的作者身份和相应社会责任的权利；[68]

（二）决定将作品公之于众即进行发表的权利；

66　政党或国家机关的决议、领导人的公开讲话，在网络环境下应当能够被社会广泛无偿地传播和使用，不应当被限制。但是有的网络媒体却采取对党和国家会议的决定、领导人的讲话甚至法律规定设置成付费才能下载查阅的方式，是违背此项规则的，不利于党和国家大政方针及法律的贯彻与执行。

67　在传统理论或者立法上，直接将署名权等规定为人身权，似有不当。姓名是人身权，署名是签署姓名、使用姓名而已。姓名与使用姓名不应完全等同，故姓名权属于本法典第二编人身权中人格权之内容，这里的署名当是与人身权密切的权利更为妥贴，也使知识产权与人身权的界线比较分明。

68　作品的署名，不只是名声和荣誉，还是一种社会责任。中国历史上许多优秀作品，千百年来被世人传颂，尽享其益，但不知其作者是谁，甚为遗憾。现代社会许多人多重名利，而忽略名声与责任。有的刊物上发表作品，同时注明“文责自负”字样，以说明作品有问题，当是作者之责任，刊物主要是作品的传播者。

（三）对已完成作品亲自修改或者授权他人修改的权利；

（四）维护作品不被分割、歪曲或篡改，以保护作品形式完整和内容准确的权利。

第九百八十二条　著作权人有权对作品通过传统出版的方式予以发表。出版是指对作品进行复制和发行的行为。将原样作品制作成另外份数的，为复制；向公众提供作品复制件的，为发行。

著作权人有权将作品通过信息网络平台予以发表，供公众直接阅读使用。[69]

第九百八十三条　著作权人有权对作品以出租、展览、表演、放映、广播以及网络等方式进行传播，有权对作品进行摄制、改编、翻译、汇编，有权利用媒体网络技术等手段进行使用和传播。[70]

第九百八十四条　著作权人的署名权、发表权、修改权和保护作品完整权归著作权人支配，不得转让。著作权人的其他权利，可以全部或者部分转让他人行使，并依法获得报酬收益。

第九百八十五条　著作权人的权利除依法律规定由著作权人使用或者他人使用外，也可以许可他人使用或者转让他人使用。许可或者转让他人使用的，依照本法典债权编的契约规定。

第三节　著作权归属

第九百八十六条　著作权属于在作品上署名的民商主体。但是对此有相反证据并足以否定者除外。

第九百八十七条　两人以上合创的作品，著作权归合创者共同享有。未参加创作的人，不能成为合创（合著）作者。

合著作品可以分割使用的，作者对各自创作的部分可以单独享有著作权，但行使著作权时不得侵犯合创作品整体的著作权。

第九百八十八条　自然人为完成法人或者其他组织工作任务所创作的作品是职务作品，著作权由作者享有。但法人或者其他组织有权在其业务范围内优先使用。作品完成两年内，未经组织单位同意，作者不得许可第三人以与组织

69　刘德良：《网络时代的民商法理论与实践》，北京：人民法院出版社 2008 年版；刘德良：《网络时代版权法的新理念》，参见 http: //liudeliang.fyfz.cn/b/884988，访问时间：2019 年 1 月 24 日。法学博士、亚太网络法律研究中心主任、北京师范大学法学院教授刘德良教授认为："传统版权法把版权视为权利人控制作品（复制件）传播的权利，所以版权权能中复制权是核心。这也正是美国版权法叫 copy（复制）right 的缘故。但在网络时代，作品一旦上网，其复制件在网络上的传播成本几乎为零。根据传播学定律：信息传播的成本和控制信息传播的成本呈反向关系，即信息传播的成本越低，控制信息传播的成本就越高；如果信息传播的成本几乎为零的话，那么控制信息传播的成本几乎是无穷大。因此网络时代通过控制作品复制件传播并获得利益的思路与方法都是行不通的。"

70　本条对现行规定进行了简化。现行规定对广播、放映、翻译、汇编之类进行逐一解释性规定，没有必要。

单位使用的相同方式使用该作品。

第九百八十九条　主要利用其他民商主体的物质技术条件创作，并由提供物质技术条件的民商主体承担责任的职务作品，作者享有署名权，著作权的其他权利根据双方的约定享有。

第九百九十条　受委托创作的作品，著作权的归属由委托人和受托人通过合同约定。没有合同约定或者约定不明确的，著作权属于受托人享有。

第九百九十一条　改编、翻译、注释、整理已有作品而产生的演绎作品，其著作权由改编、翻译、注释、整理人享有，但行使著作权时不得侵犯原始作品的著作权。

第九百九十二条　汇编若干作品、作品的片段或者不构成作品的数据或者其他材料，对其内容的选择或者编排体现独创性的作品，为汇编作品，其著作权由汇编人享有，但行使著作权时不得侵犯原本作品的著作权。[71]

第九百九十三条　影像作品的著作权由制片者享有，但是编剧、导演、摄影、作词、作曲等作者分别享有署名权，并有权按照与制片者签订的合同获得报酬。

影像作品中的剧本、歌词、音乐等可以单独使用的作品的作者有权单独行使其著作权。

第九百九十四条　美术等作品原件所有权的转移，不视为作品著作权的转移，但是美术作品原件的展览权由原件所有人享有。

第九百九十五条　著作权属于自然人的，自然人死亡后，著作权中依法允许转移的权利，依照继承编的规定确定其归属。

著作权属于非自然人的，非自然人主体变更、终止后，其财产性权利由承受其权利义务的主体享有；没有承受其权利义务的主体的，由国家享有。

71　这里对几种作品的概念，即委托作品、合创作品、原始作品、演绎作品、汇编作品，以马克思、恩格斯《共产党宣言》的最典型事例予以说明：1847 年 11 月，共产主义者同盟第二次代表大会委托马克思和恩格斯起草一个周详的理论和实践的党纲（为委托作品）；马克思、恩格斯取得一致认识，并研究了宣言的整体内容和结构，由马克思执笔写成（为合创作品）；马克思最初写成并发表的《共产党宣言》是用德文写成的（为原始作品），随后被翻译成法文、英文、俄文等版本（为演绎作品）；《共产党宣言》的英译文本于 1850 年在宪章派领导人乔·哈尼出版的《红色共产党人》杂志上发表，并首次标明马克思和恩格斯是《共产党宣言》作品的作者。1872—1893 年，马克思和恩格斯先后为《共产党宣言》的德文、俄文、英文、波兰文、意大利文版撰写了七篇序言。“共产党宣言”一名来自日语，最初是“共产主义者宣言”的意思，后来在 1904 年 11 月 13 日日本《周刊·平民报》上，这部著作首次被译成《共产党宣言》。到 1920 年，即《共产党宣言》问世后的 72 年，陈望道从日文译成中文《共产党宣言》出版。现在手头所见的《马克思恩格斯选集》、《马克思恩格斯文选》等即为汇编作品。

第四节 著作权的期限

第九百九十六条 著作权人的署名权、修改权、作品完整权没有期限的限制，永远受到法律的保护。

第九百九十七条 自然人著作权中的发表权和其他使用、收益性权利的期限为作者终生加五十年。[72]超过该期限的，其权利终止。

合作作品著作权的期限，为最后死亡作者的终生加五十年。

第九百九十八条 非自然人的作品与职务作品的发表权和其他使用、收益性权利的期限为作品首次发表后五十年。[73]但是作品自创作完成后五十年内未发表的，法律不再保护。

第九百九十九条 影像类作品，其发表权和其他使用、收益性权利的期限为作品首次发表后五十年。但是作品自创作完成后五十年内未发表的，法律不再保护。

第五章 作品传播者权[74]

第一节 一般规定

第一千条 鼓励有益于社会发展和文明进步的作品的传播。作品的传播包括出版发行、表演演出、音像制作、广播播放和网络传播等方式。

第一千零一条 作品传播中，传播者依法享有署名权、修改权、保护作品完整权和获得报酬的权利。但不得侵犯作品创作者的权利。

第一千零二条 传播他人的作品，应当依照事先与作品著作权人的约定，没有事先约定的，应当征得作品著作权人的同意许可，并向作品著作权人支付

---

72 这里以作者终生加50年，即作者第50个忌日为权利终止日。如此公平、简明、易记，故不采现行作者死后第50年的12月31日的观点。

73 这里以作品发表时间后推50年，即作品发表50周年日，公平、简明、易记，故也不采现行第50年12月31日的观点。发表日是指将作品向公众公开的日期。如以报刊发表的，为报刊出版日；以网络发表的，为网络载体刊登日。

74 郑成思先生认为："传统理论中的'邻接权'最早出自意大利与德国的用法，与'有关权'相同"。见郑成思：《知识产权法》，北京：法律出版社1997年版，第5页。我国著作权法理论中也使用"邻接权"或"与著作权有关的权利"。见（面向21世纪课程教材、全国高等学校法学专业核心课程教材）刘春田主编：《知识产权法学》，北京：高等教育出版社、北京大学出版社2000年版，第78页。也有的称之为"相关权"。见（21世纪法学创新系列教材）曹新明主编：《知识产权法学》，北京：人民法院出版社、中国人民公安大学出版社2003年版，第98页。这里使用"作品传播者权"的理由在于：作品的价值，在其创作，更在其传播。将创作完成的作品，进行出版、演出、录制、播放，特别在现代网络环境下广泛传播，被最大多数人认识、感受、利用，才是作品的社会价值和文化价值之所在。故此将所有的传播者的劳动价值和应当享有的权利统一概括为"作品传播者权"，并与前章"作品创作者权"工整对仗，不采"邻接权"旧说，也更为通俗准确（物权编中用相邻权或者相邻关系通俗明白，甚为恰当；知识产权编使用邻接权则不尽合适）。

报酬。

第二节　出版发行者权

第一千零三条　作品出版发行者权包括通过图书、报刊、音像制品等形式对作品进行的出版和发行。

第一千零四条　出版发行者出版发行他人的作品应当和作品著作权人订立出版契约，按照出版契约约定或者法律规定，并向作品著作权人支付报酬。

第一千零五条　出版者对作品著作权人交付出版发行的作品，按照契约约定享有的专有出版权受法律保护，他人不得在约定期限内出版该作品。

出版者有权重印或者再版作品，但应当通知著作权人，并支付报酬。作品脱销后，出版者拒绝重印、再版的，著作权人有权终止合同，与其他出版人订立出版契约。

第一千零六条　作品出版后，其他图书报刊或网络媒体转载刊登的，除作品著作权人和作品出版人声明不得转载刊登或者摘编外，其他作品传播者可以转载或者作为文摘、资料刊登，但应当按照规定向作品著作权人支付报酬。

第一千零七条　作品出版人可以对作品进行文字技术性修改、删节；对作品内容的修改，应当经作者同意。

第一千零八条　出版改编、翻译、汇编等演绎作品的，应当取得演绎作品的著作权人和原始作品的著作权人许可，并支付报酬。

第一千零九条　出版者对其出版作品的版式设计享有专门使用权，非经出版人同意，他人不得使用。但是超过十年的，法律不再保护。该十年保护期自作品出版物版权页所刊载的出版日期起算。

第三节　表演演出者权利

第一千零一十条　表演演出，包括对自己创作的作品或者对他人享有著作权的作品进行表演、演出等方式进行的传播。

第一千零一十一条　使用他人作品演出，表演者（演员、演出单位）应当取得著作权人许可，并按照约定或者法律规定支付报酬。演出组织者组织演出，由该组织者取得著作权人许可，并按照约定或者法律规定支付报酬。

使用改编、翻译等演绎类作品进行演出，应当取得演绎作品的著作权人和原始作品的著作权人许可，并支付报酬。

第一千零一十二条　表演演出者对其表演享有下列权利：

（一）表明表演者的身份；

（二）保护表演的形象不受歪曲；

（三）许可他人从现场直播和公开传送其现场表演；

（四）许可他人录音录像；

（五）许可他人复制、发行录制有其表演的录音录像制品；

（六）许可他人通过信息网络向公众传播其表演；

（七）获得报酬的权利。

第一千零一十三条　表演者所享有的表演者身份和形象不被歪曲的权利，不受权利保护期的限制。表演者的其他权利自表演之日起，超过五十年的，法律不再保护。

第四节　音像制作者权

第一千零一十四条　录音录像制作者制作录音录像制品，应当与被录音录像者订立合同，并支付报酬。但是依法属于合理使用者除外。

第一千零一十五条　录音录像制作者对其制作的录音录像制品，享有许可他人复制、发行、出租、通过信息网络向公众传播并获得报酬的权利。

被许可人复制、发行、通过信息网络向公众传播录音录像制品，还应当取得作品著作权人、表演人的许可，并支付报酬。

第一千零一十六条　录音录像制作者使用他人作品制作录音录像制品，应当取得著作权人许可，并支付报酬。

录音录像制作者使用改编、翻译等演绎作品的，应当取得改编、翻译等演绎类作品的著作权人和原始作品著作权人许可，并支付报酬。

录音录像制作者使用他人已经合法录制成的音像作品制作录音录像制品的，可以不经著作权人许可，但应当按照规定支付报酬；著作权人声明不许使用的不得使用。[75]

第一千零一十七条　录音录像者权利的保护期为五十年，自录音录像制品首次制作完成之日起计算。

第五节　广播播放者权

第一千零一十八条　广播电台、电视台通过广播播放传播作品，包括对自己所创作的作品和他人的作品的传播。广播或播放他人未发表的作品，应当取得著作权人许可，并支付报酬。广播或播放他人已经发表的作品，可以不经著作权人许可，但应当支付报酬。

第一千零一十九条　广播电台、电视台广播或播放已经出版的音像制品，可以不经著作权人许可，除另有约定者外，应当支付报酬。

75　这种情形如近几年有关组织将个别已故或老艺术家的演唱录音（当时没有录像技术），通过配像表演，即新人表演与故人唱腔相结合的方式，将部分优秀剧目重新搬上舞台，展现传统艺术流派的演唱风采。

第一千零二十条　电视台播放他人的影视类作品的，应当取得影视类作品制作人的许可，并支付报酬。

第一千零二十一条　广播电台、电视台有权禁止未经其许可的下列行为：

（一）将其播放的广播、电视转播；

（二）将其播放的广播、电视录制为音像制品以及复制为音像制品。

第一千零二十二条　广播播放者的权利保护期为五十年，自该广播、电视首次播放之日起计算。

第六节　网络传播者权[76]

第一千零二十三条　网络传播者权是指网站、网络客户端、微信平台、公众号、微信群等媒体平台，通过网络技术手段对文字、音像等作品信息进行传播的权利。

第一千零二十四条　网络传播者有权对他人为自己的网络平台提供的信息作品进行独家利用传播的权利。未经网络平台传播者同意，其他网络传播者不得转载或传播。

第一千零二十五条　网络传播者对他人为自己网络平台提供的作品信息进行传播，应当与作品信息提供者签订协议，并按照协议或者规定向作品信息提供者支付报酬。[77]

第一千零二十六条　网络传播者有权对他人提供的作品信息进行技术性审查，并采取技术措施，防止有害作品信息或者垃圾信息进入网络视野，妨碍对原始信息作品的阅读和使用。[78]

网络传播者应当允许作品信息提供者及时撤回、修改或者删除已经进入网络视野的作品信息。

第一千零二十七条　网络传播者对接到公众举报的有害或者不真实信息应当及时审查，对违反法律规定或者侵害他人权利的作品信息应当及时采取禁止传播的技术措施，防止不良影响的扩大。

第一千零二十八条　网络传播者享有的作品信息网络传播权受法律保护。除法律规定的合理使用外，任何组织或者个人将他人的作品、表演、录音录像

76　2013 年《信息网络传播权保护条例》规定：“任何组织或者个人不得故意避开或者破坏技术措施，不得故意制造、进口或者向公众提供主要用于避开或者破坏技术措施的装置或者部件，不得故意为他人避开或者破坏技术措施提供技术服务。但是，法律规定可以避开的除外。”此类规定，当属行政法范畴，构成计算机网络犯罪的，当入刑法范围，故在此不予规定列出。

77　刘德良：《网络时代版权法的新理念》。刘德良教授认为，作品只要在网络平台上刊载传播，网络平台就应当根据对作品的点击阅读量从自己平台广告收益中按照一定的比例向作品的作者支付报酬。未来立法重点应当考虑平台付费的具体操作制度和办法。参见 http：//liudeliang.fyfz.cn/b/884988；访问时间：2019 年 1 月 24 日。

78　如在作品内容中插入“黄毒信息”及链接，以垃圾信息或广告重叠压盖、游移链接于原始作品之上等。

制品通过信息网络向公众提供传播的，应当取得作品著作权人、表演者、录音录像者的许可，并按照约定支付报酬。

网络传播的信息作品应当注明作品的名称和作者、表演者、演播者的姓名。

第一千零二十九条 网络传播者或者转发转播者对于转发传播的作品信息应当进行核查和甄别，防止对于虚假信息进行传播。发现虚假作品信息的，根据审查结果应当及时进行删除、举报或者更正声明。

依法禁止提供传播的作品和表演，不受法律保护。权利人行使信息网络传播权，不得违反法律规定，不得损害公共利益和善良习俗。

第一千零三十条 对提供信息存储空间或者提供搜索、链接服务的网络服务者，权利人认为其服务所涉及的作品、表演、音像，侵犯自己的信息网络传播权或者被删除、改变了自己的权利管理电子信息的，可以向该网络服务提供者提交书面通知，要求网络服务提供者删除该作品、表演或者音像，或者断开与该作品、表演、音像的链接。

第六章 其他知识产权[79]

第一节 发明权与发现权

第一千零三十一条 民商主体对于自己的发明，可以不申请相关专利，但依然享有发明权，对自己的发明有权申报相关的发明权证书。

第一千零三十二条 民商主体对其阐明自然的现象、特性或者规律的科学研究成果享有科学发现权，依法享有相应的人身权益和财产利益。

对于科学发现，发现人依法享有以发现人的姓名对其科学发现成果进行命名的权利，有权享受相应的财产利益。[80]

第二节 技术商业秘密权与科技进步成果权

第一千零三十三条 民商主体对在生产经营活动中的技术秘密享有保守秘密、不被他人获悉知晓的权利。对于权利人的技术或者商业秘密，任何人不得

79 其他知识产权单设一章，原因在于其具有概括性，于专利权、商标权之外，具有拾遗补缺价值。见吴汉东主编：《知识产权法学》，北京：北京大学出版社 2000 年版；笔者在对知识产权法学的研究中，将著作权、专利权、商标权以外的知识产权也是单独作为一编的，见王明锁主编：《知识产权法学》，郑州：河南人民出版社 1994 年版，第 261—298 页。也有的将“商业秘密”和“反不正当竞争保护”分作两章，见郑成思：《知识产权法》，北京：法律出版社 2003 年版，第 122 页。

80 本节涉及民商主体对发明等科技成果奖励的申报，获奖后所带来的名誉人身利益和奖金财产利益，虽非专利权，但无疑仍属专利法或其他知识产权范畴。如有学者正确指出的那样：传统的思维方式“只看到了法律对人们违法行为的制裁，忽略了法律还兼有对人们合法行为予以奖赏的一面，如民法对公民一系列权利的保护，专利法对创造发明者的奖励，等等”。见郝铁川：《宪法是万法之父，民法是万法之母》，《法制日报》2018 年 11 月 7 日。

泄露、窃取和侵害。

第一千零三十四条　民商主体对于取得的科学技术进步成果，有权申报相关奖励，依法享有相关的人身权益和财产利益。

第三节　厂商名称权与服务标记权

第一千零三十五条　民商主体有权在生产或者经营产品及其包装上使用厂商名称，用以辨别产品生产的经营主体。对于厂商名称，任何人不得冒仿使用。

第一千零三十六条　产品或者服务经营者有权在自己经营的产品或者服务的相关项目上，标明自己的服务标记，以将自己提供的服务和他人提供的服务相区别。

第四节　产地名称权与货源标记权

第一千零三十七条　商品的生产经营者，有权在其产品及其包装上标明其产品的产地名称，用以表明该项产品产于特定的国家、地区或者地方。法律规定必须标明其产地的，应当依法标明。

商品的生产经营者已经把产地或原产地注册为商标的，按照商标权保护。[81]

第一千零三十八条　商品的生产或者经营者，有权在产品及其包装上使用货源标记，以表明产品来自某个国家、地区或者特定的地方。

第五节　质量标志权与环保标志权

第一千零三十九条　商品的生产者或者经营者，有权在自己的商品上或者其包装上表明该产品质量的标志，以表明商品的质量水平或者级别等级。

第一千零四十条　商品的生产者或者经营者有权在自己生产经营的商品上标明相应的环境标志，以表明商品符合国家或国际上规定的环境标准。

第六节　合理化建议权与技术改进权

第一千零四十一条　在社会生活中，任何公民都有权就社会生活中的有关问题发表意见和提出合理建议。对有关机关组织公开听取或征求意见建议的，

81　2019年1月18日，家乡一位村支书在“庙荒村动态”微信群发表“办年货！”信息，说“过了腊八就是年”，提醒人们该准备年货了。同时公布了由国家知识产权局颁发的“庙荒”和“庙荒村”两个商标，即已经将“庙荒”这个地名与“庙荒村”这个村名都依法注册成了商标的信息照片，包含农林牧副、餐饮酒店、旅游养生、传统手工等十个大类一百多个小项。具体将在本地产小米、红薯粉条、山地核桃、大红袍花椒、林州柿饼、五谷杂粮、“三生有幸”大礼盒、太行山散养土鸡蛋、散养土猪肉、山羊肉等产品或其包装上使用该商标。依此，比原先只在产品包装上注明产品产地的方式更具竞争力，并享有了商标专用权，具有了排斥其他民商主体在同类产品及其包装上使用相同标志的效力，是为农村农副产品进一步商品化、市场化的重要法律手段。

公民或者组织有权就该问题提出意见建议，按照正当有效的途径发送或者发表自己的意见建议，任何个人或组织不得打击、扣押、篡改、毁损或者灭失。

第一千零四十二条　劳动者有权就生产、经营、管理中的技术性问题提出改进意见，以提高劳动生产效率，取得更好的经济效益或者社会效果。

第七节　正当竞争权[82]

第一千零四十三条　为了社会或个人的进步，为了生产或生活的提高，民商主体有权进行公平正当的竞争。

合理安排时间，改进生产方法，改善工作环境，采取激励措施，提高工作效率，降低生产成本，提升产品质量，增加税后利润，进行民商主体间的公平正当竞争，依法受到法律保护。任何个人和组织不得阻止或者非法干预。

第一千零四十四条　民商主体有权对自己的专利成果在专利产品、产品包装、产品说明书及产品营销、广告宣传等方面进行标注利用，以扩大产品影响和提升竞争能力。

第一千零四十五条　民商主体对自己的商标标识有权在产品、产品说明书、产品包装方面进行广告宣传和实际推广，以增加商品或者服务品牌的知名度，提升竞争能力。

第一千零四十六条　民商主体有权在商品的宣传中使用商品的其他知识产权标识，有权通过正当途径和采取正当手段、措施进行商品的宣传和推销活动。

第一千零四十七条　作品创作者、作品传播者有权对相关作品成果进行介绍、宣传，有权邀请其他人士对相关作品成果进行推介评论，以增进作品成果的知名度和影响力。

第一千零四十八条　民商主体在对产品、服务或智识成果的推介活动中，应当善良本分和诚实守信，不得弄虚作假、吹捧欺诈，不得进行不正当竞争行

82　现行立法与理论通常从反面称之为“反不正当竞争”。如《反不正当竞争法》；又如吴汉东主编：《知识产权法学》，北京：北京大学出版社2000年版。此处仍从正面规定，称之为“正当竞争权”。见王明锁主编：《知识产权法学》，郑州：河南人民出版社1994年版；王明锁主编：《知识产权法学》，郑州：郑州大学出版社2004年版。理由主要在于：反不正当竞争的前提是一定存在和允许正当竞争；要人们不搞“不正当竞争”，当让其先知“正当竞争”；社会科技进步，无不以前人成就为基础，无不是在前人的发明基础之上再行新的创造。因此，知晓已有技术方案或者在已有专利产品的基础上进行新的发明进步，乃是正当的竞争行为。现实中有的将此视为模仿甚至认为是对他人知识产权的侵权行为予以指责，是不合理的，是对侵权行为的任意扩大，对我国的科技进步也是不利的。这也是本文在前面就中华民族古代科学技术成果对世界人类贡献予以着墨的初衷缘由之一。

为。[83]构成不正当竞争或者侵权行为的，依法承担法律责任。

第八节　合理使用权

第一千零四十九条　民商主体对已有的他人的知识产品进行合理使用的，不构成不正当竞争或者侵犯他人知识产权的行为。

合理使用，是指在社会生活活动中，不以营利为目的而对他人知识产品进行使用的行为。[84]

第一千零五十条　民商主体对他人的技术方案或者专利成果研究改进或者进行新的发明创造，在他人的商标标识的基础上构想和设计新的商标或其他标记，在他人作品的基础上进行新的创作，属于合理使用范围，但是不得对他人的知识产品进行剽窃、抄袭等，不得实施侵犯他人知识产权的行为。

第一千零五十一条　属于合理使用的，无需经过原知识产权人同意，也不必向原权利人支付报酬。但是需要尊重他人的劳动成果，指明原知识产品的出处和原权利人的姓名或名称，且不得侵害知识产权人的其他权利。

第一千零五十二条　为个人学习研究或者评判使用他人知识产品的，适当地复制、引用他人的知识作品的，属于合理使用。[85]

第一千零五十三条　为报道时事新闻，在报纸、期刊、广播电台、电视台等媒体中不可避免地再现或者引用已经发表的他人作品的，属于合理使用。

第一千零五十四条　表演使用他人作品，未向公众收费，也未向表演者支付报酬的，属于合理使用。

第一千零五十五条　对设置或者陈列在室外公共场所的艺术作品进行临摹、绘画、摄影、录像的，属于合理使用。

第一千零五十六条　为学校课堂教学或者科学研究，向少数教学、科研人员或者学生提供少量已经发表的作品，且不收取费用的，属于合理使用。

第一千零五十七条　下列为特殊语言文字或使用目的而使用他人作品的行

83　如《中国经营报》记者在裁判文书网上发现：金龙鱼一款名为“橄榄原香型食用调和油”的产品多次卷入消费纠纷，被认定为不符合食品安全标准，误导、欺诈消费者。2017 年 4 月 25 日，张家港市人民法院判定金龙鱼橄榄原香型食用调和油标签存在瑕疵，对消费者造成了误导，法院支持了原告依据《消费者权益保护法》第 55 条的规定主张 3 倍惩罚性赔偿。2017 年 10 月 30 日，银川市金凤区人民法院认定，金龙鱼橄榄原香型食用调和油系由葵花籽油和橄榄油两种配料调和而成，但嘉里粮油公司的油品名称中仅出现一种配料，即“橄榄原香型”字样，对另一配料即“葵花籽油”却予以忽略，并未出现在产品名称中，系对“橄榄”的突出与暗示。且嘉里粮油公司并未在商品的标签上对橄榄油的添加量进行标示，应当认定为不符合食品安全标准的食品，法院支持了消费者退款及要求被告支付价款 10 倍赔偿金的诉讼请求。

84　这里涉及对著作权法中的合理使用制度与网络管理条例中的合理使用制度的整合锻萃问题。

85　引用评判，最经典权威文本：如马克思《黑格尔法哲学批判》、恩格斯《反杜林论》、列宁《无产阶级革命和叛徒考茨基》、毛泽东《唯心历史观的破产》。

为，属于合理使用：

（一）将汉语言文字作品翻译成少数民族语言文字作品在国内出版发行的；

（二）将已经发表的作品改成盲文出版的；

（三）不以营利为目的，以盲人能够感知的独特方式向盲人提供已经发表的文字作品的；

（四）将中国公民、法人或者其他组织已经发表的、以汉语言文字创作的作品翻译成少数民族语言文字作品，向中国境内少数民族提供使用的。

第一千零五十八条　在国家规定出版的教科书中，汇编或者使用已经发表的作品，可以不经著作权人许可；但应当按照规定支付报酬，注明作者姓名、作品名称，并不得侵犯著作权人的其他权利。

通过信息网络实施国家教育规划，使用他人已经发表的作品制作课件，由制作课件或者远程教育机构通过信息网络向注册学生提供使用的，可以不经著作权人许可，但应当向著作权人支付报酬。

第一千零五十九条　国家机关为执行公务，在公务所设范围内无偿向公众提供已经发表的作品的，可以不经著作权人同意，也可以不向著作人支付报酬。但是国家机关向作品使用者收取费用的，则应当经著作权人同意，并向其支付报酬。

第一千零六十条　图书馆、档案馆、纪念馆、博物馆、美术馆等馆藏单位通过信息网络向本馆馆舍内服务对象提供本馆收藏的合法出版的数字作品和依法为陈列或者保存版本的需要以数字化形式复制的作品，可以不经著作权人许可，也可以不向其支付报酬。但是馆藏单位获得有经济利益或者与著作权人另有约定者除外。

第一千零六十一条　通过信息网络向特定地区的公众免费提供实用技术作品或者适应基本文化需求的作品，网络服务提供者有权通过自己公告的报酬标准使用他人已经发表的作品。著作权人提出异议的，不得使用或者继续使用。对已经使用的，应当按照规定支付报酬。

依照前款向特定地区公众免费提供作品的，不得直接或者间接从使用作品的特定地区获得经济利益。[86]

第一千零六十二条　民商主体使用他人知识产品不符合合理使用，而构成不正当竞争或者侵害他人知识产权行为的，依照债编的侵权行为之债承担民商法律责任或者依法承担其他法律责任。[87]

86　依现在规定，强调的是贫困地区。而“贫困”是个变化和逐步被消灭的现象，故以“特定”地区为好。

87　现行规定，如“网络服务提供者为服务对象提供信息存储空间，供服务对象通过信息网络向公众提供作品、表演、录音录像制品，并具备下列条件的，不承担赔偿责任”的规定，属侵权行为责任范畴，当让位于侵权行为之债予以规定，故在此不予涉及。

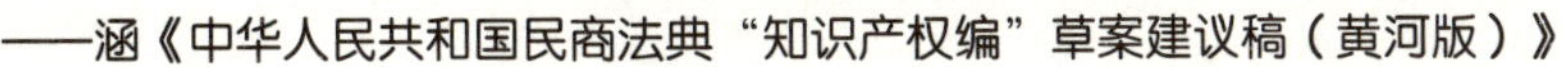

第七章　知识产权证书

第一千零六十三条　知识产权证书包括专利证书、商标证书、版权证书、发明证书、科技成果奖励证书等。知识产权证书由国家知识产权部门依照法律规定的条件和程序颁发。

第一千零六十四条　对于依法取得知识产权证书的，知识产权证书作为民商主体享有相应知识产权独占性利益的有效证明。

第一千零六十五条　知识产权权利人，有权将自己的知识产权证书在生产经营、交易服务等民商事业务活动中使用。

知识产权人转让知识产权的，应当依照知识产权转让协议，办理相应的知识产权权利人变更手续。

第一千零六十六条　知识产权证书受到法律保护，权利人应当妥善保存，正确使用，他人不得侵害。

民商主体在科学技术等领域作出相应成果贡献的，依法取得相关的奖励证书，享有相应的人身权益和财产利益，依法受法律保护。

七、结语：“通、人、物、智”峰嶂过，知行百里半九十

中国民法典之编纂，是以加强和完善市场法律制度为目的的。知识产权制度与市场经济关系密切，是现代市场经济中不可或缺的重要制度。专利权关系到市场产品的先进性和创新性，商标权关系到市场商品的优劣辨别与交易的安全便捷，著作权与市场作品的创作传播关系密切。故中国民法典编纂，本质上属民商法典之编纂。故此于民商法典中缺少知识产权，必为极大缺憾或错谬不足。在相继完成“通则编”、“人身权编”和“物权编”草案建议稿之后，对知识产权制度整合梳理与锻萃取舍，除却公法行政部分，留充私法民商规范，形成上列条文。如此，静态性权利部分全部完成；[88]至于物权与知识产权怎样流

88　通则编 226 条，人身权编 247 条，物权编 398 条，知识产权编 195 条，共计 1066 条。对此有同事和学生很是惊奇：这是怎么完成的啊？！国家立法机关能关注和重视吗？能不能用得上啊？也有同仁在网上直接建议，如对转载在《法学学术前沿》（2018 年 8 月 21 日）上的《民商合一模式的演进及我国民法典编纂的可能创新》（原载《北方法学》2018 年第 2 期）一文，认为“观点前卫、也很合理”，希望“被编纂民法典的专家看到，切实考虑中国民法典的编纂”。另外“通则编”中关于限制民事行为能力人最低年龄为 8 周岁、坚守民事法律行为范畴、对社会主义核心价值观等方面的规定建议实际上已被采纳。对此笔者的感受和看法，若比照乐观达人孔夫子的说法即可以是：知而行之，不亦说乎？条文自生活来，不亦乐乎？民商合一楼更上，不亦远目乎？人不知而不愠，不亦君子乎？

转（动态性权利），则应由债和继承共同完成。[89]此两编究竟如何？特别是债制的磅遁然状和公布草案将其砍裁隔分为合同与侵权责任两截以及对债法总则的弃置和将无因管理、不当得利敷衍强塞于合同，[90]不能不说又是更为艰巨的考验和挑战。

89 若从更为严谨准确、科学合理、齐整大气、特色鲜明着眼，民商法典的各编名称相继应当和可以是通则、人身权、物产权、知识产权、债承权、继承权。其理由容当另述。

90 2019 年 12 月 16 日公布《民法典草案稿》，1260 条，为总则、物权、合同、人格权、婚姻家庭、继承、侵权责任七编，仍不见知识产权踪影。其最后一条规定，法典生效施行之日，也即《婚姻法》、《继承法》、《民法通则》、《收养法》、《担保法》、《合同法》、《物权法》、《侵权责任法》、《民法总则》同时废止之时。《民法总则》2017 年 3 月颁布，生效不满三载。倏忽间记起《诗经·蜀黎》的一段诗来：“彼黍离离，彼稷之穗。行迈靡靡，中心如醉。知我者，谓我心忧；不知我者，谓我何求。悠悠苍天，此何人哉？”

The Integration and Extraction of Intellectual System in Chinese Civil and Commercial Code Compilation: Attached Is *the Draft Proposal for the Compilation of Intellectual Property Rights in the National Commerial Code of the People' s Republic of China*（*Yellow River Edition*）

Wang Mingsuo

Abstract: Intellectual property is the product of the commercialization of science and technology in the market economy. China' s general principles of civil law stipulates special section on intellectual property in civil rights chapter, which is juxtaposed with personal right and real right , and has Chinese scientific characteristics and great theoretical and practical significance. The general principles of civil law, the first step of civil code compilation, inherits the general principles of civil law, which regards intellectual property rights as the characteristic highlights of civil basic rights. However, in the second step, the draft subdividings, intellectual property rights were excluded. From the social foundation of intellectual property rights, legal attribute and value position and China new era characteristics and market trend of economic globalization, and so on, should not give up the basic types of intellectual property rights for civil rights accurate positioning, the intellectual property system and intellectual property rights by the administrative rules change faster factors should not be a reason for exclusive intellectual property rights in civil code. After the completion of the draft proposal of "real right compilation" , the intellectual property shall be integrated and refined, and the combination of knowledge and practice shall be continued. The draft proposal of intellectual property compilation shall be formulated as follows: general provisions, right of patent outcome, right of trademark logo, right of work creator, right of work disseminator, other intellectual property rights, and certificate of intellectual property rights, with a total of seven chapters and 195 articles. In addition, there are 226 general provisions, 247 personal rights and 398 real rights, totaling 1066. Judging from the structure of the civil commercial code, the civil right type, which is static and dominant, has been completed. The study of the debt and inheritance of the remaining dynamic and commutative civil rights needs new efforts.

Keywords: Civil Code Compilation; Civil and Commercial Code; Compilation of Intellectual Property Rights; Draft Recommendations; Version of the Yellow River

专利、实用新型、外观设计三法分立问题研究

张翰雄

摘　要：我国《专利法》体系结构的特点之一，是将发明专利、实用新型专利和外观设计专利三种专利权客体同时规定在一部法律文本之中，并将三种发明创造均称为“专利”。这一特点正在遭到质疑和诟病，由此产生了主张将《专利法》进行“三法分立”的主张。《专利法》的体系结构调整，应建立在尊重立法历史和法律稳定性的基础上，通过研究法律体系“分”与“合”的内在规律，结合我国民法典编纂和知识产权法体系化的整体趋势，从内生性动因和外生性动因两方面分析《专利法》“三法分立”的必要性与合理性，不应简单地将“分”与“合”的关系割裂开来，片面追求“三法分立”。《专利法》“三法分立”作为解决专利制度弊病的可能手段，也并不具备充足的合理性与可行性。应当以专利法的体系化为目标，综合运用“分”与“合”的技术，在“统分结合”的路线指导之下，实现《专利法》体系结构和内容的优化。

关键词：专利法；立法模式；法典化；法律体系

作者简介：张翰雄（1994—　），北京大学法学院 2016 级硕士研究生，主要研究方向为知识产权法。

目　次

一、中外专利法立法模式比较研究

一国的专利法律制度与这个国家的法律传统、经济环境或社会背景有着千丝万缕的联系。不同国家选择不同的制度体系，可能与这个国家的法律传统有关，也可能和法律诞生的时间有关，甚至还可能只是诸多非法律因素的巧合。

因此，为了更好地分析我国专利法律制度的结构性问题，本文首先将从专利法历史较长的国家的立法史，和包括中国在内的发展中国家专利法立法史入手，通过比较研究的方式，探究影响一国专利法立法模式的历史因素。此后，从历史角度出发，本文将针对《专利法》“合并立法”和“单独立法”模式的典型国家的具体法律文本进行分析，评估“合并立法”与“单独立法”的路径选择原因和利弊。

（一）域外专利法变迁史概述

1. 专利法律制度的孕育和初创

1）威尼斯

一般认为，现代专利制度起源于英国的《垄断法规》（*The Statue of Monopolies*）。但在更早的威尼斯实行的专利制度，同样为后世专利制度的发展提供了土壤。

有观点指出，法国专利法与英国和美国的专利法都是一个法律体系的不同分支，[1]并且它们都可溯源至一个发端于威尼斯的特权体系。[2]1474 年，威尼斯城邦议会通过了《威尼斯工业专利法》（*Venetian Statute on Industrial Brevets*）。该法最主要的制度贡献在于首次确立了现代专利法“登记注册-公开-独占保护”的基本原则。这说明，彼时的威尼斯已经意识到发明创造对社会经济发展的重要性，同时开始通过制度寻求公共利益和私权的平衡，并利用专利制度保护商业利益。[3]此外，通过对创造性的发明授予独占权利，也一定程度上将其他地区的

1　W. Phillips，Law of Patents，1837，p.27，转引自福兰克·D. 普拉格：《知识产权史：1545—1787 年》，周琼译，《私法》（总第 13 卷），武汉：华中科技大学出版社 2007 年版，第 184 页。

2　J. Kohler，Lehrbuehd. Pat. R.，1908，p.2；E. Luzzato，Tratt. Gen. d. Privative Industry.1914，vol.1，pp.20—27. 转引自福兰克·D. 普拉格：《知识产权史：1545—1787 年》，周琼译，《私法》（总第 13 卷），武汉：华中科技大学出版社 2007 年版，第 184 页。

3　刘银良：《知识产权法》，北京：高等教育出版社 2014 年版，第 53 页。

人才和其他地区的技术引入威尼斯，[4]促进了威尼斯制造技术的发展。[5]由此观之，最原初的专利制度就已经成为一国经济发展的制度保障，同时也成为地区竞争的重要手段。专利制度的诞生，是经济发展和技术进步发展到一定水平的产物，是科学技术和贸易逐步成为社会经济发展驱动力的结果，有其深厚的历史背景。

2）英国

与威尼斯城邦制定专利法律制度处于同一历史背景下的英国，同样不断发展出了近似于现代专利法的专利法律制度。但相较于欧洲大陆上的威尼斯城邦和法国，英国中世纪末期和近代早期（14—15 世纪）的工业发展远远落后。因此，当时的英国国王极力希望引进国外的技术人才。1331 年，英国国王爱德华三世曾经授权一个织布技工在英格兰从事缝纫和染织贸易。[6]1449 年，亨利六世曾授权一个商人制造有色玻璃，垄断期 20 年。这种国王签发的特许令被称作“Letters Patent”，蕴含着现代专利法“公开”和“独占”的基本理念。[7]随着类似的垄断经营许可的颁发，在纺织工业领域，大量外国纺织工人移民来到英国，成为英国纺织工业快速发展的技术动力源泉。[8]事实上，这种垄断经营特许令并不是现代意义上的专利制度。一方面，它只是国王临时授予的特权，另一方面，这种特权并未确认发明创造本身的财产价值，很多特许令授予了那些把其他地区的发明创造引进本国的人，更倾向于一种对人才和技术的奖励政策。因此，英国早期的垄断特许令只能称作现代专利制度的萌芽。

16 世纪，资本主义工商业在欧洲得到长足发展，技术进步在这一进程中扮演着重要作用。人文主义思想的深入和广泛发展，使人们愈发重视科学技术的作用，开始注重保护自己的先进技术。[9]与此同时，在垄断经营许可领域，新兴资产阶级和传统王权之间开始产生冲突。国王和贵族滥发垄断特许令，损害了新兴资产阶级的利益。垄断特许令与占有这个国家越来越多的资源和财富的工商业阶层存在深刻的矛盾。[10]伴随着光荣革命的成功，1623 年，英国《垄断法规》获得通过。其第 6 条所规定的发明人垄断权是世界上第一个法律规定的由发明

---

4 Shin-Ichiro Suzuki，*Invention Protection and Economic Development*，Japanese Patent Office，（Asia-Pacific Industrial Property Center，Japan Institute of Invention. Working Paper，2010），*available at* https：//www.jpo.go.jp/torikumi_e/kokusai_e/training/textbook/pdf/Invention_Protection_and_Economic_Development.pdf.

5 郑成思：《知识产权法》，北京：法律出版社 2003 年版，第 205—206 页。

6 Ramon A. Klitzke，“Historical Background of the English Patent Law”，*in Journal of the Patent Office Society*，41（1959），p.624.

7 刘银良：《知识产权法》，北京：高等教育出版社 2014 年版，第 50 页。

8 郑成思：《知识产权法》，北京：法律出版社 2003 年版，第 205—206 页。

9 邹琳：《英国专利制度发展史研究》，湘潭大学 2011 年博士学位论文，第 32 页。

10 Ramon A.Klitzke，“Historical Background of the English Patent Law”，*in Journal of the Patent Office Society*，41（1959），p.632.

人因发明而享有的垄断权利，也由此成为现代专利制度诞生的标志。[11]

英国最初的现代专利法律制度并不完善，存在不少内生问题，例如申请费用很高、程序相当繁复、[12]缺少统一的公开文献检索和技术情报流通的机制、没有实质审查机制等等。[13]但是，英国积极地采取了技术引进、发明奖励和专利保护等政策，不仅促进了国内的贸易和经营，鼓励人们把新技术应用到生产和经营中，还引进了国外的技术人才，促进了国内的就业和国民财富的增长。英国早期的专利制度不仅成为经济发展的助推器，同时也是参与国际竞争的有力支撑。

在英国 1623 年《垄断法规》颁布施行的 200 多年里，结合成文法和判例法，英国的专利制度不断得到完善。1852 年，英国颁布第一部全面修订的《专利法》，通过法律形式确立了英国专利局和英国专利申请制度。1883 年，由于英国已经决定加入《巴黎公约》，因此根据《巴黎公约》的规定，英国又颁布了《专利、外观设计和商标法》（*Patents，Designs and Trademarks Act*）。其变化之一就是将专利、外观设计和商标的注册申请全部纳入英国专利局的管辖之下，形成知识产权行政管理一体化的机制。这也很大程度上影响了这部法律的结构——该法的“总则”（General）部分位于最后一章，主要规定了英国专利局和专利、外观设计、商标的行政程序。

至 1883 年《专利、外观设计和商标法》颁布时，英国已经建立了包括专利在内的现代知识产权基本法律制度。从这一历史进程中观察英国专利法律的立法模式变迁，整个进程体现出较强的渐进性。最初，“专利”是一种保护发明创造的权利类型，《垄断法规》以单独立法的模式制定。此后，外观设计和商标作为工业知识产权的新型权利类型，同样是以单独立法的方式予以明确的。这种单独立法模式不仅符合工业知识产权渐进发展的脉络，同时也符合英国的立法传统。然而，1883 年《专利、外观设计和商标法》一反单独立法的传统模式，转而采用“三合一”的合并立法模式。这种现象的直接原因包含两点，一方面源于前文所提及的英国行政管理体制的统一，另一方面则源于《巴黎公约》对工业知识产权的统一约定和规范。而更为深层次的原因在于，在 19 世纪 80 年代，知识产权法被分成两大类：以著作权为一类，以工业产权（专利、外观设

11　该条规定：“前述任何宣告（指本法第 1 条规定的概括性地反对垄断）不应扩展到今后授予的任何专利和特权，它们应就任何形式的新产品（any Matter of new Manufacture）在本国的独家实施或制造授予其第一个真正发明人（the first true Inventor or Inventors），为期 14 年或以下，在此期间他人不得使用。”法规原文参见：http：//www.legislation.gov.uk/aep/Ja1/21/3/section/Ⅵ。译文参考刘银良：《知识产权法》，北京：高等教育出版社 2014 年版，第 51 页；汤宗舜：《专利法教程》，北京：法律出版社 2003 年版，第 8 页。

12　Mark D. Janis，“Patent Abolitionism”，*in Berkeley Technology Law Journal*，17（2002），pp.900—910.

13　张韬略：《英美和东亚专利制度历史及其启示》，《科技与法律》2003 年第 1 期。

计和商标）为另外一类。[14]19世纪80年代的两大知识产权国际公约——《巴黎公约》（1883年）和《伯尔尼公约》（1886年）是这种区分方法的最突出体现。[15]这种“二分法”直接改变了英国法律的结构体系，并且在知识产权管理机构重组中发挥了重要的作用。

通过对英国专利法律制度史的简要回顾，可以发现，英国的专利法律制度的体系受到多种因素的影响，包含了大量的时代历史背景和偶然因素，并非完全人为设计的结果。这一定程度上说明，一国知识产权法律制度的体系往往并不完全依照法理和逻辑的合理性，而是经常受到其他理论或者法律领域以外的因素的影响。同时，知识产权法的体系也在不断变化之中，我们不能仅凭一国目前或者历史上的专利法律制度的体系，对其他专利法律制度体系进行价值评价。

3）美国

北美殖民者欧洲大陆的法律制度，其中也包括专利。不过当时并没有统一的专利法，各州发明人必须就个案向殖民地或州主管机构提出申请，再依据特别法案授予专利。专利权冲突混淆多有发生。[16]而自北美十三个殖民地从英国获得独立以后，美国创建了世界上最成功的专利法律制度之一。正如林肯所说：专利制度是为天才之火添加利益之油！[17]美国的工业的发达和快速发展也很大程度上受益于先进完善的专利法律制度。

在立法层面上，美国1789年宪法第8条明确规定了保护作家和发明家对各自著作和发明在一定期限内享有专有权利，以促进科学和工艺的进步。1790年，美国第一部《专利法》颁布。这部法律非常简短，只有7条，却有效覆盖了可专利主题范围、新颖性标准、充分公开和专利权内容几个方面的规范，搭建起现代专利制度的基本框架。根据该法，可专利主题包括“任何有用的技术、制品、引擎、机器、装置或其任何改进”，同时要求这些技术改进必须达到“足够实用和重要”（sufficiently useful and important）的程度。1793年，美国《专利法》再次修订。修订后，美国《专利法》第101条可专利主题的定义得到了进一步扩充，并一直沿用至今。

14 〔澳〕布拉德·谢尔曼、〔英〕莱昂内尔·本特利：《现代知识产权法的演进——英国的历程1760—1911》，金海军译，北京：北京大学出版社2012年版，第161页。

15 〔澳〕布拉德·谢尔曼、〔英〕莱昂内尔·本特利：《现代知识产权法的演进——英国的历程1760—1911》，金海军译，北京：北京大学出版社2012年版，第162页。

16 *See* A brief history of the patent law of states，https：// ladas.com/a-brief-history-of-the-patent-law-of-the-united-states-2/（last visited Sep. 4，2018）.

17 *See* A brief history of the patent law of states，https：// ladas.com/a-brief-history-of-the-patent-law-of-the-united-states-2/（last visited Sep. 4，2018）.

在发明专利以外，美国于1842年通过《专利法》的一项修改，开始为新的、原创的外观设计和纺织物印刷图案授予外观设计专利（Design）。与英国稍晚的1883年《专利、外观设计和商标法》一样，两部法律的立法模式均为发明和外观设计合并立法，也都建立了集中统一的知识产权行政管理机构。除此之外，考察美国的专利法史，可以发现，美国专利法的立法模式还与行业发展和行政部门利益竞争有关。

在美国内战以前的工业生产中，钢铁铸造业往往不会对产品进行特别的外观设计。这种情况直到美国实业家Jordan L. Mott改良铸铁锅炉制造方法而得以改变。19世纪30年代，Mott改良了铸铁锅炉的生产工艺，并在改良过程中寻求进一步吸引购买者注意力的装饰方式。很快，Mott的产品从铸铁锅炉一种发展为包括锅炉、厨房用品、糖罐、浴缸等在内的家用产品。[18]同时，他还利用铸铁制造带有装饰的栏杆、把手、喷泉和花园铁艺装饰品（见图1）。可以看到，这些工业产品的外观设计已经和当代工业产品的外观设计别无二致，基本符合当下外观设计保护的要求。

图1　Mott生产的带有外观设计的铸铁产品[19]

然而，在当时的美国，这种外观设计产品的法律保护却存在空白。首先，根据1793年和1836年美国《专利法》，这种外观设计显然并未落入发明专利的保护范围。其次，虽然这类产品貌似可以获得著作权法保护，但是此时美国的著作权法并不保护立体三维的作品。事实上，直到1870年，美国著作权法才保护类似雕像、模型等艺术作品。因此，这类铸铁产品也很难寻求著作权法的保护。最后，虽然当时美国已经出现了通过反不正当竞争保护商业外观的法院判

18　Jason J. Du Mont & Mark D. Janis, "The Origins of American Design Patent Protection", *in Indiana Law Journal*, 88 (2013), p.849.

19　Jason J. Du Mont & Mark D. Janis, "The Origins of American Design Patent Protection", *in Indiana Law Journal*, 88 (2013), p.850.

例，但是对于铸铁产品的外观设计依然缺乏坚实的法律基础。[20]

与法律保护空白共存的问题是剽窃和抄袭。在19世纪30年代的美国和英国，纺织工业中的剽窃和抄袭问题同样严重。在这种背景之下，美国和英国都开始针对外观设计进行立法，明确这种新产生的知识产权类型。最具代表性的法律之一当属英国于1787年颁布的《白棉布印花工法》。[21]而在美国，Mott和1836年《专利法》起草人John Ruggles首先提出了以著作权模式保护外观设计的立法提案。此后，曾任美国专利局第一任局长的Henry Ellsworth提出了以专利法为基础的外观设计保护法案。他认为，相较于著作权模式，专利法模式对于现行体系的影响较小，“只需要授权专利局长按照与专利相同的限制和条件批准这些设计”。从理论上看，两种模式都具有一定的可操作性。

很耐人寻味的是，Henry Ellsworth的专利权模式提案还有其他的政治和经济利益目的。在当时的美国，进行专利登记需要向美国专利局缴纳15美元。然而，这笔专利申请费必须缴入国库，未经国会拨款不得开支。因此，美国专利局自身经费相当短缺。[22]此外，还有一个有趣的背景事实：当时美国专利局需要资金扩建大楼，如果能够争取到这笔注册费用，显然有助于大楼的建设。[23]因此，Henry Ellsworth的专利法模式方案背后，还包含着通过将外观设计纳入专利保护，进而增加专利局收入的意图。在以上各种因素和背景之中，最后胜出的是专利权模式，外观设计被纳入专利法保护的范围之中，并且一直延续至今。

近年来，美国外观设计法律的发展存在“分散立法”的倾向，即根据不同领域外观设计的不同特点，结合产业发展和行业需求，在现行法律基础上增加对特殊行业的外观设计的法律规定。相较于“三法分立”而言，这种“分散立法”更为独立，也较为细碎，例如美国2008年《船身设计修正案》（*Vessel Hull Design Protection Amendments of* 2008）主要通过版权法的架构，对船身的外观设计进行保护。而在时装设计保护方面，美国国会在2010年至2012年间讨论的IDPA（*Innovative Design Protection Act*）和IDPPPA（*Innovative Design Protection and Piracy Prevention Act*）案也预示着在时装设计领域，外观设计可能会采取版权法的保护模式。这种针对某种行业的单独立法（案）在世界上的其他国家较为少见。事实上，由于外观设计的权利客体和性质一直处于争论之

20 Jason J. Du Mont & Mark D. Janis，“The Origins of American Design Patent Protection”，*in Indiana Law Journal*，88（2013），p.851.

21 〔澳〕布拉德·谢尔曼、〔英〕莱昂内尔·本特利：《现代知识产权法的演进——英国的历程1760—1911》，金海军译，北京：北京大学出版社2012年版，第63页。

22 杨利华：《美国专利法史研究》，北京：中国政法大学出版社2012年版，第130页。

23 Jason J. Du Mont & Mark D. Janis，“The Origins of American Design Patent Protection”，*in Indiana Law Journal*，88（2013），p.866.

中，即使是具有发达知识产权保护体系的美国依然存在部分法律空白，需要通过单行立法来平衡法律和产业之间的关系。这也突显出美国立法者对于现行法秩序的尊重和维护。

由上观之，美国专利法采用发明和外观设计合并立法的方式，并非立法者有意设计的结果。虽然美国外观设计法近年来开始针对部分产业的外观设计单独立法保护，并且开始突破专利法的范畴，但是美国从未将外观设计移出专利法的范畴。这说明，美国的立法者更倾向于为外观设计提供多重可选择的保护模式，而非限定于专利或著作权保护模式。这种经验或可为我国所参考。

2. 专利法律制度的发展与创新

自威尼斯首次采用特权许可的方式保护发明以来，英国和美国作为现代专利制度的开创者，在 19 世纪末都已经建立起了包括专利法在内的现代知识产权法律制度。从英国和美国的专利制度简史中我们可以发现，专利制度经常被用作国际竞争的工具，这对于那些在相对较后迈入现代化的发达国家来说也不例外。这些专利制度的后续追随者并不亦步亦趋，而是充分发挥了“后发优势”，建立起了在某种程度上超越英美的专利法律制度。正如英国土木工程师约翰·法里所言，“在把美国专利法以及法国、比利时、奥地利和西班牙的专利法呈递给 1829 年（英国）专利特别委员会时，人们发现这些法律‘远胜过我们的制度’，并且把它们作为法律模式加以研究是大有裨益的。”[24]因此，在专利制度的先驱——英国和美国以外，我们还应当考察几个专利制度的“后续追随者”们，考察这些国家是基于何种背景和环境，站在前人的肩膀之上，构建自己国家的专利法律制度体系的。

1）德国

和英国、美国相仿，德国的专利法律制度历史同样也是从授予发明特权开始的，而且在 18 世纪上半叶，这种发明特权在德国部分地区和奥地利同样被用作重商主义经济政策的工具。由于德意志统一之前处于四分五裂的状态，各国吸纳了不同国家的专利法律制度。直到 1877 年，只有萨克森、汉诺威以及黑森大公国有对保护发明的特别规定。其中，有的国家采用实行登记制，而有的国家实行预先审查制。其他国家没有明确保护发明的规定，而往往是仅根据实际情况授予特权。有些国家受到自由贸易思想的影响，甚至不保护发明创造。[25]在这种背景之下，没有足够的专利保护，结果导致德意志工业产品落后，缺乏出

---

24 〔澳〕布拉德·谢尔曼、〔英〕莱昂内尔·本特利：《现代知识产权法的演进——英国的历程 1760—1911》，金海军译，北京：北京大学出版社 2012 年版，第 106 页。

25 〔德〕鲁道夫·克拉瑟：《专利法——德国专利和实用新型法、欧洲和国际专利法》，单晓光、张韬略、于鑫淼等译，北京：知识产权出版社 2016 年版，第 78—79 页。

口能力，也使得许多发明人移民国外。面对国际竞争的不利局面，人们开始呼吁专利保护，并认为专利制度能够促进德国国内经济的发展。另外，1871 年统一的德意志帝国宪法也明确授权就发明专利进行立法。在这种背景之下，1877 年，也即德意志帝国统一仅 7 年后，德意志帝国的第一部《专利法》就宣告诞生。

除 1896 年首创世界第一部《反不正当竞争法》外，德国《商标法》（1874 年）、《外观设计法》（1876 年）、《专利法》（1877 年）和《实用新型法》（1891 年）等工业产权法的起步均晚于英、法、美等国。此外，在工业化和现代化的进程上看，德国此时也落后于这些先发国家。但是，德国一方面充分利用了“后发优势”，通过高质量的立法和精细的制度设计，本国的专利制度相较于德意志统一之前的水平有了质的飞跃，另一方面又适时地调整专利制度和政策，创造性设计了新的权利客体和法律制度，以符合时代的需要。例如，1877 年德国《专利法》在专利授权审查方面规定了相当严格的标准，专利不仅要有新颖性，而且应当具备技术进步性。专利异议制度和逐年增加的专利年费制度也被建立起来。德国初始专利制度的这种设计旨在审慎选择确实有助于德国创新增长和扩散的发明授予专利权，以保护当时主要受外国专利控制的德国工业。而为了缓和严格专利制度对创新激励不足的问题，德国于 1891 年创造性地制定了《实用新型法》，为那些创新程度略低但确实能产生有益效果的小发明提供较短期限的专利保护。实用新型专利的设置对处于技术追赶阶段的德国国内企业尤其是中小企业意义重大。另外，德国还首次在世界上确立了“先申请原则”，以刺激发明者主动申请专利，将“潜藏”在社会中的技术发明挖掘出来。[26]

值得注意的是，德国《实用新型法》实际上并不是德国《专利法》的附庸，即使被称为“小专利”（Pretty Patent），其最初立法时设置的保护模式更类似于外观设计，其背景之一，是德国的中小企业面对德国《专利法》设置的很高的专利审查标准，被迫为其发明创造寻求版权法的保护。[27]这一定程度上说明，德国专利和实用新型采用分别立法的模式，很大程度上并不是人为设计的结果，而是历史发展、社会背景和法律传统所决定的。这一结论与针对英国、美国立法的观察结论是大致相同的。

---

26 Shin-Ichiro Suzuki，*Invention Protection and Economic Development*，Japanese Patent Office，（Asia-Pacific Industrial Property Center，Japan Institute of Invention.Working Paper，2010），*available at* https：//www.jpo.go.jp/torikumi_e/kokusai_e/training/textbook/pdf/Invention_Protection_and_Economic_Development.pdf.

27 K.S.Kardam，*Utility Model—A Tool for Economic and Technological Development：A Case Study of Japan*，（Final Report in Fulfillment of the Long-term Fellowship Sponsored by World Intellectual Property Office in Collaboration with the Japan Patent Office），*available at* https：//www.wipo.int/export/sites/www/about-wipo/en/offices/japan/research/pdf/india_2007.pdf.

2）日本

同样作为后发型的发达国家，日本在现代化的过程中同样根据本国的国情、利益和发展状况制定适合自身的专利制度。1868 年，明治维新大幕开启，1871 年，明治政府颁发了《专卖简则》，在日本确立了专利审查规则和先申请原则，规定依据发明等级确定专利期限，还规定了专利权利的让渡与续承等。横向比较同一时期世界各国专利法律制度，这部法律的条文规定已经比较先进。但是，由于日本的现代化进程刚刚开启，相关专业人士严重不足，不仅缺少相关的发明创造，就连政府也缺少审查专利的人员。因此，该法实施一年后即被废除。这也导致日本国内市场开始出现大量侵犯他人发明权利的现象，造成了市场的混乱。直到 1885 年，在时任日本农业和贸易部部长高桥是清的推动下，《专卖专利条例》（*Patent Monopoly Act*）颁布，成为日本最初得到实际施行的专利法。高桥是清本人也出任日本第一任专利局局长。[28]该条例将饮食物、嗜好物以及医药调理方法排除在专利保护范围之外，同时，它还规定外国人不得享受日本专利权。[29]直到 1899 年日本加入《保护工业产权巴黎公约》，修订了《专利法》、《外观设计法》以及《商标法》，外国人的工业产权才得到法律的承认。

在《专利法》之外，日本又专门制定了《外观设计法》和《实用新型法》。1888 年，日本以英国的《专利、外观设计和商标法》为样本，制定了最初的《外观设计条例》，对应用于工业产品上的形状、图案或色彩的新颖的外观设计的创作人授予外观设计专用权。此外，1905 年，日本政府又以德意志的《实用新型法》为蓝本，出台了日本的《实用新型法》。这一法律以工业产品、形状、构造或者其结合的实用新颖的设计为保护对象，而且规定了申请在先（first-to-file）的原则，这些做法明显是出于保护日本本国开发研究出来的为数众多而又达不到专利水准的技术构想。[30]

从总体上看，日本在其经济发展初期基本采取的是专利的弱保护策略：首先，限制专利的保护范围，将食品、饮料、药用物和化学物质等排除在专利保护之列；其次，在专利审查上也摈弃美国的“先发明”原则而采用“先申请”原则；再次，规定了出于公益考虑的强制许可或者对法定期间不施行专利的强制许可使用制度，同时规定了专利申请授权之前的信息披露制度，以便专利审查以及公众异议程序的提出。这些做法为日本企业相对从容地吸收外国的技术，

28 K.S.Kardam，*Utility Model—A Tool for Economic and Technological Development：A Case Study of Japan*，（Final Report in Fulfillment of the Long-term Fellowship Sponsored by World Intellectual Property Office in Collaboration with the Japan Patent Office），*available at* https：//www.wipo.int/export/sites/www/about-wipo/en/offices/japan/research/pdf/india_2007.pdf.

29 张韬略：《英美和东亚专利制度历史及其启示》，《科技与法律》2003 年第 1 期。

30 余先予、郭君武：《日本工业产权法》，上海：上海财经大学出版社 1996 年版，第 37 页。

例如进行反向工程等，提供了制度上的便利。[31]

另外，从专利法律制度的体系上看，日本采用分别立法的方式，将专利（大致等同于我国的“发明”）、实用新型和外观设计单独立法，很大程度上是继受他国法律，特别是继受不同国家、不同法域的法律的结果。日本法律将实用新型和外观设计排除在“专利”的概念之外，显然也不是有意而为之，而是由于在继受他国法律的过程中，首先引入了专利垄断法律，之后又根据国情引入外观设计和实用新型法，形成了目前的局面。此外，还应当注意的是，日本《外观设计法》所继受的英国《专利、外观设计和商标法》当中，恰恰采用的是合并立法的方式，将三种工业产权规定在同一部法律之中。然而，日本并未照搬任何一国的立法模式，而是根据自身需要进行合理选择。这也体现出，即便是通过法律继受方式进行本国立法的，也不会因为继受某国法律而彻底改变本国现行的法律制度体系。从以上数个国家的情况来看，尊重、因循本国现有的法律制度体系，是共同的选择。

3. 小结

以上，本文以英国、美国、德国、日本四个国家的专利法律制度变迁历史为对象，重点探究了专利法律制度史较为长久的国家，其专利法结构和内容的一些历史影响因素。

从共性来看，这些国家的专利法和专利制度的体系建构均从单一的发明专利法起始，这是由当时立法时社会经济和技术发展程度所决定的。随着技术和产业的发展，外观设计保护开始进入英美的法律体系之中，同时伴随着外观设计的专利保护模式和著作权保护模式的争论和调整，最终殊途同归地采取了多元保护的模式。这与外观设计的权利特征有直接关系。相较于英美两国，德国和日本相对处于后发位置。在借鉴先发国家的专利立法以后，又根据本国实际情况制定了促进小发明的实用新型法，并采用单行的立法模式，不仅体现了历史上实用新型在德国、日本两国专利政策中的突出地位，还符合两国作为大陆法系国家尊重法律秩序稳定性的特点，同时还与立法的先后顺序有直接联系。

从特性上看，不同国家的专利法律体系结构很大程度上受到非法律因素的影响。政府的产业政策、不同利益群体的声音、继受他国法律的先后时间，以及国际条约的约定等因素，均一定程度上影响了各国专利法结构体系，使各国的专利法呈现出不同的样貌。

因此本文认为，各国的专利法的体系结构受不同因素的影响，蕴含着法律逻辑性、历史必然性和偶然性，但不意味着任何的优越性和正当性。不能仅根

---

31 Nagesh Kumar，“Intellectual Property Rights，Technology and Economic Development：Experiences of Asian Countries”，*in Economic and Political Weekly*，38（2003），p.214.

据其他国家的专利法律体系结构评判我国的专利法律体系结构孰优孰劣。

（二）中国《专利法》立法模式的历史背景

相比起英、美、德、日百余年以上的现代专利法发展史，中国的专利制度史虽然没有如此长的时间跨度，但是却经历了非常曲折的发展历程，对目前我国《专利法》的立法模式和具体规定都有深远的影响。

1. 晚清至民国：初创专利制度

1）晚清至民国专利制度发展简史

中国最早的专利思想或可追溯至太平天国领导人洪仁玕在《资政新篇》的“法法类”中提出的建立专利制度的主张。洪仁玕在香港期间，通过传教士的藏书了解了西方各国的情况，并参照西方国家的专利制度，构想了由“大专利”和“小专利”（类似于实用新型专利）组成的中国专利制度基本框架。然而，由于太平天国政权存续时间很短，这种思想并未得到实际落实。

晚清时期，面对西方国家“船坚炮利”的现实，清朝统治者和“维新派”也曾经希望通过引入西方的专利制度，促进中国科学技术的发展。光绪皇帝曾经效仿英国的“垄断经营许可”形式，钦赐郑观应掌管的上海机器织布局就其机器织布技术享有10年的垄断性经营“专利”。[32]结合洋务运动“官督商办”的政策背景来看，这种垄断性经营“专利”本质上是清政府授予官僚资产阶级的垄断权。1898 年，在戊戌变法中，光绪皇帝在康有为的建议下，又颁布了《振兴工艺给奖章程》，成为中国第一部鼓励科技与工艺发明的法律。《振兴工艺给奖章程》共 12 款，从国家层面具体规定了对军事科技和日用品制造技术的专利期和奖励措施。之后，在外国殖民入侵者的要求下，1903 年《中美续订通商行船条约》和 1904 年《中葡通商条约》都有关于外国专利保护的规定，即在中国设定专门的专利管理机构和制定专利法后要给予外国专利保护。

辛亥革命以后，北洋政府同样发布了多条法规政令奖励发明。1912 年，北洋政府颁布《奖励工艺品暂行章程》，全文 13 条。虽然比较简单，但却在不断向西方近代专利制度靠拢，规定了先申请原则、专利审查和说明书制度等，并且把专利权明确限于工艺品发明者和改良者，取消了建厂专办之权。1923 年，北洋政府又修订了《奖励工艺品暂行章程》，并且颁布了与之配套施行的实施细则。值得注意的是，在 1927—1928 年的上海，《奖励工艺品暂行章程》中增加了“新颖装潢图样专利”，实际上与外观设计专利本质相同。

1928 年，南京国民政府进一步修订了北洋政府 1923 年颁布的《奖励工艺品

32 刘银良：《知识产权法》，北京：高等教育出版社 2014 年版，第 57 页。

暂行章程》及其实施细则，完善了包括专利保护期和侵犯专利权民事责任的问题。1939 年，南京国民政府颁布了修订后的《奖励工业技术暂行条例》，该条例最大的特点是将实用新型和外观设计纳入专利法的保护范围，均称其为“专利”，并命名为“新型专利”和“新式样专利”。[33]这也成为 1944 年乃至新中国以后的专利法保护范围立法的模式。[34]1944 年，中华民国政府颁布了《专利法》，成为中国历史上第一部现代意义上的专利法。这部法律虽然因为国民党当局败退台湾而未能在大陆实行，但是却成为我国台湾地区专利制度的重要基础，同时对于新中国专利制度的重建也产生了一定影响。

2）继受论对晚清民国专利制度的深刻影响

国民政府 1939 年和 1944 年的专利法规相较于之前的各部法规，最明显的突破就是将实用新型和外观设计纳入专利法的保护范围。这与晚清至民国时期中国立法广泛继受他国法律有密切联系。

回顾专利制度最原初的起点，相较于英、美、德、日，洪仁玕所提出的中国的专利制度最初构想即包含了“大专利”、“小专利”两种权利客体，基本对应发明和实用新型。但是，中国当时依然是一个农业国，相较于初创专利制度的西方各国而言，明显缺乏制度基础。因此，这种思想更大程度上只是简单地将西方制度照搬过来。清政府在洋务运动时期授予的垄断经营“专利”既有国内官督商办的背景因素，同时也有仿照欧洲早期专利制度的痕迹。而在随后的《大清民律草案》编纂过程中，虽然存在体例上的争议，但是无论采纳何种体例，依然是一部全面继受德日民法的法律。可见，在清王朝末期，我国建立现代法律制度的改革过程基本是继受型。[35]这种特点一方面源于清政府面对现实的一种“救亡图存”的需要——这一点可以从洋务运动和戊戌变法学习西方的特征得以印证。另一方面，由于传统的中华法系传统并无“民法”的概念，因此全面继受德日民法显然是最直接和最便利的立法道路。时至民国，虽然在民法典编纂过程中关于“民商合一”还是“民商分立”的争论持续已久，但是整体而言依然保持继受大陆法系民法体系的架构，特别是受到了德国和瑞士民法的影响。[36]而在专利法律制度上，跨越性地规定了发明、实用新型和外观设计三种权利，显然与欧洲国家漫长的权利客体扩展的过程不同，而同样属于继受他国法律的结果。同时，可以发现，在权利客体扩展的同时，民国时期的《专利法》

33 徐海燕：《1944 年〈中华民国专利法〉的立法思路》，《知识产权》2010 年第 5 期。

34 冯晓青、刘成军：《我国保护发明创造立法和政策文献分析——从〈振兴工艺给奖章程〉到〈中华人民共和国专利法〉》，《南都学坛》2013 年第 1 期。

35 聂卫锋：《中国民商立法体例历史考——从晚清到民国的立法政策与学说争论》，《政法论坛》2014 年第 1 期。

36 Michael Skrehot，“Taiwan’s Changing Patent Law：The Cost of Doing Business with the World”，*in The International Lawyer*，30（1996），p.623.

并未采取单独立法的模式，而是采用了“三合一”的模式，这一方面或与民法典编纂的时代潮流有关，另一方面也与专利制度不断修订，相较于专门立法而言更为便利有关。

2. 新中国：重建专利制度

1）新中国专利制度建立的背景

在新中国成立后的1950年，中央人民政府政务院颁布了《保障发明权与专利权暂行条例》，是为新中国第一个专利法规。这部法规实际上仿照苏联模式，采用“发明证书”和“专利证书”的双轨制保护和鼓励发明。此后，在20世纪50年代到1985年《专利法》实施之前，中国实际上并没有实行真正意义上的专利制度，而是采用单一的发明和技术改进的奖励制度。再加上极“左”思想的严重影响，对发明和专利进行物质奖励被认为是资本主义制度，[37]因此实际上就连这种奖励制度也没能得到真正落实。

粉碎“四人帮”以后，中国开始筹建专利制度。当时的背景之一，是国人对专利法律制度知识的极端匮乏导致国内生产和对外技术交流中产生了很多问题。在国内生产方面，由于没有专利制度，国内部分掌握先进技术的企业将技术保密起来，拒绝与其他企业开展合作，甚至不愿意到出口商品博览会中宣传自身的先进技术和产品，形成了技术封锁的壁垒；[38]而在对外技术交流方面，由于缺乏专利知识，很多企业引进的“专利”权利基础不稳定，甚至被假专利欺骗，付出了高额的技术转让费用。同时，在正常的技术转让和利用外资的过程中，中方也不理解有关专利制度的条款，无法区分技术秘密和专利技术的关系，甚至让外国企业用已经过期的专利作为资本在中国投资，损失很大。[39]而另外一个背景是，随着改革开放的来临，“科学技术是第一生产力”，发展科学技术、促进经济发展成为重要国策，党和国家领导集体也作出了建立我国专利制度的决策。在这样的时代背景之下，建立专利制度工作开始推进。

2）《专利法》立法草案关于专利种类和法律结构的主要变化[40]

在制定《专利法》的过程中，经过多次研讨和征求意见，基本解决了反对建立专利制度的声音。但是，《专利法》自起草到正式颁布仍然经历了6年共计25稿的曲折历程。其中，争议最大的问题之一，就是专利法规定几种专利的问题。这一问题也实质性地影响了《专利法》的结构体系。

---

37 赵元果：《中国专利法的孕育与诞生》，北京：知识产权出版社2003年版，第11页。

38 赵元果：《中国专利法的孕育与诞生》，北京：知识产权出版社2003年版，第34页。

39 赵元果：《中国专利法的孕育与诞生》，北京：知识产权出版社2003年版，第43页。

40 该部分内容主要参考赵元果所著《中国专利法的孕育与诞生》第三部分“专利法经五年孕育的诞生过程”一章，以及刘春田主编《中国知识产权二十年》的部分章节。参见赵元果：《中国专利法的孕育与诞生》，北京：知识产权出版社2003年版；刘春田主编：《中国知识产权二十年》，北京：专利文献出版社1998年版。

有关专利法保护的对象范围问题，第 1、2 稿仅保护“发明专利”，而不包含实用新型和外观设计。法律名称也称为“中华人民共和国发明专利法”，将法律名称限定为“发明专利”。当时考虑的出发点是我国缺少专利制度的经验，对于实用新型和外观设计的保护，可以取得经验以后再予考虑。可以预料的是，如果最后颁布的正式法律文本依然沿用这一命名方式，则我国之后一旦需要补充规定实用新型和外观设计，那么很可能将采用单独立法的方式，否则将与法律名称相抵触。而事实上，显然我国的立法者已经将实用新型和外观设计纳入立法考量之中。

在第 1、2 稿之后的第 3 稿至第 25 稿，《专利法》草案均保护发明、实用新型和外观设计三种权利，而且均将其定义为“专利”。针对其中“实用新型”和“外观设计”的名称问题，由于这两种名称均非中文首创，而是外文翻译，因此存在争论和调整，曾经分别调整为“新设计专利”和“新式样专利”。这显然借鉴和参考了 1944 年中华民国《专利法》的命名方式。

在章节结构上，除第 1、2 稿只保护发明专利以外，第 3 稿将发明、实用新型和外观设计分章予以规定，分别规定在第二、三、四章。并且将实用新型和外观设计专利中与发明专利相同的法条，采用列举准用的第二章“发明专利”中有关条款的方式予以引用。这种立法方式的弊端在于，在具体施行过程中将产生严重的不便，同时还不能有效精简法律文本的规模。事实上，采用这种方式的条款达到 53 条之多，第 3 稿的条义数量也达到了 95 条，较《专利法》颁布版本的 69 条多了 26 条。这种结构一直持续至第 22 稿才得到改变，其中法条最多的版本达到了 107 条之多。而第 23 稿将三种专利结合在一起，减少了共同性的程序条款，形成了紧密的“三合一”体系。这种体系结构在当时得到支持的主要原因是其简洁的风格，利于法律的颁布、施行和普及。而这也成为最终颁布施行的《专利法》的体系结构，并沿用至今。

3）专利法保护几种专利的争论

在《专利法》的制定中，专利法保护几种专利的问题争议最大，并贯穿整个立法的过程。对这一问题的争论也影响到了《专利法》的立法模式。

其中，质疑、反对保护三种专利的观点主要有以下几点。①制定专利法的重点是发明专利，目的在于引进国外先进技术。针对发明专利我国尚且缺少经验，其他两种专利立法应当缓行，可以另行立法。②三种专利审批程序不同，写在一个法里面不好处理。③立法同时规定三种专利，会导致工作量很大。实用新型和外观设计不经过实质审查，容易产生大量纠纷，而且容易让科研人员偏向开发“小发明”（指实用新型），而不愿意开发“大发明”（指发明专利）。④世界上只有少数国家把实用新型专利单独作为一种专利类型，容易导致大量外国申请涌入我国。⑤发明和实用新型都需要审查新颖性、创造性和实用性，在实际生活中难以区分。⑥外观设计属于美术性的创造，与技术性发明不同。

相对应地，支持保护三种专利的观点主要有以下几点。①起草《专利法》的过程漫长，尤为不易，如果一次到位，则既可以满足立法需要，又可以节省立法资源。②我国目前科学技术水平较发达国家有差距，仅保护发明专利可能导致大量“小发明”无法得到保护，立法不能达到目的。反之却可以鼓励群众开展发明创造的动力。③我国目前工业生产中已经出现大量仿冒技术和外观设计的情况，相关行业对制定专利法保护实用新型和外观设计的呼声强烈。④考虑到未来我国加入各类国际组织，特别是《保护工业产权巴黎公约》的方向，如果此时不保护外观设计，则对加入国际组织不利，日后仍需修订法律。⑤只保护一种发明专利，会导致大量目前达不到发明专利标准的“小发明”蜂拥而上。由于发明专利需要实质审查，反而增大了专利局的工作压力。有区别地进行保护，是专利法先进的表现。

另外，还有一些有关立法模式的观点。例如，有观点认为，由于三种权利的审批程序不同，建议分别立法。还有的观点认为，发明和实用新型其实可以合并在一起，而外观设计由于比较复杂和烦琐，可以先通过部门规章予以规定，之后再行立法。这些观点本质上都是主张分别立法的方向。事实上，直至《专利法》草案第24稿（1984年提请通过稿），针对我国《专利法》保护几种专利，以及《专利法》的立法模式问题，参与立法的各方仍然没能达成完全一致。最后，实际上是国家领导人的指示暂时平息了争论。

虽然争论一直存在，但是目前来看，《专利法》在制定之初即保护三种专利，并采用较为凝练简洁的立法模式，将三种专利合并在一起进行规定，共享审查程序和民事行政救济等相关条文的体例，至少有以下几点贡献和价值。

首先，从《专利法》制定的时代背景上看，在改革开放之初，我国寄希望于开放市场，采取技术引进和吸收的方式提高我国的科学技术水平，促进经济发展和进步。这种思路可以归结为“以市场换技术”。[41]对于这种策略，从我国的角度上看自然是对我国有利的，但是对于发达国家而言，他们不可能将先进技术拱手相让，而往往是将一些一般化的，或其应用很成熟甚至快要淘汰掉的技术，转移到相对落后的国家。[42]中国开始改革开放以后，发达国家又凭借其丰富的经验和更完善的知识产权保护体系，在贸易战中将知识产权问题作为主要武器，指责、攻击我国知识产权相关制度的不健全，以期保护高新技术专利所带来的垄断权利和源源不断的经济利益，长期保持对发展中国家的压倒性态势。

41　易继明：《编制和实施国家知识产权战略的时代背景——纪念〈国家知识产权战略纲要〉颁布实施5周年》，《科技与法律》2013年第4期。

42　张文宗：《美放松出口管制的虚实》，《瞭望》2010年第37期。

作为发展中国家，我国一方面急需提高自身的科学技术水平，但与此同时，建立既符合国际标准又不违背本国利益的知识产权制度，也是当务之急。这种紧迫的内外部矛盾和压力，在立法工作中不仅一直持续，同时也是前所未有的。在这种背景之下，《专利法》采用“三合一”体系结构，最大限度地满足了立法的急迫需求，相较于缓慢立法、单独立法的方案，更加符合现实的需要，同时也为中国专利制度的快速发展进步较早地奠定了基础。

其次，“三合一”的模式及时回应了国内立法的需要和背景。在《专利法》草案征求意见时，轻工业部门反响非常强烈，其原因就在于，这些企业开发的一些日用品、化妆品、纺织品中的技术改进和外观装饰被广泛抄袭，甚至在出口贸易中出现本国企业之间恶意竞争的现象。同时，我国当时的科学技术水平和工业生产实际中也反映出这样一个事实，即属于“小发明”和技术改进的实用新型专利和外观设计专利保护的需求较多，而属于发明专利的保护需求相对较少。如果《专利法》只保护发明专利，而将实用新型和外观设计排除在外，不仅不能满足立法需求，同时也不利于产业发展，另外也不能避免将来继续单独立法。从《专利法》的立法时间上看，由于立法过程较长，推迟保护实用新型和外观设计，很可能导致这两种知识产权在较长的一段时间内得不到直接有效的保护。

最后，一部法律保护三种专利，并且将三种专利合并立法的立法模式，让整部《专利法》凝练而精简，避免过分冗余和大量的准用条款。事实上，虽然发明、实用新型和外观设计在授权标准、审查模式、权利保护期限和保护措施上有区别，但是绝大部分的内容均相同或极为相似。特别是在我国《专利法》草创初期，专门针对某种权利客体的细节规定较少，三种权利客体可以共享通用的规定占大多数。如果采用单独立法的方式，要么会造成大量的条文重复，要么则导致大量的准用条款，让整个专利制度体系显得更为繁杂，不利于法律的推行和社会的接受。

4）《专利法》颁布后历次修改的基本脉络

自 1985 年《专利法》正式实施以来，《专利法》目前一共进行了三次修订。这三次修订的基本脉络呈现出“由外而内”的特点。所谓“外”，是指面对外国的挑战、指责和批评，以及为了符合与其他国家签订的相关条约，或者为了履行加入国际组织的承诺，而被动地修订《专利法》。所谓“内”，是指根据国内科学技术发展状况、专利制度运行状况和产业发展情况，主动创造或者引进国外制度，完善《专利法》。

1992 年我国《专利法》第一次修改的历史背景，就充分体现了中国在参与国际科技、经济合作和贸易往来中，专利法国际协调活动所产生的重要作用。[43] 该次修法之前的 1989 年，中国正式申请恢复关贸总协定缔约国地位并参加乌拉圭回合多边贸易谈判。在这次谈判中就包括 TRIPs 协议的谈判。1991 年 6 月，中国参加了世界知识产权组织就《保护工业产权巴黎公约》有关专利部分的补充条约召开的第一阶段外交大会。1991 年至 1992 年由美国“301 调查”引发的中美知识产权谈判，进一步推动了《专利法》的修订工作。最终，第一次修订的《专利法》符合了《中美知识产权保护谅解备忘录》和 TRIPs 协议的要求。[44] 因此该次《专利法》的修订基本上是针对外界压力干预和加入国际条约的立法回应。

进入 21 世纪前后，我国加入世贸组织的情况已经相对明朗。而加入世贸组织意味着缔约各方应在入世前审视其知识产权法律是否与 TRIPs 协定相一致。因此，《专利法》第二次修改以进一步与 TRIPs 协定接轨，包括修改了强制许可制度，取消了行政机关终局决定，并增加了许诺销售等规定，同时还增加了与专利 PCT 申请相关的内容。从《专利法》前两次修改的动因和内容来看，被动地适应某些国家或地区的干预以及专利国际公约的要求成为当时的一种主旋律。[45]

从《专利法》第三次修订开始，前两次《专利法》修改中所体现出的“被动性”已经有所降低。究其主要原因，一方面，经过前两次《专利法》修订，我国的专利制度已经实现了与国际条约和通行规则的接轨，中国已经承担起了基本的知识产权保护国际义务；另一方面，我国当时虽然已经在部分科学技术领域走在世界前列，但是这种科学技术进步如何转化为推动经济发展的力量，在这种转化过程中是否存在体制机制不畅的问题已经浮出水面。我国通过先前立法和修订所确立的专利制度，在实践中暴露出了一些问题和漏洞，影响了专利质量、专利权稳定性和专利保护的有效性。针对这些问题，《专利法》第三次修改进行了一定的回应：在专利授权确权方面，进一步提高了专利授权标准，限定了外观设计专利的授权条件，引入现有技术抗辩原则，同时从尊重意思自治原则的角度出发，简化了国外申请专利保护的行政程序，明确了专利申请权和共有权的当事人的约定优先于法律规定；而在专利行政管理方面，以建设服务型政府为纲，取消对涉外专利代理机构和中国公民在外国申请专利的诸多限制，加强了专利行政处罚力度，明确了专利行政部门完整、及时、准确发布专

---

43 高卢麟：《关于〈中华人民共和国专利法修正案（草案）〉的说明》，资料来源：http：//www.npc.gov.cn/wxzl/gongbao/2000-12/14/content_5002778.htm；访问时间：2018 年 4 月 18 日。

44 杨利华、冯晓青：《中国专利法研究与立法实践》，北京：中国政法大学出版社 2014 年版，第 16 页。

45 马宁：《从〈专利法〉三次修改谈中国专利立法价值趋向的变化》，《知识产权》2009 年第 5 期。

利信息的职责。而在专利权保护和侵权救济方面，在《专利法》框架下加入了诉前禁令和证据保全措施，以更好地保障专利权人的合法权利，减少侵权带来的损失。与此同时，这次修法还主动引入了一些国外制度（如药品专利申请中的“Bolar 例外”），以促进我国生物制药行业的发展，解决我国的公共健康保障问题。因此，如果与《专利法》的前两次修订进行对比，我们可以发现，这些制度的引入更多是对我国现有专利制度的主动弥补和优化，而并非被动满足加入国际组织、解决知识产权争端的条件和要求。其整体的修订精神和取向已经发生了变化。

3. 小结

综上观之，中国专利法律制度在不同的历史时期展现了极为类似的结构体系，即将发明、实用新型和外观设计规定在一个法律文本之中，均定位为“专利”，同时将三种专利合并在一起规定，而不采用单独设章节的方式排列。这种共性的背后，是本质相似的时代背景和立法背景。

其一，无论是民国时期还是新中国的专利立法，基本上采用继受他国现行法律文本的方式。其主要原因是这两个时期的立法者对专利制度的了解较为薄弱，同时中国本土也缺少专利制度孕育的土壤。在继受他国法律文本时，面对相对发达、完善而复杂的规定，我国的立法者往往采取提取主干、精炼文本的方式，避免法律过于繁复，影响施行效果。

其二，民国时期至改革开放前期，虽然科学技术和生产力有一定提升，但是我国的科学技术水平均相当有限，符合发明专利标准的发明创造相对于工业生产中的技术改进和外观设计较少。从社会和产业的立法需求上看，保护实用新型和外观设计是必然的方向。

其三，无论是南京国民政府时期，还是改革开放时期，中国都在经历一个“大规模立法”的时代。[46]而这种“大规模立法”的时代又有相同的历史背景。一方面，无论是旧民国还是改革开放时期的新中国，都在极力寻求融入国际秩序，摆脱任人宰割的境地，更大意义上属于“适应性”立法。另一方面，当社会即将走入新的时代，国家的统治者和民众都需要新的社会秩序，而立法显然将会成为迫在眉睫的任务。在这种内外的双重压力之下，较渐进性的单独立法模式，“三合一”的立法模式显然是更为合理的选择。

（三）专利法典型立法模式比较分析

通过对各国专利法立法史的比较研究，可以发现，各国专利法体系结构的

46 郭道晖：《当代中国立法》（下），北京：中国民主法制出版社 1998 年版，第 883—884 页。

形成过程均受到了多种因素的影响。简言之，以英美为代表的专利制度的最“先发”国家，由于经历较长时间的专利制度演化过程和科学技术发展过程，其专利法和外观设计法大致采用了“添砖加瓦”的方式不断增补完善；而以德日为代表的专利制度“后发”国家，在借鉴了英美已经趋于成熟的专利法以后，又根据国情创造了实用新型法，作为推动国内科学技术进步的政策工具。在这种立法背景之下，单独立法是自然的选择。而从中国的专利制度史观察，面对内在和外在的压力和需求，采取了“一步到位”的合并立法模式。因此，各国专利法的结构差异至少受到了立法背景不同的影响。这一结论有助于正确看待单独立法与合并立法结构的“优劣”问题。

在历史角度之外，针对当下各国专利法的典型结构体系的分析与评价，对解决我国《专利法》的结构性问题和“三法分立”的必要性也有重要意义。一方面，我国“三合一”的立法模式的问题可以通过对比分析得以凸显；另一方面，针对其他立法模式的评估有助于客观地评价其特点，并作为我国《专利法》结构问题的重要参考。

1. 单独立法模式

所谓单独立法模式，即将发明、实用新型和外观设计三种权利客体，或将发明和外观设计两种权利客体分别单独立法，形成“三法分立”的专利法律体系结构。

世界上采用单独立法模式的主要国家有德国、日本、新加坡、加拿大、韩国、瑞典、捷克、斯洛伐克、匈牙利、罗马尼亚、印度等。这其中，许多国家为西欧和北美的发达国家，而亚洲的发达国家和大部分中东欧的发展中国家也采用单独立法模式。此外，由于历史因素的影响，例如殖民、战争和国际关系的影响，部分亚洲国家的法律制度受到了欧美发达国家的深刻影响。例如印度深受英国法律制度的影响，而韩国法律则在二战前后分别受到了日本殖民统治和美军占领管理的影响。

1）单独立法模式的主要特征

单独立法模式的主要特征有以下三点。

首先，一种权利单独成法，每种权利客体的对应法律章节结构和安排具有很大的相似性，基本呈现出“总则—权利定义和注册申请—行政程序—司法程序—法律责任—其他规定”的形态。表 1 以日本《专利法》、《实用新型法》和《外观设计法》为例，充分体现了单独立法模式的这一特征[47]。

---

47 本文对日本《专利法》、《实用新型法》和《外观设计法》的中文翻译，参见《日本专利法》，杜颖译，易继明校，北京：经济科学出版社 2009 年版；《日本知识产权法》，杨和义译，北京：北京大学出版社 2014 年版。

表 1　日本《专利法》、《实用新型法》和《外观设计法》结构一致性

<table>
<tr><th>法律
结构</th><th>《专利法》</th><th>《实用新型法》</th><th>《外观设计法》</th></tr>
<tr><td>总则</td><td>第一章　总则</td><td>第一章　总则</td><td>第一章　总则</td></tr>
<tr><td>权利定义和注册申请</td><td>第二章　专利和专利申请</td><td>第二章　实用新型注册和实用新型注册申请</td><td>第二章　外观设计注册和外观设计注册申请</td></tr>
<tr><td rowspan="4">行政程序</td><td>第三章　审查；
第三章之二　申请公开</td><td rowspan="3">第五章　复审</td><td rowspan="3">第五章　复审</td></tr>
<tr><td>第五章　专利异议申请</td></tr>
<tr><td>第六章　复审</td></tr>
<tr><td>第七章　再审</td><td rowspan="2">第六章　再审和诉讼</td><td rowspan="2">第六章　再审和诉讼</td></tr>
<tr><td>司法程序</td><td>第八章　诉讼</td></tr>
<tr><td>法律责任</td><td>第十一章　法律责任</td><td>第九章　法律责任</td><td>第八章　法律责任</td></tr>
<tr><td>其他规定</td><td>第十章　其他规定</td><td>第八章　其他规定</td><td>第七章　其他规定</td></tr>
</table>

其次，绝大部分国家的实用新型法和部分国家的外观设计法以发明法律为主要基础，特别是行政授权、行政确权和司法程序规定等内容，大量引用发明法律，或者规定准用发明法律，形成较为复杂的相互准用的网络。

以德国《专利法》和《实用新型法》的准用条款为例。[48]德国的《专利法》共 12 章 147 条，而《实用新型法》只有 31 条，条目只是《专利法》的近三分之一，但是德国《专利法》和《实用新型法》的整体结构和具体内容很大程度上都是共通的。同时，德国《实用新型法》还有《专利法》所没有的特殊规定，如德国《实用新型法》第 7 条规定的“可专利性评估”制度。这一制度也被日本和我国所吸纳。由此可见，德国《实用新型法》的准用条款避免了在“三法分立”体系下三部法律出现过多的完全重复的条款。

以德国《实用新型法》第 6 条为例，该条是德国《实用新型法》中较为复杂的准用条款。该条规定：

> 实用新型申请人有权在德国专利局提交的在先专利或实用新型申请的申请日 12 个月内，就相同专利或实用新型享有优先权，除非在后申请已经被声明了国内和国外优先权。德国《专利法》第 40 条第 2 至

48　德国《专利法》和《实用新型法》的法律文本参见世界知识产权组织法律数据库（WIPO Lex），资料来源：http：//www.wipo.int/wipolex/en/text.jsp?file_id=461354；访问时间：2018 年 9 月 12 日。

4 款、第 5 款第 1 项和第 6 款适用于本法。德国《专利法》第 40 条第 5 款第 1 项的适用条件是，以前的专利申请没有撤回。

德国《专利法》有关国外优先权的规定（第 41 条）适用于本法。[49]

类似的条款在德国《实用新型法》中大量存在，使得德国《专利法》的相关制度直接衔接于实用新型制度（见表 2）。

表 2 德国《专利法》、《实用新型法》的准用关系

德国《实用新型法》法律条文	准用的德国《专利法》规定内容
第 6 条 优先权	第 40 条第 2—4 款，第 5 款第 1 项和第 6 款；第 41 条
第 7 条 实用新型申请	第 43 条第 4 款第 2—3 项
第 8 条 实用新型申请的批准	第 49 条第 2 款
第 9 条 涉及国家秘密的实用新型申请	第 31 条第 5 款，第 50 条第 2—4 款，第 51 条，第 56 条
第 10 条 专利局对实用新型的管理	第 27 条第 6 款第 3 项，第 27 条第 7 款
第 12 条 实用新型的实用效果	第 11 条第 4—6 款（不属于专利技术效果的情形）
第 16 条 实用新型专利无效的申请	第 81 条第 6 款，第 125 条
第 17 条 实用新型无效的审查	第 47 条第 2 款，第 62 条第 2 款，第 84 条第 2 款第 2—3 项
第 18 条 针对专利局决定的诉讼程序	第 84 条第 2 款，第 100 条第 2—3 款，第 101 条至第 109 条
第 21 条 一般条款（合理开支、恢复原状、诚实信用、电子程序、官方语言、送达）	第 29 条第 1—2 款，第 123 条，第 123a 条，第 124 条，第 125a 条，第 126 条，第 127 条，第 128、128a、128b 条，第 129 条至第 138 条

日本的情况较德国有过之而无不及。日本《专利法》共 11 章 204 条，而《实用新型法》只有 9 章 64 条，条目数同样只是《专利法》近三分之一，适用于发明专利的绝大多数制度也同样大多适用于实用新型，同时实用新型还有“技术评价”的单独规定（见日本《实用新型法》第三章）。因此，准用条款的大量存在，使《实用新型法》得到了一定程度的简略。但是这种简略的背后，依赖的是《专利法》极为详细的规定和两部法律之间极为复杂的准用条款，而且其复杂程度远远超过德国。

其一，日本《实用新型法》每一章的最后一条都规定了《专利法》对应条

49 德国《实用新型法》的中文翻译，参考〔德〕鲁道夫·克拉瑟：《专利法——德国专利和实用新型法、欧洲和国际专利法》，单晓光、张韬略、于鑫淼等译，北京：知识产权出版社 2016 年版。

文在《实用新型法》中准用的条款，也是对《实用新型法》该章节中其他各条存在的准用《专利法》条文的总结。

其二，日本《实用新型法》准用《专利法》的条文，在《专利法》中往往对应着专门适用于实用新型的法律条文。也即，日本《专利法》的部分条文实际上是对实用新型的规定，形成了“交互式”的准用网络。例如，日本《实用新型法》第 4 条之 2 共 3 款，是针对日本实用新型的“临时普通许可权”的规定。[50]这一规定准用了《专利法》的大量条款，体现出日本专利法律体系的突出特点，如表 3 所示。

表 3　日本《专利法》、《实用新型法》关于临时普通许可权的准用关系

<table>
<tr><th>《实用新型法》的准用条款</th><th>《专利法》的对应条款</th></tr>
<tr><td rowspan="3">【临时普通许可权】
《实用新型法》第 4 条之 2
（第 3 款）《专利法》第 33 条第 2 款及第 3 款、第 34 条之 3 第 4 款到第 6 款及第 8 款到第 10 款、第 34 条之 5 的规定，准用于临时普通许可权……</td><td>《专利法》第 34 条之 3 第 5 款：根据第 1 款、前条第 4 款或者《实用新型法》第 4 条之 2 第 1 款的规定，基于记载在首次添加在与临时普通许可权有关的第 41 条第 1 款在先申请书的明细书、专利权利要求书或者实用新型权利要求书、附图的发明……</td></tr>
<tr><td>《专利法》第 34 条之 3 第 8 款：根据《实用新型法》第 4 条之 2 第 1 款的规定，有关临时普通许可权的实用新型注册申请，根据第 46 条第 1 款的规定，变更申请时，在临时普通许可权设定行为规定的范围内……</td></tr>
<tr><td>《专利法》第 34 条之 3 第 9 款：根据《外观设计法》（1959 年法律第 125 号）第 5 条之 2 第 1 款的规定，有关临时普通许可权的外观设计注册申请，根据第 46 条第 2 款的规定，变更申请时，在临时普通许可权设定行为规定的范围内……</td></tr>
</table>

其三，日本《实用新型法》中还对法律“换读”的情况进行了明确规定，实际上是在适用《实用新型法》中准用《专利法》的条文时，明确了这些《专利法》条文应该如何准用于实用新型上，如下例所示：

《实用新型法》【临时普通许可权】

第 4 条之 2

（第 3 款）

50　日本专利制度中的“临时普通许可权”，是指有权获得发明专利和实用新型注册权利的人（一般是发明人），在没有获得正式授权的情况下，在权利申请书的说明书、权利要求书（日本实用新型申请除以上文件以外，还要求附图）记载事项的范围内，授权给他人的一种临时许可。

……在这种情形，同法第 34 条之 3 第 8 款中的“根据《实用新型法》第 4 条之 2 第 1 款规定，与临时普通许可权有关的实用新型注册申请，第 46 条第 1 款”应当换读为“根据第 1 款或者前条第 4 款的规定，与临时普通许可权有关的专利申请，《实用新型法》第 10 条第 1 款”；同条第 9 款中的“第 46 条第 2 款”应当换读为“《实用新型法》第 10 条第 2 款”。

日本《实用新型法》中还有大量类似的“换读规范”条款，规定了《专利法》的相关条文准用于《实用新型法》时的方法。由此可见日本《实用新型法》对于准用条款规定的细密程度。

最后，部分采用单独立法模式的国家还规定有涉及知识产权战略和知识产权行政管理的总则性法律。

在针对知识产权战略的立法上，东亚国家的立法成果较为突出。日本于 2002 年颁布了《知识财产基本法》，通过立法形式明确了日本知识产权战略的核心内容和要点。该法共分为四章：第一章为总则，规定了知识财产的定义和范围、加强产业竞争力和持续发展、各类主体的责任义务、加强协作、促进竞争等内容；第二章为基本对策，列举了从研究开发、成果转移、行政司法体制、国际制度、信息交流沟通、人才保障等多个方面的战略方向；第三章为创造、保护及活用知识财产的推进计划，规定了政府在该方面应当实施的政策维度；第四章为知识财产战略本部，用立法形式在日本内阁中设置了这一新的决策机构，并简要规定了该机构的职责、人员组成和行政事务基本规范。韩国也于 2011 年颁布了《知识产权框架法》。该法与日本《知识财产基本法》的本质相同，是国家知识产权战略的法律化结果。[51]

在针对行政机构的立法上，新加坡 2001 年颁布了《知识产权局法》，通过立法形式详细规定了新加坡知识产权局的职责、权力、官员职数和任命方式、经费来源和其他各类详细事项。[52]

2）单独立法模式的优势和问题

由上观之，采用单独立法模式构建专利法律制度，具有以下优势。

首先，一部法律规定一种权利客体，法律定位清晰。单独立法模式下，每一部法律规定的权利客体只有一种，使得该部法律的绝大部分主要内容均为同一权利客体，凸显部门法的特色，同时便于初步检索，也有利于建立对一国知

51　韩国《知识产权框架法》法律文本参见世界知识产权组织法律数据库（WIPO Lex），资料来源：http://www.wipo.int/wipolex/zh/text.jsp?file_id=269107；访问时间：2018 年 9 月 12 日。

52　新加坡《知识产权局法》法律文本参见世界知识产权组织法律数据库（WIPO Lex），资料来源：http://www.wipo.int/wipolex/zh/details.jsp?id=5295；访问时间：2018 年 9 月 12 日。

识产权法律体系结构的宏观认识。另外，与合并立法模式相比，单独立法模式的每一个法条都仅限于本法规定的专利类型。而合并立法模式的同一法条不同款，或者相邻法条可能规定的权利客体不同，容易造成查找和理解上的困难。例如，现行中国《专利法》第 29 条是关于国内和国际优先权的规定。[53]其中第 1 款规定了发明、实用新型和外观设计三种权利客体的国际优先权时间。而第 2 款只规定了发明、实用新型的国内优先权时间，没有外观设计。虽然最新的《专利法（修正案草案）》（征求意见稿）增加了实用新型国内优先权的规定，但优先权时间也有差异，对于不熟悉《专利法》相关制度细节的人而言，可能产生误解。

其次，避免一部法律之中出现过多例外规定，影响理解和适用。在专利法律领域，虽然专利、实用新型和外观设计三种权利客体共性较大，但是随着社会、技术和法律的不断发展，单独为某种权利客体设置的制度逐渐出现（如实用新型评估报告、“医药专利链接”、外观设计附图等特别制度）。单独立法模式能够有效避免这些特别制度对其他不相关的权利客体的影响，明确特别制度的适用范围。

最后，避免法律解释的歧义、漏洞和内在不一致。采取集中立法模式的国家，由于同一条款中可能规定了适用于发明、实用新型和外观设计三种或者某两种权利的制度，但是在具体适用时，不同权利客体的具体实施标准又存在细微差异，容易造成“隐性规定”，影响法律条文的严谨性和逻辑性。而单独立法模式则可以一定程度上减少这种问题，因为一部法律中的条文只适用于一种权利客体，不会因为权利客体不同导致条文解释的偏差。

但是，分析德国、日本和其他国家的“单独立法”模式，相较于合并立法等其他模式，在优势之外，至少存在以下问题和劣势。

首先，条文数量多，法律规模庞大，不利于法律普及、理解和适用。不同立法模式下部分国家条文规模如表 4 所示。虽然如德国、日本等国的专利法律制度采用大量的准用条款，避免具有较大相似性的专利、实用新型和外观设计法律之间产生大量重复规定，但是从法律文本的规模和条文数上看，采用合并立法模式的专利法律条文总数明显小于单独立法国家。虽然法律规定详细完善是法治进步的前提条件之一，但是法律体系庞大，显然影响非法律专业人士对法律的理解和认识。

---

53 中国《专利法》第 29 条规定：“申请人自发明或者实用新型在外国第一次提出专利申请之日起十二个月内，或者自外观设计在外国第一次提出专利申请之日起六个月内，又在中国就相同主题提出专利申请的，依照该外国同中国签订的协议或者共同参加的国际条约，或者依照相互承认优先权的原则，可以享有优先权。申请人自发明或者实用新型在中国第一次提出专利申请之日起十二个月内，又向国务院专利行政部门就相同主题提出专利申请的，可以享有优先权。”

表 4 不同立法模式的部分国家条文规模对比[54]

	《发明法》	《实用新型法》	《外观设计法》	总数	类型
德国	147 条	31 条	67 条	245 条	单独立法
日本	204 条	64 条	77 条	345 条	单独立法
韩国	232 条	52 条	89 条	373 条	单独立法
中国	《专利法》共计 76 条，实施细则共计 123 条			199 条	合并立法
美国	《专利法》共计 376 条			376 条	合并立法
菲律宾	《知识产权法典》中相关条文共计 101 条			101 条	合并立法

其次，不同法律之间的互相准用极为繁复，对实际运用产生严重障碍，降低了单独立法模式权利独一、定位清晰的优势。这一点可以从上文对日本《专利法》和《实用新型法》准用规定的详细介绍中得以体现。无论是法律专业人士还是非专业人士，如果需要了解德国或者日本的实用新型和外观设计的制度，至少需要再查阅专利法的相关规定。也就是说，单独查阅实用新型和外观设计法并不能了解全部的法律制度，显然是一个相当严重的问题。特别是对于法治水平尚不健全，知识产权法律需要不断更新、普及和推广的国家而言，这种模式显然也不利于法律的推行和普及。

最后，法律修订的隐性成本高。单独立法模式的大量准用条款使得发明、实用新型和外观设计法存在大量的链接。一旦链接的任何一端发生变动，都会直接影响链接另一端的其他法律，使得法律的修订变成了“牵一发而动全身”。虽然单独立法的表面修订成本很低，但是隐性成本却更加高昂。这种法律模式更加适合专利法律制度已经相当健全、变动较少的国家。而对于仅有原则性立法、缺少详细规定的国家而言，这一缺点会进一步放大。

2. 部分合并立法模式

所谓部分合并立法模式，是指在保护发明、实用新型和外观设计三种权利的国家中，将发明和实用新型合并立法，而将外观设计单独立法的模式。[55]这种立法模式的主要依据，是发明和实用新型的本质都是技术方案，而外观设计更倾向于艺术设计作品。目前，这一方案在我国也得到了部分专家学者的支持。

世界上采用部分合并立法模式的主要国家有西班牙、阿根廷、保加利亚、塔吉克斯坦、格鲁吉亚、乌克兰、印度尼西亚、马来西亚等。在这些国家中，部分国家的专利法（即发明和实用新型合并立法）将发明和实用新型集中立法，

54 本表法条数量参见国家知识产权局条法司：《外国专利法选译》，北京：知识产权出版社 2015 年版。

55 根据本文统计，目前世界上保护三种权利并采用部分合并立法模式的国家中，尚无将发明与外观设计合并，或将实用新型与外观设计合并立法的情况。

如塔吉克斯坦和格鲁吉亚。而其他国家则在合并立法的同时，在法内分编规定专利和实用新型，如西班牙、保加利亚、印度尼西亚和马来西亚。

1）部分合并立法模式的主要特征

部分合并立法模式的主要特征有以下几点。

首先，采用部分合并立法模式，并且在合并立法中采用法内分编模式规定专利和实用新型的国家，其法律的基本结构和单独立法模式没有本质区别。采用此种模式的国家，其专利法的发明编和实用新型编同样存在大量准用条款。

西班牙 2015 年修订的《专利法》第 13 章“实用新型”第 137 条至第 140 条是对实用新型权利客体和保护条件的规定，与该法对专利的可专利性的规定基本相同。因此，在这一部分，西班牙《专利法》采用了大量的准用条款，缩减了文字规定的规模。以第 139 条“技术状态”为例：[56]

> 1.可受法律保护的实用新型，根据本法第 6.2 条之规定，与发明专利相同，应当具有新颖性和创造性。
>
> 2.本法第 6.3 条关于在先申请的技术状态的规定，在实用新型中应作相同理解。

另外，由于采用合并立法模式，这些国家的专利法的许多条款又同时规定了专利和实用新型的相关规定，在一部法律中出现了既分编、又合并的特殊结构。以保加利亚 2007 年修订的《专利和实用新型注册法》为例，[57]该法一共分为 10 章，共计 84 条。该法各部分的主要内容如表 5 所示。

表 5　保加利亚 2007 年《专利和实用新型注册法》

章节名称	主要内容	涉及的权利客体
第一章　总则	专利法保护的客体、发明人、发明人署名权、代理人、权利移转、规费	发明、实用新型
第二章　可专利性	可专利性、例外、生物技术发明的可专利性、新颖性、创造性、工业应用型、不破坏新颖性的在先公开	发明、实用新型
第三章　（发明）专利	专利保护、申请专利的权利、专利权期限、法律保护范围、临时保护、排他性权利、权利耗尽等	发明
第四章　专利局程序	专利申请程序、发明的描述、分案申请、撤回申请、优先权、请求检索和评价、转换申请等	发明、实用新型

56　Ley 24/2015，de 24 de julio，de Patentes，2015.（L 177）62765，62828.

57　保加利亚 2007 年修订的《专利和实用新型注册法》的英文法律文本参见世界知识产权组织法律数据库（WIPO Lex），资料来源：http：//www.wipo.int/wipolex/zh/text.jsp?file_id=477755；访问时间：2018 年 9 月 30 日。

续表

章节名称	主要内容	涉及的权利客体
第五章 争议	行政和司法程序	发明、实用新型
第六章 国际申请	受理局、指定局、国际检索、国际到国内的转换申请、公开	发明、实用新型
第七章 欧洲专利申请	申请程序、效力、欧洲到国内的转换申请、规费等	发明、实用新型
第八章 实用新型	实用新型的可专利性、注册范围、无效、强制许可、侵权、申请程序、申请日、平行申请、注册程序等	实用新型
第九章 专利局	职责、权力、人员组成	发明、实用新型
第十章 行政和刑事责任	罚则	发明、实用新型

从表 5 中可以发现，保加利亚的《专利和实用新型注册法》虽然属于“部分合并立法”，且将发明和实用新型分编规定的立法模式，但是分编规定并未实现两种权利客体的分离规定，而是经常交杂在一起予以规定。究其主要原因，可能在于该国采用合并立法模式的目的之一，是将发明和实用新型共用的总则、行政、司法和国际条约相关条文进行合并，再将发明和实用新型存在区别的规定（如可专利性、审查规则、优先权等）分编规定。

其次，被分离出来的外观设计法一般没有或者极少存在准用专利法的条款。例如马来西亚和印度尼西亚的外观设计法。这两部外观设计法的内容和结构相较于其他国家的外观设计法并无本质区别，同时也与发明和实用新型同归于一个行政系统和司法系统管辖，但是却并没有规定任何的准用条款。[58]

最后，采用部分合并立法模式的发展中国家，其专利法和外观设计法的立法时间往往存在较大间隔。例如，马来西亚《专利法》于 1983 年颁布，而《工业品外观设计法》则与之相隔 13 年；印度尼西亚的相应法律颁布时间分别是 1986 年和 2000 年，也相隔了 14 年；保加利亚相较于以上两个南亚国家更晚，分别于 1993 年和 2010 年颁布，相隔 17 年。因此，结合前文所述，可以进一步印证法律制度的发展历史，对一个国家专利法律制度的立法模式和结构体系将产生一定程度的影响。另外，从法律制度稳定性的角度上看，无论是单独立法模式，还是部分合并立法模式，都体现出国家在渐进的知识产权立法过程中，对现行

58 印度尼西亚 2000 年《工业品外观设计法》和马来西亚 1996 年《工业品外观设计法》的中文译本参见国家知识产权局条法司：《外国专利法选译》，北京：知识产权出版社 2015 年版。

知识产权法各部门法体系结构的维持和遵循，一般不会打破原有的法律结构。

2）部分合并立法模式的优势和问题

部分合并立法模式的最主要优势在于，将外观设计法单独立法，有助于明确这些国家外观设计权与发明、实用新型在性质、效力和适用的行政和司法制度的区别，避免同一部法律中出现过多的例外条款，影响法律条文的整体性和内容的纯粹性。

对比中国《专利法》来看，这种模式的特点会更加突出。中国《专利法》第 11 条、第 23 条、第 29 条、第 31 条、第 33 条的基本结构，实际上也是“部分合并”、外观设计“单独”的结构。例如，第 31 条是针对发明、实用新型和外观设计申请数量的规定：

> 一件发明或者实用新型专利申请应当限于一项发明或者实用新型。属于一个总的发明构思的两项以上的发明或者实用新型，可以作为一件申请提出。
>
> 一件外观设计专利申请应当限于一项外观设计。同一产品两项以上的相似外观设计，或者用于同一类别并且成套出售或者使用的产品的两项以上外观设计，可以作为一件申请提出。

可以发现，中国《专利法》第 31 条第 1 款是对发明和实用新型的合并规定，而外观设计则单独规定于第 2 款。而如果采取外观设计单独立法的方式，则这一法条可以得到精炼和简洁。

但是，部分合并立法模式也存在弊病和问题：首先，“单独分编”规定发明和实用新型的专利法往往并不能实现理论上“单独分编”的优势，反而会形成杂糅混乱的局面。特别是实用新型编非常简短的情况下，将其纳入发明编，按照类似中国《专利法》的方式，在同一条中的第 2 款或者第 2 句规定实用新型的规范，显然要更加直白和明确。其次，虽然外观设计单独立法有其法理和制度上的原因，但是纵观世界各国的专利制度，无论是单独立法、部分合并立法，还是合并立法模式，外观设计的行政和司法程序与发明、实用新型别无二致，均属于同一行政机构和司法体制的管辖之下。在专利立法中，行政程序和司法程序的规定篇幅占比不小，在单独立法的模式下，将会在专利法和外观设计法中出现大量类似的法条。这一方面使得外观设计法的规模更大，另一方面，过多重复一定程度上也会影响外观设计法特有法条的显著程度。

3. “合并立法，法内分编”模式

所谓“合并立法，法内分编”立法模式，是指一国的专利法律或知识产权专门法规定了发明、实用新型和外观设计三种权利客体，每种类型单独设置章节的模式。绝大部分采用这种模式的国家，其专利法律体系乃至知识产权法律体系均呈现出“法典化”的结构和样貌。

目前，世界上采用“合并立法，法内分编”的国家包括美国、英国、法国、葡萄牙、意大利、巴西、波兰、泰国、柬埔寨、斯里兰卡等。在这些国家中，英国、葡萄牙、意大利、巴西、波兰采用《工业产权法》的模式，集中规定了包括发明、实用新型、外观设计、商标、地理标志、集成电路布图设计等权利客体；而法国有较为深厚的“法典化”传统，该国于 1992 年将各类知识产权的部门法全部归入《知识产权法典》之中予以规定，范围较《工业产权法》模式更广。斯里兰卡早在 1979 年即颁布了《知识产权法典》，成为世界上第一部知识产权法典，但是从立法技术上看，这部法典是“拿来主义”的产物，在很大程度上是以世界知识产权组织为发展中国家提供的“示范法”为蓝本，以此作为本国法典的体系框架。相较于《工业产权法》的“小法典”，《知识产权法典》则可以称之为“大法典”。泰国、柬埔寨的《专利法》仅将发明、实用新型和外观设计纳入，并未采用“大法典”或者“小法典”的模式。

1）“合并立法，法内分编”模式的主要特征

首先，无论是所谓“大法典”模式的《知识产权法典》，还是“小法典”模式的《工业产权法》，之所以称其为“法典”，关键在于这些“法典”具有一些法典化的特质，至少并非简单的法律汇编。而所谓真正的法典化，是指就某一或某几个特定调整对象，制定系统的、创新性的成文规则体系，奠定特定领域法律成长的逻辑关联和基础。[59]从以上提及的各部法典的结构上看，均从权利的定义、性质、申请注册、权利范围、行政程序、司法程序、公约适用等方式，将各单行立法进行整理和加工，进行系统化的编纂，具有一定的体系性和逻辑性。但是，相比起传统的民法典，目前存在的《知识产权法典》或者《工业产权法典》，距离真正的“法典化”还有相当大的距离。

以法国《知识产权法典》为例，这部法典的主体部分分为“文学和艺术产权”和“工业产权”两部分，因循了欧洲传统知识产权法的划分界限。而在这两部分中，文学和艺术产权部分首先是对著作权和邻接权的法律规定，之后是对这两种权利的保护通则；工业产权部分，由于这些工业产权受保护的前提是注册申请，因此首先规定了行政和职业组织，之后在外观设计、发明和技术知识三部分内部分别规定了权利保护和纠纷解决的相关内容。可以发现，针对不同的知识产权，法国《知识产权法典》基本上保持了大致相同的篇章结构，将各类知识产权融合在一部法典之中，形成较为明晰的体系结构。

但是，仔细分析这部法典，我们同样会发现一些问题。其中最为突出的问

59　易继明：《历史视域中的私法统一与民法典的未来》，《中国社会科学》2014 年第 5 期。

题在于，不同权利客体的部分规范存在重复，例如，在第五卷“外观设计”的第二编“纠纷”和第六卷“发明及技术知识的保护”的第一编“发明专利”第五章“诉讼”中，可以发现，法国法律对外观设计和专利诉讼的规定有很强的同质性（见表 6）。这种具有较强同质性的规定，在德国、日本等国的专利法当中，将会采用准用条款的方式予以规定，而法国《知识产权法典》则对这些相似规定进行了重复。这主要是因为，1992 年颁布该法典时，实际上只是将当时知识产权各部门法汇集到一起，体例上仍然保持相互独立，从而使得有关执法程序的规定在行文上较为重复。[60]

表 6　法国《知识产权法典》外观设计和发明诉讼相关规定比较

第五卷“外观设计” 第二编“纠纷”	第六卷“发明及技术知识的保护” 第一编“发明专利” 第五章“诉讼”
L.521-1 侵权人承担民事责任的情况	L.615-1 侵权人承担民事责任的情况
L.521-2 提起民事侵权诉讼的权利	L.615-2 提起民事侵权诉讼的权利
L.521-3 诉讼时效、管辖	L.615-3 诉前、诉中禁令、先予执行
L.521-4 证明、证据、保全	L.615-4 证明、证据、保全
L.521-5 法院取证	L.615-5 当事人调查取证、举证责任倒置、法院取证
L.521-6 诉前、诉中禁令、先予执行	L.615-6 实用新型诉讼检索报告
L.521-7 损害赔偿计算标准	L.615-7 损害赔偿计算标准、去除、没收、销毁侵权产品
L.521-8 去除、没收、销毁侵权产品	L.615-8 诉讼时效
L.521-9 司法警察扣押侵权产品、工具	L.615-9 确认不侵权之诉
L.521-10 罚金、监禁	L.615-10 国防专利
L.521-11 刑事处罚与民事责任的关系	L.615-11（已废止）

再以意大利和波兰的《工业产权法》为例，可以发现，即便是“小法典”，这两个国家的《工业产权法》依然不失法典化的本色，结构体系具有相同的本质。从篇章结构上看，两部《工业产权法》均分为两部分：第一部分规定了知识产权法定权利的性质、内容、边界和行使，属于“实体法”范畴；第二部分则规定了知识产权的权利获得程序、变动程序、管理程序和救济程序，属于“程序法”范畴。而在“程序法”范畴内，根据权利客体的不同，又细分为“通则”和具体规定。

60　《法国知识产权法典》，黄晖、朱志刚译，北京：商务印书馆 2017 年版，第 22 页。

例如，意大利《工业产权法》第四章“工业产权的获得和维持及相关的程序”一章，在第一节规定了专利、商标、植物新品种、集成电路布图设计等工业产权通用的规定，名为“一般申请”，此后在第二节单独规定了“商标审查意见和商标注册异议”的规定。这主要是由于，相较于其他类型的工业产权，商标属于标识商品和服务来源的标志，而专利、植物新品种和集成电路布图设计更倾向于技术方案和技术设计，而非一种标识。之后，在第三、四节再次集中规定了“公开”和“期限”的通用规定。波兰《工业产权法》的结构也大致相当，其第五编“费用、登记簿、文件和官方通信”和第六编“当事人、代表人、期限、诉讼规则和申请及注册程序的申请信息”集中规定了第二至四编规定的发明、实用新型、外观设计、商标、地理标志、集成电路布图设计和植物新品种等类型的工业产权通用的规范。这种模式一定程度上提取了不同权利客体的共性规定。

其次，以“法典化”模式进行合并立法的国家，其知识产权或工业产权往往处于同一行政部门或司法系统的管辖之下。这也体现出，知识产权的法典化与知识产权保护的一体化是相伴而行的。[61]相对集中一致的知识产权行政和司法体系，一定程度上也是实现法典化的制度基础。

最后，由于法典的内部结构依然是“分编规定”，因此，即便是法典化的知识产权法或专利法，依然存在实用新型编和外观设计编准用专利编部分条款的现象。这说明，即便是具有法典化特征的专利法，依然难以实现百分之百的归纳和总结。

2）“合并立法，法内分编”模式的优势和问题

“合并立法，法内分编”因其“法典化”的设计而具有一定的体系化优势。仅从结构上看，这种立法模式有助于实现体系的完整性和逻辑性。与此同时，将多种权利客体的专门法合并在一部“法典”中规定，有利于节省立法资源，避免不必要的重复，便于使用者查找、理解。

但是，“合并立法，法内分编”模式相较于其他模式，特别是单独立法模式，最突出的问题在于修订法律的灵活性欠佳。尤其是对于一些知识产权法尚不健全的国家，其各部门法还有很大的修订空间，知识产权保护体制和行政管理体制也远未达到高度统一、长期稳定的状态，整个知识产权法体系依然存在高度的不稳定性。知识产权法体系处于此种状态的国家，显然与法典化所标志的相对稳定的法律体系和结构相矛盾。

另外，知识产权法律制度是一个不断变革中的体系，与此同时，全球化背景下的国际知识产权保护体系，也对各国的知识产权立法提出了新的要求，现

61 吴汉东：《民法法典化运动中的知识产权法》，《中国法学》2016 年第 4 期。

代知识产权法也一直处于剧烈的变动状态。[62]因此，可以预见，世界各国的知识产权法律制度将依然处于快速变革的路径之中。这种背景与知识产权法典化所带来的系统化和稳定性将产生一定程度的张力。

4.“合并立法，集中规定”模式

世界上采用“合并立法，集中规定”的主要国家有中国、俄罗斯、哈萨克斯坦、吉尔吉斯斯坦、土库曼斯坦、阿塞拜疆等。[63]可以发现，包括中国在内的不少亚洲的发展中国家均采用了这种模式，这些国家的专利法立法和立法背景相似，主要是为了满足加入世贸组织在内的国际组织和公约的要求，因而在较短时间内完善了国内的立法。俄罗斯的情况较为特殊。《俄罗斯联邦专利法》在颁布以后，被整体汇编入了《俄罗斯联邦民法典》第四部分第七十二章，但是整部法律依然是一部完整独立的《专利法》，其内部体例也符合“合并立法，集中规定”的特点，因此本文将其归入“合并立法，集中规定”模式范畴之内。[64]

1）“合并立法，集中规定”模式的主要特征

首先，采用“合并立法，集中规定”模式的专利法的内部结构大同小异。大部分国家的结构与中国《专利法》的整体结构基本一致。位于法律文本之首为“总则”（或“一般规定”），主要规定专利法的立法目的、专利权的定义、专利行政管理机构、专利权人、专利转让许可、专利代理等内容，一般属于各种权利客体通用的条文。此后，绝大部分国家立法均按照“权利授予条件”（或“可专利条件”）、“权利取得、变更、终止、无效的行政程序”、“强制许可”、“国家秘密”和“权利保护”等几个方面展开，贯穿专利权产生、行使和消灭的整个过程。部分国家还有关于国际公约适用及与其他法律的准用规定。这些准用规定主要是准用刑法典、民法典或者其他专门法的规定，而与知识产权法没有直接联系。

其次，采用“合并立法，集中规定”模式的专利法，其各章节内部一方面按照顺序规定不同类型权利的规范，另一方面集中规定可以被所有权利客体共通适用的规范。例如，《俄罗斯联邦专利法》第一节第 1350—1352 条分别规定了发明、实用新型和外观设计的可专利性条件。第 1354 条规定了发明、实用新型和外观设计的保护依据和范围，其中发明和实用新型规定在第 1 款，而第 2 款对外观设计单独进行了规定。这种“发明、实用新型在先，外观设计在后”的条文内部结构在《俄罗斯联邦专利法》中大量存在，与中国《专利法》极为

62 吴汉东：《知识产权立法体例与民法典编纂》，《中国法学》2003 年第 1 期。

63 参见管育鹰主编：《“一带一路”沿线国家知识产权法律制度研究——中亚、中东欧、中东篇》，北京：法律出版社 2017 年版。我国台湾地区的“专利法”也采用此模式。

64 该法中文译本参见国家知识产权局条法司：《外国专利法选译》，北京：知识产权出版社 2015 年版。

相似。

最后，采用“合并立法，集中规定”模式的专利法，其条文数量相较于其他模式，特别是单独立法模式明显较少。针对这一特点，前文已经进行了比对，此处不作赘述。

2）“合并立法，集中规定”模式的优势和问题

正如前文所述，如中国、俄罗斯等国家采用的“合并立法，集中规定”模式，至少具有以下几点优势。

首先，法源清晰，文本精炼。相较于其他立法模式，“合并立法，集中规定”模式让一国的专利立法集中于一部法律之中，呈现出清晰的法源，便于查找使用。这一特点尤其有利于发展中国家普及知识产权法律的需求，避免形成过于复杂的法律体系、适用范围及其内部的复杂准用关系。另外，从条目数和篇幅上看，采用这种模式的国家立法比采用其他立法模式的国家明显较少，这不仅有利于法律专业和知识产权专业从业人士的培养，也有利于对普通民众的普及和宣传。

其次，有利于一国快速建立专利制度，适应专利法律制度快速变化的环境。相对于其他立法模式而言，“合并立法，集中规定”模式的立法成本最低，有利于一国在较短的时间内及时建立专利制度，符合包括世贸组织在内的国际和地区贸易公约或协定的要求。另外，目前国际专利法律制度依然处于快速变化革新的过程，法律的修订频率普遍较短，这一立法模式能够避免引入或者吸纳某一特殊制度而集中修改多部法律的现象，减少法律修订带来的影响。

但是，同其他立法模式相比，“合并立法，集中规定”模式可能存在以下问题。

首先，前文提及，由于采用该种立法模式的法律法条文本，往往在一个条目中规定两种或者三种知识产权的规定，且这些规定还往往存在区别（如发明、实用新型和外观设计的区别），在便于比较分析的同时，也更容易产生混淆。另外，前文同样提及，在集中规定的模式之下，由于不同权利客体的规范不同，可能导致同一部法律的同一概念有不同的适用标准和解释方法，并且随着制度的不断细化，这种区别可能愈发增多，如何处理这些集中规定的法条的相互关系，是这一立法模式下的法律将要面对的难题。

其次，随着法律的不断修订，“合并立法，集中规定”模式在立法精炼、条文简洁方面的优势将不断被削弱。目前，针对某种产业、产品和某些特殊类型的技术方案的特殊保护开始出现在专利立法之中。这种特殊立法将容易打破采用“合并立法，集中规定”模式较为集中简练的立法体例，导致适用于部分权利客体的特别制度堆叠，影响法律的整体性和逻辑性。

（四）本章小结

面对中国《专利法》“三法分立”的构想和意见，针对不同历史背景、不同发展程度和不同法律传统的国家专利制度立法历史的比较分析，有助于对专利法的历史发展进行客观的评估。从分析的结果来看，专利制度的“原生”国家，其专利制度经历长时间的变迁，仍然基本保持原有的立法模式不变。即使该种立法模式的产生因素中包含不少的偶然因素，专利制度的快速发展也并未导致法律体系的解构与重组；而专利制度的“后发”国家，则在追赶和借鉴的过程中，根据本国实际情况，形成了一定的立法模式，并被更加“后发”的国家所参考和吸收；对于包括中国在内的广大发展中国家来说，面对内外部的专利制度建设压力，迅速建立一套符合国际标准专利制度，显然是最为经济和直接的路径，符合历史规律和时代需要。

通过对世界各国专利制度立法模式的比较和实例研究，可以证明，不同模式各有优劣，并没有某种立法模式具有绝对的优越性和先进性。虽然某种立法模式在某一方面具有优势，但是仅凭这种优势改变一国的立法模式，不仅会丧失原有立法模式的优势，同时还会引入新的立法模式的弊病。此外，考虑到各国专利法律制度的稳定性以及立法模式的转换成本，中国《专利法》如果要进行“三法分立”或者其他结构性变动，应当仔细衡量，慎之又慎。

从更深层次审视本章所展现的中外专利法立法模式的生成、嬗变和碰撞，理性、公正、客观地看待中国《专利法》的体系结构和生长历程，正确评价各国专利法的体系优劣问题，是审视专利法立法模式问题的重要基础，也是应当具备的价值观。事实上，既有法律总是具有一定的合理性，总有其社会和历史成因。从各国专利法律制度的变迁历史上看，法律本身具有继承性和历史性，体现出明显的“路径依赖”特征。[65]各种立法模式的专利法也由此获得了快速的成长和发展。因此，无论中国《专利法》采用何种模式，都有理由尊重历史的行程，遵循法律发展的自然理性，而不是动辄将问题归咎到中国《专利法》的结构问题上来，破坏法律生长的土壤和根基。

总而言之，本章的结论表明，世界上各国专利制度的立法模式的历史行程没有必然的正确性、合理性或先进性，并未形成任何的“世界主流”。目前世界各国的立法模式各有优劣，特别是一些发达国家采用的立法模式，也有明显的问题和弊病，是选择该模式的必然结果。而遭受持续争议的中国《专利法》“合并立法，集中规定”立法模式也有其显著优势。因此，对中国《专利法》进行结构性变革应当理性看待国内外制度差异，谨慎评估转换成本和效益，不宜因

65　易继明：《历史视域中的私法统一与民法典的未来》，《中国社会科学》2014 年第 5 期。

噎废食，全盘抛弃，更不应盲目追随所谓国外“先进立法模式”，避免贸然转轨造成专利制度的动荡和混乱。

二、法律体系统合与分解的内在规律

一国专利法律制度的形成和发展，其外部受到历史背景、发展环境、制度传统和产业发展等因素的多重影响。与此同时，站在更广阔的视角，人类社会所构建的法律制度也不断经历着变革、分化和再生。一方面，民法领域最典型的表现就是各个领域民事法律体系化、法典化的进程，可以称之为一种“统合”的趋势；而另一方面，社会的加速变革催生了越来越多规制特殊领域的法律部门或具体的法律制度，政府在社会治理中的角色转变使得其自身同样成为法律制度的创设者和执行者。这些新出现的法律部门和法律制度对原有的法律制度体系形成了分解和冲击，可以称之为一种“分解”的趋势。在法律体系“统合”与“分解”的过程中，法律的结构发生变化，而这些现象的背后主宰，则是法律自我生长和自我革新的逻辑和规律。

正在面临并且持续面临争议的中国《专利法》结构问题，不仅是立法模式选择的问题，而且还是法律体系自我生长、自我革新的问题。在立法模式选择的问题上，各国因其各自的背景和环境而选择不同的路径，而在法律生长和革新过程中，无论是民法领域，还是知识产权法领域，都正在经历发展和完善过程中自觉出现的统合与分解的过程。这一共性昭示着法律体系统合与分解的内在规律，而正确把握这一规律，对中国《专利法》的“合”与“分”有着重要的意义。

（一）从法律体系到民法法典化

论述一部法律的结构问题，离不开对法律体系的认识和理解。法律结构和法律体系之间存在着紧密的相互关系。从语义的维度上看，体系是指“若干有关事物互相联系、互相制约而构成的一个整体”[66]。结构是指“系统内各组成要素之间的相互联系、相互作用的方式”[67]。两个概念的语义联系已经部分展现了二者的静态关系：体系是结构的内在逻辑基础，结构是体系的外在构建方式；从动态的维度上看，体系的构建必然形成一定的结构，而结构的变动也将引起体系的变化。

---

66 《辞海》（第6版），上海：上海辞书出版社2009年版，第2237页。

67 《辞海》（第6版），上海：上海辞书出版社2009年版，第1109页。

目前，我国已经基本建成了中国特色社会主义法律体系。从某种角度上看，我国的法治进程可以归纳为法律制度的“体系化”过程。体系的生成意味着法律之间产生了相互的联系，而非孤立的部分。因此，回到《专利法》的结构问题上，体系与结构的相互关系说明，《专利法》是否需要采取“三法分立”的结构性变革，应当从“体系化”的角度出发，分析《专利法》体系与民法体系、知识产权法体系的关联，进而塑造一个符合“体系化”进程的《专利法》结构。

1. 法律体系的概念

在法理学和法学方法论的研究当中，法律体系一直是备受关注的焦点问题。建设法律体系，也是我国法治建设的重要目标。对法律体系化的追求，本质上根植于公平正义的法律伦理，以及为了实现公平正义而合理化实施法律的期望。此两者为法律学利用体系思维将法律规范体系化的发生背景。[68]

体系化思维方式是法律之所以称之为“法律科学”的根本原因。利用科学方法追求公平正义，源于人类的理性主义，也是人类智慧的自然倾向。回顾法律史，人们一直追求按照合理的逻辑整合人类社会发展过程中的各类社会规范，并为了建构完整的逻辑链条，创设抽象的法律概念，利用法律概念再造原本分散的社会规范，形成以法律概念组成的法律规范，并不断地将新出现的社会规范改造为法律规范，逐渐形成涵盖基本社会关系的法律规范网络。概言之，体系化思维方式为法律科学确定了两个基本原则：其一，利用法律概念构成法律规范；其二，在法律的解释上，甚至在法律的补充上，利用解释学的循环关系，检证已经肯认之规范价值的功能，并经由调整、同化使新的观念能够协调地融入既有之规范。[69]德国作为大陆法系成文民法典最为成熟的国家，开创其民法典“体系化方法”的萨维尼也认为，“通过对法律关系的内在关联或者亲和性进行认识和描述，能够将具体的法律概念与法律规则连接成一个大的统一体”[70]。因此，依赖体系化思维方式构建的法律规范体系具有自身的合理性和开放性，逐步形成“法律概念—法律规范—法律体系”的逻辑建构。

从体系化思维的根源和作用中，已经可以概括性地描述法律体系的概念。所谓法律体系，实际上是由法律概念组成的法律规范依据某种形式组合而成的整体。如果更加抽象地概括，则法律体系本质上是一种法律规范的相互关系。[71]这种相互关系既有逻辑层面上的形式逻辑和法理逻辑的内容，也有价值体系的

68 黄茂荣：《法学方法与现代民法》，北京：法律出版社 2007 年版，第 509 页。

69 黄茂荣：《法学方法与现代民法》，北京：法律出版社 2007 年版，第 510 页。

70 〔德〕萨维尼：《当代罗马法体系》（第一卷），朱虎译，北京：中国法制出版社 2010 年版，前言第 14—15 页。

71 吴玉章：《论法律体系》，《中外法学》2017 年第 5 期。

内容。近代以来，法律体系建构的基本模式理论也主要从逻辑和价值的层面发展，有学者将其归纳为“公理化-演绎性模式”、“价值论-目的论模式”和“规范论-道义论模式”。[72]在当今学界占主流的讨论则是围绕规范论模式来展开的。这一模式以法律规范为法律体系的基本要素，并基于规范的类型和特性来构筑体系的结构。其典型学说是默克尔和凯尔森提出的阶层构造论。[73]从目前我国学界对“法律体系”的主流定义来看，其理念源头也恰恰来源于这种阶层构造论的体系：“法律体系就是一个国家所有法律规范依照一定的原则和要求分类为不同法律部门而形成的有机联系的统一整体。”[74]借鉴艾斯勒在《哲学词典》中对“体系”的定义——“把既存之各色各样的知识或概念，依据一个统一的原则安放在一个经由枝分并且在逻辑上互相关联在一起的理论框架中。”[75]——虽然法律体系的概念各有解说，但是法律体系的构建与法律概念和法律规范的逻辑建构密不可分。

2. 法律体系化的功用

法律体系化的第一个作用，是“总结”的功能，即“将任何时点已经获得之知识的全部，以整体的方式把它表现出来，且彻底地将该整体中之各个部分用逻辑关系联系起来”[76]。凯尔森认为，法律的内容与社会的事实相连。[77]因此，法律概念和法律规范是对社会规则的提炼和总结，通过法律体系的建构，不断地将社会规则吸纳进体系之中，成为法律体系中的法律概念和规范元素。

法律体系化的第二个作用，是“巩固”的功能。建构法律体系所大量依赖的演绎逻辑方法，使得法律规范在逻辑框架内不断生长，生成新的法律。这些法律或者解释派生它的法律，或者明确派生它的法律的具体适用，或者设定派生它的法律的例外情况。由此，体系不仅总结、生成并储存了大量规范，而且通过统一的概念和规范间逻辑的排列组合，消除体系可内化规则间的矛盾，并便于推论出规则适用的优先次序，大量减少找法过程中的搜寻、比较、权衡、记录成本。[78]所以，法律的体系化不仅丰富了体系，而且还不断巩固这一体系。

---

72 冯威：《法律体系如何可能？——从公理学、价值秩序到原则模式》，《苏州大学学报（法学版）》2014年第1期。

73 雷磊：《法律体系、法律方法与法治》，北京：中国政法大学出版社2016年版，第14页。

74 张志铭：《转型中国的法律体系建构》，《中国法学》2009年第2期。

75 〔德〕汉斯·波赛尔：《科学：什么是科学？》，李文潮译，上海：上海三联书店2002年版，第11页。

76 Binder，aaO.S.922 Anm，4. 转引自黄茂荣：《法学方法与现代民法》，北京：法律出版社2007年版，第572页。

77 Michael Steven Green，“Hans Kelsen and the Logic of Legal Systems”，*in Alabama Law Review*，53（2003）p.379.

78 苏永钦：《现代民法典的体系定位与建构规则——为中国大陆的民法典工程进一言》，《交大法学》2010年第1期。

法律体系化的第三个作用，是“演进新知”的功能[79]，或者“发展”的功能[80]。这种功能主要通过两种途径：一种是逻辑手段，即通过“归纳-演绎”的方式实现法律的自我生长和发展。通过体系化，人们总结出法的基本概念和原理，这些结论和成果将成为演绎的前提——正如卡多佐所说，“法律学正像其他任何知识领域一样，自归纳所获得之真理倾向于构成新的演绎之前提”。但是，“归纳-演绎”的方法也有其局限性，这也就是为什么传统的概念法学派遭到了一定的批判，其主要原因在于，“归纳-演绎”的方法很容易将现实问题异化为纯粹的逻辑和概念问题，忽视价值体系的作用。“没有一个体系能够演绎地解决所有问题，所以体系必须保持开放。”[81]体系只是一个暂时的总结——因此，法律体系化实现发展功能的另外一个途径，就是不断反省原有的体系。法律体系的反省和自我革新，将有助于人们再次观察法律规范和法律概念能否继续有效地概括和反映时刻处于变化中的社会事实。

法律体系的总结、巩固和发展的三种功能说明，法律体系是不断发展的。这种发展一方面基于体系化所带来的、由法律概念和法律规范按照一定逻辑形成的体系基础，在此基础之上加以巩固、不断演进，同时也因开放的法律体系而不断总结归纳新的概念和规范。因此，值得强调的是，无论对法律体系或体系化的概念作何种界分，都应当认识到，法律的体系化不是一蹴而就的，也不是一劳永逸的。相反，体系化的法律应当是不断生长和发展的。用静态和绝对的观点看法律体系的演化过程，是错误的观点。

3. 法律体系化与法律结构

法律体系的形成意味着法律概念和法律规范将按照一定的逻辑和原则形成一个整体。在这个整体内部，法律规范之间彼此关联，表现出一定的组织样貌。这种组织样貌是法律规范彼此之间联系的外在表现形式，也即法律体系的结构。因此可以说，存在一个法律体系，即有一定的法律结构。法律结构在某种程度上，是描述一个法律体系组织样貌的某种模式。

法律体系内部至少存在上下位法律的位阶关系，和具有同一形式的法律规范的平行并列关系。此外，还有完全法条和不完全法条的从属关系、法律规范对法律构成要件的规定所形成的条件关系，以及例如宪法授权某部门法规定某个具体法律事项的授权关系，等等。从法律位阶关系上看，凯尔森所提出的“有效之链”展示了法律体系中以位阶高低为标准形成的树状关系；从法律规范之

---

79 黄茂荣：《法学方法与现代民法》，北京：法律出版社 2007 年版，第 573 页。

80 李琛：《论知识产权法的体系化》，北京：北京大学出版社 2005 年版，第 19 页。

81 Coing，Grundzüge der Rechtsphilosophie，4.Aufl.，S.353. 转引自〔德〕卡尔·拉伦茨：《法学方法论》，陈爱娥译，北京：商务印书馆 2003 年版，第 45 页。

间的条件、从属和解释关系上看，当一个法律规范是另一个法律规范的存在条件或存在条件的一个组成部分，或一个法律规范影响到另一个法律规范的含义和具体适用时，[82]法律规范之间又形成了彼此依存的链状关系。这两种关系叠加在一起，形成了一种网状体系；有学说将法律体系分为内部体系和外部体系加以描述。例如，拉伦茨认为，法律的外部体系是“抽象概念”的体系，而内部体系是由规定功能的法律概念来表述的法律原则的集合。[83]这种体系的结构更像是一种“三维结构”，即抽象的概念体系表达了法律体系的宽度和长度，而法律原则和法律规则的关系则表达了法律体系的深度。[84]此外，所谓“部门法”的概念——调整同一种社会关系并运用同一类调整方法的法律规范的总和——则是一种类型化的结构。虽然这种类型化并不严谨，不同“部门”的法律存在相互重叠的问题，但是我国法律体系的建构对“部门法”体系的路径依赖依然十分明显。因此，可以发现，从不同的角度观察和分析，同一体系内部的法律可以呈现出不同的结构模式。

法律体系的结构不仅存在因观察维度而产生的不同解读方式，同时还存在非法律或者非逻辑性因素所导致的结构差异。例如，佛农·帕尔默在《世界范围内的混合法域：第三种法系》一书中提到了所谓的“混合法系”（Mixed Jurisdictions）。混合法系的特点之一，是这种混合体系的发展根植于多重的法律体系，包括普通法体系、大陆法体系、罗马法体系、教会法体系等等。[85]混合法系的发展可以说是历史与地理的联合产物。[86]这从一定程度上说明，世界上法律体系的样态具有相当的偶然性，虽然法律体系的内部总是存在一定的逻辑体系。本文第一章针对各国《专利法》立法模式的历史回顾和比较分析也得出了相同的结论。

法律体系自身具有“发展”的功能，凭借体系化所具有的开放性，吸纳新生成的法律规范，不断实现自我的更新与完善。在这一进程中，法律体系的结构自然也会发生相应的变化。民法典的编纂即为一个典型例子。各个部门法“小体系”通过高度提炼民事法律原则和概念，产生相互联系，并形成了更高程度体系化的民法典。由此，民事法律规范的整体结构从分散立法转变为统一的民法典。因此，法律的结构是法律体系的外在表现形式，法律的结构性变动往往与法律体系的变革相生相伴。

---

82 〔英〕约瑟夫·拉兹：《法律体系的概念》，吴玉章译，北京：商务印书馆 2017 年版，第 31 页。

83 〔德〕卡尔·拉伦茨：《法学方法论》，陈爱娥译，北京：商务印书馆 2003 年版，第 355—356 页。

84 雷磊：《法律体系、法律方法与法治》，北京：中国政法大学出版社 2016 年版，第 68 页。

85 Vernon V.Palmer，*Mixed Jurisdictions Worldwide：The Third Legal Family*，Cambridge：Cambridge University 2012，p.7.

86 〔英〕霍普勋爵：《普通法世界中的混合法系》，刘晗译，《清华法学》2012 年第 6 期。

4.法律体系化与民法法典化

无论是大陆法系国家，还是普通法系国家，都有编纂法典的传统。而人类社会法典编纂的经典成果就是民法典。在编纂民法典的愿景中，民法典被认为是“社会生活的百科全书，市场经济的基本法、市民生活的基本行为准则，更是法官裁判民商事案件的基本依据”[87]。学界普遍认为，法典是法的形式的最高阶段。萨维尼将法律发展的过程分为三个阶段：第一阶段是自然法，它存在于民族的共同意识之中，具体表现为习惯法。第二阶段是学术法，具体表现在法学家的意识之中。第三阶段是法典法，使习惯法与学术法相统一。英国法学家梅因认为法律发展的进程分为“地美士第时代”、“习惯法时代”和法典时代。[88]近代日本法学家穗积陈重则认为法律的进化是一个从无形法向成形法发展的过程。[89]梁慧星教授将法律发展的过程划分为习惯法、成文法和法典法三个阶段。编纂法典是法律发展的高阶状态，是对一国法律制度的系统整理，相较于单行的成文法和不成文的习惯法而言，规模更加宏大，效力层级更高，同时还具有统一国家法度、巩固政治统治秩序的重大意义。正因为如此，在党的决策中，“加强市场法律制度建设，编纂民法典”[90]是建设社会主义法治体系和法治中国的重要步骤。为了编纂民法典，中国的立法者和法学家们付出了巨大的努力，编纂民法典的过程经历了多次波折，但是编纂民法典的目标始终未有动摇。

作为法律形式的最高阶段，法典的编纂动因、过程和结果，实际上就是民事法律体系化的过程。编纂法典本身就是实现法律体系化的途径和手段。从法典编纂的动因上看，巩固统治秩序、推行新的政策，都是法典编纂的原生动力，根源于人们对永恒不变的理性的向往，以及建立科学的、良好实施的法律体系以维护公平正义的追求；从法典编纂的过程上看，法典是科学系统的编纂成果。编纂民法典的核心方法，就是通过提炼高度抽象、普遍适用的概念建构不同层级、相互关联、具有完整体系性和逻辑性的各种法律规则，并将这些法律规则按照逻辑、类型、功能和基本原则进行组织和编排，[91]构建统一而开放的民法典体系。从法典编纂的结果上看，法典不仅在形式上将散乱的单行法律统合在一起，避免法律适用时“找法”的困难，还一定程度上消除或减少了单行法律规范之间的价值冲突、概念偏差和适用矛盾，同时又提升了各单行法律的法律层级，加强了法律的权威性，实现了法律体系化的效果。因此，法典化实际上就

---

87 王利明：《民法典的时代特征和编纂步骤》，《清华法学》2014 年第 6 期。

88 〔英〕梅因：《古代法》，沈景一译，北京：商务印书馆 1959 年版，第 2 页。

89 〔日〕穗积陈重：《法律进化论》，黄尊二等译，北京：中国政法大学出版社 1997 年版，第 7 页。

90 《中共中央关于全面推进依法治国若干重大问题的决定》。

91 关于民法体系形成的要素，参见许中缘：《体系化的民法与法学方法》，北京：法律出版社 2007 年版，第 99—117 页。

是现实中的“体系化”。王利明教授对此有更加直接的论断——法典化就是体系化。[92]

体系化的模式不仅是概念和逻辑的内在演化，同时也必然包含着法律外在结构的变化和调整。因此，法律体系化的过程实质上也是法律结构变化的过程。因此，针对法律结构的研究，除了对现实问题的考量以外，更多地应当回归法律的体系化道路上来，通过体系化的视角寻找结构和体系之间的关联与互动。法律体系化的生动实例之一是法律的法典化。而民法的法典化又是人类社会法律发展过程中最为典型的体系化进程。因此，针对民法法典化的研究能够帮助揭示法律体系统合与分解的内在规律。另外，考虑到我国《民法典》编纂的大背景下，知识产权法、专利法作为民事法律规范的一部分与民法典编纂之间的密切关系，向民法典法典化历程和未来寻求启示和指引，更是解决《专利法》体系结构问题过程中贯彻体系化思维的最直接、最有效的途径。

（二）民法的“法典化”、“解法典化”与“再法典化”的启示

1. 民法“法典化”：从“分”到“合”

1）民法“法典化”的基本概念和历史脉络

法典在人类法律历史中占有重要且核心的地位。从两大法系的对比上看，统摄民事规范、包罗万象的法典是大陆法系的重要特征之一。而实际上，在多数普通法系国家，系统化的法典也存在于各个法律部门。[93]而从历史角度看，人类法律历史与法典化相伴相生。一般认为，古罗马《国法大全》（俗称“查士丁尼法典”）是人类历史上最著名的“法典”之一。在此之前，古罗马已经出现了《永久敕令》、《格雷高利法典》、《赫尔莫格尼安法典》和《狄奥多西法典》等多部罗马法律规定的系统整理和编纂。[94]而古罗马的法典的传统可以更早地追溯到古希腊的《格尔蒂法典》。[95]近现代欧洲因中世纪后期的罗马法复兴运动，沿袭了罗马法的传统，出现了以充满革命性的《拿破仑法典》和具有适应性、科学性和专业性的《德国民法典》为代表的“法典化运动”。二战以后，社会主义国家由于采用不同于资本主义的新社会制度，因此开启了新一轮的法典编纂，而一些采用资本主义制度的西欧国家也纷纷修改或重新制定了各自的民法典，

---

92 王利明：《回顾与展望：中国民法立法四十年》，《法学》2018 年第 6 期。

93 〔英〕约翰 · 亨利 · 梅里曼：《大陆法系（第二版）》，顾培东、禄正平译，北京：法律出版社 2004 年版，第 26 页。

94 徐国栋：《查士丁尼及其立法事业——兼论法典法的弊端及补救》，《法律科学》1990 年第 5 期。

95 关于大陆法系民法的私法传统沿革，参见易继明：《私法精神与制度选择——大陆法私法古典模式的历史含义》，北京：中国政法大学出版社 2003 年版。

借以取代旧民法典。[96]可以说，“法典化运动”与人类历史发展始终保持同步，不同时代编纂的法典体现这个时代的社会环境、发展状况和现实需要。

“法典化”并非简单的法律汇编，而是对现行成文法、习惯法和判例法等各种法律渊源系统化、完整化的过程。而通过“法典化”编纂出来的法典，也是“对现行法规进行整理使之系统化”[97]的法律文件。法典不是已有法律文件的汇总，而是在原有法律文件的基础上制定的新的法律文件，是法律规范系统化的立法活动的成果。编纂法典的目的，与法典本身的特点更是一致的，即法条文本的简洁性、全面性和逻辑自洽，以达到提高法律的可适用性和增强法律可预测性的目的。[98]这种让法律实现系统化、完整化目标的思想源泉来自欧洲自然法学派，强调人的理性认识，这种理性认识在法律领域转化为一种信念，即相信“所有重要的法律问题都可以借助于规定加以解决”，并且“建立一种基于人类理性的具有永恒和普世价值的法律制度，其原则由立法者加以宣示”。[99]而这一信念指导着立法者将各种概念和法律抽象化，建立系统的法律思维，并且编纂出高度体系化的法典，让整部法律体系能够立足于几条根本原则和基本概念。[100]因此，实现法典化的必要前提，不仅要有相对完备的立法，还要对立法条文背后的法理逻辑、概念体系及其相互关系有相当深刻的理解，才能实现所谓“法典化”的法律编纂，让整部法典体现出如上的特质。

从“法典化”的基本理念和目标出发，世界各国的法典编纂在不同的时代背景下表现出不同侧面的特点。古罗马的《国法大全》的“法典化”，一方面是由于罗马法经历罗马不同时期、不同政体、不同疆域的变迁，处于“混乱”和“矛盾”的面貌，对法律适用带来麻烦；另一方面，由于查士丁尼在位期间，罗马经历了奴隶制帝国政体，并接纳基督教作为国教的政制和宗教变化。因此，把古代罗马法改造得符合查士丁尼时代的君主专制与基督教密切结合的精神，是查士丁尼进行巨大的法典编纂工作的更为重要的动因。[101]18 世纪后期的《法国民法典》则反映了法国的革命思想，其实质是国家主义和民族主义，以便使民族国家得以复兴。与此同时，法国大革命的目标之一还包括法律通俗化，以

---

96 陈卫佐：《现代民法典编纂的沿革、困境与出路》，《中国法学》2014 年第 5 期。

97 《辞海》（第 6 版），上海：上海辞书出版社 2009 年版，第 553 页。

98 Inge Kroppenberg & Nikolaus Linder，“Coding the Nation：Codification History from a（Post-）Global Perspective”，*in* Max Planck Institute for European Legal History（eds.2014），*Entanglements in Legal History：Conceptual Approaches*，pp.70—71.

99 〔法〕让·路易·伯格：《法典编纂的主要方法和特征》，郭琛译，《清华法学》2006 年第 2 期。

100 〔德〕克劳斯-威廉·卡纳里斯：《欧洲大陆民法典的典型特征》，郑冲译，载孙宪忠主编：《制定科学的民法典——中德民法典立法研讨会文集（第 21 辑）》，北京：法律出版社 2003 年版，第 44 页。

101 徐国栋：《查士丁尼及其立法事业——兼论法典法的弊端及补救》，《法律科学》1990 年第 5 期。

使法律专家丧失作用和地位，避免“法律掌管一切”。[102]相比之下，随着民族国家在欧洲的逐步形成，发生在19世纪的法典编纂特别注重法典编纂对于民族国家的法律统一的作用，甚至以民族国家的法律统一作为法典编纂的主要目标。[103]这种法律统一不在于推翻原有的法律体系，甚至更加注重对现有法律制度的沿袭和尊重。这也是以萨维尼为代表的历史法学派所主张的基本观点。虽然历史不同时期“法典化”的背景和目的有所不同，但是可以发现，无论法典以何种特点或模式示人，法典化都深深根植于政治、社会和国家的变革和发展历程中，并不断更新和再生。

2）法典的形成条件

一部法典的形成并非空中楼阁，而是需要依靠一定的时机，并且具备一定的条件。法典的形成绝非统治者的意志，或者法学家的梦想，而是生发于丰厚的法学和社会土壤之中。而作为法律“合”的过程的典型成果，法典生成的条件显然有助于理解法律“合”的内生动因。

从世界各国法典的编纂背景和历史上看，法典的形成需要法律体系内部和外部多方面的条件。

（1）法律体系的内部条件主要有四个方面。

其一，已经存在旧法典，或者全面的相关单行、特别法律或规范性文件，该领域的法律规范较为完善和全面。法典编纂活动实际上是一个对现行同类规范性法律文件系统化、规范化的过程。[104]例如，集以往罗马法之大成的《国法大全》，就是对原有《格雷高利法典》、《赫尔莫格尼法典》和《狄奥多西法典》等多部法典及其他一系列有关告示、习惯、元老院决议和皇帝敕令增删整合的结果。[105]1900年《德国民法典》的编纂也是基于德国统一之前各邦国的各种法律文件，并对这些既有法律文件的扬弃和发展。[106]其中包括《巴伐利亚民法典》、《普鲁士普通邦法》、《奥地利普通民法典》、《撒克逊民法》、《德国普通票据法》、《德国普通商法典》、《德国普通债权关系法》等成文法，还包括日耳曼法、教会法和众多习惯法等在内的大量“小法典”、单行法律法规和其他法律渊源。目前，在主要的民法领域，我国已经制定和颁布了一系列民事单行法，这些民事单行法有些已经适时修订，即使没有经过修订，也通过颁布相应的司法解释的

102 〔英〕约翰·亨利·梅里曼：《大陆法系（第二版）》，顾培东、禄正平译，北京：法律出版社2004年版，第28页。

103 〔英〕约翰·亨利·梅里曼：《大陆法系（第二版）》，顾培东、禄正平译，北京：法律出版社2004年版，第31页。

104 封丽霞：《法典编纂论——一个比较法的视角》，北京：清华大学出版社2002年版，第273页。

105 谢怀栻：《大陆法国家民法典研究》，北京：中国法制出版社2004年版，第26—30页。

106 何勤华：《论〈德国民法典〉》，载《法律文化史论》，北京：法律出版社1998年版，第75页。

方式，大体上能够适应现实生活的需要。[107]由上观之，具有一定数量、成熟度和完整度的民事法律体系，是民法典编纂的重要前提。

其二，该领域法学理论体系、概念、逻辑、话语和思想的基本统一。一部理想的法典应当具备高度逻辑化和体系化的特点，并应当在整部法典中一以贯之。因此，对于法律的起草者或制定者而言，遵循统一的理论体系、概念、逻辑、话语和指导思想，是形成一部逻辑化、体系化的法典的前提。《德国民法典》制定前，蒂博和萨维尼针对德国是否制定、何时制定民法典的根本问题进行了争论，并最后以萨维尼的主张胜出为结果。萨维尼认为，培育具有时代性和普适性的德国法的关键力量，不是立法程序，而是法的学理分析。这一观点成为《德国民法典》编纂前系统完善的理论研究的思想基础。在这一思想基础的指引下，德国大量优秀的法学家对罗马法文献进行研究，形成了以潘德克顿法学为基石的德国民法学体系。在这种前提下，制定《德国民法典》的逻辑基础已经大体具备。[108]同样地，目前在我国民法典制定的过程中，大量专家学者投身其中，从民法典的立法精神、立法体例、立法思想、立法范本和具体规范等多个方面展开了长期的研究和讨论，逐渐达成基本共识，解决了立法难点，厘清了盲点，对民法典的起草和实施做好了充分的理论准备和学术支持。

其三，掌握较高的立法技术或借鉴合理的立法技术。为实现法典的体系化，编纂法典所要求的立法技术水平较制定单行法更为高超。《德国民法典》具有公认的高超立法技术。依靠抽象概念和法定定义、共同规定的提取、规范援引技术、拟制和不可驳倒的推定、证明责任[109]等工具，《德国民法典》在法理、逻辑和结构上都凝结着法律科学的智慧。例如，在抽象概念方面，《德国民法典》中的每一个概念仅用一个词表达，而每个词只表达一个概念。针对每种概念，都有明确的法定定义。[110]在具体案件中，如当事人对相关词语的含义没有约定或有争议时，则根据法律规定解释。然而，对于世界上绝大多数法治尚不完全的发展中国家，如此难度的立法技术显然不易掌握。因此，直接效仿、移植国外的法典及其立法技术，也是世界法典编纂历史上很多见的技术模式之一。总之，无论是自身掌握还是学习其他国家的立法技术，掌握较高水平的立法技术，也是制定法典的必要前提。

其四，一国的法治状况良好，各类主体的法律意识较高。前文论及，法典

---

107 薛军：《中国民法典编纂：观念、愿景与思路》，《中国法学》2015 年第 4 期。

108 〔德〕莱勒·舒尔茨：《法典编纂、法典解构、法典重构——德国法的历程》，蒋凤莲译，载张礼洪、高富平主编：《民法法典化、解法典化和反法典化》，北京：中国政法大学出版社 2008 年版。

109 陈卫佐：《〈德国民法典〉的立法技术》，载张礼洪、高富平主编：《民法法典化、解法典化和反法典化》，北京：中国政法大学出版社 2008 年版。

110 封丽霞：《法典编纂论——一个比较法的视角》，清华大学出版社 2002 年版，第 104 页。

的诞生往往与国家统一、法制健全等因素有直接联系。同时，只有法治在国家治理中占据决定性地位，依法治国成为治国纲领，得到社会自觉认同和支持时，法典的编纂和出台才能尽可能获得最多的资源投入和舆论支持，这不仅有利于法典的颁布和推行，也有利于解决法典编纂过程中遇到的各种阻力和困难。当然，有些国家的法典承袭该国被西方列强殖民的法典而来，这些强加给殖民地的法典，往往只是列强的统治工具，其目的是同化殖民地和本国的法律制度，强化殖民统治，加速殖民同化。这种与独立国家制定法典的历程不可相提并论。

（2）法律体系的外部条件可以归结为三个方面。

其一，政治环境。美国著名法学家艾伦·沃森曾有评论："对于法典编纂而言，政治因素必定是重要的，当法典问世时，也必定有适当的政治环境。"[111]而贝格尔进一步指出，"最伟大的法典化总是对应于重大的政治、社会或技术变革，通常发生于革命或国家独立之后"[112]。这种政治环境往往体现为一国政权的更替嬗变、意识形态的明确或转型，以及政治领袖的意志。例如，《法国民法典》的制定背景根植于法国大革命对欧洲大陆专制统治的颠覆。随着自由、平等、民主的自然法思想深入人心，伴随着社会各阶层呼吁"迅速颁布统一的民法典"、"全王国通行的民法典"的声音，[113]拿破仑强力推动《法国民法典》的制定，一方面意图巩固革命成果，另一方面也希望这部法典确立的社会规范能够迎合社会的呼吁和需求，进而成为巩固自身统治的利器。1865 年《意大利民法典》的制定同样处于 1861 年意大利完成国家统一的历史节点上。从结构上看，这部法典基本照搬了《法国民法典》的结构，只作了小的改动。还有的国家在面临深刻统治危机、民族生死存亡之际，紧急颁布法典，以图挽救摇摇欲坠的政权，重新恢复统治秩序。此种情形以我国清代的《大清民律草案》的颁布为代表。总而言之，法典具有逻辑化、体系化和规模化的特征，彰显着一国的法治水平，使其成为政权稳固、法度统一的政治信号。

其二，经济环境。沿着前述法典产生的历史脉络可以发现，一定社会经济关系的发展将促生符合社会经济形势的法典规范社会各个主体的法律关系，以提高经济活动的效率，促进社会治理的提升。而法典对过去各类法律渊源的体系化整理乃至重构，也有助于解决旧法律与当下社会经济状况不匹配的内容，减少不同时期制定的各类法律之间的矛盾和冲突，弥补法律的"真空地带"。如果一国的社会经济制度发生根本变化，往往需要制定适应新社会体制的法典。

---

111 〔美〕艾伦·沃森：《民法法系的演变及形成》，李静冰、姚新华译，北京：中国政法大学出版社 1992 年版，第 170 页。

112 Jean Louis Bergel，"Principal Features and Methods of Codification"，*in Louisiana Law Review*，48（1987），p.1098.

113 刘春田、许炜：《法国民法典制定的历史背景》，《法学家》2002 年第 6 期。

例如，20 世纪 80 年代，苏联开始经济体制的全面改革，制定了一系列的单行民事法律。而随着苏联解体，新成立的俄罗斯联邦制定统一的民法典势在必行。由此，《俄罗斯联邦民法典》在 1994—2006 年分四部分陆续通过。[114]与苏联相类似，在新中国的不同时期，编纂民法典均被作为重要的法治建设任务予以提出，但是由于政治动荡和社会快速变化过程中的激烈争论，数次民法典编纂工作都被迫暂停。至 20 世纪 90 年代后期，随着中国改革开放政策展开，我国致力于建立与社会主义经济相适应的完善的法律体系，以满足高速发展的社会经济和日趋复杂的社会治理之需要。但是，鉴于当时《民法通则》颁布时间较早，而之后陆续出现的各种单行民事法律的立法背景和时间差别较大，难免造成现行民法体系的不协调，不能适应市场经济和社会生活对法律调整更高的要求。因此，中国民法典的编纂被再次提上日程。[115]综上，从俄罗斯（苏联）和中国的历程来看，经济制度转轨带来社会关系的变化，引发了法律制度的调整，进而成为民法典编纂的原生动力。民法典的出台也成为经济改革的重要基石和制度背景，促进经济活动在法律的保护和规制下健康有序发展。

其三，思想和精神基础。法典编纂自古至今贯穿人类的文明史而从未断绝，说明法典编纂已经不再是一种简单的统治工具或者法律现象，而是一种根植于一定思想和精神基础的理念。大陆法系民法理念的核心是私法理念，是对私人生活和私权的尊重和肯定，体现了以人为本、承认独立人格的人文主义思想。[116]与之并行，随着法国大革命席卷欧洲，理性主义同样对法典化产生了重要的影响。在人文主义和理性主义的指导之下，人们相信对所有的民事法律关系有绝对的认识能力，[117]而这种绝对认识能力的最终体现，就是依据理性主义的立法技术，编纂出符合理性主义的法典。具体而言，法典化的技术“发明了为数不多的一般性概念，又将这些概念经过一系列的一般抽象、原则化和分类的演绎发展，最终达到了抽象的底线，因此明确了适用于实际情况的特定规则”[118]。通过建立具有优美逻辑形态的法律概念体系，以《德国民法典》为代表的现代法典展现出前所未有的体系化成就，使法律进一步迈向科学体系的高度，成为人类法律编纂技术的杰出代表，深刻影响了现代法典的编纂技术。

总而言之，一部优秀法典的编纂并非一蹴而就，而是需要依靠充分的现实

114 鄢一美：《俄罗斯社会转型与民法法典化》，《比较法研究》2015 年第 3 期。

115 梁慧星：《为中国民法典而斗争》，载何勤华主编：《民法典编纂论》（第 3 卷），北京：商务印书馆 2016 年版，第 9 页。

116 关于私法精神和民法典的关系的论述，参见易继明：《私法精神与制度选择——大陆法私法古典模式的历史含义》，北京：中国政法大学出版社 2003 年版。

117 朱晓喆：《论近代民法的理性精神——以 19 世纪民法法典化为中心》，《法学》2004 年第 5 期。

118 Peter de Cruz，*Comparative Law in a Changing World*.London：Cavendish，1999，p.58.

基础，满足法律体系内部和外部的多方面条件，耗费大量的智力资源和立法资源方能实现。在丰富背景下诞生的法典，不仅展现出成熟的法学理论和立法实践成果，蕴含着代表性的时代精神和理念，还将在法典的生命历程中，对整个社会的方方面面产生深远的影响。

3）民法典结构的内生动因的进一步解析

在内外部条件的共同作用之下，“法典化”的最直接效果，是将一国法律规范群中包括部门法、单行法、判例、习惯等各种法律渊源，“合”成一部高度逻辑化、体系化的法典。虽然民法法典化的理想之一是形成一部囊括社会生活每个领域的、长久不衰的法典，但是即便是最全面的法典，也难以将全部的法律渊源一概纳入。因此，解读民法法典化的“合”，需要进一步探究民事法律“合”的内生动因。

动因一：私法自治理念与民法基本原则的确立。

人格尊严是整个法律秩序的最高原则。而在民法典中，这一最高原则衍生出了民法的“私法自治”原则。针对“私法自治”原则及其派生的民法基本原则，王泽鉴认为，“私法自治”的核心是指个人在私法领域享有法律上的自由，可以自由开展法律行为，与他人自由形成法律关系。从这一概念出发，“法律行为”乃权利得失变更的法律事实，而“法律关系”指“由法所规范，以权利与义务为内容的关系”。由此，“权利”成为民法的核心概念；在“权利”的概念下，自然产生权利主体、权利客体、权利变动三个层次。与之相对，人为权利主体，享有行为自由，自应为其负责。故由此生发出法律责任原则，并分为侵权责任和违约责任。此外，在“权利”为核心概念的民法规则中，又包含“人的互相尊重”的伦理原则，意图划定个人自由的范围，并要求权利的行使顾及他人或者更高的价值利益，并由此产生了民法的公序良俗、诚实信用和禁止权利滥用原则（见图 2）。[119]

从“以人为本”的法治基本理念出发，形成了“私法自治”及其派生的民法基本原则的整体结构。而民法规范之所以能够“合”成一部法典，其最根源因素也恰恰在于其基本理念和基本原则同根同源，贯穿整部民法典，使民法典具有涵盖一切民事法律行为规范、对私人生活无所不包的秩序体系。[120]换言之，如果民法法律规范没有这种一贯的理念和原则，则必然导致具体规范所使用的概念和结构不同，其目的和效果也不一致，最终将难以“合”为一个整体。

---

119 本段对私法自治理念和民法基本原则的逻辑关系的论述，参见王泽鉴：《民法总则》，北京：北京大学出版社 2009 年版，第 29 页。

120 易继明：《私法精神与制度选择——大陆法私法古典模式的历史含义》，北京：中国政法大学出版社 2003 年版，第 262 页。

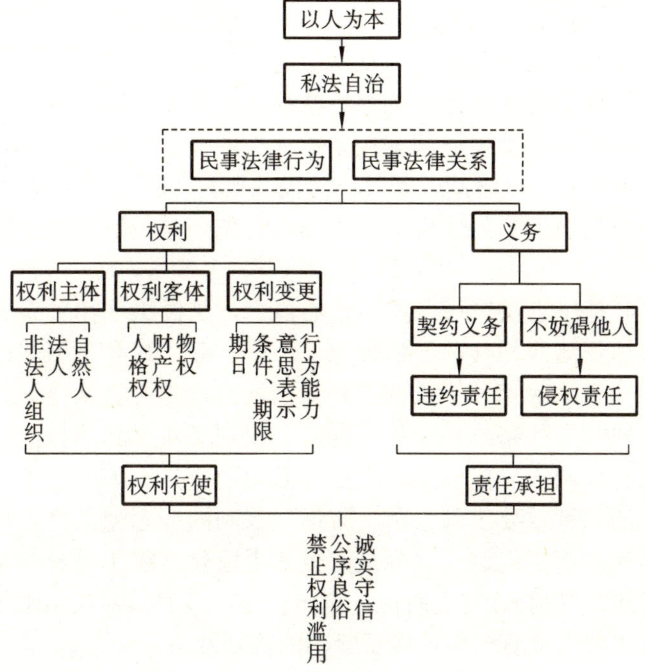

图 2　私法自治原则与民法基本原则

动因二：人、权利和民事法律行为的基本框架。[121]

在贯穿整部民法典的“私法自治”理念及其派生的民法基本原则的统领下，各国的民法典都形成了较为一致的“人—权利—民事法律行为”的基本框架。这种基本框架实际上也是对纳入民法典的民事法律规范内部结构的凝练和总结。具体的民事法律规范恰恰也是按照“人—权利—民事法律行为”的基本框架制定并展现在法律文本之中。因此，这种共性使得民法典能够通过提取公因式的方法，将各类不同的人、权利和民事法律行为的规范，抽象为最一般、最基础的规范，最终实现了“合”为一体的目标和效果。

首先，人是贯穿整个民事法律规范的主体。人不仅是权利主体，还是义务主体、责任主体和行为主体。在民法中，“人”的概念一般包括自然人、法人和非法人组织，是私法关系中的各类主体的法律拟制。除“人”以外，以《德国

121　针对这一框架，不同学者的具体描述方式不同。如“主体—客体—行为”、“人—物—行为”等。与本文相比，这些不同描述方式的最主要区别在于并未将“权利”作为框架的要素。这主要是因为，这些称呼是对以《德国民法典》为代表的民法总则编的结构体系的描述。由于具体权利均规定在分则中，自然无法进入基本框架的范畴内。参见房绍坤：《关于民法典总则立法的几点思考》，载何勤华主编：《民法典编纂论》（第3卷），北京：商务印书馆 2016 年版，第 160 页。又参见谢鸿飞：《法律行为的民法构造：民法科学和立法技术的阐释》，中国社会科学院研究生院 2002 年博士学位论文，第 138 页。

民法典》、《法国民法典》为代表的大陆法系传统民法典中并不存在其他类型的主体，如竞争法中的“经营者”、劳动法中的“劳动者”、消费者保护法中的“消费者”等概念。这些民法典之外的单行法律，在不少国家的民法典进一步修订时遭受争议；其中一个重要原因就在于“人”的概念范畴不统一。即使《德国民法典》将“消费者”概念纳入了《德国民法典》，其定义的模糊及与其他规范的不协调问题也屡遭诟病。[122]可见，人的概念统一是民法典“合”的重要动因之一。

其次，权利是民事法律规范的最核心概念，是民事法律关系成立的前提，同时也是对法律生活多样性的最后抽象。[123]一方面，权利是私法自治的核心要素，享有权利即意味着每一个人都有权自由地决定是否去从事行为。因此，权利也是民事法律行为的基础和前提。同时，权利又对“私法自治”进行了明确的限定，即只有权利人才能作出具有法律效力的决定。因此，各种类型的权利构成了私法上的一种重要工具。另一方面，权利的概念使某个人负有的义务在私法上得到实现。而实现这一目标最有效的手段就是赋予另一个人享有一项相应的请求权（此即权利）。与之对应，抗辩权则可以有效对抗请求权。由此，民法的各项基本规则围绕着权利形成了紧密的规则网络。

最后，民事法律行为则扮演将人和权利连接起来的纽带。这种纽带作用的另一层含义，是人对权利的支配和运用途径的抽象化和理论化。民事法律行为之所以成为民法典“合”的动因，主要在于以下四点：其一，在形式上，法律行为概念之抽象，使得民法典各编能够提取一般性的公因式，从而促成总则编的出现。其二，实质上，法律行为概念之抽象，令民法各种自治行为在体系上得到整合，从而实现司法自治理念的技术化。[124]其三，在理念上，“法律行为是私法自决的一般工具”，德国法律行为概念之形成，所贯穿的中心线索，正是私法自治之维护[125]。其四，在结构上，民法典中身份法和财产法的结合，一定程度上也是依靠民事法律行为的概念实现的，因为民事法律行为囊括了身份行为和财产行为。婚姻被认为是一种双方法律行为，而在继承法上，主要有两种法律行为：一是单方法律行为，即遗嘱和遗赠行为；二是双方法律行为，即继承合同。总而言之，民事法律行为不仅从本质上深刻蕴含了“私法自治”所赋予人们行动的自由，同时也是权利实现的道路。

---

122 关于《德国民法典》纳入消费者法的争议和批评，参见谢鸿飞：《民法典与特别民法关系的建构》，《中国社会科学》2013 年第 2 期。

123 〔德〕迪特尔·梅迪库斯：《德国民法总论》，邵建东译，北京：法律出版社 2013 年版，第 62 页。

124 朱庆育：《民法总论》，北京：北京大学出版社 2016 年版，第 75 页。

125 Heinrich Dernburg，Pandekten，erster Band，Berlin，1884，S.208. 转引自朱庆育：《民法总论》，北京：北京大学出版社 2016 年版，第 75 页。

动因三："行为模式-法律后果"的法条结构。

具有同质化的"行为模式-法律后果"的法条结构，同样也是各单行法"合"为民法典的重要动因。其主要原因在于，具有这种结构法条是请求权基础的渊源，而请求权是民法（私法）的构造性概念，请求权在法典化中的重要贡献，就是这些完整包含了"行为模式-法律后果"架构的完全法条能够整合散布于民法各编及整个私法的法律关系。虽然在体系化的民法典中，绝大部分的条文都是不完全条文。[126]但是这些不完全法条——包括定义性法条、补充性法条、拟制和准用法条——扮演的是辅助完全法条的作用。而且，不完全条文也是体系化、科学化法典立法的技术表现。因为个别构成要件可以通过一次界定而适用于一系列的法律事实。[127]因此，一方面"行为模式-法律后果"的完全法具有同质性，而围绕在完全法条四周，对具体概念、构成要件和其他规范进行规定的不完全法条，与完全法条又形成了中心-四周的关系，使整部民法典得以从两个维度织成网络，形成一体化的结构。

综上所述，从私法自治和民法基本原则等理念层面，到民法的基本规范框架，最终到最微观的法条结构，这三方面条件是民法能够"合"而为典的内在动因。这其中不仅有共性的理念和原则，也有基于共性的理念和原则建立起来的法律的基本骨架，同时还有将这种共性连接起来的纽带。只有共性的私法自治理念，缺少统摄全局的"人-权利-行为"的基本骨架，缺少整合法律关系的请求权基础，则法典的"合"只是貌合神离，只可能出现汇编性的法典，而非高度体系化的法典。而汇编性的法典，与单独立法相比，在法律本身层面上的实质区别显然是非常有限的。

2. 民法"解法典化"：作为一种"分"的力量

1）"解法典化"的背景和特征

与"法典化"相对应的概念是"解法典化"（decodification）。该理论的倡导者是意大利民法学者那塔利诺·伊尔蒂。其于1978年发表的论文《解法典化的时代》（*L' età della Decodificazione*）首次提出了这一概念，并引发了很强反响。学者们开始注意到，在最近三十年来全球化的大背景之下，金融、互联网、知识产权等社会经济领域正在快速发展。同时，原有传统经济活动也出现了各种新形态，各领域的界限被打破，导致原有的法典不能实现其"理性主义"目标中覆盖一切民事法律行为的愿景。在实践中，各国纷纷出台大量单行法和特别法。这些法律渊源严重挤压了民法典的适用空间，让原本处于中心位置的民法

---

126 Vgl.Rüthers/Fischer/Birk，Rechtstheorie，Rn.129，转引自胡坚明：《请求权基础规则与法典化立法》，《华东政法大学学报》2016年第6期。

127 胡坚明：《请求权基础规则与法典化立法》，《华东政法大学学报》2016年第6期。.

典逐渐边缘化。“解法典化”理论以及随之而来的讨论，就是在这种背景下产生的。

所谓“解法典化”，是指在有民法典的国家，层出不穷的法律特别规范造成传统民法典的内外体系逐步分解的现象。[128]伊尔蒂认为，这种分解带来了两个方面的问题。一方面，民法典所规划的严整体系遭到瓦解，而这种瓦解的力量一方面源于资产阶级自由主义观念被社会所抛弃，新的阶级和团体的声音让立法成为某种团体利益的实现，而非民法典所反映的社会全体的规范和习惯。与此同时，法律和市民社会的关系发生根本转变。法律关注的对象不再是中性的、无差异的市民，而是一些具体的团体和特定种类的利益；[129]另一方面，立法者的角色和立法动因开始变化，原有《民法典》所秉承的“私法自治”理念遭到动摇，政府的地位重新开始上升，大量具有强烈目的性和激励性的法律出台，致使民法典的适用范围和解释功能严重弱化，民法典被迫“靠边站”，而特别法、单行法扮演着日益重要的角色。同时，在提出“解法典化”的理论时，伊尔蒂还进一步指出，特别法领域所规范的整个事项以及法律规范团，逐渐逸出了民法典的体制，构成具有自己的逻辑体系的“法律规范的微型体系”。[130]这种微型体系的形成使得特别法自成一派，很难被传统的民法典所吸纳和接受，最终形成民事法律“多中心”的体制，而民法典“一统天下”的局面将会一去不复返。

“解法典化”的概念甫一提出，就快速引发了全世界民法学者的关注，掀开了一场针对“解法典化”现象的分析和讨论。总结这些讨论，可以归纳出学者目前发现的“解法典化”的几个重要特征。

首先，“解法典化”所表现出来的特别法激增现象并不是简单的数量变化。仅就特别法律本身而言，它们在思维方式以及方法论上都与原有的民法典结构有所不同。[131]在诸如劳动法、城市与农村土地租赁法、知识产权法、保险法、运输法、竞争法、反垄断法以及消费者权益保护法等多种民法典的主题上面，异质的制定法领域获得了增长。这些法律并非仅仅作为对民法典的补充以便完善或者澄清民法典的具体规定。相反，它们打破了民法体系原有的统一。[132]结合前文对民法体系“合”的动因的分析，可以发现，这些特别法至少从私法自

128 陆青：《论中国民法中的“解法典化”现象》，《中外法学》2014 年第 6 期。

129 陆青：《论中国民法中的“解法典化”现象》，《中外法学》2014 年第 6 期。

130 〔意〕那塔利诺·伊尔蒂：《解法典化的时代》，薛军译，载徐国栋主编：《罗马法与现代民法》（第 4 卷），北京：中国人民大学出版社 2004 年版，第 80—107 页。

131 〔美〕格伦顿、戈登、奥萨魁：《比较法律传统》，米健、贺卫方、高鸿钧译，北京：中国政法大学出版社 1993 年版，第 34 页。

132 〔秘鲁〕玛丽亚·路易莎·穆里约：《大陆法系法典编纂的演变：迈向解法典化与法典的重构》，许中缘、周林刚译，《清华法学》2006 年第 2 期。

治和民法基本原则的角度上与民法典存在很多不同。例如，以专利制度所处的知识产权法律领域来看，知识产权虽然被认为是一种财产权，但是其权利来源既非原始取得，也非继受取得，而是需要通过行政授权；其权利期限也是有限的；行使知识产权权利的方式，特别是专利权，相较于其他民事权益而言，多了“许可”这一特殊权利行使方式；此外，更加与民法私法自治原则背道而驰的是，对于那些不行使专利权的权利人，专利行政机关可以依据任何人的申请撤销专利权，等于将这种“财产权”彻底剥夺。而知识产权的其他制度，则严重依赖于知识产权的特有概念，而缺乏与民法典的互动。在法学研究领域，有学者也指出，知识产权法学和民法学已经出现了隔离。[133]由此来看，伊尔蒂所提出的观点和理论，在现实中有清晰的引证。

其次，“法官法”和行政立法的大量出现，在灵活度和适应性方面胜过法典法，同时还进一步偏离和超越民法典的规范本意和基本原则。这些现象让民法典“疲于应付”，回应的方式极为有限。正如梅因爵士所言：“几乎绝大部分的人类，在其民事制度因被纳入某种永久记录中而第一次使其具有外表的完善性时，就绝少有表示再加以改进的愿望。”[134]这种现象的出现根源之一，恰恰在于法典法在制定理念上的理性化，立法技术上的高度体系化和逻辑化都让人们有理由笃信“立法者万能”和“法典万能”，以至于让法典本身天生存在保守和僵化的弊病。这使得法典法在具体适用上遇到了很大的困境。此时，人们的目光自然回到了法官身上，而法官在具体裁判中也确实产生了大量的判例，随着社会的发展，利益群体的不断出现，从最原初的公平正义观念出发，法官在“不能拒绝裁判”的背景下，创造出了一些或多或少偏离甚至超越立法者本意的判例。人们一方面从未期待这些判决能够超越法典的“永恒性”，但是也承认这些判例在具体适用上更加直接，同时也更加符合当下的社会背景。因此，这些判例站在了法典之上，从而对法典形成了一定的冲击。与“法官法”之相类似，在资本集中的背景下，要求更加强有力的政府介入维持社会运转。在政府地位不断上升、自由主义退潮、国家干预重新返场的背景下，行政机关面对急迫而直接的现实问题，开始突破传统“行政权”的被动执法局面，开始从立法机关手中获得立法权。虽然这种行政立法规范在内容、效力期限和空间等诸方面受到基础法律之限制，但却更加“灵活”和“机动”，能够对民众产生更为直接的影响和制约。这种“灵活”和“机动”的根源在于其相较于庞大的民法典而言，

133 李琛：《论知识产权法的体系化》，北京：北京大学出版社 2005 年版，第 79 页。

134 〔英〕梅因：《古代法》，沈景一译，北京：商务印书馆 1959 年版，第 225 页。

对具体问题规定得更加具体、更加具有可操作性。[135]同时，由于不需要背上“法典”的包袱，在缺失体系和结构的严整性时，可以容纳更多与之相关的其他民事法律规范，乃至行政规范和刑事规范。因此，行政立法也同样站在了民法典的前面，导致了民法典适用顺位的进一步后置。

再次，宪政主义的发展，使得“民法典”逐渐褪去宪法的功能，将保护公民基本权利、权利平等、自由民主等理念和规范让渡给宪法，作为上位法和效力更高的直接规定。而民法对这些理念和规范则更加侧重于对具体权利和行为效力的认可。当社会公众、政府或法官在面对涉及宪法和民法重叠的问题时，选择效力层级更高的宪法规范显然是更加稳妥的选择。另外，宪法的出现，导致民法成为“下位法”，其发展和变化均受到合宪性审查的制约。例如，在西班牙，在 1981 年《家庭法改革》之前，民法典的该部分内容通过一种判定其合宪性的司法程序被宣告无效。[136]1919 年德国《魏玛宪法》也出现了“越俎代庖”规定私法关系的现象。其起草者认为，只凭民法典之规定尚不足以保障基本权利，故直接在宪法中规定言论自由和结社自由不能在私法关系被剥夺和被约束，这样这项规定可以直接取代有关的民事规定，直接适用于私法案例之中。[137]中国也遇到过同样的问题，作为民法典的重要基础之一的《物权法》在出台之前，也遭到了部分学者对其合宪性的质疑。这些现象均说明，宪政主义的兴起意味着非法典化的开始。[138]

最后，超国家立法因素对一国民法典也产生了部分冲击。这些超国家立法因素包括地区共同体法律（如欧盟指令）、国际公约和条约（如知识产权领域的《伯尔尼公约》和《巴黎公约》）和一些国际通行的法规（如《国际货物买卖合同惯例》）。特别是在欧洲，除了各国的民法典以外，欧洲目前也有部分学者或团体开始尝试进行欧洲民法典的编纂工作。知识产权领域在这方面也尤为突出。例如，1964 年，保护工业产权联合国际局（BIPRI）编制了发展中国家发明模范法草案。虽然模范法的起草者强调，其所撰写的条文只是一个范本，而不是草拟统一的法令，但是显然这种“模范法”的背后是促成世界知识产权保护制度同质化、一体化的目标。部分国家也确实基本依照该“模范法”进行国内立法。

---

135 魏磊杰、王明锁：《民法法典化、法典解构化及法典重构化——200 年民法典发展历程述评》，载《民法法典化、解法典化和反法典化》，北京：中国政法大学出版社 2008 年版，第 499 页。

136 〔秘鲁〕玛丽亚·路易莎·穆里约：《大陆法系法典编纂的演变：迈向解法典化与法典的重构》，许中缘、周林刚译，《清华法学》2006 年第 2 期，第 74 页。

137 王涌：《宪法与私法关系的两个基本问题》，载吴汉东主编：《私法研究》，北京：中国政法大学出版社 2002 年第 1 卷，第 4 页。

138 〔英〕约翰·亨利·梅里曼：《大陆法系（第二版）》，顾培东、禄正平译，北京：法律出版社 2004 年版，第 163 页。

由此观之，超国家的立法因素对一国法律制度的冲击和影响尤为不小。事实上，这些跨越国境适用的法律的出台，其更高的效力、统一的制度及其具有的消除法律差异的优势，必然会让受到国境限制的民法典的适用顺位进一步退后。

2）“解法典化”的实质——民法体系结构的分解与重构

从“解法典化”的四个特征来看，“解法典化”实际上暗藏民法体系结构的变化，也就是一种“分”的变化。而从“解法典化”的根源出发，我们发现，虽然民法典本身没有发生任何自身分解，但是，由于法典化将民法法典的范围框定，并且实现了较强的体系化，这种高度体系化一定程度上也堵住了民事特别法进入民法典的道路。正如前文所分析的那样，民法典的“合”也是基于较为分散的民事立法。因此，我们有理由相信，如果近现代的民法典和以德国潘德克顿体系为代表的整个民法典体系在今天才出现，那么人类历史上的第一次法典化或许有可能将目前所谓的民事特别法纳入民法典的体系。正如梅迪库斯所言，“民法的某些领域作为特别私法从民法中驳离出来……也许这里的原因主要是由历史造成的”[139]。因此，无论是民法典所包含的民事法律，还是民法典之外的民事特别法，在历史上的任何时候，都有可能被法典化，成为民法典的一部分。而之所以有些法律没能进入民法典，可能更多的因素在于，原有的立法体系难以容纳民事特别法。如果要解决这个问题，不打破原有的立法体系和逻辑，也即“合”的内在动因，也就很难将其他的民事特别法纳入民法典之中。

事实上，如果我们抛开民法典不谈，而是将民法典的各编均作为单行的民事特别法来看待，那么其实所谓的民法典和民事特别法之间的区分并不强烈。例如，婚姻家庭法和继承法实际上和物法、债法的联系并不十分紧密，这两者在《德国民法典》中被连接起来的重要原因，是《德国民法典》将婚姻家庭和继承拟制为一种“身份行为”，从而用法律行为的概念加以统摄；而在中国民法典编纂过程中存在激烈讨论的“民商合一”与“民商分立”路线的取舍问题，支持民商合一的学者就认为，由于商行为的特殊性已经日渐式微，目前已经难以和民事行为相区别，完全可以通过统一的法律行为制度加以调整，包括共同行为、决议行为、双方法律行为、单方法律行为等，从而涵盖商行为。[140]因此，民法典究竟包括哪些民事法律规范的问题，并没有被严格限制，关键是看民法典在“合”的时候，究竟采用何种“合”的技术。前文所提出的三个根本动因——基本理念和原则、法律的基本框架和法条结构——是一个高度体系化的“合”的技术。如果稍稍放宽对于体系化的要求，那么想必更多所谓的民事特别法，

139 〔德〕迪特尔·梅迪库斯：《德国民法总论》，邵建东译，北京：法律出版社 2013 年版，第 18 页。

140 王利明：《民法总则的制定应体现民商合一体制》，载何勤华主编：《民法典编纂论》（第 3 卷），北京：商务印书馆 2016 年版，第 126 页。

同样可以归入民法典的范畴。

事实上，民事特别法激增现象并非特别法一方面的作用。在这一过程中，民法典自身高度体系化所带来的封闭性，与民事特别法面对迅速变化的社会的开放性，共同导致了民事特别法在民法典之外的快速生长。一方面，民法典有其自身的体系性；另一方面，从民事特别法的开放性来看，易继明教授指出，民事特别法之所以能够具有这一特质，本质上是由于在知识社会之中法律所凸显的“回应性”。所谓回应性的法律，它是在保持法律的完整性的条件下来实现法律对社会的适应与开放的。[141]这种“回应性”的法律具有突出的过渡性特征，即回应性的法律在完成对社会的回应以后，一般便会向传统法律门类转化。[142]以知识产权法为代表的民事特别法，作为一种“解法典化”的力量，恰恰具有很强的“回应性”，也确实存在向传统法律门类的转化倾向——近年来学者们提出的各种知识产权法纳入民法典的观点和路径建议，就能够充分体现知识产权法本身作为一种民事特别法的过渡性特征。其最终目的依然是与民法体系相互融合，而非彻底孤立。

由此观之，我们可以重新认识“解法典化”的实质。“解法典化”表面上造成了民法典的核心程度下降、适用性下降，在民事领域的调整作用逐渐被民事特别法所取代。但是，其核心作用却在于推动现有的以《德国民法典》为代表的民法典的内外部体系的分解和重构。这种分解和重构将直接改变传统民法典的体系结构，但是不会导致民法典的消失，也不会影响民法典的传统。“解法典化”不过是法制发展的一个阶段性的现象。当法律改革进展到一定程度时，成熟的文明便需要通过某种方式来整合大量分散的立法成果，并通过这种形式去巩固和彰显那些因为国家干预和多元化挑战而被弱化或淡化的人类价值，维护基本法律制度的稳定性以及由此带来的普遍性长远预期。[143]民法典将会在一定程度上进一步抽象化和高度概括化，将其转变为规定民商活动基本规则的法律，而同时制定大量特别法详细具体调整民商法律关系。[144]正如梁慧星教授在批驳国内依据“解法典化”观点，认为“民法典渐行渐远”，质疑中国民法典编纂的声音时所说：“（中国）并不打算把所有的民商法律规则都规定在民法典上。民法典之规定基本的、共同的规则和制度，并不打算规定特殊市场、特殊关系的

141 易继明：《民法法典化及其限制》，载易继明主编：《私法》（总第 3 卷），北京：北京大学出版社 2002 年版，第 115 页。

142 易继明：《知识社会中法律的回应性特征》，《法商研究》2001 年第 4 期。

143 王卫国：《民法再法典化：荷兰经验的启示》，载王卫国主编：《荷兰经验与民法再法典化》，北京：中国政法大学出版社 2007 年版，第 3—4 页。

144 魏磊杰、王明锁：《民法法典化、法典解构化及法典重构化——200 年民法典发展历程述评》，载张礼洪、高富平主编：《民法法典化、解法典化和反法典化》，北京：中国政法大学出版社 2008 年版，第 511 页。

特别规则。”[145]“解法典化”的理论，也并不是一种针对“法典编纂”立法形式的理论，更不是一种反法典的理论，而是解释19世纪的欧洲国家产生的那种特殊形态的民法典何以在新的社会形态下发生了解体和转型的理论。[146]民法典在所谓“解法典化”的现象中，实际上将产生共同规则和概念的重新整理和总结，实现进一步凝练和概括，同时也将有所取舍，将不能被民法典所囊括的其他民商事法律规范依然放在民法典之外，待民法典和民商事特别法的进一步发展成熟，在日后民法典的修订时再考虑纳入更多的民事规范，进一步提高民法典的统摄程度。因此，正所谓“分久必合，合久必分”，这种“分”的力量的最终目的和效果依然是“合”，而非一分到底。

3. 民法“再法典化”：再次从分到合

1）“再法典化”的定义和方式

上节述及，“解法典化”并不是彻底摒弃法典的趋势，而是民法典修改和发展的结果，是客观上促成法典解体、转型和再次融合的过程。当民法典通过修改或增加特别法使民法典“解法典化”时，为了重新获得“法典化”的体系性和优势，需要将现有的民事特别法再次整合，编入民法典，让民法典重新成为民事法律体系的核心。这种源于法典解构，融合特别法，最终凝结为新法典的“法典重构”现象，被称之为“再法典化”（recodification）。[147]

作为法律自我生长机制的一个环节，“再法典化”是对“解法典化”阶段的总结和发展，同时解决“解法典化”所内含的阶段性问题，让法典得以重生。有学者指出，“再法典化”主要解决以下三个基本问题：①整合已有的法律资源，理顺民法典的既成制度与新创制的制度之间的关系，使民法体系具有更大的包容性；②确立反映时代精神的价值概念，奠定法律体系的共同伦理基础；③建立法典与司法之间的互补性构架，为司法活动乃至民间交往中的制度创造提供足够的空间。[148]简言之，法典在“再法典化”的过程中，不仅巩固了自身在法律价值取向和法律规范体系上的核心和统摄地位，同时还以“解法典化”的成果作为基础，维持并提升法典的开放性，形成一套法典法、民事特别法、判例

---

145 梁慧星：《再谈民法典编纂的若干问题》，载何勤华主编：《民法典编纂论》（第3卷），北京：商务印书馆2016年版，第106页。

146 薛军：《“民法-宪法”关系的演变与民法的转型——以欧洲近现代民法的发展轨迹为中心》，《中国法学》2010年第1期。

147 对于“recodification”这一概念的中文翻译，目前主要有两种：一种翻译为“再法典化”，一种翻译为“法典重构”。这两种翻译是“解法典化”和“法典解构”的对应翻译。由于这两对概念往往表达同一种含义，因此本文中如无特别说明，在不得不同时使用“再法典化”和“法典重构”的概念时，可视为同一含义。

148 王卫国：《民法再法典化：荷兰经验的启示》，载王卫国主编：《荷兰经验与民法再法典化》，北京：中国政法大学出版社2007年版，第4页。

法、习惯法乃至政策性法规有机互动的民事法律体系。

从目前学界对“再法典化”的研究和分析中，可以发现“再法典化”的两条主要进路。

第一条进路是推翻原有的民事法律体系，彻底重新制定民法典。采用这种进路的国家，有相当一部分是过去苏联统治或者影响范围之中、建立了社会主义法律体系的中东欧国家。随着苏联解体和东欧剧变，政治剧变和意识形态的根本性变化导致了社会制度和经济制度的变革。原有以计划经济、国有和集体经济为主体的传统社会主义经济制度和法律制度，显然与民法典所反映和维护的“私法自治”精神不匹配。而为了建立现代的市场经济制度，健全的民法典显然是必不可少的。这也是中国在改革开放后，以较快的速度制定民事单行法律的重要动因。同样地，经历了20世纪的政治混乱和经济波动后，有不少拉丁美洲国家在极速的社会变革过程中重新制定了民法典。例如，秘鲁在1984年制定了新的《秘鲁民法典》，取代了1821年秘鲁独立后制定的旧民法典。新法典的立法技术得到了显著提高，尤其是“人法”编备受赞颂。[149]巴西于2002年制定了新的《巴西民法典》，取代了1916年的旧民法典。在世界民法典编纂中，新的《巴西民法典》的“物法”部分专门有一章规定“文学、科学和艺术财产”，对著作权制度进行了系统规定，[150]成为知识产权部门法“法典化”和知识产权“入典”的一个范例。在欧洲国家当中，葡萄牙与荷兰也分别于1967年和1992年重新制定了民法典。

相较于第一种较为彻底的“法典重构”，第二条进路更加侧重于对现行民法典的修改和革新，而不是重新制定一部民法典。在有些学者看来，这种方式并不能称之为真正意义上的“再法典化”或者“法典重构”，因为这种进路只是对现有法典进行了一些修订。他们认为，“再法典化”的核心应当是对所有隶属于法典编纂原初目标的所有因素进行革新，是系统性、综合性与融合性法律方法的一次重建。[151]而这种建立在旧法典基础上的法典修订，并不是这种根本性的“再法典化”。这种观点虽然看似“纯粹”，但是实际上未能很好地对应“解法典化”的原概念。前文述及，“解法典化”现象的根本原因之一，是原有民法典的高度体系化，使其本身隐含着对现实变化和多元性的回应方面的缺陷。“解法典化”将民法典逐步“边缘化”，使其在实际运用中不能很好地发挥裁判规则和行动指南的角色。因此，所谓“再法典化”，应当更广泛地理解为，通过对旧有

149 徐涤宇：《秘鲁民法典的改革》，载《秘鲁共和国新民法典》，北京：北京大学出版社2017年版，第409页。

150 徐国栋：《从〈巴西民法汇编〉到〈新巴西民法典〉》，《华东政法大学学报》2009年第3期。

151 魏磊杰：《新千年前后民法典重构的基本特点与最新趋势》，载何勤学主编：《外国法制史研究》（第19卷），北京：法律出版社2016年版，第280页。

法典的修订抑或对法典的重造方式，对传统法典理念进行契合现世多元性需要的完善和再塑，以使其尽可能地克服解构化所引发之弊端，而更好地发挥其规范和裁判功能的一种趋势或过程。[152]只要符合这一定义的民法典重新编纂或者修订，都可以将其归入“再法典化”的一部分加以分析和理解。事实上，仅对民法典进行部分修订和革新的国家，均符合这一定义。例如，法国、德国、比利时、意大利、瑞士和西班牙等国家对原有民法典的修改和更新的内容，涉及家庭法、财产法、个人权利等主要民事法律领域。在这些领域之中，消费者法的引入是“再法典化”的代表之一。2002 年德国《债法现代化法》的一个重要特点就是吸收了《上门推销买卖法》、《远程销售法》等法律中保护消费者权益的特别规定。1996 年修订的《意大利民法典》在合同法中设立“消费契约”一节，作为消费者法与民法典的结合。在消费者法以外，劳动法与民法典的融合也体现了“再法典化”的现象。例如新修订的《意大利民法典》在传统合同法与劳动法双向吸收且融合的视角下，将劳务活动的规范予以新的体系化。[153]一方面，单独设立“劳动编”，并在其内部区分“从属性劳动”和“自治性劳动”，超越了以往利用“劳务合同”约束劳动者和企业雇主或非企业雇主的法律关系。另外，将带有劳务性质的承揽合同、加工合同、委任合同等妥善纳入债法编，将合同关系与劳务关系加以明确界分。整体来看，《意大利民法典》的“劳动编”明确了劳动人格的价值，突出劳动者与雇主之间的组织关系，彻底变革了传统的“劳动物化”的理念，实现了劳动法的体系化，并与民法典形成有机衔接。

由上观之，无论“再法典化”以重新编纂民法典的方式实现，还是以修订现有民法典的方式实现，都完成了对原民法典以外的民事特别法的重新整合。这种重新整合，往往是通过搭建新的概念体系和逻辑结构，或者对原有民事特别法的概念体系和逻辑结构进行重构或者进一步提炼，以保证民法典所具有的高度体系性和逻辑性，使民法典所具有的优势得到更好彰显和利用。

2）“再法典化”的部分共性特征

从各国民法典“再法典化”的过程和结果之中，可以发现，无论采用何种进路，无论基于何种社会环境、历史背景或者法律传统，“再法典化”都至少具有以下几点共性的特征。

首先，“再法典化”本质上仍然是法典化，但是相较于法典化而言，除共同蕴含的体系化现行各种法律渊源（单行法、判例法、行政立法、习惯法等）、消除民事单行法律之间的矛盾的目标以外，“再法典化”更多包含了维持民法典核

---

152 魏磊杰：《新千年前后民法典重构的基本特点与最新趋势》，载何勤学主编：《外国法制史研究》（第 19 卷），北京：法律出版社 2016 年版，第 280 页。

153 粟瑜、王全兴：《〈意大利民法典〉劳动编及其启示》，《法学》2015 年第 10 期。

心位置的目标，而更少地包含法律统一的政治性目标和完备性理想。换言之，"再法典化"的目标是增强民法典的回应性与适应性，使其能够更好地发挥其规范和裁判作用，适应不断变化的社会生活所提出的新要求，保持其旺盛的生命力。[154]在这种目标的指引下，原来支配民法典编纂的"理性法"观念不再具有决定性，实用主义的思维得到了更多的重视。即使是对民法典高度体系化、抽象化的维护和信仰，也更多是希望保持民法典这一特质在实际运用中的优势。这主要是由于，在"解法典化"的过程中，一方面凸显出原有民法典的不足，另一方面也使人们发现法典固有的且十分重要的优势。另外，在认识到"解法典化"所包含的过渡性之后，立法者和法学学者已经意识到，法典编纂、法典解构和法典重构本身形成了闭环式的轮回，是法律体系自我生长规律的表现。因此，"解法典化"非但没有成为法典的终结，反而让法典在不断的革新和外部冲击过程中得到新生。而"再法典化"则在一定时间和环境下缓解了民法典和民事特别法之间的紧张关系，提高了民法典的包容性和开放性，使民法典能够适应社会变化，同时对单行法起到统帅和指导作用。因为只有当民法典的价值被所有民事法律法规所遵循时，才能形成法律调整的合力。[155]

其次，"再法典化"的关键因素之一，其实是如何处理法典和特别法的关系。相比较而言，"再法典化"和"法典化"虽然在本质上都属于法典的编纂，都是将各种单行法整合为一部法律的过程，但是这两者之间有显著的区别和不同。最核心的区别在于，"再法典化"的背景之一，是已经存在了一部法典，或者事实上的法律体系，而非"从零开始"。因此，"再法典化"不仅要处理现行单行法之间如何整合的问题，还要解决单行法和现行法典之间的融合问题。特别是单行法本身已经形成"自主的逻辑与有机的原则"的情况下，如何将单行法纳入民法典之中，显然比单纯的"法典编纂"要更加困难和复杂。面对这一难题，"再法典化"的指导思想已经从传统民法典的"绝对理性"开始向"相对理性"转换。[156]从具体技术上看，"再法典化"总是选择性而非一概纳入现存的所有特别法，而是将那些已经基本实现自我体系化、在体系结构上与民法典相容，且发展到较为稳定的阶段的民事特别法纳入民法典之中，并保持那些与民法典的价值、体系或内容存在不协调或者冲突，目前尚不能实现整体纳入的法律依然以民事特别法的形式存在。例如，在一般认为与民法典融合存在困难的消费者法领域，不少国家的民法典在修订过程中只纳入了有关消费合同的特别法，而

---

154 Luis Diez-Picazo & Ponce de León，"Codificación，Descodificación y Recodificación"，*in THEMIS：Revista de Derecho*，25（1993），p.16.

155 王利明：《民法典体系研究》，北京：中国人民大学出版社 2012 年版，第 291 页。

156 冯乐坤：《从绝对理性到相对理性——民法法典化的思路》，《现代法学》2003 年第 6 期。

将“政策性”色彩较重的规定依然置于民法典之外。例如，2012 年颁布的《捷克民法典》第 4 章中的“与消费者签订的合同的规定”一节，就只纳入了消费合同中的不公平条款、保护在商业场所之外签订的消费合同的消费者、保护远程签订消费合同的消费者、保护“分时消费合同”消费者利益等内容，并未将消费借贷、虚假宣传、食品标签安全等内容纳入新的民法典之中。[157]通过选择性地将民事特别法纳入民法典，实际上避免了民法典中掺杂进一些更倾向于“公法”或者“经济法”的行政管制的内容，在实现自我更新的同时，也划清了民法典与其他法律领域的关系。

最后，“再法典化”的民法典往往一定程度上改变了传统民法典的结构体系。目前，绝大多数经过二次、三次修订或重新编纂的民法典，都不再严格坚持《法国民法典》“三编制”或《德国民法典》“五编制”的体例。例如，自 1947 年以来开始的《荷兰民法典》的重新编纂过程中，最开始的立法草案就已经扩展为“九编制”，而目前已经颁布施行了其中的八个；《俄罗斯联邦民法典》分为四个部分共七编；2002 年颁布的《巴西民法典》的总则分为三编，分则分为五编，形成“八编制”的体例。这种对传统民法典体系结构的调整，主要还是为了满足纳入原先处于民法典外部的民事特别法的需要。例如，2002 年《巴西民法典》分则第二编是“企业法编”，主要内容是关于企业主、合伙和公司以及相关制度，如企业登记、企业能力、企业管理者、企业名称、账簿等。[158]虽然从具体内容上看，部分规定超出了传统民法调整的法律关系的范围，但是却一定程度上实现了对散布在《巴西商法典》和特别法中的企业法的整合与统一。由此可见，对传统民法典体系结构的突破，意味着在“再法典化”之中，已经不再严格要求民法典体系结构在逻辑上的高度完整和融洽，而更多以实用为要旨。其实，需要指出的是，所谓传统民法典的高度体系化，并非只有一种解决方案或者范本。民法典“法典化”所追求的“理性主义”和“法治统一”在很多时候存在矛盾。若想“大而全”，就很可能牺牲体系和逻辑的“优而美”。逻辑上不允许的是，不能为每一个问题提供唯一的答案，而结构安排的问题，将术语有秩序地组织起来，将一些制度进行有序的划分，这些都允许多种解决方案，通常是基于各标准所可能提供的有利或不利因素作出选择。[159]因此，当大量民事特别法出现，需要民法典在统一法律渊源、消除或协调各个特别法之间的矛盾、降低法律适用成本发挥作用时，很多时候需要在结构体系上作出有节制且可被接

---

157 Elischer D.，Frinta O.& Pauknerová M.，“Recodification of Private Law in the Czech Republic”，*in* Rivera J.（eds.），*The Scope and Structure of Civil Codes*.Dordrecht：Springer，2013，1st ed.，p.124.

158 夏秀渊：《拉丁美洲国家民法典的变迁》，北京：法律出版社 2010 年版，第 109 页。

159 〔意〕鲁多尔夫·萨科：《思考一部新民法典》，薛军译，《中外法学》2004 年第 6 期。

受的让步。这种解读，或许在一定程度上成为“再法典化”此种特征的理由。

3）“再法典化”对专利法体系结构的启示

无论是中国民法典，还是知识产权“成典”和“入编”，都是首次民法典的编纂，而非“再法典化”，但是，即便中国依然处于“前法典化时代”，作为民事特别法的《专利法》，其长远发展必然要考虑和民法典的关系问题。特别是在目前知识产权法“入典”尚未得到学界支持，《民法典草案（征求意见稿）》中不包括“知识产权编”的大趋势下，《专利法》自身体系结构问题，将成为中国民法典未来的“再法典化”中的一个重要问题。因此，从“再法典化”的角度考虑目前我国《专利法》的体系结构问题，不仅是一种对快速变化的社会环境的积极前瞻，能够从某种程度上避免因现实中出现的阶段性问题，导致立法者视野过短、过窄，进而造成本应保持相对稳定的法律体系结构的二次破坏，同时还是一种立足法律自我生长逻辑、兼顾《专利法》和民事法律体系发展、从更宏观视角考量《专利法》体系结构问题的新思路。因此，对未来“再法典化”过程中民法典与知识产权法、专利法关系的考量，对《专利法》的体系结构问题有重要意义。根据目前中国民法典的编纂情况，可以至少得出以下两点结论。

其一，前文述及，“再法典化”的关键之一，是处理好民法典和民事特别法之间的关系。民法典除了应当基于体系化的考量，选择性纳入民事特别法，并通过总则条款、原则性条款或指引性条款，与民事特别法形成有机互动以外，民法典的编纂也应对民事特别法的制定和发展起到价值层面和规范层面的引领作用。因此，民事特别法的发展显然应当与民法典的规范结构保持基本一致。

《民法总则》第 123 条[160]规定了民事主体依法享有的知识产权权利客体：该条第 2 项一并规定了发明、实用新型和外观设计三种权利客体，而非将这三种权利客体单独规定，形成了一种“权利群”。相比之下，商标和地理标志都属于商业标识，但是该条却对这两种具有相当紧密联系的知识产权予以单独规定。另外，在所有知识产权权利客体中，只有发明、实用新型和外观设计形成了“权利群”，而其他知识产权都是单独规定的。虽然该条在内部结构上的区别一定程度上受到了目前我国知识产权各部门法体系结构的影响，但是，该条作为我国知识产权法律体系与民法典衔接的关节，其内部结构显然应当统领相应部门法的体系结构。换言之，《民法总则》第 123 条的内部体系结构，实际上已经基本明确了知识产权法律体系结构，以及知识产权诸部门法的内部体系结构。因此，在未来可能发生的知识产权“入典”过程中，除非直接修改第 123 条第 2 款第 2

---

160 《民法总则》第 123 条规定：“民事主体依法享有知识产权。知识产权是权利人依法就下列客体享有的专有的权利：（一）作品；（二）发明、实用新型、外观设计；（三）商标；（四）地理标志；（五）商业秘密；（六）集成电路布图设计；（七）植物新品种；（八）法律规定的其他客体。”

项的语义结构，否则发明、实用新型和外观设计三种权利客体依然应当呈现出“权利群”的形态。而这也可能预示着，无论《专利法》有何种体系结构变动，最终依然会根据民法典的指引，采用“三合一”的体系结构，而非以单独立法模式示人。

其二，如果对比《民法总则（草案）》、《民法总则》和《民法典知识产权编（专家建议稿）》三份立法历史资料，可以发现，对于“专利权”这一概念的处理方式，正式的法律文本和立法草案存在差别。这一差别非常明确地展现出目前我国立法者对于知识产权各个权利客体在法律中的地位及其相互关系的态度和观点。已经颁布实施的《民法总则》第 123 条虽然基本框定了发明、实用新型和外观设计作为“权利群”的基本结构关系，但是并未采用“专利”的统称概念；然而，《民法总则（草案）》第 108 条则在对应位置采用了“专利”的概念，而非具体列明三种权利客体；[161]承担民法典知识产权编起草工作的郑成思教授所提出的《民法典知识产权编（专家建议稿）》中，也是采用“专利”的概念。[162]可见，立法者最开始采取了“专利权”的统称规定方式，而后进行了改变。

如何看待这种区别和改变？这种区别和改变是否意味着“专利权”概念的消解？《专利法》是否需要采取相同的方式？解决这些问题，需要分析《民法总则》在立法变化中展现出的对知识产权及其权利客体的体系构架。首先，根据《民法总则》第 123 条规定，该条第 2 款所列举的事项是“权利客体”，而非“权利”。这种区分极为关键。根据民法学通说，“权利”是指“享受特定利益的法律之力”。[163]而“权利客体”是指“在法律上得为支配的对象”。[164]依据史尚宽先生更详细的解说，“权利以有形或无形之社会利益为其内容或目的……为此内容或目的之成立所必要之一定对象，为权利之客体”[165]。因此，所谓发明、实用新型和外观设计并不是一种民事权利，而是行使权利时实际被处分的对象，也是权利产生的基础和前提。根据《民法总则条文释义》的解释，“权利人依法就发明、实用新型、外观设计享有的专有权利是专利权。专利权是指专利权人依法就发明、实用新型、外观设计所享有的专有权利”。这进一步说明，《民法

---

161 全国人民代表大会常务委员会：《民法总则（草案）》，资料来源：http://www.npc.gov.cn/zgrdw/npc/flcazqyj/2016-07/05/content_1993342.htm；更新时间：2016 年 7 月 5 日；访问时间：2018 年 10 月 11 日。

162 郑成思：《中国民法典知识产权编条文（专家建议稿）与讲解》，载柳经纬主编，《厦门大学法律评论》（第 4 辑），厦门：厦门大学出版社 2003 年版，第 7 页。

163 王泽鉴：《民法总则》，北京：北京大学出版社 2009 年版，第 94 页。

164 Köhler，AT S.296 ff.；Wolf / Neuner，AT S.279 ff. 转引自王泽鉴：《民法总则》，北京：北京大学出版社 2009 年版，第 195 页。

165 史尚宽：《民法总论》，第 221 页。转引自王泽鉴：《民法总则》，北京：北京大学出版社 2009 年版，第 29 页。

总则》认为，发明、实用新型和外观设计只是权利客体，而非权利本身。而知识产权和专利权才属于民事权利。故我国现行法律所确立的知识产权权利体系呈现出以下结构，如图3所示。

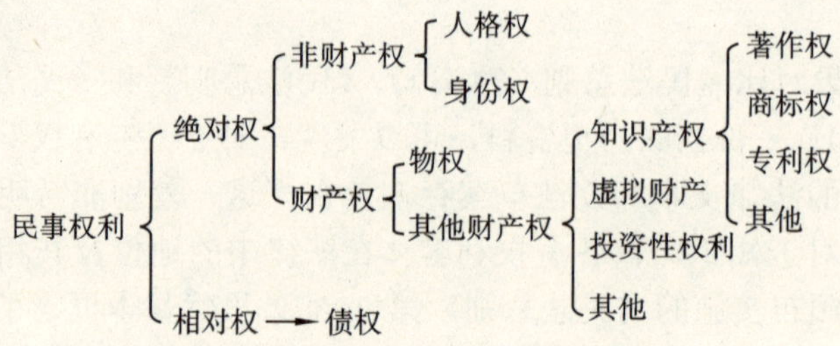

图3　我国现行法律民事权利体系结构

由上可见，发明、实用新型和外观设计三个概念，是专利权的权利客体，而不是独立的民事权利。这一结论同样将在很大程度上决定《专利法》的自身体系结构，以及《专利法》与民法典的衔接问题。权利是私法的无可争辩的核心概念。[166]而发明、实用新型和外观设计不是民事权利，缺少单独立法的根本基础。对于知识产权法律而言，无论采用何种模式，至少包含权利性质—权利得丧—权利范围—权利行使—行政管理—司法救济的基本逻辑。如果发明、实用新型和外观设计不是民事权利，也就不可能根据以上逻辑形成完整的法律文本。相反，专利权作为保护发明创造的民事权利之一，有条件按照以上逻辑形成完整的法律文本。正如德国民法学者梅迪库斯所言："在客观上，'Recht'的意义与'法律制度'（Rechtsordnung）或'法律调整'（Rechtliche Regelung）相同。"[167]如果要将《专利法》一分为三，使发明、实用新型和外观设计各自形成单独的法律，必须确立这三种独立的民事权利。然而，我国《民法总则》的规定，显然已经不允许这种模式的建立。因此，《民法总则》第123条对权利客体的列举，非但不意味着"专利权"概念的消解，反而确立了发明、实用新型和外观设计作为"专利权"的权利客体，将统一在一部法律之中，而非单独立法的基本路径。

4. 小结

目前关于《专利法》的"分"与"合"的讨论虽然热烈，但是绝大多数研究并未能站在更高的角度观察法律生长和发展的现象与规律，这是一个不小的缺失和遗憾。为了解决这一缺憾，民法"法典化"、"解法典化"和"再法典化"是一个非常生动的范例，不仅充分展现了法律自我生长的内在现象和规律，为

166 〔德〕迪特尔·梅迪库斯：《德国民法总论》，邵建东译，北京：法律出版社2013年版，第62页。

167 〔德〕迪特尔·梅迪库斯：《德国民法总论》，邵建东译，北京：法律出版社2013年版，第58页。

《专利法》体系结构问题提供了重要的参考，同时也有助于正确处理《专利法》在未来与民法典的关系。

法律的体系结构在不断生长和变化，这符合社会发展的基本规律和现实走向。“法典化—解法典化—再法典化”虽然并非描述民法体系变化的唯一理论架构，但是却有效地展现了法律在“分”与“合”之间体系结构不断整合与优化的过程。所谓“分久必合，合久必分”，法律在“分”与“合”之间凝聚着人类理性主义的光芒，同时也包含着实用主义在法律领域的不断渗透，将法律对社会关系的“回应”不断纳入成文法典之中，并在这一过程中实现更高的体系化，以符合法律科学作为一门科学的本质，以及其背后蕴含的法治理念和思想。《专利法》虽然并无民法典如此浩大的篇幅，但是其自身的体系结构同样遵循法律自我生长的规律。因此，《专利法》的“分”并非是永久的分离，而是实现《专利法》体系结构更高程度的体系化、合理化的必经阶段。而目前《专利法》在“合”当中产生的问题，也应当借鉴民法的发展历程，通过有益的“分”的过程，实现专利法律制度的内部优化。概言之，《专利法》的“分”与“合”同民法一样，是相辅相成、共存共生的，其目标都是实现科学合理的法律结构，形成开放灵活的法律规范体系，同时便捷法律的理解和运用。如果将“分”与“合”彻底对立，认为“分”是解决《专利法》体系结构问题的“根本性手段”，则显得略失片面。

“法典化—解法典化—再法典化”的进程，对《专利法》体系结构的问题提供了民法典上的新的思路。处于知识产权法之中的《专利法》，作为“解法典化”的力量，将在未来与民法典产生某种方式的关联。着眼于未来中国民法典的发展，“再法典化”不仅意味着民法典需要通过某种方式接纳包括专利权在内的知识产权，同时也意味着目前《专利法》的发展需要配合民法典规划的基本路线。从目前《民法总则》的条文规定上看，虽然明确地将发明、实用新型、外观设计作为三种权利客体，但是本质上进一步明确了专利权作为一种保护发明创造所产生的民事权利的性质。因此，《专利法》的体系结构依然应当以专利权作为核心，发明、实用新型和外观设计作为专利权的权利客体，以某种形式统一规定在《专利法》之中，以符合未来《专利法》与民法典在体系和内容上的融合。

（三）知识产权法的“法典化”

在民法典的“解法典化”现象中，知识产权法被认为是这一现象的典型代表。知识产权法的演变发展过程恰恰符合民事特别法的出现和生长现象，向着伊尔蒂所提出的“法律规范的微型体系”的方向发展。虽然各国知识产权法的体系结构不同，既有成文法典，也有单行立法，但是知识产权法的法律领域边界已经划定，形成了初步的体系。在这个初具规模的体系中，依然存在不少矛盾和不协调之处，而知识产权“法典化”的理念，就在这种背景下应运而生。与此同时，知识产权是否可以纳入民法典，以及纳入民法典的方式和技术问题，同样在民法典编纂的领域中被热烈讨论。因此，知识产权法不仅面临着自我“法典化”进程，同时也处于“法典化”和“再法典化”的范畴之内，同样处于“合”“分”交织的复杂环境之中。因此，研究知识产权法的“合”与“分”，对正处于知识产权法领域的专利法而言，同样具有参考价值。

1. 知识产权法“法典化”的背景

1）知识产权法基础理论通说的形成

从民法典的生成背景上看，民法“私法自治”的理念和民法的基本原则，是民法能够“合”而为典的第一动因。与之相同，在知识产权法领域，虽然存在不少争议，“智力成果权”学说依然被认为是知识产权法学科共同体普遍认可的理论与法则；而作为世界上最大的政府间国际组织之一，世界知识产权组织也在《建立世界知识产权组织公约》等一系列公约中采纳了智力成果权说。[168]在我国，不少资深学者指出，智力成果权说“概括了知识产权最本质的因素，是比较准确而经历过反复推敲的”[169]。因此，智力成果权说已经成为知识产权法基础理论通说。

智力成果权说的理论基础是洛克的财产权劳动学说。简言之，财产权劳动学说将劳动作为财产权正当性的源泉，知识产品同样是人们劳动的成果——尽管这种劳动更多地依靠脑力，或者说是一种智力活动。[170]将智力活动作为劳动的一种，使得知识产品能够成为一种法律保护的财产。同时，洛克的财产权劳动学说还解决了知识产权与公有领域和公共利益的冲突。在他的观念中，财产权利有以下性质：①使用公有物的正当的自由；②从公有中获得的利润或者生产的东西对他人不承担义务（施舍除外）；③连同不耗尽其他的人使用公有的能力的义务。洛克的观点很清楚地表明，一方面要保障对公有物的自由的获取，这是实现人的生存和发展需要所需的，另一方面个人的这种自由的行为必须保

168 《建立世界知识产权组织公约》第 2 条：……（viii）“知识产权”包括有关下列项目的权利：文学、艺术和科学作品，表演艺术家的表演以及唱片和广播节目，人类一切活动领域内的发明，科学发现，工业品外观设计，商标、服务标记以及商业名称和标志，制止不正当竞争，以及在工业、科学、文学或艺术领域内由于智力活动而产生的一切其他权利。资料来源：http：//www.wipo.int/wipolex/zh/treaties/text.jsp?file_id=283806；访问时间：2018 年 9 月 24 日。

169 郭寿康主编：《知识产权法》，北京：中共中央党校出版社 2002 年版，第 5 页；郑成思：《知识产权法详论》，北京：法律出版社 1998 年版，第 71 页。

170 易继明：《评财产权劳动学说》，《法学研究》2000 年第 3 期。

障他人同样的自由权利。[171]由此，知识产权的内容和边界得以初步确定，形成了知识产权法理论的基本样貌。

2）“知识产权”概念的成型

“知识产权”概念的成型也是知识产权法“法典化”的重要推动因素，标志着这一法域范围及其内容的基本确定。“知识产权”概念立足于智力成果权说，对这一权利的客体和性质作出了限定，同时与传统民法的权利客体类型相衔接，明确了其“财产权”的定位。虽然这一概念的具体定义依然存在争议，但是随着世界知识产权组织将“知识产权”作为名称的核心，并在《建立世界知识产权组织公约》第2条第（8）项作出了定义，“知识产权”的概念已经基本成型。目前，这一概念已经能够有效指代包括著作权、商标专用权、专利权等在内的诸项权利。

从历史角度上看，“知识产权”的概念经历了从小到大的归纳总结过程。结合本文第一部分关于世界专利立法历史的梳理，“知识产权”概念经历了大致以下三个阶段：第一阶段是“知识产权”各分支概念的形成，也即著作权、专利权、商业标记权等概念的陆续出现；第二阶段是对“工业产权”和“文学和艺术产权”的归纳总结，其标志是《伯尔尼公约》和《巴黎公约》的签订；而第三阶段则是将“工业产权”与“文学和艺术产权”进一步提炼为“知识产权”的概念，其标志性事件是1893年保护知识产权联合国际局的成立，以及1967年签署的《建立世界知识产权组织公约》。可以发现，这一过程与民法典对概念的步步提炼十分类似。这种类似性也说明，随着“知识产权”概念的逐步提炼，这一法律领域从较为松散的单行法状态，逐渐向着体系化的方向前进。

3）世界知识产权保护由“分”到“合”

虽然知识产权的保护具有一定的“地域性”，但是跨越国境的知识产权保护体系从现代知识产权制度发展初期就在不断地发展，并表现为一个逐步扩大的过程和趋向。[172]目前，在知识产权授权、确权、维权、权利运用、国际合作等方面，知识产权国际保护已经形成了一体化的体系。一方面，知识产权保护的基本制度得到了重新整理和统一，为世界各国所认可和接受；另一方面，“一体化”也为世界各国的知识产权法律制度带来了较强的一致性，使得中国的知识产权法律制度在较短的时间内形成了较为完整的体系。这些都成为知识产权法的“法典化”的重要基础。

最初的国际知识产权保护休系包括以《巴黎公约》为代表的工业产权国际

171 冯晓青：《知识共有物、洛克劳动学说与知识产权制度的正当性》，《金陵法律评论》2003年第1期。

172 冯晓青：《法律全球化与知识产权保护之思考》，载冯晓青主编：《全球化与知识产权保护》，北京：中国政法大学出版社2008年版，第14页。

保护体系和以《伯尔尼公约》为代表的文学艺术国际保护体系。发达国家意图通过国际公约消除知识产权保护的国际壁垒，维护自身在知识产权领域的先发优势。此后，《伯尔尼公约》所建立的伯尔尼联盟和《巴黎公约》所建立的巴黎联盟于 1893 年合并为保护知识产权联合国际局。该国际局又于 1970 年由生效的《建立世界知识产权组织公约》确立的世界知识产权组织所取代。1974 年，世界知识产权组织正式成为联合国机构，成为世界性的政府间国际组织。在此基础上，世界知识产权组织又陆续发展出了 PCT 国际专利申请机制和国际争端调解仲裁机构。从整体上看，世界知识产权组织将著作权、商业标识、专利、商业秘密等不同的知识产权类型容纳到同一个国际组织之下，建立了不同知识产权类型通用的注册申请和权利保护机制。这一过程与“法典化”的过程别无二致，是“法典化”的前奏和序曲。

在世界贸易组织的范畴之下，《与贸易有关的知识产权协议》（TRIPs 协议）是在国际贸易领域对知识产权国际保护一体化的里程碑。TRIPs 协议将世界贸易组织的基本原则（如国民待遇原则、最惠国待遇原则）与既有国际公约对知识产权保护的基本原则进行整合，并进一步完善了（如添加知识产权私权原则、透明度原则、对行政终局决定的司法审查和复审原则）知识产权国际保护体系。另外，TRIPs 协议同样也是主导世界贸易组织的发达国家维护自身在知识产权领域的先发优势的工具。在 TIRPs 协定之前形成的知识产权国际条约和组织，对发达国家高新技术的保护缺乏规定。[173]通过 WTO“一揽子”谈判的方式，主导世界贸易组织的发达国家迫使其他国家建立提供较高程度保护的知识产权法律制度。TRIPs 协定不仅加强了知识产权国际保护体系，同时还吸收了原有知识产权国际公约的主要内容，对较为分散的条约体系进行了归纳整合。因此，TRIPs 协定可以称为某种意义上的“法典化”成果，并成为各国知识产权“法典化”的范本和先例。这种以多边国际条约的形式，确定知识产权保护的国际标准的方式，可以称之为“知识产权法的全球化”。而这种全球化的突出体现和目标，就是实现各国知识产权法保护的趋同化，甚至是主张全球知识产权制度的完全统一。[174]

4）知识产权司法和行政由“分”到“合”

从“科学技术是第一生产力”的口号和理念出发，知识产权的概念和理念逐渐深入人心。特别是中国共产党第十八届全国代表大会以来，我国作出了加快知识产权强国建设的战略部署，召开了一系列重要会议，研究部署知识产权

173 曲三强主编：《现代知识产权法》，北京：北京大学出版社 2009 年版，第 596 页。

174 冯晓青：《法律全球化与知识产权保护之思考》，载冯晓青主编：《全球化与知识产权保护》，北京：中国政法大学出版社 2008 年版，第 15 页。

重大问题，出台了一系列知识产权政策措施，极大地推动了知识产权事业发展。[175]在这一过程中，知识产权司法和行政领域均体现出了一体化和集中的态势。

在知识产权司法方面，我国已经建立了专门化、一体化的知识产权审判组织，充分体现出“合”的趋向。一方面，在司法领域，知识产权得以特别突出，凸显知识产权审判内生的同质性，同时进一步明确了“知识产权”在中国司法中的概念涵摄范围；另一方面，知识产权独有的司法保护体系，推动了知识产权法律在司法适用中标准的统一，对知识产权立法产生了直接的反哺作用。例如，最高人民法院在北京知识产权法院设立知识产权案例指导研究（北京）基地，探索建立中国特色知识产权案例指导制度，完善典型案例生成、筛选、识别、使用机制，致力于建设全国知识产权案例指导理论研究中心，积极推动知识产权司法裁判理念、尺度和标准的统一。[176]这种统一化的进程，从司法层面连通了知识产权各权利客体及其对应的法律规范，形成了统一的知识产权司法体制，与知识产权法的“法典化”的方向是相同的。

在知识产权行政层面，近年来，由“分”向“合”的趋势也愈发明显。在国家层面，20 世纪 80 年代，《商标法》、《专利法》和《著作权法》分立的背景之下，我国的知识产权行政管理体制也是“分散式”的，由商标局、专利局和国家出版事业管理局构成；此后，随着地理标志、植物新品种两种知识产权新权利客体的出现和行政立法的完成，又延续“分散式”的基本模式，由商标局、农业部和海关总署分别管理；进入 21 世纪，中国加入世界贸易组织并接受 TRIPs 协议，与此同时，1998 年 3 月，第九届全国人大第一次会议批准了《国务院机构改革方案》，确立了大力压缩编制、精简机构的方针，以适应行政执法高效率的需要。在此背景下，知识产权行政管理由“分散式”开始逐渐聚合。其标志事件——专利局更名为国家知识产权局，预示着我国建立统一的知识产权行政管理体制的路径。2016 年，习近平在中央全面深化改革领导小组第三十次会议上指出，要开展知识产权综合管理改革试点，建立高效的知识产权管理体制。由此，知识产权行政管理体制进一步走向统一。[177]2018 年，国家知识产权局进行重组，正式将商标和原产地地理标志的注册登记、行政裁决和指导行政执法工作纳入国家知识产权局之中。

在地方知识产权行政管理体制近年来的变革中，“合”依然成为“主旋律”。在 2016 年底国务院发布《知识产权综合管理改革试点总体方案》，提出“建立

---

175 申长雨：《全面开启知识产权强国建设新征程》，《知识产权》2017 年第 10 期。

176 最高人民法院：《最高人民法院关于知识产权法院工作情况的报告》，资料来源：http：//www.court.gov.cn/zixun-xiangqing-58142.html；更新时间：2017 年 9 月 2 日；访问时间：2018 年 9 月 25 日。

177 何培育、涂萌：《知识产权行政管理体制变迁及其走向》，《改革》2018 年第 3 期。

高效的知识产权综合管理体制”目标以后，一些地方的知识产权行政部门为了破除体制机制障碍，率先开展改革。例如，成都郫都区在全国率先实现了专利、版权、商标的“三合一”，成为全国首个完成知识产权综合管理体制改革的行政区。广东省已经通过建立地方知识产权局的方式，实现了专利和商标管理的“二合一”，并继续向专利、商标、版权的“三合一”迈进。[178]广州市黄埔区发布了《广州市黄埔区广州开发区加强知识产权运用和保护促进办法》及其实施细则，对涉及专利、商标、版权三种权利客体“获权—维权—用权”的知识产权服务机构、交易平台和拥有、购买知识产权的企业给予奖励和补贴。[179]从目前我国地方政府开展的知识产权行政体制改革进程来看，体现出地方政府对知识产权各种权利客体一视同仁、协同发展的思想，同样体现了“合”的思路。

2.知识产权法“法典化”的现实条件和不利因素

从知识产权法“法典化”的四个背景之中，我们可以发现，虽然知识产权的概念、权利保护范围和相关制度都依然处于争论和快速变化之中，但是这一法律领域的“合”的趋势已经愈发明显。结合前节所述关于民法典制定的背景和理论基础，出于对法律理性化和体系化的追求，目前我国学界和实务界提出知识产权法“法典化”的观点和理论，也是对“合”的趋势的呼应。然而，也有不少持反对意见的学者认为，目前我国的知识产权法，无论从理论、立法、执法还是司法角度上看，都没有实现真正的体系化和理性化，甚至世界知识产权法也未能达到法典化的必备条件。分析知识产权法“法典化”中针锋相对的观点，对《专利法》的“分”与“合”，与研究民法典的“法典化”与“解法典化”一样，具有十分重要的参考价值。

1）我国知识产权法“法典化”的现实条件

前文述及，民法典的形成需要法律体系内部和外部多方面的条件。这些条件和知识产权法的“法典化”条件是共通的。

首先，知识产权法律体系已经初步形成。这一体系中，位于第一层该次的《商标法》、《专利法》和《著作权法》是基本主干，并有相对应的实施条例和司法解释予以明确；位于第二层次的《植物新品种保护条例》、《计算机软件保护条例》和《集成电路布图设计保护条例》三部行政法规是对特殊知识产权权

178 广东省知识产权局：《广州开发区打造知识产权最强保护区、最佳运用区》，资料来源：http：//www.gdd.gov.cn/hp/zscqgzdt/201804/ddab50e572154692874051a5b8b300aa.shtml；更新时间：2018 年 4 月 26 日；访问时间：2018 年 9 月 25 日。

179 广州市黄埔区人民政府：《广州市黄埔区人民政府办公室、广州开发区管委会办公室关于印发广州市黄埔区、广州开发区加强知识产权运用和保护促进办法的通知》，资料来源：http：//www.hp.gov.cn/hp/lgjjtzzn/201711/de4adb7626ec4d91bdaad22d97489718.shtml；更新时间：2017 年 11 月 1 日；访问时间：2018 年 9 月 25 日。

利客体的专门规定（这三种权利与专利和著作权均有一定联系，也存在一定区别）；此外，在第三层次，《反不正当竞争法》和《刑法》从不同部门法的维度，对知识产权各权利客体同样作出了规定；最后，商标局、专利局公布的《审查指南》，作为行政程序的依据，位于第四层次。“制定法的完备是法典化的诱引”[180]，我国基本形成的知识产权法律体系，是孕育知识产权法“法典化”的丰厚土壤。

其次，知识产权法学理论体系、概念、逻辑、话语和思想虽然存在不少争论，但是大部分基础性问题的争论不大，基本形成了通说。基于财产权劳动学说的智力成果权说依然占据知识产权法学理论的主流。在智力成果权说之下，对于智力成果和财产权的转化的合理性问题，至少有精神道德论、经济激励论、增强竞争论和利益补偿论等基本理论作支撑。[181]虽然这些具体理论依然存在争议，但是这些争议并未影响知识产权法律制度框架和体系建构。在权利体系上，商标权、著作权和专利权是传统的知识产权权利客体，而植物新品种权、集成电路布图设计权等其他权利客体也已经有行政法规的明确规定。在制度逻辑上，《专利法》、《商标法》和《著作权法》三部法律的基本结构基本围绕着“权利性质—权利得丧—权利范围—权利行使—行政管理—司法救济”的线索展开。由此可见，中国知识产权法学基本理论体系、概念、逻辑、话语和思想已经基本成型。

再次，我国在知识产权领域的立法已经掌握了一定的立法技术，同时也大量借鉴他国的立法技术。从《专利法》、《商标法》和《著作权法》所共同具备的制度逻辑来看，我国知识产权领域立法技术的使用较为稳定，知识产权不同部门法之间的体系结构在本质上差别不大。这为知识产权法的“法典化”提供了便利条件。与此同时，包括专利法制定在内的中国知识产权立法也大量借鉴了其他国家的立法经验和教训，并且在决定立法模式时，选择了符合当时中国经济社会发展状况的方向和道路。参考主张《专利法》“三法分立”的观点，事实上，包括专利制度在内的我国知识产权法律制度，即使存在具体制度的疏漏和矛盾，也并非严重的体系结构问题。这也从一定程度上说明，中国知识产权法的立法技术并不落后。

最后，我国知识产权战略的推进和实施，让我国的知识产权法治水平和各类主体的知识产权法律意识得到了显著提高。在 2008 年国务院颁布《国家知识产权战略纲要》之后，随着知识产权战略上升为国家战略，知识产权事业和创新型国家建设进程进 步加快。仅就战略纲要提出的短期目标来看，已大体实

180 曹新明：《中国知识产权法法典化研究》，北京：中国政法大学出版社 2005 年版，第 110 页。

181 曹新明：《知识产权法哲学理论反思——以重构知识产权制度为视角》，《法制与社会发展》2004 年第 6 期。

现。[182]知识产权战略的提出及其推进，改变了人们对于知识产权本质属性的认识，这是一个关键乃至伟大的成就。[183]知识产权法治水平和知识产权法律意识的提高，也为知识产权法的“法典化”做好了铺垫。

除以上四点以外，目前我国建立的知识产权专门审判司法体制和正在尝试建立的知识产权行政“三合一”的前景，也均是知识产权法“法典化”的重要基础。

2）我国知识产权法“法典化”的不利因素

虽然我国知识产权法“法典化”的条件已经部分完备，但是，反对知识产权法“法典化”的批评声也同样尖锐。同时，根据《民法典各分编（草案）》来看，“知识产权编”“入典”的观点和方案并未被采纳。这说明，知识产权法的体系化程度依然存在欠缺，还不足以使其被民法典接纳。客观分析这些情况，有助于分析知识产权法“合”与“分”的关键节点和难点。

首先，知识产权的价值体系正在不断受到挑战。虽然基于智力成果权说的“鼓励创造”价值体系在《著作权法》和《专利法》的总则中都直接体现，但也越来越多地遭受质疑。例如，知识产权法并不能保护最有价值、最重要的发明创造。很多科学发现、重大思想和原理都是宝贵的智力成果，但是却被排除在知识产权法的领域之外。这与“鼓励创造”的基本价值直接冲突。又如，在知识产权法律体系的三大“主干法”之中，《商标法》显然不是对“创造”的保护，而是对“商誉”的保护。这对于知识产权的基本价值体系而言，是明显的缺失和漏洞。再如，从知识产权制度中获益最多的主体往往不是真正的创造者，而是利用智力成果从事市场交易者。[184]从以上几点来看，知识产权的传统价值体系和理论学说虽然得到了广泛认可，但是其自身存在的突出问题，与知识产权法“法典化”所追求的高度体系化、逻辑化和价值一致性存在一定差距。

其次，知识产权法中大量的行政管理内容的异质性较强。著作权、商标、专利的行政授权确权机制有明显差别。著作权由于其自动获得保护的特性，行政管理主要涉及权利确认和权利保护领域。但是，商标和专利权则存在行政授权机制，并且基于这种以具体行政行为进行授权的机制，还衍生出了撤销、无效等制度。此外，虽然目前商标和专利的行政管理体制逐步合并，但是著作权保护的行政机构——国家版权局被纳入国家新闻出版广电总局的管理之下，实际上隶属于中共中央宣传部的管辖，这一趋向显然与商标和专利权统一于国家

---

182 田力普：《深入实施知识产权战略，有效支撑创新驱动发展——写在〈国家知识产权战略纲要〉颁布5周年之际》，《科技与法律》2013年第3期。

183 易继明：《编制和实施国家知识产权战略的时代背景——纪念〈国家知识产权战略纲要〉颁布实施5周年》，《科技与法律》2013年第4期。

184 李琛：《论知识产权法的体系化》，北京：北京大学出版社2005年版，第63页。

知识产权局的趋向相反。

再次，目前世界各国知识产权法典的体系化水平尚不发达，并未实现真正的“法典化”。以前文提及的《法国知识产权法典》为例，该部“法典”实际上只是对目前法国知识产权法律体系中的23部单行法的汇编，且各部门法在体例上保持相互独立。可见，《法国知识产权法典》虽然名义上是一部法典，但缺乏法典所必需的最起码的逻辑性和严格的体系化、系统化要求。[185]该部法典在这方面的缺陷，部分导致了这部法律在颁布的6年间先后进行了12次的修改和增补。《菲律宾知识产权法典》也不例外，该法典同样采用“法内分编”的模式，将专利法、商标法、版权法和知识产权局组织法进行简单合并。相比起我国学者起草的民法典知识产权编的专家建议稿[186]或模拟稿[187]而言，体系化程度尤为不足。而我国以《民法总则》和《民法典各分编（草案）》为代表的民事法律一直沿循潘德克顿体系，追求较高程度的体系化。如果知识产权法典的体系化程度较弱，最终也难以和民法典产生有机联系。

最后，知识产权法律制度依然处于快速变化的过程中。同时突出的“国际化”、“世界一体化”特点，使知识产权法在国际协调过程中忽视理性化。另外，知识产权制度也有一定的政策性因素，并非纯粹的“私权”，而是与公共利益有密切联系。在这种情况下，知识产权的体系还依然存有异动的空间，与法典的稳定性存在直接矛盾。

3. 知识产权法的分合之辨

根据“解法典化”的理论，知识产权法作为一部民事特别法，其所确立的“知识产权”权利范围、权利性质、权利生成、权利行使、权利丧失、侵权救济等财产权规范，以及其所特有的行政管理和公共政策内容，使其成为“解法典化”的重要代表。与此同时，随着知识产权法律制度的不断完善，自成一体的知识产权司法体制和行政管理机制逐渐形成，知识产权法不断强化部门法的特殊性，同时也在逐步走向自身的“法典化”。另外，在我国民法典编纂的过程中，知识产权法与民法典的关系也引发了相当程度的关注，在我国民事法律进一步走向体系化的过程中，知识产权法还需要寻找与民法典的有机连接方式，在体系化的民事法律规范中找到自身的位置。可见，知识产权法不仅面临着大环境下的“合”与“分”的问题，同时也面临自身的“合”与“分”的问题。

知识产权法所面临的这两方面问题，表面上是“一外一内”的问题，但根

---

185 李扬：《知识产权法基本原理》，北京：中国社会科学出版社2010年版，第139页。

186 参见郑成思：《中国民法典知识产权编条文（专家建议稿）与讲解》，载柳经纬主编：《厦门大学法律评论》（第4辑），厦门：厦门大学出版社2003年版，第1—45页。

187 参见曹新明：《中国知识产权法法典化研究》，北京：中国政法大学出版社2005年版，第309—502页。

本上是同一个问题，即知识产权法“体系化”的问题。知识产权法能否与民法典形成有机联系，为民事法律体系的“法典化”添砖加瓦，至少需要知识产权法以某种形式进入高度“体系化”的民法典之中，因此对知识产权法自身的体系化提出了要求；而知识产权法自身目前展现出的各分支领域彼此独立、各自发展、缺乏有机联系的状态，[188]同样呼吁着知识产权法自身的“体系化”。由此可见，不同的问题最终“殊途同归”，归结到知识产权法自身的“体系化”上来。

1）知识产权法的体系化是“入典”的必经之路

从民法典的层面上看，知识产权法在本次编纂中已经无法单独成编。学界的主要观点也基本认同这一方案。主要考虑的因素与前节对知识产权“法典化”的不利因素基本相同，例如：知识产权具有多元属性，既属于私权，又与公共政策和利益相联系，同时内含人格利益；[189]既是民事权利，又有特殊的权利获得、权利行使和权利消灭路径。权利的多元属性也使得知识产权法律规范具有多元属性，超越一般私法规范，兼容行政管理、司法审判甚至国际法等领域的法律规则。[190]此外，目前我国知识产权法的体系化程度不足，尚不能够涵盖知识产权领域的基本理论；[191]知识产权法律体系和具体规范尚在快速变革之中，缺乏稳定性。以上这些问题确实成为知识产权法单独成编的重大障碍。因此，目前《民法总则》采用了“链接式”的立法技术，通过第 123 条明确知识产权属于民事权利、受法律保护，并列举了知识产权的权利客体。这与部分学者的观点不谋而合。[192]知识产权法与民法典采用“链接式”立法技术虽然是目前较为理性的方案，但是这并不意味着知识产权法将永远排除在民法典之外。相反，我们有理由相信，知识产权法在未来将极有可能纳入民法典的分编之中。

首先，某项民事权利的横向位置和纵向层次，取决于该项权利概念的位阶。知识产权是不同于物权的一项独立的民事权利，与物权、债权、人格权、继承权处于同一位阶。[193]《民法总则》第五章“民事权利”第 109 条至第 125 条规定了人格权、个人信息权利、因婚姻家庭而产生的人身利益、物权、债权、合同权利、侵权责任、知识产权、继承权、投资性权利等诸多权利，构建了以权利为中心的民事法律基本体系框架。第 126 条作为兜底条款规定了民事主体享

188 何鹏：《漫谈知识产权的权利边界：缺乏目的性变形的使用权能》，《知识产权》2018 年第 6 期。

189 吴汉东：《知识产权的多元属性及研究范式》，《中国社会科学》2011 年第 5 期。

190 杜颖：《知识产权“入典”的思考》，《北方法学》2018 年第 3 期。

191 李琛：《论知识产权法的体系化》，北京：北京大学出版社 2005 年版，第 26 页。

192 提出“链接式”方案的研究参见吴汉东：《知识产权立法体例与民法典编纂》，《中国法学》2003 年第 1 期；曹新明：《中国知识产权法典化研究》，北京：中国政法大学出版社 2005 年版；杜颖：《知识产权“入典”的思考》，《北方法学》2018 年第 3 期。

193 吴汉东：《知识产权应在未来民法典中独立成编》，《知识产权》2016 年第 12 期。

有的其他法定权利。第 127 条、第 128 条则规定数据和虚拟财产以及弱势群体的权益，有法律规定的，从其规定。对比来看，第 109 条至第 125 条明确规定了民事权利的性质和客体，民法典是明确这些权利受法律保护的直接法源。其中较为成熟的民事特别法已经进入了《民法典各分编（草案）》，包括物权、合同、人格权、婚姻家庭、继承、侵权责任；而第 125 条以后的条文虽然也原则上规定了一些民事权利，但是却采用“法律有规定的，依照其规定”的方式，把这些民事权利的保护转交给民事特别法。《民法总则》对不同民事权利采用不同的规范模式，表明了不同民事权利的位阶等次。对于明确规定的民事权利（第 109 条至第 125 条），其中相应民事特别法已经成熟的，纳入本次《民法典各分编（草案）》之中；尚未成熟的，借鉴“法典化—解法典化—再法典化”的法律自我生长规律，民法典显然表达了开放的态度，待这些民事特别法逐步达到成熟以后，逐渐纳入民法典之中；而对于并未明确予以规定的民事权利，则长期处于由民事特别法予以规定和保护的状态。总之，目前我国民法典物权、债权、人格权、继承权独立成编，知识产权也应当有一独立的单元并与之并列。知识产权法虽然本次未能成为民法典的一个分编，但是最终将很有可能在民法典各分编中占有一席之地。

其次，知识产权是私权，也是一种重要的民事权利，与民法典保护私权的基本理念完全契合，不应区隔对待。传统民法典的体系结构和内容虽然与知识产权法律有不同之处，但这恰恰是民法“法典化”和“再法典化”的目标和任务，更不应回避。前文指出，知识产权法采用“链接式”模式进入民法典很可能只是暂时性、策略性的手段，是在目前条件尚不完全具备的情况下，避免过分破坏民法典体系化程度的稳妥选择。但是，借鉴民法典发展过程中出现的“凝滞效应”[194]，从长远角度上看，民事法律体系在自我生长的过程中，应当避免为了维持所谓的“体系化”而趋向于“保守化”。相反，“体系化”应当是开放而包容地纳入民事特别法的过程，是对一国民事法律制度的体系化整理，在这一进程中，早已明确为私权和重要民事权利的知识产权不应被孤立。然而，目前民法理论对知识产权的包容程度显然不足，依旧满足于在现有体系之内为知识产权找到一种解释——例如“类物权”或“无体财产权”，而很少考虑这种新的财产权类型为民法理论的抽象度提供了怎样的检验与提升的契机。[195]一方面，民法理论几乎将知识产权排除在外；另一方面，知识产权法本身也失去了与民法理论相互融合的动力。只有相向而行，积极追求民法典更高程度的体系化，提高研究的格局和维度，才能更加符合法律自我生长的基本规律。因此，虽然

194 石佳友：《民法法典化的方法论问题研究》，北京：法律出版社 2007 年版，第 221 页。

195 李琛：《论知识产权法的体系化》，北京：北京大学出版社 2005 年版，第 151 页。

目前并不具备将知识产权法纳入民法典分编的条件，但是追求知识产权法单独分编“入典”，对民法典和知识产权法而言，都是长远之计。

最后，“法典化”是社会变革和时代进步的重要标志，其所追求的“体系化”并非保守地一概排除那些尚处于变化发展过程中体系化程度尚不完备的民事法律部门。知识产权作为目前经济社会发展的重要元素，同时作为无可争议的民事权利，理应纳入我国民法典，体现民法典的时代意义。前文论及，“法典化”赖以发展的政治、经济和思想精神基础，蕴含着变革的时代意义。古罗马、法国、德国的历史已经证明，从分散的部门法到法典化的体系化进程，不仅是法律体系的革新，也是法治社会和法治文明的进步。“一部法典的思维方式，很大程度上取决于立法者所追求的目标，也取决于那个时代法律科学的发展状况以及占主导地位的思维方法。”[196]很显然，民法典的目标绝非仅仅停留于重复德国潘德克顿“五编制”的民法典体系，而是作为中国特色社会主义法律体系的核心，成为一部“不朽的民法典”。而在当下这个知识经济时代，伴随着我国加强知识产权保护、促进科学技术发展和成果转化、激发经济发展新动能的宏观环境，民法典若想“不朽”，必须要顺应时代、结合本国实践、融通现代法理。[197]故而也应将知识产权纳入民法典，绝不应当仅停留在《民法总则》第 123 条之上。

由上观之，知识产权法在未来作为独立分编进一步与民法典有机融合是大势所趋，也是法律自我生长的必然路径。同时，目前知识产权法的体系化程度不足，也确实成为当下民法典采用“链接式”模式与知识产权法初步衔接的主要原因。这两点结论说明，目前对知识产权法是否应当“独立成编”的争论已无实际意义。结合第一章对各国专利法立法模式的比较研究，以及对“再法典化”现象的分析，采取何种具体结构实际上是末端枝节问题，真正的本质问题是知识产权法本身的体系化。为了实现这一目标，知识产权法本身应当对理论和具体规范进行进一步归纳、提炼和抽象，而民法典也应当相向而行，接纳知识产权法的理论体系。而至于最后知识产权法以何种形式进入民法典、在民法典中占何种篇幅等问题，都将顺理成章地解决。相反，完全抛开体系化，空谈民法典或知识产权法的结构，实为无源之水、无本之木。因此，知识产权法自身的体系化，是实现知识产权法与民法典有机结合目标的必经之路。

2）知识产权法的现状迫使我国知识产权法走向体系化

前节详细论述了知识产权法纳入民法典的必然性和基本方向。退一万步讲，即便我国不编纂民法典，仅从知识产权法的层面上看，知识产权法的现状和问

---

196 〔德〕卡尔·拉伦茨：《德国民法通论》，王小晔等译，北京：法律出版社 2013 年版，第 32 页。

197 易继明：《民法典的不朽——兼论我国民法典制定面临的时代挑战》，《中国法学》2004 年第 5 期。

题也迫使这个部门法领域走向自身的“体系化”。正如吴汉东教授指出，完善的知识产权法律规则体系是知识产权制度完善的基本要求。而完善的法律制度不仅具有形式理性，并且具有实质理性。[198]而“体系化”恰恰就是形式理性的实现方式。因此，“体系化”的目标应当是知识产权法发展的自觉方向。

目前，我国知识产权法领域的立法、行政和法学理论研究领域主要存在以下问题和隐患。

在立法领域，虽然知识产权各领域的立法较为完备，基本建立起了与国际接轨的知识产权法律规范。但是，知识产权法内部各个部门法领域中所包含的大量行政法规、部门规章和司法解释让目前我国知识产权法律规范体系十分杂乱，实质上架空了位于法律层级的《专利法》、《商标法》和《著作权法》——这些行政法规、部门规章和司法解释对法律的具体适用进行了大量的细致规定，同时一定程度上还设置了新的司法裁判规则和行政管理规范，不仅让法律文本难以消化吸纳，同时也提高了“找法”的难度，还不断侵夺法律适用的空间。该问题在专利法律制度中尤为典型。

在行政领域，以“依法行政”为指导纲要，目前我国知识产权行政管理和行政执法领域中，位于法律层级的法律规范普遍较为粗疏，行政部门主要所依据的“法”的效力层级普遍较低、颁布主体十分复杂、数量很多，规定内容也较为局限。行政执法依然存在“运动式执法”和“集中式执法”的现象，存在时间上和空间上的执法标准不统一和不公正。[199]究其原因，一方面在于我国知识产权行政管理体制还存在较大改革和优化的空间，另一方面则在于我国知识产权法对于行政管理和行政执法方面的规定体系化程度不足。以专利法律规范为例，《专利法》并未对我国专利行政管理机构的行政权力作出明确而系统的规定，除专利审查以外，部分职权，如行政查处、行政裁决、行政调解仅有原则性规定。次一级的《专利行政执法办法》也存在问题，不仅将本属于服务性行政事实行为的行政调解归入“行政执法”领域，[200]同时也未规定针对行政执法行为的司法救济程序，还缺少专利行政执法和刑事司法的转换程序的具体规定。虽然我国知识产权行政管理和行政执法领域存在的多头管理、权力范围交叉重叠等问题一定程度上导致了不同行政部门所颁布的部门规章和规范性文件所能覆盖的范围较为局限，导致不同的发布主体让人眼花缭乱，内容重复或互有抵触，但是仅从行政管理体制机制入手，并不是解决这一持续存在的问题的最终手段。从“依法行政”的层面上看，知识产权行政管理和行政执法的部门机构、

198 吴汉东主编：《中国知识产权制度评价与立法建议》，北京：知识产权出版社 2008 年版，第 10 页。

199 李春晖：《我国知识产权行政执法体制机制建设及其改革》，《西北大学学报》2018 年第 5 期。

200 何炼红：《论中国知识产权纠纷行政调解》，《法律科学》2014 年第 1 期。

职权职责、程序手续、行政规费、司法救济等内容，都应当统一在体系化的知识产权法的行政管理部分中予以统一规定，利用知识产权法体系化所具有的系统梳理现行法律规范，消除规范之间的冲突和矛盾，明确概念和逻辑体系等功能，固定并加强知识产权行政管理体制机制改革的成果。由此管制，体系化的知识产权法将成为中国知识产权行政管理体制的点睛之笔和最高目标。

在法学理论研究领域，虽然知识产权法学在当下已经成为一门“显学”，但是有不少学者指出，作为私权范畴的知识产权，其法学研究与民法学存在严重隔离。[201]这种隔离的重要原因，是人们安于知识产权的特殊性。尹田教授认为：“至少在祖国大陆学术界，民法学者和专攻知识产权法的学者之间，基本上难以建立起真正的沟通和交流；但凡自称为民法学者的学者，通常以不研究知识产权为特征；而凡自称为知识产权法的学者，则大都不会同时认为自己是民法学者。”[202]这种现象一定程度上和知识产权法长期脱离民法典，在较短的时间内快速而又独立地生长发展有关，但这也同时再次说明，以知识产权法“入典”为目标，将有助于知识产权法自身的体系化。知识产权法与民法的隔离不仅对知识产权法的体系化带来的困境，同时也造成了知识产权法研究内部出现“过于细化”的问题。知识产权与商业、市场、贸易和科学技术的联系，让知识产权法领域的制度具有一定的独特性。而相较于法典化、体系化的理论建构所需要克服的困难和问题而言，针对特殊的具体制度的研究成果更加容易“开花结果”。知识产权法体系化目标不够明晰，部分导致了理论研究的惰性，同时也造成知识产权法内部体系化程度的进一步恶化——仅就《专利法》“三法分立”的问题研究来看，目前研究依然未能涉及专利法与知识产权法、民法典的有机互动，很大程度上限制了研究的深度广度，并在一定程度上影响了结论的合理性。

3）知识产权法体系化中的“合”与“分”

有充足的理由证明，知识产权法将走向“体系化”的必经之路。而在具体策略和方案上，借鉴民法典编纂的历史经验和教训，“体系化”的目标需要正确处理知识产权法“合”与“分”的关系，既不可一味求“合”，也不可只“分”不“合”。具体而言，大致应分为以下三个阶段。

第一阶段，应首先着力加强知识产权法领域各个部门法的内部完善和体系化。民法典编纂的曲折历程说明，“急就章”式的法律汇编并非世人所期待的民法典。不少学者指出，法律规则不完善，各个部门法体系不健全，很难具备编

201 相关研究参见李琛：《论知识产权法的体系化》，北京：北京大学出版社 2005 年版；袁秀挺：《正本清源——评〈无形财产权制度研究〉之“基本理论编”》，载易继明主编：《私法》（总第 3 卷），北京：北京大学出版社 2002 年版；袁秀挺、陶冠东：《民法典制订与知识产权审判思维整合》，《法律适用》2016 年第 12 期。

202 尹田：《论物权与知识产权的关系》，《法商研究》2002 年第 5 期。

纂民法典的基础条件。[203]法典的编纂应当是顺其自然、顺理成章的体系化过程。目前，随着我国民事法律体系的基本完善，民法各个领域的主要单行法律已经制定完毕，由此诞生的《民法总则》拥有了坚实的基础。因此，对于知识产权法的“法典化”和“体系化”而言，首先应当对各个部门法领域中的，位于不同层级的法律规范、行政法规和规章、司法解释和具体裁判规则、习惯、外国法先进规范和国际条约等法源进行统一的系统化梳理。在这个内部完善和体系化的过程中，不仅能够消除不同层级规范之间的冲突和空白，还有助于催生部门法理论体系的建构，进而推动整个知识产权法体系的建构。

第二阶段，应仿照民法典，制定总则性质的知识产权基本法。制定“知识产权基本法”的构想，来源于《国家知识产权战略纲要》的规划设计。所谓“基本法”，可以作两种理解：一种理解是类似于本研究第一节所提及，日本、韩国和新加坡所制定的，以知识产权战略和知识产权公共政策为主要内容的“基本法”；另一种理解则是类似于民法典总则编的知识产权法“总则”。前者是对国家知识产权战略的法律化，是国家战略方针政策的法律化。而后者则是私法层面的，通行于知识产权各个部门法的基本民事法律规则。借鉴我国民事立法的习惯和风格，部门法的总则中往往包含一些政策性、宣示性条款。故在我国的知识产权基本法中，一方面可以效仿日本和韩国知识产权基本法，将知识产权战略的方针政策和具体措施作为一部分，而涉及知识产权的性质、范围、效力、利用、保护以及与其他法的关系等原则性条款，则可以作为知识产权基本法的“私法”总则条款。[204]以这种结构和内容组成的知识产权法基本法，一方面符合我国民事立法的传统和特点，另一方面也通过立法途径有力地支持了国家知识产权战略的实施。[205]

第三阶段，将知识产权法领域各个部门法进行系统编纂，成为“法典化”的知识产权法。这一方面有助于解决知识产权法律规范散见于各类较低位阶的法规、规章和司法解释文件的问题，提升诸如集成电路布图设计、植物新品种等知识产权客体相对应的法规的规范层级，另一方面还有助于消除不同部门法

203 参见梁慧星：《制定民法典的设想》，《现代法学》2001 年第 2 期；易继明：《民法法典化及其限制》，载易继明主编：《私法》（总第 3 卷），北京：北京大学出版社 2002 年版。

204 吴汉东：《国际化、现代化与法典化：中国知识产权制度的发展道路》，《法商研究》2004 年第 3 期。

205 国家知识产权局对知识产权基本法的预期定位是：“研拟中的知识产权基本法应以加强知识产权保护为主线，以我国在 2035 年跻身创新型国家前列为出发点，就知识产权制度在建设现代化经济体系、构建现代产权制度、激励各类创新中所应当发挥的作用，以及我国在知识产权国际规则协调方面应当发挥的作用，作出具体、可操作的制度设计。相关具体制度既包括国家和政府的促进措施、资源配置等公共政策措施，又包括普遍适用于所有知识产权类型、有必要作出统一规定的私法规范。”参见《国家知识产权局关于政协十三届全国委员会第一次会议第 3044 号（政治法律类 313 号）提案答复的函》，北大法宝数据库，法宝引证码 CLI.4.318580，访问时间：2018 年 10 月 21 日。

之间相互重叠冲突的内容，统一法律概念，提炼知识产权法的基本原则和基本规则。在形成“法典化”的知识产权法以后，找法、用法、普法等环节的成本将会得到控制，进一步提升知识产权法的现实效益。

（四）本章小结

承袭自大陆法系的传统，中国法律制度的建构始终围绕着“体系化”和“法典化”的方向和目标。从某种意义上说，大陆法系“法典化”的传统就是一国制定法“体系化”的过程，而“体系化”的重要形式则是大陆法系的成文法典。借助民法“法典化”的发展历程，我们可以清晰地发现，在法律体系化的过程中，法律体系的统合与分解的基本规律贯穿其中，形成了法律自我生长和发展的基本模式。在社会经济高速发展的背景之下，法律体系在“法典化—解法典化—再法典化”的进程中实现了对大量新兴的、具有“回应性”的民事特别法的整合和梳理，进一步提升了自身的适应性、包容性和开放性，使民法典持续扮演着统一私法规范、巩固法律权威、便利法律适用、促进法治建设的民事法律基本法的作用。这一进程揭示，所谓“分”与“合”往往只是法律自我发展过程中的阶段性表现形式，根植于社会高速发展的不确定性和法律体系稳定性的基本矛盾中，并始终符合人类对法治社会的信仰和法律科学的追求。孤立地看待法律体系的“分”与“合”，用简单的“分”或“合”决定一部法律最终的体系结构，不符合法律自我生长的基本逻辑，将系统化的问题过分简单化，最终将不利于法律的自我完善和进步。

《专利法》作为知识产权法领域的一个重要部门法，其自身的发展路径应当根植于更加广阔的民法典和知识产权法体系化、法典化的进程之中，针对《专利法》体系结构的讨论视角也应当更加宽广和长远。从整体来看，知识产权法的体系化是其自身的必经之路，而《专利法》作为部门法，应当在整体上匹配知识产权法的发展路径，以自身的体系化为目标，构建起专利法的理论体系和制度体系。而随着知识产权法自身的体系化，知识产权制度能够更加深刻地根植于民法的体系框架之下，对民法体系和知识产权法体系的革新和发展都有重要意义。

三、《专利法》“三法分立”合理性的再考察

目前提出《专利法》“三法分立”的观点，大部分是基于我国专利制度的现实问题，进而将“三法分立”作为一种“根本性”的解决方案。这一观点所依据的理由主要有以下几点：其一，将实用新型和外观设计等创新程度低、技术

水平较弱的发明创造也称为“专利”，不仅不符合世界惯例，同时也引发人们的混淆；其二，在统计专利数据时，将实用新型和外观设计等“低质量专利”纳入专利统计之中，让数据虚高，掩盖了我国创新能力依然薄弱的现实；其三，“低质量专利”拖了“高质量专利”（往往是发明专利）的后腿，让专利的公信力和形象下降；其四，不经过实质审查即可以获得保护的实用新型和外观设计让各类科技研发主体更倾向于申请“低质专利”，丧失了进行更高层次科学技术研发的动力；其五，实用新型专利也被频繁用于发起重复诉讼，带来诉讼总量的上涨和专利滥诉的发生。由此，提高专利质量的有效途径之一，就是将目前《专利法》中的实用新型和外观设计单独立法，特别是对于本不属于“技术方案”的外观设计单独立法，以彻底解决专利法律制度内部体系不协调、专利质量下降、专利审查积压等问题。在这些观点看来，如果《专利法》不进行“三法分立”，那么就永远解决不了专利制度的诸多问题。

诚然，将专利法律体系结构进行拆分，确实是一种触及根本的方式。但与此同时，姑且不论这种解决方案是否确实有效，即便是有效的，它依然是一种“伤筋动骨”的方式，需要投入相当大的立法资源，并承担不小的制度转轨成本。因此，在现实维度之上，《专利法》“三法分立”是否真的能够有效回应目前专利制度的突出问题？——在“三法分立”以前，必须进行再考察。

（一）《专利法》“三法分立”对专利质量问题的回应能力

1. 专利质量问题的背景

纵观中外专利制度的建立背景和历史脉络，激励发明创造，促进科学、文化和经济发展，加强知识成果的转化、运用和再创新，都是专利制度最原初的美好目标。然而，与其他领域中人为设计的其他制度体系一样，专利制度逐渐显露出“双刃剑”的特质。一方面，专利制度确实保护了发明创造成果，通过协调私人利益和公共利益的平衡激励发明创造、促进社会进步；但另一方面，人们也开始自觉或不自觉地利用专利制度作为经营策略，开展市场竞争，甚至是谋取不正当利益，使专利制度偏离了原初的目标，并随之产生了许多问题。

在这些问题之中，专利质量问题是全球普遍面临的问题，无论专利制度历史的长短、科学技术水平的优劣，专利质量问题几乎在世界上的主要国家或地区都或多或少地存在着。根据经济合作与发展组织（Organisation for Economic Cooperation and Development，OECD）2011 年发布的《科学、技术与产业记分牌》（*Science，Technology and Industry Scoreboard*，STIS）报告，通过运用专利引用率、权利要求数量、专利延展期和专利数量等专利质量指标发现，在 2000—2010 年的十年中，全球主要国家的专利质量比上一个十年期（1990—2000

年）平均下降了 20%。[206]美国早在 1869 年就开始关注专利质量。当年的专利局年度报告就指出，“专利从业者对专利数量的渴望超过了它们的质量”。美国专利商标局较高的专利授权率和法院诉讼中同样较高的专利无效率，暴露出专利审查和授权过程中，大量实际上并不符合法定授权标准的专利被授权。[207]专利授权质量的下降背后是专利审查的巨大压力。一方面，欧盟、美国、日本、韩国、中国五国专利局均不断增加专利审查人员数量；另一方面，以欧盟地区为例，一份关于欧盟专利审查的研究表明，由于专利申请数量激增，导致专利审查压力持续增大，欧洲专利局审查员逐渐对其发布的专利质量失去信心。[208]

中国的专利申请量和授权量同样正在经历“爆炸式”增长。自 2011 年，中国的专利申请数量达到世界第一，专利申请量和授权数量的年增长率达到 10%以上（见表 7）。这种现象被认为是专利制度得到推广、普及和巩固的证明，同时也使不少人相信，中国的科学技术水平和创新能力得到了长足的进步。

表 7　2011—2017 年我国专利申请量、授权量增长幅度[209]

年份	申请量/件	较上年度增长率	授权量/件	较上一年度增长率
2010	1222286		814825	
2011	1633347	33.63%	960513	17.88%
2012	2050649	25.55%	1255138	30.67%
2013	2377061	15.92%	1313000	4.61%
2014	2361243	−0.67%	1302687	−0.79%
2015	2798500	18.52%	1718192	31.90%
2016	3464824	23.81%	1753763	2.07%
2017	3697845	6.73%	1836434	4.71%
	年平均增长率	14.83%	年平均增长率	10.68%

但是，不少国内外学者、专家和专利从业人士对我国“专利质量”问题和实质创新能力提出了批评和质疑。其中，来自国外学者的批评声音最为尖锐：“目

206 OECD（2011），*OECD Science，Technology and Industry Scoreboard* 2011，OECD Publishing，Paris，https://doi.org/10.1787/sti_scoreboard-2011-en.（last visited Nov.4，2018）.

207 针对美国 1989—1996 年共计 8 年的联邦法院系统（地区法院和巡回上诉法院）对专利权效力的 299 份判决的研究表明，46%的涉案专利被法院判定无效。John R.Allison & Mark A.Lemley，“Empirical Evidence on the Validity of Litigated Patents”，*in American Intellectual Property Law Association Quarterly Journal*，26（1998），pp.205—206.

208 Alison Abbott，“Pressured Staff ‘Lose Faith’ in Patent Quality”，*in Nature*，429（2004），p.493.

209 表中所列数据来源为 2010 年至 2017 年国家知识产权局历年统计年报。资料来源：http://www.cnipa.gov.cn/tjxx/；更新时间：2018 年 10 月 26 日；访问时间：2019 年 5 月 15 日。

前虽然专利数量在中国有爆炸性的增长，但专利质量并未同时得到相应的维持，中国的整体创新能力言过其实。”[210]欧洲的学者在总结欧洲的经验和教训时也提出，“从长期看，高于研发或经济增速的专利增长将引发专利质量的降低”[211]。国内学者同样并未隐晦这种爆炸性增长背后隐藏的问题，但同时呼吁理性、客观、辩证地看待专利申请数量激增的问题。[212]国家知识产权局局长申长雨指出，专利政策应当由以往更多地促进专利数量增长向主要促进专利质量提升转变。[213]这种现象说明，专利数量激增虽然在最开始加强了人们对于中国科学技术创新能力进步的信心，但对增长数字的多维度深刻反思，则让人们对专利数量与专利质量的关系、专利制度与推动科学技术进步和创新的关系等各种问题提出了质疑。

面对质疑和问题，我国目前已经在最高决策层面上确立了提升专利质量的战略目标，激励开拓性、原创性的科技创新。2015 年 12 月，国务院发布了《关于新形势下加快知识产权强国建设的若干意见》，其中提出“实施专利质量提升工程，培育一批核心专利”；2016 年，国务院进一步提出了《“十三五”国家知识产权保护和运用规划》，提出“提高专利质量效益”的目标，计划从专利申请、专利代理、专利审查等多个方面提升专利质量；2017 年，为实施这一规划，国务院知识产权战略实施工作部际联席会议办公室又发布了《〈“十三五”国家知识产权保护和运用规划〉重点任务分工方案》，其中将“专利质量提升工程”作为专项任务重点推进实施，并将具体责任分配到各个部门机关。该方案进一步细化了“提高知识产权质量效益”的具体方案，在专利制度的各个方面布局，以“高水平创造、高质量申请、高效率审查、高效益运用”为目标，推动我国专利“由多向优、由大到强”的转变。[214]以此为契机，专利审查部门正在对专利审查的机制和流程进行创新和改造，在专利审查质量方面把关；各个地区也开始转变专利政策的方向和策略，按照“授权在先、部分资助”[215]的原则，改

---

210 *See* D.Prud' homme，*Dulling the Cutting Edge：How Patent-Related Policies and Practices Hamper Innovation*，http：//www.europeanchamber.com.cn/en/publications-patent-policy-innovation-in-china-study（last visited Oct.29，2018）.针对该文的中文译文参见濮东丹：《创新迷途：中国的专利政策与实践如何阻碍了创新的脚步》，资料来源：http：//www.europeanchamber.com.cn/documents/download/start/zh/pdf/168；更新时间：2012 年 12 月 24 日；访问时间：2018 年 10 月 29 日。

211 〔法〕多米尼克·格莱克、〔德〕布鲁诺·范·波特斯伯格：《欧洲专利制度经济学——创新与竞争的知识产权政策》，张楠译，北京：知识产权出版社 2016 年版，第 192 页。

212 朱雪忠：《辨证看待中国专利的数量与质量》，《中国科学院院刊》2013 年第 4 期。

213 工康：《申长雨在专利质量工作座谈会上指出：多策并举 努力推动专利质量稳步提升》，资料来源：http：//www.sipo.gov.cn/zscqgz/1100801.htm；更新时间：2016 年 8 月 5 日；访问时间：2018 年 10 月 29 日。

214 曹新明：《提升专利质量 建设知识产权强国》，资料来源：http：//www.iprchn.com/cipnews/news_content.aspx?newsId=111788；更新时间：2018 年 10 月 29 日；访问时间：2018 年 11 月 4 日。

215 参见国家知识产权局：《关于开展专利申请相关政策专项督查的通知》（国知办发管字〔2018〕27 号）。

革专利资助政策。停止对实用新型和外观设计的资助[216]、取消各类专利申请阶段的资助，仅资助已获授权的国内发明专利和 PCT 专利，并将资助额度倾斜至 PCT 和以《巴黎公约》途径申请的国际或国外发明专利[217]。可见，目前我国专利制度的很多方面都已经将提高专利质量作为重要的目标和方向，改变专利制度和具体政策中不利于专利质量提升的因素，一定程度上有针对性地回应了质疑和批评。这种及时的战略和政策变化，是值得肯定和期待的。

2. 专利质量的多维度定义

虽然对于专利质量的研究和讨论相当热烈，围绕专利质量的制度设计和政策布局也如火如荼，但是，由于"专利质量"的定义本身具有多重含义，内涵十分复杂，虽然国内外学者对专利质量的研究并不少见，各国专利行政管理部门对专利质量的概念也各有主张，但是并未形成统一客观的专利质量评价标准。

根据世界知识产权组织专利法常设委员会（Standing Committee on the Law of Patents，SCP）第二十七届会议上发布的《关于"专利质量"一词和专利局之间检索与审查合作的问卷调查》显示，针对"专利质量"的定义，至少存在着两种理解：第一种理解是，"专利质量"一词涉及专利本身的质量，包含两方面内涵：①专利权本身的稳定性和法律确定性，以保证一项受到挑战时将最不可能被无效；②专利权所保护的技术方案本身的技术创新高度。而第二种理解是，在专利授权程序的语境下，专利质量主要基于"专利授权程序的质量"，至少包括检索和审查程序、及时性、有技能的工作人员、沟通和透明。此外，还有国家提出，所谓有质量的专利，是指专利权的保护范围在赋予专利权人充分的权利和保障公众利用公有领域技术的权利之间达到了平衡。[218]结合上节所提到的我国目前在专利领域贯彻的"提质"方针，我国的专利质量提升战略横跨专利技术的孕育、高质量专利申请、专利运用、专利权保护等多个方面，并不仅限于法律层面。由此观之，从国家和政府的视角来看，专利质量与技术质量、法律和行政管理质量，以及经济质量都有一定联系。

在学术研究领域，国内外学者对于专利质量和专利价值的实证研究从各种指标切入，试图评估专利的质量或者价值。其中，国外学者的研究背景相对更

---

216 参见广州市知识产权局：《2018 年广州市专利资助资金申报指南》。

217 参见上海市知识产权局、上海市财政局：《上海市专利资助办法》；江西省知识产权局：《关于调整江西省省级专利费资助政策的通知》；贵州省科学技术厅（贵州省知识产权局）、贵州省财政厅：《贵州省专利资助管理办法》。

218 各国关于"专利质量"定义和内涵的观点，参见 Standing Committee on the Law of Patents of WIPO，*Updated Responses to the Questionnaire on the term "Quality of Patents" and Cooperation between Patent Offices in Search and Examination（Part 1）*，available at http://www.wipo.int/edocs/mdocs/scp/en/scp_27/scp_27_4_rev.pdf（last visited Oct.29，2018）。

加深厚。值得注意的是，学界对于专利质量（Patent Quality）和专利价值（Patent Value）的概念界分并不明确。有学者的研究将这两个概念基本等同[219]；而有学者则认为此两者关系并不密切[220]；还有的学者认为二者高度相关，“价值可以被理解为质量和其他因素”，但二者仍有区别[221]。国内学者也曾尝试辨析这两个概念的区别。[222]与国外学者不同，国内学者目前的研究主要使用“专利质量”概念，而较少使用“专利价值”。对于专利质量的概念，大部分学者均基本同意，有质量的专利应至少符合法定授权标准，并有助于推动技术进步。[223]所谓“低质量专利”，是指不符合授权标准，被错误授予专利权的技术方案[224]；有学者将专利质量区分为“基于审查者的专利质量”——包括申请文件质量、专利授权率、专利审查质量，和“基于使用者的专利质量”——包括专利的法律、经济和技术质量[225]；此外，还有学者认为，专利质量应当从“专利长度”（即专利寿命、专利保护期）、“专利高度”（专利权的技术含量，符合“三性”的程度）和“专利宽度”（专利覆盖的学科领域）来进行衡量，通过组合因素综合评估专利质量[226]。专利质量评价包括对专利的价格或经济价值评价和专利技术价值评价。[227]简言之，专利价值更倾向于对专利权人、相关行业、科学技术领域或整个社会的有用性的描述，而专利质量则更倾向于减少主观价值判断，侧重于专利所涉及的技术方案能否满足法定要求、技术要求或市场要求。

针对专利质量的评价指标和影响因素的研究显示，专利质量可以至少从技术、法律、行政和经济效益等维度进行考量。[228]在技术维度上，目前的研究主要通过两方面数据评估专利申请的质量。一方面是专利文献的引证指标。一些

---

219 Francesco Schettino，Alessandro Sterlacchini & Francesco Venturini，*Inventive Productivity and Patent Quality: Evidence from Italian Inventors*（MPRA Paper No.7765，posted 18，University Library of Munich，Germany，March 2008），available at https：//mpra.ub.uni-muenchen.de/7765/1/MPRA_paper_7765.pdf.

220 R.Polk Wagner，“Understanding Patent Quality Mechanisms”，*in University of Pennsylvania Law Review*，157（2009），p.2138.

221 John R.Allison & Emerson H.Tiller，“The Business Method Patent Myth”，*in Berkeley Technology Law Journal*，18（2003），p.997.

222 丁宇峰：《专利质量的法律控制研究》，北京：法律出版社 2017 年版，第 15—17 页。

223 袁晓东、刘珍兰：《专利质量问题及其应对策略研究》，《科技管理研究》2011 年第 9 期。

224 黎运智、孟奇勋：《问题专利的产生及其控制》，《科学学研究》2009 年第 5 期。

225 朱雪忠、万小丽：《竞争力视角下的专利质量界定》，《知识产权》2009 年第 4 期。

226 刘驰、靖继鹏、于洁：《知识产权中的专利质量界定及组成要素分析》，《情报科学》2009 年第 11 期。

227 刘玉琴、汪雪锋、雷孝平：《基于文本挖掘技术的专利质量评价与实证研究》，《计算机工程与应用》2007 年第 33 期。

228 毛昊：《中国专利质量提升之路：时代挑战与制度思考》，《知识产权》2018 年第 3 期；董涛、贺慧：《中国专利质量报告——实用新型与外观设计专利制度实施情况研究》，《科技与法律》2015 年第 2 期。

相关研究揭示了统计学上的规律，例如，专利申请中引证的技术文献数量[229]、专利的前向引证率和引证延迟时间[230]都可能与专利质量水平有关联。另一方面是专利权利要求的数量和技术领域的涵盖范围。研究者发现，专利权利要求数量的多寡[231]、专利所涵盖的技术领域的覆盖面[232]、相同专利在不同国家获得申请而形成的“专利族”的大小[233]均有可能与专利质量有关联。与此同时，还有学者认为，专利所依赖的技术方案的研发成本和周期也对专利质量有关；在经济维度上，由于专利获得授权以后的维持需要投入一定成本，因此将专利权人看作理性经济人，假定寻求利润最大化的专利权人只会在预期收益超过维持费用时决定维持专利，可以推断出专利价值。[234]故专利的维持时间、维持率都被用作观察专利质量的指标。在法律和行政管理维度上，从经验研究的层面看，专利审查质量一定程度上影响了专利质量。专利审查员的素质、审查员处理专利申请的时间长短均影响着专利的法律质量；[235]而从统计学研究的结论看，有学者指出，在专利申请和审查过程中对在先技术方案的研究和检索充分程度，对专利质量有非常重要的意义。[236]最后，在法律保护的维度上，经历过大量专利无效等外在挑战的专利，意味着权利基础更加稳固，具有更高的专利价值。

综上所述，目前对于专利质量的概念及其评价标准和影响因素并没有形成

---

229 Dietmar Harhoff, Frederic M.Scherer & Katrin Vopel, “Citations, Family Size, Opposition and the Value of Patent Rights”, *in Research Policy*, 32（2003）, pp.1343—1363; Juan Alcacer & Michelle Gittelman, “Patent Citations as a Measure of Knowledge Flows: The Influence of Examiner Citations”, *in The Review of Economics and Statistics*, 88（2006）, pp.774—779.

230 Christian Fischa, Philipp Sandner & Lukas Regner, “The Value of Chinese Patents: An Empirical Investigation of Citation Lags”, *in China Economic Review*, 45（2017）, pp.22—34.

231 Jean O.Lanjouw & Mark Schankerman, “Patent Quality and Research Productivity: Measuring Innovation with Multiple Indicators”, *in The Economic Journal*, 114（2004）, p.441.

232 Joshua Lerner, “The Importance of Patent Scope: An Empirical Analysis”, *in The RAND Journal of Economics*, 25（1994）, pp.330—333.

233 Jean O.Lanjouw, Ariel Pakes & Jonathan Putnam, “How to Count Patents and Value Intellectual Property: The Uses of Patent Renewal and Application Data”, *in The Journal of Industrial Economics*, 46（1998）, pp.405—432; Dietmar Harhoff, Frederic M.Scherer & Katrin Vopel, “Citations, Family Size, Opposition and the Value of Patent Rights”, *in Research Policy*, 32（2003）, pp.1343—1363.

234 Mark Schankerman & Ariel Pakes, “Estimates of the Value of Patent Rights in European Countries During the Post—1950 Period”, *in The Economic Journal*, 96（1986）, pp.1052—1055; Jean O.Lanjouw.Ariel Pakes & Jonathan Putnam, “How to Count Patents and Value Intellectual Property: The Uses of Patent Renewal and Application Data”, *in The Journal of Industrial Economics*, 46（1998）, pp.405—432.

235 Michael Frakes & Melissa F.Wasserman, “Is the Time Allocated to Review Patent Applications Inducing Examiners to Grant Invalid Patents?: Evidence from Micro-Level Application Data”, *in Review of Economics and Statistics*, 99（2017）, p.550.

236 Bhaven N.Sampat, *Determinants of Patent Quality: An Empirical Analysis*（Columbia University working paper, 2005）, available at http: //citeseerx.ist.psu.edu/viewdoc/download?doi=10.1.1.382.8290&rep=rep1&type=pdf.

基本统一的结论。虽然专利质量问题已经得到了相当的关注，并引发了很多反思和批评，但是由于评估标准和影响因素并不确定，导致专利质量问题的解决方案依然相对模糊。当然，与此同时，专利质量的多维度定义、多元评价标准和多方面的影响因素，至少明确了一点，即专利质量问题并不是单方面原因造成的，而是一个系统性问题。综合分析目前我国专利质量问题，全面地认识法律规范、司法、行政、市场和技术领域的多方面问题，是提升我国专利质量、优化专利制度的必经之路。

3. 专利质量问题的多元诱因和解决路径

前文指出，专利质量的定义是多维度的，专利质量高低的评价指标也是多元的。在一项专利从无到有的演变过程中，大量因素影响了最终专利质量的水平。一项在法律上有质量的专利的培育，至少需要经过科研层面的技术方案创造、科研成果转化为专利申请、行政层面的专利申请审查、专利权的行使和保护等四个阶段的过程。而我国专利质量问题的多元诱因，也可以从这些角度进行简要剖析。

1）科研层面的技术方案创造

有不少研究通过统计数据指出，我国专利质量低的突出现象之一，是发明、实用新型、外观设计三种专利类型在申请和授权数量上的分布不均衡。发明专利数量占比较少，实用新型专利数量占比较多。由于发明专利在法律上经过实质审查，有效的发明专利的质量更加令人信任。根据国家知识产权局《专利统计年报 2017》，2017 年度我国三类专利的总授权量为 1836434 件，其中发明专利 420144 件，约占全部专利授权量的 22.88%，而实用新型和外观设计则分别约占 53%和 24.12%，发明专利占比最低。而具体到国内主体的专利申请，相对应的比例分别为 19%、56.2%和 24.7%，发明专利的占比进一步下降。[237]从有效专利比例来看，根据国家知识产权局规划发展司发布的《中国有效专利年度报告 2014》，国内有效专利构成结构不均衡，科技含量及创造水平较高的发明专利所占比重相对较低，仅为 17.6%，实用新型和外观设计专利分别占到国内有效专利总量的 56.2%和 26.2%。而国外在华有效专利多年来均是以发明专利为主，2014 年占到国外有效专利总量的 79.9%，外观设计专利占 15.8%，实用新型专利所占比重仅为 4.3%。[238]对比公认的科学技术和经济水平较高，且同样设有发明专利、实用新型和外观设计三种权利类型的德国和日本，可以发现，近年来，德国和

237 国家知识产权局：《专利统计年报 2017》，资料来源：http://www.cnipa.gov.cn/docs/20181019135307585336.pdf；更新时间：2018 年 9 月；访问时间：2018 年 11 月 3 日。

238 国家知识产权局：《中国有效专利年度报告 2014》，资料来源：http://www.cnipa.gov.cn/docs/pub/old/tjxx/yjcg/201512/P020151231619398115416.pdf；更新时间：2015 年 12 月 31 日；访问时间：2018 年 11 月 3 日。

日本的实用新型授权数量相较于发明专利而言都明显较少。根据 WIPO 发布的数据，日本 2016 年发明专利国内授权数为 146749 件，而实用新型授权数仅为 4756 件；[239]根据德国专利商标局发布的数据，德国 2017 年发明专利申请数为 67707 件，而实用新型仅为 9470 件。[240]对比而言，我国实用新型专利数量占据“半壁江山”，而发明专利数量偏少的状况，与科学技术水平较为先进、基础更加坚实的发达国家的情况截然不同。

我国三种专利分布的特点被认为是“失衡”的。但是，由于专利本质上是对技术方案的保护，如果一国的科学技术研究水平并不足以支撑更多“高质量”的发明专利申请，那么这种“失衡”实际上恰恰是一国科学技术研究水平与专利制度设计共同影响的结果。对于发展中国家和科学技术研究相对“后发”的国家而言，建立实用新型（或“小专利”）和外观设计制度本身就是为了适应现实。历史经验证明，对于中国这样的发展中国家和技术后发国家而言，实用新型专利制度能够为后发国家培育本土创新文化、在更高水平上从事研发活动积累了实践基础。伴随着发展中国家实用新型专利制度使用能力的提升，技术追赶国能够产生足够的学习和技术积累效应，在模仿、消化、吸收过程中发展创新能力。[241]日本学者对日本 1960—1993 年专利制度的研究也显示，实用新型对日本生产力增长的刺激作用比发明专利更重要。实用新型制度的存在使得日本国内的发明人更倾向于申请实用新型，而不是专利。[242]从实用新型的申请和授权量的数据变化趋势上看，日本、韩国等国的实用新型注册数量存在较长时间的增长时期，在这一时期，这两个国家都经历了经济的高速发展和科学技术的快速进步（见图 4、图 5）。而随后的下降趋势，与法律规范的变化、科学技术水平的提升、市场对实用新型专利的认同度降低有关。更何况，虽然激增的绝对数量令人震惊和疑惑，但从人均数量上看，2013 年中国实用新型专利申请达到创纪录的 89.2 万件，每万人接近 7 件，这一数量接近德国 20 世纪 70 年代水平，但低于 20 世纪 80 年代的日本（曾达到 17 件/万人）和 90 年代的韩国（曾达到 14 件/万人）水平。[243]因此，由于我国科学技术水平依然整体处于“追赶”发达国家的快速发展阶段，实用新型专利制度并不是专利质量的“原罪”。换言

---

239 数据来源：WIPO Intellectual Property Statistics Data Center，https：//www3.wipo.int/ipstats/pmhindex.htm?tab=madrid&lang=en。

240 数据来源：WIPO Intellectual Property Statistics Data Center，https：//www3.wipo.int/ipstats/pmhindex.htm?tab=madrid&lang=en。

241 毛昊、尹志锋、张锦：《中国创新能够摆脱“实用新型专利制度使用陷阱”吗》，《中国工业经济》2018 年第 3 期。

242 Keith E.Maskus & Christine McDaniel，“Impacts of the Japanese Patent System on Productivity Growth”，*in Japan and the World Economy*，11（1999），pp.569—572.

243 周胜生：《论知识产权强国视角下的中国专利数量》，《知识产权》2014 年第 11 期。

之，着力提升科学技术研究水平，是改变我国三种专利分布“失衡”的最根本方式。

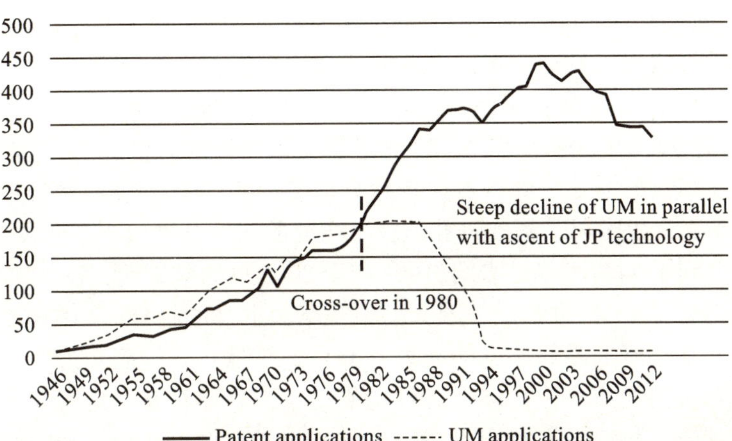

图 4　1946—2012 年日本发明专利和实用新型申请数量变化趋势[244]

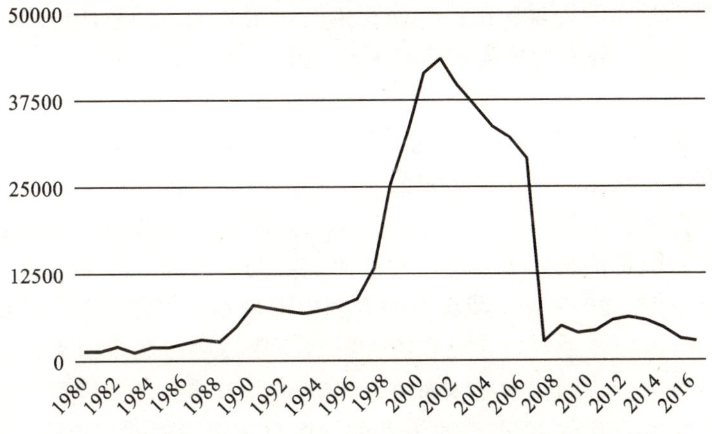

图 5　1980—2012 年韩国实用新型授权数量变化趋势[245]

提升国家科学技术研究水平，更是一个宏大的命题，至少涉及一国的政治环境、教育水平、经济和财政能力、国家战略导向等多方面因素。在这些因素当中，一国对科学技术研究的经费投入成为重要的衡量指标。在科研水平和科研投入上，我国的创新能力和科研投入虽然有很大提高，但依然存在不足之处。根据 WIPO 发布的《全球创新指数 2018》（*Global Innovation Index* 2018），中国

244 Bernd Wolter & Oliver Pfaffenzell，“A Look at the Abundance of Chinese Utility Models”，*in World Patent Information*，45（2016），p.31.

245 数据来源：WIPO Intellectual Property Statistics Data Center，https：//www3.wipo.int/ipstats/pmhindex.htm?tab=madrid&lang=en。

内地的创新指数在全球排名第 17 位，在“东南亚/大洋洲”地区落后于新加坡、日本、韩国和中国香港地区。而在创新投入次级指数上，中国内地也落后于日本、韩国、澳大利亚、新西兰和中国香港地区。从科研投入上看，根据我国《2017 年全国科技经费投入统计公报》的数据，虽然在 2017 年，我国研究与试验发展（R&D）经费投入总量超 1.76 万亿元，同比增长 12.3%，增速较上年提高 1.7 个百分点，且R&D经费投入强度（R&D经费与国民生产总值的比值）达到2.13%，再创历史新高，但是这一经费投入依然只是美国的 60%；在经费投入总量的活动类型分配上，我国用于基础研究和应用研究的比例分别仅为 5.5%、10.5%，试验研究则占到了 84%，[246]而美国于 1998 年至 2008 年的基础研究投入比例占 R&D 总经费的比例在 15%～19%之间变动，呈现略微上升的趋势。[247]中美之间的差距可见一斑。基础研究是原始创新能力的源泉。[248]虽然我国确实为科学研究提供了越来越充实的物质保障，但是这种物质投入一方面存在不均衡、不协调的问题，另一方面，科研投入和产出之间也并非一蹴而就，科技水平的巨大差距更非一朝一夕就能弥补。显然，科学技术研发水平的提升需要更大的投入力度，同时还需要长时间的积累和沉淀。而稳定的政治环境、经济环境和法律环境，将有助于科学技术研究的成果积累和未来产出。

另外，还应当看到的是目前我国三种专利分布的整体向好趋势。观察 1985 年至 2017 年我国三种专利的授权总量和国内授权总量数据，可以发现，虽然目前发明专利的授权比例偏小，但是发明专利的占比整体上处于上升态势；实用新型的数量占比虽然较高，但是整体处于下降趋势；外观设计同样经历了一段时间的增长，但目前也处于下降区间。而反观同一时间段内中国的专利申请分布，从 1985 年至 2017 年，我国发明专利申请量和实用新型申请量基本持平。发明专利获得授权需要经过实质审查，导致不少发明专利申请并未获得授权。如果进一步考虑到我国科学技术研究水平和能力的差距，虽然发明专利的比重长期不及实用新型专利，但是三种专利的比例总体依然向着均衡的方向发展（见图 6、图 7）。

---

246 国家统计局、科学技术部、财政部：《2017 年全国科技经费投入统计公报》，资料来源：http://www.stats.gov.cn/tjsj/zxfb/201810/t20181009_1626716.html；更新时间：2018 年 10 月 9 日；访问时间：2018 年 11 月 13 日。

247 刘云、安菁、陈文君、张军：《美国基础研究管理体系、经费投入与配置模式及对我国的启示》，《中国基础科学》2013 年第 3 期。

248 刘诗瑶：《基础研究是创新的供给侧》，《人民日报》2016 年 1 月 22 日，第 20 版。

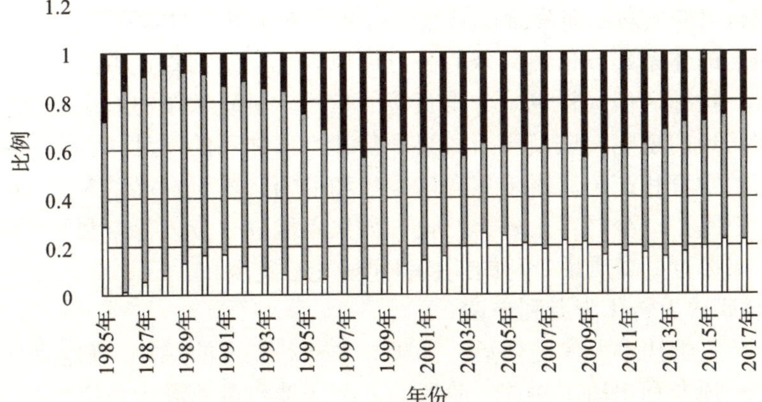

□ 求和项：发明占比 ▩ 求和项：实用新型占比 ■ 求和项：外观设计占比

图 6　1985—2017 年我国三种专利年总体授权数量占比[249]

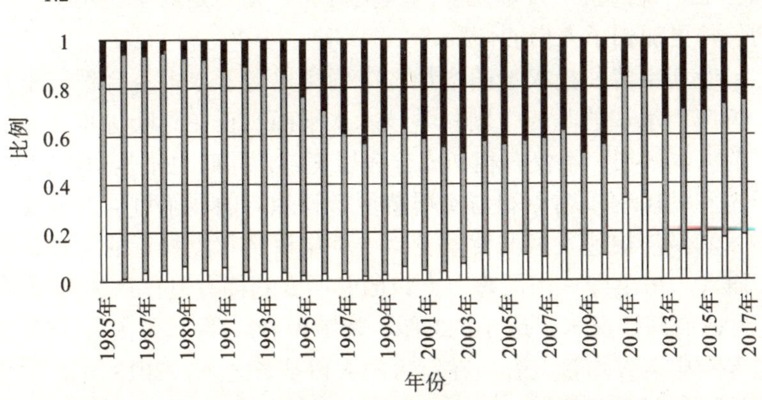

□ 求和项：发明占比 ▩ 求和项：实用新型占比 ■ 求和项：外观设计占比

图 7　1985—2017 年我国三种专利国内年授权数量占比[250]

在以上所讨论的科学技术研究和相关投入上的问题以外，还应当特别注意科研领域的体制机制弊病。这些弊病直接导致我国的科研投入与成果产出的质量和效率低下。麦肯锡全球研究院 2015 年发布的《中国创新的全球效应》报告中指出，中国政府对科研的强力扶持目前还没有显现出显著的效益，主要原因是科研创新体系的成果质量与投入的规模不成比例。国内学者对这一原因的深层次根源进行了分析，并指出了包括投入和产出的较长时间差、科研资金来源

249　国家知识产权局 1985 年至 2017 年历年《国家知识产权局统计年报》，资料来源：http://www.cnipa.gov.cn/tjxx/gjzscqjtjnb/index.htm；访问时间：2018 年 11 月 21 日。

250　国家知识产权局 1985 年至 2017 年历年《国家知识产权局统计年报》，资料来源：http://www.cnipa.gov.cn/tjxx/gjzscqjtjnb/index.htm；访问时间：2018 年 11 月 21 日。

单一高校科研院所对科研资金的管理能力差、错误扭曲的职称评定和考核标准、“产学研”的体系建设依然欠缺等多方面原因。[251]专利数量虽然并非科研成果转化的唯一指标，但同样也是非常直接的指标。科研领域的原生差距，科研资源投入和管理的缺陷，以及科研成果评价和产出体系的不足，都会直接影响高质量专利的孕育和产出。限于主题的聚焦和篇幅，本研究难以对这一问题进一步展开。但是，至少能得出一个结论：如果不能进一步改善专利孕育阶段的整体环境，那么对更高质量专利的期待将可能无法实现。

2）科研成果转化为专利申请

在一项科学技术方案诞生后，如果寻求专利制度的保护，则需要将科研成果转化为一项专利申请。在这一阶段，专利申请数量的激增和授权数量的增长引发了大量关注和质疑。虽然在过往，专利申请数量和授权数量被作为我国科学技术发展的重要依据被广泛宣传，但是现在人们已经意识到，单纯依据数量并不能充分证明我国科学技术发展的真实情况。尤其是其中实用新型专利数量的快速增长，更加剧了人们的怀疑。

诚然，专利申请和授权量的增加之中确实包含了很多不合理、不正常的影响因素，但应当承认的是，中国科学技术水平确实正在不断进步，专利申请量和授权量的大幅增加，不仅有相当成分应属正常，同时也不是中国特有的情况。前文对日本和韩国的发明专利与实用新型增长趋势的展示可以充分说明，在一国科学技术和经济快速发展的背景下，专利申请量和授权量的增加是完全正常的。具体而言，2012 年，中国每万人口的发明专利拥有量已达 3.23 件，2011 年仅为 2.4 件，而同期日本高达 105.3 件，韩国为 96.1 件，美国为 35.6 件；[252]从实用新型专利申请人均量上看，在巨大的人口基数之下，2013 年，中国实用新型专利申请达到创纪录的 89.2 万件，每万人接近 7 件，这一数量接近德国 20 世纪 70 年代水平，但低于 20 世纪 80 年代的日本（曾达到 17 件/万人）和 90 年代的韩国（曾达到 14 件/万人）水平。可见，无论是发明专利还是实用新型专利，从人均申请量和拥有量上看，都并未达到世界领先水平。随着我国在科研领域的投入持续加大、高等院校和科研院所的建设加强、企业创新能力的不断提升，可以预见的是，我国各项专利的申请和授权数还将有持续的增长。

在整体依然面临增长的态势下，应当从专利申请的源头入手，进一步考量专利申请阶段的专利质量问题的解决方案。解决目前海量专利申请中的“垃圾专利”申请，提高申请文件本身的质量，既有利于降低专利审查部门的工作压

251 郭际、吴先华、吴崇：《基于 DEA-Tobit 模型的我国高校科技投入产出绩效评价及政策启示》，《科技管理研究》2013 年第 23 期。

252 朱雪忠：《辨证看待中国专利的数量与质量》，《中国科学院院刊》2013 年第 4 期。

力，提高审查质量，也有助于引导良好的专利申请环境和风气。而不当的专利资助政策、不完善的各类与专利相关的考核指标（如高新技术开发区评估、高等院校和科研院所职称评定、高新技术企业认定、地方政府考核等）、不健全的专利代理法律法规和行业规范、专利代理行业代理费用低、专利代理从业人员数量和质量有限等问题，都严重影响了专利申请文件的质量。目前，在 2018 年全国知识产权局局长会议的要求和部署下，深入实施专利质量提升工程已经启动，各地区已经开始调整相关法规、政策和评估指标，严厉打击各类专利申请套利行为和非正常专利申请行为。前文已经指出，不少地区已就专利资助政策进行调整，重点扶持质量相对较高的发明专利，减少甚至取消对实用新型专利和外观设计专利的资助，同时强化对高质量专利维持的补助，取消申请阶段的补助。另外，针对专利代理领域存在的问题，全新修订并于 2019 年 3 月 1 日实施的《专利代理条例》也加入了对“黑代理”的惩戒，并明确了专利代理师签名责任，明确专利代理师应当对其签名办理的专利代理业务负责。[253]显然，目前专利质量提升工程的路径诠释了“解铃还须系铃人”的道理。因制度和规范漏洞和缺陷导致的专利质量问题，应当通过制度和规范的完善来解决。目前的趋势表明，以往被国内外深刻批判的专利数量“国家量化”、成为政绩考核重要指标、地方政府硬性摊派、年终突击申请等问题将从根源上得以逐步解决。通行于欧美的专利代理人执业规范、信息披露规则和职业伦理规范也有迹象将得到逐步引入和落实。[254]以上所提到的法律、法规和政策调整基本切中了问题要害，同时符合目前我国提高经济发展质量、从速度型发展向规制型发展的路径调整。[255]

此外，还有不少学者指出，中国《专利法》将发明、实用新型和外观设计三种权利客体均作为专利权客体予以合并立法的模式，客观上导致了人们为了获取“专利权”而更倾向于申请实用新型或外观设计专利，而不是发明专利，进而造成专利质量下降，实用新型和外观设计专利申请和授权量“爆炸”的情况。然而这一质疑似难成立。发明和实用新型共同保护技术方案的制度设计目的之一即在于有效分流技术进步幅度和技术水平不同的技术方案，并给予适当

253 国务院新闻办公室：《国新办举行〈专利代理条例〉修改有关情况吹风会》，资料来源：http://www.scio.gov.cn/32344/32345/37799/39242/index.htm；更新日期：2018 年 11 月 13 日，访问日期：2018 年 11 月 16 日。

254 相关研究参见丁宇峰：《专利质量的法律控制研究》，北京：法律出版社 2017 年版，第 113—136 页、第 206—212 页；袁晓东、刘珍兰：《美国专利申请人信息披露制度及其对专利质量的影响》，《情报杂志》2011 年第 6 期。

255 薛澜、陈玲：《制度惯性与政策扭曲：实践科学发展观面临的制度转轨挑战》，《中国行政管理》2010 年第 8 期。

的不同程度的保护。这两种权利客体在专利审查标准高低上的差别已由最高位阶的《专利法》第22条明确规定，较低位阶的行政法规和部门规章更有细节规定，实际上为申请人提供了最为明确的指引。事实上，对于专利申请而言，凭借技术方案获得法律所能提供的最有利的某种类型的保护，是专利申请的最佳期望。无论是个人还是企业，选择申请实用新型专利而不是发明专利，本质因素依然还是因为技术方案本身达不到申请发明专利的授权标准，而不是因为实用新型"便于授权"；而对于专利制度而言，设置发明和实用新型两种制度，其价值在于，能够实现对价值不同的技术方案进行公开，并提供不同力度的、合理对应的垄断权利保护，最大程度增进社会知识流动和公众利益。目前，在我国出现的实用新型"爆炸"、"垃圾专利"等问题，很大程度上是一些具体的、短期的甚至局部的政策和做法扭曲了这种利益平衡的关系，而不是中国的《专利法》将实用新型与发明"合并立法"所导致的。有学者指出，"尽管实用新型专利能够为一国在技术追赶阶段带来技术学习和创新累积效应，但实用新型专利不能为该国在进入高收入阶段后提供持续增长的动力，过度'膨胀'的实用新型专利已对中国经济和全要素生产率产生了统计学意义上的显著负向冲击"[256]。因此，应当率先对实用新型专利制度的具体制度进行调整，为实用新型提供符合其技术贡献的法律保护制度，取消过时的、不符合现状的政策，纠正已经扭曲的利益平衡关系。具体而言，解决目前专利质量问题的解决之道，应当是在继续维持实用新型专利制度的基础上，针对专利审查标准、权利保护期限、权利保护力度和水平等具体制度进行逐步微调，并辅以有效的政策引导，减少对实用新型专利的"制度依赖"。而贸然将《专利法》进行拆分，将实用新型专利制度"单独立法"，很可能是舍近求远、舍本逐末的。

最后，由于专利制度的最终目的是促进专利所保护的技术方案在市场中获得价值转化和运用，因此，一国的产业结构布局也影响专利发展的动向。如果一国产业支柱主要是科学研究和工程技术主导的行业，那么在行业特征的影响下，自然会在研发和生产中不断孕育出高质量的专利；而如果一国的产业结构主要以服务业、传统制造业、能源行业或农业为主，那么由于高新技术产业的不足，很难培育出高质量的专利。根据国家知识产权局《专利统计年报2017》对发明、实用新型专利授权按IPC大类的分类统计，实用新型专利授权数最多、最为集中的领域主要涉及人们的日常生活、轻工业、技术发展较为成熟的工业

256 毛昊、尹志锋、张锦：《中国创新能够摆脱"实用新型专利制度使用陷阱"吗》，《中国工业经济》2018年第3期。

领域。[257]而同期发明专利授权数超过实用新型专利的领域则基本位于《国家重点支持的高新技术领域》所划定的八大领域之内。[258]由于传统行业的研发水平较为落后、技术发展空间有限，创新程度较低的实用新型专利集中于这些领域；而在新兴的高新技术产业领域，技术发展空间更大，因此发明专利主要集中于这些领域。因此，在我国产业结构转型升级的过程中，传统行业的实用新型专利较为集中是正常现象。随着经济结构的转型升级和我国科学技术水平的不断提升，如果能够因势利导地对目前的专利政策进行有针对性的调整，实用新型数量“爆炸”的现象将自然逐渐消退。

3）行政层面的专利申请审查

专利审查是专利权授权程序中最为关键的一环。从理论上讲，如果认为有质量的专利是指符合法定可专利性要件的技术方案，那么当专利行政部门的审查员对申请专利授权的技术方案的可专利性——也即新颖性、创造性和实用性进行正确的审查和授权时，被授权的技术方案就是有质量的专利。因此，从这种角度上看，专利审查的质量显然是控制、提升专利质量的首要抓手。

所谓专利审查的质量，是指专利审查员对是否授予专利权作出符合法律规定的正确决定的能力。[259]而大量研究已经指出，因各种原因导致的专利激增，影响了专利审查的水平，使一些本不应当授予专利权的技术方案获得了专利权的保护，进而降低了专利的质量。其中的原因是显而易见的：专利审查员数量有限，而专利审查的时限又无法延长，在专利激增时，导致专利审查员对专利申请文件的形式合法性的审查，以及技术方案的可专利性的审查时间严重不足。美国和欧盟的一些研究关注了这一现象。例如，美国专利商标局的审查员在每件专利上只花费 18 小时，而在这 18 小时中，他们需要完成包括现有技术检索、与申请人谈话、撰写审查通知书解释驳回原因等工作。[260]审查时间的不足将使

257 这些领域包括：农林牧渔（A01 类）；家庭用具（A47 类）；医疗卫生（A61 类）；物理化学器械装置（B01 类）；机床和金属加工（B23 类）；输送、包装、存贮、搬运（B65 类）；工程原件部件（F16 类）；采暖、炉灶、通风（F24 类）；测量、测试（G01 类）；基本电气元件（H01 类）；电力发电、配电、变电（H02 类）等。

258 这些领域包括：无机化学（C01 类）；有机化学（C07 类）；有机高分子化合物（C08 类）；生化、遗传工程（C12 类）；冶金学、合金或有色合金（C22 类）；计算、推算计数技术（G06 类）；信息的存储（G11 类）；核物理、核工程（G21 类）；电信技术（H04 类）等。参见商务部：《国家重点支持的高新技术领域》，资料来源：http：//www.scio.gov.cn/32344/32345/32347/33665/xgzc33671/Document/1452811/1452811.htm；更新时间：2015 年 10 月 23 日；访问时间：2018 年 11 月 5 日。

259 John L.King，“Patent Examination Procedures and Patent Quality”，*in Patents in the Knowledge-Based Economy*，54，56（The National Academies Press，2003）.

260 Mark A.Lemley，“Rational Ignorance at the Patent Office”，*in Northwestern University Law Review*，95（2001），pp.1500—1501.

得审查员更倾向于授权而不是驳回，以免遭到异议。[261]欧洲也不例外，在一份对1300名审查员的调查中，超过3/4认为欧洲专利局的数量要求不允许他们“执行《欧洲专利公约》的专利质量标准”。在德国慕尼黑的欧洲专利局办公室，审查员在每件专利上花费的时间从1992年的23.8小时锐减至2001年的11.8小时。[262]虽然审查效率的提升也会导致专利审查员投入时间绝对值的减少，但是足够的时间投入意味着更加全面的现有技术检索和更加细致的申请材料审查。过短的时间显然很难允许审查员保证并进一步提升审查的质量。

除了审查时间不足以外，审查标准的高低及其针对性也在很大程度上影响着专利质量。我国实用新型专利仅经过初步审查，而非实质审查即可授权，更是其专利质量受到严重质疑的根本原因。在过往，有不少专利代理机构、专利代理人或其他文章都提到了“实用新型100%授权”的情况。至少在2013年以前，我国的实用新型专利的授权率相当之高。很低的审查标准和较高的授权率，客观上为不当利用实用新型专利制度提供了条件，部分导致了被授权的实用新型专利质量良莠不齐。面对这样的问题，貌似提高实用新型专利审查标准是一种可行的方式，但是针对具体如何提高审查标准，目前在学界的争论依然大于共识，而专利审查部门也未对审查标准进行整体的调整。目前实质上提高审查标准的是，《专利审查指南》2013年修订后，已经允许审查员针对可能涉及非正常申请的实用新型专利申请，就是否“明显不具备新颖性”进行检索。但是，是否进行实质审查、采用绝对还是相对新颖性、是否引入“明显不具备创造性”审查、是否强化对“实用性”的审查等问题，目前从《专利法实施细则》和《专利审查指南》上看，并无明显改变。很显然，作为控制专利质量的重要工具，专利审查标准是在专利申请和授权过程中对专利质量起到决定性作用的法律文件。具体的审查意见的依据依然是《专利法》的条文，但是《专利法》并未明文规定专利审查标准。专利是否符合授权标准、是否得到授权，很大程度上依赖具体的《专利审查指南》或专利审查部门内部的操作规程，同时也受到局部短期的政策或指令的影响。

那么，以上提出的专利审查时间和专利审查标准的问题，与《专利法》的体系结构是否存在必然联系？显然，此两者之间并不存在直接的联系。专利审查时间和效率问题，与专利申请的绝对量、专利审查员的熟练度和水平、专利审查的效率等因素有直接联系。在专利申请量仍将持续提高的背景下，直接提

---

261 Michael Frakes & Melissa F.Wasserman, “Is the Time Allocated to Review Patent Applications Inducing Examiners to Grant Invalid Patents?: Evidence from Micro-Level Application Data”, *in Review of Economics and Statistics*, 99（2017）, p.550.

262 Alison Abbott, “Pressured Staff ‘Lose Faith’ in Patent Quality”, *in Nature*, 429（2004）, p.493.

高专利审查效率的方式，应当从审查具体流程、审查辅助工具，以及审查员的人数、培训和组织等方面入手。无论《专利法》本身采用何种结构，并不能有效影响或改善专利审查效率的问题。对于专利审查标准的问题，《专利法》虽然明确了专利授权的基本标准，但是绝大部分具体适用均详细规定于《专利法实施细则》和《专利审查指南》。而且，针对发明、实用新型和外观设计三类权利客体，《专利审查指南》的规定与《专利法》和《专利法实施细则》的模式类似，将三类权利客体通用的规定合并规定，将特殊规则单独规定，审查规则本身清晰划分了三类专利客体，并未产生任何混淆。况且，基于不同的审查标准，专利审查部门也依据权利客体的不同，按照发明、实用新型和外观设计建立不同的审查部门，相互之间并无冲突。因此，即使《专利法》将实用新型或者外观设计单独立法，改变的也仅仅是法律文本的结构，而不会影响到具体审查标准，更不会直接影响到专利审查的质量。因此，可以预见的是，即使将《专利法》"三法分立"，也很难直接对专利审查质量的提高产生实质性影响。

4）专利权的行使和保护

专利质量和专利价值之间的关系十分密切。而专利权的有效行使和强弱得当的保护机制，不仅与专利质量息息相关，同时也是专利价值的彰显和证明。质量低下的"垃圾专利"，即使通过公开换取专利权的垄断保护，也不能为社会公众减少信息搜寻成本，增加知识积累的基础，更不可能在具体应用中为社会经济作出符合其享有的垄断保护利益的贡献。相反，如果这种"垃圾专利"也能得到司法或者行政层面的妥善保护，那么因质量低下的专利所导致的负面效应将会严重叠加。简言之，低质专利的大量存在非但不能实现专利制度对增进社会福祉的初衷，而且还会让专利制度成为破坏社会公益、攫取私人利益的工具和根源。

专利权的行使是实现专利权自身价值的主要方式。行使的主要途径包括实际应用、授权许可、诉讼维权三个方面。但是，从专利保护的最终目的上看，通过专利权的行使，人们期待专利权所保护的技术方案能产生积极的社会效应，增加社会福祉。因此，如果申请或者获得专利的目的在于利用法律对权利的保护机制攫取非正当的利益，同时让社会或者其他个体承担其成本——例如恶意诉讼、敲诈等行为，那么显然应当调整专利权的权利保护机制，来抑制这种不当利用专利制度的行为。这种现象的典型例证是"专利蟑螂"（Patent Troll）。所谓"专利蟑螂"，其实是指一些本身并不实施专利技术，也不制造专利产品或者提供专利服务，而是从其他公司、研发机构或个人发明者手中购买专利的所有权或使用权，然后专门通过专利诉讼或利用专利诉讼相要挟，从而赚取巨额利润的专利维权主体。[263]仅以专利诉讼为例，根据奥巴马执政时期的美国总统行政办公室所发布的《专利主张与美国创新》报告所发布的数据，2011 年，“专利蟑螂”从侵权诉讼的被告和被许可人处共获得 290 亿美元，比 2005 年增长了 4 倍。而这些费用中，仅有不到 25%投入到创新中。[264]美国学者也指出，美国专利诉讼的永久禁令容易获得，导致“专利蟑螂”在议价中进一步取得了优势。再加之被控侵权人参与诉讼的难度和成本较高，使得这类主体更容易在诉讼面前“屈服”，即便面对实际上可能无效的专利，也倾向于缴纳和解费用“息事宁人”。[265]这凸显出“专利蟑螂”对社会公共利益的蚕食和损害程度。更令人担忧的是，一方面，缺乏实际应用、闲置且分散的专利更容易成为“专利蟑螂”的牟利工具，而这类专利的质量往往不高；另一方面，“专利蟑螂”数量和规模的逐渐扩大，还会反向刺激低质量专利的进一步激增，形成一条“黑产业链”。因此，对“专利蟑螂”的控制不仅有利于专利制度正确价值取向的回归与矫正，同时还将部分抑制低质量专利的产生。

目前，美国对“专利蟑螂”进行控制的制度经验最为丰富。奥巴马执政时期专门针对“专利蟑螂”发布了五条行政命令和七个立法建议。这些行政命令和建议的立足点是“专利蟑螂”的所谓“商业模式”，而具有针对性的措施的目的在于破除“专利蟑螂”赖以生存的基础，提高“专利蟑螂”开展恶意诉讼和敲诈的成本和不利后果。其中，五条行政命令包括“利益主体披露”、“限缩功能性权利要求”、“保护下游使用者”、“扩大专业宣传和研究”、“加强 337 条款的执行程序”。这些行政命令可以总结为两个方面，即一方面让“专利蟑螂”无法用隐身方式保护自己，并让社会公众加强了解和预防，另一方面则努力限缩“专利蟑螂”的议价基础。在美国，由于抑制“专利蟑螂”属于限制权利人行使法定的专利权，这种措施在美国政治环境和法律传统下，仅依靠行政命令显然难以根治立法和司法层面上对“专利蟑螂”滋生所起到的“推波助澜”的作用。与此同时，“专利蟑螂”本身究竟如何定义和识别也非常难以把握，通过专门针对“专利蟑螂”的法律的可操作性也存在先天不足。所以，正如美国国会下辖的政府考评局（Government Accountability Office，GAO）于 2013 年所发布的《评估影响专利侵权诉讼因素可帮助改善专利质量》的报告中所指出的那样，解决“专利蟑螂”的根本方式，还是应当通过提高专利审查程序和专利质量来

---

263 易继明：《遏制专利蟑螂——评美国专利新政及其对中国的启示》，《法律科学》2014 年第 2 期。

264 *See* Executive Office of the President，*Patent Assertion and U.S.Innovation*，https：//obamawhitehouse.archives.gov/sites/default/files/docs/patent_report.pdf（last visited Jan.3，2019）.

265 Mark A.Lemley & Carl Shapiro，“Patent Holdup and Royalty Stacking”，*in Texas Law Review*，85（2007），p.2050.

实现。[266]2016 年，美国国会最终通过了《创新法案》(*Innovation Act*)。该法案作为奥巴马执政时期的行政命令和立法建议的延续，重点在诉讼程序方面进行改革，遏制“专利蟑螂”。该法案建立了包括“原告必须提供额外的必要诉讼细节”、“提高专利权属的透明性”、“原告如果败诉应承担诉讼费用”、“终端用户诉讼例外”和“商业方法专利诉讼例外”等专利诉讼特别制度。[267]

在我国的环境和语境下，“专利蟑螂”虽然并未达到大洋彼岸那样“大行其道”的地步，但一些已经发生的案例已经引发了关注和担忧。易继明教授曾系统总结了美国针对“专利蟑螂”出台的法律和政策，并为我国提出了控制“专利蟑螂”的六项措施。[268]其中，提高专利审查质量、跟踪专利实施情况和限定专利诉讼主体资格与美国的做法有异曲同工之妙，分别从源头、过程预防和权利行使限制三个方面控制“专利蟑螂”的活动空间。而建立知识产权危机预警机制、健全专利服务体系和加强知识产权领域反垄断规制三项举措建议，较之美国的行政举措更为切中要害。特别是建立危机预警机制和加强反垄断规制两项举措，能够充分利用我国专利制度中更为强大、统一、高效的行政手段，弥补立法的滞后性和司法的个案局限。这再次凸显，“专利蟑螂”问题是一个综合性问题。要想有效控制或者防范“专利蟑螂”不当利用专利制度，既要从专利质量上入手，减少“专利蟑螂”的攻击“武器”；又要从专利权的运用和行使角度出发，采用积极引导的方式，设立专业的专利运营机构，降低专利制度的社会运行成本，促进专利权利的正常流转和运用，缩小“专利蟑螂”的生存空间；还要努力保持专利权利和社会公益的平衡，灵活运用现有法律，积极出台相关政策、法规和司法解释，在提高侵权成本、丰富索赔手段和路径（如引入知识产权侵权“惩罚性赔偿”制度）的大背景下，对不同类型、不同质量专利的保护应更有针对性，注重社会公益的保护，并为被控侵权人提供对等的防御便利，避免权利保护的“天平”过分倾斜。另外，还可以借鉴强制许可、当然许可和开放许可[269]等方式，将一些与社会公共利益紧密相关的重要专利，和质量相对较低的实用新型或外观设计专利所享有的较大垄断权利予以削弱，控制权利滥

---

266 *See* GAO，*Assessing Factors That Affect Patent Infringement Litigation Could Help Improve Patent Quality*，https://www.gao.gov/products/GAO-13-465（last visited Nov.20，2018）.

267 针对美国《创新法案》的详细分析，参见易继明：《美国〈创新法案〉》，资料来源：http://www.sipo.gov.cn/gwyzscqzlssgzbjlxkybgs/zlyj_zlbgs/1062563.htm；更新时间：2015 年 5 月 25 日；访问时间：2018 年 11 月 20 日。

268 易继明：《遏制专利蟑螂——评美国专利新政及其对中国的启示》，《法律科学》2014 年第 2 期。

269 专利“开放许可”是《专利法（修正案草案）》第 50 至 52 条拟新创设的制度。其中，第 51 条规定：“任何单位或者个人有意愿实施开放许可的专利的，以书面方式通知专利权人，并依照公告的许可使用费支付方式、标准支付许可使用费后，即获得专利实施许可。开放许可期间，专利权人不得就该专利给予独占或者排他许可。”

用的渠道，从结果预期上遏制“专利蟑螂”对低质专利的不当利用与操纵。

可以发现，“专利蟑螂”往往是利用程序性权利为主进行诉讼，或者以诉讼相要挟。[270]但从根源上看，低质专利的产生与专利泛滥的温床，可以归结于专利制度的一项“先天”不足——“语言的属性使得我们不可能掌握专利在实际应用中的本质”，[271]作为一种“无形财产权”，其可被认知和保存的权利载体，是一种用语言描述的、边界并不明晰的专利申请文件。同时，语言对含义的人为操控同样会影响专利权所涵盖的范围，也因此导致专利权利解释在专利审查和诉讼中的核心地位。在专利权产生的过程中，专利申请文献的撰写者显然会尽力扩大自己的权利声索范围，而专利审查过程中，仅凭借检索现有技术、阅读权利说明书、要求书、附图和实施例等实质审查方式，也难以对专利的真正范围予以明确或澄清。在这种情况下，专利权的保护范围往往比其实质的技术贡献范围大，使得保护的力度和范围与权利本身的质量或价值并不相符。在我国的制度背景下，三种专利权利客体都可能存在这一问题，但未经实质审查且技术贡献度较小的实用新型和外观设计专利显然是这一问题突出存在的“重灾区”。以受到批判最多的实用新型专利为例，在一个较小的领域内，可能存在大量实用新型专利。这些实用新型专利的保护范围比其技术方案的实质范围要大，进而更容易产生相互重叠。这种现象被称为“专利丛林”。[272]“专利丛林”的存在将致使专利许可谈判人数增多，增加交易成本，并最终导致技术市场的失灵和低效率。这一现象也可以用经济学理论中的“反公地悲剧”来解释。[273]

虽然相较于“专利蟑螂”所内涵的权利滥用特质，“专利丛林”只是一种客观现象的描述，但是从本质上看，“专利丛林”与专利质量问题同样息息相关。如果在某一领域的多个技术方案相互之间的创造性程度很低，该技术领域的专利密集度就将提升。加之专利权文件本身对专利技术方案自觉或不自觉的“扩大”，则密集度将进一步上升。特别是对实用新型或外观设计等质量相对较低、无需实质审查的专利而言，这种密集效应将会更加明显（见图 8）。由此看来，针对专利权利本身，提高创造性标准，降低某一领域的专利密集度，并运用多

270　关于知识产权权利滥用的“程序性权利”路径，参见易继明：《禁止权利滥用原则在知识产权领域中的适用》，《中国法学》2013 年第 4 期。

271　Festo Corp.v.Shoketsu Kinzoku Kogyo Kabushiki Co.，535 U.S.722，122 S.Ct.1831，152 L.Ed.2d 944，2002 U.S.LEXIS 3818，62 U.S.P.Q.2D（BNA）1705，70 U.S.L.W.4458，2002 Cal.Daily Op.Service 4539，2002 Daily Journal DAR 5803，15 Fla.L.Weekly Fed.S 320.原文如下：“Unfortunately，the nature of language makes it impossible to capture the essence of a thing in a patent application.”。

272　Carl Shapiro，“Navigating the Patent Thicket：Cross Licenses，Patent Pools，and Standard Setting”，*in Innovation Policy and the Economy*，1（2000），p.150.

273　Michael A.Heller，“The Tragedy of the Anticommons：Property in the Transition from Marx to Markets”，*in Harvard Law Review*，111（1998），p.688.

种方式，在多个阶段有效审查专利技术方案的可授权性，是直接解决“专利丛林”问题的有效方式；而针对“专利丛林”所导致的“反公地悲剧”问题，则应从降低许可谈判的高额成本入手，消除低质专利在运用和保护中高于其对社会实际贡献度的外部性，其基本逻辑与抑制“专利蟑螂”的策略在本质上是完全一致的。

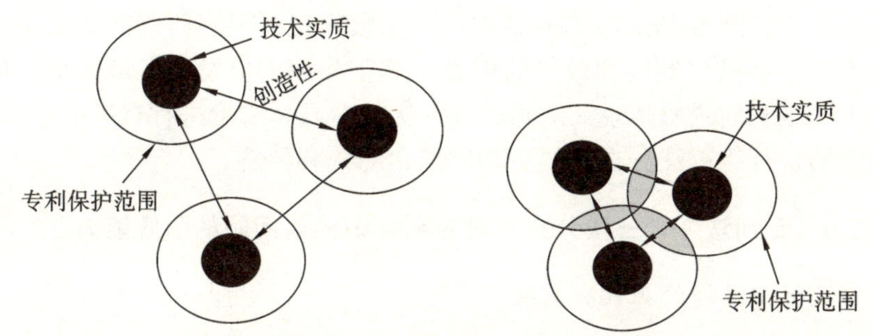

图 8　低质专利更容易形成“专利丛林”

《专利法》的“三法分立”是否有助于解决专利权运用和保护过程中，因低质专利导致的“专利丛林”和“专利蟑螂”问题？诚然，“三法分立”有助于将质量较高的发明和质量较低的实用新型、外观设计剥离开，突出高质量专利和低质量专利之间的区别，也可以在单独的实用新型和外观设计法规范中设置新的、与发明专利不同的权利运用和保护规则——可以说，“三法分立”与改善专利质量、实现利益平衡、降低社会成本的整体方向并不是背道而驰的。然而，以上所提到的所有解决方案和设想，都属于具体的法律制度或政策设计。例如，提高创造性标准，其关键在于调整专利审查的具体标准，而《专利法》的基本条文无需进行调整；相比较而言，“三法分立”仅能实现更加清晰地划分这三种发明创造的作用，却很难为具体的法律规范或政策调整提供体系结构上的支持。更何况，专利质量问题本身并非纯粹的立法、司法或者行政问题，而是覆盖官、产、学、研、法等多个领域的系统问题，需要从多个领域入手，形成法律与政策的协同效应。由此来看，《专利法》的“三法分立”如果先于具体制度的创设和改变，不仅在时间上可能滞后，同时体系结构的彻底重整也会影响新的法律或政策的衔接、理解和实行效果。考虑到目前我国专利法律制度依然处于快速发展、不断调整的阶段，在过程中贸然进行法律体系的彻底分解，不仅不能产生最为积极有效的作用，反而还可能产生更大的负面效应，不利于专利质量等突出矛盾和问题的逐步解决。

4. 小结

专利质量问题不仅是我国特有的问题，同时也是世界性的难题。而通过以上分析，可以认识到，专利质量问题不仅有普遍的、源于专利制度本身的“先天性”问题，也有依国情不同而产生的“后天性”的个性化问题。本研究第一章已经阐释，不同国家《专利法》的立法模式的优劣各有千秋，没有绝对优越的体系结构。而本节对专利质量的定义的探析，以及对专利质量问题的诱因及解决路径的分析则进一步证明，解决专利质量问题，与其说从所谓的“宏观”或“根本”上改变专利法的体系结构，不如紧紧把握现实问题的实质，借鉴国外经验教训，从具体制度和政策的创设、修正和调整出发，多策并举，形成真正意义上的专利问题整体观。两相比较，优先对具体制度进行有针对性的调整，显然比贸然进行“三法分立”要更加精准、明确和经济。

（二）《专利法》“三法分立”对专利标识混淆问题的回应能力

1. 专利标识混淆的担忧和质疑

为一项发明创造授予“专利”，不仅意味着该项发明创造在技术领域具有一定的价值，同时还将对依托于该项发明创造所孵化的具体产品在市场上的价值和营销产生一定影响。因此，在产品及其包装、说明、广告宣传上注明该产品使用了享有专利权的技术方案或外观设计，可能会使消费者认为该产品依托于先进的技术得以研发、生产，具有更好的使用效益或性能，从而起到增加产品知名度、提高产品生产经营者的商誉的效果。事实上，在商品的包装、广告、宣传中突出宣传“专利产品”、“专利配方”、“专利技术”等字眼，借以获得市场竞争优势和宣传效应，对广大公众而言早已不是新鲜事物。

不过，由于我国《专利法》规定了三种“专利”。其中，发明专利因其较高的审查标准，被认为具有更高的技术水平和更稳定的权利基础。而相比之下，实用新型和外观设计因其无需实质审查、数量较多、专利质量相对较低，因此被认为技术含量较低，权利基础不够稳固。特别是外观设计专利，由于其保护的是一种外观的视觉效果，而不是一种技术方案，其技术含量更难以得到认可。因此，当专利标识被运用到具体产品上时，宽泛笼统地标注“专利产品”或类似字样，从逻辑上看，确实可能导致消费者对产品的先进性、技术含量或产品质量产生误认。

我国相关法律法规（特别是《专利标识标记办法》）对“专利标识”的概念并未作出明确定义。从现实中来看，所谓“专利标识”，是指标注在产品、产品包装或产品说明书等载体上，包含“专利”字样，意图指明相关产品使用或包含受专利权保护的发明创造的文字或其他类型的标识。值得注意的是，《专利标识标记办法》第 5 条明确规定了专利标识标注的规范[274]，但是，现实中不规范标注的情况依然大量存在。因此，有人认为，《专利法》“三合一”的体系结构是这一问题的根源。如果将《专利法》“三法分立”，仅称发明为“专利”，实用新型和外观设计都不再是“专利”，则可以避免消费者对“专利”一词背后可能衍生的“高科技”、“先进”等含义造成混淆误认。

这种观点在逻辑上可能是成立的。但是，将《专利法》一分为三，把实用新型和外观设计从《专利法》中剔除出去，是否真的是解决专利标识混淆的最佳办法？是否有必要采用如此高成本的方式，采取类似方式是否确实有效，都值得极为慎重地斟酌。另外，更重要的是，“专利标识混淆”是否真的存在，其严重程度是否达到了必须把《专利法》一分为三的地步，现有研究中尚未有实证研究予以说明。因此，应当首先了解消费者究竟是否会被“专利标识”混淆、误导，再进一步讨论解决措施的合理性。

2. 专利标识混淆的实证研究

为厘清这一基本事实问题，本研究利用网络问卷方式，对各个年龄段、拥有各层次学历的不特定个人，针对《专利法》及其规定的三类专利概念和区别的认知情况，以及含有专利标识的产品在消费中产生的导向和混淆效果进行了问卷调查。

该问卷调查为抽样调查，问卷内容共计 11 题。至 2019 年 2 月 16 日止，共发放 610 份网络问卷，最终收集到 563 份完整、有效的答卷，回答有效率为 92.3%。（调查问卷全文详见附录：《关于专利标识在消费中的引导和混淆情况的问卷调查》。）

1）受访者基本情况

在共计 563 份有效问卷中，受访者的基本情况如表 8 至表 11 所示。

表 8　受访者的年龄结构

年龄组	人数	占总人数比例
18 岁以下（不含 18 岁）	3	0.53%
18—25 岁	134	23.8%
26—30 岁	110	19.54%

274　《专利标识标记办法》第 5 条规定：

标注专利标识的，应当标明下述内容：

（一）采用中文标明专利权的类别，例如中国发明专利、中国实用新型专利、中国外观设计专利；

（二）国家知识产权局授予专利权的专利号。

除上述内容之外，可以附加其他文字、图形标记，但附加的文字、图形标记及其标注方式不得误导公众。

续表

年龄组	人数	占总人数比例
31—40岁	176	31.26%
41—50岁	96	17.05%
51—60岁	35	6.22%
60岁以上（不含60岁）	9	1.6%

表9　受访者的学历情况

学历层次	人数	占总人数比例
初中以下	3	0.53%
初中	8	1.42%
高中	24	4.26%
大学专科	83	14.74%
大学本科	316	56.13%
硕士研究生	101	17.94%
博士研究生	28	4.97%
未接受过任何学历教育	0	0%

表10　受访者受法律教育的情况

学历层次	人数	占总人数比例
本科及以上法学相关专业教育	105	18.65%
本科及以上基础法律教育（非法学相关专业）	236	41.92%
高中基础法律教育	108	19.18%
义务教育阶段基础法律教育	49	8.7%
职业非学历法律教育（含各类职业培训、业务培训、研修班等）	42	7.46%
未接受过任何法律教育	23	4.09%

表11　受访者是否从事法律、知识产权、专利领域工作、学习

	人数	占总人数比例
是	160	28.42%
否	403	71.58%

总体来看，主要受访者的年龄分布相对较为平均，其中绝大部分受访者集中在18—60岁的年龄区间。其中，31—40岁年龄区间段人数最多，代表了中国社会最具活力、最有消费潜能的年龄群体；受访者普遍具有较好的教育背景，大部分受访者至少接受过高中以上学历相应的法律教育。超过70%的受访者并非法律、知识产权或专利领域的专业人士，代表了非法律专业的普通大众的观点和认知。

2）问卷调查结果分析

首先，从受访者对《专利法》规定的三类专利的认知情况来看（见表12），在全体563名受访者中，有33.21%的受访者（187人）不知道《专利法》规定了发明、实用新型、外观设计三类专利，而仅有51.87%的受访者（292人）明确知道。其中，在非法律、知识产权或专利领域专业从业人士的403名受访者中，仅39.21%的非专业人士（158人）知道《专利法》规定了三类专利，而41.44%的非专业人士（167人）并不知道，还有19.35%的非专业人士（78人）选择"不好说"。在316名拥有大学本科学历或在读的受访者中，同样有31.96%的受访者（101人）不了解《专利法》规定了三类专利。可见，对于受访者群体，特别是其中的非专业人士而言，仍有相当一部分人群不了解《专利法》最为基础的知识。鉴于整个受访者群体拥有较好的教育背景，调查结果更加凸显出在公民教育体系之中，《专利法》普法教育的力度和成效依然不足。

表12 受访者是否知道我国《专利法》规定了三类"专利"

	人数	占总人数比例
是	292	51.87%
否	187	33.21%
不好说	84	14.92%

其次，调查问卷通过实物照片演示的方式，调查受访者对包含专利标识的产品及其广告宣传的认知情况。调查问卷为受访者展示了以下两张实际拍摄的、未明确注明专利类型的"专利标识"（见图9），并询问受访者遇到带有"专利"等字样的产品或宣传时的购买意愿。

如图10所示，从该项的整体情况来看，选择"会因此增加意愿"的受访者最多，共计266人，占受访者整体的47.25%。选择"不会产生任何倾向"的受访者数量次之，共计218人，占受访者整体的38.72%。此外，还有较少的受访者分别选择了"反而绝对不会购买"（5人，0.89%）、"会因此降低意愿"（33人，5.86%）和"一定会优先购买"（41人，7.28%）。

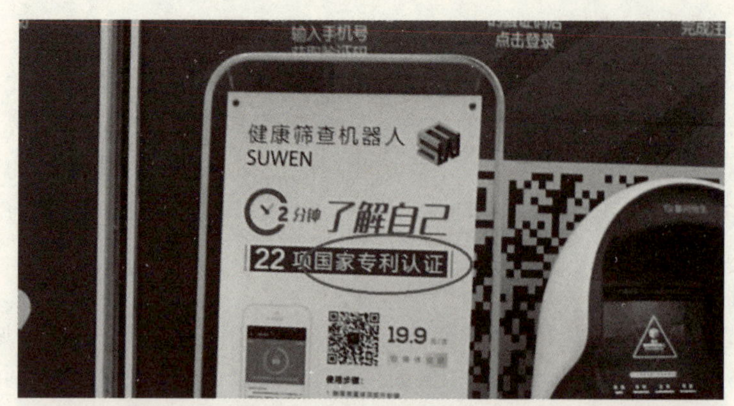

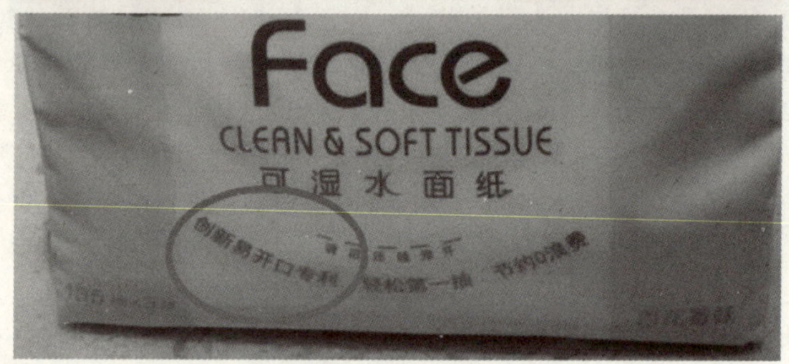

图9 实地拍摄的不规范“专利标识”宣传

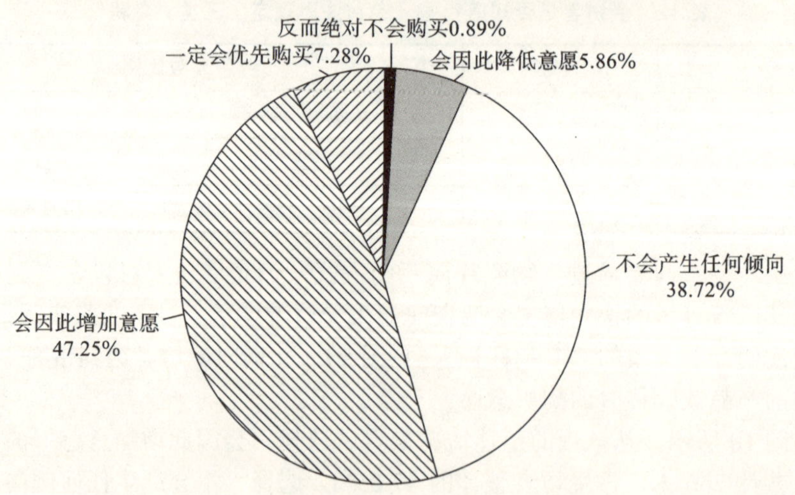

图10 受访者购买“专利产品”的意愿

整体来看，针对包装和宣传上不规范地突出注明类似“专利产品”标识的商品，有不到一半的受访者（266 人，47.25%）会增加购买的意愿。这说明，“专利”二字确实会对消费者起到一定引导作用。但是，也有近 40%的受访者（218

人，38.72%）自认为不会因专利标识而产生任何倾向。而且，持“一定会优先购买”和“反而绝对不会购买”这两种较为“极端”态度的受访者较为稀少，可见专利标识对于消费者的导向作用并不十分显著。消费者对待这些不规范标注的“专利产品”及其宣传的态度是相对理性、客观的。

再次，在明确表示不知道以及不好说《专利法》规定了发明、实用新型、外观设计三类专利的271位受访者中，问卷进一步调查了这一群体针对这些“专利产品”的特质的认识。如表13所示，受访者在面对以下10种不同的态度进行多项选择时，其分布显现出相对平均的状态，其中只有选择“产品得到了国家官方的某种认证”的受访者超过了50%。鉴于“专利”就是一种由国家授予的排他性权利，消费者持该种态度较为正常。因此，调查结果同样显示出消费者对“专利产品”较为理性、客观的态度。特别地，虽然从理论上看，对《专利法》内容欠了解的群体对“专利”一词的认知可能会更加模糊，更容易认为“专利”即代表着“高科技”、“先进”、“创新”等含义。但事实上，结合调查结果，在这一群体中，认为“产品技术更加先进”、“产品质量相对更有保证”和“产品更加物有所值”的受访者分别仅占全体的35.79%、36.16%和19.19%。同时，这一群体中22.51%的受访者认为“只是营销手段而已”，同时有19.56%的受访者认为“可能有点夸大宣传”。从调查结果中可以推论，虽然普通公众对《专利法》的具体内容了解程度较低，但可能并不会因此过分解读“专利”的含义，不会普遍地将“专利”与“高科技”、“先进技术”、“高质量产品”等概念建立对应的联系。

表13　对《专利法》内容不了解的部分受访者对“专利产品”特质的认识情况

（当遇到类似图9所示的“专利”商品时，会认为这些“专利产品”具有哪些特质？）

	人数	人数比例
产品技术更先进	97	35.79%
产品质量相对更有保证	98	36.16%
产品更加物有所值	52	19.19%
产品得到了国家官方的某种认证	162	59.78%
可能有点夸大宣传	53	19.56%
与同类产品没什么本质区别	32	11.81%
只是营销手段而已	61	22.51%
并不会产生任何联想或认识	21	7.75%
不好说	18	6.64%

又次，在表示知道《专利法》规定了发明、实用新型、外观设计三类专利的 292 位受访者中，问卷进一步调查了这一群体面对类似问卷中展示的、未标明专利类型的“专利标识”及其产品时，会将“专利”一词理解为何种专利。如表 14 所示，调查结果显示，将“专利产品”识别为发明专利的人群反而是最少的，仅有 51 人，占这一人群的 17.47%；表示“分不清”的人群次少，为 54 人，占 18.49%；识别为“外观设计专利”的人数稍多，为 64 人，占 21.92%；而识别为“实用新型专利”的人数最多，为 123 人，占这一人群的 42.12%。这一结果说明，虽然消费者确实会在未标明专利类型的情况下，将“专利”一词误认为任意一种专利，但绝大部分受访者并不会倾向于将“专利产品”识别为理论上“质量”较高的发明专利。这也意味着，在受访者中，并不会普遍地将“专利”一词与“高质量专利”建立固有联系，进而将“低质专利”误认为“高质量专利”。

表 14 对《专利法》内容了解的部分受访者对“专利产品”的辨识对应

（当遇到类似图 9 所示的商品时，您会认为这些“专利产品”是以下哪种专利？）

	人数	人数比例
发明专利	51	17.47%
实用新型专利	123	42.12%
外观设计专利	64	21.92%
分不清	54	18.49%

最后，针对全体受访者，问卷就受访者针对《专利标识标注办法》第 5 条关于专利标识必须明确标注专利类型的规定的了解情况进行了调查。结果显示，61.28%的受访者（345 人）明确表示“不知道”，26.11%的受访者（147 人）明确表示“知道”，而还有 12.61%的受访者（71 人）表示“不好说”（见表 15）。这一结果说明，在受访者中，对专利标识的法规认知程度较低。超过 60%的受访者并不知道，不标注专利类型，仅标注“专利产品”或类似标识的行为是违反法律法规的行为。

表 15 受访者对专利标识相关规定的认知程度

（您是否知道，仅标识“专利产品”而不写明专利类型，是违反我国《专利法》和《专利标识标注办法》的违规行为？）

	人数	人数比例
知道	147	26.11%
不知道	345	61.28%
不好说	71	12.61%

虽然以上问卷调查收集的样本数量有限，同时限于调查手段，对相关群体的《专利法》具体认知程度难以准确评估。但通过分析，至少有理由作出以下推测：

其一，公众对《专利法》，以及与日常生活相关的专利标识法规的认知程度依然较为有限。公众对“专利”及其相关概念的认知并非主要来自法律知识。

其二，“专利”一词确实会对消费者产生一定的引导作用，但作用并非十分明显。相当一部分消费者将持较为中立的态度。随着公众对专利法律知识的逐步了解，公众的态度将可能更为理智和客观。

其三，对于专利标识，公众并不会将“专利”天然地默认为“专利质量”可能相对较高的发明专利，也不会广泛地将“专利”与“高科技”、“先进技术”等概念建立联系。

3. 解决专利标识混淆的合理进路

虽然以上问卷调查结果并不能否认，《专利法》将发明、实用新型、外观设计均称为“专利”，确实在某种程度上与公众对三类专利产生混淆的情况有关联。但是，在仍有为数不少的公众对“《专利法》规定了三种专利”这样最基本内容尚不了解的情况下，公众对三种专利的混淆并不能简单归因于《专利法》“三合一”的立法模式。将《专利法》“三法分立”，在很大程度上也并非解决公众混淆三种专利问题的最佳进路。

首先，无论是否将《专利法》“三法分立”，公众对法律的认知程度在很大程度上影响着对“专利”这样一个法律概念的理解。大幅提高公众对专利法律法规最基础内容的认知，是解决包括专利混淆问题的基础。虽然有观点认为，《专利法》“三法分立”以后，由于三部法律产生有效区隔，经过一段时间的施行，将有效避免公众对三种发明创造的混淆。但是，这一观点的提出者可能忽视了这样一个事实：目前的《专利法》已经施行了30余年，公众的认知仍不能有效覆盖专利法律的最基础内容。基于目前的情况，可以预测，《专利法》“三法分立”后，由于三部法律的篇幅、结构和相互关系更为复杂，公众很可能需要更长时间了解三部法律的最基本内容。考虑到“三法分立”将要消耗的时间和成本，在目前《专利法》“三合一”的体系下，着力提高公众对专利法律的认知程度，或许在更短的时间内能够实现更佳效果。

其次，“专利”对公众的导向作用较为有限，对公众产生误导的根源很可能并非来自“专利”之名，而在于商品生产、经销者涉嫌虚假宣传的广告营销。不法生产、经营者在进行不符产品实际的夸大或虚假宣传中，往往以“高科技”、“进口技术”、“自主创新”、“专利配方”等概念为噱头，结合普通大众陌生的技术类专业名词，对产品的质量、功能和效果进行虚假宣传。[275]这些因素往往比“专利”更具误导性，更容易导致消费者对产品的技术含量或质量产生不切实际的联想和认识。相比于《专利法》“三法分立”，在现有法律框架之下，针对利用“专利”进行虚假宣传、欺骗消费者的行为，持续加大查处力度，治理市场环境，同时配合现行《专利法》的普法宣教，整治不规范的专利标识，将可能更有效、更直接地减少消费者被“专利”概念误导混淆的概率。

最后，努力提高专利质量不仅可以促进我国专利事业发展水平的提升，也同样有助于从另一角度解决公众对三类专利的混淆问题。学界和实务界担忧的一个问题在于，公众会因“专利”而对审查标准较低、专利质量相对较差的实用新型或外观设计专利的技术含量或创新程度产生不切实际的期待。为消除这种过高的期待，不仅可以通过加强公众对三类发明创造基础概念和知识的了解来实现，还可以从另外一个角度入手，提高实用新型和外观设计的专利质量，进而使公众的期待能够真正落实。由此，相比于《专利法》“三法分立”而言，提高实用新型和外观设计的专利质量，方为一举两得的治本之策。

（三）《专利法》“三法分立”与外观设计制度定位问题

在《专利法》“三法分立”的路径规划中，发明和实用新型是否应当分别立法尚存较大争议，但外观设计单独立法一直是学术界最有说服力、得到最广泛认可的方案。这一创想也逐渐得到了实务界的认可。许多研究者都认为，我国目前将外观设计由单一的《专利法》体系进行保护，忽视了外观设计所具有的艺术设计和实用功能相结合的复合特征，剥夺了外观设计独特的法律地位。这些观点认为，基于外观设计的特殊性，在《专利法》体系结构外单独制定“外观设计法”，是外观设计的最佳法律保护模式。[276]

然而，回顾外观设计法律制度的发展历史，又可以发现，外观设计权利的定义方式、授权标准和侵权认定等一系列相关制度，在相当程度上脱胎于专利法律制度，并且依然与专利法律制度有十分紧密的关系。“相见时难别亦难”，在目前的外观设计法律制度的整体框架下，即使从立法文本上脱离了专利法的范畴，在行政和司法领域可能也难逃专利法律制度框架的约束。考虑到单独立

275 使用“专利”进行虚假宣传的相关报道参见袁于飞：《治疗脑瘫的“神药”是怎样炼成的》，《光明日报》2013 年 5 月 6 日，第 1 版；又参见《警惕小龙虾种苗虚假宣传》，《农家顾问》2007 年第 8 期；又参见姚延敏：《网络宣传：虚假专利满天飞》，《中国质量万里行》2006 年第 12 期；又参见赵国璧、张立：《掀起你的盖头来——揭开广告中虚假专利的面纱》，《中国发明与专利》2006 年第 5 期。

276 代表文献参见马云鹏：《外观设计法律保护模式研究》，知识产权出版社 2016 年版，第 169—231 页；彭学龙、赵小东：《外观设计保护与立法模式比较及对我国的启示》，《知识产权》2007 年第 6 期；王太平：《工业品外观设计的法律保护模式》，《科技与法律》2002 年第 3 期。

法的高额成本，外观设计究竟应当与《专利法》来一场彻底的“断舍离”，还是寻求在原有模式下的优化调整？外观设计单独立法的核心问题恰在于此。

1. 我国外观设计制度保护客体的再厘清

目前，在国际知识产权保护逐步走向一体化的背景下，无论是世界性的知识产权国际公约，还是各国的立法实践，都曾尝试过给外观设计进行统一的定义，但终因各国立法情况差异明显、争议较大而采取回避或者模糊定义的方式。其中要害即在于，外观设计既有艺术创作的内容，也有在工业产品设计创新的内容，还有提高辨识度、吸引消费者注意的标识性内容。而定义外观设计制度所保护客体的困难，直接影响了由权利客体性质所决定的法律保护模式，在各国形成了不同样貌的外观设计立法模式和法律体系结构。因此，明确我国外观设计制度定位的前提，是再次厘清我国外观设计制度的保护客体。

结合法律、法规规定和学术研究，我国外观设计制度的保护客体应满足以下几个构成要件。

首先，外观设计是一种设计效果。我国《专利法》第 2 条第 4 款将外观设计的定义最终落脚在“设计”的概念上，实际上并未充分指出外观设计的“设计”究竟是何种智力成果——究竟是设计效果本身，还是实现这种设计效果的具体方式？事实上，一个针对产品的外观设计至少需要经过设计思想的指导，形成某种设计效果。这种设计效果需要通过工业上的某种生产加工方式加以实现。而在申请外观设计保护时，根据《专利法》第 59 条第 2 款规定，“外观设计专利权的保护范围以表示在图片或者照片中的该产品的外观设计为准”，因此，外观设计仅仅是指最终形成的设计效果，而不是设计思想或者实现这种设计效果的具体具体方式。

其次，外观设计是一种具有可视性和一定美观度的设计效果。所谓“可视性”，是指外观设计应当“作用于视觉”。虽然在《专利法》第 2 条第 4 款中不能直接解读出“可视性”的要求，但是很显然，外观设计的定义即内含了“可视性”的要件；而所谓“美观度”，源于《专利法》第 2 条第 4 款的“富有美感”的限定。同时，日本、德国、美国等国家的外观设计法律也在定义中加入了“美感”[277]、“审美”[278]和“装饰性”[279]的概念。可见，要求外观设计具有某种“美”的特点，是世界上不少专利制度发达国家的通行规则。但是，已经有不少学者

277 日本《专利法》第 2 条第 1 款规定：“本法所称‘外观设计’，是指由产品（含产品的构成部分。第 8 条除外，以下亦同）的形状、图案、色彩或其结合构成的，能引起视觉上美感的设计。”

278 德语中的“外观设计”对应“Geschmack”，有“审美”、“欣赏”的含义。

279 美国《专利法》第 171 条规定：“任何人对一种工业产品作出一项新的、独创的、装饰性的设计，只要符合本法规定的条件和要求，即可获得专利权。”

都指出，由于“美”或“不美”是一种主客观相互交织结合的评判方式，因此在授权审查时很难对外观设计申请是否“富有美感”作出实质性评价。除了那些“极丑陋，违反社会公共道德，不为一般公众接受”[280]的外观设计并不具备“美”的性质以外，在多元价值观念之下，对于是否“美”可能只是见仁见智的问题。因此，人们尝试对外观设计中的“美”的限定进行进一步明确。例如，在 Bliss v. Gotham Indus.一案中，美国联邦第九巡回上诉法院强调涉案设计应具有“视觉吸引力”，[281]而在 Warbern Packaging Indus.v.Cut Rate Plastic Hangers 一案中，美国法院则认为，由于涉案的饮料瓶设计没有“艺术属性或者美感性”，因此不能作为外观设计加以保护。[282]事实上，我国《专利审查指南》的定义就没有采用直接定义“美”的方式:《专利审查指南》第一部分第三章 7.3 条对“富有美感”作如下解释:“(富有美感）关注的是产品的外观给人的视觉感受，而不是产品的功能特性或者技术效果。”因此，我国的专利审查部门在“富有美感”的问题上，并不对是否“美”作出任何主观或者客观评断。美国较早期的判决在这一问题上也采用了同样的方法：早在 1930 年，在 In re Koehring 一案中，美国联邦关税及专利上诉法院对一种混凝土搅拌器的外观设计的“美感”进行了评述，认为将这种工具、机械装置的美局限在诸如绘画、雕塑和艺术物品中发现的美或装饰性是不合理的。因此，在这种工具、机械装置的外观设计中，只要涉案的设计效果能够起到优化和改良的作用，就应当被认为具有“美感”或“装饰性”。虽然目前也有观点认为外观设计不需要有美学质量，但是对于我国立法实际而言，对“富有美感”的认定，在更大程度上应当寓于外观设计是否对产品的外观进行了优化或改良上。这种判定方式与发明专利的“创造性”审查有相通之处，因此有助于提高对外观设计的审查标准和授权质量。

再次，外观设计是对可复制的工业产品的设计效果。我国《专利法》第 2 条第 4 款对外观设计的定义，与一般的著作权法意义上的“设计”的根本区分，即在于“产品”和“适于工业应用”。对于“产品”的概念，根据《专利审查指南》第一部分第三章 7.1 条，“不能重复生产的手工艺品、农产品、畜产品、自然物不能作为外观设计的载体”，可见行政审查标准认为，外观设计的载体（即产品），必须具有可复制性，否则不是“产品”。而对于“适于工业应用”的概念，在“工业”的范围上则存在争议。这里的“工业”，是否包括“手工业”？对于《专利审查指南》上述规定的语义解析可以发现，该条并未排除那些可以

280 崔晓光：《外观设计的美感》，载程永顺主编：《外观设计专利保护实务》，北京：法律出版社 2005 年版，第 65 页。

281 Bliss v.Gotham Indus.，316 F.2d 848（9th Cir.1963）.

282 Warbern Packaging Indus.v.Cut Rate Plastic Hangers，Inc.，652 F.2d 987（2d Cir.1981）.

重复生产的手工艺品，仅将不可重复生产的物品排除在“产品”的范畴之外。因此，没有理由认为“工业”不包括“手工业品”。事实上，外观设计之所以成为法律保护的客体，在于进一步规制在大规模工业生产中愈加便利的复制等侵权行为。可复制性强调的是该设计应可以带来规模性的市场利益。因此，只要可以产生规模化的市场效益，无论采用工业化方式复制，还是手工复制，均可符合可复制性的要求。[283]

最后，外观设计是一种将产品视觉效果和产品功能相互结合的设计效果。换言之，设计者在外观设计中所投入的智力劳动，除体现在视觉效果上外，更体现在该视觉效果与产品功能的结合上。[284]这种结合至少要同时满足两个相互呼应、互为正反的条件。其一，从正向来看，是设计本身要与产品的实用功能紧密相连。设计效果必须包含实用性的功能，而不能仅具有艺术欣赏功能。我国《专利审查指南》第一部分第三章 7.4 条即规定，“纯属美术、书法、摄影范畴的作品”，属于不授予外观设计专利权的情形。而美国在司法层面则发展出了“观念上的分离测试”理论（Conceptual Separability）作为判断外观设计是否具有实用性的判断标准。所谓“观念上的分离测试”，是指某种物品的艺术性要素能否“单独地与其实用性要素区分开来”，并且是否能够“独立存在”。[285]凡符合这一判断标准的，可以得到著作权法的保护，不能得到外观设计法或专利法的保护。因此，对外观设计的视觉效果和产品功能相互结合的要求，更大意义上便于区分著作权法和专利法的界限。[286]其二，从反向要求，外观设计不能是纯粹的功能性设计。我国《专利审查指南》第四部分第五章 6.1 条规定，“由产品的功能唯一限定的特定形状对整体视觉效果通常不具有显著的影响”。这意味着，如果产品的功能是外观设计效果的唯一决定因素，则产品的外观不能得到外观设计法或专利法的保护。显然，这一要求是为了避免利用外观设计保护垄断产品的某种功能性特征，在专利法内部划分发明、实用新型和外观设计之间的保护范围。

通过以上辨析可以发现，外观设计作为一种知识产权，得到实质性保护的并非是设计中的“艺术性”因素，而是其运用到工业产品上的实际效果。原因在于，从外观设计权利产生的“合理性”的角度上看，其背后所承载的智力成果，其实并非简单的“设计效果”，而是将设计效果和产品相互结合的方式和方法。

---

283 芮松艳：《外观设计法律制度体系化研究》，北京：知识产权出版社 2017 年版，第 85 页。

284 芮松艳：《外观设计法律制度体系化研究》，北京：知识产权出版社 2017 年版，第 16 页。

285 Shira Perlmutter，“Conceptual Separability and Copyright in the Designs of Useful Articles”，*in Journal of the Copyright Society of the USA*，37（1990），p.340.

286 马云鹏：《外观设计法律保护模式研究》，北京：知识产权出版社 2016 年版，第 139 页。

那么，外观设计制度究竟应当以哪个角度作为立足点？从以上讨论的保护客体角度上看，外观设计制度应当以智力成果的本质作为落脚点，在设计外观设计保护制度时，虽然不能忽视外观设计在面对产品使用者时所具有的“视觉效果”或“标识效果”，但更应着重强调外观设计在结合艺术性设计元素和产品功能性特点上的创新和突破。因为从根本上看，外观设计和艺术品创作之间的显著区别在于，外观设计具有强烈的市场竞争和工业实用性导向，美学效果往往只是产品实用性的“锦上添花”。在这一领域，保护创新是促进技术发展和产业繁荣的核心要素；而艺术品创作的市场竞争和具体实用性只是艺术美学效果的附属产物，其价值核心依然在于艺术品位。在这一领域，保护原创是保护艺术创作者的人格和财产利益、激励艺术发展的关键。以保护创新作为外观设计法律制度建设的落脚点，更加符合外观设计保护客体的实质和现实价值。

2. 外观设计的主要法律保护模式

目前针对外观设计法律保护模式的研究，主要围绕著作权法、商标法和专利法三个维度展开。一些域外研究也涉及商业外观法。然而，在这几个模式中，商标法和商业外观法在外观设计保护中扮演的角色相当有限，并不是外观设计的主要法律保护模式。主要原因在于，商标法和商业外观法本质上保护的是商标和商业外观扮演的消费者与产品之间的纽带作用。产生这种纽带作用的最重要方式是进行商标法意义上的使用，或者使商业外观获得“第二重含义”（Secondary Meaning）以获得市场上的辨识度。而艺术品或工业品的外观设计获得保护的基础是“创作”或“设计”所投入的智力劳动。虽然也有很少的外观设计通过注册立体商标（如可口可乐的玻璃瓶）获得了商标法的保护，但这种情况是不多见的。因此，外观设计的主要法律保护模式是著作权法和专利法模式。

在著作权法保护模式下，受著作权法保护的“外观设计”，必须足以构成著作权法所保护的作品。构成作品的首要条件是具有“独创性”。关于独创性的标准，一般包括“独”——独立创作和“创”——最低限度的创造性两个方面。独立创作强调作品的创作过程，要求作品是作者独立构思的产物；而最低限度的创造性，是对创作高度的要求，即只要作者付出了智力性劳动，作品体现了其个人的选择、判断即可。在不构成抄袭的情况下，是否与其他在先作品相同或类似，在所不论。英国1988年《版权、外观设计和专利法》对“未注册外观设计”（unregistered design）设定的保护标准即更偏向于著作权法模式——只要是原创的、非司空见惯的设计，均可以自动获得法律保护。而对“注册外观设计”来说，则要求设计必须是新的，而不仅仅是原创或非司空见惯的设计。

著作权法保护模式的侵权判定标准同样紧紧围绕“独创性”。我国司法实践中的著作权侵权判定规则可以归纳为“接触＋实质性相似”规则。这一规则具体操作的重要步骤是将在先作品与在后涉嫌侵权作品中受著作权保护的内容进行比对，观察两部作品的整体是否构成实质性相似。具体到不同的著作权项，这一规则又有不同的具体操作方法。总而言之，著作权法保护模式的核心是保护作者为一部具有独创性的作品所付出的劳动及其价值。至于该作品是否具有开创性，是否具有较强的市场影响力，或者具有突出的贡献，在所不论。

在专利法保护模式下，受专利法保护的“外观设计”应当符合保护发明创造的基本逻辑，也即“保护创新”。根据我国《专利法》，授予专利权的外观设计，应当不属于现有设计；也没有任何单位或者个人就同样的外观设计在申请日以前向国务院专利行政部门提出过申请，并记载在申请日以后公告的专利文件中。同时，授予专利权的外观设计与现有设计或者现有设计特征的组合相比，应当具有明显区别。相较于发明和实用新型专利，外观设计的授权标准虽然文字表达有所不同，但实质上依然需要符合“新颖性”和一定程度的“创造性”。日本和美国虽然在专利法的结构上有区别，日本采用单独立法模式，而美国采用合并立法模式，但二者均在专利法框架下保护外观设计，且均要求外观设计具备新颖性。

专利法保护模式下的外观设计侵权判定规则同样遵循“保护创新”的基本逻辑。司法实践的通行标准是比较被控侵权产品的外观设计和专利外观设计是否相同或近似。虽然这种标准看起来和著作权侵权“实质性相似”有共通之处，但实质上有诸多不同。在外观设计侵权判定时，不仅需要严格依照外观设计的保护范围，也即图片或照片中的外观设计产品，还需要明确产品的类别是否相同或相似，同时还要以普通消费者的眼光来判断外观设计是否相同或近似。在比较相同或近似时，在“整体观察、综合判断”的原则基础上，需要结合外观设计的构成要素、设计要点和使用状态进行综合判断。另外，司法实践中还出现了所谓“创新保护模式”的规则，即注重外观设计中具有创造性的新设计部分是否被抄袭或者盗用。虽然外观设计侵权判定标准的争议一直存在，但总结其共性，可以发现，外观设计侵权判定的核心是比较具体一类或一种产品上外观与产品结合的创新设计方案。在“整体观察”的基础上，这些创新设计方案在侵权判定中将产生关键性的作用。

对比著作权法保护模式和专利法保护模式，可以发现，外观设计因其特殊的权利客体及内在属性，其具体规则既不是纯粹的著作权模式，也不是纯粹的专利权模式，而是融合了著作权法、专利法，甚至包括商标或商业外观法的规则，形成了一套复合的规则。这主要是由于，外观设计一方面是一种工业创新的成果，是一套产品和外观有机结合的设计方案，但另一方面又内含着艺术创作，并在市场中对消费者的心理和辨识产生影响。这种复合的内涵不仅决定了具体的规则，还决定了法律保护的要旨、取向和价值。外观设计制度实际上横亘在商标、著作权和专利法之间，既保护创新，又保护消费者的辨识，同时还要保护艺术创作的内容。无论将外观设计放在何种现有模式之下，都会同时产生共性规则和不协调规则。因此，外观设计法的定位问题不仅应当考虑具体规则的属性，还应当考虑其他因素的影响。

3. 外观设计法律保护模式与立法模式的关系

外观设计法既然无法简单归入现有的法律保护模式体系之中，则必然面临制度模式和立法模式之间的选择。无论是选择单独立法，还是合并立法，都必然会选择一种或多种制度模式作为外观设计制度的基本模式。在目前世界主要国家的实践中，出现了不同的样态。

英国和欧盟在外观设计制度上采用了“著作权＋专利权”的复合制度模式。采取这一模式的前提是将“外观设计”区分为“未注册外观设计”和“注册外观设计”。对“未注册外观设计”主要采用类著作权模式加以保护，而对“注册外观设计”则采用类专利权模式加以保护。在立法模式上，英国目前施行的1988年《著作权、外观设计和专利法》实际上采用了“合并立法，法内分编”的模式区分这两类“外观设计”的不同规则。而欧盟则采用单独立法模式，也即现行的《欧盟理事会共同体外观设计保护条例》。在具体制度上，如前文所述，英国的“未注册外观设计”受保护的前提是构成原创的、非司空见惯的设计，无需注册即可自动获得15年的保护；而“注册外观设计”则必须具备“新颖性”（novelty）和“个性特征”（individual character），并向英国专利局申请注册。其保护期为注册之日起5年，并可续展4期，最长可达到25年；而欧盟的“未注册外观设计”和“注册外观设计”都需要满足“新颖性”和“个性特征”的要求，二者的主要区别在于是否必须注册和保护的时间长短。由此可见，英国和欧盟通过进一步区分外观设计类型施行不同的制度，在分别大致采用著作权法和专利法模式的同时，与著作权法、专利法保持相对区隔的结构。

日本是采用外观设计单独立法的典型国家之一。但日本《外观设计法》却主要采用了类专利法模式。日本《外观设计法》第2条第1款则规定，本法所称“外观设计”，是指由产品（含产品的构成部分。第8条除外，以下亦同）的形状、图案、色彩或其结合构成的，能够引起视觉上美感的设计。同时，该法第3条第1款进一步明确规定，外观设计登记的要件之一，是“能够在工业上应用”。[287]与此同时，日本《外观设计法》第3条第1款和第2款对外观设计的授权标准分别提出基本等同于专利法模式的“新颖性”和“创造性”标准。其

287 《日本专利法》，杜颖译，易继明校，北京：经济科学出版社2009年版，第118页。

中，第 1 款排除与公知设计相同或类似的设计，而第 2 款则排除了那些“基于在日本国内或外国已公知的形状、图案、色彩或其结合，很容易创作出的外观设计”。由此可见，很显然，日本《外观设计法》实际上采用了类专利法的模式。另外，日本《著作权法》同时完全排除了受《外观设计法》保护的外观设计作品的保护。日本《著作权法》第 2 条第 2 款规定，该法所称美术著作物包括美术工艺品。而日本裁判所的倾向性态度则是，受著作权法保护的美术工艺品只限于“具有纯粹美术性质的美术工艺品”，并且是否构成纯粹美术，以是否属于“美的鉴赏对象”为判断标准。[288]因此，日本对外观设计的保护，在清晰地划分界限的基础上，在专利法领域单独立法保护符合授权标准的外观设计，并在著作权法领域保护其他艺术创作。

美国对外观设计的保护主要采用专利法模式，并且将外观设计专利与实用专利、植物专利共同规定在美国《专利法》之中，仅在第 16 章特别规定了外观设计专利的定义、优先权和权利期限。美国《专利法》第 171 条规定，外观设计应当具有新颖性、独创性和非显而易见性。同时，外观设计专利申请需要向美国专利商标局提出申请。由此可见，美国的外观设计专利的绝大部分制度借用、沿用了实用专利的制度，是一种典型的以专利法模式保护外观设计的路径。

从以上对英国、欧盟、日本和美国外观设计法律保护模式的分析来看，立法模式与采用何种法律模式并没有直接联系。特别地，单独立法模式并不意味着该国就采用了某种独特的法律保护模式。相反，无论采用何种模式，这些国家（地区）的外观设计法律制度依然以传统的专利法和著作权法为蓝本，仅在部分具体制度中使用了外观设计特有的概念、标准和规则。结合本研究第一章对各国立法模式的介绍和分析，各国不同的立法模式受到各种因素的综合影响，法律保护模式和立法模式之间并不意味着绝对的对应关系。是否采用“单独立法模式”为外观设计立法，除了需要考虑外观设计的法律保护模式以外，还应当至少考虑立法历史、立法成本、立法程序、公众对法律的认知习惯与惯性、行政管理体制等诸多因素。因此，对于我国《专利法》而言，如果只因外观设计法律保护模式中的部分规则与发明专利、实用新型专利不相匹配，就将整体采用专利法模式的外观设计制度整体单独立法，不仅将付出较大的立法成本，扭转公众对《专利法》和外观设计法律的习惯性认知，同时还可能让本来依托于专利法体系结构的外观设计陷入真正“无所适从”的孤立局面，失去专利法体系的整体效应。

---

288 李扬：《知识产权法基本原理》，北京：中国社会科学出版社 2010 年版，第 211 页。

4.外观设计应保留在《专利法》体系之中

结合以上分析，我国《专利法》外观设计专利部分究竟是否有必要“单独立法”，实际上已经得出答案——外观设计应当保留在《专利法》的体系之中。主要理由如下。

首先，借鉴民法典“合”的内生动因，我国外观设计专利制度与专利法的理念、制度逻辑和基本结构具有高度同质性。可以说，我国外观设计专利的制度主要依托于专利法模式，与专利法具有天然的“合”的引力。虽然外观设计与发明专利、实用新型专利在定义、授权、确权、侵权判定等具体规则上存在一定差异，但是其他绝大部分规则均可以同时适用于三类专利，外观设计并不是规则的例外。[289]与此同时，外观设计的注册、审查、管理等行政体制同样归属于专利行政部门，包括外观设计在内的专利民事、行政纠纷案件也统一归入知识产权法院（庭）的管辖范围。

其次，虽然外观设计的法律保护模式横跨专利法、著作权法，乃至商业标识法等多个领域，具有复合性的特征，导致外观设计的部分具体制度具有较大的差异性，但是法律保护模式与立法模式之间并不存在固有的对应关系。即使外观设计在授权标准和侵权判定规则与发明和实用新型的规范不同，也无需仅因局部的差异而破坏整体统合的结构。更何况，从法律的稳定性和实效出发，在三十余年的时间里，公众已经对《专利法》的体系结构和内容产生了习惯性的认知，这种积累更不宜轻易放弃。

最后，相较于“三法分立”而言，解决外观设计法与发明、实用新型法的制度差异，存在更加经济、直接，操作更加灵活，影响范围较小的方案。在《专利审查指南》和相关司法解释中，外观设计专利特有的规则相对较多，主要集中于专利授权标准和侵权判定规则两方面。《专利审查指南》已经将外观设计专利的相关规定单独列为一章节，与发明专利、外观设计专利并列。而相关司法解释的规定虽然并未区分章节，但将有关外观设计侵权判定规则排列在一起。从长远角度上看，如果未来《专利法》逐渐将下位法规和司法解释中的具体规定纳入法律文本中，使得外观设计专利的特殊规则增多，则可以考虑将《专利法》对应章节中涉及外观设计的特殊规则单独列为一节。这样既可以使《专利法》体系结构不遭受大规模的变动，让三类专利的共有规则保持稳定，同时也便于突出外观设计专利的特殊规则。另外，这种方式也可以一定程度上降低单独立法的高昂立法成本，相较于单独立法而言，是一种更具可操作性的方式。

289 《专利法》中对外观设计专利进行特别规定的条文仅有以下 8 条：第 2 条（定义）、第 11 条（专利权禁止的行为）、第 23 条（授权条件）、第 27 条（申请书）、第 29 条（外国优先权）、第 31 条（申请的数量）、第 33 条（申请修改范围）、第 59 条（保护范围）。

（四）《专利法》“三法分立”在立法层面的可行性

从专利制度的几个具体问题来看，《专利法》“三法分立”对专利质量、专利标识混淆和外观设计的制度定位问题的回应能力并不显著。在具体问题之外，对《专利法》进行彻底的“三法分立”，在立法层面上也存在诸多障碍和困难，难以真正实现。

1. “三法分立”的立法难题

在“三法分立”的观点提出之后，立法部门和国家专利行政管理部门确实进行了可行性研究和尝试，[290]但是“三法分立”的实际问题也很快摆在了面前。实现《专利法》“三法分立”，并不是简单的法律修订，而是重新制定三部法律。一方面，分离出来的《实用新型法》和《外观设计法》需要全面重新制定；另一方面，由于原《专利法》采用“三合一”立法模式，使得原《专利法》的大量具体条文需要重新制定或进行大规模修改。例如，原《专利法》中三种专利权客体被统称为“发明创造”，使得这一概念贯穿整部法律，而在新的《发明法》或《专利法》中，需要重新理顺“发明”、“专利”、“发明专利”的概念内涵和相互关系，进而导致相关条文需要被重新制定或大范围修订。又如，虽然原《专利法》涉及外观设计的部分条文单独成款，但是大量有关发明和实用新型的条文都是合并规定在同一条（款）之中，需要进行分拆。另外，还要全面调整原《专利法》的条文顺序、结构和编号。可以预料，分拆后的《专利法》需要投入大量立法资源进行修订，甚至是重新立法。

事实上，《专利法》“三法分立”的设想并非没有得到我国立法机关的考虑。但是，无论是从保持法律的稳定性出发，还是从付出的立法成本和代价来计量，抑或从公众的认知习惯考虑，对《专利法》进行彻底的“三法分立”，其耗费的立法成本和潜在的负面影响将十分显著。既然当时《专利法》起草过程中对“三法合一”的问题进行过激烈讨论，最终的结果也是反复权衡、力排众议的结果，并作为立法一大创举而得到了赞赏，如今又将其分为三部法律，会产生很多重复性规定。此外，经过三十余年的实践，公众已经习惯了现有制度，不宜变动过大。基于以上理由，全国人大常委会和国务院均不同意采纳“三法分立”的建议。[291]因此，理论上可行的《专利法》“三法分立”，在实际立法过程中将很可能遭遇大量的问题和困难，可行性严重不足。

2. “三法分立”的高昂成本

将《专利法》进行彻底的“三法分立”，不仅将对一部《专利法》产生严重

---

290 国家知识产权局：《全国专利事业发展战略（2011—2020 年）》。

291 尹新天：《中国专利法详解（缩编版）》，北京：知识产权出版社 2012 年版，第 13 页。

影响，同时还会产生“牵一发而动全身”的效果，导致大量相关法律、法规、部门规章需要修订，司法机关、行政部门的具体规定、规则同样面临修改。整个社会将为《专利法》“三法分立”付出高额代价。

在法律、法规和部门规章领域，与《专利法》相关的大量法律、法规和部门规章需要修改。例如，在法律范畴内，《刑法》第216条规定的“假冒专利罪”，其罪名、行为类型和具体构成要件均需重新考量是否包括实用新型和外观设计，如果包括，则需要对该条作出修订。《侵权责任法》、《物权法》、《合同法》、《担保法》、《继承法》等民事法律中有关“专利权”的内容也需要重新对“专利”概念进行修订。在行政法规范围内，与《专利法》配套的《专利法实施细则》、《专利代理条例》、《知识产权海关保护条例》等行政法规需要面临大范围修订。其他相关法律配套的实施条例中与专利有关的条文也需要进行修订；在部门规章范围内，需要对《专利审查指南》、《专利标识标注办法》、《专利权质押登记办法》等大量专利行政部门颁布的部门规章进行重新制定或大范围修订，海关、财政、税务、文教领域的大量相关部门规章的相关条文同样需要进行修订。仅以上提及的可能受《专利法》“三法分立”影响的法律、行政法规和部门规章的数量和规模已经相当庞大，一方面凸显出我国《专利法》“三合一”的体系已经深深根植于我国法律体系的各个方面，难以撼动，另一方面则充分说明，彻底的“三法分立”在现实中几乎不具备可行性。

在司法审判领域，最高人民法院发布的关于专利案件的司法解释和规定同样将受到《专利法》“三法分立”的影响，面临整体或部分的修订。[292]由于这些司法解释和规定的主要内容是针对“专利权纠纷案件”审判的具体规则，而“专利权”的概念在“三法分立”后不再能代表发明、实用新型和外观设计三种权利客体，因此这些司法解释和相关规定的大部分内容都将受到“三法分立”的直接影响。最高人民法院在不正当竞争纠纷、技术合同纠纷、担保法等领域的相关司法解释和规定的部分内容也涉及专利权。此外，还有关于诉前禁令、行为保全、知识产权法院管辖的相关规定也将因《专利法》“三法分立”而产生变动。因此，《专利法》彻底“三法分立”还将对司法审判的各个方面产生较大影响。

在社会公众领域，《专利法》“三法分立”将直接扭转公众对专利法律的习惯性认知，并影响公众具体实施的各种法律或事实行为。这意味着，不仅知识

292 最高人民法院发布的司法解释和相关规定包括法释〔2001〕20号《最高人民法院关于对诉前停止侵犯专利权行为适用法律问题的若干规定》、法释〔2009〕21号《最高人民法院关于审理侵犯专利权纠纷案件应用法律若干问题的解释》、法释〔2015〕4号《最高人民法院关于审理专利纠纷案件适用法律问题的若干规定》、法释〔2016〕1号《最高人民法院关于审理侵犯专利权纠纷案件应用法律若干问题的解释（二）》。

产权从业人员需要重新学习相关法律法规，针对相关公众也要就“三法分立”后的知识产权法律法规开展普法宣传教育。同时，企业、科研院所等相关单位需要重新制定或修订内部的知识产权管理制度，法学教育领域也要重新编纂或修订课程标准及相关教材。《专利法》“三法分立”对社会公众带来的影响将更为广泛，相较于立法、司法和行政领域，使社会公众了解、接受、掌握新的专利法律体系将消耗更大的经济成本、时间成本和人力成本。

事实上，以上列举的各个方面依然可能只是《专利法》“三法分立”所带来的高昂社会成本的冰山一角。虽然理论上《专利法》“三法分立”可能带来诸多好处，有助于解决目前我国专利领域的诸多问题，但一方面，解决这些问题也可以使用其他更加直接、经济、有效的手段，另一方面，“三法分立”不仅在立法阶段会遇到一些困难，在现实中也将为各个相关方面带来高额的制度转轨成本。两相比较，将《专利法》彻底“三法分立”，确实并非一条可行、合理、有效的道路。

（五）本章小结

《专利法》“三法分立”被不少论著、观点认为是解决我国专利制度问题的一大“法宝”。虽然从理论和逻辑上，甚至是现实中，《专利法》“三法分立”确实可能会对诸如专利质量和专利标识混淆等问题有所助益，也或许有利于实现实用新型和外观设计法律制度的独立和体系化。但是，通过本章分析，解决这些问题的方案并非只有“三法分立”一种。相比于“三法分立”，还有更多的可行解决方案。这些解决方案对具体问题更有针对性，在操作上更加简便，也无需耗费大量成本和代价。而“三法分立”不仅不是一种最直接有效的手段，反而还将严重影响立法、司法、行政等多个领域，同时直接逆转相关社会公众的习惯性认知和行为，产生高额的制度转轨成本。两相对比，在目前状况下实施《专利法》“三法分立”，其现实合理性并不充足。

四、《专利法》统合之下的“三法分立”路径

（一）我国专利法律体系的现状和发展趋势

无论是规模浩大的民法典，还是面临争议的“知识产权法典”，抑或是专利法律制度，无一例外都在经历自我生长的历程。人类理性主义对法律“体系化”的追求，指引人们站在更加宏观、全面和系统的角度，观察并思考如何制定、修改、完善法律。在这一过程中，不仅民事特别法本身需要不断优化和完善，

实现自身的体系化，同时也需要“从长计议”，把民事特别法的自身体系建设放置在整个民事法律体系的建构过程中，方能让民事特别法的体系化道路走向正确的方向，降低法律制定和修订的社会成本，让法律自我进化的过程更加顺畅。

中国的专利法律制度体系问题同样应当采用相同的视角和思维。仅仅关注一部《专利法》的“分”与“合”，而忽视我国专利法律制度自身体系建设、忽视知识产权与民法典的和谐互动关系的构建，显然是有失片面的。从“法典化一解法典化一再法典化”的路径中，已经充分昭示人们，《专利法》的“分”与“合”绝非一种简单的问题解决途径，也并非专利法律制度建设的终极目标。要通过合理的“分”来实现更好的“合”，同时也要在“合”的过程中积极包容、接纳，甚至孕育未来的“分”。从这一方向出发，需要对目前我国专利法律制度的整体框架进行系统整理和分析，结合已经分析和展现的法律体系统合与分解的背景、条件、规律和特点，从更加客观和系统的角度，分析《专利法》“分”与“合”的条件、策略和方向。

1. 中国专利法律制度的整体框架

目前大量针对我国专利法律制度体系结构问题的研究，往往只重视位于法律层级的《专利法》的分析，因此提出的“三法分立”的方案也只是针对《专利法》本身，而非整个专利法律制度。这种“三法分立”其实是一种相当不完全的分立，忽视了我国专利法律制度大量的其他法律渊源。因此，即使必须将《专利法》一分为三，也必须要考虑如何处理与之相关的其他专利法律制度渊源的问题。换言之，“三法分立”应当是对专利法律制度的整体框架进行切分，而不应当仅限于《专利法》，否则将很有可能产生混乱不协调的局面，影响《专利法》的适用和理解。

根据我国《民法总则》第 10 条规定，我国民事法律渊源包括两类，分别是法律（法规）和习惯。但是，目前我国实质上的法律渊源远不止这两种，至少还应包括宪法、国家政策、司法解释、指导性案例和一般法律原则。[293]具体对应到专利法律制度上来看，除宪法和《民法总则》的条款以外，以《专利法》部门法为原点，至少还包括作为行政法规的《专利法实施细则》和《国防专利条例》；作为司法解释的法释〔2009〕21 号《最高人民法院关于审理侵犯专利权纠纷案件应用法律若干问题的解释》、法释〔2016〕1 号《最高人民法院关于审理侵犯专利权纠纷案件应用法律若干问题的解释（二）》、法释〔2015〕4 号《最高人民法院关于审理专利纠纷案件适用法律问题的若干规定》[294]以及最高院关

293 石佳友：《民法典的法律渊源体系——以〈民法总则〉第 10 条为例》，《中国人民大学学报》2017 年第 4 期。

294 为行文简洁和准确，下文提及这三份司法解释时，分别简称为法释〔2009〕21 号、法释〔2016〕1 号、法释〔2015〕4 号。

于专利民事和行政案件的“若干规定”[295]和审判工作“会议纪要”[296]；知识产权指导性案例中的专利案例等等。仅此为止，我国专利法律制度就已经体现出了多元化、去中心化的特点，《专利法》只是专利法律制度中的一部分。

此外，由于行政机关在知识产权的确权、授权、丧权、权利救济和争议解决等多个环节中扮演相当重要的角色，因此行政机关发布的部门规章和政策文件，对专利法律渊源的具体适用和理解产生了非常重要的影响。目前，《专利审查指南》已经成为专利法律制度的重要组成部分，在行政授权确权和司法审判中扮演重要角色。在专利行政案件中，《专利审查指南》属于专利局或专利复审委员会作出具体行政行为的依据之一，是司法审查的对象。另外，在专利案件的审理过程中，《专利审查指南》也被参照适用；除《专利审查指南》以外，还有一些部门规章也包含大量具有立法性质和法律解释性质的内容。例如，《专利行政执法办法》是对专利行政执法行为的具体规范。其中详细规定了专利侵权纠纷的行政受理条件、调解程序、查处程序、调查取证规范和侵权人的法律责任。从具体内容上看，这份部门规章的大量内容实际上是对法律的进一步解释和细化，甚至部分内容在实质上已经属于立法范畴。此外，还有《专利代理管理办法》、《专利质押登记办法》、《关于规范专利申请行为的若干规定》、《展会知识产权保护办法》等各类部门规章，其内容均包含不少对现行法律规定的具体细化规定。

在其他部门法领域，与专利制度相关的法律法规构成了专利法律制度最外围的层级。例如，《知识产权海关保护条例》中规定了对涉嫌侵犯专利权的进出口货物的处置程序和规范。这些规范直接与知识产权诉前禁令和财产保全制度相关。传统上被认为具有所谓“地域性”的知识产权，在进出口贸易过程中产生的问题尚存争议。其中最为典型的争论在于涉外“定牌加工”和“平行进口”是否构成侵犯知识产权的问题。在这一问题上，司法裁判适用的理论和规则与《知识产权海关保护条例》存在冲突。这一定程度上也是我国多元化、去中心化的法律制度体系特征所导致的。

综上所述，目前我国专利法律制度的整体框架，形成了如图 11 所示的格局。

2.《专利法》的“法典基因”

正如前文对“法典化—解法典化—再法典化”的阐述，上节所呈现的我国专利法律制度的整体框架，实际上是一个相当生动的“法典”与民事特别法关系的“微缩”实例。《专利法》作为专利法律制度的最根本渊源，其周围派生了大量的行政法规、部门规章、司法解释、指导性案例等次级或者间接法律渊源。

295 如《最高人民法院关于审理专利纠纷案件适用法律问题的若干规定》。

296 如《最高人民法院知识产权审判庭关于专利行政授权确权案件裁判标准会议纪要》（2016 年）。

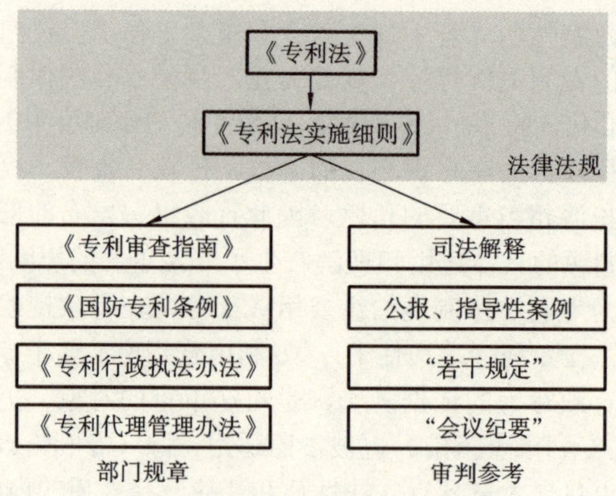

图 11　我国专利法律制度的基本框架

这些派生的法律渊源包含了很多《专利法》未详细规定，或者暂未经立法程序纳入法律的具体制度，实际上已经成为《专利法》的“特别法”。

事实上，从整个专利法律体系的宏观角度上看，《专利法》本身已经具备一些“法典化”的特质。虽然目前我国《专利法》的篇幅远远不能与民法典或者“知识产权法典”相比，世界各国也没有任何所谓“专利法典”，但是，破解《专利法》所蕴含的“法典基因”，将有助于更好地处理《专利法》与其他专利法律渊源的关系，实现专利法律制度的体系化。这不仅有助于提高法律的逻辑化程度，以避免不同法律渊源的冲突，便利法律的具体适用，还是知识产权法体系化进而实现“入典”的必经之路，同时也符合人类的基本理性。

简言之，我国《专利法》所具有的“法典基因”主要有三点。

其一，《专利法》的制定和历次修订，具有较为坚实的立法基础。《专利法》的制定不仅参考了我国历史上的各部专利法律、司法解释和行政法规规章的规定，同时还大量借鉴了世界各国专利法律的立法经验，并在修订过程中转化了世界通行的知识产权国际公约，是对各类法律渊源和各类立法材料的系统整理。本研究第一章对专利法的制定和历次修订过程中的内外部影响因素问题已有简要论述，《专利法》的制定和历次修订受到了域外法律和条约的深刻影响，同时随着我国专利法律制度的不断完善，法律修订越来越多地体现出自主性和独立性，外界的压力和影响逐渐减小。《专利法》开始逐步吸纳行政和司法领域的成果。例如，2008 年修订后的《专利法》吸纳了最高人民法院于 2001 年发布《关于审理专利纠纷案件适用法律问题的若干规定》，以及最高人民法院于 2003 年 3 月启动的关于“专利侵权判定基准”的调研工作所形成了 70 条的专利司法解释草稿。[297]因此，《专利法》的编纂实际上是微缩的“法典化”的过程。

其二，《专利法》“合并立法，集中规定”的结构特征具有一定的体系性，与民法的基本逻辑结构相匹配。《专利法》的总则规定了专利权的权利客体、权利主体、行政管理主体、权利获得、权利移转、权利内容、权利行使和涉外事项的基本规则，这些规则是三类权利客体通用的基本规则，与《民法总则》的基本功能和特征相类似。自总则以下，《专利法》分章节规定了授予专利权的条件，专利的申请、审查和批准，专利权的期限、终止和无效，专利实施的强制许可，专利权的保护和附则，体现了专利权从产生到消亡、从使用到保护的基本逻辑。这种“总则—分则”的体例，显然沿袭了我国民法立法的传统和习惯，同时也是中国民法承袭德国潘德克顿体系的结果。

其三，《专利法》不仅仅是一部简单的民事特别法，而是改革开放进程中最为重要的法律之一，与我国长期的基本国策紧密相连，具有重大时代意义。前文论及，政治环境和经济环境是民法典产生的重要外部因素。法典不仅具有强烈的政治统一、政治改革的信号意义，同时还是经济发展的阶段性成果的标志。结合前文对我国专利立法背景和历史的阐述和分析，《专利法》诞生于改革开放的背景之下，是中国科学技术水平进步和发展的重要制度保障，同时也是与国外开展国际贸易和引进国外技术的必要前提。随着改革开放不断深入，目前我国提出的知识产权强国战略是我国经济发展转型升级，推动经济社会持续发展的重要方针。其中提出推进知识产权管理体制机制改革、严格知识产权保护和促进知识产权创造运用等多项意见。这不仅意味着《专利法》未来将面临更多的变化，同时也进一步突出法律在加强知识产权保护、促进科学技术进步、推动经济持续发展的多元作用。因此，《专利法》的重要性将进一步提高，对《专利法》进一步的体系化也更加符合社会经济的宏观背景。

综上所述，《专利法》虽然属于“民事特别法”的范畴，但在某种程度上具有“法典基因”——换言之，《专利法》是专利法律制度中的“法典”。因此，针对《专利法》体系结构的争论，应当将问题提升至法典的体系结构层面上来，而不是停留在部门法的层面。为此，“法典化—解法典化—再法典化”的分析路径，将有助于揭示《专利法》在未来统合与分解的基本路径，进而为《专利法》的体系化变革指出正确的方向，避免贸然对《专利法》采取违反规律的分拆，对这部法律的体系结构造成不可逆转的破坏。

3.《专利法》的“解法典化”趋势

《专利法》本身已经具有一定的“法典基因”，一定程度上成为专利法律制

---

297 宋晓明、王闯、李剑：《〈关于审理侵犯专利权纠纷案件应用法律若干问题的解释〉的理解与适用》，《人民司法（应用）》2010年第10期。

度的“法典”。目前，我国已经形成了以《专利法》为中心构建起的中国专利制度的整体框架。而这一框架突出的法律渊源多元化、去中心化的特点，恰恰说明《专利法》正处于与“解法典化”本质大致相同的趋势之中。具体的表现至少有以下两个方面。

1)《专利法》以外的专利法律渊源在具体案件中的较多适用

一方面，虽然《专利法》依然是专利法律制度的核心，但是这部法律较为简洁的文本，在专利法律制度快速发展的背景下，已经凸显出法网“粗疏”的问题。大量具体规定需要依赖下位法和司法解释予以明确。单独适用《专利法》已经不足以支持法院或行政机关处理具体的专利案件。对目前专利民事和行政案件裁判文书适用《专利法》以外的专利法律渊源的情况进行实证研究，有助于证明这一特点。

首先观察司法解释在专利权权属侵权纠纷案件中的适用。针对“北大法宝”数据库所收录的，以“专利权权属、侵权纠纷”为案由的共计 58283 份民事裁判文书为统计对象[298]，其中适用法释〔2009〕21 号的共计 10433 份，适用法释〔2016〕1 号的共计 952 份。适用两个司法解释的裁判文书占全部裁判文书的比例达到了 19.5%。以相同检索条件在“无讼案例”数据库进行检索，得到该数据库收录的共计 72137 份裁判文书中，适用两个司法解释的裁判文书共计 11474 篇，占全部裁判文书的 15.9%。

其次观察《专利法实施细则》在专利行政案件中的适用。[299]在“无讼案例”数据库以“专利”作为关键词，限定“行政”为案由，得到该数据库收录的共计 9635 份行政裁判文书。通过进一步增加关键词“专利法实施细则”，共检索出适用 1985 年、1992 年、2001 年、2002 年、2010 年五个版本的裁判文书共计 2045 篇，占全部裁判文书的 21.2%。在“威科先行法律数据库”中以相同检索条件检索，在其收录的共计 6814 份行政裁判文书中，共检索出适用各个版本的《专利法实施细则》的裁判文书 1134 份，占全部裁判文书的 16.6%。

再次观察《专利审查指南》在专利行政案件中的适用。[300]目前已有学者针对这一问题进行数据统计，其结论是，在专利行政诉讼中，裁判文书中涉及《审查指南》——包括前审依据的事实、理由部分援引和/或本裁判依据的事实、理由部分援引的案件比例为 39.2%。[301]

---

298 该数据包括 22823 份民事判决书和 35460 份民事裁定书。收录裁判文书的截止日期为 2018 年 10 月 13 日。

299 由于《专利法实施细则》的主要内容是针对专利申请、审查、批准等具体行政行为的规定，故以行政诉讼作为样本进行分析。

300 由于《专利审查指南》是针对专利审查程序和审查标准的具体规定，而专利审查属于具体行政行为，故以行政诉讼作为样本进行分析。

301 寇飞：《〈专利审查指南〉在专利诉讼中适用的若干问题》，《中国发明与专利》2016 年第 9 期。

参考以上针对目前公布的裁判文书的初步分析，可以发现，目前在我国民事和行政诉讼中，运用《专利法》以外的专利法律渊源的裁判文书的比例大致为 15%～30%。这一数据部分说明，这些非《专利法》的法律渊源在专利案件中得到了相当程度的适用。对于司法解释而言，其本身即作为司法裁判的重要参考，在案件中得到了一定适用，而对于并非司法裁判参考的部门规章而言，同样在特别类型的案件中起到了对《专利法》进一步解释和细化的作用。

2）《专利法》以外的专利法律渊源确立了大量新的法律规则

《专利法》以外的法律渊源在具体的司法裁判和行政管理中扮演了相当重要的作用。特别是针对司法裁判规则和行政管理规则的具体规定上，我国《专利法实施细则》、《专利审查指南》和最高人民法院目前颁布的两个司法解释进行了更为详细的规定。这使得我国专利法律制度中一项具体法律规则的全部规定散见于不同等级位阶的法律渊源之中。简要言之，有以下几点现象。

首先，我国《专利法实施细则》中的大量规定，本身应当属于《专利法》的规定范畴。在其他国家，特别是专利立法风格较为细致的国家，这些出现在我国《专利法实施条例》的规范都被纳入了《专利法》的文本，而非这些国家的知识产权局或专利行政部门制定的规定。对比中国《专利法实施细则》第一章和美国《专利法》的对应关系如表 16 所示。

表 16　中国《专利法实施条例》与美国《专利法》的对比

<table>
<tr><th colspan="2">中国《专利法实施细则》</th><th>美国《专利法》</th></tr>
<tr><td rowspan="6">第一章
总则</td><td>第 4—5 条　期日和时间</td><td>Art.21 Filing date and day for taking action</td></tr>
<tr><td>第 6 条　恢复权利</td><td>Art.27 Revival of applications；reinstatement of reexamination proceedings</td></tr>
<tr><td>第 7 条　国防专利</td><td rowspan="2">Art.181 Secrecy of certain inventions and withholding of patent</td></tr>
<tr><td>第 8—9 条　在外国申请专利的保密审查的具体程序</td></tr>
<tr><td>第 13 条　发明人、设计人的具体规定</td><td>Art.100 Definitions</td></tr>
<tr><td>第 14 条　专利权转让以外的移转</td><td>Art.261 Ownership；assignment</td></tr>
</table>

如果继续对比这两部法律法规，这一特点依然存在。例如：我国《专利法实施细则》第二章“专利的申请”是针对专利申请的书式、内容以及特殊类型的专利申请的具体规定。这些具体规定涵盖了关于专利申请请求书、说明书的具体内容、权利要求的撰写方式、特殊类型专利申请的前置手续（生物资源、遗传资源）、外国优先权、专利申请的撤回等事项。这些具体规定在美国《专利法》中则大致位于第 11 章“专利的申请”（Application for Patent）之中，在德国

《专利法》中则大致位于第三部分“专利局的程序”之中。而我国《专利法实施细则》第三、四章是对专利审查、批准和复审的具体程序规定，其中同样不少规定本质上是法律规定。如第 42 条关于“分案申请”的规定、第 51—52 条关于修改专利申请的规定、第 55 条关于涉密专利的补充规定、第 56 条关于实用新型专利权评价报告的补充规定，本质上都是对现行《专利法》条文的直接补充，而非“具体适用”的细则。这些规定在美国、德国《专利法》中都有明文规定，但在中国专利法律制度体系中的位阶却降了一级。即使考虑到各国专利法律体系结构和具体制度有一定区别，但是无论从《专利法实施细则》自身的规范性质来看，还是从比较法的角度来看，《专利法实施细则》的部分规定实际上应当属于《专利法》的范畴。

其次，我国的专利法司法解释也同样设定了大量《专利法》适用的具体规则。这些具体规则远远超越了《立法法》第 104 条第 1 款对“司法解释”的定义，包含了大量没有具体法律条文、与法律条文并列，或者直接超越法律条文的“司法解释”。例如：法释〔2009〕21 号第 2 条规定了“本领域普通技术人员”的概念，作为《专利法》第 26 条第 3 款“所属技术领域的技术人员”概念的进一步限定。而这一概念在美国《专利法》第 112 条、德国《专利法》第 4 条明文规定；法释〔2009〕21 号明确了发明和实用新型专利侵权判定中的“全面覆盖原则”、“禁止反悔原则”和“捐献原则”[302]，明确了外观设计专利权保护的范围、产品种类相似的认定标准，以及外观设计相同或者近似的认定标准，也即“整体观察、综合判断”。其中，确立了“一般消费者”的判定视角，规定了“对外观设计的整体视觉效果更具有影响”的具体情况。这实际上是对不同专利权客体的侵权构成要件进行了规定。第 14 条和第 15 条分别规定了现有技术抗辩、现有设计抗辩和先用权抗辩三种不侵权抗辩制度。在《专利法》仅对三种不侵权抗辩作出原则性规定的情况下，司法解释实际上明确了这三种不侵权抗辩的构成要件。法释〔2015〕4 号则根据 2008 年《专利法》的修改，针对实用新型和外观设计的专利权评价报告制度作出具体规定，在第 8 条增加规定原告不提交报告的法律后果，即“根据案件审理需要，人民法院可以要求原告提交检索报告或者专利权评价报告。原告无正当理由不提交的，人民法院可以裁定中止诉讼或者判令原告承担可能的不利后果”。这一规定实质上超越了《专利法》第 61 条第 2 款的规定。原因在于，《专利法》对应条款只是规定“人民法院或者管理专利工作的部门可以要求专利权人或者利害关系人出具……专利权评价报告，作为审理、处理专利侵权纠纷的证据”，而不是“应当出具”，且并

302 宋晓明、王闯、李剑：《〈关于审理侵犯专利权纠纷案件应用法律若干问题的解释〉的理解与适用》，《人民司法（应用）》2010 年第 10 期。

未规定不出具专利权评价报告的专利权人或者利害关系人将承担“不利后果”。而法释〔2015〕4号第8条所规定“原告承担可能的不利后果”，显然已经远远超越了法律适用的具体解释。如果参考《人民法院组织法》第37条和《全国人民代表大会常务委员会关于加强法律解释工作的决议》第四项的规定，我国专利法律制度体系中现存的三部司法解释，都或多或少地超越了“司法解释”的范畴，涉足于立法之中了。

最后，针对某一主题的一系列并行规范被规定在不同效力层级的法律规范中，且较低位阶的规范是对法律条文的补充规定和法律适用的具体规定。其中针对行政程序和专利侵权判定规则的规定最为突出。这一现象的根本原因在于，知识产权立法较多地属于技术性立法，比如专利授权审查，很大一部分规范实际上交给《专利法实施细则》和技术操作层面的《专利审查指南》规定。[303]这种做法的好处是降低了《专利法》的立法成本和规模负担，灵活地借助立法程序较为简单的行政法规和部门规章引入快速发展的专利制度。但是随之带来的问题是，位于较低位阶的规范在司法和行政管理实践中更易适用，进而部分架空了《专利法》条文。以《专利法》第59条为例，图12展现了以该条为基础，由《专利法》、《专利法实施细则》、司法解释和《专利审查指南》共同搭建起的，针对专利权利要求解释的规范体系。

观察图12所展现的我国专利法律体系中有关权利要求的相关规定体系结构，可以发现，《专利法》第59条的规范体系形成了“金字塔式”的倒挂形态。《专利法》的规定较为粗疏，只是明确了“权利要求”在确定专利保护范围问题上的决定性地位。但是却完全没有规定权利要求的类型、功能、内容、撰写方式、修改和解释规则。仅仅依据《专利法》第59条，无法在实际案件中明确专利权的保护范围，无法在行政授权确权中审查专利申请是否符合《专利法》的规定，无法在专利侵权诉讼中明确被控侵权的技术方案是否确实侵犯了专利权。这种情况下，《专利法》的适用很大程度上只是为了符合依法行政、依法裁判的原则，而具体案件中的具体适用，往往需要寻求次级法律渊源的依据。陈兴良教授认为，我国立法一直有宜粗不宜细的倾向，由此也导致了司法解释扩张的空间。[304]而在专利法领域，这一问题被进一步地放大了。

在实际当中，《专利法》以外的各种行政法规、部门规章、规范性文件和司法解释繁杂林立的现象，一定程度上影响了大众对我国专利法律制度的认知和接纳程度。根据国家知识产权局发布的《2015年中国专利调查数据报告》，在针对541位个人专利权人的“专利政策法规熟知程度”的调查中，个人专利权人

---

303 易继明：《历史视域中的私法统一与民法典的未来》，《中国社会科学》2014年第5期。

304 陈兴良：《司法解释功过之议》，《法学》2003年第8期。

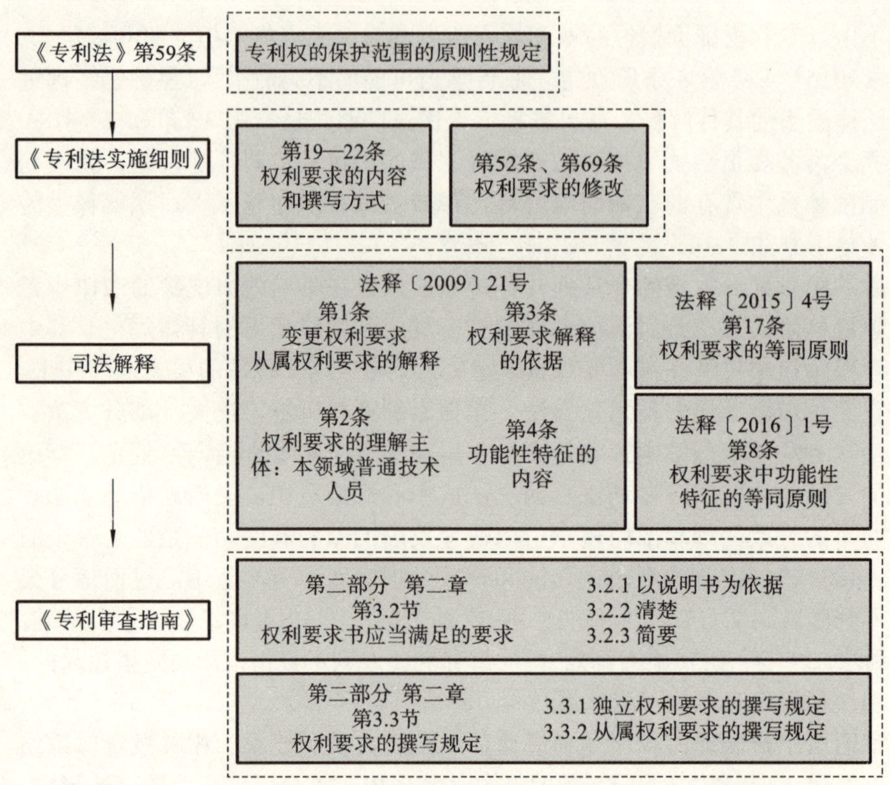

图 12 《专利法》和其他专利法律渊源关于权利要求的规定结构

对《专利法》及其实施细则、专利资助政策、专利费用减缓办法三项最为熟悉，熟知比例分别达到 66.5%、53.3%和 52.1%，但对于专利实施强制许可办法（5.8%）和专利行政执法办法（6.7%）等政策熟知程度较低。具体统计数据见图 13。

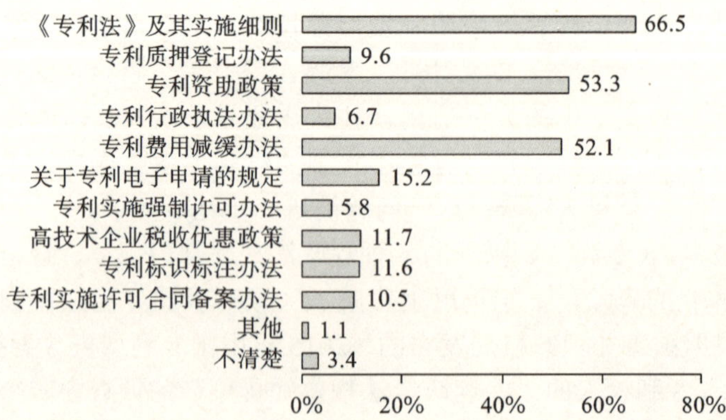

图 13 《2015 年中国专利调查数据报告》：个人熟知的专利政策法规

注：本图因小数取舍而产生的误差均未作配平处理。本题是多选题，百分比之和超过 100%。

可见，由于各类专利政策法规林立，我国专利法律制度的普及程度相对较低。对于专利权人而言，相对熟知的只是专利申请过程中可以为自己带来现实利益的部分，而对专利授权之后的专利权利保护、行政执法、权利许可与质押、标识标注、强制许可和税收优惠政策等方面的政策法规相当陌生。即便是熟知程度最高的《专利法》及其实施细则，熟知程度也仅为66.5%。这种现象，一定程度上与我国专利法律制度规范非常分散、体系化程度很低有直接关系。如果专利法律制度能够以更加体系化的样貌面对世人，不仅更加符合人类的逻辑思维习惯，同时也便于“找法”和“用法”，提高人们对专利法律法规的普及和熟知程度。

诚然，专利法律制度包含大量的“技术性立法”。将大量的具体实施规范一概纳入《专利法》的范畴中，将可能使《专利法》过于庞杂。此外，以法律和行政法规为核心，行政立法和司法裁判规则的并行，也使得专利法律制度具有很高的灵活性，便于总结、吸纳新的制度和规则，这是《专利法》所无法企及的效果。但是，我国专利法律制度的这一特点，与“解法典化”的特征和效果极为类似。这种“解法典化”的特征将使《专利法》的实际适用空间不断被压缩，我国立法传统所追求的高度体系化被打破。此外，由于《专利法》的修订速度很难与司法解释和部门规章的修订速度相比，而且《专利法》不仅要吸收行政立法和司法裁判规则，还需要在法律修订中接纳新的制度，故而有理由预测，《专利法》的体系化压力将在未来与日俱增。如果《专利法》不能有效地吸纳具体规则，改变我国“宜粗不宜细”的立法倾向，则很有可能使目前“倒挂”式的问题进一步加重。在这一问题上，《民事诉讼法》极端“倒挂”已经是前车之鉴——《民事诉讼法》一共284条，但最高人民法院的司法解释却有552条。[305] 因此，在“解法典化”趋势中，《专利法》需要在未来的修订过程中尽量有效吸纳行政立法和司法解释的具体规定，并在吸纳具体规定的过程中同步实现自身的体系化。

（二）在统合路径之下实现《专利法》“三法分立”

结合前文所述，《专利法》的体系结构发展不仅根植于我国民法典编纂和知识产权法体系化的进程中，同时还需要实现《专利法》自身的体系化目标。虽然彻底的“三法分立”并非解决我国专利制度各个领域矛盾的“灵丹妙药”，但“三法分立”中内含的体系结构合理化调整，应当作为《专利法》体系化进程的重要部分加以整体考量。依据法律统合与分解的整体规律，《专利法》应当在统合的整体路径下，理性有序地实现专利法体系结构的优化调整，为未来专利

305 王成：《最高法院司法解释效力研究》，《中外法学》2016年第1期。.

制度的改革创新奠定基础。具体而言，应遵循以下三点。

1. 保持统合的《专利法》体系结构

整体而言，相较于彻底的“三法分立”，保持统合的《专利法》体系结构，更有利于《专利法》体系结构实现优化调整，保留现行《专利法》体系结构的优势和长处，进而实现《专利法》“分”与“合”的良性互动。

首先，统合的《专利法》体系结构有利于保持与民法典编纂的紧密互动，同时更有利于实现知识产权法的体系化。

其次，统合的体系结构相对更加符合现行《专利法》三类专利权利客体的制度逻辑。在现行《专利法》体系下，发明、实用新型和外观设计三类专利权客体所对应的具体规则均基于相同或相似的制度逻辑，而这一特征同样普遍存在于世界各国采用各类立法模式的专利法律之中。以发明法作为蓝本，实用新型法的具体规则基本脱胎于发明的规则体系，仅在个别具体规则上存在不同。而在我国《专利法》，大量条款甚至将发明和实用新型合并规定在同一条款中，更突显出这两类权利客体具体制度上的同质性。对于外观设计而言，虽然各国对外观设计的保护模式存在差异，但我国外观设计的具体规则在整体上依然属于专利法模式，大量具体规范依然与发明、实用新型通用或参照适用。因此，现行《专利法》保持统合的体系结构，能够有效维系《专利法》目前的制度逻辑，为三类专利权客体的具体制度生长提供更加稳定的基础，同时不会与三类专利权客体的具体制度产生过多的冲突和矛盾。相反，如果过早地将《专利法》“三法分立”，不仅将在“分立”阶段耗费大量的立法资源，而且在未来具体规则面临大量增补、修订的情况下，相较于统合体系，同样将消耗更多的立法资源。

最后，保持统合的体系结构能够保护法律的稳定性，符合公众的习惯性认知，同时也与我国的《专利法》的立法传统相匹配。相较于专利领域的专业群体，普通大众对法律的认知和了解需要经过长期的时间积累和物质投入。前文述及，《专利法》不仅在宏观维度的国家综合国力、创新驱动、专利质量、科技发展和社会公益等领域产生相应作用，同时也在微观维度的知识产权观念、消费者权益保护、保护公民合法权益等领域与社会公众息息相关。相较于单独立法模式而言，合并立法模式的法律规模相对较小。保持法律体系结构和基本内容的稳定性，体系结构和条文文字便于查阅、理解和宣教，有利于保持并增进公众对专利法律的理解和认识，提高法律在现实中的施行实效，同时也与我国立法普遍采用较为简洁凝练的风格保持统一。而如果直接对《专利法》进行“三法分立”，不仅会在相当大的程度上影响公众对法律的习惯性认知，同时在客观上也将导致三部法律的整体规模明显扩大，出现大量重复性规定和复杂的转用、

准用规则，丧失原有《专利法》体系结构的优势和长处。与此同时，结合前文对“三法分立”合理性的分析，《专利法》“三法分立”并不能最直接、有效、经济地解决专利事业中的矛盾和问题。因此，保持统合的《专利法》整体结构，在实效上更具优势。

2. 沿循“法典化”技术，逐步吸纳具体规则

在保持统合的基础上，在《专利法》未来的修订和体系化进程中，应当率先吸纳、增订具体的法律规则，将行政法规、部门规章、司法解释等方面存在的零散规则，有秩序地编纂入《专利法》之中，完善《专利法》的具体内容。

从法律体系统合与分解的内在规律来看，“合”与“分”并非割裂孤立的对立概念，也不是法律体系发展的终极目标，而是相互转化、互为表里的阶段性特征。在“分”与“合”的互动中，法律不断实现自我的更新和体系化。而实现体系化的前提要求之一，是法律规范的基本全面和完整。只有法律制度达到一定的完备程度，才能逐步凸显法律规范之间的逻辑体系，提炼高度概括的法律概念，形成贯穿法律整体的体系架构。然而，目前我国专利法律制度虽然已经具备基本的制度框架，但《专利法》的具体规定依然不够完善。除部分立法空白和制度缺失以外，还有一些本应写入法律的现行规则散见于行政法规、部门规章和司法解释之中，不利于规则的整理、提炼，也无法有效消除不同层级规范之间的冲突和矛盾。因此，在《专利法》尚不完备的情况下，实施“三法分立”，并不符合法律自我生长和发展的规律。目前《专利法》的完备程度，尚不足以支撑其内部实现进一步体系化的目标。

《专利法》“三合一”的立法模式，让这部法律的制度逻辑基本按照“权利性质—权利得丧—权利范围—权利行使—行政管理—司法救济”的线索，体现了专利权从产生到消亡、从使用到保护的基本逻辑，具有一定的体系化基础和“法典基因”。虽然《专利法》并非传统意义上的“法典”，但是“法典化”的技术同样可以运用在《专利法》体系结构优化的过程中。在目前规则高度分散的状态下，需要将行政法规、部门规章和司法解释中可以转化为法律规定的规则逐步整合到《专利法》的规范体系之中。通过整合，有助于消除不同渊源、不同层级的规范的矛盾与冲突，同时也为进一步提炼共性规则、优化体系结构的目标奠定基础。

在《专利法》体系化的范围之外，利用“法典化”的技术对专利法律规范进行系统性的整编，对《专利法》的施行实效也有助益。《专利法》所面对的体系化不足、规范分散程度高的问题，在其他法律领域中同样存在。通过前文对“解法典化”的现象的分析，过于分散的法律规范将影响包括法律专业群体“找法”和用法的难度，更不利于公众对法律的认知和了解。法律解释与法律形成

的畸形“倒挂”形态也将严重侵蚀法律的适用空间，同样不利于法律的施行和推广。因此，全面整理、充实、完善《专利法》的规范内容，不仅是实现《专利法》体系化的必要前提，也可以提升《专利法》的现实效益。

3.提炼共性规则，单独成节整合特殊规则

在统合的体系之中，依照合理的法理逻辑和认知模式，应对专利法律制度中的共性规则和特殊规则采取不同的处理方式。可借鉴“法典化”的技术，对共性规则进行“提取公因式”的提炼和整合，同时在体系中为特殊规则确立合理的定位，实现“分”与“合”的有机结合。在此种模式下，有利于实现《专利法》体系结构。

一方面，针对普遍适用于发明、实用新型和外观设计的法律规范，应保留原有“三合一”的合并立法模式，保持法律条文的精炼和概括。虽然发明、实用新型和外观设计在定义、审查标准、侵权判定和权利行使等方面的具体制度上存在差异，但这三类专利权客体都属于法律保护的发明创造，属于知识产权中的具体权利类型，在保护发明创造的基本法理、制度逻辑和规范体系上都具有高度的同质性。因此，对于可以同时适用于发明、实用新型和外观设计的法律规范，完全可以加以提炼，并保持原《专利法》“三合一”的立法模式，予以合并规定。

具体而言，现行《专利法》的总则、第五章“专利权的期限、终止和无效”、第六章“专利实施的强制许可”、第七章“专利权的保护”和第八章“附则”中的绝大部分条款都属于保护发明创造的基本条款，适用于三类专利权客体。对于类似的“通用条款”，不应进行分拆。同时，由于目前《专利法》的章节排布基本遵循“权利性质—权利得丧—权利范围—权利行使—行政管理—司法救济”的线索，因此章节的内容和位置也不应进行大范围变动。

另一方面，对于不属于“通用条款”的规范，应当在原有章节的范畴之内，依据专利权利类型分小节进行整理。不同权利类型的对应小节的内部结构同样应保持较高的一致性，从而与法律逻辑和认知规律相匹配。以现行《专利法》为例，这种“非通用条款”集中于第二章“授予专利权的条件”、第三章“专利的申请”和第四章“专利申请的审查和批准”三个章节。在这三个章节中，部分条文是仅适用于发明专利或外观设计专利的特殊规定。还有一些条文同时包括了发明和实用新型两种权利类型，条文的内部结构比较杂乱。对于这些条文，应参考“三法分立”的思路，分别摘取三种专利权利客体的具体规定。同时，在这些章节，发明专利的规定最为完善，占据了较大部分篇幅，而实用新型和外观设计的规定相对较为粗疏。因此，因当以发明专利的规范作为模板，视条文多寡，编为单独的小节或将对应条文放置在每个章节的最前位置。而对实用新型和外观设计的条文，视数量多寡，编为小节或以单独的条文列于发明专利的小节之后。最后，将这些章节中剩余的“通用条款”列于最后，统一适用于三类专利。具体而言，现行《专利法》的第二、三、四章将形成如表 17 所示的体系结构。

表 17 《专利法》第二至四章拟条文结构

<table>
<tr><th>章节
结构类型</th><th>第二章
授予专利权的条件</th><th>第三章
专利的申请</th><th>第四章
专利申请的审查和批准</th></tr>
<tr><td rowspan="3">不同权利类型的特殊规定</td><td>发明专利授予条件</td><td>发明专利申请文件、优先权及单一性</td><td>发明专利的申请和实质审查</td></tr>
<tr><td>实用新型专利授予条件</td><td>实用新型专利申请文件、优先权及单一性</td><td>实用新型专利的申请和审查</td></tr>
<tr><td>外观设计专利授予条件</td><td>外观设计专利申请文件、优先权及单一性</td><td>外观设计专利的申请和审查</td></tr>
<tr><td rowspan="3">适用于三类专利的通用规定</td><td>不丧失新颖性的公开</td><td>申请日</td><td rowspan="3">复审</td></tr>
<tr><td rowspan="2">不能授予专利权的内容</td><td>专利申请的撤回</td></tr>
<tr><td>申请文件的修改</td></tr>
</table>

在现行《专利法》的条文数量、规模和范围之下，这种体系结构设计事实上是另一种形式的“三法分立”。在局部针对《专利法》的特殊规范进行分拆和重整，吸纳了“三法分立”在体系结构上具有的定位准确、范围清晰、形式严谨的优势，一定程度上矫正了现行《专利法》部分条文中发明、实用新型和外观设计的规范混杂所带来的混乱和混淆之弊端。而在局部的“三法分立”之外，依然保持原有章节的逻辑结构和内部构造，在不影响逻辑顺序的情况下，保留通用规定的内容和原有位置，最大限度地减少了章节内部结构改变的影响。

五、结　　论

一部法律的体系结构，是支撑整部法律“躯体”的“骨架”，决定着这部法律的内容及其位置和编排，同时更深层地蕴含着整部法律的法理逻辑基础，包括立法目的、制度逻辑、权利基础、规制手段和社会意义。科学、严谨、灵活、富有活力和生长力的法律体系结构，能够更好地支撑法律的自我生长，保障法律条文内外部的逻辑贯通，便利法律在司法、执法和普法过程中的理解与适用，彰显立法艺术的美感和艺术性。

不可否认的是，我国《专利法》将发明专利、实用新型专利和外观设计专利均称为“专利”，并将这三种权利采用非简单汇编排列的方式，形成整体一贯、相互勾连的“三合一”体系，是世界专利法律体系结构中较为特殊的一种立法模式。在《专利法》“三法分立”成为热议话题的背景下，似乎《专利法》已经注定要经历一场“翻天覆地”的体系结构调整。现行《专利法》“三合一”的合并立法模式被认为是落后于世界先进立法水平的最直接证据，被诟病为我国专利法律制度最“根本性”的矛盾。几乎我国专利制度中出现的所有问题都可以“归责”于《专利法》的“三合一”体系结构——专利质量低下、“垃圾专利”堆积、公众对“专利”类型误认混淆，本质上都是因为三种发明创造都叫“专利”。这种观点包含着一种“潜台词”——只有目前《专利法》中规定的发明才能叫“专利”。只要实用新型和外观设计都不再叫“专利”，不再和发明放在一部法律中规定，就可以从根本上消除这些问题。“三法分立”仿佛成了我国专利制度现存弊病的“万能神药”。

特殊并不意味着“错误”或者“落后”。事实上，在保护发明创造的基本制度逻辑之下，不同立法模式下的专利法体系结构各有千秋，优劣兼备，很难说“三法分立”就一定是好的，也不能轻易言断，只有“发明”才能叫“专利”，实用新型和外观设计就不能叫“专利”。如果仅因国外专利法律体系结构的某些方面相较于我国专利法的某些方面更具优势，就抛弃我国《专利法》“三合一”体系结构的其他优势，无异于“拆东墙补西墙”，而且很有可能在整体上导致“捡了芝麻，丢了西瓜”。因此，讨论《专利法》“三法分立”的前提，是重新确立理性客观的方法论和考量维度。建立在非理性的、非实践的观念基础上所提出的“三法分立”，并不能为我国《专利法》体系结构的优化调整提供合理的指导方向。

针对《专利法》“三法分立”的命题和主张，本文认为，结合目前我国专利法律制度的现状，应当极为谨慎地评估并重新审视《专利法》“三法分立”的合理性和可行性。对于法律的体系结构，应当以辩证统一的眼光看待法律体系结构的“分”与“合”，尊重法律自我生长发展的基本逻辑。最终，以《专利法》体系化作为我国专利法律制度发展的远景目标。

（一）建立法律体系结构“分”与“合”的综合辩证观

“三法分立”关键在于“分”，而“三合一”则突出“合”。从表面上看，“分”与“合”对于法律体系结构的建构而言，是完全不同的两种方向和逻辑。“三法分立”和“三法合一”是根本相反的体系思维。提出将《专利法》“三法分立”的观点，本质上是看到了“分”相较于“合”的部分优势，将“分”与“合”对立起来，把“三法分立”当成“一揽子”解决《专利法》体系结构问题的终

极方案。

通过前述研究，本文认为，理性看待《专利法》体系结构问题，从基本观念上要扭转这种将“分”与“合”完全对立的思维方式，否则将难以避免落入片面忽视、否定、抛弃现行《专利法》“合”的优势的“陷阱”。面对《专利法》体系结构变革这样一个重大命题，应当首先从法律体系结构统合与分解的基本理论出发，建立对法律体系“分”与“合”的综合辩证观念，进而更为客观、理性、符合现实地考量《专利法》的“分”“合”之辨。

1. 以辩证统一的眼光看待法律的“分”与“合”，尊重法律自我发展的基本逻辑

以民法法典化为样本，本研究尝试分析了法律体系统合与分解的内在规律。民法法典化的本质是法律的体系化，而法典化则深深根植于人类的法律历史和理性主义的思想观念之中，是人类法律史上的重要传统。因此，法典化的历程凝结着大量法律逻辑、体系、理念、具体制度等方面的智慧和经验，是考察法律体系结构问题的最佳范例之一。

“法典化”的进程中包含着大量的法律体系的整合、分解与重构。这些变化的基本指导思想是法律的“体系化”，也即形成逻辑严谨、理念契合、内容全面、开放包容、制度灵活的法律规范群，巩固现行的法秩序、政治秩序和社会秩序，并为后续法律制度的生长、纳入和创新提供土壤和基石。在“法典化”整合分散的法律文本时，需要在统一的理念之下，通过建立基本逻辑体系、提炼共性规则、“归位就坐”的方式为法律条文确定位置，进行选择和编排。暂时无法纳入法典的，必须采用“分”的方式保持独立状态，以免破坏法典的整体性。与此同时，在“合”的基础上，针对“合”的内容的大量例外和新的法律关系随之产生，出现了“解法典化”的浪潮，逐步推动法典“吐故纳新”，包容新产生的法律制度，主动且积极地与传统法律制度相融合，是为“再法典化”。法典的不断演进、更新和迭代，本质上就是在“分”与“合”的有机互动中完成的。

通过分析“法典化—解法典化—再法典化”的发展脉络，可以发现，法律的“分”与“合”并非对立而水火不相容的相悖路径。相反，“分”与“合”是相辅相成、共存共生的关系。其目标都是实现科学合理的法律结构，形成开放灵活的法律规范体系，同时便捷法律的理解和运用。随着法律的发展和完善，法律体系在“分”与“合”的过程中实现更高的体系化。因此，如果将“分”与“合”彻底对立，认为“分”是解决《专利法》体系结构问题的“根本性手段”，是对法律结构体系变迁规律的错误认识。在处理《专利法》体系结构问题时，应当根据专利法律体系的现状，综合运用“分”与“合”的技术，实现《专

利法》体系结构的优化调整。

2.《专利法》体系结构优化调整的“统分结合”

避免将“分”与“合”进行绝对的对立，就应当在《专利法》体系结构问题上采用“统分结合”的思维，充分运用“分”与“合”两种方式各自的特点和功用，对《专利法》的体系结构进行合理化的修正和优化。

从“法典化—解法典化—再法典化”的历程看，“分”主要起到的是保护法律体系内部逻辑的周延、完整，避免冲突、矛盾和混淆的作用。通过合理的“分”，可以将《专利法》中那些通用于三种或某两种专利权客体，但在现实中产生各种问题的规范采取“分”的手段进行必要的重构，其位置也应当重新排布，在符合《专利法》整体制度逻辑的基础上，形成小的“规范群”，在《专利法》“三合一”的大环境下，形成专属于某种专利权客体的小“生态系统”，并在内部进一步实现概念体系和逻辑的完整。

相比于“分”，“合”是我国《专利法》体系结构的主要特点。“合”为这部法律带来了简洁凝练、逻辑清晰、参照便利的优势，同时也从本质上符合民法典编纂和知识产权法体系化的“合”的潮流。事实上，客观评价《专利法》的体系结构，目前的章节排列和规范顺序并无严重问题。所存在的问题主要在于不同类型专利之间的具体规范存在区别。其中，最突出的问题在于外观设计专利，其授权标准、权利期限、侵权判定等规则与发明、实用新型不同。但鉴于外观设计制度的基本制度逻辑依然是专利法模式，因此完全可以在局部对外观设计制度进行“分”的处理，而在整体上继续保持“合”的结构。

总而言之，对于《专利法》的体系结构而言，相较于泛泛而论的“三法分立”，“统分结合”显然是一种更具体、精细、现实的思路。在局部优化调整的同时，保持整体大结构不变，形成“统分结合”的思路，不仅更加易于操作，也更具有针对性。

（二）充分考量多维度现实因素的影响

法律体系结构的解构性调整不仅对法律本身产生颠覆性的变化，同时也将在立法、司法、执法、社会的多个维度和层面产生非常深刻且持久的影响。《专利法》“三法分立”是对现行法律制度的彻底解构，三种权利客体单独立法，且只有发明可以称为“专利”，实用新型和外观设计都将被“剥夺”“专利”的称呼和性质，意味着我国最主要的保护发明创造的法律的基本概念将被改变，必然会对现实层面的诸多领域带来连锁式的反应。因此，对《专利法》进行体系结构调整和优化，除在理论上可行以外，更应注意现实因素的影响。

1. 应匹配我国民法典编纂和知识产权法体系化的潮流和趋势

目前，中国特色社会主义法律体系已经形成，但这并不意味着中国法律体系化的进程即将停止。相反，以民法典编纂为代表的大规模法律体系化运动正在前进，在《民法总则》颁布后，作为民法典总则编，其结构和内容均指导着各分编的起草和编纂，由此引领着各个部门法领域的体系化。因此，我国法律体系正在显现出自上而下、自宏观至微观的整体"法典化"趋势，而《专利法》的体系结构调整，同样应该符合整体趋势的要求和目标。

在未来的民法典中，知识产权法是否单独成编，目前尚存争议，但根据《民法总则》第 123 条对知识产权的规定，知识产权法本身即成为《民法总则》中独立的民事权利类型，保护各类知识产权权利客体。由此来看，《民法总则》在规范结构上已经显现出整合的"法典化"的"知识产权法"样貌，并预示着知识产权法将来会在民法典中独立成编。其所保护的各类知识产权权利客体的具体规范将纳入民法典的范畴之中。因此，虽然我国目前知识产权法真正实现"法典化"的基础和条件尚不健全，但远景目标已经相对明确，大方向和趋势已经基本显现。退一步而言，即便知识产权法无法实现法典化，甚至无法在未来的民法典中单独成编，结合《民法总则》第 123 条的规范结构，"发明、实用新型、外观设计"三类权利客体在《民法总则》中依然作为三种并列的权利客体，被归为同一类集中规定。因此，至少在民法典的体系结构中，专利法作为我国保护发明创造的基础性法律，仍应在同一部法律中统一地规定这三种权利客体，以保持和民法典的一致性和融贯性。

2. 应审慎评价《专利法》"三法分立"对专利制度问题的回应能力

《专利法》"三法分立"对目前较为突出的专利制度问题并不具有直接高效的回应能力，相反还会引发诸多负面影响，并不具有充足的合理性和可行性。

在专利质量问题上，虽然我国面临专利质量低下的质疑和挑战，但由于专利质量的概念依然不能统一，专利质量高低的界定维度呈多元化态势，专利质量受到多种因素的共同影响。《专利法》体系结构并非影响专利质量的最直接因素。更何况，无论采用何种专利法立法模式的国家，都普遍面临专利质量问题的挑战。目前，专利质量问题在专利整个"生命"过程中均有反映，提升专利质量，应全面综合科技研究、成果转化、专利审查、专利权保护与行使等多个方面的措施，首先考虑采取更加直接、有效、有针对性的手段。相比之下，《专利法》"三法分立"并非解决专利质量问题的最佳途径。

在《专利法》"三合一"结构可能导致的"专利混淆"问题上，通过实证研究发现，一方面，在现实生活中，带有"专利"的标识对公众消费和认知的引导作用相当有限。未注明专利类型的专利标识并不会普遍地导致公众将低质量专利误认为高质量专利。另一方面，公众对《专利法》基础知识的认知依然存在明显不足。《专利法》“三法分立”非但不能解决“专利混淆”问题，相反还会对公众就《专利法》内容的习惯性认知造成负面影响。解决“专利混淆”问题，应当加强专利标识的管理，强化市场监管，净化市场环境，辅以持续的专利法律普法宣教。《专利法》“三法分立”同样并非这一问题的最佳解决方案。

虽然本研究仅就《专利法》体系结构问题与专利质量和专利标识混淆问题的关联性展开详细论证，并未全面覆盖我国专利制度的全部问题，但鉴于这两个问题相对较为突出，具有相当的代表性，因此本研究的结论依然可以较为充分地证明，《专利法》“三合一”体系结构与这些目前专利法律制度中的突出问题的联系并不是必然的，甚至不具有较高的关联度。在《专利法》的学理研究和后续修订中，应当尝试更为客观地评价《专利法》“三法分立”对现实问题的回应能力，避免对《专利法》“三法分立”的实效产生过高的期望和迷信。

3. 应谨慎评估《专利法》“三法分立”的社会效应

法律的修订对社会的影响同样明显和深刻。目前，除编纂民法典以外，我国尚无其他任何对法律体系结构进行整体变动的经验，特别是将一部法律“一分为三”，在世界范围内也难寻先例。因此，“三法分立”究竟会产生何种效应难以准确预料。这也为“三法分立”的前景带来了不确定性。

但是，法律体系结构的变化必然会带来相应的社会制度转轨成本，对社会的方方面面带来相当程度的持久影响。仅就本文所涉及的方面，其影响就已经足以引起重视：除大量的与《专利法》相关的法规、规章、规范性文件、司法解释的表述需要修正或制定过渡规则外，政府机构、行业组织、相关企业及其内部组织的名称也将面临变化。此外，在公众普法、法学研究、法学教育、技术研发、专利代理等方面，也将因《专利法》“三法分立”而经历一段时间的转轨过程。以上提及的诸方面并不是《专利法》“三法分立”产生的全部影响，有理由相信，还将产生更多隐性的、未经研究的、难以在当下预料的影响。总而言之，将《专利法》最基本的体系结构进行整体分拆，必然会产生复杂、持久、多方面的社会效应，应当谨慎地加以评估。而相比之下，保持“三合一”的基本结构不变，对《专利法》内部的体系结构进行微调，虽然也难免产生负面影响，但其影响程度和范围将远远小于变动剧烈的“三法分立”。

（三）以“体系化”为目标实现专利法体系结构优化

通过回顾英国、美国、德国、日本的专利制度发展历史，一国的专利法律体系结构生成并非是理性设计的结果，其中包含了诸多非理性因素的影响，包括立法背景、法律继受、产业发展、国际环境等各种因素。因此，不能简单地为了“与国际接轨”，就彻底否定我国现行《专利法》体系结构具有的优点和长处。

目前世界主要国家《专利法》的立法模式可分为四类：单独立法模式、部分合并立法模式、“合并立法，法内分编”模式和“合并立法，集中规定”模式。通过对这四种模式的代表国家立法进行研究，各种立法模式各有优劣。我国《专利法》目前采用的“合并立法，集中规定”模式具有独特的优势。而部分国家使用的单独立法模式也存在一定的弊病，并非绝对先进的体系结构，不应简单照搬仿效。因此，“三法分立”并非具备天然合理性的变革方案。

在完善《专利法》体系结构的进程中，应结合立法程序和技术、知识产权理论构建、现实问题针对性、收益成本等角度，重新评估《专利法》体系结构优化的参照方向。具体而言，在立法程序和技术方面，应当考虑我国立法部门对法律修订幅度和尺度的接受程度，将《专利法》体系结构的调整潜移默化地融合在数次修订之中，而不是采用动“大手术”的方式，强行分拆《专利法》；在知识产权理论构建方面，应着重对专利法律基本概念逻辑体系的构建，抽象出专利制度的一般原则和通用规则，避免在“合”与“分”中形成汇编式的、缺乏体系性的专利法；同时，还应充分考虑《专利法》体系结构与现实问题的关联性，评估不同方案的合理性和可行性。本研究认为，从现实维度考虑，解决中国专利事业现存问题的最佳思路，是在保持现有专利法律体系和秩序稳定的前提下，在多个维度和层面上，针对具体问题的最直接诱因逐步加以解决。最后，从收益成本的考量上，《专利法》体系结构的优化调整应当充分考虑立法成本和实效的关系。目前，我国《专利法》的具体制度构建依然有待完善，应当首先注重具体制度的创设、继受和借鉴，满足现实的紧迫需要。而《专利法》“三法分立”将消耗大量的立法资源，产生高额的制度转轨成本，实效性难以保证，目前并非最佳的操作时机。

综合考量我国民法典编纂和知识产权法的体系化需求、我国专利法律体系的现状、不同立法模式的优劣、现行专利法律的制度逻辑、公众对法律的认知程度，以及制度转轨的成本与收益等各个方面，本研究认为，《专利法》应当在统合的路径下，综合“三法分立”的思路和技术，实现“分”与“合”的有机互动，以实现《专利法》的体系化为根本目标。

实现《专利法》的体系化，应融合“分”与“合”的技术，对《专利法》的体系结构进行“精雕细琢”，克服先前立法的粗疏和遗漏。需要在保持统合路径的基础上，一方面借鉴法典化的技术，首先实现《专利法》规则体系的完善，解决专利法律规范分布分散、“法出多门”的问题，为体系化的《专利法》奠定坚实的规范基础，同时继续推进制度的引进和创新，将《专利法》规制范围的广度和深度扩大到一定程度。另一方面，综合“三法分立”的思路，在保持《专利法》现行体系结构基本稳定的基础上，将《专利法》中适宜“三法分立”的部分，按照统一的规则加以整理、编纂，对《专利法》的体系结构进行细节优化，最终形成整体统合、局部分立的体系结构。

目前，知识产权强国战略已经成为国家综合国力提升的重要战略布局之一。包括《专利法》在内的专利法律制度还将面临更多具体规则层面的增减、修订和调整，《专利法》在国民经济、社会发展中也将产生越来越重要深远的作用，同时还将在大国博弈、国际合作和贸易竞争中扮演至关重要的角色。事实上，无论是《专利法》“三法分立”，还是《专利法》的“三合一”，都源于我国《专利法》历经三十余年施行所积累的经验、成果和教训，都脱胎于对现实问题的思考和研究。虽然本研究对《专利法》“三法分立”的整体设想作出了不同的结论，并对“三法分立”的具体实施持保留态度，但不可否认的是，“三法分立”也有一定的理论基础和现实参考价值。更重要的是，对“三法分立”的讨论引发了学界和实务界对《专利法》体系结构的新一轮争论和思考。无论结论如何，都将对《专利法》的发展产生一定的推动作用。这也再一次说明，相较于缺乏现实合理性、可行性，并将带来更大制度转轨成本和社会影响的“三法分立”方案，采取融合“分”与“合”的思维、方法和技术，以灵活包容的“统分结合”为基本理念，以“体系化”为根本目标，是实现《专利法》体系结构优化提升的更现实、更合理的方案。

附　录

关于专利标识在消费中的引导和混淆情况的问卷调查

尊敬的受访者：

您好！以下问卷是针对您（受访者）在日常生活中对各类带有“专利标识”的商品的购买倾向和混淆情况进行的问卷调查。该问卷调查将用于进行国家知识产权战略实施专项研究项目“发明、实用新型、外观设计三法分立问题研究”的研究工作。

我们郑重承诺：基于该问卷收集的个人信息，将严格用于非营利性的学术研究用途。研究结果将去除可能定向到个人的信息，不向任何其他营利性、非从事学术研究的主体提供或披露。如其他主体以违反法律，或违背学术道德和公共道德的方式使用基于本问卷调查收集的数据，相关法律责任由该主体承担。

感谢您对本研究的支持和信任！

研究人：北京大学国际知识产权研究中心

【个人基础信息】

1. 您的年龄段：[单选题、必答题]

○18 岁以下　○18～25 岁　○26～30 岁　○31～40 岁

○41～50 岁　○51～60 岁　○60 岁以上

2. 您的最高学历（含目前在读）［单选题、必答题]

○初中以下　○初中　○高中　○大学专科

○大学本科　○硕士研究生　○博士研究生

○未接受过任何学历教育

3. 您目前接受过的最高层次的法律教育 [单选题、必答题]

○本科及以上法学相关专业教育

○本科及以上基础法律教育（非法学相关专业）

○高中基础法律教育

○义务教育阶段基础法律教育

○职业非学历法律教育（含各类职业培训、业务培训、研修班等）

○未接受过任何法律教育

4. 您是否正在从事与法律、知识产权、专利有关的工作或学习？［单选题、

必答题]

注：与法律、知识产权、专利有关的工作或学习，至少包括：

政法干警（法官、检察官、公安等）；

执业律师；

执业商标、专利代理人；

各类院校的法律教师；

国家或地方级知识产权行政管理、执法机关工作人员；

了解专利制度的科研人员；

企业、科研院所的法务部、知识产权部或专利部门职员；

各类院校政法相关专业学生

○是　○否

5. 在本题之前，您是否知道，我国《专利法》规定了三类“专利”，分别包括发明专利、实用新型专利和外观设计专利？ [单选题、必答题]

○是　○否　○不好说

【专利标记在消费中的导向和混淆作用】

6. 在您的日常生活中，在有意愿且拥有充足购买能力的情况下，如遇到宣传广告、产品包装上带有“专利”字样的商品，相较于其他同类商品而言，您选购这类产品的倾向度为__________。 [单选题、必答题]

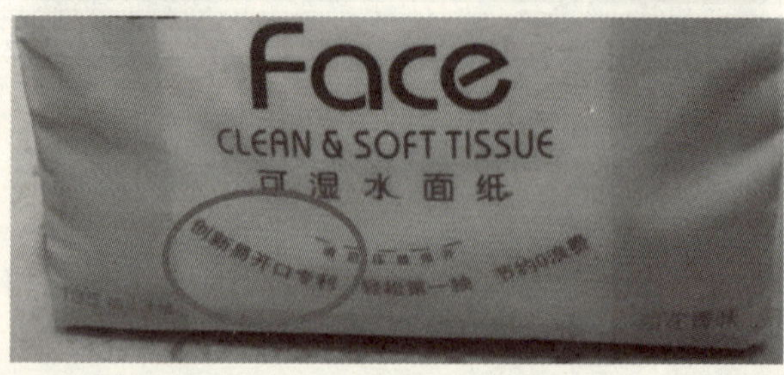

注：“专利”字样包括但不限于：“中国专利产品”、“专利配方”、“中

国发明专利”、“中国实用新型专利”、“专利技术”、“专利品质”等。

○反而绝对不会购买　○会因此降低意愿　○不会产生任何倾向

○会因此增加意愿　○一定会优先购买

7. 当您遇到上图所示的商品时，您会认为这些“专利产品”是以下哪种专利？ [单选题，当受访者第 4 题选择“是”时出现]

○发明专利　○实用新型专利　○外观设计专利　○分不清

8. 当您遇到类似上图所示的“专利”商品时，您会认为这些“专利产品”具有哪些特质？（可多选）［多选题，当受访者第 4 题选择“否”或“不好说”时出现］ *

○产品技术更先进　○产品质量相对更有保证　○产品更加物有所值

○产品得到了国家官方的某种认证　○可能有点夸大宣传

○与同类产品没什么本质区别　○只是营销手段而已

○并不会产生任何联想或认识　○不好说

9. 截止本题前，您是否知道，仅标识“专利产品”而不写明专利类型（发明、实用新型、外观设计专利），是违反我国《专利法》和《专利标识标注办法》的违规行为？ [单选题、必答题]

注：《专利标识标注办法》

第五条　标注专利标识的，应当标明下述内容：

（一）采用中文标明专利权的类别，例如中国发明专利、中国实用新型专利、中国外观设计专利；

（二）国家知识产权局授予专利权的专利号。

除上述内容之外，可以附加其他文字、图形标记，但附加的文字、图形标记及其标注方式不得误导公众。

○知道　○不知道　○不好说

感谢您的支持！本问卷到此结束。

Research on the Trisection of *the Patent Law* of China into Invention Law，Utility Model Law and Design Law

Zhang Hanxiong

Abstract: One of the characteristics of the structure of *the Patent Law* of China is that invention patents，utility model patents and design patents are simultaneously regulated in one legal text and are all called “patent”.This feature is being questioned and criticized.Some views suggest that the current *Patent Law* should be divided into patent law，utility model law and design law，which is also known as the “Trisection” of *the Patent Law*.The systematic optimization of *the Patent Law* should be based on respecting the history of legislation and the stability of the law，understanding the rules of the “seperation” and “combination” of the legal system，taking the trend of the compilation of our national code into consideration and analyzing the necessity and rationality of the “Trisection” of *the Patent Law* from the angle of endogenous motivation and exogenous motivation.As a possible means to solve the defects of the current *Patent Law*，the “Trisection” does not have sufficient rationality and feasibility.Aiming at the systemaltization of *the Patent Law*，the technic of “seperation” and “combination” should be integrated in the refinement of the structure of *the Patent Law* with the guidence of the incorporation of this two technics.

Keywords: the Patent Law；Legislative Model；Codification；Legal System

作品类型化视野下信息网络传播权案件的判赔考量因素研究——以 2016—2018 年 1270 件北京知识产权法院判决为样本

蔡元臻　戴佳兵

摘　要：在著作权侵权纠纷中，侵犯信息网络传播权的案件比例逐年上升，该数字在 2018 年已经接近 70%。此类案件中，侵犯不同作品的信息网络传播权赔偿情况差异较大，法定赔偿泛化的问题也亟待解决。法定赔偿泛化并不必然是司法判赔数额较低的制度性原因，其完善手段之一应当是考量因素的细化。虽然学界不乏针对性的研究，但是在作品类型化视野下进行构建的较少，作品类型化在实现司法定价与知识产权市场价值之间良性互动的过程中应当扮演更为重要的角色。本文以 2016—2018 年由北京知识产权法院审理的 1270 件侵害信息网络传播权案件为样本，从不同类型作品的案件数量、判赔情况、考量因素设计等方面分析信息网络传播权案件的裁判现状。综观我国各地司法文件对于考量因素的规定，细致有余而条理不足者多有之。从作品本身出发，可以从作者、市场、社会三个维度理解不同类型作品的原生性差异，进而对考量因素的设计有所启发。而基于作品类型化和因素体系化思维的双轨制研究，应当是完善著作权法定赔偿制度更为踏实的路径。

关键词：信息网络传播权；作品类型；作品维度；考量因素

作者简介：蔡元臻（1987—　），上海财经大学法学院讲师，硕士生导师，主要研究方向为知识产权法、侵权法。

戴佳兵（1996—　），上海财经大学法学院 2018 级硕士研究生，主要研究方向为知识产权法。

目　次

一、问题的提出

计算机技术和通信技术的快速发展，架起了信息传播的桥梁，这座无形、高速的网络之桥突破了空间与时间的限制，使得信息网络的运用迅速成为人们生活的一部分。与此同时，“在信息的个人利用产生爆炸性增长的21世纪，权利人不得不接受这样的现实，即不受其控制的利用在不断增长。以这种不受控制的利用为前提，著作权法必须重新构筑”[1]。这一论断直接表现为信息网络传播权侵权案件的爆发。以北京知识产权法院为例，在近几年的著作权侵权纠纷中，侵害信息网络传播权的案件比例[2]不断上升。2016年，侵害信息网络传播权的案件占著作权侵权纠纷案件的48.7%，该数字在2017年上升至59.3%，并在2018年达到67.7%。而其他诸如发行权、复制权、署名权、翻译权等著作权财产权利的相关案件则分布零散，数量也不大，目前还不足以单独列出进行讨论。

信息网络传播权案件井喷的大形势下，如何加快完善著作权侵权损害赔偿制度，迅速遏止网络著作权侵权态势，成为当下我国法院面临的重大课题。中共中央办公厅、国务院办公厅于2018年2月联合发布的《关于加强知识产权审判领域改革创新若干问题的意见》要求我国司法机构“加大知识产权侵权违法行为惩治力度”，并以市场价值为指引，尽快破解侵权诉讼“赔偿低”的问题。遵循该文件的精神，北京市高级人民法院于2018年4月发布《侵害著作权案件审理指南》，在其第八章中详细规定了著作权侵权损害赔偿额度的计算顺位与考量因素，为因应信息网络传播权案件及其判赔打下了良好的基础。不过总体而言，针对我国侵害信息网络传播权案件的现状，仍普遍存在几个问题：第一，赔偿数额依旧偏低，导致重复侵权频发，特别表现为网络服务提供者或者网站运营商在承担侵权赔偿责任之后仍存在侵权行为，可见法院判赔尚未起到明显的预防作用。第二，不同作品类型的判赔金额虽然呈现出一定差异，但其影响因素并非来自作品的类型化差别，而是源于计算方式的先后顺位及其考量因素的不同设计。第三，法定赔偿的适用仍然居高不下，[3]导致司法文件为其他赔偿计算方式专门设计的考量因素无法发挥作用。第四，虽然一些司法文件已经明确将作品类型纳入判赔考量因素的范畴，但目前尚未在新近判例中得到充分的体现。

---

1 〔日〕中山信弘：《多媒体与著作权》，张玉瑞译，北京：专利文献出版社1997年版，第102页。

2 即信息网络传播权纠纷案件占著作权侵权案件总数的比值。

3 以北京知识产权法院为例，本文实证研究发现，法定赔偿在2018年侵害信息网络传播权案件中的适用率为94.1%。

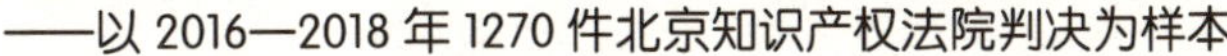

知识产权的无形性特征导致著作权领域中普遍存在侵权损失难以计算和侵权行为难以证明等问题，这些问题在一定程度上诱发了法定赔偿的泛化。法定赔偿带有鲜明的裁量性色彩，赋予法官自由裁量权，因此在多个考量因素的综合作用下，时常出现高于法定赔偿上限或者低于下限的情况，有学者将之分别称为“酌定赔偿”和“综合赔偿”。[4]但是，正如王泽鉴先生指出，法官需要对一般规则进行说理和论证。[5]在适用法定赔偿的方式确定赔偿额度时，法官更应该充分考量作品价值的评估因素。在司法实践中，不同作品类型的市场价值存在差异，不能一概而论，但是就近年来的判例来看，法官尚未明显注意到不同类型作品之间的原生差异。本文认为，虽然各界对于著作权侵权损害赔偿额度计算标准的研究如火如荼，但是短期内法定赔偿的适用优势仍将难以撼动。因此，如何优化著作权法定赔偿的考量因素应当是时下更加契合我国司法需求的命题。

针对我国著作权侵权损害赔偿额度低的现象，各界似乎早已将法定赔偿的泛化视为其根本原因之一。但是本文认为，法定赔偿并不必然是司法判赔数额较低的制度性原因，对此，一些学者尝试从不同维度出发提出了法定赔偿制度的优化方案。这些方案中的绝大多数或以举证责任规则的完善为思路，[6]或以知识产权的市场价值彰显为导向，[7]偶有针对判赔考量因素的研究，[8]也仅限于个别作品类型，未能对所有主要作品类型作出全盘的分析。作品的类型化在实现司法定价与知识产权市场价值之间良性互动的过程中应当扮演更为重要的角色。循此，本文收集、整理了2016—2018年由北京知识产权法院审理的侵害信息网络传播权案件，共计1270件。文章第二部分将基于作品的类型化思维，分析比较各类作品信息网络传播权侵权案件的判赔情况，着重分析2018年的375件案例；第三部分将探讨著作权作品类型化的法律渊源和理论基础、考量因素构成的三个维度，以及在此之下各类作品的不同表现。

4 参见曹新明：《我国知识产权侵权损害赔偿计算标准新设计》，《现代法学》2019年第1期。

5 王泽鉴：《民法思维》，北京：北京大学出版社2009年版，第157页。

6 参见张晓霞：《损害赔偿举证责任的双刃作用——对提高定额赔偿立法趋势的质疑》，《知识产权》2016年第5期；黄晖：《知识产权法中法定赔偿及酌定赔偿数额的综合认定及举证要求》，《知识产权》2016年第5期。

7 参见吴汉东：《知识产权损害赔偿的市场价值分析：理论、规则与方法》，《法学评论》2018年第1期；陈志兴：《专利侵权诉讼中法定赔偿的适用》，《知识产权》2017年第4期。

8 参见徐聪颖：《侵犯影视作品信息网络传播权的司法判赔问题研究——以414件民事判决为样本的实证分析》，《河北法学》2016年第11期。

二、侵害不同类型作品信息网络传播权案件的判赔比较分析

基于《著作权法》中的作品基本分类和司法实践中的实际判赔情况，本文将作品类型区分为文字作品、摄影作品、影视作品、美术作品、音乐作品及其他作品六类。[9]北京知识产权法院每年审理大量计算机软件案件，由于该院管辖权的关系，[10]计算机软件案件构成了一审案件的绝大部分，同时，这些案件几乎全部以一审结案。[11]鉴于计算机软件案件的特殊性，本文不将其与上述其他作品类型合并分析。

（一）各类作品案件比重及判赔金额对比

网络著作权侵权行为的实施对象在理论上可以涵盖一切作品类型，但是实践中，文字作品始终是此类侵权的重灾区。随着短视频产业和娱乐节目直播平台的崛起，我国著作权的行政保护内容越来越丰富，但是即便如此，文字作品的行政管理和执法仍然是目前政府工作的首要任务，在每年例行的“剑网”专项行动[12]、法律法规实施[13]以及行政监管工作中都有着突出地位。本文根据前述六种作品类型，将各类作品在所有信息网络传播权案件中的比重、判赔金额的均值[14]以及判赔金额的标准差[15]进行对比，结果如表 1、表 2 所示。

---

9 影视作品主要包括电影作品和以类似摄制电影的方法创作的作品；音乐作品包括音乐、戏剧、曲艺、舞蹈、杂技等作品；其他作品主要指影视截图作品、录音录像制品等。

10 参见《最高人民法院关于北京、上海、广州知识产权法院案件管辖的规定》（法释[2014]12 号）第一条。

11 例如，2018 年该院二审案件中便没有计算机软件案件。

12 参见国家知识产权局主办：《中国知识产权年鉴 2017》，北京：知识产权出版社 2017 年版，第 101—102 页。

13 2016 年 11 月国家版权局印发《关于加强网络文学作品版权管理的通知》。

14 判赔金额的均值是指样本中该类作品裁判的金额总数与该类作品案件总量的比值。

15 标准差是用来衡量数据值偏离算术平均值的程度，标准差越大，说明数据离散程度越大，在本研究中指的是该类作品裁判金额的差异程度。

表1　2016—2017年侵害信息网络传播权案件中不同类型作品的案件数量对比[16]

作品类型	2016年		2017年		
	案件数量	**案件比例**	**案件数量**	**案件比例**	**平均判赔数额/元**
文字作品	107	32.9%	265	49.5%	38364.0
摄影作品	72	22.2%	126	23.6%	
影视作品	119	36.6%	119	22.2%	
美术作品	0	0	6	1.1%	
音乐作品	27	8.3%	7	1.3%	
其他作品	0	0	12	2.2%	
总计	325	100%	535	100%	

表2　2018年侵害信息网络传播权案件中不同类型作品的案件数量与判赔数额对比

作品类型	案件数量	数量占比	判赔均值/元	标准差/元
文字作品	158	42.1%	52695.6	116804.4
摄影作品	97	25.9%	18548.5	49388.0
影视作品	86	22.9%	50267.4	61289.4
美术作品	25	6.7%	3480.0	2018.0
音乐作品	5	1.3%	17400.0	3110.5
其他作品	4	1.0%	67666.7	—
总计	375	100%	39746.9	87097.0

根据统计，侵犯文字作品信息网络传播权的案件数量最多，共158件，占样本案件数量的42.1%，这与2017年全国范围的统计结果接近。[17]其典型案情表现为网络服务提供者未经权利人许可，在其经营的网站上为他人提供权利人的作品，或者未尽到相应的注意义务，为他人提供存储、下载权利人作品的服务。其次则是摄影作品，主要表现为侵权人未经权利人许可擅自使用权利人的摄影作品并将其向公众传播；影视作品侵权案件也较多，通常涉及视频网站侵权，即视频网站等互联网公司未经权利人许可，擅自在其经营的网站上向公众

16　该表中部分数据来源，参见知产宝司法数据研究中心编著：《北京知识产权法院司法保护数据分析报告（2016年）》，第31页；知产宝知识产权保护数据中心编著：《北京知识产权法院司法保护数据分析报告（2017年）》，第66—70页。

17　该数据在2017年全国信息网络传播权案件统计中为48%，参见国家版权局：《2017年中国网络版权保护年度报告》，第8页。

提供电影、电视剧等影视作品。

在裁判金额方面，除了包含类型较多的其他作品以外，文字作品的判赔金额均值最高，但同时其标准差数值也最大，这意味着文字类作品的判赔实际情况个案差异较大，2018 年案件所显示的最高判赔金额为 500000 元，[18]即所谓的“顶格赔偿”，最低仅 160 元，[19]属于“综合赔偿”。需要说明的是，基于本文样本所得出的判赔金额的对比结果，较之 2017 年的全国统计数据存在一些差异，后者统计得出的音乐作品判赔金额远高于其他类型，[20]这一方面是囿于本文样本中音乐作品案件数量有限[21]、案源单一，另一方面则是因为较之词曲作者维权，样本案件均属于唱片公司批量维权的情形，赔偿金额普遍较低。

（二）各类作品获赔率对比

前文从整体上展现了不同类型作品的判赔情况，不同的作品类型具有不同的创作难度、社会经济价值，其具体的判赔金额差异也是很大的。为更加具体地说明作品类型不同，其判赔情况迥异，本文就 2018 年的案件对比了各类作品的获赔率[22]以及获赔率在各个区间的分布情况。各类作品的平均获赔率见图 1。

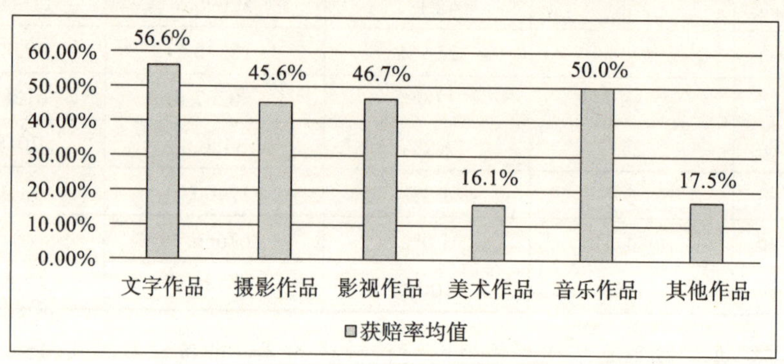

图 1 2018 年侵害信息网络传播权案件中不同类型作品的获赔率对比

此外，该样本中整体获赔率的均值为 48.4%，仅有文字作品的获赔率均值在整体均值以上，可见在信息网络侵权案件中，原告对诉讼结果的预期与实际中能得到的结果差距较大。维权成本和获赔数额之间的落差往往会导致权利人“赢了官司，失了钱财”，进而造成权利人怠于行使权利的现象。2007 年到 2017

18 北京知识产权法院（2018）京 73 民终 1481 号民事判决书。

19 北京知识产权法院（2018）京 73 民终 417 号民事判决书。

20 参见国家版权局：《2017 年中国网络版权保护年度报告》，第 9 页。

21 参见北京知识产权法院（2018）京 73 民终第 26、27、28、29、30 号民事判决书。

22 严格来说“获赔率”存在歧义，其一指多个主体遭到侵权时，通过救济获得赔偿的主体数量与主体总数之比，其二指法官实际判赔金额与权利人主张的赔偿金额之比，亦即“判赔支持率”。本文采用第二种含义。

年期间，中国知识产权案件中超过法定赔偿限定额度之上的案件最多的是著作权类案件，其中计算机作品、文字作品及美术作品最有可能获得法定限额以上的赔偿。然而，正如该样本所反映的，面向信息网络传播权的保护力度仍旧不足，尤其是在美术作品的保护上。

为进一步考察不同作品类型的获赔率，本文将其分为四个区间，即原告获赔率 X 小于25%，大于等于25%、小于50%，大于等于50%、小于75%，大于等于75%，并计算整理出以下结果（见表3）。

表3　2018年侵害信息网络传播权案件中不同类型作品下各获赔率区间的案件比例

作品类型	$X<25\%$ 的案件比例	$25\%\leqslant X<50\%$ 的案件比例	$50\%\leqslant X<75\%$ 的案件比例	$X\geqslant 75\%$ 的案件比例
文字作品	22%	16%	25%	37%
摄影作品	20%	40%	28%	12%
影视作品	43%	30%	22%	5%
美术作品	88%	8%	0%	4%
音乐作品	0%	0%	100%	0%
其他作品	0%	0%	75%	25%

由此可见，文字作品的判赔情况个案差异比较大，获赔率在四个区间均有所分布，其占比差异相对于其他作品类型而言较小，并且获赔率在75%及以上的案件较多；摄影作品和影视作品的获赔率主要集中在25%～50%，超过75%获赔率的案件分别仅占12%和5%；美术作品的保护力度不容乐观，获赔率低于25%的案件高达88%，超过75%的仅有4%。整体上，大多数侵害信息网络传播权案件的获赔率未能过半。

本文认为，上述统计数据至少呈现出以下几个主要现象。①个别类型作品中的案源“垄断”现象。随着自媒体与社交媒体产业的勃兴，微信公众号、短视频平台、微博的普及引领了全民创作时代的到来，且尤以二次创作行为为甚。[23]移动网络环境中，一方面，文字作品、影视作品与摄影作品受众面广，加之其市场价值大、创作难度低，为网络侵权行为的实施提供了充分条件；另一方面，通过用户端转发、传播上述作品十分便利，此类行为不一定侵犯复制权，但很可能侵犯信息网络传播权，[24]这些原因促使上述几个作品领域成为网络内容产业案件的主要源头。②判赔金额和获赔率同时偏低。此处需要澄清的是，赔偿金

23　参见蔡元臻：《论合理使用对滥用通知现象的遏制——美国“跳舞婴儿案”的启示与反思》，《知识产权》2019年第1期。

24　参见魏嘉：《移动互联网环境下文字作品著作权保护问题调研报告》，北京市东城区人民法院知识产权庭、中国互联网协会调解中心发布，第12—13页。

额数偏低和获赔率不足虽然外部表现相似，但是二者的逻辑起点不尽相同。赔偿金额偏低既有举证的缺失，也可能是因为价值评估的不彰显和考量因素的不健全；而获赔率不足在一定程度上则是商业维权的权利滥用行为所导致。[25]易言之，权利人"漫天要价"之余，法院通过严谨的判断而依法判赔，此时的获赔率必然不高。而即便判赔金额偏低，纠偏的驱动力也不应当来自权利滥用行为。③判赔金额和获赔率呈发散性分布，标准差大，难有规律可循。这一方面当然源自个案案情本身的特殊性，但另一方面，考量因素不健全所导致的酌定数额偏差，也是上述分布结构的主要形成原因之一。

（三）全额赔偿案件的考量因素整理

为进一步知悉法官全额支持权利人主张赔偿金额的条件，本文查阅了样本中获赔率为100%的判决，共计 70 件，其中文字作品最多，共 59 件，此外还有摄影作品案件 7 件、影视作品案件 3 件、美术作品案件 1 件。这些判决无一例外地适用了法定赔偿的判赔方式。具体金额上，法官全额支持的赔偿金额集中在 10000 元到 50000 元之间。通过整理裁判过程中不同类型作品所采用的考量因素，同时计算各个考量因素的适用比例，即判决书中所列举的具体考量因素占该作品案件总数的比值，得到结果如表 4 所示。

表 4　2018 年全额赔偿案件中不同类型作品的考量因素

考量因素 / 作品类型	作品知名度	创作难度	作品稿酬	作品完整性	许可授权费用
文字作品	100%	100%	100%	100%	0%
影视作品	100%	0%	0%	100%	0%
摄影作品	100%	100%	0%	0%	0%
美术作品	100%	100%	0%	0%	0%

表 4 所带来的最直观的感受，无疑是考量因素体系下许可费用的失位。虽然实践中绝大多数著作权侵权案件的双方当事人之间只存在"侵权—被侵权"的单纯关系，鲜有涉及许可授权关系的情形，但是在审理牵涉"权利转让协议"的案件时，更为常见的做法是：仅依据权利人提供的有关该协议的证据确定权利人的权利地位，而不会将许可使用费视为作品价值的考量因素之一。合理许可费用在确定侵权损害赔偿金额的过程中具有重要地位，也在其他知识产权单

25　我国个别版权权利人的滥诉行为已经引发了一定规模的"版权蟑螂"现象，参见易继明、蔡元臻：《版权蟑螂现象的法律治理——网络版权市场中的利益平衡机制》，《法学论坛》2018 年第 2 期。

行法中得到了明确，[26]对于该要素的忽视很容易导致作品市场价值的不彰。

（四）小结：不同类型作品案件判赔中个性考量因素的缺失

事实上，较之我国适用法定赔偿的专利和商标案件，本次研究样本中的获赔率明显更高——自 2008 年《专利法》修订以后截至 2013 年，法定赔偿下的专利案件获赔率不到三分之一，[27]商标案件实证研究的结果则约为四分之一。[28]但是客观来看，几个主要作品类型的案件获赔率都徘徊在 50%左右，整体情况仍然不尽理想。另一方面，虽然各类作品判赔金额差异较大，但是这些差异并非来自法官针对不同类型作品的不同考量因素，获赔率之间的接近也多少暗合了这一判断。由此引发的一种猜测是，法院在确定赔偿数额时可能会直接在权利人实际主张金额的二分之一处“斩获”一个基数，再在此基础上予以微调。而无论这种“减半判赔”的猜测准确与否，[29]从当前的现象中都难以窥见作品的类型特色及其本身的价值。

我国《著作权法》对于作品类型采用了一种基于艺术性质的分类方法，有学者从司法判别的角度质疑这种方法的严谨性，[30]不无道理，但更重要的是，该分类方法的选取折射出我国在审视作品时更加注重艺术性这一价值取向。相比可分离性标准等法律层面的判断，作品的文学性和艺术性与原创性和作品价值之间的联系更为密切。因此，遵循我国著作权立法思路，作品类型应当在法院判赔过程中作为更重要的参考，相对应的考量因素也应当得到专门的设计。

三、不同类型作品下判赔因素设计的三个维度

（一）作品类型化的渊源及其分类意义

作品的概念本身就是一个考量标准，不同类型的作品具有不同的权利价值。世界上第一部著作权法——《安娜女王法令》（*Statute of Anne*）规定了以书面形式出版的美术、音乐以及文字作品受到版权法的保护；20 多年后，英国又通过

---

26 例如，参见我国现行《商标法》第 63 条、《专利法》第 65 条以及 2019 年 1 月公布的《专利法修正案（草案）征求意见稿》第 72 条。

27 参见陈志兴：《专利侵权诉讼中法定赔偿的适用》，《知识产权》2017 年第 4 期。

28 参见徐聪颖：《我国商标权法定赔偿的现状及反思》，《甘肃政法学院学报》2015 年第 3 期。

29 根据已有的一些研究成果，这种“腰斩式”的简单处理确实在我国存在，而且不限于知识产权侵权案件。有关该裁判习惯在专利领域中的适用，参见上海市第二中级人民法院（2008）沪二中民五（知）初字第 262 号民事判决书。

30 参见卢海君：《版权客体论》，北京：知识产权出版社 2014 年版，自序第 14—15 页。

《雕刻著作权法》（*Engraving Copyright Law*）来保护雕刻者的权利。此后，工业革命时代下的技术革新孕育了新型作品的诞生，摄影作品、电影电视作品、录音录像作品成为著作权保护的新对象。进入 20 世纪后，生物工程、材料工程等技术开始进入著作权保护领域。而现如今，计算机技术的发展再一次拓宽了著作权的保护边界。计算机软件作为独立的商品进行交易，具有独立的价值，[31]推动了各国立法对计算机软件及数据库的保护。可见，随着时代的发展，会不断出现新生事物，著作权保护的边界就会不断扩张。

无疑，作品在立法中的类型化有着重要的法律意义。这种意义首先体现在智力成果的可著作权性，虽然就《著作权法》中作品类型化条款应否被视为作品的绝对构成要件这一问题仍然存在争议，[32]但是可以肯定的是，即便司法者通过灵活运用作品的概念条款而将新型作品纳入著作权法的保护范畴，如果这种新的表达无法在现行体系中获得合适的定位，其可著作权性必然存在重大疑问。[33]其次，对层出不穷的作品进行分类不但便于作品登记和分类管理，还为特殊规则的建立提供了土壤。例如，稿酬的计算通常仅针对文字作品，影视作品和音乐作品则具有特殊的权属规则，美术作品、摄影作品原件所有人更能够直接行使展览权。如果缺乏作品分类，这些规则的适用就会十分混乱，徒增法律解释的负担。法律上对于类型的划分不仅是基于作品的共同特征，还应当考虑作品的特殊性，以制定相应的匹配规则。[34]除了作品类型的匹配规则以外，对作品类型的划分有利于在著作权市场的交易中关于许可费用参考标准的拟订。目前，我国著作权管理收费标准仅及于文字作品、音乐作品以及电影作品。[35]

作品类型化的另一层重要意图在于彰显不同形式下作者表达的内涵。《伯尔尼公约》以作品表达的内容为区分依据，将作品类型化为文学作品（Literary Works）和艺术作品（Artistic Works），其中“文学作品”是一个抽象的法律概念，与生活中所理解的“文学”有所区别。[36]世界各国著作权法在保留文学作品的同时，对艺术作品进行了更细致的划分。不同的国家立法服务于迥异的社会文化背景，对不同的作品类型的保护也有一定差异，例如对于芭蕾、戏剧等作品，大陆法国家中的法国、意大利明确规定必须对其予以保护，而日本和德国则没

31 参见吴汉东：《知识产权基本问题研究（分论）》，北京：中国人民大学出版社 2009 年版，第 40 页。

32 反对将该条款视为绝对构成要件似乎已经成为学界的主流意见，站在对立面的少数观点可以参见陈锦川：《法院可以创设新类型作品吗？》，《中国版权》2018 年第 3 期；吴高盛主编：《〈中华人民共和国著作权法〉释义及实用指南》，北京：中国民主法制出版社 2015 年版，第 38—39 页。

33 参见李琛：《论作品类型化的法律意义》，《知识产权》2018 年第 8 期。

34 参见李琛：《论作品类型化的法律意义》，《知识产权》2018 年第 8 期。

35 我国音乐著作权协会、文字著作权协会、电影著作权协会已经制定了相关许可费用的收费标准。

36 参见孙新强、李伟民：《Literary Works 译意探源》，《知识产权》2014 年第 1 期。

有。我国《著作权法》同样对《伯尔尼公约》有所借鉴，但最终采用了双重标准的划分方式，即根据作品内容和作品形式的不同划分作品类型。诚如上文所述，我国立法更加强调作品的文化内涵，进而指向作品在社会中能够得到反映的价值，亦即市场的回应性，而不是各类作品在司法裁判中所凸显的差异。作品类型化的立法技术，是基于作品的文学艺术内涵，还是基于法律意义上的构成，其实是类型化思路的两种切入方式。本文认为，坚定前一思路虽然会对司法裁判造成一定困扰，但是对判赔数额的计算却能带来好处。尤其是，在倡导体现作品市场价值的大趋势下，前一思路更加契合市场对于文学艺术表达的一般认识。

（二）判赔考量因素设计的三个维度

1. 作者维度：劳动投入与原创性的判定

通过市场检验和赋予不同类型作品以价值，呼应了著作权这一损害赔偿客体的资产价值特征。市场价值分析在当前知识产权定价和侵权损害判赔中正在得到越来越多的重视和运用，理论上也在不断发展，只是其发展的重心早已从市场价值理论的合理性构建向具体分析方法发生转移。从国内近几年的学术研究成果来看，市场价值分析方面的研究似乎有“一统江山”的趋势，具言之，有关不同知识产权客体类型差异的基础理论研究较少，似乎创新成果的价值可以一律交给市场裁判。知识产权侵权案件中的损害数额往往难以认定，这早已是不争的事实，这究竟应当归咎于知识产权的无形性，还是知识产权价值变量的不确定性？第一种观点最早获得普遍认同，但是第二种观点正在后来居上，这在本文看来更像一种市场价值理论的过分扩张，不具有合理性，因为知识产权价值变量的不确定性本身就是无形性在市场中的体现，二者之间存在一种因果关系。同理，将知识产权损害赔偿数额的计算等同于无形资产评估，似乎也是针对过往财产权价值理论单一的“矫枉过正”。本文认为，在如此形势之下回溯财产及其权利的价值构成，其意义不止于对经典理论的温故知新抑或反思，更会对不同类型作品下判赔考量因素的设计带来些许指引。

财产及其权利的价值是多维度的，首先来自创造者的劳动。英国思想家约翰·洛克在其财产权劳动学说中强调的“天赋财产权”、“财产权等同于生存权”[37]等观点升华为了劳动价值理论，并由此为知识产权及其合理性提供了一种哲理化的解释。[38]劳动价值理论认为，商品的价值取决于生产它的社会必要劳动时间，这一逻辑在著作权语境下的适用与“额头滴汗”原则不谋而合。重要的

37 参见〔英〕洛克：《政府论》（下），叶启芳、瞿菊农译，北京：商务印书馆1996年版，第17—20页。

38 参见易继明：《评财产权劳动学说》，《法学研究》2000年第3期。

是，从劳动投入的视角审视不同类型作品的创作，我们很快会发现这些作品在这一问题上的差异。绝大多数情况下，创作文字作品、影视作品、音乐作品、美术作品所需要的劳动显然高于摄影作品，而影视作品、音乐作品的劳动幅度又在其他几类作品之上，最后，影视作品较之音乐作品似乎又胜一筹。从制作时间来看，影视作品成型耗时最长，且制作成本和放映成本也相对较高；通常情况下，通过相应稿酬的标准，能反映出文字作品、美术作品、摄影作品的创造性差异。

创作者智力投入的多寡可以从多个方面进行评价，除了创作时间以外，创作人数上，影视作品所需要的庞大团队显然也不是其他几类作品可以比拟的。此外，资本的投入也应当被视为劳动投入的一部分。就此而言，影视作品仍旧"鹤立鸡群"，然后才是音乐作品。根据英国电影产业学者史蒂芬·福洛斯（Stephen Follows）的研究，美国好莱坞影片的平均制作周期长达 871 天[39]，制作成本至少在 300 万美元以上[40]。剩余的几类作品则往往可由个人独立完成。事实上，财产权劳动学说曾因为价值源泉过于单一而受到诟病[41]，并在此后得到剩余价值、物化劳动价值等理论的修正[42]。

作品诞生过程中劳动投入虽然已经不能决定原创性的有无，[43]但仍然直接关系到原创性的高低。这种关系并不必然是正向的，因为我们不能断定原创性一定会随着劳动投入的增多而提升，但是可以肯定的是，劳动投入的增多会使创作成果与已有的作品之间的差异逐渐增大，脱离那些仅限于作品尺寸、载体、表达方式等方面的差异，[44]达成一种足够大的可区别性，最终赋予作品以显著的原创性。作品的原创性程度应当在裁量损害赔偿数额时予以考虑，而劳动投入是原创性程度的指标之一，这也是百年前的珠宝商案[45]留下的"遗产"。

2. 市场维度：作品作为商品在市场中的价值体现

知识产权的价值实现路径繁多，在经济层面上包括应用化、商品化和资产

39 *See* Stephen Follows，How Long Does the Average Hollywood Movie Take to Make?，at https://stephenfollows.com/how-long-the-average-hollywood-movie-take-to-make/，May 7，2018，last visited at March 17，2019.

40 *See* Stephen Follows，What's the Average Budget of a Low or Micro-budget Film?，at https://stephenfollows.com/average-budget-low-micro-budget-film/，Sept 22，2014，last visited at March 17，2019.

41 参见易继明：《知识产权的观念：类型化及法律适用》，《法学研究》2005 年第 3 期。

42 参见蔡元臻：《"知识产权合理性"语境下权利学说的适用与修正》，载刘银良主编：《北大知识产权评论（2014/2015 年卷）》，北京：北京大学出版社 2016 年版，第 5—6 页。

43 *See* Jane Ginsburg，No "Sweat"? Copyright and Other Protection of Works of Information after Feist v.Rural Telephone，92 Colum.L.Rev.338，350（1992）.

44 参见卢海君：《版权客体论》，北京：知识产权出版社 2014 年版，第 143—144 页。

45 Jeweler's Circular Publishing Co.v.Keystone Publishing Co.，281 F.83（2d Cir.），cert.denied，259 U.S.581（1922）.

化。其实三种路径都不约而同地指向市场，即市场是彰显知识产品和知识产权价值的最核心的领域。前文虽然对知识产权损害赔偿的过分市场化提出批评，但同时也承认，市场检验是评价知识产权价值的重要手段。如果说劳动价值不能涵盖劳动成果的全部，那么效用价值就成为关键的补全方式，毕竟在很多情况下，商品价值的大小是由社会知名度以及满足他人需求的程度决定的。[46]

市场性差异，抑或市场影响力的差异，是不同类型的作品的主要原生差异之一。著作权人通过支配或者行使一种权利从中获取财产利益，并且每一项权利都有其经济价值。[47]经济价值是著作权价值的基础，迈克尔·波特（Michael Porter）的"价值链条理论"指出，在整个生产环节中，是某些特定的节点构成了企业链条的盈利环节。[48]比如，作为文字作品的网络小说聚集了超高的人气，就很可能被改编为电影、电视，其知识产权价值就有无限的开放空间。影视作品的市场经济价值则可分为两个阶段：第一个阶段在其公开发表之前，作品的导演、主演、剧本、宣传运营等直接关系到作品的知名度，会影响其在一段时间内的市场经济价值；第二个阶段是在作品问世之后，作品质量、制作的好坏也会影响其在后期的市场经济价值，并且影视作品深受"上映档期"的限制，当该时段一过，其价值就可能骤然下降。

当下主流的著作权价值评估法包括收益现值法、重置成本法、市场评估法等。在对著作权的价值进行评估时，在兼顾商业价值和社会价值外，还可以综合多种评估方法进行评估，原则上以收益现值法为主。[49]收益现值法即通过预估被评估的资产的预期收益，以确定该资产的价值。然而在网络环境下，作品所能产生的收益被多种因素影响，其预期收益并不能绝对地反映该作品的现有价值。例如，在影视作品信息网络侵权案件中，权利人大多为视频网站经营者，其往往希望以预期的广告收益来确定该作品的价值，但是在实践中法官仅会依据现有广告收入作为作品商业价值的考量，并不会直接以预期的广告收益确定作品的价值。因此，在明确收益现值法优先适用的同时，也应当认识到其他方法的补充性。

需要特别说明的是，作品的许可使用费也应当是作品市场维度中的内容之一。我国现行《商标法》和《专利法》对于许可使用费作为损害赔偿计算方式的规定早已有之，但是《著作权法》中的适用却迟迟无法确立。虽然2014年《〈著作权法〉（修订草案送审稿）》第76条第1款作出了尝试，但是2017年的《〈著

46 参见张以标：《论以权利价值为中心的著作权法定赔偿制度》，《电子知识产权》2009年第3期。

47 参见范晓波：《著作权侵权损害赔偿之根据》，《电子知识产权》2006年第3期。

48 *See* Michael Porter，How Competitive Forces Shape Strategy，57 Harvard Business Review 137（1979）；〔美〕迈克尔·波特：《竞争优势》，陈丽芳译，北京：中信出版社2014年版，第31—34页。

49 郑成思：《知识产权价值评估中的法律问题》，北京：法律出版社1999年版，第128页。

作权法〉（修订草案送审稿修改稿）》第 53 条又将之放弃，实为可惜。不过本文认为，学界的推动[50]未必就此付诸东流。法律条文的缺位虽然会导致法律依据在一定程度上的不足，但是正如《浙江省高级人民法院民三庭知识产权损害赔偿审理指南》（浙高法民三[2017]4 号）第 11 条所规定，“侵害著作权的赔偿数额，可以参照专利法第六十五条规定的许可使用费的倍数合理确定”[51]，许可使用费仍然可以被权利人实际损失、侵权人非法获利以及法定赔偿所涵盖。司法实践中，许可使用费的适用仍然有待落实，根据本次研究的样本，虽然有些判决中涉及了许可使用费方面的参考，但最终法院并没有将其列入考量范围。[52]鉴于大多数原告是基于作品的许可费用提出的赔偿金额，这很可能是导致权利人主张赔偿金额与实际判赔金额相差较大的原因之一。

从某种程度上，作品稿酬和许可使用费之间是两个可以相互参考的指标。从样本的分析结果可见，在各类作品中，仅文字作品参考了稿酬标准，这 59 件案件中信息网络传播权的权利主体都是经由原作者授权的第三方，参考许可使用费的必要性可见一斑，这在影视作品语境下也一样。与此同时，文字作品与影视作品有一个共同点，即作品可分割，因此两种作品的完整性也被考虑在内。摄影作品案件中的许可使用费仅仅是用来确定被告是否侵犯信息网络传播权，[53]美术作品案件中法官的考量因素仅限于作品知名度、独创性程度，很少涉及权利转让问题，因此权利归属问题并不复杂，但这并不代表不应当考虑标准化美术作品的许可使用费。事实上，将作品稿酬作为许可使用费的基数的结合适用也具备相当的可操作性，《重庆市高级人民法院关于确定知识产权侵权损害赔偿数额若干问题的指导意见》（渝高法[2007]89 号）第 4 条规定，“著作权侵权案件中，侵权人以报刊、图书出版或类似方式侵权的，可参照国家有关稿酬或版税的规定，在正常稿酬或税率的 2～5 倍以内确定赔偿数额”，这是我国较早采用该做法的司法例。

市场评估法是指通过比较市场中类似作品的授权使用许可费来确定该作品的价值，适用该方法的前提是市场中需要有与待评估作品的相似作品或同类作品。但是，我国著作权交易市场中对许可使用费的规定还不够完善，并不是所

50　参见李军、朱雪忠：《我国著作权侵权赔偿中的合理许可费制度研究——以〈德国著作权法〉为参照》，《出版科学》2017 年第 4 期。

51　《最高人民法院关于审理著作权民事纠纷案件适用法律若干问题的解释》（法释[2002]31 号）第 25 条、《北京市高级人民法院关于确定著作权侵权损害赔偿责任的指导意见》（京高法发[2005]12 号）第 7 条和第 9 条，以及《北京市高级人民法院侵害著作权案件审理指南》8.5 条款中有类似规定。

52　例如，参见北京知识产权法院（2017）京 73 民终 1946 号、（2018）京 73 民终 85 号、（2018）京 73 民终 1029 号民事判决书。

53　例如，参见北京知识产权法院（2018）京 73 民终 437、1145、1219、1773 号民事判决书。

有的作品都被涵盖在其中，因此需要推定较为合理的许可费用。而推定合理的许可使用费则需要依据作品的市场影响力、创作成本等因素。[54]例如，决定文字作品市场经济价值的因素极大可能在于作者知名度、作品深刻的社会内涵等等，其市场价值的“生命周期”可能长于影视作品。而美术作品和摄影作品的市场价值受到人主观因素的影响，更具有不确定性。总之，要灵活运用不同作品价值评估的方式，并且要注意不同作品之间的价值差异，从而确定各类作品类型的考量因素。

3. 社会维度：不同类型作品的社会接纳程度及其惯例

早在 2005 年，北京和江苏两地的高级人民法院先后发布实施了《关于确定著作权侵权损害赔偿责任的指导意见》（京高法发[2005]12 号）和《关于知识产权侵权损害适用定额赔偿办法若干问题的指导意见》，是我国最早一批明确完善知识产权损害赔偿额度计算考量因素的司法文件。巧合的是，两份指导意见都在第 9 条对著作权案件考量因素作出规定，内容也十分接近，主要包括作品的独创性、市场影响力和知名度。一如前述，独创性彰显了考量因素的作者维度，市场影响力属于市场维度，作品的知名度则粗略地勾勒出了考量因素的社会维度。之所以谓之粗略，是因为随着著作权法理论的进步和司法实践的积累，作品的“社会维度”内涵已经远远超出了知名度这一个面向。不过，知名度无疑仍是作品社会维度的重要内容。

《著作权法》的立法目的之一，是社会文学、艺术的繁荣。这种繁荣不限于文学产业或者艺术产业，而是一种在社会变迁中从隐性到显性、从量变到质变的现象。定义一个社会中的文学或者艺术十分困难，但是用产业去涵盖整个概念无疑是片面的。市场价值之上的经济效益是作品的一个维度，而社会效益同样不得忽视。[55]即便抛开市场不谈，著作权作品与社会之间的关系也依然千丝万缕。本文认为，在著作权侵权损害赔偿的语境下，作品的价值应当是问题的核心。而作为这种价值的第三个维度，社会对于作品的接纳、评价及至回应，构成了该维度的主要内容。

由此来看，诸如作品销量、票房、点击率、浏览量、广告收入，以及作品知名度甚至以此带来的作者知名度，虽然带有一定的市场气息，但更多地应当被归类于社会维度的范畴中。作品的商业利润和商业声誉同属市场价值的两个方面，而商业声誉和社会评价又皆为社会接纳作品的结果。循此思路，作品的流行程度和获奖情况就应当属于作品发行后所获得的社会评价。《上海市高级人民法院关于知识产权侵权纠纷中适用法定赔偿方法确定赔偿数额的若干问题的

54 朱丹：《侵犯信息网络传播权赔偿额的确定》，《人民司法》2011 年第 11 期。

55 参见边发吉：《社会效益是衡量艺术品的首要指标》，《中国艺术报》2014 年 10 月 17 日，第 4 版。

意见（试行）》（沪高法[2010]267 号）第 6 条将作品的获奖情况纳入了判赔考量范围，同时，《浙江省高级人民法院民三庭关于审理网络著作权侵权纠纷案件的若干解答意见》（浙法民三[2009]6 号）第 33 条将获奖情况视为侵害文字、美术、摄影作品信息网络传播权的判赔因素，第 35 条将流行程度视为侵害音乐作品的因素，较之其他地方司法文件中仅仅照顾到作品知名度的做法更为成熟。凡此种种，也反映出各地法院对不同类型作品下社会维度的重视。

但是另一方面，上述法院的规定似乎细致有余而准确不足。上映档期的早晚和长短，是表现作品所获社会评价的一个方面。由于通常牵涉上映档期的作品仅限于电影作品，将其作为电影作品的考量因素尚且合乎情理。但将此类作品排除在获奖情况的因素之外，貌似欠缺考虑。事实上，即便在 2015 年底中共中央办公厅、国务院办公厅实施《关于全国性文艺评奖制度改革的意见》后，我国目前针对各类文艺作品所设置的各级官方和民间奖项仍然数以千计，国际上的奖项种类更是不计其数。但可以肯定的是，其中电影作品的针对性奖项数量最多，类电作品次之。因此，奖项的获得不但意味着专业人士和广大观众的认可，也应当被纳入考量因素。当然，从我国改革所反映出的奖项泛滥的现象入手，法院在不同奖项的权重设计和计算上，也必须审慎对待，这一点对于电影作品案件尤为重要。同理，面向各类作品而设立的“榜单”也需要得到类似的检验。[56]同样地，其他类型作品也拥有各具特色的社会考量因素，例如文字作品得到转载、美术和摄影作品参加展览、音乐作品被表演和传唱的程度（亦即流行程度），甚至影视作品截图被制作成表情包后在网络上的出现频率等。

四、结　　语

即便只是在侵害信息网络传播权行为的语境下，有关考量因素的研究也足以形成十分庞大的体系。本文的逻辑起点在于不同类型作品之间的差异，这些差异折射于作者、市场乃至社会等各个角度，最终对判赔考量因素的设计有所启发。诚然，本文的立足点是作品本身，不可否认在作品框架之外还存在着许多其他考量因素，有些聚焦于侵权情节，例如侵权行为的持续时间、侵权样态、主观过错、影响范围，有些则侧重于政策层面的考虑，鼓励突破法定赔偿上限，通过各种因素的叠加而达到惩戒侵权行为人的目的，还有的着眼于产业的长远发展，将主体的竞争关系、经济实力、行业现状纳入调整范围。

学界针对考量因素的研究不一而足，风格各异的因素体系林立，理论上已

56　参见许苗苗：《网络文学 20 年发展及其社会文化价值》，《中州学刊》2018 年第 7 期。

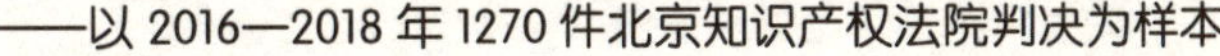

经为司法裁判打下了坚实的基础。但是从运用实效来看，此类研究成果的转化似乎止步于司法文件式的回应，在具体的案件审理工作中尚未形成惯例。有鉴于此，本文认为，通过维度的设计从而完善因素体系的研究固然重要，但是因素的体系化研究和可行性研究更为关键。综观我国各地司法文件的规定，细致有余而条理不足者多有之。因此，基于作品类型化和因素体系化思维的双轨制研究，应当是完善著作权法定赔偿制度更为踏实的路径。

Research on the Factors of Determining the Claims of Information Network Communication Right Cases from the Perspective of Typed Work: Taking 1270 Cases of Beijing Intellectual Property Court's Judgments in 2016—2018 as Samples

Cai Yuanzhen, Dai Jiabing

Abstract: In copyright infringement disputes, the proportion of cases of information network communication right infringement has increased yearly, and the figure is close to 70% in 2018.In such cases, the judgement of compensation varies in different works, and the issue of statutory compensation's generalization also urgently needs to be resolved.The abuse of statutory compensation doesn't function as a systematic factor causing the low judicial compensation in practice.One of the perfect means should be the refinement of consideration factors.Although there is no lack of targeted research in the academia, there are few constructs in the perspective of the type of work.The type of work should play a more important role in the process of achieving a positive interaction between judicial pricing and the market value of intellectual property.This paper takes 1270 cases of information network communication right infringement from Beijing Intellectual Property Court in 2016—2018 as samples, and analyzes the status of refereeing cases of information network communication right from the aspects of the number of cases, judgments and consideration factors of different types of works.Throughout the regulations on the consideration of judicial documents in various parts of China, these documents while attention to detail, are lacking in organization.Focusing on the work itself, we can understand the original differences of different types of works from the three dimensions of author, market and society, and then inspire the design of consideration factors.The study of the dual-track system based on the type of work and the systematic thinking of factors should be a more practical path to improve the legal statutory compensation system.

Keywords: Information Network Communication Right; Types of Work; Dimensions of Work; Factors for Consideration

电商经营者大数据“杀熟”行为的违法性分析及规制路径探讨

刘　晶

摘　要：电商经营者的大数据“杀熟”行为本质上是一种价格歧视行为，在大数据技术的加持下经营者可以实施最为理想的一级价格歧视，从而完全占有消费者剩余，侵害消费者群体的整体利益。大数据“杀熟”行为由不可分离的两部分组成。一是收集消费者个人信息，通过算法预测消费者的最高支付意愿。在公法缺位的情况下，大数据“杀熟”中的个人信息收集利用行为并不具有违法性。二是针对消费者的最高支付意愿进行价格歧视。《反垄断法》是规制经营者价格歧视行为的主要依据，但是从构成要件来看，大数据“杀熟”中的价格歧视并不在《反垄断法》的调整范围内，反而落入民法显失公平制度的射程之中，对大数据“杀熟”行为的法律规制同时印证了弹性适用显失公平制度主客观要件的现实需求。最后，在法律后果上应当考虑引入惩罚性赔偿责任来实现有效的法律矫正。

关键词：大数据；个人信息保护；价格歧视；显失公平

作者简介：刘晶（1991—　），北京大学法学院博士研究生，主要研究方向为民商法。

目　次

一、大数据“杀熟”是信息经济下价格歧视的新表现

在当前这个科技、信息革命的时代，大数据是一项新兴且核心的经济资产。大数据通过对相互关联的海量数据的收集、存储、挖掘与分析，实现对未来事件与行为模式发展规律的预测，改进了商业实践的决策机制，大幅提升了经营者决策的准确性。大数据技术使精准营销和个性化服务成为可能的同时也为经营者全面吞噬消费者利益提供了机会，加剧了消费者与经营者关系的失衡状态，其中电商经营者[1]利用大数据“杀熟”就是这一问题的真实写照。

（一）大数据“杀熟”现象成因及本质分析

近年来，陆续有消费者反映，网约车、机票预订、酒店预订、电影订票等电商平台针对同样的产品与服务，向老用户收取的费用较新用户高。网友“廖师傅廖师傅”在微博上爆料称，其通过某旅行网站订的某常住酒店房间，价格一直保持在380～400元，在一次偶然的机会中他从酒店前台了解到该房间的淡季价格仅为300元左右，随后他用朋友的账号查询发现，价格果然是300元，但是用本人的账号再去查，还是380元。同时期，消费保针对滴滴网约车、去哪儿网、阿里飞猪等电商平台进行价格测试，发现许多电商平台都存在“杀熟”的情况。[2]电商经营者的大数据“杀熟”行为初露端倪，便成为公众热议的话题。中国青年报社社会调查中心对2008名受访者进行的一项调查显示，51.3%的受访者遇到过互联网企业利用大数据“杀熟”的情况。[3]“杀熟”一词在传统经济中并不陌生，形容在以利益为目的而结成的人际网络中，一方利用另一方对自己的信任而采取的一种欺骗行为。[4]信息经济背景下，大数据“杀熟”是指经营者依据对消费者个人消费偏好数据的收集、检索、分析与挖掘，利用忠诚客户的路径依赖和信息不对称，就同一商品或服务向其索取高于新用户的售价，并且该售价差别不反映成本差别。[5]建立在大数据技术之上的“杀熟”行为，脱离

1　根据我国《电子商务法》，电子商务经营者是指通过互联网等信息网络从事销售商品或者提供服务的经营活动的自然人、法人和非法人组织，包括电子商务平台经营者、平台内经营者以及通过自建网站、其他网络服务销售商品或者提供服务的电子商务经营者。本文所讨论的大数据“杀熟”行为必须依托于信息网络，因此行为主体限定为电子商务经营者。

2　蔡雅婷：《滴滴一口价？你也被“杀熟经济”套路了吗？》，《消费电子》2018年第3期。

3　杜园春：《51.3%受访者遭遇过大数据“杀熟”》，《中国青年报》2018年3月15日，第7版。

4　杨光飞：《“杀熟”：转型时期中国人际关系嬗变的一个面相》，《学术交流》2004年第5期。

5　邹开亮、刘佳明：《大数据“杀熟”的法律规制困境与出路——仅从〈消费者权益保护法〉的角度考量》，《经济理论与实践》2018年第8期。

了传统经济领域约束机制的束缚，变得更具侵略性与隐蔽性。

电商经营者利用其在提供商品与服务过程中低成本或无成本收集到的消费信息（包括浏览偏好、购买习惯、支付记录等），通过算法加工生成消费者画像，最终推测出消费者的支付意愿，实现交易定价上的“千人千面”。相比新客户，老客户被动提供了丰富的消费记录，表现出较高的使用黏性，经营者更容易确定一个安全的提价区域。另一方面，为了扩大客户群体，经营者愿意为新客户或低购买意愿的客户提供更优惠的价格和折扣，“杀熟”行为由此而生。由于经营者与消费者以及消费者相互之间信息不对称，这个过程难以被个体消费者所觉察。

大数据“杀熟”这种“千人千面”的差别定价行为，本质上是一种价格歧视行为。价格歧视就是以不同价格向不同顾客出售同一种物品的经营做法。[6]价格歧视尤其是一级价格歧视[7]是所有经营者梦寐以求的理想定价策略，一级价格歧视中边际收入的曲线等同于需求曲线，它可以最大化企业销售利润。在传统经济中，一级价格歧视几乎是不可能实现的，因为经营者无法了解潜在客户对某一特定产品与服务的价格区间。在信息经济中，随着消费者个人信息的不断累积，以及处理信息的算法及分析工具的不断改进，经营者通过大数据技术能够精确地识别出单个消费者的需求弹性[8]及价格敏感度，从而在定价上最大限度地接近一级价格歧视。“由于消费者对商品价格有某种相对稳定的估算，这个相对稳定的估算一般是一个区间。如果商品价格上涨超出了这个区间，消费者心理就会失去平衡，甚至还会产生明显的反感情绪。”[9]消费者在完整的交易链条中被动地反馈了大量个人信息，电商经营者一方面能够低成本地双向获取信息形成数据库，另一方面利用大数据信息分析技术确定需求曲线，发现消费者的价格估算区间，以此制定个性化的最高售价。

（二）大数据“杀熟”的危害性及规制的必要性

1. 价格歧视本身是一种不公平的资源转移方式

大数据“杀熟”本质上是一种价格歧视行为，价格歧视行为在传统商业实

---

6 〔美〕曼昆：《经济学原理》，梁小民译，北京：北京大学出版社 1999 年版，第 334 页。

7 在经济学理论中，根据歧视程度的高低可以将价格歧视分为三类：一级价格歧视、二级价格歧视与三级价格歧视。价格歧视的极端情形即一级价格歧视，又称完美价格歧视，是指垄断者完全了解每个顾客的支付意愿，并对每位顾客收取不同价格的情况。它的实现条件有三个：①经营者在市场上拥有一定的定价权力；②经营者确切地了解消费者的需求曲线，能够准确地区分消费者；③商品的消费者没有转售套利的可能。

8 需求弹性是用来衡量需求量的变化对价格变动的反应程度，若商品价格变动对需求量波动的影响大，那么可以说这个商品的需求是富有弹性的。本文特指单个消费者对商品价格变动的反应程度。

9 陈春如：《“80 后”消费者价格敏感影响因素的实证研究》，西南交通大学 2010 年硕士学位论文，第 11 页。

践中并不陌生，甚至在消费者的认知中某些类型的价格歧视早已被合理化。比如说，学校图书馆等机构订阅期刊时往往需要比个体用户支付更高的订阅费用，大多数的电影院向学生出售半价电影票以及生活中经常可见的仅限新用户使用的“折扣券”、“首单减免优惠”，这些都反映了经营者针对价格敏感度高的低需求消费者收取较低的价格。因此有的观点认为价格歧视是经营者的特殊营销手段，是某种程度上的商业自由，并无法律规制的必要，“这种价格歧视仍然是社会伦理道德层面上的一种评价，是‘社会公平’、‘社会平等’等人类社会基本价值上的一种批判。一般来讲，基于这种抽象价值的法律规范多具有道德规范价值，而不具有真正的法律规范效力”[10]。也有观点认为，向高需求消费群体收取的额外价款可以用来补贴低需求消费群体，对经济能力较弱的人进行倾斜保护体现了社会的人文关怀。

然而，经营者定价策略的出发点永远是利润最大化，其不可能以低于边际成本的价格去使低需求消费群体受惠，无非是通过细分市场乃至个体来保障，向高需求消费群体收取高价的同时又不损失来自低需求消费群体的收入。这并不是一个公平的资源转换，因为高需求人群损失的利益远比低需求人群获取的利益要大得多，中间的差价收益全数归价格歧视者所得。

2.经营者能够通过一级价格歧视占有全部的消费者剩余

“价格歧视的福利增加表现为生产者剩余更高而不是消费者剩余更高。”[11]根据微观经济学理论，产品的价值为消费者愿意支付的最高金额。价值和成本之间的区别是盈余或福利，因此价格是生产者与消费者之间盈余的分水岭。如果价格等于价值，则消费者向经营者支付了全部盈余。如果价格等于成本，则消费者保留了较多的盈余。大数据的利用使得经营者在定价上可以最大限度地接近一级价格歧视，一级价格歧视的特点在于它完全剥夺了消费者剩余。在过去，经营者无法识别出单个消费者的支付意愿，对商品和服务只能进行统一定价，为了避免因为要价过高而损失来自低需求消费群体的市场收入，经营者一般会选择一个折中的售价。因此，消费者作为一个整体，拥有意识不到的能与经营者抗衡的力量，即使在垄断市场中也能保留一定的消费者剩余。大数据技术打破了这种制衡机制，强化了经营者定价权对消费者的伤害。一方面，信息时代中消费者在大数据面前无处藏匿，网络上的任何搜索、浏览、支付痕迹都出卖了消费者的个人信息。另一方面，具备大数据“杀熟”能力的一般都是强势的电商经营者，它们对用户天然具有锁定效应，消费者失去“用脚投票”的

10 高富平、王菀：《大数据何以“杀熟”——关于差异化定价法律规制的思考》，《上海法治报》2018 年 5 月 16 日，第 B06 版。

11 〔美〕曼昆：《经济学原理》，梁小民译，北京：北京大学出版社 1999 年版，第 338 页。

权利，消费者群体力量不复存在，在严重失衡的交易关系中单个消费者失去了与电商经营者博弈的空间。

传统商业实践中的“杀熟”行为是个别、粗糙和高风险的，尚可通过市场自生的约束机制进行控制，而大数据技术下的“杀熟”行为不仅成功率高、风险低，而且在监管缺位的情况下价格歧视很可能成为电子商务中普遍化的定价机制，导致消费者剩余被全部剥夺，[12]因此大数据“杀熟”行为的法律规制至关重要。科林格里奇困境警示我们：“当一门技术不希望的社会后果被发现时，这个技术通常已经成为经济与社会网络中的一部分，再想对其进行控制则极为困难。”[13]

具体而言，电商经营者的大数据“杀熟”行为由不可分离的两部分组成：一是收集消费者个人信息，通过算法分析、预测消费者的最高支付意愿；二是针对消费者的最高支付意愿进行差别化定价。笔者拟在下文分别针对这两种行为的违法性进行分析，以期寻找当前法律介入的正当依据。

二、公法缺位的情况下大数据“杀熟”中的个人信息收集利用行为并不违法

大数据“杀熟”行为背后是经营者过度收集、滥用消费者个人信息之嫌，也许还涉及个人隐私权的侵犯，因此不少人呼吁应当赋予消费者对个人信息的控制权从而严格掣肘经营者的信息收集利用行为，笔者认为这种处理方式有失妥当。

（一）大数据“杀熟”行为所涉的是消费者的个人一般信息

1. 大数据“杀熟”所用的数据实则为消费者的个人信息

大数据统指那些规模巨大、来源广泛、处理高速以及价值密度低的数据。数据是信息的一种表达方式，它兼具信息本体和信息媒介的双重属性。[14]所以大数据是一种信息资产。电商经营者用于“杀熟”的数据实质上是消费者在网络数字媒介上留下的个人信息。从我国相关规范性文件[15]的立法表述来看，个人信

---

12 一方面，具有“杀熟”能力的电商经营者将价格歧视内化为定价策略，这意味着与其交易的所有客户都是价格歧视的对象；另一方面，大数据技术为一级价格歧视提供了基础，一级价格歧视定价策略下消费者剩余为零。

13 Collingridge D，*The Social Control of Technology*，UK：Open University Press，1980，pp.16—17.

14 梅夏英：《数据的法律属性及其民法定位》，《中国社会科学》2016 年第 9 期。

15 相关立法表述请见《信息安全技术公共及商用服务信息系统个人信息保护指南》第 3.2 条以及《电信和互联网用户个人信息保护规定》第 4 条。

息的核心在于可识别性，是指“与一个身份已经被识别或者身份可以被识别的自然人相关的任何信息”[16]。既包括身份证号、个人姓名、电话号码等直接指涉具体个人的特定信息，也包括网络浏览痕迹、消费记录、评论留言等所有可以关联到个人的其他信息。

2. 消费者在网络消费中留下的个人信息不属于隐私信息

隐私是一种私密性的信息或私人活动，它包括维护个人的私生活安宁、个人私密不被公开、个人私生活自主决定等。[17]尽管在信息时代，个人隐私的边界有所扩张并变得模糊，隐私权制度所保护的依旧是与个人私生活密切相关、不愿意被公众所知悉的信息不被非法揭示的状态。隐私权界分了公共领域与私人领域，是对他人言论自由、知情权等利益的合理限制。[18]从我国《民法总则》的立法体例可知隐私权与个人信息权益是并列的两项民事权益，彼此相互交叉但又不完全重合。我国学术上的通说认为个人信息包括个人敏感信息以及个人一般信息。个人敏感信息是指与个人隐私高度关联的私密信息，是隐私权与个人信息权益重合的部分，而个人一般信息则是个体主动向外界提供的、进入公共领域可被他人用以识别具体个人的公开信息。“个人需要利用可以识别自己的符号，向社会推介、展示自己，需要利用它开展各种活动，将活动结果归属于其本人。”[19]消费者在互联网上通过各种各样的网络活动所留下的信息，构成了其参与网络交易的数字形象，是其他消费者、经营者、监管者在虚拟世界中用以识别具体个体的数字特征，这些信息早已脱离隐私权的范围而进入了公共视野。电商经营者在公共领域中收集、利用的正是消费者主动“揭示”的个人一般信息。

（二）我国当前的个人信息立法对大数据“杀熟”行为鞭长莫及

1. 我国个人信息的相关立法零散而不成体系，仅起到权利宣示的作用

我国并不缺乏个人信息的法律规范，2017 年通过的《民法总则》[20]从民事基本法的角度对公民的个人信息权益进行确权，回应了信息时代的特殊社会需求。但是总的来说，我国现行的个人信息法律规范仍主要停留在层级较低、特定行

---

16 张新宝：《从隐私到个人信息：利益再衡量的理论与制度安排》，《中国法学》2015 年第 3 期。

17 王利明：《论个人信息权的法律保护——以个人信息权与隐私权的界分为中心》，《现代法学》2013 年第 4 期。

18 张新宝：《从隐私到个人信息：利益再衡量的理论与制度安排》，《中国法学》2015 年第 3 期。

19 高富平：《个人信息保护：从个人控制到社会控制》，《法学研究》2018 年第 3 期。

20 《民法总则》第 111 条规定：“自然人的个人信息受法律保护。任何组织和个人需要获取他人个人信息的，应当依法取得并确保信息安全，不得非法收集、使用、加工、传输他人个人信息，不得非法买卖、提供或者公开他人个人信息。”

业领域的行政法规、部门规章之中，零散而不成体系，宣示性条款多于具体的规则设计。包括《民法总则》在内的大多数个人信息保护规范仅关注个人信息的安全利益而忽视了信息经济的发展会如何影响个人信息的其他利益，尤其是经济利益。

检索我国当前的个人信息相关立法，能为消费者个人信息保护提供直接依据的有《消费者权益保护法》第 29 条以及《电子商务法》第 18 条。《消费者权益保护法》第 29 条规定：“经营者收集、使用消费者个人信息，应当遵循合法、正当、必要的原则，明示收集、使用信息的目的、方式和范围，并经消费者同意。经营者收集、使用消费者个人信息，应当公开其收集、使用规则，不得违反法律、法规的规定和双方的约定收集、使用信息。”同时，《消费者权益保护法》也在第 56 条规定了侵犯消费者个人信息的法律后果。然而，由于没有正面回答未经消费者同意的信息收集、使用行为是否构成对消费者个人信息的侵犯，经营者的信息义务和责任实际上流于形式。《电子商务法》第 18 条规定：“电子商务经营者根据消费者的兴趣爱好、消费习惯等特征向其提供商品或者服务的搜索结果的，应当同时向该消费者提供不针对其个人特征的选项，尊重和平等保护消费者合法权益。”该条款尽管对经营者利用消费者个人信息的方式设置了一定的限制，但仅限于经营者的广告推送服务，且从文意表述来看该条款实际上认可了经营者对消费者偏好信息的利用行为。

2. 大数据时代下个人信息私力控制模式存在局限性

我国目前的个人信息立法暂未赋予信息主体对于个人信息的所有权，而是通过保护信息主体对个人信息的私力控制来间接确认其在个人信息上的自主利益。个人信息的“知情同意”规则就是这一保护思路的主要体现。例如，《消费者权益保护法》第 29 条规定：“经营者收集、使用消费者个人信息……明示收集、使用信息的目的、方式和范围，并经消费者同意。”《网络安全法》第 22 条规定：“网络产品、服务具有收集用户信息功能的，其提供者应当向用户明示并取得同意”。“透明度、告知义务本质是保障消费者知情权，它衔接了个人信息保护法和消费者权益保护法，是规制个人信息不正当应用的有效手段。”[21]

对于网络经营者来说，收集、存储、使用消费者个人信息是其顺利提供产品服务所必不可少的环节，比如说网络社交服务提供商需要先读取用户的通信录才能够为其匹配合适的人际圈子，网络打车服务提供商需要实时定位用户的地理位置、更新用户反馈来确定驾驶服务的有效性与公允性。不断累积、获取用户信息并将用户信息转化成更有价值的商业决策是当前这种互联网经营模式

21　高富平、王菀：《大数据何以“杀熟”——关于差异化定价法律规制的思考》，《上海法治报》2018 年 5 月 16 日，第 B06 版。

本身所决定的。“在大数据技术下，要求双方针对复杂多变的隐私利益进行一对一的谈判和定价来确定对隐私利益的适用范围、程度和方式，这在交易成本上来看几乎是不可能的事。”[22]设置用户信息收集、利用的障碍无疑会增加经营者信息开发和技术创新的成本，最后制约信息经济的整体发展。

就我们日常使用的许多电脑、手机软件来说，授予软件服务商个人数据信息的访问权限是顺利安装、使用软件的必经程序。用户面对的是复杂且冗长的“要么同意要么离开”的信息收集、利用条款，知情同意权实际被架空，况且在使用者看来，网站、软件使用的流畅性远比主动让渡部分个人信息来得重要。同时，大数据挖掘、分析技术可以智能化地处理信息从而衍生出新的信息，使得信息的价值呈指数增长，因此用户既无法判断哪些信息可以被收集，更无法预见信息被收集以后可能的用途。“个人信息一旦脱离个人就意味着失去控制。”[23]因此即使赋予用户知情同意权，这种同意的有效性也是值得怀疑的。以知情同意规则为核心的个人信息私力控制模式效率低下而又收效甚微，其一方面不合理地增加了信息收集者的生产成本和负担，另一方面也面临着能被轻易架空的现实困境。

3. 对于不具隐私属性的个人一般信息应由公法进行调整

大数据技术已经成为举足轻重的新生产要素，使得许多行业领域的生产、经营效率得到大幅提升。相关研究表明公司在决策时若使用数据以及商业分析进行辅助，能使决策更富有成效，相比那些没有使用数据及商业分析的竞争者能获得更高的回报率，对于数据有效率的使用以及分析可以使企业的生产率增长5%～6%，利润率增加6%，并拥有更高的社会价值。[24]因此对信息流通与利用的限制应当适度且谨慎，它关系着社会公共利益以及国家经济的发展。

已有不少学者质疑个人信息私法保护的合理性及有效性，认为个人信息具有公法属性。梅夏英教授认为个人信息保护的正当性存在于公法之上。[25]张新宝教授提出应当确立国家主导、行业自律与个人参与的个人信息保护模式。[26]高富平教授主张社会控制是个人信息保护和使用的理论基础。[27]笔者认为，在属性上，个人信息更偏向于公共物品而非私人财产，并且不同民事主体之间的信息判断和处理能力差异很大，大多数的自然人对企业的信息收集、利用行为并不能施

22 吴伟光：《大数据技术下个人数据信息私权保护论批判》，《政治与法律》2016 年第 7 期。

23 高富平：《个人信息保护：从个人控制到社会控制》，《法学研究》2018 年第 3 期。

24 *See* Angela Byers，“Big Data，Big Economic Impact”，*in A Journal of Law and Policy for the Information Society*，3（2015），p.764.

25 梅夏英：《数据的法律属性及其民法定位》，《中国社会科学》2016 年第 9 期。

26 张新宝：《从隐私到个人信息：利益再衡量的理论与制度安排》，《中国法学》2015 年第 3 期。

27 高富平：《个人信息保护：从个人控制到社会控制》，《法学研究》2018 年第 3 期。

加有效的影响。因此，对个人数据信息的保护和利用应当由公法规范来进行规制，即对个人信息收集和利用者课以符合国家和公共利益的要求和义务，同时确定专门的行政机构来监督执行，以行政处罚作为主要的追责手段。法律规制的重心应当从个人信息的收集、存储行为转向个人信息的利用行为。一方面，承认个人信息的公共物品属性，弱化个人对非隐私信息的控制，在个人信息获取环节适用“以一般允许为原则，以个人控制（同意决定）为例外”[28]的规则；另一方面，严格控制企业的个人信息利用行为，出台具体的管理细则（例如不允许在价格算法中使用个人信息）或对企业的个人信息利用方式进行行政审核，从而禁止任何违反国家和公共利益的信息利用行为，最终实现公民个人信息保护与大数据经济发展的平衡。当然，倘若对个人信息的收集、利用行为侵犯了个人隐私或其他财产权，则由侵权责任法来提供相应的救济。

综上，大数据“杀熟”中的收集、利用消费者个人信息的行为并不违反我国当前的个人信息相关立法，而且也是信息经济下企业决策、营销模式发展的趋势所在，未来应当通过公法规范来明确企业利用个人信息的边界。笔者拟在下文对大数据“杀熟”中的价格歧视行为进行分析，在公法（经济法）以及私法（合同法）的视野下，探讨价格歧视行为的违法属性及可能的规制路径。

三、大数据“杀熟”的经济法违法性分析

（一）《反垄断法》是调整经营者价格歧视行为的主要依据

经济学主要关注价格歧视对生产效率、经营者利润以及社会总体福利的影响，而法学尤其是经济法主要关注价格歧视可能对市场秩序、公平竞争造成的破坏。商业活动中价格歧视随处可见，小卖部、服装店、餐馆等都有可能成为价格歧视的实施主体，但是只有具有一定市场力量的企业所实施的价格歧视才具有经济上的意义，成为反垄断法规制的对象。我国《反垄断法》是调整经营者价格歧视行为的主要依据，其中第 17 条规定：“禁止具有市场支配地位的经营者从事下列滥用市场支配地位的行为：……（六）没有正当理由，对条件相同的交易相对人在交易价格等交易条件上实行差别待遇。”[29]

根据经营者价格歧视行为引起的竞争损害分类，价格歧视行为可以分为引

28　高富平：《个人信息保护：从个人控制到社会控制》，《法学研究》2018 年第 3 期。

29　《反垄断法》第 17 条第 1 款第 6 项规定的“差别待遇”既包括价格歧视，还包括其他交易条件上的差别待遇（如付款条件等），价格歧视是经营者实行差别待遇中最常见的类型。为了行文方便，笔者用“价格歧视”替代“差别待遇”作为统一表述。

起横向一线竞争损害的价格歧视以及引起纵向二线竞争损害的价格歧视。前者是指经营者在其所处的市场内实施的，旨在损害经营者与竞争者之间竞争关系的价格歧视；后者是指经营者在下游市场实施的，旨在损害下游企业之间竞争关系的价格歧视。我国《反垄断法》第 17 条所禁止的价格歧视行为包括上述两种类型。尽管有的国家在立法上将价格歧视的相对方限定为经营者，但从我国《反垄断法》第 17 条第 1 款第 6 项“交易相对人”的立法表述以及司法实践来看，我国《反垄断法》不仅包括针对经营者实施的价格歧视行为，还包括针对终端消费者实施的价格歧视行为。大数据“杀熟”中电商经营者针对消费者实施的价格歧视行为似乎属于我国反垄断法规制的横向价格歧视。

（二）从构成要件来看，大数据“杀熟”的价格歧视行为不在《反垄断法》调整范围内

《反垄断法》禁止企业滥用市场支配地位实施价格歧视，具体包括以下几个构成要件：第一，经营者在相关市场具有市场支配地位；第二，经营者滥用市场支配地位；第三，滥用市场支配地位的行为产生了排除、限制竞争的后果；第四，不具有作为抗辩的正当理由。利用该框架进行分析可以发现大数据“杀熟”中的价格歧视并非我们传统认识中的反垄断法意义上的价格歧视。

1. 经营者在相关市场上具有市场支配地位

经营者要实施具有经济效应的价格歧视，则必须在相关市场上拥有某种程度的市场势力或定价权力，确保交易相对方不会因为歧视性的价格而放弃交易，转向其他经营者。《反垄断法》将这种经营者实施价格歧视所需的能力要件认定为具有市场支配地位。“市场支配地位是企业具有的能够单方面、决定性地影响市场的一种能力。”[30]《反垄断法》第 17 条第 2 款对何为市场支配地位进行了具体的阐述：“本法所称市场支配地位，是指经营者在相关市场内具有能够控制商品价格、数量或者其他交易条件，或者能够阻碍、影响其他经营者进入相关市场能力的市场地位。”从《反垄断法》第 19 条关于通过市场份额来推定经营者具有市场支配地位的规定来看，市场结构标准是当前我国认定市场支配地位的主要依据。归根结底，就是要求经营者必须具备“控制市场的能力”。[31]

以大数据技术为支撑的电商经营者及经营模式通过互联网技术打破了传统意义上的价值链和产业链的运行规则。[32]难以用传统的方式来测算它们的市场份额以及对市场的控制能力。但是，无论其是否具备反垄断法意义上的市场支配

30 叶高芬：《认定违法价格歧视行为的既定框架及其思考》，《法商研究》2013 年第 6 期。

31 刘贵祥：《滥用市场支配地位理论的司法考量》，《中国法学》2016 年第 5 期。

32 李凌：《平台经济发展与政府管制模式改革》，《经济学家》2015 年第 7 期。

地位，电商经营者可以凭借其对消费者的锁定效应，[33]在一定程度上控制商品交易的条件和价格。信息爆炸的今天，不断增加的信息搜索和筛选成本以及更换经营者可能造成的个人信息泄露风险使得网络购物平台、销售商更容易锁定特定的消费群体。国内外的调查结果显示，B-C 网络消费中存在着比较明显的消费者锁定现象，消费者通常会在一个既定的网站上频繁地购买某类商品。[34]在大数据技术的加持下，电商经营者能充分了解消费者的喜好与需求，通过个性化、精准化的营销服务，为消费者提供更好的消费体验。消费者使用频率越高、时间越长，被经营者锁定的效应就越明显。一旦消费者被锁定，即使经营者不具有市场支配地位或经济势力，也可以对其锁定的客户拥有完全的定价权，“经营者将有效地拥有一个被俘获的需求并且可以对产品进行垄断性的标价”[35]。

2. 经营者滥用市场支配地位

根据《反垄断法》第 17 条规定，具有市场支配地位的经营者无正当理由实施价格歧视的行为本身就属于滥用市场支配地位的一种情形。滥用市场支配地位背后体现的是经营者利用其在市场上的势力乃至垄断地位实施“交易上的胁迫”，强迫交易相对人或竞争对手接受其不正当的交易安排，最终达到排除、限制竞争的目的。“当交易是在一家大公司与一个普通个人之间进行时，它会引起类似于胁迫的情况，并可能使这一个人相当于由于有刀在其咽喉而被签发本票的无助当事人……而结果使交易的条件都是胁迫的。”[36]大数据“杀熟”中电商经营者的价格歧视具有隐秘性，由于消费者之间彼此隔离，消费者难以察觉经营者的歧视性定价行为。不同于《反垄断法》中经营者利用压倒性的市场力量进行不正当竞争，电商经营者针对消费者实施的价格歧视完全依托于大数据技术，与其在竞争市场中所处的地位并无太大关系，电商经营者通过大数据的收集、检索、分析技术来识别消费者的支付意愿，最终实现交易定价上的“千人千面”，其更像是一种“不公平”的交易行为而非“胁迫性”的竞争行为。

3. 滥用市场支配地位的行为产生了排除、限制竞争的后果

反垄断法上的价格歧视行为是否必须实际产生排除、限制竞争的后果，在学术上还存在争议。有的学者认为《反垄断法》第 17 条规定的滥用支配地位行为本身就属于影响市场竞争的恶劣行为，在认定上应当类似于刑法中的“行为

33 消费者锁定是指如果消费者替换供应商的交易成本高于所能节约的成本时，消费者更换供应商的可能性很低。

34 黄爱白、赵冬梅：《我国 B-C 网络消费者锁定问题的实证研究》，《经济学》2008 年第 4 期。

35 Klock，Mark，“Unconscionability and Price Discrimination”，*in Tennessee Law Review*，3（2002），p.363.

36 〔美〕理查德·波斯纳：《法律的经济分析》（上），蒋兆康译，北京：中国大百科全书出版社 1997 年版，第 145 页。

犯”，而非“结果犯”。[37]也有相反的观点认为结合反垄断法产生、发展的进程尤其是立法目标来看，排除、限制竞争的后果要件不可或缺。[38]

要构成违法的价格歧视行为，应当具有排除、限制竞争的结果要件。虽然《反垄断法》第 17 条并没有对价格歧视的竞争损害要件提出要求，但是作为原则性规定的第 6 条，即“具有市场支配地位的经营者，不得滥用市场支配地位，排除、限制竞争”，应当是认定所有滥用市场支配地位的违法行为都必须满足的结果要件。《反垄断法》规制经营者滥用市场支配地位行为的立法目的就在于维护市场的公平竞争，尤其是确保中小企业获得进入市场、参与竞争的机会。反垄断法中，经营者直接面向终端消费者实施价格歧视，是通过提供歧视性的低价甚至是低于成本的价格[39]来吸引竞争企业的忠诚客户，缩减竞争对手的市场份额，以达到排除、限制竞争的效果。需要注意的是，分析价格歧视行为的反竞争效果应当立足于市场的整体情况进行考察，判断是否构成对市场整体竞争格局的破坏而不是仅仅影响个别企业之间的竞争。“竞争者之间争夺客户本属正常竞争行为，且任何竞争行为均具有排斥效果。”[40]法律应当保护市场竞争机制下的优胜劣汰，只有当价格歧视行为扰乱了整个市场的公平竞争秩序，才应当被视为反垄断法意义上的“排除、限制竞争”。

大数据“杀熟”中的价格歧视行为既不以排除、限制竞争为目的，也不可能最终影响市场整体的竞争秩序。从实际效果来看，电商经营者针对所有的、非特定的消费者实施的价格歧视并不会产生排除、限制竞争的效果。从主观目的来看，电商经营者实施价格歧视是为了最大限度地占有消费者剩余、增加利润，为了保障收益的最大化，其不可能在边际收入之下进行歧视性定价。电子商务的快速发展推动了长尾产品[41]市场的形成，市场结构反而趋于分散，“随着长尾产品占据更多市场份额，各细分产品的市场份额分布变得更加平缓，这意味着市场竞争的加剧”[42]。互联网经济使市场竞争更为激烈，市场结构与消费者群体被不断细分，经营者价格歧视行为的竞争排斥效果非常有限。

37　刘贵祥：《滥用市场支配地位理论的司法考量》，《中国法学》2016 年第 5 期。

38　孟雁北：《论禁止滥用市场支配地位行为的分析框架——以利乐垄断案为例》，《竞争政策研究》2017 年第 3 期。

39　美国在司法实践中认定只有构成掠夺性定价的价格歧视才会构成对竞争的损害，由于我国《反垄断法》对价格歧视以及掠夺性定价行为进行了分别规定，因此当经营者的歧视性低价低于实际成本时，该行为同时违反了《反垄断法》第 17 条第 1 款第 2 项掠夺性定价以及第 6 项价格歧视的规定。

40　刘廷涛：《反垄断法下价格歧视之竞争损害分析》，《东方法学》2016 年第 3 期。

41　以产品细分划分消费者群体，占总人口大部分的某类消费者，称之为主流消费者，此类产品称之为主流产品；占人口小部分的某类消费者称之为长尾消费者，此类产品称之为长尾产品。齐兰、赵立昌：《基于消费者异质性的产业组织理论研究新进展》，《经济学动态》2015 年第 12 期。

42　齐兰、赵立昌：《基于消费者异质性的产业组织理论研究新进展》，《经济学动态》2015 年第 12 期。

尽管电商经营者可以通过消费者锁定效应对锁定的客户拥有完全的定价权从而进行歧视性定价，但是其实施价格歧视的基础不在于滥用市场支配地位而在于利用背后的互联网和大数据技术，以大数据技术为基础的价格歧视不过是电商经营者剥夺消费者剩余的新手段，既无阻碍市场竞争的意图也无反竞争的负面影响。因此，大数据“杀熟”中的价格歧视行为不受《反垄断法》的调整。

（三）竞争法的直接目的在于维护市场竞争而非消费者福利

部分市场行为虽然在某种程度上损害了消费者福利，但却能提高生产效率，增加社会总产出，在消费者福利与生产效率的冲突中，竞争法更关注效率价值的实现，这是其立法的核心所在。甚至有学者提出竞争法应当将过去适用的公平标准改变为经济效率标准。[43]《反垄断法》第 1 条将“保护市场公平竞争，提高经济运行效率”放在首要位置，足以说明其立法的直接目的在于维护市场竞争，通过维护竞争来保护公共利益和消费者权益。因此，还是需要在私法中寻求消费者群体或个体利益的救济。

四、大数据“杀熟”的民事违法性分析

（一）大数据“杀熟”与价格欺诈

许多人认为大数据“杀熟”中的价格歧视本质上是对消费者的误导，侵犯了消费者的知情权，构成价格欺诈。确实，现实生活中消费者最常遭遇到的价格违法行为就是各种形式的价格欺诈，但是对价格歧视进行细致分析后可以发现这样的结论过于武断。“一方当事人故意告知对方虚假情况，或者故意隐瞒真实情况，诱使对方当事人作出错误意思表示的，可以认定为欺诈行为。”[44]民法中的欺诈包括故意告知虚假情况的积极作为和故意隐瞒真实情况的消极不作为，即沉默型欺诈。大数据“杀熟”中的价格歧视与沉默型欺诈具有相似性。通说认为沉默型欺诈以负有告知义务为前提。告知义务的履行是为了改善缔约当事人之间信息不对等的状态，确保处于信息弱势的一方当事人不会缺失影响其作出真实缔约意思的重要信息。原则上当事人并没有普遍的告知义务，只有在依据特别法规定、诚实信用原则或交易习惯的要求，认为存在这种作为先合同义务的告知义务时，单纯的沉默也可构成欺诈。[45]

43　刘廷涛：《反垄断法下价格歧视之竞争损害分析》，《东方法学》2016 年第 3 期。

44　《最高人民法院关于贯彻执行〈中华人民共和国民法通则〉若干问题的意见（试行）》第 68 条。

45　韩世远：《合同法总论》，北京：法律出版社 2011 年版，第 186 页。

因此，需要判断的是经营者对于在价格歧视中所隐匿的信息是否负有告知义务？大数据“杀熟”中经营者所隐瞒的不是产品的真实价格而是包括了消费者身份因素的价格构成。我国法律对于普通商品的价格构成并无限制，更没有将其规定为订约前必须向消费者揭示的信息。从诚实信用原则或交易习惯来看，价格构成的确定属于卖方的经营策略，出于常规的商业竞争考虑，经营者极少公开产品的价格构成。也许消费者在了解到真实价格构成以后会作出放弃交易的决定，但是告知义务针对的必须是对交易能产生决定性影响的关键信息，如真实价格、计价单位，而不是像价格构成、原材料供应地等只是作为辅助参考的产品信息。

将大数据“杀熟”中的价格歧视认定为价格欺诈，意味着在未来所有商事交易中消费者都可以要求经营者公开商品背后的定价机制，既不合理地增加了经营者的负担，也不具有现实可能性。同时，从对大数据“杀熟”的法律规制意义来看，将价格歧视定性为价格欺诈等同于认可公开的价格歧视行为，经营者只要履行了告知义务便可肆无忌惮地进行歧视性定价，最大化剥削消费者群体的利益，这无异于剪枝竭流，没能从根源上遏制价格歧视的现象。

（二）大数据“杀熟”与显失公平

我国的显失公平作为对合同自由原则的重要限制，渊源于德国民法公序良俗条款下的暴利行为，旨在矫正给付严重失衡的交易状态。《民法通则》第 59 条以及《合同法》第 54 条将显失公平规定为法律行为可撤销之原因，但均未对显失公平进行清晰的定义，导致学理上关于显失公平构成要件“单一要件说”与“双重要件说”之间的争论不断。“单一要件说”认为显失公平只需要关注交易双方之间的权利义务在客观上是否严重失衡，其主要优点在于可以免除受害人的举证负担。[46]“双重要件说”则认为在客观要求之外应当增加主观标准。《民法总则》修改了显失公平的立法设计，将乘人之危制度合并到显失公平制度之中，作为显失公平的主观要件，从制度上回应了学术上的争论。《民法总则》第 151 条规定：“一方利用对方处于危困状态、缺乏判断能力等情形，致使民事法律行为成立时显失公平的，受损害方有权请求人民法院或者仲裁机构予以撤销。”因此，在认定显失公平时，必须同时满足主观“一方利用对方处于危困状态、缺乏判断能力等情形”以及客观“民事法律行为成立时显失公平”的要件。强调显失公平的主观要件不仅可以增加交易的安定性，避免对合同自由的不当限制，还可以使显失公平的适用范围更具弹性和灵活性，随实践生活的发展而发展，避免显失公平适用的僵化。

---

46 梁慧星：《民法总则》，北京：法律出版社 2011 年版，第 202 页。

1. 一方利用对方处于危困状态、缺乏判断能力等情形

显失公平的主观要件要求一方具有利用其优势或另一方的轻率、无经验等的故意。[47]此处的优势通常指交易中的议价、谈判优势，无经验是指针对特定交易而存在的信息、知识壁垒，利用一方优势与利用另一方的轻率、无经验实际上是一个问题的两个面向，即利用双方交易地位实质上的不平等。不平等可能是在特定交易中双方力量角逐而成的，这时需要结合具体的交易类型进行单独判断；不平等也可能是某类型交易所天然决定的，例如经营者与消费者、用人单位与劳动者之间的交易，这种情况下应当直接推定交易地位的不平等。当合同双方分属不同的群体，一个群体的成员相对于另一个群体的成员通常享有信息、知识技能、经济地位以及其他可能影响双方谈判地位的优势，这种优势可以被称为“结构优势”。[48]

经营者与消费者之间的交易可以直接推定双方交易地位不平等，经营者具有结构性优势。在传统商事交易中，经营者相对于消费者享有的是一种因经济地位而形成的结构优势，信息经济下电商经营者在传统的结构优势外还享有通过大数据算法技术而获得的技术和信息优势。电商经营者利用大数据技术来精准识别消费者的最高支付意愿，按照最高支付意愿进行个性化定价，在每笔交易中剥夺消费者的全部剩余。因为大数据技术在经营者与消费者之间形成了不可逾越的技术壁垒，加剧了信息的不对称，消费者无法在正常的消费过程中发现经营者的价格歧视行为。大数据“杀熟”现象充分反映了经营者在结构优势基础上，进一步利用信息和技术优势侵害消费者利益的故意，具有明显的主观恶意。

2. 民事法律行为成立时显失公平

客观要件即当事人之间权利义务的显著失衡，是显失公平制度的核心，这种失衡的状态必须超越了法律所能容忍的范围，“通常如标的物价值和价款相差悬殊，责任和风险承担显著不合理等”[49]。就买卖交易而言，主要指给付内容或支付对价的严重不相称，最后落足于合同价格之判断。合同价格是否属于显失公平一般有主观价值与客观价值两种判断标准：主观价值标准是指由合同当事人来判断双方的给付是否等值，对价是否合理，“给付若保有形式的主观的均衡，原则上即属充分”[50]；客观价值标准则是指依据法律规定或者市场上可获得的公允价格来判断交易是否公平。随着商品经济的发展，物质与非物质产品与日俱

47 王利明：《民法总则研究》，北京：中国人民大学出版社2012年版，第613页。

48 贺剑：《〈合同法〉第54条第1款第2项（显失公平制度）评注》，《法学家》2017年第1期。

49 胡康生主编：《中华人民共和国合同法释义》，北京：法律出版社2009年版，第98页。

50 转引自冉克平：《显失公平与趁人之危的现实困境与制度重构》，《比较法研究》2015年第5期。

增，商品价格形成中主观价值起着越来越重要的作用，已经难以找到妥适的外部标准来衡量形式各异的交易。况且价值本身就具有主观和相对性，每一个当事人都是自己利益的最佳判断者。因此，在缺乏直接法律规定的情况下，显失公平的客观要件应当依据当事人的主观价值进行判断，同时以可获得的市场价格、政府指导价等外部标准作为重要参考。

尽管在大数据“杀熟”中，每笔的交易价格都是单独确定的，不排除经营者给予部分消费者歧视性低价来保证销量的增加，或者对于部分消费者的定价接近于产品的真实价值（因为测算出较低的最高支付意愿），但是经营者的价格歧视行为依旧符合显失公平的客观要件。第一，考虑到前期不可避免的诉讼成本，进入司法程序寻求救济的争议行为必然是那些消费者主观上认为价格不合理、权益遭受到侵害的价格歧视行为。第二，也许从单个交易来看，经营者利用价格歧视只获取了小额的利益，合同给付没有严重失衡，但是正如前文所述，在监管缺位的情况下一级价格歧视很可能成为电商经营者普遍化的定价机制，在长期的一对多、重复性、大规模交易中，经营者能从消费者群体谋取巨额的利益，剥夺所有的消费者剩余。从宏观的角度看，经营者的价格歧视行为必定会导致给付的严重失衡。第三，显失公平不仅包括“实质上”的公平，也应该包括“程序上”的公平，实质上的公平亦为合同结果上的公平，而程序上的公平是合同从磋商到订立最后走向合同目的实现这一过程的公平，“若谈到契约正义的话，以前也好，现在也好，重点都在程序的，亦即形式条件的改善之上，这与多元开放的社会是相调和的。因为多元主义的社会中，法应规制市民行动的程序，而非应仅就内容为最低限度的规制”[51]。对于民商事交易来说，交易的结果是否公平需要遵循主观价值的判断，难以客观确定当事人的内心真意，但是权利义务分配的过程以及规则是否公平能外在地推定当事人在交易中是否被置于平等的位置来作出对己有利的决定，“通过清除当事人自由意思形成与表达中的各种障碍，使得当事人自主地达成利益的协调，从而实现正义的状态”[52]。大数据“杀熟”严重违反了商品交换的程序正义，电商经营者将消费者个体的支付意愿作为商品定价的重要依据，导致消费者可能因为较高的购买意愿和支付能力，而在同款商品上需要比别人多支付额外的对价，这样的定价规则是极其不公平的，不仅违反了民法的公平原则，也违反了人格平等的原则。经营者定价的基本依据应当是生产经营成本和市场供求状况[53]，价格形成的过程应当平等，而不以消费者的身份、购买力为转移，不公平的交易规则最后也会导向不

51 易军：《民法公平原则新诠》，《法学家》2012 年第 4 期。

52 易军：《民法公平原则新诠》，《法学家》2012 年第 4 期。

53 见《价格法》第 8 条。

公平的交易结果。

从域外显失公平制度的发展来看，显示公平主客观构成要件的适用趋于灵活和弹性，当某一要件非常明显时，可以适当放宽对于另一要件的要求。我国也有学者提出显失公平的主观和客观构成要件在程度上可以相互补足，“若获得暴利者的主观要素很明显，可以不要求当事人之间的给付显著不当。相应地，若当事人之间的给付显著不当，则可以推定主观要素的存在”[54]。因为这两种特殊情形都可能违反了显失公平背后的法律原则。[55]大数据“杀熟”中经营者侵害消费者利益的主观恶意非常明显，因此应当适当放宽客观要件的认定门槛，即使给付未达到严重失衡的程度，也应当认定为显失公平，以此实现对于此种主观恶意的否定性评价。随着商业实践的发展、交易规则的不断更迭，对大数据“杀熟”行为的规制也进一步印证了显失公平制度维护消费者等经济弱势群体权益的重要性。只有通过增加主客观要件的适用弹性、扩大制度的外延，才能更好地甄别显失公平行为在实践中层出不穷的新形式。

3. 大数据“杀熟”行为的法律矫正

电商经营者利用大数据带来的信息和技术优势，实施不公平的定价规则来剥夺消费者剩余，严重侵害了消费者的交易利益，违反了我国关于显失公平的法律规定，消费者可以依据《民法总则》第 151 条请求人民法院或者仲裁机构撤销显失公平的交易。根据《最高人民法院关于适用〈中华人民共和国民事诉讼法〉的解释》第 91 条的规定，主张法律关系存在的当事人，应当对产生该法律关系的基本事实承担举证证明责任；主张法律关系变更、消灭或者权利受到妨害的当事人，应当对该法律关系变更、消灭或者权利受到妨害的基本事实承担举证责任。因此，消费者需要对电商经营者价格歧视行为的主客观要件进行举证。如上文所述，经营者相对消费者而言天然的拥有交易优势，因此客观“杀熟”行为要件的成立即可推定经营者具有利用优势地位侵害消费者利益的主观恶意；关于经营者的“杀熟”行为，消费者只需证明电商经营者针对同一商品或服务向不同的客户收取不同价格，即完成举证责任，经营者可以就该价格差异是由成本、支付条件等非身份因素导致的提出抗辩。笔者认为，大数据价格歧视与消费欺诈具有同样的危害性，它会造成消费者群体而不止是单个消费者利益的减损，显失公平制度的适用仅仅使不公平的合同权利义务被解除，交易双方恢复到交易前的状态，对于经营者的威慑力非常有限，因此未来可以考虑参照《消费者权益保护法》第 55 条第 1 款，在《消费者权益保护法》或者《电子商务法》中增加电商经营者大数据价格歧视行为的惩罚性赔偿规定，即“电

54 冉克平：《显失公平与趁人之危的现实困境与制度重构》，《比较法研究》2015 年第 5 期。

55 贺剑：《〈合同法〉第 54 条第 1 款第 2 项（显失公平制度）评注》，《法学家》2017 年第 1 期。

子商务经营者提供商品或服务过程中存在价格歧视行为的，应当按照消费者的要求增加赔偿其受到的损失，增加赔偿金额为消费者购买商品的价款或者接受服务的费用的三倍”。需要注意的是，这里的惩罚性赔偿责任独立于消费者与经营者的合同关系，消费者基于《民法总则》第 151 条享有撤销合同、返还价款的请求权，同时基于惩罚性赔偿的规定享有获得三倍赔偿的请求权。三倍赔偿责任应当以原告支付的价款为计算标准（通常为歧视性高价）。

五、结　　语

在信息经济、大数据时代到来以前，价格歧视一直是买卖交易中时常出现的定价策略，尤其是市场当中的小商小贩，无一例外地会在最低售价之上留足讨价还价的空间，争取更多的销售盈余。但是，传统经济中的价格歧视大多局限于小范围的单笔交易，失之精准、效率低下且成功概率不高，难成大气候，消费者尚有用脚投票的余地，消费者可以选择和小商贩继续博弈，也可以转身离开选择接受商场公开且统一的定价方式。互联网经济的推动下，电子商务已经逐渐取代传统的线下交易，成为一种主流的交易模式，消费者被牢牢绑定。随之而来，匿名作为消费者最后的安全堡垒已经消失，经营者可以收集大量的个人信息，全方位地观察消费者，获取无法比拟的交易优势。大数据技术更是赋予经营者精准识别消费者支付意愿的能力且算无遗策。倘若法律对电商经营者的价格歧视保持沉默，在经营者逐利本质的驱动下，价格歧视很可能成为一种面向整个消费者群体的普遍化的定价策略，不受控制的定价权会为经营者榨取更多的交易价值，占有全部的消费者剩余。因此，大数据“杀熟”现象所折射出来的潜在危害不容小觑，法律应当前置对于大数据技术的风险控制。

Analysis of Illegality and Legal Regulation of E-commerce Operators' Behavior of Using Big Data to "Swindling Acquaintances"

Liu Jing

Abstract: E-commerce operators' behavior of using big data to "swindling acquaintances" is essentially a kind of price discrimination behavior. Big data gives firms the power to make first-degree price discrimination possible. Hence, firms can totally take all the consumer surplus, leaving serious infringement of the overall interest to consumer group. The behavior of using big data to "swindling acquaintances" consists of two parts. First, collecting personal information and using algorithms to identify the maximum price that each consumer can be made to pay for a product. In fact, the current law system has not deny the information collection behavior yet and personal information protection problems should be regulated by the public law in the future. Second, tailoring prices according to consumers' highest willingness-to-pay. Although antitrust law is the primary legal basis of regulating sellers' price discrimination behavior, the price discrimination behavior in the big data "swindling acquaintances" is not in the regulation scope of antitrust law but falls in the range of unconscionability doctrine instead. The regulation of big data "swindling acquaintances" problem also reflects the practical needs of flexible application of unconscionability doctrine. Finally, legal liability should include punitive damages so as to achieve a real sense of punishment.

Keywords: Using Big Data to "Swindling Acquaintances"; Personal Information Protection; Price Discrimination; Unconscionability

人工智能民事主体化问题研究——从人工智能创造物的知识产权保护切入

徐慧丽

摘　要：人工智能创造物已经能够满足知识产权的客体保护标准，但自主性切断了创造行为与背后自然人之间的关联。适格主体缺位导致人工智能创造物无法获得知识产权保护。从根本上解决问题的路径是人工智能民事主体化。人工智能尚未掌握自主意识与自由意志，不满足法律人格对伦理价值的要求。然而，随着企业、国家、河流等非自然人民事主体的出现，伦理价值已经不必然是民事主体不可或缺的法理基础。人工智能民事主体化，服务于人类社会安全利益与经济利益的维护，应当以实用主义为其法律人格的理论依据。在制度实践中，人工智能民事主体化，能够解决人工智能自主行为带来的权责归属问题，符合民事主体功能论的发展趋势。

关键词：人工智能；民事主体化；知识产权；实用主义；伦理价值

作者简介：徐慧丽（1988—　），北京理工大学法学院博士后，主要研究方向为知识产权法。

目　次

一、问题的提出

无论是文学创作还是科技发明，“创造”一向被认为是人类的专属行为，是人类思想智慧的结晶。随着人工智能技术的发展，机器虽然尚未掌握情感、自主意识等自然人主体所具备的要素，也已经能生成媲美于人类作品的文字、代码等创造性内容。学界一般将这些内容称为“人工智能创作物”或“人工智能创造物”。人工智能不是民法体系所认可的民事权利主体，因此人工智能创造物无法获得现行知识产权法的保护。要规管人工智能与算法的研发活动，有必要考虑赋予人工智能一定的法律地位。[1]尤其是现阶段，人工智能的各分支学科不断尝试赋予机器以自主学习和自我进化能力，机器已经突破了根据预设规则重复、机械完成任务的自动化（automated）状态，进入无需人类干预的自主（autonomous）行为阶段。例如菲林诉百度案[2]中，威科先行软件生成的大数据分析保护，就是根据预先编入的指令，搜索案例数据库之后，生成固定格式的图形和文字报告。这种报告质量粗糙，必须经过人类修改、润饰后，才能形成可读性较强的作品。而在微软小冰的网站，上传一张图片并点击“马上开始”按钮，系统就能自主生成三首不同长度的现代诗，偶尔还会出现一些有创意的语句，如“我的心是自由的，她就藏在温柔的水面下”。[3]清华大学研发的“九歌”诗词创作系统，也能实现类似的自主写诗功能。[4]

人工智能的自主行为与外部执行人之间缺乏因果关联性。如果行为构成侵权，或以其他形式引起民事法律关系的变化，则权利义务内容与人工智能背后的自然人之间无法建立起关联关系，从而带来法律主体不清晰、法律制度缺位的问题。人工智能民事主体化，即赋予人工智能与自然人、法人平等的民事主体地位。权利学说是人类历史上最重要的理论发明之一，长期以来，民事权利的主体始终都是人——自然人和法人。[5]人工智能的民事主体化，无论是在法律理论还是司法实践中，都将成为一个实现难度很大的命题。然而法人主体作为

1　参见於兴中：《算法社会与人的秉性》，《中国法律评论》2018 年第 2 期。

2　北京互联网法院（2018）京 0491 民初 239 号北京菲林律师事务所诉北京百度网讯科技有限公司著作权侵权纠纷一案民事判决书。

3　微软：《让小冰替你创作诗歌初稿》，资料来源：https：//poem.msxiaobing.com；访问时间：2019 年 8 月 27 日。

4　清华大学自然语言处理与社会人文计算实验室：“九歌”计算机诗词创作系统，资料来源：https：//jiuge.thunlp.cn/；访问时间：2019 年 6 月 27 日。

5　参见於兴中：《后人类时代的社会理论与科技乌托邦》，《探索与争鸣》2018 年第 4 期。

一种稳定存在的法律制度，意味着人工智能民事主体化的实现，虽然很困难，但并非必然不可行。

目前关于人工智能创造物的知识产权保护问题，学界已经展开了热烈的讨论。无论是支持还是反对提供保护，或者采取哪种解释路径来保护，学者们的观点似乎都直接反映了对人工智能乐观或消极的态度。这种态度源于对人工智能的理解与认识。然而，有些观点对人工智能的认识，似乎停留在沙特“公民”索菲亚的层面上，认为关于人工智能主体地位的探讨，是在呼吁类似于人权的“机器人权利”，忽视了拟制主体所能实现的社会功能与规范意义。还有些学者认为拥有自由意志和自主意识，才是真正的人工智能。但是，人工智能的自主性不是一个是或非的二元概念，而应当被理解为一段频谱。[6]自主性智能系统引起的问题是否应当纳入法学研究中，应当取决于它们是否已经对社会生活产生实际影响。答案是肯定的，印制有微软小冰诗句和插画的记事本，已经在市场中经营销售。本文梳理了学者们已经提出的保护方案，指出现有路径在理论上仍有欠妥之处，问题的关键点在于适格主体缺位。基于此，本文对人工智能民事主体的理论依据与合理性进行了全面阐释。赋予人工智能以民事主体资格，不是为机器人寻求权利，而是跟法人制度一样，服务于人类利益，更好地实现其社会功能，因此，人工智能民事主体化不构成对法理的违背。

二、人工智能创造物的现有保护方案及不足

关于人工智能创造物的法律保护问题，学者们集思广益，提出了很多建议。这些建议大体上分为两类，即不保护和保护。大部分学者认为知识产权保护是有必要的，以发挥制度的激励作用，促进技术和产业的长足发展。在主张提供保护的学者中，关于保护路径的观点，又可以分为四类：以人工智能背后的自然人为主体；以雇佣关系确定主体；以邻接权模式保护；以人工智能自身为主体。虽然这些建议不乏建设性，但是将人工智能的自主性因素纳入考量范围之后，就显得捉襟见肘。

（一）直接进入公共领域

部分学者从公共政策目标出发，建议人工智能创造物应当直接进入公共领

6 *See* Samir Chopra & Laurence F.White，*A Legal Theory for Autonomous Artificial Agents*，Ann Arbor：University of Michigan Press，2011，p.9.

域，不予保护。[7]此方案是技术变革时期可适用法律规范缺失形成的实际结果，却并非利益相关者愿意接受的形式。实践中，人工智能所有者往往会隐瞒作品或技术成果由人工智能生成的事实，以自然人或法人身份获得知识产权，从而造成知识产权实际执行中的困难。例如，版权局在版权登记时需要增加程序，判断拟登记作品由机器生成还是由人类创作。否则进入诉讼后，使用公共资源者若想证明争议作品由机器生成而无著作权限制，需要承担举证责任，且难度非常大。[8]然而，如果真的增加程序禁止欺骗性地申请或注册知识产权，又有可能打击研发者们的创新积极性，导致知识产权的创新激励机制失效。因为封锁人工智能创造物获得权利的路径，使之进入公共领域，意味着经济价值的丧失。研发人员及投资者开发人工智能投入的大量时间与金钱资源无法收回，将失去对技术进行持续创造、使用与改进的动力。[9]最终结果是领域创新停滞，由人工智能自主生成的新技术、新作品也将减少，整体竞争力下降。

（二）以人工智能背后的自然人为主体

知识产权制度源起于人类智力成果的法律保护需求，因此，通常情况下权利主体是自然人。考虑到现行著作权法存在保护投资人利益的例外规定，很多学者建议人工智能创造物的权利应当归属于人工智能背后的自然人，包括程序员（也称作设计者、研发人员）、用户、所有者、使用者等。[10]程序员是人工智能程序的创造者，在开发过程中往往投入大量时间与精力成本。将人工智能创造物的知识产权赋予程序员，至少存在两个方面的问题。第一，将权利赋予程序员，可能产生过度激励的问题。程序员作为人工智能程序的创造者，已经拥有程序本身的知识产权，从而获得后续研发的激励。如果把人工智能创造物的

---

7 *See* Mark Perry & Thomas Margoni，“From Music Tracks to Google Maps：Who Owns Computer-generated Works?”，*in Computer Law & Security Review*，2010，26；*see* also Jani McCutcheon，“The Vanishing Author in Computer-Generated Works：A Critical Analysis of Recent Australian Case Law”，*in Melbourne University Law Review*，2013，36；*see* also Robert Yu，“The Machine Author：What Level of Copyright Protection Is Appropriate for Fully Independent Computer-Generated Works?”，*in University of Pennsylvania Law Review*，2017，p.165.

8 *See* Robert Yu，“The Machine Author：What Level of Copyright Protection Is Appropriate for Fully Independent Computer-Generated Works?”，*in University of Pennsylvania Law Review*，165（2017），p.1265.

9 *See* Kalin Hristov，“Artificial Intelligence and the Copyright Dilemma”，*in IDEA*，57（2017），p.438.

10 *See* Robert C.Denicola，“Ex Machina：Copyright Protection for Computer Generated Works”，*in Rutgers University Law Review*，2016，69；*see* also Ryan Abbott，“I Think，Therefore I Invent：Creative Computers and the Future of Patent Law”，*in Boston College Law Review*，2016，57（4）.同时参见熊琦：《人工智能生成内容的著作权认定》，《知识产权》2017 年第 3 期；孙山：《人工智能生成内容著作权法保护的困境与出路》，《知识产权》2018 年第 11 期。

知识产权也赋予程序员，则构成对程序员不必要的过度奖励。[11]第二，程序员对后续知识产品的垄断性控制，可能打击下游使用者的积极性，不利于作品、技术的传播。考虑到现代商业的精细分工，程序的开发者和使用者通常是不同的群体。人工智能创造物的知识产权经济回报集聚在开发者手中，那么使用者将失去经济上的动机来采购、利用人工智能技术。[12]人工智能技术得不到有效推广、应用，反过来又会影响程序员进一步研发的积极性，最终阻碍技术发展。因此，该方案并非一种恰当的选择。

人工智能背后另一类比较重要的自然人是用户。用户即拥有人工智能的所有权，并操作人工智能，使之生成智力成果的自然人。由用户来担任人工智能创造物的原始权利人，也存在两个问题。一个问题是用户没有在知识产品创造过程中作出实质性贡献。现阶段人工智能达到的自主程度，已经切断了生成行为与背后自然人之间的关联性。例如小冰写诗的过程中，用户所作的贡献不过是上传图片和摁下按钮。"人工智能程序员"自动生成代码程序时，人类工作也只存在于两个方面，一是事后提供参数与训练数据，另一个是设计适应度测试（Fitness test）。[13]系统根据测试结果，自行判断是否继续优化程序，直到某一代程序通过测试。人类作出贡献的程度，不足以支持用户获得人工智能创造物的知识产权。[14]另一个问题是，用户无法规避人工智能自主行为的侵权风险，或提供充足的经济实力来承担侵权责任。当用户作为人工智能创造物的权利人时，须承担相应的侵权责任。但是人工智能的运行过程对于用户来说，类似于一个黑盒子。用户没有类似于研发人员的专业技术来降低侵权风险。侵权发生时，用户也不一定具备充分的经济实力来赔偿侵权损失。这两个方面的问题，同样存在于以所有者或使用者为主体的方案中。

（三）以雇佣关系确定主体

秉持法律研究的体系性原则，很多学者提出适用现有的雇佣关系理论来确

---

11 *See* Robert Yu，"The Machine Author：What Level of Copyright Protection Is Appropriate for Fully Independent Computer-Generated Works?"，*in University of Pennsylvania Law Review*，165（2017），p.1261.

12 〔美〕约翰·弗兰克·韦弗：《机器人是人吗？》，刘海安、徐铁英、向秦译，上海：上海人民出版社 2018 年版，第 210 页。

13 *See* Kory Becker & Justin Gottschlich，"AI Programmer：Autonomously Creating Software Programs Using Genetic Algorithms"，*in CoRR*，abs/1709.05703（2017），pp.2，9—10.

14 *See* Robert Yu，"The Machine Author：What Level of Copyright Protection Is Appropriate for Fully Independent Computer-Generated Works?"，*in University of Pennsylvania Law Review*，165（2017），p.1262.

定权利主体的建议。[15]该方案的基本思路是视人工智能为“雇员”，视投资人工智能的自然人或法人为“雇主”，人工智能创造物的权利原始归属于雇主。雇佣关系不仅存在于著作权法领域，也存在于专利法和其他法律领域，因此该原则可以扩展到人工智能的其他应用场景。问题在于，无论是哪种雇佣关系，乃至于委托作品中的委托合同关系，均要求各参与方为符合法律规定的民事主体。人工智能没有民事主体资格，无法与投资者之间建立合同上或事实上的雇佣关系。一方面不承认人工智能的主体地位，另一方面又将其类比为“雇员”，似乎有自相矛盾的嫌疑。[16]

（四）以邻接权模式保护

邻接权是“为鼓励某些不具著作权法上独创性，但是依然需要鼓励的创作或投资行为而特别创设的权利”[17]，是大陆法系著作权法中独有的权利。人类在机器运行的过程中，仅实施启动机器或摁下按钮的行为，不足以满足著作权法的独创性标准。有学者建议，通过解释邻接权，使人工智能创造物获得知识产权保护。[18]邻接权方案在著作权法内部可谓是两全其美，既能实现对人工智能创造物的著作权保护，又能维护法律制度的体系性。但该方案无法解释人工智能技术在其他领域的应用，例如生成涉及专利法的技术成果、应用于涉及交通责任法规或刑法的无人驾驶汽车等。此外，也不排除将来科学家研发出具有自主表演功能的人工智能，如跳舞机器人。彼时，著作权制度中将出现两类不同含义、相互冲突的邻接权。综言之，利用邻接权来解释人工智能创造物的权利归属并非长远之计。

（五）以人工智能自身为主体

最后，也有学者建议赋予人工智能以法律人格，使得人工智能创造物的权利

---

15 *See* Annemarie Bridy，“Coding Creativity：Copyright and the Artificially Intelligent Author”，*in Stanford Technology Law Review*，2012，5；*see* also Shlomit Yanisky-Ravid，“Generating Rembrandt：Artificial Intelligence，Copyright，and Accountability in the 3A Era：The Human-like Authors Are Already Here：A New Model”，*in Michigan State Law Review*，2017，2017（4）；Russ Pearlman，“Recognizing Artificial Intelligence（AI）as Authors and Investors Under U.S.Intellectual Property Law”，*in Richmond Journal of Law & Technology*，2018，24（2）.同时参见吴汉东：《人工智能时代的制度安排与法律规制》，《法律科学》2017 年第 5 期。

16 李琛：《论人工智能的法学分析方法——以著作权为例》，《知识产权》2019 年第 7 期。

17 崔国斌：《著作权法：原理与案例》，北京：北京大学出版社 2014 年版，第 510 页。

18 易继明：《人工智能创作物是作品吗?》，《法律科学》2017 年第 5 期；陶乾：《论著作权法对人工智能生成成果的保护——作为邻接权的数据处理者权之证立》，《法学》2018 年 4 期。

归属于人工智能自身。[19]人工智能无法享有知识产权，也不能参与雇佣关系或合同关系，都是因为没有法律人格。如果赋予人工智能以主体资格，则有可能克服这些问题，使其创造行为及成果拥有合乎法律规定的来源。然而，目前学者们针对该方案提出的建议中，在技术上没有纳入自主性考量，在法理上没有对人工智能民事主体地位的必要性、合理性、正当性等作出充分论证，因而更多人对该路径持质疑态度。本文将针对这些问题作出补充。

三、知识产权保护的症结在于民事主体缺失

为人工智能生成的创造性内容提供知识产权保护，主要依赖于专利法和著作权法。商标法保护的智力活动更多体现于经营者通过长期经营积累良好商业信誉的过程，[20]创造性并非必要条件。早期自动化状态下的机器，生成作品或者发明技术可适用传统著作权和专利制度保护。正如 1978 年 CONTU 的一份报告所言：利用计算机创作的过程中，计算机跟照相机或打字机一样，属于一种惰性工具，只有在人类直接或间接地控制下才能发挥功能，因此不具有成为作者的合理性基础。[21]CONTU 同时也指出，具有自主性的创造型人工智能暂时还无法预见。[22]现阶段，人工智能已经在创造领域展示出自主能力，是否意味着人工智能已经具备了成为作者或发明人的基础？从客体和主体两个维度对人工智能及其创造物的知识产权保护适格性进行分析，就会发现还缺失了一个必要条件，即人工智能的民事主体资格。

（一）人工智能创造物符合保护客体要求

人工智能创造物作为著作权客体的问题，主要争议在于独创性标准。独创

---

19 *See* Colin R.Davies，“An Evolutionary Step in Intellectual Property Rights—Artificial Intelligence and Intellectual Property”，*in Computer Law & Security Review*，2011，27（6）；Shawn Bayern，The Implications of Modern Business-Entity Law for the Regulation of Autonomous Systems，*in Stanford Technology Law Review*，2015，19；Paulius čerka，Jurgita Grigienė，Gintarė Sirbikytė，“Is It Possible to Grant Legal Personality to Artificial Intelligence Software Systems?”，*in Computer Law & Security Review*，2017，33.同时参见袁曾：《人工智能有限法律人格审视》，《东方法学》2017 年第 5 期；许中缘：《论智能机器人的工具性人格》，《法学评论》2018 年第 5 期。

20 刘银良：《知识产权法》，北京：高等教育出版社 2014 年版，第 7 页。

21 *See* National Commission on New Technological Uses of Copyrighted Works，Final Report of the National Commission on New Technological Uses of Copyrighted Works 109（1978）.

22 *See* National Commission on New Technological Uses of Copyrighted Works，Final Report of the National Commission on New Technological Uses of Copyrighted Works 109（1978）.

性要求作品应当独立完成，并且具有一定程度的创造性。早期大陆法系与英美法系著作权法的独创性标准存在较大差异。英美法国家更加注重作品的经济利益，“作品创作程度的高低仅是一个参考因素；作品所蕴含的经济价值是作品能否受保护的一个潜在条件，左右着立法者的潜意识”，因此对独创性要求较低。[23]以“人格价值观”为法哲学基础的大陆法国家则采纳严格标准，认为作品是“作者灵性感受的创作物”，是“作者人格的延伸”。[24]只有具备人格或人性的自然人创作的作品，才有可能满足独创性要求。秉持此类严格观点的学者反对人工智能创造物的著作权保护，认为人工智能“缺少人类之间的同情心、同理心而完全根据算法、模板机械生成结果”，不符合独创性标准。[25]在实践需求推动下，两大法系对于独创性要求的差异在逐渐缩小。当前普遍采纳的标准是美国联邦最高法院 1991 年在 Feist 案中确定的两个要素，即“独立完成”和“最低程度的一点创造性”（minimal degree of creativity required）。[26]人性、情感乃至生活经验等因素已经不再成为作品获得著作权法保护的必要条件。

作品是作者人格的延伸，这一理论源于黑格尔的财产权人格学说。事实上，现行著作权法中，并非所有类型的作品都体现作者人格。诚然，人们可以从苏轼的作品中体会到诗人的落魄与豁达、豪放不羁，或者透过《睡莲》和谐的色彩体会画家内心的宁静，但是随着著作权客体范围的变化，作品人格理论的适用空间仅限于诗歌、小说、绘画、戏剧、舞蹈等部分类型作品中，至于工程设计图、地图、辞典等则无法明显体现作者人格，而高科技含量的作品，如科技文献、计算机程序等，更是难以让人感知到作者的任何思想感情或人格轮廓。根据作品与作者人格之间的关联程度，其实可将作品分为三类：人格作品、弱人格作品、无人格作品。作品对作者人格的延伸，较为显著地体现于人格作品中。对弱人格作品的解读，也能归纳出作者的一些态度或理念。无人格作品往往作为工作任务完成，与作者的情感和人格没有丝毫关联。人工智能基于预设规则与海量数据搜索生成的诗歌、乐曲、代码等，人类无法事先预测，具有一定的创造性且由机器自主、独立完成，符合独创性标准；虽然不体现机器的个性或情感，但可归入无人格作品一类。

既然独创性仅要求“最低程度的一点创造性”，那么作品生成过程中的人类贡献，是否构成作品独创性的另一来源，从而替代人工智能获得作品著作权？有观点认为，人类在这个过程中对样本、特征量的选择，或其他干预行为，只

23 吴汉东等：《知识产权年基本问题研究（分论）》，北京：中国人民大学出版社 2009 年版，第 35 页。

24 吴汉东等：《知识产权年基本问题研究（分论）》，北京：中国人民大学出版社 2009 年版，第 35 页。

25 刘艳红：《人工智能法学研究中的反智化批判》，《东方法学》2019 年第 5 期。

26 李扬：《知识产权法基本原理（Ⅱ）——著作权法》，北京：中国社会科学出版社 2013 年版，第 34 页。

要体现有自由意志，就能满足“创造”要件，就像拍摄者在摄影作品中体现出的创造性一样，因而得出结论，人工智能尚未突破现有知识产权理论架构的容纳能力。[27]该结论适用于被CONTU称为“惰性工具”的自动机器，但不适用于自主性人工智能。具言之，照相机属于传统机械工具，没有基本的自主性。制作一幅好的摄影作品，对于拍摄者在选景、自然光线、角度、焦距、曝光度等方面的选择，都有很高要求，作品中的创造性完全源于拍摄者的贡献。就算是普通照片，相机自动完成调焦、选择曝光度等，拍摄者在选景过程中也体现出了一定程度的意志性。作品中如果有创造性，必然源于拍摄者。拍摄者可以就其贡献获得著作权法保护，即便创造性水平较低。然而，人工智能在自主生成作品的过程中，人类上传图片和启动按钮的贡献已经不足以形成创造性来源。即便在上传图片时人类对照片作出了意志性的选择，但是无法预知这种选择会得到怎样的结果，因此人类意志没有体现在最终生成的作品中，不满足“创造”要件。质言之，机器的自主能力切断了人类自由意志与作品之间的关联，人类贡献无法构成“最低程度的一点创造性”。正因如此，人工智能技术才引起了学者们对现行知识产权理论架构的反思。退一步讲，即便人类通过对人工智能生成的作品进行增删补改，的确在最终作品中体现了自由意志与创造性，也只能就人工贡献部分享有著作权，类似于编译作者对编译作品享有著作权的规则。

在专利法层面，人工智能生成的实用技术成果要获得发明或实用新型保护，应满足实用性、新颖性和创造性三个要求。实用性是人工智能研发的目标，因此不难满足。新颖性要求技术方案相对于“在申请专利之前的现有技术而言”是新的。[28]约翰·科萨利用遗传编程生成的模拟电路中，多个实例实现了现有发明专利的功能，还有两个实例属于可获得专利的新发明。[29]不过这些实例生成过程中的独立性有待考证，因此尚不能断言人工智能已经能自主生成满足新颖性要求的技术方案。“人工智能程序员”系统虽然能自主生成代码程序，[30]但目前仅实现了“反转字符串”等简单功能，无法满足新颖性要求。从研究人员描述的系统扩展潜力来看，不排除功能扩展以后，生成程序满足新颖性要求的可能性。最后，创造性要求技术方案中应蕴含有“创造性劳动”。发明和实用新型对创造性的要求高于作品独创性标准中的创造性要求。对于人工智能，创造性恰恰是其长袖善舞的领域。在强大计算力的支持下，人工智能针对特定技术问题

27 李琛：《论人工智能的法学分析方法——以著作权为例》，《知识产权》2019年第7期。

28 王迁：《知识产权法教程》，北京：中国人民大学出版社2016年版，第318页。

29 *See* John R.Koza，“Human-competitive Results Produced by Genetic Programming”，*in Genetic Programming and Evolvable Machines*，11（2010），p.265.

30 *See* Kory Becker & Justin Gottschlich，“AI Programmer：Autonomously Creating Software Programs Using Genetic Algorithms”，*in CoRR*，abs/1709.05703（2017），p.1.

可以穷尽所有组合方案，最终筛选得出能够解决问题的技术方法。只是现阶段，跟新颖性标准一样，“人工智能程序员”系统目前生成的程序功能较简单，尚未达到专利法要求的创造性标准。可以确定的一点是，专利法规定的客体标准中，并无同情心、同理心等人格元素的要求。因此，如果机器系统扩展，自主生成具有高级功能的程序技术，即有可能满足专利法保护客体的要求。

（二）人工智能不满足主体适格性

人工智能已经能自主生成符合著作权法客体标准的作品；系统功能扩展之后，生成的技术成果也能满足专利法对保护客体的要求。那么，人工智能能否作为作品或技术成果的知识产权主体？著作权和专利权的权利主体均分为原始主体和继受主体两种。对于著作权，权利一般原始归属于实际参与创作的自然人，即作者。但也存在一些例外情况：美国“雇佣作品”和我国“法人作品”中，法人而非实际创作者被“视为作者”，原始享有完整著作权；“委托作品”权利归属一般从约定，无约定时原始权利归属于受托人，即创作者；影视作品著作财产权的原始主体通常规定为制片人，但作者仍然是实际创作的导演、编剧、摄影师等；法国、日本、德国等国则规定影视作品的作者是原始主体，著作财产权推定转让给制片人。[31]著作权继受主体的规则较为简单，主要是以继承、遗赠、转让合同或其他法律规定的形式获得著作权的主体，既有可能是自然人、法人，也有可能是国家。然而，无论是原始主体还是继受主体，都应当具有民事主体资格，才能享有作品相关权利。实际参与作品创作的人工智能无民事主体资格，不能成为著作权的权利主体。

实际创作的人工智能无法成为著作权主体，能否担任署名作者？与大陆法系认为作品是作者人格延伸的思想一致，很多国家限制作者只能是自然人。但是，也有些国家以法律明文规定的形式确认法人可被视为作者，尽管法人“无从具有创作作品所需要的智力，也不可能完成作品的创作”。[32]由此看来，非自然人属性不必然成为人工智能被拟制为作者的阻碍。从著作权权利归属的各种规则来看，作者并不与“著作权主体”的内涵画等号：一方面，作者可以将著作权转让给其他著作权主体；另一方面，特定情形中作者不享有作品任何著作权，或者只享有部分著作权内容。[33]那么，人工智能是否可以通过法律条文规定的形式，成为自主生成作品的署名作者？答案仍然取决于作者的民事主体性质。单从“作者”的字面意义来理解，大自然、动物等都有可能成为作者，例如人

31 李扬：《知识产权法基本原理（Ⅱ）——著作权法》，北京：中国社会科学出版社2013年版，第117页。

32 刘银良：《知识产权法》，北京：高等教育出版社2014年版，第302页。

33 王迁：《知识产权法教程》，北京：中国人民大学出版社2016年版，第161—162页。

们常把某些自然名胜景点称为“大自然的鬼斧神工”。然而，著作权法意义上的作者，能够通过创作行为来引起法律关系的变化，还是必须以拥有法律上的主体资格为前提。正因如此，大自然、动物等即使偶尔产生了“创作”行为，却无民事主体资格，不能引起著作权法上权利义务关系的变化，故而不属于著作权法意义上的作者。在“猴子自拍案”（Naruto v. Slater）中，美国地区法院即认为动物不是著作权法意义上的作者，同时结合美国版权局的规定，指出动物创作的作品无权享有著作权保护。[34]同样，人工智能也不能成为著作权法意义上的作者。根据美国司法实践的类似逻辑，人工智能生成的作品也“无权享有著作权保护”。

与著作权不同，专利属于纯粹的财产性权利，权利归属规则相对简单。职务发明创造中，发明人所在的单位原始取得申请专利的权利、专利申请权及相应专利权；委托发明的权利归属以合同约定优先。除此之外，发明人享有专利权，也可转让申请专利的权利或专利申请权，受让者获得专利授权后成为原始主体。继受主体则是通过转让合同、继承、接受赠与等方式直接从专利权人处取得专利权。[35]无论原始主体还是继受主体，专利权的权利人也必须拥有民事主体资格，仅限于自然人、法人或其他组织。人工智能并非法律认可的民事主体，无法成为自主生成技术成果的权利人。至于跟作者地位类似的发明人资格，则仅有自然人能胜任。专利法对创造性的要求严格，理论和实践中未曾出现过自然人之外的大自然、动物等为发明创作作出实质贡献的情形。甚至连法人或其他组织都不能被拟制为发明人。因此，人工智能既不能成为专利的权利人，也不能担任发明人。这不仅是权利主体缺失，还将导致知识产权机制失效的问题。专利授权要经过严格的审核、登记程序，发明人信息缺失可能影响专利权的有效性。在美国，人们申请专利时未列出完整、正确的发明人信息，会导致专利无效或无法实施。[36]我国《专利法》第 26 条第 2 款也规定专利申请中应当写明发明人的姓名等事项。换言之，人工智能生成的技术成果，将因发明人缺位而无法申请专利权。

（三）实现知识产权保护的路径是人工智能民事主体化

人工智能创造物已经满足知识产权法的保护客体要求，但人工智能无民事主体资格，不是知识产权法的适格主体，因而不能担任作者、发明人，也无法

---

34 Naruto v.David John Slater et al，No.3：2015cv04324 - Document 45（N.D.Cal.2016）.

35 刘银良：《知识产权法》，北京：高等教育出版社 2014 年版，第 67 页。

36 *See* Ryan Abbott，“I Think，Therefore I Invent：Creative Computers and the Future of Patent Law”，*in Boston College Law Review*，57（2016），p.1092.

享有专利权或著作权。不仅如此，自主性切断了其他自然人主体与作品、技术成果创造性之间的关联。人工智能创造物从而成为无源之水、无本之木，没有适格的权利主体，无法适用现行知识产权制度而获得法律保护。这种结果，也正是当前人工智能自主技术在社会实践中遇到的窘境。企业在技术成果的知识产权状态不置可否的情况下，只能依靠制造商业热点来维持生命力。当前市场中很多人工智能的应用不过是商业炒作而已。人工智能创造物知识产权处于未知状态，市场主体之间的无序竞争，不利于技术和文化产业的长足发展。

归根究底，要解决人工智能创造物的知识产权保护问题，首先要解决人工智能的民事主体资格问题。这就体现了人工智能民事主体化的必要性。具体地说，人工智能民事主体化，成为自主生成物的作者或发明人，原始享有知识产权。在此基础上，通过合同约定、推定转让、雇佣关系原则等，将权利转让给利益相关者，利用自由市场机制使得利润在研发者、人工智能所有者、投资者等利益群体之间分配。最终，在知识产权制度的管控和规制下，人工智能创造物的经济价值才有可能得以实现，为技术更新提供持续动力，并促进市场中作品、技术成果的进一步创新与传播。知识产权法的基本宗旨是维护权利人与社会公众之间的利益平衡，但最终目标是维护公众利益，促进整个社会的创新水平。因此，人工智能民事主体化在人工智能创造领域的定位是，通过实现知识产权保护，维护社会整体福利，其根本目标仍然是服务于人类利益。

四、人工智能民事主体化路径的理论依据

法律人格是成为民事主体、享有权利并承担义务的前提条件。[37]任何实体或社会存在获得法律人格之后，才有可能成为民事法律关系中权利义务的主体。以人工智能为民事主体，需要赋予人工智能以法律人格，使之成为法律上的人，才能实现人工智能创造物的知识产权保护。人格作为法律术语的含义，源于罗马法。彼时人格的概念即类似于剧院中演员表演的角色，拥有人格被视为与“特定社会角色”等同。[38]自然人只有通过法律确认拥有人格之后，才有资格成为特定权利义务内容的主体。在当时的身份社会中，并非所有自然人都能获得法律认可。例如，奴隶也属于自然人，但是被排除在主体范围之外，只能作为自由人的权利客体。[39]女子受家长权或夫权支配，人格也受到诸多限制，如无法享有

37 江平主编：《法人制度论》，北京：中国政法大学出版社 1994 年版，第 3 页。

38 *See* Tomasz Pietrzykowski，*Personhood Beyond Humanism：Animals，Chimeras，Autonomous Agents and the Law*，translated by Krystyna Warchal，Cham：Springer，2018，p.9.

39 周枏：《罗马法原论》（上册），北京：商务印书馆 2001 年版，第 106 页。

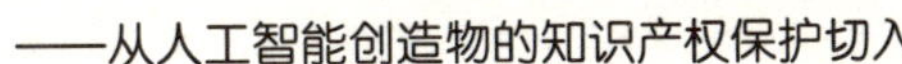

财产权、即使收养子女也不能享有家长权等。[40]可见，法律人格并非历来就是自然人的专属。只是经历了漫长发展，自然人或人类被赋予高于其他物种的意义，人们因而认为，只有人类才能胜任法律上的人的地位，将伦理性要素强加于人格，形成伦理人格的内涵。近现代民法中，法律人格的发展逐渐突破伦理价值的束缚，呈现出一种开放化、功能化的趋势。虽然曾引发诸多争议，但并未阻止法律人格体系的动态伸缩变化。正是这种发展趋势，为人工智能民事主体化路径提供了法律理论和制度上的分析依据。

（一）人工智能民事主体化的法律理论分析

自然人的伦理人格以伦理价值为理论基础。伦理价值通常认为包括一系列与心理概念相关的能力，包括自我意识、理性、沟通能力、行为决策意识、决策中的道德意识等，为人类提供了其特殊的伦理地位。[41]人类作为一种肉体的存在，因具备理性和意思而区别于其他动物，被视为伦理的存在。[42]这种区别同样存在于人类与组织、国家、大自然、神灵、人工智能等元素之间。基于此，人们认为，法律人格的理论基础就是人类所独有的伦理价值。自然人以外的存在，因缺乏伦理基础，而无资格成为法律上的人。其他类型民事主体的出现，将构成对法律人格伦理基础的挑战，以及对人类优越感的威胁，因而往往伴随激烈的争议与分歧。[43]

伦理价值为人类所独有，法律人格的伦理基础理念深入人心。直到 1896 年，德国在统一民法典中把法人制度列为实体法的专门章节之时，法人仍然被视为自然人法律人格的一种例外。为了解释这种例外，法人人格被解释为“为了实现自然人利益而进行技术上的处理”。[44]尽管如此，法人人格作为与自然人人格平等的法律人格，无法满足伦理基础的要求，在某种程度上动摇了法律人格以伦理价值为基础的理论。法律人格伦理基础所受到的冲击不止于此，可以从纵向与横向两个视角来分析。以纵向视角来看，法律人格伦理基础的确立，也只是近几个世纪的事情。自罗马法始，生物上的人和法律上的人，即有明确区分，而不是以伦理价值为基础统合于法律人格的理论中。罗马法中以 homo 表示生物

40 周枏：《罗马法原论》（上册），北京：商务印书馆 2001 年版，第 135 页。

41 *See* Tomasz Pietrzykowski，*Personhood Beyond Humanism: Animals, Chimeras, Autonomous Agents and the Law*，translated by Krystyna Warchal，Cham：Springer，2018，pp.62—63.

42 〔日〕星野英一：《私法中的人》，王闯译，北京：中国法制出版社 2004 年版，第 1 页。

43 *See* Samir Chopra & Laurence F.White，*A Legal Theory for Autonomous Artificial Agents*，Ann Arbor：University of Michigan Press，2011，p.183.

44 蒋学跃：《法人制度法理研究》，北京：法律出版社 2007 年，第 67 页。

学意义上的人，以 persona 表示法律意义上的人格。[45]很多生物上的人无法获得完整或部分主体资格，而教堂、寺院和慈善团体等非生物上的人都曾经享有人格。[46]发展到近代，在商品经济发展需求的带动下，与自然人相对的法人人格又得到广泛接纳。法律人格的伦理基础，仅在两段时期之间有限的期间内能够得到满足。以横向视角来看，法律人格的伦理基础仅适用于拥有完全行为能力的成年自然人。近代民法对自然人人格予以无条件的普遍承认，[47]包括精神病患者、植物人、婴幼儿等。这些特殊群体享有跟正常成年人同等的法律人格，但很难说他们的法律人格建立在自我意识、理性、行为决策能力等伦理价值基础之上。法律对其人格的认可，实际上属于一种传统和方便的法律拟制，建立在他们作为人类这一事实基础之上。[48]因此，伦理价值作为法律人格基础的理论，不如理想般稳固。

为了对法人等非自然人的主体资格进行解释，学者们尝试了以其他思路来理解法律人格的理论基础。其中，美国哲学家约翰·杜威曾以实用主义理论来分析公司的法律人格。他在《法人人格》（*Corporate Personality*）一文中指出，“不管个人人格还是法人人格，毫无必要被大量陈旧的学说和陈旧问题的残余所困扰”；“‘主体’这个词在法律理论中，可能被用来仅仅作为一个描述性的术语，指称任何承载权利-义务的单位”；是否给予公司以法律人格的问题，“根据在其他事物中从外部引起的具体效果得以表述”。[49]实用主义源于美国，通常认为皮尔士是实用主义方法的创立者，詹姆斯建立了实用主义的真理观，而杜威则是实用主义的集大成者，建造了实用主义的理论大厦。[50]在杜威看来，“实用主义自身体现为对历史上的经验主义的扩展，但它们的根本区别在于：实用主义不执守先前的现象，而是执守后继的现象；不是执守先例，而是执守行动的可能性。这一视角的转换就其后果而言，几乎是革命性的。满足于重复既已过

---

45 周枏：《罗马法原论》（上册），北京：商务印书馆 2001 年版，第 106 页。原文表述为：“caput，原意是指头颅或书籍的一章。罗马古时，户籍登记时每一家长在登记册中占有一章，家属则名列其下，当时只有家长才有权利能力，所以 caput 就被转借指权利义务主体，表示法律上的人格。persona 则表示某种身份，是从演员扮演角色所戴的假面具引申而来。假面具可用以表示剧中不同的角色，persona 也就用来指权利义务主体的各种身份……”笔者认为，在当时的身份社会，对 caput 更为准确的理解应该是拥有完整权利能力的男性成年人，而表示某种身份的 persona 才对应于现代法律上的人格。这种理解在学者们关于罗马法人格的探讨中得到了证实，例如赵俊劳：《自然人人格的伦理解读》，《河北法学》2009 年第 5 期。

46 周枏：《罗马法原论》（上册），北京：商务印书馆 2001 年版，第 290 页。

47 尹田：《民事主体理论与立法研究》，北京：法律出版社 2003 年版，第 5 页。

48 *See* Bruce Baer Arnold & Drew Gough，“Turing's People：Personhood，Artificial Intelligence and Popular Culture”，*in Canberra Law Review*，15（2017），p.14.

49 〔美〕约翰·杜威：《杜威全集·晚期著作（1925—1953）：第二卷（1925—1927）》，张奇峰、王巧贞译，上海：华东师范大学出版社 2015 年版，第 21—22 页、第 33 页。

50 赵敦华：《现代西方哲学新编》，北京大学出版社 2014 年第 2 版，第 99 页。

去的事实的经验主义，没有可能性和自由的地盘。它不能发现一般概念或思想观念的地盘，至少仅仅把它们视为总结或记录。但是，如果我们采纳实用主义的视角，将会看到，一般的思想观念与仅仅报告和记录过去的经验相比，能够发挥非常不同的作用。它们是组织未来的观察和经验的基础”[51]。杜威不仅对皮尔士、詹姆斯的实用主义哲学理论进行了阐释与发展，还将实用主义推广运用到政治、教育、宗教、伦理等多个学科领域。法律和其他公共政策方面，杜威也是在哲学分析方面贡献最多的顶尖实用主义哲学家。[52]在《逻辑方法与法律》（*Logical Method and Law*）中，他将实用主义的分析方法运用到法律领域，指出应当“在法律中深入一种更有实验性的灵活逻辑”，而普遍的法律和原则则只是一种假设，“需要根据它们在应用于具体情境时发挥作用的方法来不断地检验”。[53]这种实用主义法律的思想，也体现在霍姆斯法官的名言“法律的生命不在于经验，而在于逻辑”中。霍姆斯法官正是实用主义理论的支持者，其作品被杜威在文章中大量引用。实用主义法律思想考虑的是法律在社会运行中的实际效果，既吸收了目的法学通过目的指引立法和司法实践的立场，继承了功利主义法学强调效用的真理观，又体现了利益法学强调的“利益衡量”命题，是一种操作性更强的多元选择策略。[54]

正如杜威所说，实用主义的分析方法同样适用于法律人格的研究。伦理价值作为法律人格的基础，不是永恒的法律原则。随着具体情境的变迁，应当采取一种更为灵活的判断逻辑。那么，应当采取一种怎样的逻辑来判断法人、人工智能等是否有资格获得法律上的人格？杜威在《我的法哲学》（*My Philosophy of Law*）一文中对法律的来源、目的和运用问题进行实用主义阐释时，提供了对法律制度的判断标准，即“标准在结果中，在正在进行的社会活动的功能中”。[55]也就是说，判断法律是否应当赋予人工智能以法律人格，采用实用主义分析方法，应当考察当前社会功能的实际需要。以实用主义作为法律人格的理论分析依据，至少有三个方面的合理性。第一，以实用主义为法律人格的分析依据，实际上是对自然人主体伦理价值基础的承袭，而非抛弃。实用主义不是要推翻过去经验总结的普遍法律和原则，而是将普遍法律和原则作为对未来进行观察和未来

51 〔美〕约翰·杜威：《杜威全集·晚期著作（1925—1953）：第二卷（1925—1927）》，张奇峰、王巧贞译，上海：华东师范大学出版社 2015 年版，第 10 页。

52 参见〔美〕波斯纳：《法律、实用主义与民主》，凌斌、李国庆译，北京：中国政法大学出版社 2005 年版，第 117 页。

53 〔美〕约翰·杜威：《杜威全集·中期著作（1899—1924）：第十五卷（1923—1924）》，汪堂家、张奇峰、王巧贞、叶子译，上海：华东师范大学出版社 2012 年版，第 63—64 页。

54 何鹏：《知识产权立法的法理解释——从功利主义到实用主义》，《法制与社会发展》2019 年第 4 期。

55 〔美〕约翰·杜威：《杜威全集·晚期著作（1925—1953）：第十四卷（1939—1941）》，马荣、王今一、李石、马寅集译，上海：华东师范大学出版社 2015 年版，第 90 页。

经验的基础，在具体情境中进行实践检验与灵活适用。以实用主义作为法律人格的理论分析方法，实际上蕴含了对人的伦理价值及其优先地位的认可。第二，以实用主义作为法律人格的分析依据，能够为特殊群体自然人及法人的人格作出更为严谨的解释。从实用主义视角来看，未达法定年龄的自然人与思维受精神、生理状态限制的成年自然人，虽然在自主意识、理性能力方面有所欠缺，但作为人类社会成员的事实意味着他们应当具有法律人格，以获得充分的权利保障；法人不属于自然人却仍然拥有人格，其理由则在于降低交易成本、为经济活动提供便利，以服务和奉献于人类社会的经济利益。综言之，上述法律人格的设立，均以“社会活动的功能”为出发点，符合实用主义的评价标准。第三，以实用主义作为法律人格的分析依据，对于法律人格体系的解释，具有更好的灵活性。黑格尔提出，包括法律在内的社会生活的种种表现形式，都是一个能动的、进化的过程的产物。[56]同样，法律人格体系也不是一成不变的体系。以“社会活动的功能”为出发点来探讨特定类型法律人格的存废问题，采取一种高屋建瓴的视角，能够更好地适应社会经济、文化和政策环境的变化。以实用主义作为法律人格理论的分析原则，在尊重人的伦理价值前提下，突破了法律人格专属于自然人的局限。

人工智能民事主体化路径最大的法理障碍之一，就是人工智能尚无自主意识和自由意志，因而未能实现自然人的伦理价值，缺乏法律人格的理论基础。诚然，即使人工智能已经掌握自主性，要实现意识和理性的突破，可能还要经历一个未知的漫长过程。在人工智能充分形成自主意识和自由意志之前，人们似乎无法接受它获得与自然人平等的民事主体地位。然而，人工智能不是人类，它的使命在于代替人类完成特定工作任务，而不是代替人类。是否赋予人工智能以民事主体地位，应当考虑人类的利益需求和人类社会的功能需要，而不是机器是否在伦理上实现了与自然人相同实质的价值标准。法律人格伦理基础的动摇，及其向实用主义分析路径的转变，为人工智能民事主体化清除了理论基础上的壁垒。当人工智能民事主体化路径符合实用主义的评价标准，能够更好地服务与奉献于人类社会的实际需求时，应当考虑赋予人工智能以法律人格。

（二）人工智能民事主体化的制度分析

民事主体的制度结构体系处在一个缓慢演进的动态发展过程中，由自然人和法人的二元主体说，发展到自然人、法人、合伙企业组成的三元主体说，到

---

56 〔美〕E.博登海默：《法理学：法律哲学与法律方法》，邓正来译，北京：中国政法大学出版社 1998 年版，第 86 页。

自然人、法人、合伙企业和国家等形成的多元主体说。[57]立法者正是从实用主义的角度进行考量，当上述主体能够更好地服务于人类整体利益，并实现特定社会需求或目标时，才在制度中引入法律人格。据此，马俊驹教授曾提出民事主体“功能论”的观点，认为对于“一项社会存在”，“当它只有参加民事法律关系才能更好地发挥和体现自己的社会功能时，法律即应该赋予其民事主体地位”。[58]荷兰学者布莱塔・范贝尔也采取功能论的视角对法律人格进行过分析。她认为，法律人格可以被视为一个模具，作为一种中空且中立的范畴，可以容纳法律秩序在特定时间和地点认为合适的任何内容。[59]民事主体的功能论，是法律人格的实用主义分析路径在制度实践中的体现。

民事主体功能论可用来解释各类民事主体获得法律人格的制度合理性。例如，国家获得人格，才能作为物权主体、合同主体和责任主体参与到私法活动中，从而更加有效地在物权、债权以及国家赔偿方面发挥其经济功能。[60]法人人格的社会功能意义则体现得更为明显。以团体名义从事经济活动的组织，通过聚集资本而在生产经营规模上实现“惊人的扩大”，对促进商品经济的发展能够产生“神奇的魔力”，因此，即便是不愿意接纳法人制度的法国，也不得不在事实上承认商业和工业团体的主体地位，以维护经济秩序的稳定与社会经济的发展。[61]在我国台湾地区，学者们以“社会作用说”来解释法人本质。如郑玉波教授认为，“然则法人之本质究若如何？一言以蔽之曰，法人能担当社会作用，而具有社会价值，法律有赋予其人格之必要，故赋予之也”[62]。史尚宽教授也认为，“法人正如自然人，因其能发挥社会的作用，有适于具有权利能力之社会价值，故应予以权利能力”[63]。再如，新西兰于 2017 年通过《旺格努伊河理赔法案》(*Te Awa Tupua* 〈*Whanganui River Claims Settlement*〉 *Act* 2017）承认境内旺格努伊河为法律上的人，并赋予该河流以特定的权利和义务。表面上看来，河流的法律人格源于新西兰本地多元化社会价值与法律观念相融合的需求，实际上是出于对河流健康的关注和为未来几代旺格努伊毛利人与新西兰社区保护资源的

57 马俊驹：《法人制度的基本理论和立法问题之探讨（中）》，《法学评论》2004 年第 5 期。

58 原文中提出的观点是“法律主体功能论”，本文讨论限于民法领域中，对民事主体和法律人格的概念未作明确区分，因此直接引用为法律人格功能论。参见马俊驹、宋刚：《民事主体功能论——兼论国家作为民事主体》，《法学家》2003 年第 6 期。

59 *See* Britta van Beers，“The Changing Nature of Law’s Natural Person：The Impact of Emerging Technologies on the Legal Concept of the Person”，*in German Law Journal*，18（2017），p.574.

60 马俊驹、宋刚：《民事主体功能论——兼论国家作为民事主体》，《法学家》2003 年第 6 期。

61 马俊驹、余延满：《民法原论》，北京：法律出版社 2010 年版，第 56 页。

62 郑玉波：《民法总则》，台北：三民书局 1979 年版，第 121 页。

63 史尚宽：《民法总论》，北京：中国政法大学出版社 2000 年版，第 140 页。

愿望。[64]也就是说，赋予河流以法律人格，是为了实现保护自然环境、维护当地居民持续发展的社会功能。在现有知识产权制度无法为人工智能创造物提供妥善保护的情况下，选择人工智能民事主体化路径时应慎重。但是，如果人工智能作为民事主体参与到民事法律关系中，能够更好地应对当前制度失效的困境以解决社会实际问题，那么人工智能民事主体化则具有了制度上的合理性。

五、人工智能民事主体化路径的合理性

从民事主体体系经历的动态发展来看，生物上的人与法律上的人自始至终都是分离的。民事主体的理论基础应当放弃对伦理价值的严格限制，转而关注实用主义，考察主体在制度实践中的社会功能。这也是现阶段各类型民事主体蕴含的共性规律。人工智能民事主体化的合理性，首先就在于对实用主义理论评价标准的满足，有助于在社会运行中实现保障人们安全利益与经济利益的功能。不仅如此，赋予人工智能以民事主体资格，还能够解决具体制度实践中遇到的问题。

（一）人工智能民事主体化的实用主义发展

以实用主义作为法律人格的分析依据，既继承了人的伦理价值基础，又为新型民事主体的准入提供了一个灵活的标准和框架。无论是自然人的伦理人格，还是企业、国家、非法人组织的团体人格，都满足实用主义的评价标准。人工智能民事主体化，也能够实现社会效用。赋予人工智能以民事主体资格，不是倡导所谓的“机器人权利”、保护机器人民事权利，而是服务于人类社会的整体福利。支持人工智能民事主体化，有助于“更好地利用科学技术改造社会，服务人类”。[65]总体上，人工智能的民事主体地位，主要服务于新技术环境中人类的安全利益与经济利益。

1. 安全利益

在安全利益方面，赋予人工智能以民事主体资格，有望降低新技术带来的安全风险。法律规范的安全目的，集中体现在霍布斯的格言之中——“人民的

64　*See* Whanganui River Maori Trust Board, *Record of Understanding*（2010）, Whanganui River Maori Trust Board, 资料来源：http: //www.wrmtb.co.nz/new_updates/Record%20of%20Understanding%202012.pdf；访问时间：2019年5月29日。

65　赵磊、赵宇：《论人工智能的法律主体地位》，载岳彩申、侯东德主编：《人工智能法学研究》2018年第1期/总第1期，北京：社会科学文献出版社2018年版，第29页。

安全乃是至高无上的法律”[66]。人工智能技术的发展一直伴随着人们对自身安全利益的担忧。事实上，每一次技术革命初期，都会给社会带来阵痛与普遍的恐慌情绪。[67]人们担忧新技术产品的应用会带来危险，例如早期人们担心汽车会对马路上的行人和马匹造成安全威胁，转基因技术带来对食品安全的探讨，互联网革命带来了黑客、病毒，以及关于网络信息安全的紧张情绪等。对于人工智能，人们的主要诉求之一，就是避免技术不断发展而对人类自身安全和发展带来的威胁。有必要通过立法来发挥法律规范的安全功能，设计将人工智能潜在危害降低到最小程度、同时将人工智能潜在利益最大化的法律制度。[68]

赋予人工智能以民事主体地位，就是为了实现这个目的。民事主体化具有安全规范功能。从哲学的角度来看，法律主体构造的积极意义就在于，通过设立一个人格性的世界来达到控制个体的目的，统一人的行为模式与特性，不仅使法律政策变得容易控制，而且使个体行为具有了可预测性，从而为人们提供自然世界中无法提供的安全。[69]就人工智能民事主体化的安全规范功能而言，一方面，民事主体化规范人工智能自身的行为。网络技术、人工智能技术等本身具有自己的规律，人为的法律鞭长莫及、无法有效发挥作用时，有效的调整工具可能更多要依靠代码（Code）。[70]人工智能民事主体化，就是把人类的制度理念和价值判断事先植入人工智能的代码中，以实现对人工智能行为的规范目的。如事先植入通用规则或标准，以降低人工智能自主行为危害人类安全利益的可能性。即使人类安全利益的确受到意外侵犯，民事主体的规范功能也可以确保人工智能对其自主行为负责，为利益受害者提供公平合理的法律救济。另一方面，民事主体化还能规范人类对人工智能或者两者之间的相互行为。法律人格的功能，并不单单只规范其所赋予的主体的行为，同时也规范人类对该主体或彼此的行为。[71]现阶段人工智能对人类安全利益更大的威胁，源于人类自身对人工智能的不当开发与利用。人工智能民事主体化之后，法律对于人类开发、利用人工智能，将作出严格的限制与审核，就如同政府审核法人组织的成立、注册、业务范围等。由此，可避免少数人对人工智能技术别有居心的利用，维护人类安全利益与社会稳定。

---

66 〔美〕E.博登海默：《法理学：法律哲学与法律方法》，邓正来译，北京：中国政法大学出版社 1998 年版，第 86 页。

67 涂永前：《规制人工智能：一个原则性法律框架研究》，载岳彩申、侯东德主编：《人工智能法学研究》2018 年第 1 期/总第 1 期，北京：社会科学文献出版社 2018 年版，第 122 页。

68 〔美〕约翰·弗兰克·韦弗：《机器人是人吗？》，刘海安、徐铁英、向秦译，上海：上海人民出版社 2018 年版，第 60 页。

69 李永军：《民法上的人及其理性基础》，《法学研究》2005 年第 5 期。

70 於兴中：《算法社会与人的秉性》，《中国法律评论》2018 年第 2 期。

71 *See* Bryant Smith，“Legal Personality”，*in the Yale Law Journal*，37（1928），p.296.

2. 经济利益

人类经济利益的维护也是人工智能民事主体化服务的目标之一。人们期望通过人工智能来降低劳动力成本、提升工作效率，从而创造巨大的经济利益。尤其是在创造领域，通过创新的人工智能机器生成创造性产出，即双重创新，实现创新效率的指数提升，有望将创意机器从新奇事物转变为经济增长的主要驱动力。[72]然而，人工智能实现的效率增长模式也有可能带来人们所担忧的经济发展问题，如人工智能产业“差异扩展效应”带来的财富两极分化问题、“替代排挤效应”带来的失业问题等。[73]人们担心财富聚集于少数拥有人工智能技术的人或者少数受过良好教育、能够开发和操纵人工智能的精英身上，不能在整个社会体中公平均衡地分配，从而损害大部分人的经济利益。不仅如此，人们还担心人工智能在各类行业中取代人类劳动力，造成大规模失业，导致人们失去获取经济报酬的立身之本。

这些问题也有可能通过人工智能民事主体化路径来进行更好的应对。对于财富两极分化的问题，其实质是效率提升带来的社会资源分配不公。良好的分配制度，除了建立各种社会公益基金、鼓励富裕人士对社会公益事业的捐赠之外，还有一个重要手段是制定高收入的税收政策。[74]主体化的人工智能还将成为税法上的纳税主体，针对人工智能获得的财富进行税收上的调节，将有助于实现公平的分配机制。至于人工智能对劳动力的影响，则应当采取正反两面的视角来看待。一方面，人工智能替代人类完成了繁重体力型劳动、危险型劳动，以及枯燥乏味的单调型劳动、低水平重复型劳动，增加了劳动选择性，是有利于人类自由发展的。[75]另一方面，随着人工智能的普遍化应用，必然出现大量失业者和待业劳动者。他们将依赖政府加强职业培训、创造再就业机会，以及为失业劳动者提供最低生活水准保障。[76]简言之，一个人工智能究竟是能干活以养活多个人、作为人口老龄化的应对策略，还是将剥夺多个人的生存机会，最终取决于整个社会的福利和保障体系。[77]因此，人工智能必须跟人类一样，作为社会责任主体，通过纳税来分担社会责任，利用人工智能的税收收入来改善社会

---

72 *See* Ryan Abbott，“I Think，Therefore I Invent：Creative Computers and the Future of Patent Law”，*in Boston College Law Review*，57（2016），p.1079.

73 张守文：《人工智能产业发展的经济法规制》，《政治与法律》2019 年第 1 期。

74 梁文森：《如何看待收入差距扩大和两极分化》，《经济学家》2005 年第 6 期。

75 何云峰：《挑战与机遇：人工智能对劳动的影响》，《探索与争鸣》2017 年第 10 期。

76 梁文森：《如何看待收入差距扩大和两极分化》，《经济学家》2005 年第 6 期。

77 何云峰：《挑战与机遇：人工智能对劳动的影响》，《探索与争鸣》2017 年第 10 期。

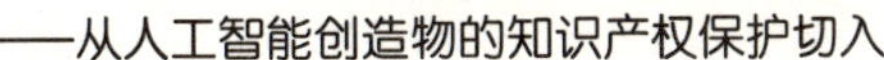

福利体系，培训被人工智能取代工作的失业者。[78]赋予人工智能以法律人格，能够更好地对人工智能科以纳税的责任与义务，切实保障人类的经济利益。

（二）人工智能民事主体化的制度功能实现

人工智能民事主体化，有助于解决新技术在制度实践中人工智能自主行为引起的权责归属问题。人工智能自主行为产生的权利主体确定问题，目前较为典型地体现于知识产权领域。赋予人工智能以民事主体地位，不仅能够明确人工智能创造物的作者和原始权利主体，使得传统知识产权制度更为妥善地容纳人工智能生成的创造性内容，还有利于厘清机器创作过程中各利益方之间复杂的利益关系。人工智能创作中可能融合多方主体，包括投资人、研发人员、数据资源中既有作品的版权人等；涉及复杂无序的法律关系时，知识产权原始归属于人工智能，其他各方的权利则通过合同解决，或在人工智能备案登记时注明，即可以极简思维解决复杂的利益纠纷。[79]通过代理或监护制度的辅助，人工智能所拥有的知识产权能够以许可、转让或其他形式，实现后续传播与应用。人工智能自主行为带来的权利归属问题，不会局限于创作领域。在发明创造领域，人工智能的应用前景已经初见端倪。未来自动驾驶、智能医疗等技术成熟以后，人工智能的自主行为还有可能引发其他类型权利的归属问题。人工智能民事主体化，才能从根本上解决人工智能自主行为引发的权利归属问题。

人工智能自主行为引起的法律责任承担问题，难以归责于背后的自然人，也需要利用民事主体化路径来应对。例如，人工智能生成作品时，如果误用了他人受著作权保护的内容，则可导致著作权侵权责任。此时，无论使用者、所有者，还是编程人员、制造商，均缺乏与侵权结果相关联的过错因素，行为与损害结果之间也没有因果关系，不宜作为法律责任的承担者。在人工智能技术的其他应用领域中，同样可能出现类似的问题，如涉及交通事故责任的无人驾驶汽车，以及未来老龄化社会中可能广泛应用的“保姆机器人”等。设想如下场景：保姆机器人在出门买咖啡的过程中，看到一起见义勇为事件受到围观群众的正面赞许；另一次出门时，保姆机器人偶遇路边一男子在一女子明确反对的情况下抢走其钱包，于是机器人根据之前学习到的见义勇为经验，将男子强行制服并报警，直至警察赶到；事后经当事人证实，男子抢钱包的行为实际是

78 Phothong Saithibvongsa & Jae Eon Yu：《计算机时代的人工智能威胁着人类和其工作环境》，《电子科学技术与应用》2018 年第 1 卷 • 第 1 期。

79 杨延超：《人工智能对知识产权法的挑战》，《治理研究》2018 年第 5 期。

夫妻二人之间的嬉闹。[80]该场景中，机器人在制服男子过程中如果造成了人身损害，同样存在法律责任主体不明晰的问题。为了维护公平合理的法律环境，保护受损害者的合法利益，应当由主体化的人工智能来承担法律责任。法人制度中人为设定了法人责任与自然人责任分离的原则，以实现自然人股东的有限责任，通过风险控制来鼓励社会投资的积极性，同时让更具经济实力的法人来更充分地承担赔偿责任。赋予人工智能以民事主体资格，使其独立地承担自主行为引起的法律责任，可以避免人工智能背后的自然人在无主观过错时承担法律责任。不仅如此，通过在制度上构建合理的人工智能法律责任承担机制，如强制保险或基金等，人工智能将比自然人具备更好的经济赔偿能力。如此，则更有可能为人工智能技术的社会实践营造一个符合实质公平的法律环境，进而促进新技术的开发、应用与传播。

六、结　　论

源自 19 世纪的传统法律思想和法典意识可能无法应对 21 世纪的新型动态法律关系。[81]早期立法者们未曾预料过，机器已经能够自主生成媲美于人类作者的作品。现行知识产权制度无法为人工智能创造物提供妥善保护。本文从人工智能创造物的知识产权保护问题切入，指出知识产权制度失效的症结在于，自主性切断了作品创造性与人类之间的联系，导致适格主体缺失，从而凸显人工智能民事主体化的必要性。人工智能作为民事主体，在法理上不满足法律人格的伦理价值基础。针对这个问题，本文指出，人工智能民事主体化，不是在倡导机器人权利，而是要服务和奉献于人类社会利益。赋予人工智能以民事主体资格，有利于新技术环境中人类社会安全利益与经济利益的维护，因而可以实用主义为法律理论依据。以人工智能自身作为其自主行为的权利主体与责任主体，有助于简化制度实践中复杂的利益关系，营造更为公平合理的社会法律环境，也符合民事主体功能论的发展趋势。

人工智能起步于零，发展到现阶段拥有自主性，并没有耗费太长的时间。不难预测，在企业与企业、国家与国家之间军备竞赛式的竞争力量推动下，技术前进的脚步不会放缓，人工智能的自主性与智能性只会逐渐增强。法律不应

80　本案例的设计思想参考了杰瑞•卡普兰的“家庭机器人”案例。原案例探讨的问题是机器人自主行为引发的刑事责任，该如何确定责任主体。笔者认为其他类型的法律责任也可能出现在此类场景中。〔美〕杰瑞・卡普兰：《人工智能时代：人机共生下财富、工作与思维的大未来》，李盼译，杭州：浙江人民出版社 2016 年版，第 84 页。

81　於兴中：《算法社会与人的秉性》，《中国法律评论》2018 年第 2 期。

走在事实之前，也不宜太过滞后。具有自主决策能力的人工智能投入实践应用中，其行为的不可预测性意味着，发生侵权现象时，制度需要作出相应的调整与回应。现阶段，在铺天盖地关于人工智能的商业热点与宣传炒作的背后，社会实践中已经出现了需要纳入法律研究的真问题。创造领域的人工智能技术作为自主能力实践的先头兵，对传统知识产权理论的挑战，将成为未来人工智能技术与社会法律制度冲突的一种映射。

On the Civil Subjectification of Artificial Intelligence: From the Perspective of Intellectual Property Protection on Artificial Intelligence Creations

Xu Huili

Abstract: Artificial intelligence (AI) creations could already meet the object protection standard of intellectual property, but there is no longer any correlation between the creative acts and the natural person behind it, due to the autonomy of AI. The absence of an eligible subject leads to the result that AI creations have no access to intellectual property protection. The way to fundamentally solve this problem is the civil subjectification of AI. AI does not have self-awareness or free will yet, so it could not meet the requirement for ethical values to own legal personality. Notwithstanding, with the emergence of non-natural person' s legal personality like corporations, states, rivers, etc., ethical values are not an indispensable theoretical basis for legal personality any more. The civil subjectification of AI serves for the goal to protect the security interests and economic benefits of human society, so it could be based on the theory of humanism. In the practice of our legal system, the civil subjectification of AI would solve the problem to determining subjects of rights and liabilities raised by its autonomous acts, which is in line with the growing trend of social function theory of civil subjects.

Keywords: Artificial Intelligence; Civil Subjectification; Intellectual Property; Pragmatism; Ethics Value

公私交融的知识产权法

曾　田

摘　要：现代社会的公法与私法不再是泾渭分明，市民社会生活中的许多交易并不是真正的“意志自由”，需要国家意志的强制干预来加以平衡，而国家干预会面临高昂的组织管理成本，需要适当引入自由协商机制。由此存在一类法律，既不是单纯的私法，也不是单纯的公法，而是公法与私法的交融，知识产权法就属于该类法律之一，知识产权法兼备公法与私法的特征。将知识产权法纳入民法典有利于在知识产权法领域贯彻统一的私法精神，尤其是对于我国特殊的社会主义初级阶段国情具有积极意义。然而，知识产权法的公法和私法交融的特征要求知识产权入典后仍保持自身的独立性，保持独特的思维方式与基本原则。

关键词：知识产权法；公法私法化；私法公法化；民法典

作者简介：曾田（1995—　　），北京大学法学院2018级博士研究生，主要研究方向为知识产权法、竞争法。

目　次

一、公法与私法划分理论的发展与挑战

以公法与私法划分法律的理论是自古罗马时期开始法学界最重要的理论之一，对近现代法律文明的发展产生了重要影响。现代公法与私法的划分方式有很多种，包括利益说[1]、意思说[2]、主体说[3]等。总的来说，公法被认为是保障国家利益和社会公共利益的法，通常为强制性的规范，调整公主体与私主体之间的管理服从关系；而私法被认为是保护私人利益的法，以任意性规范为主，调整的是私主体之间的平等关系，两者在调整内容、调整方式、调整目的上有很大的不同。

（一）公法与私法划分理论的诞生与发展

以公法与私法划分法律的方式是大陆法系国家的特征，产生于古罗马时期，首次明确将罗马法划分为公法和私法的乌尔比安指明，“公法是关于罗马帝国的规定，私法则是关于个人利益的规定”[4]。根据乌尔比安的学说，划分公法与私法的首要标准是调整对象的差异，公法规定国家公务，包括规范神事、神官和政务官的法律；私法规定个人利益，包括所有权、债权、婚姻家庭和继承方面的法律。[5]古罗马法学家在乌尔比安的基础上对公法和私法理论进行深入研究，查士丁尼在《学说汇纂》中指出，公法的规范不得由个人之间的协议而变更，而私法规范则是任意性的，可以由当事人的意志而更改，它的原则是，对当事人来说“协议就是法律”。[6]自乌尔比安之后，古罗马的所有法律都按照“公法”与“私法”标准划分。

随着17—18世纪资产阶级革命与新兴资本主义国家建立，公法和私法划分理论得到了前所未有的发展，这主要归功于商品经济与资本主义民主政体的建立。一方面，以商品经济为主的资本主义国家需要私法保障市场自由，需要保障财产权神圣不可侵犯、契约自由；另一方面，资本主义国家的新型民主政体

1 根据利益说，保护国家利益和社会公共利益的法律为公法，保护私人利益的为私法。

2 根据意思说，调整国家与公民、法人之间管理和服从关系的法律为公法，调整私主体之间平等关系的为私法。

3 根据主体说，调整对象中一方或双方为公权力主体的是公法，双方都是私主体的为私法。

4 江平、米健：《罗马法基础》，北京：中国政法大学出版社 1991 年版。转引自叶秋华、洪荞：《论公法与私法划分理论的历史发展》，《辽宁大学学报（哲学社会科学版）》2008 年第 1 期。

5 由嵘、胡大展主编：《外国法制史》，北京：北京大学出版社 2000 年版。转引自叶秋华、洪荞：《论公法与私法划分理论的历史发展》，《辽宁大学学报（哲学社会科学版）》2008 年第 1 期。

6 周枏：《罗马法原论》（上册），北京：商务印书馆 1996 年版，第 84 页。

需要利用健全的公法制度捍卫，古罗马时期的公法主要是赋予公权强制力，而此时新型民主政体中的公法比古罗马时期更多了限制公权力的内容，国家通过公法对公权力行使进行限制，以防止公权力滥用，确保个人权利和自由。这个时期的公法和私法理论更加丰富，双方的区分标准也越来越清晰，几乎所有的法律制度都可以依照公法和私法划分，直到随后垄断资本主义的出现才打破这种平衡。

（二）公法与私法划分理论面临的挑战

在大陆法系公法学的经典教义中，公法与私法完全不同，不存在既有公法因素又有私法因素的领域。[7]所有调整财产权的自然法以及所有具有一般性质的私法规则与那些决定权力机构之组织形式的规则之间的明确界分早已经是众所周知的。[8]然而，现代社会“私法公法化”与“公法私法化”改变了传统上公法与私法泾渭分明的局面，甚至有学者提出了“第三法域”的主张，对传统公法与私法划分理论产生挑战。

资本主义从市场自由竞争过渡到垄断资本主义之后，市场出现具有较大规模的市场主体，他们利用优势地位收取垄断性高价，排挤竞争对手，打破了交易中的平等关系，私人平等成了表面上的平等。垄断导致的市场失灵状况急需国家在私法框架之外提供救济手段，此时国家便从自由权利守护者的角色过渡到市场秩序规范者的角色，开始利用公权力介入私人交易中。《劳动法》、《反垄断法》、《消费者权益保护法》等一系列具有公法强制性的法律陆续颁布，国家利用“看得见的手”对私人契约与经济活动进行干预，以保护交易中的弱者并维持自由竞争的市场秩序。此时，原本属于私法领域的法律带有了公权力色彩，出现了私法公法化现象。与此同时，为了减少行政干预的成本，如信息不对称产生的成本，国家又将一部分公共管理权力交给市场，利用私法手段或通过私人主体实现具有公共性的目标，例如行政合同将平等协商手段引入公权力，变行政指令为平等协商；又如民营化活动中，政府将公共性质的任务交由传统上属于“私”的主体履行或参加，在公共行政改革运动中，民营化的范围涉及科研教育、社会保障、公共设施的施工与管理、城市基本配套服务的提供、污染治理、社会治安甚至刑事判决执行等，方式包括委托、承包、许可或合伙成立

7　参见〔德〕奥托·迈耶：《德国行政法》，刘飞译，何意志校，北京：商务印书馆 2002 年版。转引自金自宁：《“公法私法化”诸观念反思——以公共行政改革运动为背景》，《浙江学刊》2007 年第 5 期。

8　参见〔英〕哈耶克：《大卫· 休谟的法律哲学和政治哲学》，邓正来译，载王焱主编：《宪政主义与现代国家》，北京：三联书店 2003 年版，第 367 页。转引自金自宁：《“公法私法化”诸观念反思——以公共行政改革运动为背景》，《浙江学刊》2007 年第 5 期。

企业等[9]，鼓励私主体发挥意思自治的精神执行公共任务。在此情况下，调整公权力与私主体之间管理服从关系的公法也纳入了私法元素，出现了公法私法化现象。

私法公法化和公法私法化是学界对上述现象的抽象化描述，所谓“私法公法化”是指将公法渗入私人活动之中，限制私权行使的范围，所谓“公法私法化”是指公法主体利用私法手段或私人主体实现原公共性的目标，将权力交由市场，交由当事人意思自治。市民社会生活中的许多交易并不是真正的“意志自由”，需要国家意志的强制干预来加以平衡，而国家干预会面临高昂的组织管理成本，需要适当引入自由协商机制。[10]

面对传统公法和私法划分理论的适用缺陷，有学者提出了独立于公法和私法的“第三法域”主张，认为现代颁布的许多法律属于非公法也非私法的新领域，例如社会经济法领域[11]、资本主义经济法领域[12]、社会法领域[13]等。这些新理论的出现并非无根据，以《反不正当竞争法》为例，其虽然属于对市场自由经营权的限制，但是通过维护公共利益为基础而保护私人利益[14]，避免其他竞争者因非法竞争手段受到利益减损。再如《劳动法》，其以公法手段对用人单位和劳动者协议作出强制性规定，改变劳动者相较于用人单位的谈判弱势地位，保护劳动者合法利益，同时促进劳动力与生产资料的有机结合。

“私法公法化”、“公法私法化”与“第三法域”的现象打破了自古罗马时期以来公法和私法泾渭分明的界限，对传统公法和私法划分理论产生了挑战。

（三）公法与私法交融的新法律领域

虽然公法和私法划分理论在现代遭遇了挑战，但公法和私法的划分理论在现代仍然具有很大意义，不同性质的法律所对应的程序法和司法管辖主体不同，在市场经济条件下，公法、私法的差异是客观存在的，对它们作出适当的区分也是必然的。[15]

只是随着经济与社会的发展，公法与私法之间的关系变得更加丰富和复杂，

9　参见金自宁：《“公法私法化”诸观念反思——以公共行政改革运动为背景》，《浙江学刊》2007 年第 5 期。

10　龚刚强：《法体系基本结构的理性基础——从法经济学视角看公私法划分和私法公法化、公法私法化》，《法学家》2005 年第 3 期。

11　叶秋华、洪荞：《论公法与私法划分理论的历史发展》，《辽宁大学学报（哲学社会科学版）》2008 年第 1 期。

12　程信和：《公法、私法与经济法》，《中外法学》1997 年第 1 期。

13　董保华、郑少华：《社会法——对第三法域的探索》，《华东政法学院学报》1999 年第 1 期。

14　刘继峰：《竞争法学》，北京：北京大学出版社 2016 年版，第 32 页。

15　程信和：《公法、私法与经济法》，《中外法学》1997 年第 1 期。

出现了新的、很难单纯划入私法或者公法的法律。事实上，无论是公法私法化、私法公法化还是第三法域的主张均未否定公法与私法划分的必要性。值得一提的是，无论是赞成还是反对“第三法域”的学者，对“公法私法化”与“私法公法化”的现象一般都不予否定，即学界也都承认公法和私法的渗透与交融。

面对传统的公法与私法划分的理论已不能适应法律发展的客观现实，我们需要以更开放的视角对待公法与私法，承认现代社会存在一类法律，既不是单纯的私法，也不是单纯的公法，而是公法与私法的交融，知识产权法就属于公法与私法交融的法律之一。

一方面，现代知识产权法是近代人权运动的产物，以保护私主体对智力创造成果的私人利益为内容，贯穿私权神圣不可侵犯与意思自治私法精神，具有典型的私法性质；另一方面，知识产权自创设之初就带有激励创新、促进市场经济发展的公法性目的，并将利益平衡与效率最大化的公法性标准作为动态调整知识产权权利边界的依据，兼备公法特质。下面，本文将对知识产权法的公私交融特性进行详细论证，并探讨知识产权法公私交融特性对纳入民法典的影响。

二、知识产权法的私法性特征

知识产权的本质是私权，WTO在《与贸易有关的知识产权协定》的序言中对知识产权的私权本质进行了确认。近年，有学者提出了知识产权公权化理论，认为知识经济时代的知识产权正由传统意义上的私权蜕变成一种私权公权化的权利。[16]该观点混淆了知识产权的本身性质和知识产权法公法与私法交融的特征。在现代社会，原本由私法确认和分配的财产权利越来越多地由公法来予以确认和分配了[17]，但这并未改变权利的性质。

事实上，权利的性质是由权利的基本内容决定的，知识产权的内容是私主体对智力创造成果所享有的人身权和财产权，即知识产权的本质是私权。虽然知识产权作为知识财产私有的权利形态，在获得法律保护的同时，也受到法律的必要限制，但这并未改变其私权的本质属性。[18]不能将公法与私法的交融现象误解成公权与私权的权利属性的变化。

16　冯晓青、刘淑华：《试论知识产权的私权属性及其公权化趋向》，《中国法学》2004年第1期。

17　王莉君：《权力与权利的思辨》，北京：中国法制出版社2005年版，第123页。转引自吴汉东：《关于知识产权私权属性的再认识——兼评“知识产权公权化”理论》，《社会科学》2005年第10期。

18　参见吴汉东：《关于知识产权私权属性的再认识——兼评“知识产权公权化”理论》，《社会科学》2005年第10期。

知识产权的私权本质决定了知识产权法具有典型的私法特质，主要体现在两个方面：第一，知识产权法是私权运动的产物；第二，知识产权法贯穿着意思自治与私人权利神圣不可侵犯的私法精神。

（一）私法性特征之一：私权运动的产物

知识产权并非自然形成，而是由法律创设的权利，其诞生与文艺复兴和启蒙运动私人权利意识的苏醒息息相关。最早的知识产权是以封建特权的形式存在的，直到17世纪前期以前，知识产权都是封建王权特性的产物，是封建君王为了促进发明和控制思想传播而颁发给发明人或出版商的特许经营权，完全没有现代知识产权私权的影子。但随着传播技术的发展和知识产品商业化与市场化的深入，知识可作为商品为创作者带来商业利益，新型资产阶级提出了将知识归属于个人财产的诉求，知识产权的私权地位被确立下来，可以说现代知识产权制度是商品经济发展与资产阶级人权意识苏醒的产物。

在长期的传统自然观念里，知识被认为是神圣的，不受世俗法律的束缚，亦不可被私人所独占。然而随着智力成果商业化与创新型经济的发展，智力成果完全公有化的做法容易导致“反公地悲剧”，即知识资源或智力成果的完全公有使得知识资源的挖掘与再创造动力不足，知识资源容易被闲置，导致资源未被充分利用，降低创新效率，故人们提出将部分智力成果私有化的声音。伴随着资本主义文艺复兴与启蒙运动的发展，约翰·洛克的“劳动财产论”为设立知识产权奠定了哲学基础，私主体为创作成果所付出的智力劳动成为设立知识财产权的主要依据。

洛克的财产权理论将“劳动”作为获得财产权的唯一依据，洛克在《政府论》中指出：“土地上所有自然生产的果实和它所养活的兽类，既是自然自发地生产的，就都归人类所共有，而没有人对于这种处在自然状态中的东西原来就具有排斥其余人类的私人所有权，……但是，只要他使任何东西脱离自然所提供的和那个东西所处的状态，他就已经掺进了他的劳动，在这上面掺进他自己所有的某些东西，因而使它成为他的财产……既然劳动是劳动者的无可争议的所有物，那么对于这一所增加的东西，除他以外就没有人能够享有权利，至少在还留有足够的同样好的东西给其他人所共有的情况下，事实就是如此。”[19]根据劳动财产论，人们通过辛勤劳动将事物脱离自然状态，其成果当然属于劳动者所有，例如将野生的果子摘下，通过打猎捕捉野兽，将石头打磨制造成饰品等，劳动使自然状态下的事物具有特殊性，劳动者对此应享有排斥他人的私

19 〔英〕洛克：《政府论〈下篇〉——论政府的真正起源、范围和目的》，叶启芳、瞿菊农译，北京：商务印书馆1996年版，第18—19页。

有权利。

知识产权也是如此，根据劳动财产论，发明人与创作者对智力成果付出了智力劳动，将公有领域的素材脱离了自然状态，成为具有创造性价值的成果，其为智力成果所付出的劳动使该成果成为其财产，发明人和创作者应享有对智力创作成果的独占性权利，例如雕刻家将木头雕刻成具有艺术感的美术作品，作家不舍昼夜地撰写小说，发明人试错千万后发明电灯等。换句话说，发明人与创作者辛勤的智力劳动付出正当化了知识产权作为私权的设立，只要设立知识产权后，还留有足够多的知识资源给其他人，发明人与创作者对其智力创造成果就应享有排他性的知识产权。

事实上，整个知识产权法体系都体现了对私人智力劳动予以肯定和保护的理念。例如，英美法系著作权法中以创作者是否为创作作品付出劳动汗水作为是否赋予知识产权的依据，只要创作者为创作作品付出了辛勤的汗水，哪怕该创作成果并不具有较高的创造性，其仍受著作权法的保护，即所谓的“额头流汗原则”；又如商标法以混淆为判定商标侵权的主要依据，禁止他人以混淆消费者的方式不正当地利用他人经营劳动所获得的商标商誉，体现了对经营者商业经营劳动成果的肯定。

综上可见，知识产权的设立与知识产权法的制定是欧洲人权运动的产物，体现了对私人智力劳动的肯定与私人权利的捍卫，知识产权法具有显著的私法性特征。

（二）私法性特征之二：贯穿私法的精神

知识产权的本质是私权，是私人主体对其智力创造劳动成果所享有的排他性处分的权利，知识产权法的基本内容是保护私权不受他人侵犯，同时确保私主体对知识产权的自由交易和处分，贯穿了意思自治与私权神圣不可侵犯的私法精神。

首先，知识产权法体现了意思自治的私法精神。意思自治是私法精神的具体体现之一，所谓意思自治是指在私法的范围内，当事人应自由决定其行为，确定参与市民生活的交往方式，不受任何非法的干涉。[20]意思自治思想从罗马法时代就孕育，直到 16 世纪法国法学家查理·杜摩林才正式提出“当事人意思自治说”，并在《法国民法典》编纂时得到充分的体现。杜摩林认为，合同纠纷应当适用双方当事人都认可的习惯法，如果当事人没有明确选择合同解释和适用的依据，则推定其以默示的方式认可现行的法律。无论是遵循当事人的明示，还是推断其默示的意思，都是对当事人意志的尊重，当事人有权依其意志作出

20 苏号朋：《民法文化——一个初步的理论解析》，《比较法研究》1997 年第 3 期。

选择，并对此选择承担责任。1804年《法国民法典》第1134条明文规定："依法成立的合同，在订立合同的当事人之间有相当于法律的效力，这种合同，只是根据当事人相互间的同意或法律规定的原因撤销之。"[21]可以说意思自治作为一种法哲学理念，是私法制度的理论基石。

契约自由是意思自治原则的具体表现，所谓契约自由是指当事人可依自由意志决定订立或解除契约，可自由决定契约内容与发生纠纷后的准据法。契约自由包含如下几个方面内容：第一，契约订立者无身份限制，能够自由地参与到契约关系中；第二，契约订立者可自由决定契约内容，自由拟定契约关系下的权利和义务分配；第三，契约订立者可以自由决定违反契约关系的法律后果，自由选择处理纠纷的准据法与管辖法院。

知识产权法贯穿意思自治与契约自由的私法精神，具有典型的私法特征。一方面，获得知识产权并无任何身份限制，任何人只要通过智力劳动取得具有创造性的成果，其就对该智力成果享有知识产权；另一方面，知识产权法以保护私权自由交易为基本内容，根据知识产权法规定，知识产权人可以在权利范围内以任意方式交易或处分自己的权利，知识产权人可依据个人意志自由地选择主张或放弃知识产权，当知识产权人缺乏实施知识产权的客观条件与经济实力时，也可将知识产权许可或转让他人，通过许可费或转让费弥补创作的沉没成本。许可是知识产权人实施知识产权的主要方式之一，知识产权人可以任意许可方式许可他人实施知识产权，包括普通许可、独占性许可、排他性许可、交叉许可等，知识产权人也有权与知识产权实施者达成任何交易协议，包括交易价格、交易条件、交易期限等。除了许可与转让外，知识产权人还可以将权利进行抵押、投资入股。

另一方面，知识产权法还体现了私权神圣不可侵犯的私法精神。私权神圣不可侵犯也是私法精神的重要内容，是文艺复兴和启蒙运动时期自由主义和个人至上理念的产物，是指任何私权都受到法律平等的保护，非经法定程序，不可被任意剥夺或限制。私权神圣理念是私法精神的重要内容之一，要求公权力对私权的干预和救济只能是消极被动的，只有当私权所有者请求公权力干预时公权力才可对私权行使进行限制。私权神圣不可侵犯的理念即是对公权力的限制，更是对私权的尊重。

知识产权法体现了对知识产权神圣不可侵犯性的捍卫，禁止他人未经许可以法律规定的方式使用智力成果。知识的本质是一种信息，具有无形性，不可被占有，也不会发生损耗。客观上，同一智力成果能够在同一时间内被所有人永久性使用，知识产权侵权行为具有隐蔽性，权利人难以通过私力维护私权。

21　参见王利明、崔建远：《合同法新论·总则》，北京：中国政法大学出版社2000年版。

由此，为确保知识产权不被他人侵犯，法律赋予知识产权人禁止权和赔偿请求权，知识产权人有权请求司法机关对未经许可使用智力成果的行为颁发禁令，并要求以使用行为所造成的损失或使用者所得利润为基础赔偿知识产权人的损失。同时，法律还对侵权预防成本低的网络平台施加了更多预防侵权的审查义务，对恶意侵权行为制定了惩罚性赔偿制度，要求侵权者赔偿所造成损失的成倍罚款，以惩罚恶意侵权者并对潜在侵权人进行威慑，目的都是为了保护知识产权作为私权的神圣不可侵犯性。

综上所述，知识产权法贯穿了意思自治与私权神圣不可侵犯的私法精神，具有典型的私法性特征。

三、知识产权法的公法性特征

虽然，知识产权的本质是私权，但是知识产权的授予和保护过程中有明显的公权干预，知识产权法同时具有公法性的特征。值得一提的是，支持知识产权公权化理论的依据之一就是知识产权法的私法公法化趋势。例如有学者认为，公权与私权在法律上体现为公法与私法的调整，在公法向私法渗透的氛围中，知识产权私权的公权化也越来越明显。[22]

私法公法化在知识产权制度中表现得较为明显，主要是因为知识产权与其他民事法律制度相比有自己的特殊性，公权力介入较为普遍和深入，知识产权法与公法的关系也较为紧密。[23]但这只能说明知识产权法具有典型的公法性特征，而非公权属性。

知识产权法的公法性特征主要体现在下述两个方面：第一，带有公法性目的授予知识产权；第二，以利益平衡和效率最大化等公法性思维划定知识产权权利边界。

（一）公法性特征之一：带有公法性目的

早在十几年前郑成思老先生就说过，知识产权并非起源于任何一种民事权利，也并非起源于任何一种财产权。[24]知识产权的本质虽然是私权，但其产生并不完全是私法的特质。私法源于社会生活，是将社会成员在社会与经济生活中

22　吴汉东：《关于知识产权私权属性的再认识——兼评“知识产权公权化”理论》，《社会科学》2005 年第 10 期。

23　于志强：《论知识产权的私权属性——关于“知识产权的公权化理论”的置疑》，《法学论坛》2012 年第 2 期。

24　郑成思：《知识产权论》，北京：法律出版社 2003 年版，第 2 页。

形成的道德与习惯规则上升为国家意志，通过专门的机构保障执行，由此私法被认为是“自然法”的具体化与权威化。[25]知识产权并非源于任何民事权利或者财产权利，也并非自然形成于社会生活，相反，在某种程度上，知识产权是国家为了实现特定公法性目的而创设的。国家为了提高创新效率，促进经济社会的动态发展，便赋予创造者对其智力成果所产生的收益在一定期限内拥有排他性权利，允许知识产权人就其知识产品进行垄断性定价，以此激励创造者投入更多的时间和成本投入创新活动。由此，知识产权法的诞生不完全具有普通私法特质，其产生之初就带有激励创新，促进市场经济发展的公法性目的。

所谓公法性目的是相对于保护私人利益的私法性目的而言的，主要体现在公法以保护国家利益或社会公众利益，促进社会经济发展为目的。知识产权起源于封建社会的“特权”，其中，专利制度是所有知识产权制度中最早诞生的，原因在于技术进步对于社会生产效率提升的作用非常显著，例如一种新的织布机的发明可以提高一个地区在贸易上的优势，一种新型磨坊的建成可以更有效地利于当地的劳动力资源。[26]在专利领域，封建君主为了鼓励创新，提高经济效率，赋予发明人对其发明成果一定期限内的垄断性经营特权。1474 年威尼斯政府制定了第一部最接近现代意义的专利制度，其目的也是为了吸引和鼓励发明人投入创新。除此之外，是否设立专利制度，以及专利保护的强弱选择具有很强的公共政策属性。对于技术水平弱的国家而言，弱知识产权保护政策有利于其本国公民以较低成本学习和模仿他国先进技术，例如荷兰和瑞士就曾在很长一段时间内取消了专利法，我国在创设专利制度之初也采取弱保护政策，给予我国科技企业模仿和进步空间。而对于技术发展水平强的国家而言，其更希望采用强专利保护政策，例如美国作为科技强国一直采取强的专利保护政策。由此，无论是封建时期的特权，还是现代专利制度的订立，都是政策制定者为了吸引和鼓励发明创造的成果，与国家科学与经济发展水平息息相关。

与专利制度不同，版权制度的诞生具有更强的自下而上的私权保护理念，但是随着近现代商品经济的发展，版权市场愈发成熟，版权制度中促进文化产业发展的公法性目的也愈发显著。早期封建社会并未形成文学艺术作品的商品化市场，故版权最早是封建君主特许一部分具有印刷技术的出版商以出版特权，用来实现君主控制思想传播的目的。直到 1710 年《安娜女王法令》实施开始，版权才逐渐被确认为是作者基于创作劳动产生的权利，由于作者身份认同是版权市场化与私人权利意识苏醒的产物，现代版权制度的诞生离不开资本主义商

25 龚刚强：《法体系基本结构的理性基础——从法经济学视角看公私法划分和私法公法化、公法私法化》，《法学家》2005 年第 3 期。

26 孙新强：《论著作权的起源、演变与发展》，《学术界》2000 年第 3 期。

品经济发展以及欧洲人权运动的促进作用，例如法国早期著作权法就是在法国大革命热潮中创设的，但是这并不代表随后版权制度的具体设立没有公法性的调整目的。事实上，随着文学艺术作品的产业化发展，文化产品消费占消费支出总额的比重越来越高，文化产业对经济驱动作用愈发显著，此时版权制度推动版权市场化与产业化发展的价值越来越受重视，国家更多地出于促进产业政策与利益分配的公法性目的对版权制度进行调整，例如美国作为全球文化产品输出大国，其发达的文化产业离不开与之相辅相成的版权政策。

总的来说，从历史的维度出发，最早的知识产权是纯粹基于公法性目的赋予的垄断性经营权，之后随着启蒙运动与资本主义商品化经济的发展，知识产权作为创作者私人权利的性质被认可，除了国家层面激励创新目的之外，保护私人的创作劳动成果成为新的赋权理由，因此现代知识产权的诞生可以说是公法与私法交融的成果，既有激励创新的公法性目的，也有保护私人创作利益的私法性目的。不同领域的知识产权法在创设之初对公法性目的和私法性目的的侧重有所不同，专利法更侧重于激励创新效率的公法性目的，而版权法更侧重于私人创作成果保护的私法性目的。但是随着知识产品市场化与产业化的发展，知识产权制度的创设同国家科技与文化产业发展战略密切相关，知识产权的公共政策属性日渐显著，此时知识产权法的公法性目的逐渐超过了私法性目的，变得越来越重要。可以说，在现代知识产权新制度创设时立法者考量更多的是产业政策的布局与相关市场主体的利益分配问题，而非单纯对创作者私人利益的保护。

知识产权的公法性目的在各国的立法中都有所体现。美国和日本在立法中将实现公法目的作为知识产权法的首要目标，将赋予和保护权利人知识产权作为实现该目标的手段。例如美国宪法第 8 条第 8 款规定，为了促进科学与有用艺术的发展，赋予作者与发明人在有限时间内获得智力成果的专有权。[27]日本《知识产权基本法》第 1 条规定，本法目的是为了实现经济和社会动态发展的目标，这种经济与社会的基础是创造新的知识产权和有效利用这种知识产权来创造附加价值，同时也因为响应国内外社会经济形势的变化，促进日本产业的竞争力的发展，制定保护知识产权的基本原则，以有针对性和系统的方式促进知识产权创造、保护和利用。[28]

与美日不同，我国知识产权法将保护创作者与发明人私人利益与实现文化、科技进步的公共利益作为制定知识产权法的双重目标，且将保护私人利益置于

---

27 资料来源：https：//www.law.cornell.edu/constitution；访问时间：2018 年 6 月 4 日。

28 资料来源：http：//www.wipo.int/wipolex/zh/text.jsp?file_id=187318#LinkTarget_127；访问时间：2018 年 6 月 4 日。

实现公共利益之前。我国《著作权法》第 1 条规定，为保护文学、艺术和科学作品作者的著作权，以及与著作权有关的权益，鼓励有益于社会主义精神文明、物质文明建设的作品的创作和传播，促进社会主义文化和科学事业的发展与繁荣，根据宪法制定本法。《专利法》第 1 条规定，为了保护专利权人的合法权益，鼓励发明创造，推动发明创造的应用，提高创新能力，促进科学技术进步和经济社会发展，制定本法。

无论是将促进社会科学经济的发展作为知识产权法的首要目标，还是与保护私人利益平行的目标，各国知识产权立法都体现了知识产权法制定与诞生带有公法性与私法性交融的目的。如上文所述，知识产品具有私人商品与公共商品的双重属性，随着市场经济与产业化的发展，以促进经济效率和产业发展为主的知识产权公法性目的将逐占上风，新兴知识产权制度的设立将更多地基于市场利益分配与产业政策考量，而不是单纯的私益保护。

（二）公法性特征之二：以公法思维界权

除此之外，知识产权的公法特征还体现在权利边界的划定上。知识产权的权利范围并不是永恒不变的，而是政策制定者基于利益平衡和效益最大化不断动态调整的结果。知识产品不同于普通的商品，其具有“公共产品”的性质，与公共利益息息相关，当对知识产权保护过强时，使用者将付出过高的成本，不利于智力成果的传播与再创新。与此相反，当知识产权保护过弱时，对创造者智力劳动的补偿过低，不利于激励再创造与创新投资。虽然知识产权的本质是创作者对智力成果的私有权利，但是在对知识产权进行保护时，需同时兼顾公共利益与市场竞争秩序，以利益平衡和效率最大化作为划定知识产权权利边界的依据，具有典型的公法思维特征。

知识产权限制制度是划定知识产权权利边界的主要制度。现存的知识产权限制制度包括合理使用、法定许可、强制许可等，一方面，法律赋予创作者一定期限范围内对智力成果使用和传播的专有权，另一方面，法律又基于公共利益与经济效率对知识产权的使用进行一定限制，可以说所有的知识产权限制制度的设立都具有利益平衡和经济效率最大化的理念。

以法定许可制度为例，法定许可制度是著作权法中的限制制度之一，在法定许可制度规定的情形下，知识产权人没有拒绝许可权，使用者依据法律规定缴纳特定许可费后就可使用智力成果，不构成侵权。作为知识产权限制制度，法定许可设立的基本目标就是防止垄断。著作权是法律赋予著作权人在一定期限内进行垄断性定价的权利，虽然拥有知识产权不等同于拥有市场支配地位[29]，但是知识产权天生具有排斥其他竞争者的“垄断性”[30]，即他人未经许可不得使用知识产权人的智力成果与之竞争。1909 年，美国众议院委员会在立法报告中指出，法定许可的规定主要是针对一家独大的唱片公司垄断音乐录制权的可能性，其认为一家唱片公司可以通过购买或其他方式独占大部分流行歌曲的版权，以垄断唱片市场。故 1909 年美国《版权法》设立法定许可制度的目标在于保证词曲作者能够获得足够的经济回报，同时防止市场上形成压迫性的垄断损害版权人的利益。[31]

又以强制许可为例，强制许可制度是指在法律规定的特定条件下，经使用者申请与相关知识产权行政部门审批，由行政部门决定强制知识产权人将权利许可给被许可人。在考虑是否颁发强制许可决定时，行政部门考虑该知识产权的特征、领域及被许可人的使用方式、使用期限等，当强制许可后所带来的收益大于限制知识产权的损失时，行政机关将基于利益平衡与效益最大化颁发强制许可证，对知识产权进行限制。

除了具体的知识产权限制制度外，在对知识产权权利内容进行解释时也以利益平衡和效率最大化为基准。科技和市场的发展变化是迅速的，相比之下，法律的规定往往相对滞后，对于新出现的侵权行为类型和侵权方式需要通过灵活解释现有法律进行侵权认定。在此过程中，司法机构需结合利益平衡和效益最大化的理念对侵权行为进行认定，例如在考虑网络游戏直播是否构成侵权时，法院不仅需考虑如何灵活解释现有法律以便将新型的网络直播行为纳入著作权范围之内，而且法院还需综合考虑网络游戏市场、网络游戏直播市场的交易形式与市场结构，在利益平衡和效益最大化的理念下作出决定。在考虑游戏玩家的直播行为是否构成侵权时，王迁教授认为，游戏直播者的行为属于“转换性使用”，其不会替代欣赏直播的用户对运行游戏的需要，对游戏市场的影响是有限的。因此对游戏画面的直播可以构成合理使用，[32]其观点具有利益平衡与效益最大化的特质。

总的来说，知识产权是伴随公法性目的创设的，在诞生之初就肩负激励创

---

29 拥有市场支配地位要求在相关市场范围内具有制定垄断性高价、排斥竞争对手的能力，而拥有知识产权并不代表拥有足够的市场份额，具有市场支配力。例如，版权人具有某科幻小说的著作权，可以对其著作权进行垄断性定价，但是这并不代表该著作权人的科幻小说的销量很高，可在科幻小说市场具有很高的市场份额，即知识产权的垄断性与反垄断法中要求的市场支配地位不可等同。

30 Eldred v.Ashcroft，537 U.S.186，190，224（2003）。法官在判决中表明，专利和著作权人都拥有在一定限度内的垄断权。

31 参见《U.S.1909 House Committee Report》，资料来源：https：//www.house.gov/；访问时间：2018 年 6 月 4 日。

32 王迁：《电子游戏直播的著作权问题研究》，《电子知识产权》2016 年第 2 期。

新、促进科技文化产业发展的公共政策使命。同时，知识产权法以利益平衡、经济效益最大化为标准划定权利边界，在保护知识产权私人利益的同时，兼顾公共利益，具有典型的公法特征。

四、公私交融的知识产权法与民法典

法典化是社会经济与历史文化传统综合发展的产物，自我国1986年颁布《民法通则》起至今，几十年的发展使我国已经具备了制定民法典的历史条件[33]。2014年9月，民法学界召开了有关中国民法典编纂的研讨会，民事法律领域各专家学者极力主张重启民法典的起草工作，民法典编撰成为民事法律领域最为重视的话题，在知识产权法领域也不例外。

对于知识产权法与民法典的融合学界已有许多成果。吴汉东教授认为将知识产权法入典有利于无形财产权规则的统一，由于财产权类型的扩张和财产权体系的重构，有必要在民法典中设立“财产权总则”，其任务是对包括知识产权、商事财产权在内的财产权制度作出统领性、整合性规定。[34]易继明教授认为，基于私人生活的自然理性，基于形式理性主义的大陆立法传统，统一的私法典完全有能力将兼具人身与财产属性的知识产权纳入其麾下，使之独立成编，并能够借助知识产权规则丰富自身，实现其自我完善。[35]王迁教授认为，将知识产权法纳入民法典有利于消除现行知识产权法中的一些逻辑问题，补充一些缺失的机制并避免相似规则的重复、分散和遗漏，利大于弊。[36]冯晓青教授认为，由于知识产权属于民事权利和无形财产权，并且随着经济社会发展其地位日益重要，未来在《民法总则》修订中需要对知识产权制度设立专节规定。针对知识产权制度的规定，需要在知识产权的定义、知识产权的范围和内容、知识产权取得和行使原则、知识产权限制等方面进行补充与完善。[37]

但也有学者反对知识产权法入典，例如崔建远教授认为，知识产权法已经长成枝繁叶茂的大树，且有不同于物权法、债法、继承法等传统民法的特色，不要说《民法总则》无法容纳它，就是民法典分则依逻辑也不适合它。例如，知识产权体现产业政策明显、突出和迅速，知识产权制度中的行政法因素较为

33　参见易继明：《历史视域中的私法统一与民法典的未来》，《中国社会科学》2014年第5期。

34　吴汉东：《知识产权“入典”与民法典“财产权总则”》，《法制与社会发展》2015年第4期。

35　易继明：《中国民法典制定背景下知识产权立法的选择》，《陕西师范大学学报（哲学社会科学版）》2017年第2期。

36　王迁：《将知识产权法纳入民法典的思考》，《知识产权》2015年第10期。

37　冯晓青：《〈民法总则〉“知识产权条款”的评析与展望》，《法学评论》2017年第4期。

浓厚。所有这些，在整个民法典中都难以得到尽如人意的反映。[38]又如李扬教授认为，知识产权法不宜入典理由如下：世界上从未有过成功范例；知识产权的变动性和民法典的稳定性不协调；知识产权立法中的大量公法性、程序性规范和民法典的私法属性相矛盾；知识产权法独立成编不能增加知识产权法的规范能量；难以将知识产权法中私法性、实体性规范和公法性规范、程序性规范截然分割，单独规定在民法典中。[39]

虽然学界已经对知识产权法入民法典问题进行了深入研究，然而现有研究忽略了知识产权法除私法性特征之外，还具有公法性特征。在我国，知识产权法作为民事特别法，已经发展出了独立于民法典之外的基本原则，尤其是带有公法性特征的调整手段与思维方式都为知识产权法入典设置了障碍。本文拟从宏观角度，结合知识产权法公私交融的特性与民法典的“解法典化”对知识产权法入典进行探析。

概括来说，传统民法典有自身的保守性，随着民事特别规范的增加，现代民法正处于“解法典化”[40]中。由于我国制定民法典较晚，我国此时正同时处于民法“法典化”与“解法典化”的过程中，在考虑将知识产权法纳入民法典时，需要以灵活的思维方式协调一般民事法律规范与特别民事法律规范之间的关系。一方面，知识产权的本质是私权，从私法理念统一的角度出发，知识产权法的入典有利于贯彻私法精神，保护私权神圣不可侵犯性；另一方面，知识产权法作为民法特别法，具有区别于一般民事法律体系的思维方式和基本原则，其兼备公法与私法的特性，故知识产权法纳入民法典后仍需保持自身独立性，即在统一私法理念下，允许知识产权法自由发展。

（一）民法典的“法典化”与“解法典化”

民法“法典化”是自1804年法国制定统一《法国民法典》之后，大陆法系国家在近代整合私法体系的重要运动。民法法典化的目的在于构建逻辑化、系统化的民事法律体系，使其形成统一的价值理性与形式理性。所谓价值理性是指民法中契约自由与私权神圣不可侵犯的价值理念；所谓形式理性是指民法逻辑形式的理性特征，保证个人与团体在确定的范围内自由活动，并能够预见行为的法律后果。民法典的价值理性对于缺少私法传统的中国而言，能够提供出一套合理的价值体系，有助于革新国家观念，正确安排国家和个人之间的关系，

38　崔建远：《知识产权法之于民法典》，《交大法学》2016年第1期。

39　李扬：《论民法典编纂中知识产权不宜独立成编》，《陕西师范大学学报（哲学社会科学版）》2017年第2期。

40　陆青：《论中国民法中的“解法典化”现象》，《中外法学》2014年第6期。

有助于帮助人们安排自己的生活。而民法典的形式理性向公众提供了一套切实可行的规范体系，保证私法的纯粹性质，提高法典应付社会生活的能力。[41]

然而，民法典有其自身保守性的特点[42]，从比较法的视角出发，当代国家都在进行民事立法和民法典的修订与重构，其根本原因在于社会经济的变革和发展、经济全球化和法律全球化发展趋势的推动、旧法典内容的不同程度的过时、法典之外的特别立法的显著增加，以及伴随出现的“解法典化”趋向。[43]

所谓“解法典化”最早是由意大利法学家伊尔蒂于1978年提出的，是指在有民法典的国家，层出不穷的法律特别规范造成传统民法的内外体系逐步分解的现象，其根源在于，以自由至上主义为核心的传统民法无法完全适应现代社会经济结构和组织关系的巨大调整。[44]“解法典化”的现象主要是由民法典之外的特别法立法造成的。随着社会经济的发展，社会经济关系呈现出多元化的特点，政府加强了对市场的干预，传统民法面对新出现的问题表现出一定的适用局限性，由此产生了许多独立于民法典的微观法律制度。这些微观法律制度在思维方式和方法论方面都与传统的民法典不同，法院裁判时也以特别法的规则为依据，虽然存在“一般法与特别法”适用上的区分理论，但实质上，在微观法律领域出现现行法未规定的法律漏洞时，立法者或司法裁判者通常基于特别法的立法目的和原则进行解释，传统民法典或民事法律一般原则在面对新领域问题时常常处于边缘化甚至无用的处境。

我国同样面临“解法典化”问题。自《民法通则》颁布之后，我国民事领域的立法更多侧重于对部分领域的特别立法，包括《著作权法》、《专利法》、《商标法》、《反垄断法》、《反不正当竞争法》、《消费者权益保护法》、《食品安全法》、《公司法》、《保险法》、《劳动合同法》等，这些法律都有着不同于传统民法的思维方式和独立的法律原则，法院在裁判时也不引用民法的一般原则，而是直接依据特别法的立法目的和规则进行裁判，甚至我国还建立了单独的知识产权法院特别审理与知识产权相关的案件。故有学者提出，我国正处在一个“法典化”和“解法典化”并存的时代。[45]

尽管当代民法典与民事立法具有“解法典化”的特点，但这并未否定法典化带来私法精神统一的价值，故有学者提出“解法典化”之后“再法典化”的主张，通过法典重构将特别立法所确立的规则和价值理念整合进民法典之中，

41 肖厚国：《民法法典化的价值、模式与学理》，《现代法学》2001年第2期。

42 魏磊杰：《论民法典的保守性》，《甘肃政法学院学报》2011年第3期。

43 刘兆兴：《比较法视野下的法典编纂与解法典化》，《环球法律评论》2008年第1期。

44 肖厚国：《民法法典化的价值、模式与学理》，《现代法学》2001年第2期。

45 肖厚国：《民法法典化的价值、模式与学理》，《现代法学》2001年第2期。

本身就是一场局部或整体的法典化运动。[46]只不过，在面对经济社会的不断发展以及民事立法的“解法典化”趋势时，现代民事法律体系应当以更加包容和开放的态度面对微观法律领域的创新。

正如陆青指出，要想真正实现体系整合，并不能靠编纂一部形式意义上高度抽象理性的统一民法典，而是应该在变动的民法之中，在不断涌现的新的社会现象和民法问题面前，切实把握民法体系的内在特征和基本运动轨迹，通过合理的法律解释和适用，来协调和明确不同法律之间的动态关系。在我国制定民法典时，不能一味地强调民事法律体系法律规则的一贯性，应当在民法共同的私法精神下，允许各部门法在各自领域内采取不同的思维方式与方法论处理法律问题，接纳私益与公益共融的新趋势，维持民事法律体系框架下各部门法的动态平衡关系。

（二）知识产权法入典：私法精神的统一

知识产权法入典有利于私法精神的统一。私法精神最早可追溯到古希腊时期，是指崇尚自由、尊重私人权利的基本理念，民法中私权神圣不可侵犯、意思自治、契约自由等基本内容是私法精神的集中体现，故有学者提出民法是私法的一般法[47]。“民法”一词源于市民法，是适用于全体人、无等级社会的法，民法的理念是“私的本位”与“私的精神”[48]，故民法典统一的运动实际上是私权理念和私法精神渐趋形成与稳固的产物，法典化是实现价值理性的过程，是实现民法私法精神统一的必然。将知识产权法纳入民法典有利于在知识产权法领域贯彻统一的私法精神，具有积极意义。

首先，私法精神经历了上千年，在现代社会仍有重要的价值，是贯穿民事制度的基本精神。正如上文所述，知识产权的本质是私权，其基本内容是对私人权利神圣不可侵犯与交易自由的保护。虽然在特定情况下，政策制定者与司法裁判者可基于公共利益对知识产权进行一定限制，但在法律确定的知识产权权利范围内，应保障知识产权作为私权的神圣不可侵犯性，国家不得随意剥夺私主体基于创作产生的知识产权。例如，对于创作即产生的著作权而言，即使该作品有违公序良俗，国家亦不可否定其创作劳动，否定其作品的可版权性，他人未经许可抄袭有违公序良俗的作品依然构成侵权。另外，公权力不可随意干预知识产权的自由行使，随着技术和市场的不断发展，智力成果的使用方式将变得更加灵活多样。知识产权作为私权之一，国家应当以捍卫私权神圣与知

---

46 瞿灵敏：《从解法典化到再法典化：范式转换及其中国启示》，《社会科学动态》2017 年第 12 期。

47 〔日〕川井健：《民法概论（1）：民法总则》，东京：有斐阁 1995 年版，第 1 页。

48 参见易继明：《私法精神与制度选择》，北京：中国政法大学出版社 2003 年版，第 179 页。

识产权人意志自由为基础，对多元的知识产权使用方式和交易模式予以肯定，除非知识产权使用方式损害公共利益，或知识产权交易模式严重危害知识产品市场的竞争秩序，否则知识产权应免受公权力的干预，在统一的私权神圣理念下获得保护。

其次，中国特色社会主义初级阶段的特殊国情需要进一步强调私法精神。私法精神的孕育需要一定的社会环境，而我国几千年来的封建社会体制阻碍了私法理念的诞生，在20世纪之前，自给自足的自然经济在我国长期占据主导地位，缺乏商品经济的环境使我国没有孕育私权保护理念的土壤，特定的历史环境催生了我国以集体为本、国家为本为基本精神的法律文化，形成了无视个人、否定个人的传统法律制度和公法精神。[49]新中国成立后，由于受到苏联法学思想的影响，我国长期以来否定公法和私法的划分理论，认为在社会主义国家中不存在私法，国家制定的一切法律都应属于公法。2007年，我国通过了《物权法》，对私人财产权进行了法律肯定。然而，该法的通过却引起了轩然大波，有学者指出《物权法》违背了宪法和社会主义基本原则。[50]保护私人财产权一度被认为是违反社会主义平等原则的做法。由此可见，长期以来，我国不仅缺乏私权平等和神圣的私权观念，而且存有公法优于私法的理念，即当私权与公权相冲突时，公权优于私权。

即使我国历史上缺乏私法精神，但是随着我国改革开放后商品经济的迅猛发展，《民法通则》、《合同法》、《物权法》等一系列民事法律规范设立，我国开始逐步形成私权神圣不可侵犯、意思自治、契约自由的私法理念。然而，我国商品经济发展时间较短，私权理念和私法精神不够稳固，缺乏私法文化的国情使我国更加要强调和重视私权保护的价值，重视私法精神的培育，更要在立法和司法、执法过程中强化将私法精神作为价值基础。由此，将知识产权入典，有助于在无形财产领域统一私权保护精神，强化和巩固我国私的理念，对实现中国特色社会主义法治社会具有积极意义。

（三）知识产权法特性：入典与独立性并存

虽然知识产权的本质是私权，但是知识产权法兼备公法与私法交融的特性，在知识产权入典后仍需保持自身的独立性，保持独特的思维方式与基本原则。正如易继明教授所指，不能因法典的形式影响社会进步之实质，也不能因民事

49 傅达林：《物权法风波：冲突背后的私法精神变革》，《中国改革》2006年第4期。转引自李先波、杨志仁：《论我国私法精神之构建》，《湖南师范大学社会科学学报》2008年第4期。

50 参见巩献田：《一部违背宪法和背离社会主义基本原则的〈物权法〉草案》。

生活样态各显而导致法律之间冲突、抵牾。[51]

知识产权作为民法特别法，其具体的思维方式与立法理念、基本原则早已不同于传统的民事法律体系，此时传统民法的基本原则已经不能作为最高的一般原则适用于知识产权法。以“权利滥用”为例，传统民法中的“禁止权利滥用原则”主要内容是防止私人主体滥用私权损害其他主体的利益，其保护的是其他主体的私人利益。在知识产权诉讼中，尤其是专利纠纷领域，权利滥用常常作为侵权抗辩事由，此时，法院在判定知识产权人是否构成权利滥用不仅要考虑知识产权人的行为对权利相对方产生的影响，更多地需要考虑知识产权行为对整个知识产品市场竞争秩序的影响。法院需要结合反垄断法的思维，考虑知识产权人是否通过不合理的知识产权使用行为，不当扩大了自己的权利范围，是否对知识产权使用者利益造成损害，并损害知识产品市场的竞争秩序，这些内容都与传统民法中“权利滥用”的含义不同，在某种程度上可以认为，知识产权法领域“权利滥用”比普通民事领域“权利滥用”构成滥用的判断标准更高，后者只需涉及对权利相对方的损害，前者还需涉及对整个市场竞争秩序的损害。

另外，知识产权不同于传统的民事财产权，政策制定者与司法裁判者在调整知识产权权利边界的时候需要更多考虑公共利益与经济效率，虽然作为私权，知识产权同普通的民事权利一样是绝对权，但是在判定是否构成侵权时，知识产权侵权问题往往与市场紧密结合。以著作权为例，美国联邦最高法院的Stevens法官曾指出，著作权法进行权利配置的目的在于既使权利人获得足够的激励，又让大众迅捷廉价地接触到作品。[52]在Campbell案中，法院认为，戏仿作品与原版权作品有不同的市场功能，戏仿作品很难取代原版权作品的市场地位，故戏仿不构成侵权。[53]由此可见，判断著作权侵权并不是简单的事实判断问题，而是带有公共利益与经济效率考量的政策选择。除了著作权法之外，整个知识产权法本身都是如此，知识产权侵权问题有着区别于一般民事侵权判定的特殊产业政策属性。由此，即使将知识产权法纳入民法典框架下，知识产权法也应当保持自身思维方式和基本原则的独立性，不过分拘泥于传统民法的一般原则。

综上所述，在现代民事法律体系中，“法典化”与“解法典化”同时并存，一方面，私法自由与神圣不可侵犯的精神需要通过“法典化”进一步强化和统一；另一方面，现代民法的特别法越来越多，部门法的特殊性要求更灵活的法

51 易继明：《历史视域中的私法统一与民法典的未来》，《中国社会科学》2014年第5期。

52 Sony Corp.of Am.v.Universal City Studios，Inc.，464 U.S.417（1984）. 转引自熊琦：《论著作权合理使用制度的适用范围》，《法学家》2011年第1期。

53 Campbell v.Acuff-Rose Music，Inc.25 F.3d 297（6th Cir.1994）.

典化形式，故在我国制定民法典时，不能一味地强调民事法律体系法律规则的一贯性，应当在民法共同的私法精神下，允许知识产权法采取不同的思维方式与方法论处理法律问题，接纳知识产权法中私益与公益共融的新趋势，在统一的民事法律框架下，维持公私交融的知识产权法与民法典的动态平衡关系。

五、总　　结

现代社会的公法与私法不再是泾渭分明，市民社会生活中的许多交易并不是真正的“意志自由”，需要国家意志的强制干预来加以平衡，而国家干预会面临高昂的组织管理成本，需要适当引入自由协商机制。由此存在一类法律，既不是单纯的私法，也不是单纯的公法，而是公法与私法的交融，知识产权法就属于该类法律之一。

一方面，现代知识产权法是近代人权运动的产物，以保护私主体对智力创造成果的私人利益为内容，贯穿意思自治与契约自由的私法精神，具有典型的私法性质；另一方面，知识产权创设之初就带有激励创新，促进市场经济发展的公法性目的，并将利益平衡与效率最大化的公法性标准作为动态调整知识产权权利边界的依据，兼备公法特质。

我国正处于“法典化”与“解法典化”并存的时代，将知识产权法纳入民法典有利于在知识产权法领域贯彻统一的私法精神，尤其是对于我国特殊的社会主义初级阶段国情具有积极意义。然而，知识产权法的公法和私法交融的特征要求知识产权入典后仍保持自身的独立性，保持独特的思维方式与基本原则。

Intellectual Property Law That Combines the Characteristics of Public and Private Law

Zeng Tian

Abstract: The public and private laws of modern society are no longer distinct. Many transactions in civil society are not true "freedom of will". They need to be balanced by the mandatory intervention of the state will, and state intervention will face high organizational management costs and need appropriate Introduce a free negotiation mechanism. There is a kind of law, which is neither a simple private law nor a simple public law, but a blend of public law and private law. Intellectual property law belongs to one of these laws. The intellectual property law also has the characteristics of public law and private law, that is, it is not a simple public law, nor is it a simple private law, but a blend of public law and private law. The inclusion of the intellectual property law in the Civil Code is conducive to the implementation of a unified spirit of private law in the field of intellectual property law, especially for China's special primary stage of socialism. However, the characteristics of the integration of public and private law in intellectual property law require that intellectual property rights remain independent after the entry into the code, maintaining a unique way of thinking and basic principles.

Keywords: Intellectual Property Law; Privatization of Public Law; Publicization Private Law; Civil Code

论欧盟专利制度一体化改革——兼论我国粤港澳大湾区专利保护的冲突与协调

李洁琼

摘　要：专利保护碎片化导致欧洲专利保护出现成本高昂、重复诉讼、择地诉讼以及判决不一致等问题，严重影响法律的稳定性和可预见性。为建立知识产权的单一市场，欧盟进行专利制度一体化改革，其中包括建立欧盟范围内具有统一效力的专利授权体系和统一的专利诉讼体系。欧盟专利制度一体化改革对我国粤港澳大湾区专利保护的协调和统一具有极其重要的辩证借鉴意义。基于“一国两制三法域”背景下粤港澳大湾区专利法律制度冲突的现状和问题，实现大湾区专利保护协调统一的合理路径是在统一立法的基础上，建立专门的“大湾区知识产权协调局”，授予具有统一效力的专利。由于在大湾区建立集中统一的专利审判体系存在制度障碍，现阶段只能通过软性协调的方式在一定程度上实现专利司法保护的协调统一。

关键词：欧盟；专利保护碎片化；一体化改革；粤港澳大湾区；冲突与协调

作者简介：李洁琼（1982—　），法学博士、中山大学法学院讲师，主要研究方向为知识产权法。

基金项目：本文系国家社会科学基金一般项目“粤港澳大湾区知识产权法律冲突与协调机制研究”（19BFX144）阶段性成果。

目　次

专利保护碎片化问题是困扰欧洲专利制度由来已久的难题。[1]欧洲从20世纪60年代就开始探索专利统一保护的路径，经过半个多世纪的努力，欧盟终于即将建立统一的专利保护体系。[2]2011年欧盟委员会通过《知识产权单一市场》，[3]推进欧盟专利制度一体化改革，其中包括建立欧盟范围内具有统一效力的专利授权体系和统一的专利诉讼体系。欧盟专利制度一体化改革对于我国粤港澳大湾区专利保护的协调和统一具有极其重要的辩证借鉴意义。粤港澳大湾区建设“具有全球影响力的国际科技创新中心”，必须“实施创新驱动发展战略，完善区域协同创新体系”，“破除影响创新要素自由流动的瓶颈和制约”，提升大湾区市场一体化水平。[4]由于粤港澳大湾区属于“一个国家、两种制度、三个法域”，大湾区建设对跨区域知识产权保护的迫切需求与传统的知识产权地域性特征之间的矛盾凸显。这与欧盟为建设“知识产权的单一市场”所进行的一系列知识产权法律制度改革具有相似的背景和需求，面临着相似的问题和挑战。本文研究欧盟专利制度一体化改革的背景、具体内容以及面临的机遇与挑战。同时，考察我国粤港澳大湾区专利法律制度冲突的现状和问题，探讨实现大湾区专利保护协调统一的合理路径。

一、欧洲专利保护的碎片化

（一）欧洲专利与国家专利并存

目前欧洲的专利制度由欧洲专利体系和各国国内专利体系构成。1973 年的

1 知识产权保护的协调和统一是欧盟单一市场政策的核心内容。欧盟在工业产权领域已基本实现商标、工业品外观设计以及地理标志的协调和统一，但各种类型的知识产权在欧盟层面上的发展模式有所不同(*See* Richard Arnold，“An Overview of European Harmonization Measures in Intellectual Property Law”，*in* Ansgar Ohly & Justine Pila(eds.)，*The Europeanization of Intellectual Property Law: Towards a European Legal Methodology*.New York：Oxford University Press，2013，pp.25—35）。

2 欧共体曾两次试图建立在整个欧共体范围内具有统一效力的专利体系，但都以失败告终。TRIPs 协定之后，欧洲再次探讨建立统一的专利保护体系。自 2000 年起欧盟开始通过欧盟条例的方式进行专利制度的协调统一。关于欧洲统一专利保护的发展历程参见 Alfredo Ilardi，*The New European Patent*，Oxford：Hart Publishing，2015，pp.6—38；Hanns Ullrich，*National, European and Community Patent Protection: Time for Reconsideration*，EUI Working Paper，LAW No.2006/41，pp.5—26，*available at* http：//cadmus.eui.eu/bitstream/handle/1814/6421/LAW-%202006-41.pdf，last visited：2019-3-2。

3 European Commission，*A Single Market for Intellectual Property Rights*，COM（2011）287 final，May 24，2011，*available at* http：//ec.europa.eu/transparency/regdoc/rep/1/2011/EN/1-2011-287-EN-F1-1.Pdf，last visited：2019-3-2.

4 2019年2月18日中共中央、国务院《粤港澳大湾区发展规划纲要》。

《欧洲专利公约》（*European Patent Convention*，EPC）[5]创设了欧洲专利局（European Patent Organization，EPO），EPO 依据 EPC 进行欧洲专利（European Patent）的审查和授权。欧洲专利的申请人可以指定数个 EPO 成员国作为授权后的欧洲专利的生效国。[6]自 EPO 的授权公告之日起，欧洲专利在指定的生效国获得与国内专利同样的效力，[7]但权利人须在规定的期间内在各指定国履行相应的生效手续。除非 EPC 另有规定，欧洲专利在其生效的 EPO 成员国具有与该国专利行政机关授予的国内专利（National Patent，以下简称“国家专利”）同样的效力并受到同样的限制，[8]因此欧洲专利经常被视为国家专利的集合（又称为“专利束”）。[9]EPC 在统一欧洲专利授权标准、简化专利授权程序方面取得了很大成功，[10]EPO 已经就专利授权相关问题形成了比较完备的案例积累。但 EPC 仅建立了一个地区性的专利集中授权体系，专利的维持和保护仍旧依赖于各成员国的国内司法体系。欧洲专利授权公告后的 9 个月内，任何人都可以向 EPO 提起异议程序；[11]但如果超过 9 个月的异议期限或者异议被驳回，则只能在该欧洲专利生效的各成员国提起专利撤销程序。同时，欧洲专利的侵权问题只能由各成员国国内法予以调整。[12]

国内层面上，欧洲各国的专利行政机关依据本国专利法授予国家专利。虽然并非法定义务，20 世纪 70 年代末 80 年代初多数欧洲国家都参照 EPC 和《共同体专利公约》（*Community Patent Convention*，CPC）[13]进行了专利法修改，因此欧洲各国的专利法实体规定在很大程度上已经实现了统 。[14]但由于 EPC 部

---

5 *Convention on the Grant of European Patents*（*European Patent Convention*），1973 年 10 月 5 日通过，1977 年 10 月 7 日生效，最新修订版本于 2007 年 12 月 13 日生效。目前 EPC 缔约国（EPO 成员国）有 38 个，其中包括所有 28 个欧盟成员国和 10 个非欧盟国家。EPO 在性质上并非欧盟机构，而是国际机构。

6 EPC，Art.79.

7 EPC，Art.64（1）.

8 EPC，Arts.2（2）& 64（1）.

9 事实上在 EPO 成员国生效的欧洲专利与该国的国家专利并不完全相同——欧洲专利的审查和授权须满足 EPC 的专利性要求，同时，EPO 成员国法院在对欧洲专利的有效性及侵权问题进行判断时，也要适用 EPC 涉及专利性、专利权的撤销、专利申请的公开要求、专利申请及专利的修改、专利权的保护范围等内容的相关条款。

10 EPO 受理的欧洲专利申请和授权的欧洲专利数量不断增加。*See* EPO Annual Report 2018，*available at* https://www.epo.org/about-us/annual-reports-statistics/annual-report/2018.html，last visited：2019-3-13.

11 EPC，Art.99（1）.

12 EPC，Art.64（3）.

13 *Convention for the European Patent for the Common Market*（*Community Patent Convention*），76/76/EEC，Dec.15，1975.CPC 最终并未生效。

14 Jan Brinkhof & Ansgar Ohly，“Towards a Unified Patent Court in Europe”，*in* Ansgar Ohly & Justine Pila（eds.），*The Europeanization of Intellectual Property Law：Towards a European Legal Methodology*. New York：Oxford University Press，2013，pp.202—203.

分条款内容笼统，对诸如专利权的利用、强制许可等专利法上的重要事项并未作出规定，各国专利法仍有很大的政策空间。欧洲各国在专利审查的形式和标准、授权专利的质量以及专利的司法保护等方面都存在区别。

（二）碎片化的专利保护体系

EPO 根据 EPC 进行欧洲专利的审查和授权，EPO 各成员国法院依据本国法律对欧洲专利进行司法保护。这种错位的专利保护体系导致欧洲专利制度出现金钱和时间成本高昂、重复诉讼和平行诉讼频发、缺乏法律稳定性和可预见性、择地诉讼等问题，专利的跨国境保护难以实现，欧盟统一内部市场建设受到阻碍。[15]

1. 专利保护成本高昂

欧洲专利获得授权后须在指定国履行相关的生效手续才能在该国获得专利保护，欧洲专利进入指定国国内程序时须满足各指定国的相关要求。由于欧盟范围内专利权用尽原则的存在，[16]欧洲专利仅在部分国家生效则难以达到理想的市场保护效果，欧洲专利的申请人往往需要指定较多的生效国家。欧洲专利在较多国家获得专利保护的费用和成本很高，尤其是将专利文件翻译成各指定国官方语言的费用非常昂贵。[17]

2. 重复诉讼和平行诉讼

根据专利权的地域性特征，一国授予的专利权仅在该国范围内有效。[18]欧洲专利在指定的生效国具有与国家专利同样的效力，欧洲专利在各指定国生效的

---

15 碎片化的专利保护体系与欧盟层面上统一的竞争法政策也存在冲突。*See* Bruno van Pottelsberghe de la Potterie & Malwina Mejer，*Economic Incongruities in the European Patent System*，Bruegel Working Paper No.2009/01，Jan.2009 ， p.8 ， *available at* http ： //bruegel.org/wp-content/uploads/imported/publications/economic_incongruities_BVP_MM_Jan2009_FINAL3_01.pdf，last visited：2019-3-2.

16 根据欧洲法院（European Court of Justice，ECJ）相关判决，专利产品一旦进入任何一个欧盟成员国，专利权便在整个欧盟范围内权利用尽。*See* Philip P.Soo，*Enforcing a Unitary Patent in Europe：What the U.S.Federal Courts and Community Design Courts Teach Us*，35 Loy.L.A.Int’l & Comp.L.Rev.55，68（2012）.

17 *See* Europe Economics，*Economic Analysis of the Unitary Patent and Unified Patent Court*，Apr.2014，pp.5—6，*available at* http：//documents.epo.org/projects/babylon/eponot.nsf/0/E788F9A9A95E6F79C1257CC90055031D，last visited：2019-3-2.欧洲专利的成本远超美国和日本，其重要原因在于欧洲专利在各国的生效和维持费用太高（Bruno van Pottelsberghe de la Potterie & Didier François，*The Cost Factor in Patent Systems*，9 Ind Compet Trade 329（2009））。

18 关于知识产权的地域性问题参见 Graeme B. Dinwoodie，*Developing a Private International Intellectual Property Law：The Demise of Territoriality*，51 Wm.& Mary L.Rev.711（2009）。专利权的地域性特征为跨国境专利纠纷的解决带来巨大的挑战，平行诉讼往往不可避免。学界从协调实体专利法和统一国际私法规范两个方面探寻解决途径，但目前这两种方式都无法完全解决问题。

部分相互独立，欧洲专利的侵权问题由各成员国国内法调整。作为国家专利的集合，实践中欧洲专利相关的纠纷往往会涉及在数个 EPO 成员国生效的部分。对于基于同一欧洲专利所产生的跨国境侵权纠纷，当事人只能在拥有管辖权的各成员国法院分别进行诉讼。[19]同时，专利权的有效性问题属于专属管辖事项，[20]无论是通过单独诉讼的方式还是以侵权诉讼中的抗辩方式提起，欧洲专利的有效性问题都须在其生效的各 EPO 成员国分别解决。具有管辖权的法院在审理涉及欧洲专利的国外生效部分的侵权案件时，对该欧洲专利的国外生效部分的有效性不能作出判断。由此，欧洲专利的集合性和司法保护的分散性相互作用，导致欧洲专利有关的重复诉讼和平行诉讼大量出现。无论是专利权人对侵犯欧洲专利的行为寻求救济，还是第三人寻求撤销欧洲专利，都必须承担很高的诉讼成本。

3. 判决分歧与法律稳定性的缺失

在欧洲专利的有效性问题上，一方面，在欧洲层面上，EPO 异议部门及上诉委员会有权对专利权的有效性进行判断，另一方面，在国家层面上，EPO 成员国法院审理该欧洲专利在本国生效部分的有效性问题。EPO 的决定以及各成员国法院的判决之间相互不具有约束力。[21]在欧洲专利的有效性问题上，授权后的欧洲专利的撤销程序可以在 EPO 和该欧洲专利生效的 EPO 成员国法院分别独立进行。EPO 异议程序对欧洲专利的有效性判断对该欧洲专利在所有指定国的生效部分都有效。[22]但即使在 EPO 层面上被维持有效，欧洲专利仍可能在成员国法院受到挑战，[23]各成员国法院之间对专利权有效性的判定也有很大不

19 有欧盟国家曾尝试通过扩大本国法院国际管辖权的方式解决跨国境专利侵权纠纷，但欧洲法院（ECJ）对专利的跨境保护进行了限制（Roche Nederland BV and Others v.Frederick Primus and Milton Goldenberg，Case C-539/03，[2006] ECR I-6535）。*See also* Pierre Veron，*Thirty Years of Experience with the Brussels Convention in Patent Infringement Litigation*，84 J.Pat.& Trademark Off.Soc’y 431（2002）.

20 Gesellschaft für Antriebstechnik mbH & Co.KG（GAT）v.Lamellen und.Kupplungsbau Beteiligungs KG（LuK），Case C-4/03，[2006] ECR I-6509.欧洲法院判决，1968 年《关于民商事案件管辖权和判决执行的公约》（《布鲁塞尔公约》）第 16 条第 4 项专属管辖的规定适用于所有的专利无效程序。

21 EPC 并未规定 EPO 决定对各成员国法院具有约束力，也不存在要求成员国法院对欧洲专利进行诠释时须考虑他国判决的规定（〔德〕史蒂芬·路金博：《欧洲专利法：走向一致的诠释》，张南译，北京：知识产权出版社 2016 年版，第 5 页）。为解决判决分歧的问题，自 1982 年起，欧洲各国法院和 EPO 通过举办定期会议的形式促进对 EPC 条款理解和适用上的统一，但这种软协调的方式效果不佳（*See* Jan Brinkhof & Ansgar Ohly，“Towards a Unified Patent Court in Europe”，*in* Ansgar Ohly & Justine Pila（eds.），*The Europeanization of Intellectual Property Law：Towards a European Legal Methodology*. New York：Oxford University Press，2013，pp.205—207）。

22 EPC，Art.99（2）.

23 Jan Brinkhof & Ansgar Ohly，“Towards a Unified Patent Court in Europe”，*in* Ansgar Ohly & Justine Pila（eds.），*The Europeanization of Intellectual Property Law：Towards a European Legal Methodology*. New York：Oxford University Press，2013，p.204.

同。[24]同时，EPO 异议程序须在欧洲专利授权公告之日起 9 个月内提起，但在各成员国法院提起专利撤销程序却没有时间限制，二者在时间上的重合可能导致出现成员国法院已经判定专利权有效并据此作出侵权判决之后该专利权又被 EPO 撤销的情形。[25]

在专利侵权问题上，欧洲专利相关的侵权纠纷由 EPO 成员国法院管辖，受各成员国国内法调整。鉴于专利制度与本国经济政策密切联系的特性、各国在法律传统和专利制度上的差异，[26]以及各成员国法院对 EPC 的不同解释，各成员国法院判决之间不可避免地会出现不一致现象。[27]由于受到本国诉讼体系以及判例法的制约，成员国法院无法做到以同样的方式适用 EPC 标准，各国法院都在以不同的方式对 EPC 进行解释。[28]对于专利侵权判断中专利权保护范围的认定问题，EPC 第 69 条的规定较为笼统。关于专利等同侵权的判定，EPC 仅是作出原则性规定，[29]其具体适用方法和适用限制都没有涉及。因此针对同一欧洲专利，不同国家的法院对其权利要求的解释会发生差别，从而造成权利保护范围确定上的差异。在跨国境侵权案件的法律适用问题上，具有司法管辖权的法院对涉及外国专利或者欧洲专利的国外生效部分的侵权判断适用其保护国法律，[30]

---

24 *See generally* Stuart J.H. Graham & Nicolas Van Zeebroeck，*Comparing Patent Litigation across Europe：A First Look*，17 Stan.Tech.L.Rev.655，660（2014）.如果 EPO 否定一项欧洲专利的专利性，审理撤销案件的法官通常倾向于作出与 EPO 相同的判断，但不排除法官作出不同判断的可能（〔德〕史蒂芬・路金博：《欧洲专利法：走向一致的诠释》，张南译，北京：知识产权出版社 2016 年版，第 34 页）。

25 Bruno van Pottelsberghe，*Lost Property：The European Patent System and Why It Doesn't Work*，Brussels：Bruegel（2009），p.16.

26 *See* Stuart J.H. Graham & Nicolas Van Zeebroeck，*Comparing Patent Litigation Across Europe：A First Look*，17 Stan.Tech.L.Rev.655（2014）.不同国家之间司法机构设置和司法程序上的差别也对专利诉讼具有重大影响，尤其是 EPO 成员国还存在着英美法系和大陆法系国家之分。

27 *See* John Gladstone Mills Ⅲ，*A Transnational Patent Convention for the Acquisition and Enforcement of International Patent Rights*，88 J.Pat.& Trademark Off.Soc'y 958，960，n.10（2006）；John P.Hatter Jr.，*The Doctrine of Equivalents in Patent Litigation：An Analysis of the Epilady Controversy*，5 Ind. Int'l & Comp.L.Rev.461（1995）.著名的 Epilady 系列案件就是其中的典型，同样的当事人之间基于同一欧洲专利在不同的成员国法院进行侵权诉讼，最终却得到完全不同的判决结果。

28 Jan J.Brinkhof，*Patent Litigation in Europe：Two Sides of the Picture*，9 Fed.Cir.B.J.467，467-468（2000）.有的法院会考虑与 EPO 决定及他国法院判决之间的协调问题，但这不是一个强制性规则且效果有限（〔德〕史蒂芬・路金博：《欧洲专利法：走向一致的诠释》，张南译，北京：知识产权出版社 2016 年版，第 4—5 页）。

29 确定欧洲专利的保护范围时应适当考虑与权利要求书中描述的技术特征等同的技术特征。*See* Protocol on the Interpretation of Article 69 EPC（Jun.28，2001），Art.2.

30 Lex loci protectionis，i.e. "the law of the country for which protection is claimed" .*See* Regulation（EC）No.864/2007 of the European Parliament and of the Council of 11 July 2007 on the Law Applicable to Non-contractual Obligations（Rome Ⅱ），Art.8（1）.保护国法区别于法院地法，它是指知识产权在其领域内要求获得保护的国家的法律。专利侵权案件中，保护国法是该专利的授权或注册国家的法律。关于保护国法的概念参见木棚照一《国際知的財産法》（日本评论社 2009 年版）。

这种基于知识产权属地原则的保护国法主义必然导致同一案件适用不同国家法律的“马赛克式”法律适用。[31]这一现状有损法律的统一性、稳定性和可预见性，不利于欧盟内部市场的统一，对企业在不同国家进行专利许可、投资以及专利产品的生产销售等都造成很大影响。

4. 择地诉讼

不同国家法院在对 EPC 的解释、本国法律规定、诉讼效率和成本、判决质量、救济方式及程度等方面各有差别，这导致欧洲专利的择地诉讼问题较为严重。[32]一方面，原告会选择对自己有利的法院提起诉讼从而间接影响案件的处理结果；另一方面，潜在的被告会在权利人提起专利侵权诉讼之前，抢先在数个有管辖权的国家的法院中选择一个最耗时的法院提起非侵权之诉，[33]要求法院宣告其在数个国家的行为不构成侵权，从而利用未决诉讼原则[34]阻止权利人在这些国家进行侵权诉讼程序。[35]择地诉讼的盛行对于欧洲专利纠纷的迅速解决产生了非常不利的影响。[36]

二、欧盟专利制度一体化改革

为解决欧洲专利保护的碎片化问题，欧盟推行“欧盟专利一揽子计划”改革，建立在所有参加国领域内具有统一效力的专利授权制度和统一的专利法院。2012 年 12 月，欧洲议会和欧盟理事会通过《在建立统一专利保护方面实施强化

---

31 Toshiyuki Kono（ed.），*Intellectual Property and Private International Law*，Oxford & Portland：Hart Publishing，2012，p.151.

32 〔德〕史蒂芬·路金博：《欧洲专利法：走向一致的诠释》，张南译，北京：知识产权出版社 2016 年版，第 35—99 页。综合判决质量、诉讼成本和诉讼时间等因素，德国法院最受欢迎（Johann Pitz et al.，*Patent Litigation in Germany，Japan and the United States：A Practitioner' s Guide*，Beck/Hart/Nomos，2015，p.1）。

33 非侵权之诉适用侵权诉讼管辖的相关规定（*See* Folien Fischer AG and Fofitec AG v.Ritrama SpA，Case C-133/11，Oct.25，2012）。

34 Lis pendens-related actions，*see* Council Regulation（EC）No.44/2001 of 22 December 2000 on Jurisdiction and the Recognition and Enforcement of Judgments in Civil and Commercial Matters（Brussels I），Arts.27—30.

35 *See* Johann Pitz et al.，*Patent Litigation in Germany，Japan and the United States：A Practitioner' s Guide*，Beck/Hart/Nomos，2015，p.5.

36 有学者认为择地诉讼现象不可能完全消除（*See generally* Elizabeth P.Offen-Brown，*Forum Shopping and Venue Transfer in Patent Cases：Marshall' s Response to TS Tech and Genetech*，25 Berkeley Tech.L.J.61（2010）；Kimberly A. Moore，*Forum Shopping in Patent Cases：Does Geographic Choice Affect Innovation*，83 J.Pat.& Trademark Off. Soc' y 558（2001））。也有观点认为，择地诉讼并非完全没有优点，为保证判决的质量应当引入竞争模式，允许当事人自由选择提起诉讼的法院（*See* Craig Allen Nard & John F.Duffy，*Rethinking Patent Law' s Uniformity Principle*，101 Nw.U.L.Rev.1619（2007））。

合作的条例》（UPP）[37]和《在建立统一专利保护方面实施强化合作的翻译事宜安排条例》（ATA），[38]上述两个条例已于 2013 年 1 月 20 日生效，但仅在《欧洲统一专利法院协议》（UPCA）[39]生效之后才能适用。2013 年 2 月，25 个欧盟成员国签署 UPCA，[40]其生效需要包括英国、法国和德国在内的 13 个成员国批准。[41]截至 2018 年 12 月，已有包括英国、法国在内的 16 个国家批准该协议。[42]

（一）欧洲统一专利

欧洲统一专利又称为“具有统一效力的欧洲专利”，其申请、审查和授权程序与欧洲专利相同，都是由 EPO 根据 EPC 的相关规定进行。申请人可以在欧洲专利授权公告后的 1 个月内向 EPO 提出请求获得统一效力。欧洲统一专利登记后自欧洲专利授权公告之日起溯及性地产生统一效力。[43]欧洲统一专利不能修改作为基础获得统一效力的欧洲专利的权利要求书，二者的权利要求书必须完全相同。[44]与传统的在各 EPO 成员国分别生效的欧洲专利不同，欧洲统一专利一经授权即在所有参加国生效，其限制、转让、撤回或者终止的效力也及于所有参加国，[45]权利人不能排除其在某一参加国的效力。欧洲专利被撤销或限制的情况下，以之为基础的欧洲统一专利的统一效力视为自始不存在。[46]涉及欧洲统一专利的产品在所有参加国领域内适用专利权用尽原则。[47]

（二）欧洲统一专利法院

目前欧洲统一专利法院（Unified Patent Court，UPC）正在筹备过程中，[48]UPC 成立后将会是欧盟首个知识产权专门法院，其意义非常重大。在性质上，UPC 是一个“属于所有成员国的共同的法院”。[49]根据欧盟相关条约的规定，UPC 有

37　Regulation（EU）No.1257/2012 of the European Parliament and of the Council of 17 December 2012 Implementing Enhanced Cooperation in the Area of the Creation of Unitary Patent Protection.

38　Council Regulation（EU）No.1260/2012 of 17 December 2012 Implementing Enhanced Cooperation in the Area of the Creation of Unitary Patent Protection with regard to the Applicable Translation Arrangements.

39　Agreement on a Unified Patent Court，document 16351/12，2013/C 175/01，Jan.11，2013.

40　除克罗地亚、西班牙和波兰之外的所有欧盟国家都签署了 UPCA。

41　UPCA，Art.89（1）.英国、法国和德国是 UPCA 签署前一年拥有有效欧洲专利数量最多的国家。

42　德国仍未批准该协议，德国的批准程序正在等待德国联邦宪法法院的案件判决结果。

43　UPP，Art.4.

44　UPP，Art.3（1）.

45　UPP，Arts.3（2）& 5（1）.

46　UPP，Art.3（3）.

47　UPP，Art.6.

48　参见 UPC 官网 http：//unified-patent-court.org/，last visited：2019-3-2。

49　UPCA，Art.1.

义务向欧盟法院（Court of Justice of the European Union，CJEU）请求就欧盟法的解释和适用作出初步裁决，欧盟法院的判决对 UPC 具有约束力。[50]UPC 判决在专利的所有生效国都具有法律效力。[51]

UPC 由一审法院、上诉法院和登记处构成（见图 1)。一审法院是一个法院，包括一个中心法庭[52]及数个地方法庭和地区法庭。[53]UPC 专属管辖涉及欧洲专利、欧洲统一专利以及基于欧洲专利和欧洲统一专利而授予的补充保护证书（Supplementary Protection Certificate，SPC）[54]的侵权、非侵权、撤销与无效、禁令、临时保护措施、先用权、专利申请的临时保护相关的补偿或赔偿、专利许可补偿的相关案件，同时，UPC 还专属管辖与 EPO 履行欧洲统一专利相关职能的过程中所作出的决定相关的纠纷。[55]涉及欧洲专利和欧洲统一专利的其他事项[56]以及涉及国家专利的纠纷由各国法院管辖。侵权纠纷由侵权行为地或被告居住地（或主要营业地）的地方/地区法庭管辖。[57]专利撤销案件和非侵权案件由中心法庭管辖；但相同当事人之间就同一专利已经在地方/地区法庭提起侵权诉讼的，专利撤销案件和非侵权案件只能在该地方/地区法庭提起。[58]关于专利侵权诉讼中的专利权撤销问题，由于各国采取不同的处理方式，[59]UPC 采取了折中、灵活的解决途径。侵权诉讼中被告提起撤销专利的反诉时，地方/地区法庭有权决定继续审理整个案件、只将案件的撤销反诉部分移交中心法庭，或者经诉讼

50 UPCA，Art.21.

51 UPCA，Art.34.

52 中心法庭设在巴黎，并在伦敦和慕尼黑设有分部，分别处理不同类型的专利案件。伦敦分部审理涉及人类必需品和化学、冶金相关的专利案件，慕尼黑分部审理机械工程、光、热、武器和爆炸相关的专利案件，其余案件由巴黎分部审理（UPCA，Annex Ⅱ）。

53 每个成员国可以设置至少 1 个地方法庭，但最多不得超过 4 个；数个国家可以联合设立地区法庭。

54 *See* Regulation（EC）No.469/2009 of the European Parliament and of the Council of 6 May 2009 Concerning the Supplementary Protection Certificate for Medicinal Products.

55 UPCA，Art.32.在 UPCA 生效后的 7 年过渡期内，涉及欧洲专利及基于欧洲专利的补充保护证书的撤销、无效纠纷和侵权纠纷仍可向成员国法院提起诉讼，但相关案件已经被 UPC 受理的除外；上述过渡期内，欧洲专利的申请人、欧洲专利及基于欧洲专利的补充保护证书的权利人可就具体的专利或补充保护证书选择排除（opt-out）UPC 的管辖，但相关案件已经被 UPC 受理的除外（UPCA，Art.83）。但欧洲统一专利不得排除 UPC 的专属管辖。

56 比如申请专利的权利的归属、专利权的转让等事项。

57 UPCA，Art.33（1）.

58 UPCA，Art.33（4）.

59 在英国、荷兰及其他欧盟多数国家，审理侵权案件的法院同时有权就专利权的有效性问题作出判定，当事人可以在侵权诉讼中提出撤销专利的反诉；但在德国和奥地利，专利撤销程序由专门的法院管辖，审理侵权案件的法院不能就专利权的有效性作出判断（Jan Brinkhof & Ansgar Ohly，"Towards a Unified Patent Court in Europe"，*in* Ansgar Ohly & Justine Pila（eds.），*The Europeanization of Intellectual Property Law：Towards a European Legal Methodology*. New York：Oxford University Press，2013，p.211）。

双方同意将整个案件移交中心法庭审理。[60]除对 EPO 决定提起的诉讼须由中心法庭管辖外，[61]其他纠纷的当事人可以协议选择提起诉讼的法庭。[62]在法律适用方面，UPC 主要适用欧盟法律、UPCA[63]以及 EPC，同时也会适用相关的国际公约和国内法。[64]

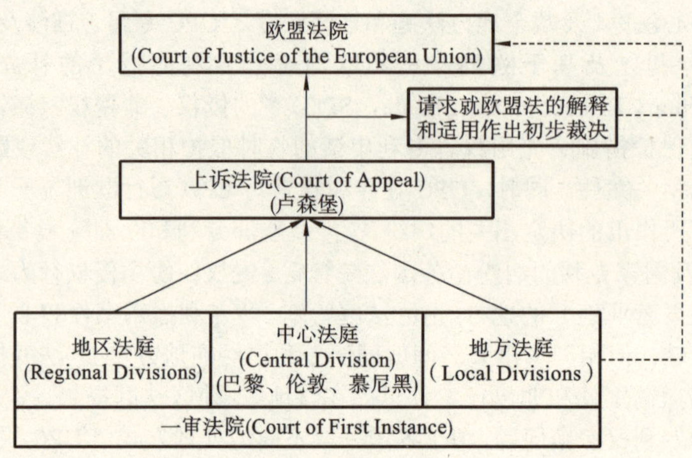

图 1　UPC 的构成

（三）一体化保护：机遇与挑战

具有统一效力的专利集中授权体系和统一的专利诉讼体系为欧盟实现实质意义上的专利一体化保护奠定了基础。与传统的欧洲专利相比，对需要在欧盟范围内获得专利保护的申请人来讲，欧洲统一专利的申请及维持费用更低。欧洲统一专利一经授权即在所有参加“欧盟专利一揽子计划”并批准 UPCA 的欧盟成员国生效，不再需要在各成员国履行生效手续。涉及欧洲统一专利的纠纷由欧洲统一专利法院专属管辖，相关判决在所有成员国生效。相较于在各国分别进行专利诉讼，UPC 的专属管辖有利于保证判决的统一性、提高纠纷解决的可预见性、提高专利保护的效率、降低诉讼成本，尤其有利于跨国境专利纠纷的有效解决。

60 UPCA，Art.33（3）.

61 UPCA，Art.33（9）.

62 UPCA，Art.33（7）.

63 UPCA 不仅包含程序性条款，也包含诸多专利法实体条款，其中涉及专利权的效力、侵权行为的构成、对专利权效力的限制、先用权、权利用尽以及侵权救济等内容（UPCA，Arts.25-29，61-64，68）。

64 UPCA，Art.24（1）.国内法的适用主要集中在专利许可、强制许可和先用权等有限的领域（Jan Brinkhof & Ansgar Ohly，“Towards a Unified Patent Court in Europe”，*in* Ansgar Ohly & Justine Pila（eds.），*The Europeanization of Intellectual Property Law：Towards a European Legal Methodology*.New York：Oxford University Press，2013，p.212），其具体适用需要根据国际私法规则进行判断（UPCA，Art.24（2））。

作为一项前所未有的深层次改革举措，欧盟专利制度一体化改革也面临着一些问题和挑战。第一，UPC 一审法院的法庭可能出现数量过多的情况，数量众多的一审法庭如何保证判决的质量和统一性是个问题。第二，对于 EPO 对专利权的有效性所作出的决定，UPCA 并没有提供救济途径。一方面，EPO 有权在异议程序中对专利权的有效性作出判断；另一方面，在 UPC 提起专利撤销之诉或者在专利侵权诉讼程序中提出撤销专利的反诉都不以已经在 EPO 提起异议程序为前提。[65]如此，就专利权的有效性问题 EPO 与 UPC 之间可能出现判断不一致的情况，其解决办法有待进一步探讨。[66]第三，欧盟专利制度一体化改革之后，欧洲将会出现国家专利、欧洲专利、欧洲统一专利三种专利并存的局面（见图 2），这种多层面的专利制度[67]能否在不引发混乱的情况下有效运行也有待实践检验。[68]第四，UPC 与 CJEU 之间的关系定位是一个非常重要的问题，二者在权

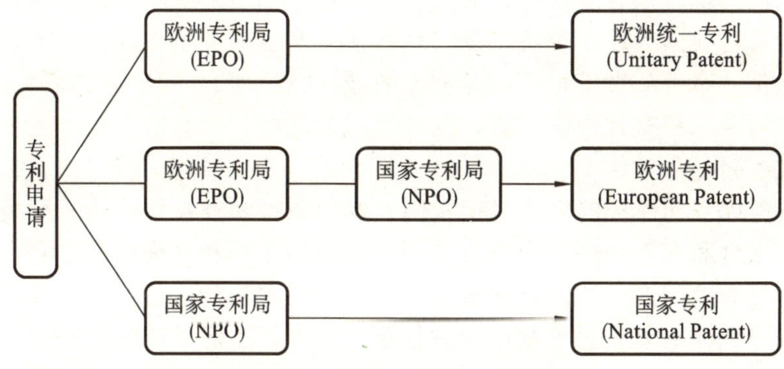

图 2　UPCA 生效后欧洲的专利体系

65　UPCA，Art.33（8）.UPCA 仅规定若 UPC 认为 EPO 的撤销、限制或者异议程序有望很快结束，则 UPC 可以中止诉讼程序（Art.33（10））。

66　欧洲统一专利是 EPC 和欧盟法相结合的产物，由作为非欧盟机构的 EPO 授权却由作为欧盟机构的 UPC 进行司法保护，二者之间存在衔接问题，EPO 的授权和异议程序不受 UPC 的司法审查，这种制度构架导致出现上述问题（*See* Tuomas Mylly，“A Constitutional Perspective”，*in* Justine Pila & Christopher Wadlow（eds.），*The Unitary EU Patent System*.Oxford：Hart Publishing，2014，p.109）。

67　欧洲的专利法体系包含三个层面的法律，即国际法、欧盟法和各国国内法。诉讼中被告可能面临四种不同类型的专利侵权指控——国家专利、受 UPC 管辖的欧洲专利、不受 UPC 管辖的欧洲专利、欧洲统一专利（*See* David Kitchin，“Introductory Remarks：A Judicial Perspective”，*in* Justine Pila & Christopher Wadlow（eds.），*The Unitary EU Patent System*.Oxford：Hart Publishing，2014，pp.4—5）。

68　有学者认为在欧洲市场统一化程度不断提高的今天，欧洲各国的国家专利已是“濒临消失的落伍之物”（*See, e.g.*，Hugh Laddie，*National IP Rights：A Moribund Anachronism in a Federal Europe*，[2001] EIPR 402）。但也有观点认为，欧洲各国专利法的存在有利于专利制度的多样化，有利于各国根据本国发展情况采取适合本国国情的专利政策（Jan Brinkhof & Ansgar Ohly，“Towards a Unified Patent Court in Europe”，*in* Ansgar Ohly & Justine Pila（eds.），*The Europeanization of Intellectual Property Law：Towards a European Legal Methodology*. New York：Oxford University Press，2013，p.203）。

限上的平衡和良性运转对欧盟专利制度的发展至关重要。[69]第五，虽然欧盟专利制度一体化改革简化了翻译要求，语言问题仍是困扰欧洲专利制度的难题。

三、我国粤港澳大湾区专利保护的冲突与协调

（一）粤港澳大湾区专利保护的现状：多样化与法律冲突

由于历史的原因，我国内地和香港、澳门地区具有“一国两制三法域”的独特背景，其法律传统和法律制度存在很大差异。与内地的社会主义知识产权法律制度不同，香港现行知识产权法律制度主要源于英国知识产权法、属于英美法系，澳门现行知识产权法律制度则受葡萄牙知识产权法律的影响较大、属于大陆法系。我国内地和香港、澳门地区在专利权的类型、保护期限、专利权的授予条件、审查与批准程序、专利无效或撤销程序、专利权的效力、专利侵权诉讼中对专利权有效性的审查、权利要求的解释、专利的保护途径等方面都存在很大不同。

我国内地专利保护的客体包括发明、实用新型和外观设计，三种类型的专利在授予条件和审查程序方面具有差别。香港地区专利分为标准专利和短期专利，同时另有专门的《注册外观设计条例》对外观设计进行保护。目前香港知识产权署专利注册处只对专利申请进行形式审查，不对发明的新颖性、创造性等进行实质审查。香港地区标准专利的授予以中国国家知识产权局、欧洲专利局(仅就指定英国的专利而言)、英国专利局所授权的专利为基础。香港地区 2019 年底生效的专利制度改革增加了“原授专利”制度。[70]澳门《工业产权法律制度》规定了发明专利和实用专利两种类型的专利，同时还规定了设计/新型的保护。澳门的发明专利授权具有双重体系，包括澳门地区本身的发明专利注册程序和中国国家知识产权局的发明专利延伸手续。我国内地对专利权的保护实行司法保护和行政保护并行的双轨制模式。内地具有专门的专利无效宣告程序，审理侵权案件的法院不能对专利权的有效性进行一并审查。在香港和澳门地区，司法保护是获得专利侵权救济的最主要途径。例如，根据香港法律，任何人都可

69　专门的专利法院容易过度专注于专利法的技术方面，从而走向专利扩张主义，忽视专利制度与专利法之外的价值以及整个法律制度之间的关系（*See* Rochelle C Dreyfuss，“An International Perspective I：A View from the United States”，*in* Justine Pila & Christopher Wadlow（eds.），*The Unitary EU Patent System*. Oxford：Hart Publishing，2014，p.153）。

70　《2016 年专利（修订）条例》（2016 年第 17 号条例）（2019 年 12 月 19 日实施）增加“第 3 部 原授标准专利”的内容。根据此条例，香港地区的标准专利将分为转录标准专利（“再注册”途径）和原授标准专利（“直接申请”途径）两种类型。

以向法院提起法律程序，以某项专利权不具有专利性为由，要求撤销该专利，同时侵权诉讼中的被告人也可以质疑专利的有效性。同时，香港法院允许专利权人在专利侵权或者专利撤销法律程序中修改其专利说明书。[71]

专利权具有地域性特征，某一法域授予的专利权原则上仅在该法域内有效。发明人要在某一法域获得专利保护，则必须在该法域申请并获得专利授权或注册。[72]粤港澳三地的专利法律制度存在很大差异，大湾区建设对专利一体化保护的迫切需求与传统的知识产权地域性特征之间的矛盾凸显，这导致大湾区产生复杂的专利保护冲突问题。专利保护的碎片化加重了大湾区专利保护的成本负担，有损法律的统一性、稳定性和可预见性，对大湾区统一市场的建设以及创新要素的集聚、配置和流动形成阻碍。

（二）粤港澳大湾区专利保护的协调统一

1.统一的专利立法

粤港澳大湾区专利保护的协调须通过统一立法的方式实现。国际区域性知识产权法律制度协调存在着订立条约或合作协议、制定标准法、统一实体法、知识产权延伸注册等多种模式。粤港澳大湾区专利保护的协调统一是“一个国家、两种制度”下同一主权国家之内的法律协调，不应当停留在国际上主权国家之间进行法律协调的思维层面，一个高度融合的、一体化的大湾区必然需要真正实现专利保护的实质性统一。法律冲突的本源在于立法，统一的实体法是实现大湾区专利保护一体化的基础和保障。从欧盟经验来看，经过长期的路径探索，欧盟最终选择在欧盟层面上由欧洲议会和欧盟理事会进行统一立法的方式推进专利制度一体化改革。关于粤港澳大湾区统一专利立法的具体方式，可以通过签订合作协议、制定标准法、制定统一的法律[73]等方式逐步实现。[74]

---

71 《专利条例》（1997 年第 52 号条例）第 102 条。关于香港的专利法律制度，参见 Michael D Pendleton & Alice Lee，*Intellectual Property：A Guide to the Law in Hong Kong*，Hong Kong：Butterworths Asia，2001，pp.140—165.

72 申请人可以以我国内地授权的专利作为基础在香港和澳门地区获得专利授权，但香港和澳门地区的专利权是独立的，其专利保护仍具有地域性特征。

73 粤港澳大湾区区域立法需要通过中央授权为其提供合法性前提。“一地两检”安排的“三步走”立法模式对粤港澳大湾区区域立法具有重要的参考价值：第一步，由香港地区和国务院授权的广东省人民政府签署协议；第二步，由全国人大常委会批准上述协议；第三步，由香港和内地分别完成其法律程序。关于粤港澳大湾区区域立法的相关问题，另参见朱最新：《粤港澳大湾区区域立法的理论建构》，《地方立法研究》2018 年第 4 期；张亮、黎东铭：《粤港澳大湾区的立法保障问题》，《地方立法研究》2018 年第 4 期。

74 关于实现内地与港澳知识产权法律一体化的具体方式，学界存在不同观点。参见丘志乔：《中国内地与港澳地区驰名商标法律保护的协调》，《知识产权》2010 年第 6 期；冯心明：《CEPA 框架下内地与港澳知识产权法律冲突与解决》，《暨南学报（哲学社会科学版）》2008 年第 1 期；易在成：《粤港澳合作机制中突破知识产权地域性的探讨》，《暨南学报（哲学社会科学版）》2015 年第 1 期。

2. 具有统一效力的专利授权机制

粤港澳大湾区应当建立专门的“大湾区知识产权协调局”，授予具有大湾区统一效力的专利权。根据欧盟经验，统一专利保护的首要任务就是建立具有统一效力的专利授权制度。根据目前的法律机制，若申请人想要就同一技术在大湾区获得专利保护，只能分别在内地、香港和澳门三地分别取得专利授权或注册。申请人可以中国国家知识产权局所授权的专利为基础申请香港地区的标准专利或者在澳门地区办理发明专利延伸手续，但这种延伸是单向的，只能由内地向港澳延伸，无法实现双向甚至是多向延伸。同时，这种延伸并非自动保护，申请人必须履行特定的程序才能在港澳获得专利保护，专利权的地域性并未得到突破。

从内地、香港和澳门专利授权制度的现实条件来看，建立专门机构、授予具有统一效力的专利权，具有合理性和可行性。香港和澳门地区的专利授权、注册程序对中国国家知识产权局的专利审查能力有很大的依赖性。香港知识产权署专利注册处只对专利申请进行形式审查，不具备进行实质审查的经验和能力。即使是即将生效的原授专利制度，其中所涉及的实质审查、复审、专利授权后的争议程序等工作都有赖于中国国家知识产权局为其提供相关的帮助和技术支持。[75]澳门地区虽然存在自己的发明专利注册程序，但澳门经济局知识产权厅并不进行实质审查，而是指定中国国家知识产权局作为其专利审查实体，由国家知识产权局对有关申请进行实质审查并制作审查报告书，以作为授予专利权的依据。[76]这种专利授权制度的现实状况，为大湾区统一专利授权机制的建立提供了良好的基础条件。[77]在建立大湾区专利统一授权机制的同时，港澳原有的专利授权和注册体系可以继续保留。随着大湾区专利统一授权机制的发展，港澳原有的专利授权和注册体系可能会逐渐融合进具有统一效力的专利授权体系，从而实现真正意义上的专利授权制度的统一。

3. 专利司法保护的协调

从欧盟经验来看，仅是建立集中统一的授权体系无法解决专利保护的碎片化问题，必须同时对专利权的司法保护进行协调统一。因此，欧盟成员国不仅

75　《国家知识产权局与香港特别行政区政府商务及经济发展局关于在知识产权领域合作的安排》（2017 年）第 8 条。

76　《国家知识产权局与澳门特别行政区经济局关于在知识产权领域合作的协议》（2004 年）第 3 条。

77　另外，香港和澳门的专利授权量远低于广东。以 2018 年三地授权的发明专利为例，大湾区珠三角九市的发明专利授权量为 51659 件，香港的标准专利授权量为 9651 件，澳门发明专利注册申请量为 55 件、发明专利延伸申请量为 611 件（上述数据分别来自广东省知识产权局、香港知识产权署、澳门经济局官网。其中澳门只能获得专利申请量的相关数据）。

将与欧洲统一专利授权相关的主权交于欧盟，同时也将欧洲专利及欧洲统一专利相关的司法主权交由欧洲统一专利法院行使。欧洲统一专利法院的建立进一步反映出专利审判专门化和集中化的发展趋势，我国内地也正在建设完备的知识产权专门化审判体系。对于粤港澳大湾区的专利权相关纠纷，指定特定的法院进行专属管辖并作出在大湾区具有统一效力的判决，是最为彻底和最为理想的司法保护协调路径。这一方面有利于提高大湾区专利审判的统一性和效率，另一方面也有利于港澳对接内地的专利审判专门化改革。然而从现阶段条件来看，在“一国两制”的基本宪制框架下香港和澳门享有独立的司法权和终审权，建立集中统一的大湾区专利审判体系存在法律障碍。不仅如此，内地与港澳在相互认可和执行专利案件判决方面也面临很大困难。2019 年 1 月签署的《关于内地与香港特别行政区法院相互认可和执行民商事案件判决的安排》直接将内地人民法院审理的有关发明与实用新型专利侵权的案件和香港法院审理的有关标准专利（包括原授专利）短期侵权的案件排除在适用范围之外，并且不予认可和执行原审法院就知识产权有效性、是否成立或者存在所作出的判项。[78]由此可见，建立大湾区集中统一的专利审判体系现阶段仍存在制度障碍。目前条件下只能通过软性协调的方式在一定程度上实现专利司法保护的协调统一——通过在先判例的示范作用、司法保护信息交流和共享机制等在一定程度上实现判决标准的统一和判决结果的可预见性。同时，发展仲裁、调解等多元化纠纷解决机制也有利于大湾区专利保护的协调。

四、结　　论

欧盟专利制度一体化改革是欧盟整合其专利保护体系以建设统一内部市场的重要举措。从欧盟长达半个多世纪的专利保护协调经验来看，进行统一的专利立法、建立具有统一效力的专利集中授权机制和统一的专利审判体系，是实现专利一体化保护的关键。欧盟所存在的专利保护碎片化问题在我国粤港澳大湾区有同样的体现，同时二者都具有建设统一市场的迫切需求。欧盟专利制度一体化改革对粤港澳大湾区专利保护的协调统一具有重要的辩证借鉴意义。立足于“一国两制”背景下粤港澳大湾区专利法律制度冲突的现状，本文认为实现大湾区专利保护协调统一的合理路径是在统一立法的基础上，建立专门的“大湾区知识产权协调局”，授予具有统一效力的专利权。由于在大湾区建立集中统

78　《关于内地与香港特别行政区法院相互认可和执行民商事案件判决的安排》（2019 年）第 3 条、第 15 条。

一的专利审判体系仍存在制度障碍，现阶段只能通过软性协调的方式在一定程度上实现专利司法保护的协调统一。相较于欧盟，粤、港、澳三地属于一个主权国家，具有相同的语言和文化背景，涉及的主体也较少，粤港澳大湾区专利保护的一体化理应更容易实现，[79]相关法律问题有待于进一步研究。

79　事实上，目前欧盟私法领域内协调化程度最高的便是知识产权法（Justine Pila，“Intellectual Property as a Case Study in Europeanization：Methodological Themes and Context”，*in* Ansgar Ohly & Justine Pila（eds.），*The Europeanization of Intellectual Property Law：Towards a European Legal Methodology*. New York：Oxford University Press，2013，pp.3—4）。

On EU Patent Reform: Also on the Conflict and Harmonization of Patent Protection in the Guangdong-Hong Kong-Macao Greater Bay Area

Li Jieqiong

Abstract: A fragmented European patent system gives rise to undesired outcomes such as high costs, duplication of proceedings, forum shopping, and inconsistent court decisions which result in legal uncertainty and unpredictability. In order to build a single market for intellectual property rights, the EU patent package is currently being implemented, which includes a single pan-European patent system and a single specialized patent court. The EU patent reform has important implications for the harmonization of patent protection in the Guangdong-Hong Kong-Macao Greater Bay Area. In light of the "one country, two systems, three jurisdictions" background and the current problems arising from a conflict of patent laws in the Greater Bay Area, a reasonable path to harmonize the patent protection in the Greater Bay Area is to establish a "Greater Bay Area Intellectual Property Harmonization Bureau" and to grant patents with unitary effect on the basis of uniform legislation. Since there are institutional barriers to the establishment of a unified patent litigation system in the Greater Bay Area, the harmonization of judicial protection of patents can only be realized to a certain extent through ways of soft harmonization.

Keywords: EU; Fragmentation of Patent Protection; Uniform Patent Protection Reform; Guangdong-Hong Kong-Macao Greater Bay Area; Conflict and Harmonization

我国专利诉讼律师费转付制度的建构

郑　银　倪朱亮

摘　要：在我国《专利法》及其司法解释对于律师费转付缺位的情形下，司法实践中却存在径行裁定由败诉方承担胜诉方律师费，并区别对待被控侵权人律师费赔偿请求的不合理与不公平现象。对此，我国专利诉讼律师费转付制度应当在厘清律师费的惩罚性赔偿性质的基础上，吸取美国专利诉讼律师费转付制度的有益成分，对适用情形、胜诉当事人和合理律师费等内容予以明确规定。

关键词：律师费转付；惩罚性赔偿；胜诉当事人；合理律师费；主观恶意

作者简介：郑银（1988—　），西南政法大学讲师，主要研究方向为商法、知识产权法。

倪朱亮，西南政法大学副教授，主要研究方向为知识产权法。

基金项目：本文系司法部2019年度国家法治与法学理论研究项目“创新引领下知识产权惩罚性赔偿的体系化研究”（19SFB3034）阶段性成果；重庆市社会科学规划项目“云平台专利执法联动机制研究”（2017PY33）阶段性成果。

目　次

一、问题的提出

纵观世界范围内有关律师费的负担模式大体上可分为两种：一种是“美国规则”（American Rule），即由当事人各自负担律师费；另一种是“英国规则”（English Rule），即将律师费纳入诉讼费并由败诉方负担胜诉方的诉讼费。[1]其中，“英国规则”在发展过程中虽仍需败诉方负担胜诉方的律师费，但其负担的理由已出现变化，即律师费被视为损害赔偿的一部分由败诉方负担。有别于上述两种模式，本文的研究对象是将律师费纳入损害赔偿范畴并由败诉方负担的律师费转付制度（fee-shifting）。[2]

在我国知识产权立法中有关律师费转付是有所体现的，即我国《著作权法》与《商标法》的司法解释均规定：律师费可以根据当事人的诉讼请求和案件具体情形，纳入侵权赔偿范围内。[3]作为知识产权体系的重要组成部分，专利权与著作权、商标权具有相同的权利属性，在权利遭受侵害之际三者均适用“被侵权实际损失—侵权人因侵权所获得的利益—参照该许可使用费的倍数合理确定，且损害赔偿数额包括权利人为制止侵权行为所支付的合理费用”[4]的相同顺序来认定赔偿的实际数额。依循此逻辑，专利权在受到损害后也应当与著作权、商标权一样可依具体诉求和案情将律师费计入合理开支而纳入赔偿范围之内。然而，作为知识产权法律体系的重要构成，我国《专利法》或其司法解释并未如《著作权法》与《商标法》的司法解释中所作说明一样，将律师费纳入合理

---

1 George B.Shepherd，“The Impact of the European Rule for Fee-Shifting on Litigation Behavior”，in Social Science Electronic Publishing，（2005），p.381.

2 Mark Liang & Brian Berliner，“Fee Shifting in Patent Litigation”，*in* Virginia Journal of Law and Technology，18（2013），p.60.国内有学者将 patent attorney fee-shifting 翻译为“专利律师费转移”，但笔者认为律师费的转移只体现一个过程，该机制最终的目的在于律师费的支付。因此，本文认为将 patent attorney fee-shifting 翻译为“专利律师费转付”更为适合。有关“专利律师费转移”的翻译，可参见谢光旗：《遏制专利蟑螂：美国专利诉讼费用转移规则的新发展》，《法律科学》2017 年第 1 期。

3 2002 年《最高人民法院关于审理著作权民事纠纷案件适用法律若干问题的解释》第 26 条规定：“著作权法第四十八条第一款规定的制止侵权行为所支付的合理开支，包括权利人或者委托代理人对侵权行为进行调查、取证的合理费用。人民法院根据当事人的诉讼请求和具体案情，可以将符合国家有关部门规定的律师费用计算在赔偿范围内。”

2002 年《最高人民法院关于审理商标民事纠纷案件适用法律若干问题的解释》第 17 条规定：“商标法第五十六条第一款规定的制止侵权行为所支付的合理开支，包括权利人或者委托代理人对侵权行为进行调查、取证的合理费用。人民法院根据当事人的诉讼请求和案件具体情况，可以将符合国家有关部门规定的律师费用计算在赔偿范围内。”

4 上述内容在《著作权法》、《商标法》以及《专利法》规定中均有体现。

开支的赔偿范围内。具言之，我国《专利法》及其司法解释并没有对律师费转付之情形予以规定或说明。[5]但司法实践中，却有法院在认定专利侵权诉讼之合理开支的数额时援引《最高人民法院关于审理专利纠纷案件适用法律问题的若干规定》第22条的规定，径行裁定律师费赔偿属于合理支出的范畴予以考虑。[6]对此需要反问的是，在缺乏法律明文规定的情境下法院的裁定是否具备合理性？若不合理，应如何解释专利诉讼律师费转付的性质并限定其适用范围？概言之，当前能否建构契合我国专利诉讼环境的律师费转付制度？此外，我国《专利法》第65条仅规定了权利人在侵权成立时要求败诉方承担因制止侵权所支出的合理费用。对此需要追问的是，若专利权人存在滥诉之情形反而是被控侵权人胜诉时，被控侵权人因应诉所支付的律师费是否也应当列为合理开支而得到赔偿？

二、专利诉讼律师费转付性质的惩罚性赔偿解释

专利诉讼律师费转付性质的厘清是科学建构专利诉讼律师费转付制度的理论根基。司法实践中，法院对于诉讼当事人律师费的计算通常采纳合并或者单列两种计算方式，即一种类型是法院在判决侵权损害赔偿时，将律师费与经济损害合并计算，不再单列律师费，而另一种则是分别判定经济损害与包括律师费在内的合理费用。不管合并或是单列计算律师费，法院均将合理的律师费视为因制止侵权而造成的“损害赔偿”。[7]那么，法院将律师费的性质归属于损害赔偿的行列是否合理？

对此，有学者从狭义损害赔偿视角出发，认为律师费不具备填补损害的性质，其理由为：其一，填补性损害以侵权行为与赔偿之间存有因果关系为必要，但专利诉讼律师费转付与侵权行为之间不具备因果关系。传统民法意义上，民

---

5 《最高人民法院关于审理专利纠纷案件适用法律问题的若干规定》第22条规定：“权利人主张其为制止侵权行为所支付合理开支的，人民法院可以在专利法第六十五条确定的赔偿数额之外另行计算。”

6 在北京握奇数据系统有限公司诉恒宝股份有限公司案中，北京知识产权法院认为，《最高人民法院关于审理专利纠纷案件适用法律问题的若干问题》第22条规定，权利人主张其为制止侵权行为所支付合理开支的，人民法院可以在专利法第六十五条规定的赔偿数额之外另行考虑。原告握奇公司提出的律师费和公证费赔偿属于合理支出的范畴，应当予以考虑。参见（2015）京知民初字第441号。

在西电捷通诉索尼案中，北京知识产权法院一审认为，原告因提起本案诉讼而产生的维权合理支出，包括被控侵权产品购买费22054元、公证费31840元、被控侵权产品检测费20000元、翻译费300元和律师费40万元，共计474194元均有票据在案支持，本院予以全额支持。参见（2015）京知民初字第1194号

7 在此需要特别说明，损害赔偿以违约损害赔偿和侵权损害赔偿为常见类型，而本文所研究的损害赔偿限于侵权损害，不包括违约损害赔偿。之所以如此限定，原因在于我国法律未实行强制代理制度，聘请律师系当事人自由选择的权利，因此，合同违约行为与律师费用之间不存在因果关系，并且律师费不属于违约损害赔偿可预见性规制的范围。除非合同双方事先约定违约的损失包括实现债权的费用（如律师费等）。

事法律救济遵循"填补损害"的基本原则。填补损害系基于公平正义，使被害人的损害能获得实质、完整、迅速的填补；[8]损害填补的范围以损害赔偿与侵权行为之间存在相当因果关系为条件。从教义学角度看，《著作权法》与《商标法》的司法解释均规定损害赔偿"应当"包括权利人为制止侵权行为所支付的调查、取证的合理费用，"可以"依请求与案情酌情计算律师费；《专利法》依类推适用亦当规定损害赔偿的范围。因此，法律规定侵权行为与调查费、取证费之间存在因果关系，与律师费之间并不必然有因果关系。其二，律师费与填补损害赔偿的客观性与可控性不符。侵权损害赔偿纠纷中，当事人因侵权造成的损失源自当事人交付给第三方的财产或自身所遭受的财产损失，这种损失是客观的、可控的。而律师费的数额是当事人与律师自主协商的结果，并且因所处区域的经济水平、律师个人情况等因素而异，因此律师费不具有可控性与客观性。其三，律师费并不属于诉讼的必要支出，与侵权行为之间不存在因果关系。在我国民事诉讼中除了法律明确规定强制代理之外，普通民事诉讼由当事人自主决定是否聘请律师。专利诉讼与普通民事诉讼相比较并无任何例外的理由。其四，侵权损害赔偿归责原则的本意是如何合理分配不幸损失，[9]而律师费的转付则是对侵权行为进行的加重处罚，这难以涵盖在"不幸损失"的范畴内。根据《最高人民法院关于修改〈最高人民法院关于审理专利纠纷案件适用法律问题的若干规定的决定〉的理解与适用》第九条所彰显的加大赔偿力度的精神，即已表明律师费作为合理的维权成本是对侵权行为的加重处罚，而并非属于侵权法中的不幸损失。

对此，本文认为从损害赔偿狭义概念出发将律师费排除于损害赔偿性质之外的做法不尽合理。事实上，在解释专利诉讼律师费转付性质之时可从损害赔偿的广义概念出发，将律师费的性质解释为损害赔偿中的惩罚性赔偿。主要理由为：其一，现代侵权法理论承认损害赔偿的惩罚性机能。传统侵权法奉行"填补损害"原则，填补损害是侵权法的基本机能，排斥侵权法的惩罚功能。但随着现代侵权法理论的发展，侵权法的惩罚性机能得到认同。如日本侵权行为法认可将律师费纳入侵权损害赔偿范围的可行性；[10]我国《侵权责任法》第 47 条规定"惩罚性赔偿"，宣示惩罚性赔偿机能被纳入侵权法范畴。将律师费视为对侵权行为的一种惩罚，可以鼓励权利人利用诉讼维护自身利益，同时也督促义务人遵守法律规定。[11]其二，惩罚性赔偿的填补损害功能的正当性在于填补受害人的无形损害，包括被侵权人难以用金钱衡量的精神损害以及难以用金钱衡

8　王泽鉴：《侵权行为》，北京：北京大学出版社 2009 年版，第 8 页。

9　彭诚信：《民事责任现代规则原则的确立》，《法律与社会发展》2001 年第 2 期。

10　〔日〕圆谷峻：《判例形成的日本新侵权行为法》，赵莉译，北京：法律出版社 2008 年版，第 19 页。

11　廖永安等：《诉讼费用制度专题实证研究》，北京：法律出版社 2016 年版，第 146 页。

量的社会整体利益的损害。惩罚性赔偿能激励受害人积极主张权利，进而填补侵权行为造成的社会整体利益的损害。[12]其三，惩罚性赔偿可以弥补填补损害赔偿的缺陷，起到尽力实现完全赔偿损害的作用。从这一角度而言，“惩罚法”首先也是“补偿法”。[13]其四，律师已经成为当事人接近正义的重要桥梁，因此聘请律师的成本可以以制裁的形式予以转嫁，从而实现矫正层面的正义。意大利法学家莫诺·卡佩莱蒂认为，影响当事人接近正义的障碍主要有五个方面的因素，而律师费是首要因素。[14]其五，一般而言，民事诉讼系平等法律主体之间发生的争议，无论哪一方胜诉均以双方争议的法律事实为基础，并且胜诉的结果不会超过相关法律事实发生时的合理预见范围。但该结论是建立在双方当事人都不愿意看到或者至少不是故意策划导致该事实发生的基础之上。[15]如果一方事先策划或有意为之，使另一方遭受正常情况下不应遭受的损失，再适用“填补损害”原则，让加害人仅对其行为造成的损失承担赔偿责任，则可能纵容故意侵权。这对受害人也是极其不公平的，而且也不利于维护稳定的社会秩序与交易。[16]因此，专利诉讼中律师费转付的性质应归属于惩罚性赔偿的范畴。在此意义上，专利诉讼律师费转付制度中有关适用情形、律师费转付的数额界定等内容也应当在惩罚性赔偿的性质释义上予以科学建构。

三、美国专利诉讼律师费转付制度的借鉴与启示

作为世界专利强国，美国专利法的持续扩张对全球专利市场亦产生了持续的外部性影响。[17]其中，有关专利诉讼律师费转付制度的理论与实践也深刻地影响着全世界的专利市场。古语云：以人为鉴，可明得失。事实上，我国专利法

---

12 马新彦、邓冰宁：《论惩罚性赔偿的损害填补功能——以美国侵权法惩罚性赔偿制度为启示的研究》，《吉林大学社会科学学报》2012 年第 3 期。

13 郭明瑞、张平华：《侵权责任法中的惩罚性赔偿问题》，《中国人民大学学报》2009 年第 3 期。

14 〔意〕莫诺·卡佩莱蒂等：《当事人基本程序保障权与未来的民事诉讼》，徐昕译，北京：法律出版社 2000 年版，第 42 页。

15 唐广良：《知识产权：反观、妄议与臆测》，北京：知识产权出版社 2013 年版，第 376 页。

16 正如耶林在《罗马私法中的过错要素》一书所述：“过错和惩罚之间的平衡观念是损害利益理论的决定性观念。这个观念从那些认为仅依靠因果关系就可以解决问题的野蛮观点当中脱颖而出。”参见〔德〕鲁道夫·冯·耶林：《罗马私法中的过错要素》，柯伟才译，北京：中国法制出版社 2009 年版，第 105 页。

17 “当今世界似乎没有一处不关乎到美国的利益。”美国以武力、“良知”以及技术标准为基础的霸权主义与价值标准，向全世界输送自己的利益诉求，调动一切资源，分别游说各自政府及国际组织，最终实现个人诉求上升为国际规则。TRIPs 协定便是例子。详细内容可参见〔美〕苏珊·K. 塞尔：《私权、公法——知识产权的全球化》，董刚、周超译，北京：中国人民大学出版社 2008 年版；〔澳〕彼得·达沃豪斯、约翰·布雷斯韦特：《信息封建主义》，刘雪涛译，北京：知识产权出版社 2005 年版。

从制定之初即深受美国专利法的影响。[18]因此，梳理美国专利诉讼律师费转付制度、实现其有益成分的本土化汲取，对我国专利诉讼律师费转付制度的科学建构具有重要意义。

（一）美国专利诉讼律师费转付制度的历史演进

原则上，美国联邦法院诉讼中对于律师费的负担采用的是美国规则，即由当事人各自负担律师费。该规则形成于1796年的Acambel诉Wiseman案，[19]它要求诉讼双方各自承担己方的律师费，胜诉一方不得请求律师费损失。[20]但是，美国国会针对具体情况陆续创设了许多例外规定，以规避简单适用美国规则导致的弊端。这其中便包括美国《专利法》中有关律师费的相关规定。1946年美国《专利法》修改，将“法院可自行裁量（in its discretion）将胜诉方合理的律师费由败诉方承担”的规定列为新法第70条的内容。1952年美国《专利法》再次修改，删除“自行裁量”的规定，而在条文第285条中规定法院可裁定律师费转付的空间仅限于“例外情形”（exceptional cases）。[21]在美国《专利法》第285条的适用上，代表性的案例是2005年发生的Brooks诉Dutailier一案。在该案中，联邦巡回上诉法院废弃了整体判断原则（totality of the circumstance），改为更加严格、机械化的标准，认为只有两种情形才能适用律师费转付：存在重大不当行为时，或者是当诉讼出于主观恶意（subjective bad faith）而客观上无根据时（objectively baseless）。[22]这就意味着法院在裁判律师费转付的适用情形时，不能仅仅以诉讼当事人之间的胜败结果为依据，而是要进一步考察败诉当事人是否从事诉讼上的不正当行为，或者败诉方是否达到Brooks案提出的主客观标准。这样的做法，实质上是将一个不灵活的公式直接引用到了一个灵活的法律条款之中。也正是因为司法实践中严格适用第285条的规定，获准律师费转付案件的比例并不高。[23]

---

18 美国对中国知识产权法律经历了从“逼我所用”到“为我所用”的法律变迁，并且过程充满了冲突与博弈。详细内容可参见胡充寒：《冲突与合作：美国因素与中国现代知识产权法制进程》，《科技与法律》2012年第4期；李正华：《中美知识产权制度比较研究》，《比较法研究》2003年第2期。

19 Arcambel v.Wiseman，3U.S.306，306（1796）.

20 Jane P.Mallor，“Punitive Attorneys’ Fees for Abuses of the Judicial System”，*in* 61 N.C.L.Rev.，61（1983），p.615.

21 Patent Act（35 U.S.Code）.285：ATTORNEY FEES.

22 Brooks furniture Mfg.，Inc.v.Dutailier Int’l，Inc.，393 F.3d 1378，1381（2005）.

23 根据1985年至2004年的统计，约有352件案件之一方诉讼当事人曾请求律师费转付，而该申请获得法院核准的案件数量为137件。其中，有87件法院判决对律师费转移金额作出说明。*See* James Bessen& Michael J.Meurer，The Private Costs of Patent Litigation，9 J.L.Econ.&Pol’y 59，80—82（2012）.从2003年至2013年专利诉讼案件共32570件，其中有判决的为3400件。仅有500件的一方诉讼当事人提出律师费转付申请，申请的核准数量为208件，占所有专利判决的6%，占所有专利诉讼案件的0.6%。*See* Mark Liang & Brian Berliner，“Fee Shifting in Patent Litigation”，*in* VA.J.L.&TECH.，18（2013），pp.86—87.

严格限制第 285 条规定的做法出现转变是在面对专利蟑螂滥诉讼行为的日益猖獗，而专利诉讼中律师费转付制度对遏制专利蟑螂具有良好的实证效果。专利蟑螂提起无意义的专利诉讼对抗专利实施公司，利用诉讼成本进行议价骚扰对方迫使其达成和解最终形成黑函机制（legalized form of blackmail）的现象，已严重影响美国创新企业的发展。[24]与此同时，阿拉斯加州和佛罗里达州的经验证实，专利诉讼中由败诉方付费的原则能够促使诉讼当事人放弃恶意的主张、减少毫无根据的恶意诉讼，进而使得律师和法院专注于其他更有价值的案件。[25]基于这两方面的因素考量，美国联邦最高法院于 2013 年 10 月 1 日受理、2014 年 5 月 1 日决定合并审理的 Octane Fitness 诉 ICON Health 案与 Highmark 诉 Alcare Health 案中，推翻了联邦巡回上诉法院过去对《专利法》第 285 条严格限制的做法，认为过度限制第 285 条的适用的做法不尽合理，对该条的判定标准应回归整体判断原则，由地方法院考虑传统的衡平因素后自由裁量依个案而判定。[26]《专利法》第 285 条适用标准的放宽，对后续下级法院审理律师费转付请求影响巨大，并同步影响了专利蟑螂的诉讼策略与布局。

（二）专利诉讼律师费转付的判断标准

如上所述，美国《专利法》第 285 条规定“在例外案件中，法院可判定败诉方负担胜诉方合理的律师费用”。从文义解释层面看，第 285 条的适用至少满足三个条件，即胜诉当事人、例外情形以及合理律师费。

1. 胜诉当事人的界定

通常而言，胜诉当事人泛指在诉讼行为中获得胜诉的一方当事人。如某一专利侵权案件中，法院直接认定被告侵权成立，那么原告胜诉即为胜诉当事人，或者法院认定被告侵权不成立，则被告胜诉即为胜诉当事人。但在专利诉讼律师费转付制度中，胜诉当事人是以形成实质意义上的胜诉结果为准而确定的。所谓实质意义上的胜诉当事人，最初被定义为“赢得诉讼上任何重要争议的一方，而该方可获得提起诉讼时所追求的利益”[27]，并且所涉争议的解决至少可以影响被告针对原告的行为。[28]随后，在 Farrar 诉 Hobby 案中，法院认为判定胜诉

---

24 Daniel Roth，“Patent Litigation Attorneys’ Fee：Shifting from Status to Conduct”，*in* 13 Chi-Kent J.Intell.，13（2013），p.271.

25 Marie Gryphon，“Assessing the Effects of a ‘Loser Pays’ Rule on the American Legal System：An Economic Analysis Andproposal for Reform”，*in* RUTGERS J.L.&Pub.POL’Y，8（2011），pp.595—601.

26 *See* Octane Fitness，LLC v.ICON Health & Fitness，Inc.，573 U.S.134 S.Ct.1749（2014）.Highmark Inc.v.Allcare Health Management System，Inc.，572 U.S.134 S.Ct.1744（2014）.

27 Hensley v.Eckerhart，461 U.S.424，433（1983）.

28 Hewitt v.Helms，482 U.S.755，761（1987）.

当事人必须要以实现诉讼当事人之间关系的实质性改变为条件。[29]概括而言，胜诉当事人既包括胜诉原告，也包括胜诉被告，且应当满足三个要件：一是赢得诉讼上的任何重要争议点；二是获得起诉时所追求的利益；三是能够实现诉讼当事人之间关系的实质性改变。[30]

2. 例外情形的认定

美国《专利法》第 285 条将专利诉讼律师费的转付限于"例外情形"，但何为例外情形并未予以明确认定。对此，美国联邦最高法院在 Octane 案中指出，有关"例外情形"的认定应当回归文字的原始含义，即所谓例外情形是指法院基于观察双方当事人诉讼主张的实质性强度（substantive strength），或者案件起诉的不合理方式（unreasonable manner）来判断系争案件与其他案件的不同。[31]具体在律师费转付的例外情形认定上，联邦最高法院认为法院有权对涉及不正当行为或恶意诉讼的案件裁定律师费转付。[32]换言之，专利诉讼律师费转付的例外情形是以败诉方的诉讼行为或者侵权行为存在恶意为标准进行判断的。

其中，有关败诉方侵权行为恶意的判断在历经司法实践复杂变化后目前已确定为一元化的主观标准。即美国联邦最高法院在 Halo 案中推翻了由 Seagate 案确立的主客观二元标准，将故意侵权的认定标准重新改为一元化的主观标准。具言之，法院在自由裁量律师费可转付时仅需考虑侵权人主观是否明知专利权存在而有意使行为发生，不再将侵权人客观上是否属于鲁莽行为作为考察标准。[33]有关败诉方诉讼行为恶意的判断则主要是从案前调查工作（pre-filing investigation）、诉求的依据以及主观恶意的界定（party knew or ignored evidence of claim' s lack of merit）等三要素综合判断。

1）案前调查工作

通常而言，权利人在提起某一侵犯专利权诉讼之前应当会做一系列前期调查工作，如侵权行为人的相关信息、侵权产品的数量、侵权所造成的损失等等。其中，涉及专利与侵权产品比对工作是否为诉前必备工作还存在一定争议。但已经取得的共识是，若没有任何证据证明专利权人于起诉前有简单调查工作，那么当被控侵权人胜诉时便符合《专利法》第 285 条规定的"例外情形"。[34]

---

29 Farrar v.Hobby，506 U.S.103，111（1992）.

30 Pragmatus Telecom LLC v.Newegg Inc.，F.Supp.2d，2014 WL 3724138 1：13-cv-01464.

31 Octane Fitness，LLC v.ICON Health & Fitness，Inc.，573 U.S.134 S.Ct.1749，1756（2014）.

32 See Octane Fitness，LLC v.ICON Health & Fitness，Inc.，573 U.S.134 S.Ct.1749（2014）.Highmark Inc.v.Allcare Health Management System，Inc.，572 U.S.134 S.Ct.1744（2014）.

33 Halo Electronics，Inc.v.Pulse Electronics，Inc.，136 S.Ct.1923（2016）.

34 Walker Digital，LLC v.Google Inc.，2015 U.S.Dist.Lexis 118284（D.Del.Sept.4，2015）；Hunter' s Edge，LLC v.Primos，Inc.，2016 U.S.Dist.Lexis 120799（M.D.Ala.Sep.6，2016）.

2）诉求的依据

诉求的依据是确认是否属于“例外情形”的关键因素之一。对于诉求的依据判断主要是指它是否是客观上毫无根据。[35]其一，以理性人的常规判断为依据。若权利人的主张过于不合理，以至于没有任何一个理性的人会相信该方可获得胜诉判决的，则为客观上毫无根据。[36]其二，对现有资料的可靠性认定。这就要求专利权人起诉之前应当进行相当充分的调查。例如，即便从两家不同律师事务所取得意见不同的意见书，即便这两份意见书结论完全相反，也不属于诉讼主张毫无根据。[37]——专利范围的界定并非总是科学的，诉讼双方针对简单的申请专利范围用语作出相互抵触的界定也就不足为奇了。因此，若未被排除于权利要求和权利说明书所披露的范围之外，专利权人对专利范围的解释并不能被认定为毫无根据。

3）主观恶意的界定

原则上，主观恶意的认定只需证明败诉方于提起诉讼时已知（known），或有足够理由应知（so obvious that it should have been known）其诉讼主张缺乏客观基础即可，无需证明至实际认知（actual knowledge）。[38]如专利权人明知根据 Alice 规则侵权诉讼毫无根据，且无法于诉讼前进行适当的测试以形成侵权主张，仍坚持诉讼的，则应界定为主观上存有恶意。[39]或者，专利权人确信被控侵权装置未侵权却拒绝撤回诉讼，并且为保留对被告其他潜在侵权产品的证据披露程序而反对被告请求法院作出未侵权裁判的建议，则权利人主观上有恶意。但若诉讼中涉案专利被另案判决无效，则主观不能认定为恶意。[40]

3. 合理律师费的确定

胜诉方专利诉讼律师费并非全部皆能由败诉方承担。[41]当案件属于《专利法》第 285 条规定的“例外情形”时，律师费数额的认定一般沿用美国联邦第五巡回法院在 Johnson 诉 Georgia Highway Express 案中所确立的计算方法，包括所需要的时间和劳动、有关问题的新奇性和难度、适当提供法律服务所需要的技巧、律师是否因接办该案而不能办理其他业务、通常收费标准、该收费是固定的还是附条件的、当事人要求或者案件本身所限定的期限、涉及的标的和所取得的

35 包括 absence of evidence or baselessness clear to court early on without need for additional proceedings or evidence。

36 Ilor，LLC，v.Google，Inc.，631 F.3d 1372，1378（Fed.Cir.2011）.

37 Kilopass Tech.，Inc.v.Sidense Corp.，738 F.3d 1302（Fed.Cir.2013）.

38 Ilor，LLC，v.Google，Inc.，631 F.3d 1372，1377（Fed.Cir.2011）.

39 Inventor Holdings，LLC v.Bed Bath & Beyond Inc.，2016 U.S.Dist.（D.Del.May 31，2016）.

40 Gaymar Indus.V.Cincinnati Sub-Zero Prods.，2016 U.S.Dist.（W.D.N.Y.Aug.19，2016）.

41 Mark Liang & Brian Berliner，“Fee Shifting in Patent Litigation”，*in* Virginia Journal of Law and Technology，18（2013），p.84.

结果、律师的经验与声望、该案件是否属于不受欢迎（undesirability）的案件、与委托人职业有关的性质与长度、类似案件中的判决情况等十二个要素。[42]后来，美国联邦最高法院在 Hensley 诉 Eckerhart 案中肯定了美国联邦第三巡回法院所创设的北极星计算方式（lodestar calculation），即依律师处理案件所花费的合理小时数乘以律师的合理小时费率，然后再进行上下浮动，以反映特定案件的附条件收费性质，或者法律服务的性质。[43]北极星计算方式更为简洁明了，它侧重于分析律师费主张的合理性而不断被后来者所采纳。

四、当前建构专利诉讼律师费转付制度的可行性

我国《专利法》及其司法解释并未对律师费转付予以规定的原因，究竟是立法技术上的遗漏还是立法时的刻意留白？从时间上来看，《最高人民法院关于审理著作权民事纠纷案件适用法律若干问题的解释》和《最高人民法院关于审理商标民事纠纷案件适用法律若干问题的解释》均是于 2002 年 10 月生效的，二者都对律师费转付这一问题进行了明确规定。而《最高人民法院关于审理专利纠纷案件适用法律问题的若干规定》自 2001 年颁布以来历经 2013 年、2015 年两次修正，却仍未对律师费转付予以规定。原则上《最高人民法院关于审理专利纠纷案件适用法律问题的若干规定》在后续的两次修正中是有充裕的时间检验、参考与借鉴《最高人民法院关于审理著作权民事纠纷案件适用法律若干问题的解释》和《最高人民法院关于审理商标民事纠纷案件适用法律若干问题的解释》中有关律师费转付的实施效果并进行条文借鉴，但前者的两次修正仍缺失有关律师费转付的条文规定。这在很大程度上表明，我国《专利法》及其司法解释并未对律师费转付予以规定的原因应属立法上的刻意留白。这样做的合理性在于，《专利法》所需调整的技术方案涉及面较广，不直接限制合理费用的范围，这就给将来不断发展的技术维权所涉及的费用预留了充足的空间。当然，有意的留白终须在恰当的时空下予以必要的填补。当前，现实环境下专利诉讼律师费转付案件数量上的普遍激增、制度上专利诉讼律师费类推适用的不合理、司法实践中专利诉讼律师费当事人请求意识的不断增强和承办人裁判能力的不断提升等情境，都在表明我国建构专利诉讼律师费转付制度正当时。

---

42 Johnson v.Georgia Highway Express，Inc.488 F.2d 714（5th Cir.1974）.

43 Hensley v.Eckerhart 461 U.S.424（1983）.

（一）制度上专利诉讼律师费转付类推适用的局限性

如前所述，在我国《专利法》及其司法解释缺少有关律师费转付规定之际，司法实践中确实存在法院直接将律师费纳入损害赔偿合理范畴的裁定。这样的做法，大多数现代法律人看来乃是类推推理。即把一条法律规则扩大适用于一种并不为该规则的语词所涉及的、但却被认为属于构成该规则之基础的政策原则范围之内的事实情形。司法实践中具体做法是，法院在审理案件时往往会在已失效的判例中寻找这些案件之间的相似性，并以这些判例中的法律原则为基础扩大适用在审理的案件中。[44]然而不得不强调的是，从呈现出共同要素的特殊案例中以归纳方式得出的一般性概括，很少能符合逻辑的必然性。[45]在专利纠纷中，当法律并未明文规定时，法院径行裁定律师费转付的做法也难符合逻辑的必然。究其原因主要在于，从逻辑层面看法院总是有诉诸反证方法的选择余地。[46]法院这样的做法实际上是实用主义的决定，易导致两种风险的产生。一方面，法院对昔日判决的漫不经心不仅会增加法律的不确定性，而且还会带来额外的工作量。法院对每个案件都要花费更多时间，而更大的不确定性也会引出更多的案件。另一方面，法院对昔日判决毫无批评的继受也会造成更大的错误风险。[47]这便是丹宁勋爵所要指出的：在西方理性主义传统下培养出来的法律人，大部分都有一种相当强烈的感觉，认为法院或法官在发展或阐释法律的借口下，不论是直接或间接变更法律的权利，应该而且必须要有确切的限制。[48]也就是说，当前专利诉讼中类推适用律师费转付的做法并不尽合理，合理的做法应当是建构科学的专利诉讼律师费转付制度。

（二）司法实践中专利诉讼律师费转付的请求与应对

一方面，专利纠纷案件中当事人对于诉讼律师费转付的请求权意识日渐增强。司法实践中，不仅当专利权人为原告时通常会在纠纷案件中提出包括赔偿律师费的诉讼请求，甚至在被控侵权人最终胜诉的场景下，被控侵权人以“恶意诉讼”为由另案起诉主张权利人支付相应律师费的情形也渐趋增多。另一方面，专利诉讼中我国法官应对律师费转付诉求的能力显著提升，主要体现为在

---

44 〔美〕E. 博登海默：《法理学：法律哲学与法律方法》，邓正来译，北京：中国政法大学出版社 2004 年版，第 583 页。

45 〔美〕理查德 • A. 波斯纳：《法理学问题》，苏力译，北京：中国政法大学出版社 2002 年版，第 109 页。

46 〔美〕E. 博登海默：《法理学：法律哲学与法律方法》，邓正来译，北京：中国政法大学出版社 2004 年版，第 509 页。

47 〔美〕理查德 • A. 波斯纳：《法理学问题》，苏力译，北京：中国政法大学出版社 2002 年版，第 124 页。

48 〔英〕丹尼斯 • 罗伊德：《法律的理念》，张茂柏译，上海：上海译文出版社 2014 年版，第 208 页。

专利诉讼中我国法官已开始系统化分析并裁定专利权人主张的律师费诉求。以北京握奇诉恒宝专利侵权案为例，北京知识产权法院的主审法官在认定律师费能否成为合理费用以及数额是否合理问题上，从案件代理的必要性、案件难易程度、律师费的实际付出等因素予以认定。[49]这表明，当前我国法官素质足以胜任并妥善处理专利诉讼中专利权人所提出的律师费转付请求。与此同时，对于被控侵权人以“恶意诉讼”为由另案起诉的情形，虽然会涉及更多的衡平判断，但对于我国法官而言仍能合理应对。这是因为，既然我国法官可以从专利权人角度裁定律师费转付的合法性与合理性问题，那么调整视角换个权利人角度应对被控侵权人的律师费诉讼请求也非难事。这正犹如英国著名大法官丹宁勋爵所言：衡平法是公平合理的，也是灵活的，但不像“大法官的脚”是变化无常的。[50]换言之，对于我国法官而言，衡平专利诉讼中的律师费转付问题并不是想象中的这般恐怖与变化莫测。

（三）良好专利诉讼环境下专利蟑螂的催生效应

总体而言，尽管当前我国专利全球申请量排名第一，有关增强专利保护力度的相关政策频出，我国高质量专利比例和专利市场的保护力度依旧不高。这便直接催生出大量以利用专利侵权诉讼作为主营业务的专利蟑螂在我国繁衍布局。通俗而言，所谓专利蟑螂就是指一些不投入研发进行生产而只专注于抢注或购买他人专利，从而通过专利诉讼获取巨额赔偿的主体。对此，有学者认为“当前还没有明显的证据表明专利蟑螂已影响中国专利市场，主要原因是中国知识产权侵权案件赔偿数额较低，专利蟑螂不太可能通过诉讼和诉讼威胁在我国获得高额赔偿”[51]。但现实已发生变化。

虽然从专利诉讼律师费转付的绝对值来看，目前我国法院的平均判赔额相较美国法院动辄上亿美元的侵权赔偿数额并不算高，但总体趋势正在向着提高赔偿数额的方向发展。例如，2016 年 12 月，北京知识产权法院审理判决的北京握奇诉恒宝专利侵权案中，法院支持了原告共计 5000 万元的赔偿金，一时令业界为之振奋；随后，华为诉三星专利侵权案再次刷新了记录，泉州中院判决三星等三被告共同赔偿 8000 万元。此外，从专利诉讼律师费转付的相对值来看，涉外权利人平均获赔数额明显高于内地专利权人。这直接为涉外专利权人通过专利诉讼骚扰我国专利市场的正向发展提供了可乘之机。从北京知识产权法院发布的一份专利审判大数据报告显示，通过对该院 2014 年 11 月建院以来至 2017

49 北京握奇数据系统有限公司诉恒宝股份有限公司案，参见（2015）京知民初字第 441 号。

50 〔英〕丹宁勋爵：《法律的界碑》，刘庸安、张弘译，北京：法律出版社 2011 年版，第 109 页。

51 http：//www.legalinfo.gov.cn/index/content/2013-04/26/content_4411245.htm；访问时间：2017 年 11 月 16 日。

年 6 月 30 日审结的 1813 起专利案件进行分析发现，在判赔数额方面，涉外权利人平均获判赔额为 102.2 万元，明显高于内地权利人 75.7 万元的平均赔偿额。不难推知，在通过专利诉讼获取的赔偿额中专利蟑螂自然会主张相应的律师费请求。对此，建构科学的专利诉讼律师费转付制度自是平衡专利蟑螂和被控侵权人之间律师费合理负担的关键。

五、我国专利诉讼律师费转付制度的建构路径

法律需本土化，倘若脱离语境照搬终会导致困扰。通过梳理美国律师费转付制度的历史进程可知，美国专利诉讼律师费转付制度的形成与日益完善得益于美国《专利法》的适时修订和大量司法实践中法官对于专利诉讼环境向好进程中所滋生的专利蟑螂问题的从容应对。这与我国因当前专利诉讼律师费转付制度的缺失、司法实践中当事人专利费转付请求及法官应对能力的提升、专利蟑螂日渐涌现等现象所共同形成的专利诉讼律师费转付制度的建构背景基本趋同。因此，下文将从汲取美国律师费转付制度有益成分的基础上提出科学建构我国律师费转付制度的实现路径。

（一）适用情形的限定

专利诉讼中，律师费转付的适用情形应当是有限的。如若在所有专利诉讼中都允许法官自由裁量转嫁律师费，这样的做法既难符合我国民事诉讼中普遍存在的各方当事人负担各自律师费的制度现实，也无法契合律师费转付制度构建的初衷。

虽然，我国知识产权立法体系中著作权法和商标法对于律师费转付的情形规定为可由法院根据具体案情进行裁定，但二者对具体案情的限定均没有进一步作出列举性或概括性说明，司法实践中也未形成统一的做法。专利诉讼中律师费转付制度适用情形的限定无法从我国知识产权立法体系中寻求可资借鉴的范本的同时，司法实践中法院在支持律师费转付的裁判中也缺乏对于是否属于适用律师费转付制度适用案件的情形判定。例如，在北京知识产权法院审理的北京握奇诉恒宝专利侵权一案中，法院便将适用律师费转付制度的情形与支出律师费的情形混为一谈。在该案判决中，法院认为“本案系发明专利侵权案件，专业性要求较高，代理人不仅要了解案件基本情况，更要具备知识产权诉讼业务知识和相应的法律能力，需要律师甚至是知识产权专业律师参与诉讼，故原告握奇公司委托律师事务所指派相关律师作为诉讼代理人具备合理性与必要性”，进而支持了原告律师费转付的诉讼请求。

对此需要指出的是，专利诉讼的专业性并不必然会推导出该类案件属于适用律师费转付制度的情形。尤其是在我国并未实行律师强制代理制度的情形下，委托律师诉讼的成本支出应属于当事人的正常诉讼成本而不应嫁接另一方。换言之，对于律师费转付情形的判定从逻辑上而言应优先审查该案件是否属于可律师费转付的情形，然后法院才需审查律师费支出的必要性与合理性问题。对此，我国律师费转付制度适用情形的限定可以借鉴上述美国的实践做法，将律师费转付的适用限定于存在恶意侵权或恶意诉讼的情形，而不普遍适用全部专利侵权纠纷。具体而言，专利诉讼律师费转付制度的适用情形应限于恶意侵犯专利权纠纷，或与专利有关的恶意诉讼行为。此处的恶意是对正当维权者或滥用权利人主观状态的考察。我国司法实践中对于主观恶意已形成一定认知，即恶意乃是明知诉讼请求缺乏事实与法律依据或以侵害他人合法权益为目的，精心策划，或多次故意实施相同行为。[52]

（二）胜诉当事人的界定

我国专利诉讼律师费转付制度的构建既需要关照专利权人的合法权益，也需要对被控侵权人的合法权益给予同等的关怀。这是因为，一方面对于专利权人合法权益的维护能够降低权利人的维权成本，提升权利人的诉讼能力以及对侵权方起到相应的威慑、惩罚作用；另一方面对于被控侵权人合法权益的维护有利于减少滥诉现象，有利于减轻对司法资源的不合理占用，有利于诉讼环境的良好运行。也就是说，专利诉讼律师费转付制度中的胜诉当事人既可能是胜诉权利人，也可能是胜诉被侵权人。唯有如此，才能平等地保护诉讼当事人的合法权利，使涉案各方享有同等的诉讼服务。当然，在司法实践中何谓胜诉当事人并非显而易见，而是需要结合具体案情进行综合分析。具体而言，胜诉当事人并不仅是在程序上获胜的一方，而是在诉讼上获得实质性利益的一方。司法实践中，对于胜诉当事人的界定具体可从诉讼中的实质性争议点、诉讼各方所追求的利益及实现诉讼各方之间关系改变等三要素予以综合考量。

（三）合理律师费的确定

律师费的合理确定是专利诉讼律师费转付制度能够良好运行的关键。对此，我国专利诉讼律师费转付制度中有关合理律师费的计算方法应当在彰显公平原则的基础上给予法官自由裁量的空间。具体而言，法官自由裁量的空间可在契合各省市律师协会所出台的律师服务收费指导标准的框架内，权衡败诉方的恶意程度、案件的复杂难易程度、工作内容的多少、处理案件的合理时间等要素

52 （2015）浙知终字第 23 号、（2013）浙知终字第 4 号等。

综和判定胜诉当事人与其律师签订的委托代理合同约定律师费的合理性。此外，为实现律师费转付制度全面救济胜诉当事人合法权益的初衷，法院在支持胜诉方合理律师费之时不应以实际支付金额或实际开票金额为限，而应当以委托代理合同为准予以考量。

（四）立法条文建议

一方面，为保持知识产权立法的一致性，《专利法》司法解释应当进行修改，与《著作权法》、《商标法》的司法解释一样，将合理费用限定于合理的调查、取证费，可根据案情与当事人请求，裁定合理的律师费。另一方面，时下正值我国《专利法》第四次修改之际，可增设“恶意反赔”机制的规定：专利权人明知其获得专利权的技术或者设计属于现有技术或者现有设计，恶意指控他人侵犯其专利权并向人民法院起诉或者请求专利行政管理部门处理的，被控侵权人可以请求人民法院责令专利权人赔偿由此给被控侵权人造成的损失，包括合理的律师费。

六、结　　语

卡多佐在《法律科学的悖论》中指出，“对被归责于理性人的注意措施的衡量，取决于所涉及的利益的价值。通过衡量其行为所促进的利益的价值，法律为个人可以正当冒险的范围设定了限度”[53]。专利诉讼中恶意侵权或恶意诉讼行为的激增俨然对我国专利权的有效保护、实体经济的稳定发展带来消极影响。对此，可以从律师费转付制度层面给予及时回应，通过诉讼成本的增加以制裁不正当冒险的当事人。

53　〔美〕本杰明·N. 卡多佐：《法律科学的悖论》，劳东燕译，北京：北京大学出版社 2016 年版，第 85 页。

The Construction of the Patent Lawyer's Fee Transfer System in China

Zheng Yin，Ni Zhuliang

Abstract: There is an unreasonable and unfair trend that the court determines the losing party bearing the lawyer' s fees of the winning party when there are no rules of payment of lawyer' s fees and treats the compensation request of lawyer' s fees of the accused infringer differently. In order to solve it，we should clarify the nature of transfer patent lawyer fees as a punitive damages and then draw on the beneficial elements of the United States patent litigation lawyer fee transfer system，and make clear the conceptions of winning parties and applications of transfer patent lawyer fees.

Keywords: Transfer of Attorney' s Fees; Punitive Damages; The Winning Party; Reasonable Attorney Fees; Subjective Malice

中国民事宪法学的时代价值——改革开放 40 年民法学家宪法观发展演变切入

申惠文

摘　要：改革开放 40 年民法学家表达的宪法观，更多是应景式的实践问题回应，缺乏学术史的回顾梳理，缺乏整体的科学认识。民法学家的宪法观大致可以划分为四个阶段：回避宪法观阶段（1978—1992）、远离宪法观阶段（1993—2004）、宪法工具观阶段（2005—2013）、宪法目的观阶段（2014—　）。民法学家特定时代的宪法观，受制于特定时代的社会背景，服务于特定时代的法学命题。中国特色社会主义法治进入新时代，民法学家应当更多地参与宪法学的研究，在规范民法学研究的基础上，运用宪法思维审视民事立法和民事司法中存在的重大问题，开拓人格宪法学、家庭宪法学、组织宪法学和财产宪法学等民事宪法学新领域。

关键词：宪法观；民法宪法化；宪法民法化；部门宪法学；民事宪法学

作者简介：申惠文（1981—　），郑州大学法学院副教授、郑州大学私法研究中心研究员，主要研究方向为民法、土地法。

基金项目：本文系司法部国家法治与法学理论研究课题“民法典中行政权运行规范研究”（15SFB3026）的阶段成果。

私　法

PRIVATE LAW REVIEW

目　次

一、选题的缘由

民法学家是民法知识的生产者，是民法知识的批判者。民法学家基于自身的知识结构、生活经验和价值追求，探究对民事现象的解释方法，寻求民事问题的解决路径，不断创造新的民法知识。改革开放40年，民法学家初步构建了中国特色的民法知识体系，为中国民事立法和民事司法的发展提供了理论支持。梳理民法学家群体思维模式和研究偏好的历史变迁，有利于科学总结民法知识的生产过程和生产规律，为未来民法学研究范式的转型和发展提供较为科学的指引。

宪法意识是宪法实施的关键，宪法观是宪法意识的集中概括。由于知识结构的差异，法学家的宪法观与人民大众的宪法观存在较大的差异。也由于研究视角的局限，民法学家的宪法观和宪法学家的宪法观也不尽相同。民法学家往往针对民法与宪法交织的某一问题，发表学术观点，阐释其宪法观。不同时期不同民法学家的宪法观不同，同一民法学家不同时期的宪法观亦有不同。目前学术界更多谈论的是国家机关和人民群众的宪法观，而较少论及法学家群体的宪法观。学术界更没有集中研究民法学家群体的宪法观，缺乏整体的科学认识。这不利于科学诠释民法与宪法关系的实然发展过程，不利于民法学与宪法学的对话和沟通。

民法学家通过论文和专著等表达的宪法观，只是形式和手段，实质目的要表达的是民法观，是构建民法知识外部体系的重要组成部分。民法学家是民事立法的主要参与者，是民事司法的主要引导者，民法学家的宪法观直接决定着民事立法和民事司法的基本框架和逻辑思路。从知识社会学的角度反思民法学家宪法知识的生产与再生产的过程，具有重要意义。“政治-法学”和“社会-法学”的研究路径，均是从中国法学的“外部”视角来认识和解释中国法学发展进程的，未来需要更多采取“内部”视角，也就是“知识-法学”的研究路径，反思和批判支配中国法学发展的知识范式。[1]为此，本文以民法学家群体宪法知识的生产为中心，采用文献综述的研究方法，首先梳理改革开放40年民法学家群体宪法观发展演变的过程和原因，然后从理论上进行反思，指出民法与宪法的关系具有时代性和多元性，指出民事宪法学的学科意义、基本框架和发展方向。

1　参见邓正来：《中国法学向何处去》（第二版），北京：商务印书馆2011年版，第65页。

二、民法学家回避宪法观阶段（1978—1992）

1978年至1992年，民法学家存在矛盾的心态，一方面将民法和宪法均视为公法，不承认私法的存在，高度认可宪法对民法的指引作用，另一方面又静悄悄地回避宪法，无视民法与宪法的冲突，并不将宪法作为支撑自己学术观点的依据。宪法修改滞后于民事立法实践的需求，是民法学家回避宪法观形成的重要原因。民法学家不拘泥于宪法，将马克思经典作家论断和中央改革政策目标作为立论依据，积极参与政治，推动制度变革，展示了超高的政治智慧。

（一）将民法定性为公法

民法学家在谈及宏观理念时，往往将民法定性为公法，强调民法的社会主义性质，强调社会主义法律体系的单一性和整体性。1980 年王家福教授指出，社会主义民法是公法而不是私法，这是工人阶级领导的工农联盟为基础的无产阶级专政的政权性质决定的，是建立社会主义公有制的必然结果。[2]1983年王卫国教授指出，社会主义民法不是私法，是社会主义法学的基本观点；民法属于公有制经济的上层建筑范畴，是广大人民群众在无产阶级领导下运用国家政权对社会实行全面管理的工具。[3]1986年佟柔教授指出，我国民法是社会主义民法，属于公法的范畴，将民法视为私法，在方法论上是错误的。[4]根据本人阅读范围，直到1986年袁成弟教授才第一次指出，社会主义法应当有公私法的划分，将经济法定性为公法，将民法定性为私法，并不违背社会主义法的本质，《民法通则》就是一部私法性质的基本法。[5]然而，禄正平教授1987年发表文章与袁成弟教授商榷，否认社会主义法存在公私法的划分，坚持对平等主体间的法律关系调整无需借助私法的范畴。[6]

（二）将马克思经典作家论断和中央改革政策目标作为立论依据

民法学家虽然理念上认同宪法的根本法地位，将民法作为宪法的子法，然而面对具体问题，往往将马克思经典作家的论断和中央改革的政策目标等作为立论依据，几乎不将宪法作为立论的依据。1978 年王家福教授指出，应当迅速

2　王家福、苏庆、夏叔华：《我们应该制定什么样的民法》，《法学研究》1980年第1期。

3　王卫国：《社会主义民法不是私法》，《现代法学》1983年第2期。

4　参见佟柔主编：《民法原理》，北京：法律出版社1986年版，第 1 页。

5　袁成弟：《社会主义法也应有公私法之分》，《现代法学》1986年第4期。

6　禄正平：《与袁成第同志商榷——社会主义法不应有公、私法之分》，《现代法学》1987年第2期。

制定出民法，因为制定民法是维护社会主义公有财产的需要，是保护公民合法权益的需要，是实现毛泽东同志关于制定民法遗愿的需要。[7]1979 年杨振山教授指出，制定民法是保护、巩固和发展社会主义公有制的武器，是保护公民合法财产权益的工具，有利于确保四个现代化的顺利发展。[8]1980 年王保树教授指出，社会主义民法的调整对象是社会主义商品经济中等价有偿的财产关系，民法本身就是一个非常重要的经济法。[9]1982 年佟柔教授指出，经济法是各种经济法规的综合体，并不是独立的法律部门，经济法的名称也不科学，因为按照历史唯物主义的观点，所有的法律都具有经济属性。[10]1985 年佟柔教授指出，从马克思和列宁关于商品、商品生产、商品交换、商品经济等论断看，民法是调整商品经济的基本法，民事主体制度、所有权制度、债和合同制度是民法的核心和精髓。[11]1986 年金平教授指出，《民法通则》是一部具有中国特色的调整经济关系的基本法，必将对我国的社会主义经济建设产生重大影响。[12]1988 年佟柔教授指出，如果没有十一届三中全会所确立的改革、开放、搞活的基本国策，民法就不可能成为经济活动的基本法。[13]整体上，民法学家静悄悄地回避宪法，无视民法与宪法的冲突，但也有个别学者高度重视宪法问题，直面民事立法与宪法的冲突。例如，孟勤国教授 1988 年指出，根据我国宪法的规定，全国人大及其常委会、国务院和地方人大享有民事立法权，没有立法权的商业部等国家机构事实上行使民事立法权，破坏了法制的统一，还产生了部门利益。[14]

（三）宪法修改滞后于民事立法实践

宪法修改滞后于民事立法实践是回避宪法观形成的重要原因。虽然 1986 年颁布的《民法通则》第 1 条明确规定 “根据宪法……制定本法”，为民法学与宪法学的交流提供了话语体系，但民法学家很少论及宪法问题。1990 年佟柔教授对改革开放以来民法学研究成果进行综述后指出，在民法调整对象等重大问题上已经取得了理论突破，未来需要研究如何完善社会主义商品经济秩序的民法机制等诸多重大问题，但不包括民法与宪法的关系问题。[15]这一阶段，民法学家无视宪法的存在，直接原因是当时的宪法本身存在诸多的问题，不能适应社

7　王家福、苏庆：《民法一定要搞》，《人民日报》1978 年 11 月 24 日，第 3 版。

8　杨振山：《略谈民法在实现四个现代化中的作用》，《北京政法学院学报》1979 年第 2 期。

9　王保树：《论民法的调整对象——兼谈民法在经济活动中的作用》，《学习与探索》1980 年第 3 期。

10　佟柔：《关于经济法几个问题的答问》，《湖北财经学院学报》1982 年第 1 期。

11　佟柔、王利明：《我国民法在经济体制改革中的发展与完善》，《中国法学》1985 年第 1 期。

12　金平、赵万一：《民法与社会进步》，《西北政法学院学报》1986 年第 4 期。

13　佟柔：《十一届三中全会与民法的地位》，《中国人民大学学报》1988 年第 6 期。

14　孟勤国：《经济体制改革时期的民事立法》，《中国社会科学》1988 年第 6 期。

15　佟柔、罗明举：《十年民法学的回顾与展望》，《法律学习与研究》1990 年第 5 期。

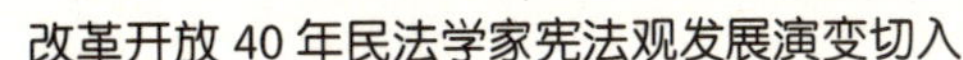

会发展的需要。《民法通则》第1条规定“根据宪法”，只是为了突出民法的社会主义属性，只具有意识形态认同的政治属性，而不具有法律规范的指引属性。1978年宪法，经1979年和1980年两次修改后，仍然存在诸多根本性问题没有解决。1982年颁布了新宪法，1988年进行了第一次修改，仍然没有解决中国经济发展道路问题。社会在不断变革，过于强调宪法的作用，将会大大影响社会变革的进程。十一届三中全会作出的决定就是对1978年宪法“两个凡是”思维的突破。某种意义讲，1986年《民法通则》是对1982年宪法计划经济体制的突破。在民法与经济法长期的论争中，宪法也没有出场，双方均没有引用宪法作为立论依据。基于摸着石头过河的改革思维，民法在变迁，宪法也在变迁，民法学家回避宪法，以改革政策论证学术观点，具有历史合理性。

三、民法学家远离宪法观阶段（1993—2004）

1993年至2004年，民法学家将民法视为私法，将宪法视为公法，旗帜鲜明地绕开了宪法问题，突出强调民法的价值和功能。一方面，宪法修改确立了社会主义市场经济的目标，为民法学家论证民法属于私法，提供了宪法依据。另一方面，宪法修改仍然滞后于市场经济发展的需要，民法学家利用抽象的公私法划分理论，强调民法独立于宪法的地位和属性，强调民法与宪法的功能要适当加以区分。

（一）将民法定性为私法

1992年党中央确立社会主义市场经济的发展目标后，民法学家逐步转变了传统观点，将民法定性为私法。1993年梁慧星教授指出，社会主义市场经济条件下的民法是私法，将民法定性为私法而非公法，将导致国家观念的重大变革。[16]1994年张俊浩教授指出，市场经济制度应当首先集中表述为私法，列宁关于民法非私法的论断不应再坚持，要肃清苏式经济法的流毒，要走出“体用”误区，要约束“特色”情结。[17]1997年杨振山教授指出，民法是私法，是以人为中心，以权利为本位，以自治为桥梁，对平等主体之间的财产关系和人身关系法治化科学构建的私法。[18]1998年江平教授指出，民法是以市民社会为基础存在的，以权利为本位，以意思自治为主要手段，以人的价值的实现为直接目的的私法。[19]1999

16 梁慧星：《社会主义市场经济与民事立法》，《中南政法学院学报》1993年第1期。

17 张俊浩：《市场制度与中国大陆的私法》，《政法论坛》1994年第6期。

18 杨振山：《一部历史性的基本法律——纪念〈民法通则〉实施十周年》，《中国法学》1997年第1期。

19 江平、张楚：《民法的本质特征是私法》，《中国法学》1998年第6期。

年刘士国教授指出，我国民法是市民法的简称，是市民社会的一般私法，是调整私人之间关系的法。[20]

（二）将宪法定性为公法

民法学家强调民法是私法，强调私法逻辑体系的自足性，促使宪法学家对宪法的属性也进行反思，强调宪法的公法属性，强调制衡公权力的价值，让宪法的功能更聚焦。以2001年齐玉苓诉陈晓琪等以侵犯姓名权的手段侵犯宪法保护的受教育权案为契机，民法学家与宪法学家展开讨论。民法学家梁慧星教授指出，冒名上学所侵犯的权利客体，不是齐玉苓根据宪法规定享有的受教育权，而是齐玉苓依据与济宁商校之间已经成立的教育合同所享有的债权。[21]张新宝教授指出，受教育权不是一种民事权利，最高人民法院对此案的批复只是普通民事司法解释，而不是宪法解释或者“宪法司法化”；法院不得解释和直接适用宪法，是由我国国家机关的权力分配构架所决定的。[22]与此相对应，宪法学家林来梵教授指出，齐玉苓案借取宪法规范的最高效力，弥补民事侵权救济的不足，体现了泛宪法思维和超民法思维，因为宪法上的权利规范，主要适用于公权力与私人之间的关系。[23]张千帆教授指出，宪法只是间接调整私法关系，只是在私法发生冲突时提供超越的解释原则，把宪法适用于私人被告，不适当地扩大了宪法的适用范围。[24]民法学家和宪法学家整体上都认为，不能将该案提升到中国宪法司法化第一案的高度，反对宪法在私法领域的直接适用。

（三）聚焦于移植域外市场经济法律制度

聚焦于移植域外市场经济法律制度是远离宪法观形成的重要原因。1993年、1999年和2004年三次宪法修改，逐渐完善了社会主义市场经济的表述，逐步提高了非公有制经济的法律地位，为民事立法提供了宪法基础。然而，由于宪法修改仍然滞后于民事立法实践，民法学家就将公私法划分理论作为武器，论证民法具有不同于宪法的属性，论证移植域外市场经济法律制度的必要性和可行性。这一阶段相继颁布的《公司法》（1993年）、《担保法》（1995年）、《票据法》

20　刘士国：《论民法是市民社会的一般私法》，《法学杂志》1999年第6期。

21　参见梁慧星：《最高法院关于侵犯受教育权案的法释[2001]25号批复评析》，梁慧星主编：《民商法论丛》（第23卷），香港：金桥文化出版（香港）有限公司2002年版，第342页。

22　参见张新宝：《民事法官能够直接引用宪法条文判案吗？——最高人民法院法释[2001]25号司法解释另解》，载杨立新主编：《民商法前沿》（2002年1、2合辑本），长春：吉林人民出版社2002年版，第313页。

23　林来梵、朱玉霞：《错位与暗合——试论我国当下有关宪法与民法关系的四种思维倾向》，《浙江社会科学》2007年第1期。

24　张千帆：《论宪法效力的界定及其对私法的影响》，《比较法研究》2004年第2期。

（1995年）、《商业银行法》（1995年）、《保险法》（1995年）、《合伙企业法》（1997年）、《证券法》（1998年）、《合同法》（1999年）、《个人独资企业法》（1999年）、《信托法》（2001年）、《证券投资基金法》（2003年）等法律，均没有规定“根据宪法”制定，均把“发展社会主义市场经济”或“促进社会主义市场经济的发展”作为立法目的。公私法二元划分体系，将民法定位成私法，将宪法定位成公法，是远离宪法观形成的理论支撑。民法学家大力弘扬私法精神，推动私权制度建设，促进了民法学的发展，也将宪法是母法的观念更新为宪法是公法的观念，推动了宪法学的发展。

四、民法学家宪法工具观阶段（2005—2013）

2005年至2013年，民法学家虽然有意识地运用宪法知识论证学术观点，但是运用还很不成熟，往往只是将宪法作为论证问题的工具，还没有完全树立宪法至上的意识。一方面，民法学家要回应《物权法（草案）》违宪和《侵权责任法》立法程序违宪等质疑，不得不与宪法学家进行正面的交锋。另一方面，部分民法学家开始突破狭隘的民法实证主义路径，借助于宪法知识体系，反对其他民法学家的观点。

（一）将宪法作为反驳宪法学家对《物权法（草案）》违宪质疑的工具

围绕《物权法（草案）》是否违宪的问题，民法学家与宪法学家展开了激烈的学术争论。如民法学家梁慧星教授主张，全国人大的立法权并非来自“宪法”的授权，《物权法（草案）》不应写入“根据宪法，制定本法”，因为“人民代表大会制度”与“三权分立体制”具有本质的不同。[25]而宪法学家童之伟教授指出，全国人大的立法权是源于宪法的授予，虽然有权修宪，但不能违反宪法；主张最高国家权力机关的权力不受宪法制约，是倡导国家主义和绝对公权力的观念，将毁灭宪法。[26]宪法学家韩大元教授指出，《物权法（草案）》中明确写“根据宪法”，有利于从宪法秩序的角度评价物权法存在的社会价值与功能，有利于解释宪法变迁与民法发展之间的关系。[27]再如民法学家王利明教授认为，《物权法（草案）》平等保护各类所有权，体现了我国基本的经济制度，是符合宪法

25 梁慧星：《不宜规定“根据宪法，制定本法”》，《社会科学报》2006年11月16日，第1版。

26 童之伟：《立法“依据宪法”无可非议——评“全国人大立法不宜依据宪法说”》，《中国法学》2007年第1期。

27 韩大元：《由物权法（草案）的争论想到的若干宪法问题》，《法学》2006年第3期。

的。[28]而宪法学家童之伟教授还指出，《物权法（草案）》平等保护原则确有违宪嫌疑，因为宪法不仅肯定了市场经济的发展目标，也确认了公有制的经济基础和国有经济的主导地位，两者存在矛盾和冲突。[29]

（二）将宪法作为反驳其他民法学家学术观点的工具

部分民法学家开始利用宪法论证自己的学术观点，反驳其他民法学家的观点。对于人格权是否应当独立成编，民法学界内部存在争议，双方争论围绕着人格权立法的理念和立法的技术展开，基本都在民法学的范畴内。而一些民法学家就采用了宪法思维，提出了人格权不能独立成编的新理由。如尹田教授指出，人格权是宪法权利，而不是民事权利，民法不能确认人格权，而只能对人格权遭受的损害予以救济，人格权当然不能单独成编。[30]徐国栋教授指出，民法中的人格是一个公法问题，人格是国家赋予的资格，表达的是国家与民事主体之间的纵向关系。[31]邹海林教授指出，人格尊严的宪法规范，只是在宣示一种公共秩序而并不具有创设民事权利的效果，未经民法表达的人格利益，不受民法保护。[32]

针对侵权责任立法中的争议，一些民法学家也采用了宪法思维。如张新宝教授指出，不能将宪法上的基本权利和自由，如劳动权、休息权和受教育权等，统统纳入侵权责任法的保护范围，侵权责任法主要保护私法上的权益，而不是公法上的权益。[33]方新军教授指出，违背善良风俗导致侵权类型中“善良风俗”的判断，首先要根据宪法确定的价值观念，然后要考虑底线的社会道德、互惠原则等。[34]夏秀渊教授指出，把道义上的赔礼道歉上升为法律上的赔礼道歉，违反思想自由和良心自由，违反我国宪法第 33 条“国家尊重和保障人权”之规定。[35]

28　王利明：《物权法平等保护原则之探析》，《法学杂志》2006 年第 3 期。

29　童之伟：《物权法（草案）该如何通过宪法之门——评一封公开信引起的违宪与合宪之争》，《法学》2006 年第 3 期。

30　尹田：《论人格权的本质——兼评我国民法草案关于人格权的规定》，《法学研究》2003 年第 4 期。

31　徐国栋：《寻找丢失的人格——从罗马、德国、拉丁法族国家、前苏联、俄罗斯到中国》，《法律科学》2004 年第 6 期。

32　邹海林：《再论人格权的民法表达》，《比较法研究》2016 年第 4 期。

33　张新宝：《侵权责任法立法：功能定位、利益平衡与制度构建》，《中国人民大学学报》2009 年第 3 期。

34　方新军：《利益保护的解释论问题——〈侵权责任法〉第 6 条第 1 款的规范漏洞及其填补方法》，《华东政法大学学报》2013 年第 6 期。

35　夏秀渊：《对强制赔礼道歉的质疑》，载杨遂全主编：《民商法争鸣》（第 3 辑），北京：法律出版社 2011 年版。

（三）公私法交叉研究不成熟

公私法交叉研究不成熟是宪法工具观形成的重要原因。这一阶段，私法学者关注到了私法中的公法属性，公法学者也开始强调私法中的公法属性。如双方都认识到物权法的公私法交叉属性。私法学者申卫星教授指出，物权法要保护私权不受公权力的过度干预，又要防止私权的过度滥用，需要构建一个公权与私权平衡的环境。[36]李显冬教授指出，私法主要实现的是初次分配的公平，公法则主要实现的是二次分配的公平，物权法要实现两者的平衡。[37]公法学者应松年教授指出，分析物权法文本可以发现，行政权与物权存在多重复杂关系，包括物权排斥行政权、行政权确认物权、行政权保护物权、行政权消灭物权、行政权创设物权等。[38]杨解君教授指出，物权法是公私混合法，物权法主要属于私法，兼容公法属性，特别物权法主要属于公法，兼容私法属性。[39]虽然民法学家逐步意识到，任何民事立法均具有一定的公法属性，但只是将宪法作为说理的工具，表达的宪法观存在诸多的误读、误解，甚至被宪法学家指责为幼稚。

五、民法学家宪法目的观阶段（2014—　）

2014年至今，随着全面依法治国战略的实施，民法学家更加理性对待宪法，并不把宪法作为工具，而是将宪法作为目的，力争客观把握宪法的精神。一方面，民事立法依据宪法已经成为民法学家的基本共识；另一方面，民法学家主动对民法典编纂中涉及的宪法问题发表见解，一些观点得到了宪法学家的基本肯定。

（一）民事立法依据宪法成为民法学家的基本共识

经过《物权法（草案）》违宪之争等学术讨论，民事立法应当依据宪法已经成为民法学家的共识，只是一些细节的表达还存在分歧。中国法学会版和杨立新版的《民法总则（草案建议稿）》的第1条，均明确规定“根据宪法，制定本法”，梁慧星版和龙卫球版的《民法总则（草案建议稿）》的第1条，均明确规

36　申卫星：《构建公权与私权平衡下的中国物权法》，《当代法学》2008年第4期。

37　李显冬、高健：《公法与私法在实现社会公平中的角色定位——以〈物权法〉为例》，《国家行政学院学报》2007年第3期。

38　应松年：《行政权与物权之关系研究——主要以〈物权法〉文本为分析对象》，《中国法学》2007年第5期。

39　杨解君：《物权法不应被笼统地视为私法》，《法学》2007年第7期。

定“根据宪法和我国实际情况……制定本法”。王轶教授指出，宪法是根本法，明确规定了国家尊重和保障人权，全面规定了公民的基本权利和自由，民法典的编纂应当将这些宪法原则和规则用民法的语言表达出来。[40]谢鸿飞教授指出，要超越宪法施行法和民法帝国主义，人权保障是民法与宪法的共同基础。[41]王利明教授指出，法律体系必须在宪法基础上建构，通过合宪性审查，形成合宪性法秩序。[42]

（二）主动对民法典编纂中涉及的宪法问题发表见解

一些民法学家表达的宪法观，得到了宪法学家的基本肯定。如民法学家王涌教授指出，民法典是一项神圣的事业，应当有一点野心，发挥一定程度的宪法功能。[43]谢鸿飞教授指出，民法和宪法共同服务于尊重和保障人权的终极目的，中国宪法实施不尽理想，中国民法典应当具有宪法功能。[44]宪法学家林来梵教授认同民法典的宪法功能，指出民法典可以发挥构建市民社会秩序的准宪法功能，但不能发挥限制公权力滥用、形成最基本价值秩序的宪法最核心功能。[45]

一些民法学家发表的宪法观，由于语言表达的问题，受到了宪法学界和法理学界的批评。如民法学家龙卫球教授提出，民法典编纂要警惕“宪法依据”陷阱，“依据宪法，制定本法”的表述容易误解误读，形成民事权利必须宪法明确授权的错误观念。[46]对此，宪法学家郑贤君教授指出，过分依赖市民社会概念，阻碍了宪法高于民法的认识，需要在人权保护与宪法实施的双重脉络下解读民法，否则孤立的私法概念将成为民法的方法论陷阱。[47]法理学家张文显教授指出，民法不能有效保护私权而产生了宪法，宪法构成了民事权利体系的基石，应当旗帜鲜明地强调“根据宪法”制定民法典。[48]

---

40 王轶：《我国民法典编纂应处理好三组关系》，《中国党政干部论坛》2015 年第 7 期。

41 谢鸿飞：《中国民法典的宪法功能——超越宪法施行法与民法帝国主义》，《国家检察官学院学报》2016 年第 6 期。

42 王利明：《用合宪性审查构筑制约权力的“笼子”》，《学习时报》2017 年 11 月 6 日，第 3 版。

43 王涌：《民法典编纂的雄心、野心与平常心》，《凤凰周刊》2015 年第 10 期。

44 谢鸿飞：《中国民法典的宪法功能——超越宪法施行法与民法帝国主义》，《国家检察官学院学报》2016 年第 6 期。

45 林来梵：《民法典编纂的宪法学透析》，《法学研究》2016 年第 4 期。

46 龙卫球：《民法典编纂要警惕“宪法依据”陷阱》，载龙卫球主编：《法学的自觉》，北京：北京大学出版社 2015 年版，第 175 页。

47 郑贤君：《作为宪法实施法的民法——兼议龙卫球教授所谓的“民法典制定的宪法陷阱”》，《法学评论》2016 年第 1 期。

48 张文显：《制定一部 21 世纪的中国民法典》，《法制与社会发展》2015 年第 4 期。

（三）全面依法治国战略的实施是宪法目的观形成的重要原因

十八届四中全会决议提出了全面依法治国的总目标，将民法典编纂放置在“完善以宪法为核心的中国特色社会主义法律体系，加强宪法实施”的结构框架中，这是导致民法学家宪法观转变的直接原因。2014年11月，十二届全国人民代表大会常务委员会通过了《关于设立国家宪法日的决定》，将12月4日“法制宣传日”更改为“宪法日”。2017年颁布的《民法总则》明确规定“根据宪法，制定本法”。全国人大更加强调法规备案审查工作，民事立法和司法解释也逐渐成为合宪审查的对象。如“妻子被负债”的事件频出，2016年以来，全国人大法工委法规备案审查室就收到公民提出的近千件针对《婚姻法司法解释二》第二十四条的备案审查建议。[49]这导致最高人民法院于2018年1月颁布了新的司法解释《关于审理涉及夫妻债务纠纷案件适用法律有关问题的解释》，明确了“共债共签”原则。2018年3月宪法修改，将“全国人大法律委员会”更名为“全国人大宪法和法律委员会”，进一步凸显宪法的权威和尊严。在全面依法治国战略的推动下，将民法典编纂作为宪法实施的重要组成部分，有意识地从宪法的高度思考民法问题，已经成为民法学界基本的学术共识。此时，需要民法学家更多关注私法的公法属性，需要更加主动阐释基于民法的宪法观，解决公私法之间的矛盾和冲突。

六、改革开放40年民法学家宪法观发展演变的理论反思

由回避宪法观到远离宪法观，由宪法工具观到宪法目的观，中国民法学家40年宪法观的发展演变，需要从理论上进行反思。回避宪法、远离宪法、将宪法作为工具，都不应当是民法学发展的主流。民事立法和民事司法应当体现宪法精神，受宪法制约和影响，民法宪法化是一种趋势。宪法不能只调控公法，而不统领私法，宪法民法化也是一种趋势。民法学家与宪法学家一起，以民法与宪法的关联为中心，构建和发展民事宪法学，具有重大的学科建设意义。民事宪法学可以初步细分为人格宪法学、家庭宪法学、组织宪法学和财产宪法学等部门宪法学。

49 参见《法工委：近两年收到近千件建议审查“婚姻法24条”正推动解决》，资料来源：https://www.thepaper.cn/newsDetail_forward_1919507；访问时间：2018年10月9日。

（一）民事宪法学的学科意义

传统的宪法只是国家宪法，重点在于公权力防御功能的实现。随着时代的发展，国家积极作为，弥补社会自身发展存在的缺陷，社会宪法出场。目前主流宪法学主张的部门宪法，主要包括财政宪法、经济宪法、文化宪法、教育宪法、社会宪法、环境宪法、科技宪法、军事宪法等。[50] “国家介入社会各个领域在宪法上的体现可归纳为各领域的‘部门宪法’，环境宪法和文化宪法是其中的代表性领域”[51]。部门宪法是“从社会功能领域出发，从实存的社会秩序出发，以宪法原则和基本权规定为线索，总结和归纳出该领域基本性、最高性以及机构性的规范”[52]。部门宪法释义学是“从实存的社会秩序与部门法体系出发，通过宪法解释与合宪性解释等机制，构建宪法释义学原理，为立宪、立法与释宪、释法等提供理论指导”[53]。这些研究成果以宪法与社会为纽带，初步诠释了部门宪法的基本内涵，为部门宪法学的发展提供了扎实的学理基础。

本文认为，部门宪法学的进一步发展，需要中国民法学家的参与，需要考虑民法学发展的视角。由于民法学技术性较强，传统部门宪法学研究只关注宪法与行政法、刑法、诉讼法等公法的关系问题。中国民法学家的宪法使命，是与宪法学家一道开拓和发展民事宪法学。民事宪法学是以民事领域为中心，以宪法理念贯彻和宪法规范解释为主线的民宪交叉学科。民法基本原则的取舍、民法基本制度的架构、民法基本规则的设计，面临重大价值判断争议时，应当从宪法层面予以分析和评判。民法属于法律的范畴，同样具有国家的强制性。民事领域中私人自治和国家强制的具体比例关系，要通过对宪法条款的解释予以确定。提出民事宪法学的概念，强调在民事立法和民事司法中贯彻宪法的基本理念，具有推动宪法在民事领域实施的重大实践价值，也具有推动学科建设的重大理论价值。

以民法的视角开拓和发展部门宪法学，首先需要反思宪法的调整对象和民法的调整对象。从法律规范上，民法调整对象要与宪法调整对象有关联，应当是宪法调整对象的逻辑延伸。民法不直接维护和促进公共利益和国家利益，但要防止私人之间的利益安排间接损害公共利益和国家利益。《民法总则》第 2 条民法调整对象条款，强调民法调整平等主体之间的人身关系和财产关系。该条款采取的平等关系说，是传统公私法严格划分的一种表达，带有强烈的前宪

50　陈征：《2010—2014 年——中国宪法学研究综述》，《中国法律评论》2015 年第 3 期。

51　陈海嵩：《“部门宪法”范式之反思与发展——以“环境宪法”与“文化宪法”为范例的理论分析》，《中南大学学报（社会科学版）》2016 年第 6 期。

52　周刚志：《部门宪法释义学刍议》，《法学评论》2010 年第 3 期。

53　赵宏：《部门宪法的构建方法与功能意义：德国经验与中国问题》，《交大法学》2017 年第 1 期。

法时代观念。仅仅将国家权力与公民权利之间的关系作为宪法的调整对象存在缺陷，仅仅将私权主体与私权主体之间的关系作为民法的调整对象也存在缺陷。宪法要调控私权利关系，要从私法的角度认识宪法的本质，客观看待宪法私法化。民法要调控公权力关系，要从公法的角度认识民法的本质，客观看待民法宪法化。

（二）民事宪法学的基本框架

传统民法采取提取公因式的立法技术，主要包括总则、物权、债权、亲属和继承等内容。就具体领域而言，民法主要解决人格、家庭、组织和财产等问题。人格法解决人本身的定位问题，家庭法解决人在家庭中的定位问题，组织法解决人在社会中的定位问题，财产法解决人与物关系的定位问题。据此，民事宪法学可以大致构建为人格宪法学、家庭宪法学、组织宪法学和财产宪法学等。

人格宪法学要从宪法的高度，研究人格尊严、人格平等、生命权、身体权、健康权、姓名权、肖像权、名誉权、荣誉权、隐私权等人格权。围绕着人格权立法中存在的诸多问题，民法学家进行了积极的探索。对于民法中人格与宪法中人格的关系，民法学家形成了三种不同的观点。一是主张人格权是宪法权利，不是民法权利。"人格权为自然人获得法律强制力保障的一般法律地位从权利角度进行的表达，自然人直接依据宪法生而有之，并非由民法赋予。"[54]二是主张人格权既是宪法权利，又是民法权利。"宪法人格权本质是基本权利的范畴，民法人格权本质是私法权利。"[55]三是主张宪法人格权是民法人格权的产生基础。"基本人权由宪法创设，私权由民法创设，但人格权的创设有其特殊性，民法是对人格权的第二次赋权。"[56]"宪法规定了公民的基本政治权利，如自由权、通讯秘密权、人格尊严不受侵犯的权利。这些权利是制定人格权法的基本依据。"[57]这些不同的观点，从不同层面进行解读，诠释了人格权的多元属性。2018 年 9 月公布的《民法典各分编草案》，将人格权单独作为一编，详细规定生命权、身体权、健康权等各种具体人格权，这将大大丰富宪法权利的内涵和外延。对于实践中的同命不同价问题、器官捐献的实现方式问题、言论自由与名誉权保护的限度问题、个人信息与大数据行业发展的冲突问题等，需要从宪法的角度予以分析说明。

54　尹田：《论人格权的本质——兼评我国民法草案关于人格权的规定》，《法学研究》2003 年第 4 期。

55　张善斌：《民法人格权和宪法人格权的独立与互动》，《法学评论》2016 年第 6 期。

56　刘凯湘：《人格权的宪法意义与民法表述》，《社会科学战线》2012 年第 2 期。

57　刘士国：《论主体地位人格与人格尊严人格》，《法律科学》2016 年第 2 期。

家庭宪法学要研究家庭的宪法地位，要研究家庭成员的宪法地位，要研究宪法对家庭立法所产生的制约和导向作用。“婚姻、家庭作为一种私法制度，仍然受到宪法的保障，宪法通过对立法者施加义务来维护该制度的核心。”[58]要遵循国家保护婚姻家庭的宪法原则，“尽可能地保证每个符合结婚条件的公民的结婚权、生育权、维持婚姻家庭生活的权利得以全面实现”[59]。“在规范上，反家暴法是连接着宪法与婚姻家庭法的制度媒介；在功能上，反家暴法是运用宪法思维制止与抑制婚姻家庭关系中所异化出来的权力或支配力量的制度装置。”[60]婚姻法司法解释制定和实施中的诸多问题，充分说明婚姻家庭的基本理念，需要在宪法层面深入讨论。“比较来看，‘解释二’对资本逻辑的贯彻还只限于家庭之外的企业，‘解释三’则将资本的逻辑贯彻到家庭之内的房产。”[61]民法典婚姻家庭编在多大程度上吸收婚姻法司法解释的规定，在多大程度上改变婚姻法司法解释的规定，涉及中国婚姻观和家庭观的选择，涉及婚姻家庭基本理念的定位。准确理解宪法第 49 条“婚姻、家庭、母亲和儿童受国家的保护”，如何在家庭立法和司法中贯彻宪法理念，学术界需要继续深入研究。

组织宪法学要研究法人和非法人组织的宪法定位问题，研究宪法理念变迁对组织设立、变更和终止的影响等。传统宪法的权利主体是公民，而不包括法人和非法人组织。随着社会的发展，法人和非法人组织逐步成为民事主体、行政主体、犯罪主体和诉讼主体。法人和非法人组织是否能够成为宪法主体，如何成为宪法主体，如何受到宪法条款的保护和制约，需要民法学界和宪法学界的共同研讨。目前学者基本是在宪法结社自由的逻辑框架下，研究组织的相关问题。公司设立与结社自由密切相关，“结社自由与经济自由的交叉和竞合表明结社自由同时具有经济自由权利的属性”[62]。“在团体立法问题上，我们应当牢记结社自由是宪法赋予公民的神圣权利，虽然不存在无法律限制的自由，但法律规定不能忘却立法的理念。”[63]《民法总则（草案）》在规定非经济目的社团时，“应该根据宪法确立更为开放的原则，以便将来对特别法加以修订，能更好地落实宪法上公民宗教信仰自由和结社自由的基本权”[64]。对于营利法人，目前已经基本实现了负面清单制度。对于非营利法人，目前还没有实现负面清

58　王锴：《婚姻、家庭的宪法保障——以我国宪法第 49 条为中心》，《法学评论》2013 年第 2 期。

59　杨遂全：《论国家保护婚姻家庭的宪法原则及其施行》，《中国法学》2001 年第 1 期。

60　韩秀义：《部门宪法视角下的反家庭暴力法性质解析与反思》，《辽宁师范大学学报（社会科学版）》2017 年第 1 期。

61　赵晓力：《中国家庭资本主义化的号角》，《文化纵横》2011 年第 1 期。

62　参见邓辉：《公司法政治学研究初论》，上海：复旦大学出版社 2015 年版，第 30—31 页。

63　谭启平、黄家镇：《民法总则中的法人分类》，《法学家》2016 年第 5 期。

64　张谷：《管制还是自治，的确是个问题！——对〈民法总则（草案）〉“法人”章的评论》，《交大法学》2016 年第 4 期。

单制度，还存在诸多的提升空间。农村集体经济组织法人、合作经济组织法人和基层群众性自治组织法人等特别法人，如何科学建构，如何进行特别立法，需要紧扣宪法相关条款。

财产宪法学要从宪法的高度定位财产的归属、财产的交易和财产的侵害等问题，定位物权法、合同法和侵权责任法的社会功能。目前学者更多关注物权法中的宪法问题，而较少关注合同法和侵权责任法中的宪法问题。在《物权法》起草审议过程中，更多关注的是所有权问题。“关键在于有效区分宪法意义上的所有权和民法意义上的所有权，并依此在立法结构上妥善安排其各自位置，根据其属性设计具体制度。”[65]“公有制作为我国宪法的重要组成部分，制约着各部门法的活动空间”[66]，物权立法应当充分反映公有制的要求。随着中央土地改革的深入和民法典编纂工作的推进，需要更多考虑用益物权制度的宪法定位问题。“设置永久性住宅建设用地使用权，是保障公民依据《宪法》规定享有的住宅权，并使其安居乐业之必须，与国有土地所有权的行使并不冲突。”[67]“集体经营性建设用地流转的制度障碍，源于《宪法》第 10 条‘城市的土地属于国家所有’之规定及其体系效应。”[68]目前中央正在推进承包地三权分置改革和宅基地三权分置改革等，这更需要对宪法中的相关条款进行解释，需要运用宪法思维，贯彻依宪治国的方略。在财产交易领域，合同自由已经成为学术界和实务界的基本共识，目前存在的问题是如何更有效地保护合同交易中的弱者，实现合同正义。“‘租售同权’将租赁权这种民事权利与宪法平等权紧密相连，平等保护租赁权人和所有权人”[69]，成为供给侧结构性改革中最大的法律亮点。在财产损害赔偿领域，立法如何确定过错推定责任和无过错责任的适用情形，仍然存在比较纠结的价值判断问题。从建筑物抛掷物品造成损害等情形，是否保留公平分担损失的规定，仍然是目前争论较大的问题，需要从宪法的层面深入论证。

（三）民事宪法学的发展方向

目前的研究成果虽然已经搭建起民事宪法学的基本雏形，然而民法学与宪法学的对话往往局限于宏观问题，并没有触及微观问题的解决。未来发展需要更多考虑民法宪法关系的中国语境、宪法文本的解释适用、民法文本的合宪解

---

65 徐涤宇：《所有权的类型及其立法结构——〈物权法草案〉所有权立法之批评》，《中外法学》2006 年第 1 期。

66 孟勤国：《公有制与中国物权立法》，《法学》2004 年第 2 期。

67 杨立新：《70 年期满自动续期后的住宅建设用地使用权》，《东方法学》2016 年第 4 期。

68 温世扬：《集体经营性建设用地“同等入市”的法制革新》，《中国法学》2015 年第 4 期。

69 谢鸿飞：《租售同权的法律意涵及其实现途径》，《人民论坛》2017 年第 27 期。

释等问题。

民事宪法学的发展，应当关注民法宪法关系的中国语境。中国改革开放 40 年，民法学家在不同阶段表达不同的宪法观，折射出民法宪法关系的实践模式是多元的。中国宪法是中国共产党领导中国人民创造的，与西方宪法产生的历史文化背景具有较大的差异。在中国特有的政治体制下，中国民法肩负的历史使命，与西方民法也有较大的不同。如 1982 年宪法禁止土地出租，直到 1988 年宪法修改才解决此问题。然而一些民事政策和法律早就突破了土地不得出租的规定，如通过允许“转包”，变相实现了承包地可以出租的目的，形成所谓的良性违宪。再如 2018 年通过的宪法修正案增加了“倡导社会主义核心价值观”的表述，而 2017 年颁布的《民法总则》第 1 条已经将“弘扬社会主义核心价值观”作为立法目的。中国民法的功能与中国宪法的功能相互交叉，具有共同发挥作用的领域。严格的公私法二元划分知识体系，不适合中国实然的民法与宪法的关系。

民事宪法学的发展，应当关注宪法文本的解释适用。规范宪法学的研究范式，是以宪法文本的解释适用为中心。我国宪法文本中大量的经济制度条款，如何在民事立法中予以落实，学术界研究不够。《物权法（草案）》是否应当规定财产权平等保护原则，民法学界和宪法学界产生了激烈的学术争论。民法学家往往以符合市场经济发展来论证制度设计的合法性和正当性。以童之伟教授为代表的宪法学家，主张要善对宪法条款，符合市场经济要求不一定必然不违宪。“在提交全国人大审议贯彻平等保护原则的《物权法（草案）》前，全国人大常委会最好按平等保护价值取向正式释宪。”[70]最后颁布的《物权法》第 3 条复制了宪法中的基本经济制度条款，以达到消解违宪的质疑，而没有采取宪法解释的做法。2017 年颁布的《民法总则》第 113 条再次直接强调了财产权利平等保护原则。对于宪法中“公共财产神圣不可侵犯”条款和“私有财产不受侵犯”条款之间的矛盾，最好通过宪法解释予以明确说明。随着承包地三权分置等中央土地改革的推进，“家庭承包经营为基础、统分结合的双层经营体制”等宪法土地制度条款，需要权威的宪法解释，以贯彻依宪治国理念，适应社会发展的要求。

民事宪法学的发展，应当关注民法文本的合宪解释，关注民事司法裁判的宪法维度。有民法学家将宪法中的比例原则适用于解决民事案件，拓展了研究问题的深度和高度。“比例原则成为了现代法治体系中的一项宪法原则，对包

70　童之伟：《〈物权法（草案）〉该如何通过宪法之门——评一封公开信引起的违宪与合宪之争》，《法学》2006 年第 3 期。

括民法在内的整个法律秩序发生作用。”[71]“比例原则作为目的理性的集中体现，作为成本效益分析的另一种表达，使得其不仅仅构成公法中的法益衡量原则，其在私法中也具有普适性。”[72]“违反公法的法律行为是否无效，必须探究公法的目的，并运用比例原则来限制对公法目的的解释，以进一步区分公法责任与私法责任。”[73]最高人民法院针对齐玉玲诉陈晓琪等以侵犯姓名权的手段侵犯宪法保护的公民受教育权案的批复（[2001]25号），从法理上讲，只是对《民法通则》第106条第2款的合宪性解释，并不是宪法解释或者宪法的司法适用。总体上，最高人民法院的司法解释没有区分条文含义澄清型的司法解释和法律漏洞填补型的司法解释，没有明确表明司法解释所采取的解释方法，如文义解释、体系解释和目的解释等，更没有明确采用合宪性解释的方法。因此，有意识通过合宪性解释，解决民事司法中遇到的价值冲突等重大问题，还需要实务界长期的努力和学术界持续的关注。一些民事裁判文书引用宪法条款，将宪法作为说理的依据，虽然也没有明确采用合宪性解释的方法，但作为有益的探索，值得鼓励和倡导。

七、结　　语

民法知识是多元的，宪法知识也是多元的，宪法与民法的关系不是永恒不变的。民法学家选择何种民法知识体系，表达何种宪法观念，受制于特定时代的社会背景，服务于特定时代的法学命题。由回避宪法观到远离宪法观，由宪法工具观到宪法目的观，民法学家在不同的时代，表达不同的宪法观，具有其历史合理性。改革开放40年，“民法除在国家或社会发展中发挥不可估量的促进作用外，还在人的自由、全面的发展方面显示了巨大威力”[74]。民法学家通过研讨抽象法律概念的方式，在特定的具体历史语境中参与政治决策，进而推动制度变迁。[75]中国特色社会主义进入新时代，中国特色社会主义法治进入新时代。民法宪法化和宪法民法化是社会主义法治体系完善的必然要求，为民法学和宪法学的发展提供了广阔空间。民法学家不应当继续以形式主义、技术主义的学

71　郑晓剑：《比例原则在民法上的适用及展开》，《中国法学》2016年第2期。

72　纪海龙：《比例原则在私法中的普适性及其例证》，《政法论坛》2016年第3期。

73　谢鸿飞：《论法律行为生效的“适法规范”——公法对法律行为效力的影响及其限度》，《中国社会科学》2007年第6期。

74　梁慧星：《民法对改革开放的促进作用》，《人民政协报》2018年12月25日，第11版。

75　郭锐：《抽象理论与现实关怀——以法人概念研讨和中国经济转型为例》，《中国政法大学学报》2016年第5期。

理姿态论证民法的独立性，而应当理直气壮地将宪法作为目的，将民法典编纂作为宪法实施的重要组成部分。中国民法学家的宪法使命，是与宪法学家一道开拓和发展人格宪法学、家庭宪法学、组织宪法学和财产宪法学等民事宪法学新领域。

构建和发展民事宪法学，具有学科建设的重大意义，有利于拓展民法知识的广度和深度。“持‘饭碗法学’观点者对其他领域的学者从事自己这个领域的研究往往表现出高度的警惕，一旦有越雷池者必然口诛笔伐，认为这种学者是不务正业，或者说是手伸得太长。”[76]学术研究如果固守“饭碗法学”，不敢越雷池半步，不客观看待学科之间的交叉与融合，就很难保证研究成果的客观性和实践性。最近两年学术界提出的领域法学，强调“以问题为导向，以特定经济社会领域全部与法律有关的现象为研究对象”[77]，具有新兴学科和交叉学科理论定位的重大意义，具有复杂社会问题协同解决的重大意义。如实践中对于人格的保护问题，应当充分考虑以宪法为中心的包括民法、刑法、行政法等法律规范群的协调问题。刑事附带民事诉讼中的精神损害赔偿，是否要予以支持，涉及民法与刑法的规范冲突，就是一个典型的例子。随着民法公法化和行政法私法化的发展，民法与行政法在规范层面的冲突越来越多。随着民法刑法化和刑法民法化的发展，民法与刑法在规范层面的冲突越来越多。从宪法视野研讨民法问题，有助于运用宪法思维解决民法与行政法、刑法等规范的冲突问题，有助于科学定位民法的边界，有助于科学解释民法规范生成和实施的政治环境。只关注公法的宪法学，只是一半的宪法学、残缺的宪法学或蹩脚的宪法学。只关注私法的民法学，无法解决私法自治的外部边界问题，无法解决民法学的外部边界问题，也只是一半的民法学。构建和发展民事宪法学，有利于规范民法学和民法解释学的进一步发展。

构建和发展民事宪法学，有利于民法学家群体增强宪法意识，有利于准确把握民事立法和民事司法的宪法边界。中国正在编纂民法典，比较法的经验可以充分说明该问题的重要性和迫切性。1959 年德国联邦宪法法院认定，《德国民法典》第 1628 条和第 1629 条第 1 款父亲最终决定权条款违反宪法。[78]1993 年法国宪法法院认定，《法国民法典》第 175 条“共和国检察官在对婚姻允诺的效力存有怀疑时命令民事登记官将婚礼推迟三个月”之条款违反宪法。[79]2012 年俄罗斯联邦宪法法院认定，《俄罗斯民法典》第 152 条没有明确规定“传播损害他人

76　王利明：《对法学研究现状的几点看法》，《法制与社会发展》2005 年第 1 期。

77　刘剑文：《论领域法学：一种立足新兴交叉领域的法学研究范式》，《政法论丛》2016 年第 5 期。

78　胡锦光、林来梵：《德国民法典之父亲最终决定权规定违宪案》，《人大法律评论》2001 年第 1 辑。

79　李玲：《论法国民法典的宪法化》，《北方法学》2013 年第 6 期。

名誉、尊严的虚假信息的网站的管理者或其他责任人员负有删除相关信息的责任”，没有为受害公民提供充分的保障，违反了宪法。[80]2015年日本最高法院大法庭裁决，《日本民法典》第733条规定的“禁止女性在离婚后6个月内再婚”条款违宪，而第750条规定的“夫妻双方需使用同一姓氏”条款不违宪。[81]2018年3月新修改后的中国宪法文本，对民法典的编纂将产生何种影响，以何种方式产生影响，需要民法学家更多关注。民事立法的发展，对宪法文本提出了哪些新挑战，如何科学解释宪法文本，甚至如何修改宪法文本，需要民法学家更多的关注。宪法文本中哪些条款可以作为民事裁判文书说理的依据，在何种情况下作为说理的依据，如何进行逻辑展开，需要民法学家更多的关注。民法学家的宪法观具有引领和示范的作用，民法学家树立科学的宪法观，带头在宪法框架下思考民法问题，将大大促进宪法规范在民事立法和民事司法领域的贯彻和实施。

---

80 参见王海军：《宪法规范具有直接效力——“克雷洛夫诉网络侵权案”》，资料来源：http://www.chinapeace.gov.cn/2017-05/24/content_11411586.htm；访问时间：2019年2月5日。

81 参见《日本法院裁决：女性离婚后半年内不可结婚违宪》，资料来源：http://news.sohu.com/20151217/n431576647.shtml；访问时间：2019年2月5日。

The Contemporary Value of China Civil Constitution Law: Review of Constitutional Views by Chinese Civil Jurists for 40 Years

Shen Huiwen

Abstract: The constitutional views expressed by Chinese civil jurists are responding to the problem-based practical problems, which lack of review of academic history and lack of support for the research paradigm.The civil jurists' constitutional view can be divided into four phases: the avoidance of the constitutional view (1978—1992), the absence of the constitutional view (1993—2004), regarding the constitution as tools (2005—2013), and the purpose of the constitution.view(2014 to nowadays).Determined by social context, the civil jurists' concept of constitution serves proposition of law in a particular era.Civil jurists should participate in the growth of constitutional studies, demonstrate civil law issues from the height of the constitution, and explore new areas of constitutional studies, for example, property constitutional studies, personality constitutional studies, and family constitutional studies.

Keywords: Constitutional Views; Constitution Law Trend of Civil Law; Civil Law Trend of Constitution Law; Departmental Constitutional Law; Civil Constitution Law

论英国引入“无过错离婚”之改革

齐凯悦

摘　要：英国司法部发布了改革离婚法律制度的咨询文件，引发英国对离婚法发展的新探讨。英国现行混合破裂主义原则以婚姻无可挽回的破裂作为离婚法定理由，但规定了五种法定事由，部分包括过错要件。该制度加剧了矛盾，不利于当事人在儿童抚养等方面的后续合作，引发政府、社会各界、各党派关于引入无过错离婚制度的呼吁。在数字化离婚系统运行、调解信息评估会议制度适用的新时代，如何引入无过错离婚、构建合理的通知制度以保障彻底破裂主义原则指导下的离婚程序的运行，是英国离婚法发展的新探讨，也体现了英国家庭法的发展方向。

关键词：无过错离婚；不合理行为；破裂主义；过错；数字化离婚

作者简介：齐凯悦（1990—　），山东师范大学法学院讲师、心理学博士后科研流动站研究人员，主要研究方向为外国法律史、家庭法。

基金项目：本文系2020年山东省社会科学规划研究项目“家事审判改革中的心理学融贯路径研究”（20DFXJ04）和浙江省哲学社会科学规划课题项目“论认知风格对法官决策差异形成的影响”(17NDJC195YB)的阶段性研究成果。

目　次

英国自2011年以来实行家事审判改革，推动家事司法系统在新时代的更新，以更好地解决诉讼迟延、保障当事人权益和儿童最大利益等问题。这一改革在取得显著效果的同时，仍然存在一定问题，典型体现之一即离婚理由制度存在的诸多争议。英国现行离婚制度并非彻底的破裂主义，在离婚法定事由的判定中尚存过错要件。英国包含过错要件的离婚理由制度在实践中引发诸多争议，无过错离婚制度的引入成为英国各界的普遍呼吁和主张。英国现行混合破裂主义原则的曲折发展及如何进行改革的各类探讨，显然是英国后改革时代值得研究的重要内容。

一、问题的提出：“指责游戏”加剧英国家庭冲突

英国司法部在2018年9月发布了《减少离婚矛盾：离婚法律要求之改革》（*Reducing Family Conflict*：*Reform of the Legal Requirements for Divorce*）的咨询文件，指出目前英国50年来尚未改变的法律可能引入或加剧了矛盾，或者说该法律在鼓励人们关注过去的问题而非未来的发展，现行法律的问题最近也在英国最高法院的判例中凸显。人们将现有离婚程序视为“指责游戏”，普遍观点呼吁取消过错要件以减少家庭冲突，这也引发了英国议会对引入无过错离婚制度的关注。

（一）现行法律：部分离婚法定事由以过错为要件

自1857年《婚姻诉讼法》将离婚案件的管辖权归于世俗法院以来，英国关于离婚的现代立法逐渐确立和发展。19世纪中叶以来，离婚的诉讼程序发生了较大变化，1969年《离婚改革法》于1971年生效，并通过1973年《婚姻诉讼法》重新修订。1973年《婚姻诉讼法》关于离婚要件的规定至今仍发挥效力。1996年7月，1996年《家庭法》获得了英王的认可，其部分内容取代了1973年《婚姻诉讼法》的诸多规定，但涉及离婚制度的第二部分并未得以实施。因此，英国目前的离婚法律制度仍以1973年《婚姻诉讼法》为依据。

英国1973年《婚姻诉讼法》第1条第1款明确规定，婚姻无可挽回的破裂是离婚的唯一法定理由。但同时，该条第2款规定了五种法定事由，只有离婚申请人向法院证明了至少存在五种法定事由之一，审理离婚案件的法院才能以此认定双方的婚姻已经达到无可挽回的破裂的程度。这五种法定事由包括：①通奸且无法忍受；②被告的行为使得原告有合理理由认为无法继续共同生活；③遗

弃，时间在两年以上；④分居已满两年并且被告同意离婚；⑤分居已满五年。[1]

具体来看，前三种法定事由都要求原告证明对方存在一定的过错。第一种法定事由即被告的通奸行为，原告必须证明存在通奸行为，并且证明无法与被告继续生活。所谓通奸，根据 1973 年《婚姻诉讼法》的规定，“通奸是在已婚者与非配偶的异性（不论其是否已婚）之间的一种自愿的性关系”。第二种法定事由即被告的不合理行为，对于该事由当事人不仅需要证明被告存在不合理行为，还需证明该不合理行为会导致原告无法与被告继续共同生活。不合理行为所包含的内容较为广泛，既可以是单一的严重行为，也可以是多次不合理行为的叠加。通常能够构成离婚事由的不合理行为包括家庭暴力、诸多琐碎小事累积以致无法与对方继续共同生活、经济上不负责任、患有疾病等。关键问题不在于不合理行为的严重性，而在于不合理行为的危害性，即对原告造成的影响。但是，该不合理行为必须构成充分理由，从而使得法院可以认定婚姻确已无可挽回地破裂，双方无法继续共同生活。[2]遗弃作为法定事由之一，要求至离婚申请提起之时被告已经连续地遗弃原告至少两年，其构成要件包括：分居的事实、被告存在遗弃的主观故意、未经原告同意及分居无正当原因。因此，该法定事由较难证明。总体来看，相较于第四种事由分居两年且双方同意离婚与第五种事由分居五年，前三种法定事由都要求证明对方存在过错。

（二）适用普遍：以过错为事由的离婚诉讼频发

英国关于证明离婚理由的法定事由的适用经历了一个不断发展变化的过程。从英国离婚诉讼实践发展来看，在 20 世纪 50 年代，最常采用的法定事由为遗弃，但近年来主张遗弃问题的离婚案件较少。60 年代，通奸是最普遍的事由。至 70 年代，分居五年成为最常见的事由，分居两年且双方同意离婚次之。进入 21 世纪以来，不合理行为成为最普遍适用的证明离婚理由的法定事由。以 2017 年为例，通奸（10.4%）、不合理行为（46.6%）、遗弃（0.5%）以及既有通奸又有不合理行为（0.5%）的事由占所有离婚事由的 58%，而这些都以指出对方的过错为要件。相反，分居两年且双方同意离婚（26.6%）和分居五年（15.4%）的事由仅占 42%。目前，英国每年有超过 10 万人离婚，不合理行为是最常见的离婚事由。[3]相关调查显示，60%想要离婚的人都曾指控过对方的行为。无论是较长的分居时间还是指责对方的过错，这两种路径最终都会加剧离婚双方的压

1　Matrimonial Causes Act 1973，Art.1.

2　石雷：《英国现代离婚制度研究》，北京：群众出版社 2015 年版，第 68—69 页。

3　Office of National Statistics，“Divorces in England and Wales：2017”，*available at* https：//www.ons.gov.uk/peoplepopulationandcommunity/birthsdeathsandmarriages/divorce/bulletins/divorcesinenglandandwales/2017（last visited Dec.2，2018）.

力和苦恼，损害夫妻双方及未成年人的利益。指责对方过错以致冲突加剧的问题，在目前英国离婚实践中尤为突出。

（三）不利影响：加剧家庭冲突

婚姻是项庄严的承诺，离婚的过程应能够反映出结束婚姻的严肃性，法律不应该加剧处于困难时期的人们所承受的冲突和压力。证明对方存在过错，让当事人为自己的离婚决定进行辩护，不符合当事人、未成年人、家庭发展及社会的利益。离婚是个人和家庭生活的重大变化，对当事人及其子女的身心发展具有深远影响。同时，离婚也意味着包括个人权利和义务在内的法律地位的变化。法律规定仅在婚姻破裂且不可修复时才可离婚，这旨在发挥法律对婚姻的保护功能，然而目前英国法律中规定的过错要件却反倒加剧了矛盾和冲突。

过错要件是近年来英国家庭法受到诟病的内容之一。英国前司法大臣大卫·高克指出，目前的“指责游戏”对任何人都没有帮助，其在夫妻之间尤其是有子女的夫妻之间制造了更多没有必要的对抗和焦虑。[4]英国前司法部部长露西·弗雷泽指出，目前要求配偶通过指责对方实现离婚的制度只会加剧冲突和不必要的对抗。

同时，过错要件与婚姻无可挽回的破裂之间可能不存在必然关联。相关调研显示，部分受访者认为对过错的指控会加重离婚双方的敌意和痛苦，而这种过错不一定与婚姻关系破裂存在必然关联。根据英国现行法律，法院判定离婚与否的法定理由在于婚姻是否已破裂至无可挽回的状态，而一方是否存在导致婚姻破裂的过错与法院判决离婚的法定理由并无联系，因为法律并没有区分婚姻中“有罪的一方”或“无辜的一方”。2015 年，英格兰和威尔士有 60%的离婚基于通奸等行为问题，与之法律不同的苏格兰仅有 7%。根据全国民意调查，仅有 29%的受访者表示过错离婚所使用的事实与他们真正的离婚原因接近。[5]

以不合理行为为例，不合理行为的含义具有不确定性，这破坏了“简单明确、可预测”（Intelligible，Clear and Predictable）的法治原则。在 20 世纪 80 年代的不合理行为的事由中，有 64%是基于身体暴力的指控，但目前已降低至 15%左右，这意味着关于不合理行为的认定标准已经有所降低。然而，公众和律师并不明确知晓该认定标准的阈值，故而出现了部分案件中律师准备的证明不

4　Ministry of Justice，“Reducing Family Conflict：Reform of the Legal Requirements for Divorce”，*available at* https：//consult.justice.gov.uk/digital-communications/reform-of-the-legal-requirements-for-divorce/supporting_documents/reducingfamilyconflictconsultation.pdf（last visited Apr.30，2019）.

5　Liz Trinder，Debbie Braybrook，Caroline Bryson，Lester Coleman，Catherine Houlston，Mark Sefton，“Finding Fault? Divorce Law and Practice in England and Wales”，*available at* http：//findingfault.org.uk/wp-content/uploads/2017/10/Finding-Fault-summary-report.pdf（last visited Apr.30，2019）.

合理行为的材料超出必要性，部分无律师代理诉讼的当事人担心认定标准过高而选择通过分居一定年限的方式实现离婚。[6]

（四）改革导火线：Owens v Owens 案之影响

Owens v. Owens 案（欧文斯夫妇案）是推动政府、议会及家事司法从业人员主张改革离婚法的重要判例，目前在英国引起广泛关注，并引发了政府、议会对修改离婚事由相关法律规定的探讨。该案由英国最高法院审理，是涉及离婚事由的典型判例。

在该案中，欧文斯夫妇于 1978 年结婚，自 2015 年起，65 岁的欧文斯夫人离开两人的住所并起诉离婚，但一审法院、上诉法院及最高法院均未判决离婚。上诉人欧文斯夫人主张其婚姻已经破裂，并主张丈夫存在不合理行为，但被上诉人欧文斯先生不同意离婚，并否认妻子的指控，认为如果他们的婚姻确实进入无可挽回的状态，是因为欧文斯夫人有婚外情或太"无聊"。

2016 年，该案一审由中央家事法院的法官罗宾•托尔森法官审理。尽管托尔森法官发现该案中双方当事人婚姻确已破裂，但因为原告欧文斯夫人无法提出充足证据证明被告存在不合理行为，故而判决原告败诉。2017 年，欧文斯夫人向上诉法院提起上诉。三名上诉法官在伦敦的上诉法院听证会上对其上诉作出裁决。上诉审法官认为，欧文斯夫人未能证实她的婚姻在法律上属于无法挽回的破裂状态。前家事法庭庭长詹姆斯•孟比指出，该案存在的问题在于法官必须遵守的法律和必须适用的法律程序虚伪，缺乏理智的诚实（intellectual honesty）。目前关于"行为"的诉讼往往只是一个"游戏"。希瑟•哈利特法官同意詹姆斯•孟比的主张，认为该案上诉人的请求应被驳回。她指出，上诉法院不应推翻一审法官正确适用法律、认定事实和证据清楚并充分说明理由的判决，尽管该判决结果上诉法官并不喜欢。这可能使得欧文斯夫人处于"不幸福的处境"，但法官应"不带任何热情"地裁判该案。同时，她指出应当由议会而非法官来修改离婚法的相关规定：法官有责任适用议会通过的法律，尽管不能接受适用某些法规的后果，但法官无法忽视法律中的明确规定。因此，议会应当决定是否修改相关规定或引入无过错离婚，这是议会而非法官的职能。[7]

随后，欧文斯夫人又上诉至最高法院。2018 年 5 月，最高法院听证会在伦敦举行。最高法院法官分析了听证会上关于不合理行为和错误概念的法律论证，

---

6 Liz Trinder，Debbie Braybrook，Caroline Bryson，Lester Coleman，Catherine Houlston，Mark Sefton，"Finding Fault? Divorce Law and Practice in England and Wales"，*available at* http：//findingfault.org.uk/wp-content/uploads/2017/10/Finding-Fault-summary-report.pdf（last visited Apr.30，2019）.

7 Owens v Owens [2017] EWCA Civ 182.

于7月25日作出裁决，驳回了欧文斯夫人的诉请。

威尔逊爵士指出，该案中对行为事实的判断应从三个方面入手：一是确认所指控的行为被上诉人是否做过；二是评估被指控的行为对上诉人的影响；三是基于前两方面予以评估，判断让双方继续生活在一起是否合理。具体到该案中，被上诉人主张的责备、贬低行为不一定构成不合理行为，且该行为不是导致婚姻进入无可挽回境地的行为，至于所谓“累积效应”，法官在审理中亦有考虑，但该案中所指控的诸多较小的行为或事件不一定能够累积形成足以证明婚姻破裂的不合理行为。同时，他同样强调该上诉引发了“不安情绪”，应由议会考虑是否修改法律来解决现有法律无法为欧文斯夫人提供保障的问题。布伦达·黑尔法官同样指出，该案令人不安，但应该由议会来修改其制定的法律，法官的职责仅在于解释和适用议会制定的法律。[8]上诉人的律师曾向最高法院提议，对立法的解释可以适当进行调整，希望法院可以作出具有前瞻性的、符合当前社会现状的判决，但该提议并未被采纳。欧文斯夫人只能等到2020年以分居五年该事由证明婚姻破裂，这对欧文斯夫人而言造成了非常不利的影响。

该案凸显了英国现行离婚法中过错要件规定的不利影响，引发了家事司法从业人员及政府和议会的关注，成为推动无过错离婚改革运动的重要因素。正如有观点指出，该案判决错失了改变英国离婚格局的良机，受过时的思维和法院不能改变议会制定的法律所限，该案判决结果并未展现出逻辑性，英国的离婚法已经远远落后于其他国家，无过错离婚的改革势在必行。[9]

二、混合破裂主义：英国离婚事由制度之曲折探索

英国将婚姻无可挽回的破裂作为离婚的法定理由，但又规定必须证明存在五种法定事由之一。该离婚法定理由的规定既反映了破裂主义原则的适用，又有对过错主义的妥协。五种法定事由自1973年《婚姻诉讼法》施行以来一直是英国离婚案件的判决标准，但立法也存在试图修改的规定和讨论。1996年《家庭法》第二部分的规定取消了过错要件，然而该规定并未得以实施，这其中又存在诸多影响因素和原因。因此，对当前改革过错要件的探讨，需要厘清该要件确立与一直存在的原因，而这需要对1996年《家庭法》相关立法背景和未实施的问题作出探讨。

8　Owens v Owens [2018] UKSC 41.

9　Richard Spillett，“‘Unhappily Married’ Woman Loses Supreme Court Fight For Divorce”，*available at* https://www.dailymail.co.uk/news/article-5990015/Unhappily-married-woman-loses-Supreme-Court-fight-divorce.html（last visited Dec.3，2018）.

（一）混合破裂主义：英国现行离婚理由立法之原则

作为离婚法的核心内容之一，离婚理由的规定反映了一个国家关于离婚制度的立法宗旨和原则。离婚理由是立法者所认可的能够引起婚姻解除后果的法律事实，是当事人提起离婚申请的法律依据，也是法官裁判当事人婚姻关系的法律标准和依据。离婚理由的立法会受到本国传统文化和社会观念的影响，也能够反映出一个国家的婚姻家庭文化和价值取向。近代以来，离婚理由立法经历了从过错离婚主义（有责主义）向破裂离婚主义（无责主义）的发展过程。[10]

过错主义旨在制裁有过错的一方的过错行为，对法定离婚理由采列举方式，凡符合其中之一的，无过错方可向法院起诉并获准离婚。较之于禁止离婚和专权离婚主义，将过错引入离婚制度中是家庭法的进步，它使得当事人能够从婚姻中解脱出来，故而在 18 至 19 世纪，过错主义原则的确立体现了离婚制度的进步，诸如《拿破仑民法典》等都有相关规定。然而，过错主义使得无过错方在离婚诉讼中必须证明对方存在符合过错要件的法定事由，从而使证据而非婚姻状态本身成为法庭审判的核心，并且使无过错方再次面对痛苦，不可避免地导致双方的互相指责和抱怨，甚至对子女的抚养和未来发展产生不利影响，“有污染婚姻诉讼之嫌”。[11]故而，随着离婚制度的不断发展，破裂主义逐渐形成并取代过错主义。

破裂主义从婚姻生活目的出发，不要求当事人存在过错，只要婚姻处于无可挽回的破裂状态，则可依夫妻双方或一方请求准予离婚。在破裂主义发展初期，主要通过列举的方式对各种可以离婚的客观情况作出界定，之后逐渐发展为将无可挽回的破裂作为离婚唯一理由的原则。[12]自 20 世纪 60 年代以来，破裂主义逐渐为大多数国家所接受。现代各国基本上采取破裂主义原则，但程度有所不同：部分国家在立法模式上采取彻底破裂主义，仅以破裂作为唯一的离婚理由；部分国家兼采破裂主义和过错主义原则，形成相对破裂主义。正如有观点指出，破裂主义的采用不仅超越了法系，也超越了社会体制。[13]相较于过错主义，破裂主义更加关注婚姻本身，法律在当事人之间处于中立角色，不带有过多道德评价。如何判断婚姻关系无可挽回的破裂相较于过错主义而言没有可以衡量的具体标准，在赋予了法官更多的自由裁量权的同时，也为离婚制度增加了一定的自由度。

从英国现有离婚制度来看，英国一方面将婚姻无可挽回的破裂作为离婚的

10　马忆南、罗玲：《裁判离婚理由立法研究》，《法学论坛》2014 年第 4 期。

11　林秀雄：《婚姻家庭法之研究》，北京：中国政法大学出版社 2001 年版，第 66 页。

12　夏吟兰：《离婚自由与限制论》，北京：中国政法大学出版社 2007 年版，第 26 页。

13　林秀雄：《婚姻家庭法之研究》，北京：中国政法大学出版社 2001 年版，第 66 页。

法定理由，这在 1969 年《离婚改革法》中就已规定，但另一方面又要求必须符合五种法定事由之一，其中三种事由与对方的过错有关。[14]英国并未采取彻底的破裂主义，而是在破裂主义的基础上兼采过错主义，形成混合破裂主义的离婚理由制度。需要指出的是，该不彻底的破裂主义制度在当时而言已属进步。在 1969 年《离婚改革法》施行之前，英国的过错主义原则一直在家庭法中占重要地位，只有一方罪大恶极时，离婚才会作为一种惩罚措施，将过错方赶出婚姻。这样的过错主义原则实则是基于工具主义的理念，也即维系已然破裂的婚姻是为了更广泛的社会利益，而非出于对当事人权益的考虑。[15]

1969 年《离婚改革法》将以过错为基础的离婚理由修改为以婚姻无可挽回的破裂为基础的制度，但同时规定当事人需要满足法定的离婚事由，形成具有一定妥协性的混合破裂主义制度，这实则与当时的社会背景相关。在 1969 年《离婚改革法》制定时，法律委员会和大主教团体都出具了关于离婚法改革的报告。两者都主张用婚姻无可挽回的破裂作为离婚法定理由，认为离婚法应支持而非破坏婚姻的稳定性，在离婚中实现最大的公平和最小的损害。然而，两者对构成婚姻破裂的事由存在不同的认知。大主教团体否认双方一致同意离婚构成婚姻破裂的事由，认为这会导致法院等对维护家庭稳定失去兴趣，故而其建议在每个离婚案件中都作出全面调查。法律委员会认为该提议不具可行性，并首次提出证明婚姻破裂的事由可细分为经过一定分居期间和没有相反的证据。由此，最终形成的方案既确立了破裂主义原则，又将五项事由规定其中，并且其中三种包括过错要件。[16]

在英国确立了混合破裂主义原则之后，并非未对其中仍然包含的过错要件进行反思或改革，只是限于特定历史状况并未得以顺利开展，这需要谈及 1996 年《家庭法》制定前后的曲折探索。

（二）彻底破裂主义之探索：1990 年法律委员会报告及推进

针对英国现行离婚理由规定的反思和改革探讨，实则早已有之。1990 年，英国法律委员会发布了一份名为《家庭法：离婚理由》（*Family Law：The Ground for Divorce*）的报告，指出了 1973 年《婚姻诉讼法》规定的离婚理由存在的诸多问题。其一，该制度的适用存在混乱性和误导性，法律规定和实践存在巨大差异。过错事实与婚姻破裂之间不存在必然关系，特别是行为事由的规定最为

---

14 *See* Jonathan Herring，Rebecca Probert，Stephen Gilmorem，*Great Debates in Family Law*，Palgrave Macmillan，2012，p.187.

15 〔英〕约翰·伊克拉：《家庭法和私生活》，石雷译，北京：法律出版社 2015 年版，第 20 页。

16 Masha Antokolskaia，“Convergence of Divorce Laws in Europe”，*Child and Family Law Quarterly*，Vol.18，2006，pp.307—330.

混乱，真正关键的问题不在于行为的不合理性，而在于导致原告认为无法继续共同生活。其二，该规定具有歧视性和不公平性。分居两年可能对于部分配偶尤其是共同抚养儿童的配偶而言并不容易，这使得他们必须依靠过错要件离婚，在适用法律方面感受到了不公平待遇。同时，部分以过错为要件的事由的证明较为困难。其三，该离婚理由的规定会影响当事人之间的关系，尤其是在关于离婚及相关问题处理上意见不一的配偶，两者之间的平等地位可能也会受离婚制度影响发生变化。其四，该规定导致配偶之间产生不必要的冲突或矛盾，加重人们在离婚时的痛苦。其五，该规定虽然加大了离婚的难度，但不会达到挽救婚姻的效果，也不会调和试图离婚的夫妻之间的矛盾。其六，尽管儿童希望父母生活在一起，但该规定不会阻止儿童父母的分离，并且可能使得他们在彻底离婚之前的冲突期间变长，影响儿童的健康成长。[17]

因此，该报告提出了改革离婚理由的建议，即将婚姻无可挽回的破裂作为唯一的离婚标准，并主张在当事人提出离婚破裂的声明后，设立一年的最短期限的离婚反思考虑期，在该期限内当事人考虑离婚的后果和关系的破裂是否属于不可挽回的状态。同时，在反思考虑期内，鼓励当事人通过调解等方式解决子女抚养、财产分配等问题，这样就避免了当事人在离婚过程中讨论对方的过错问题，并为当事人判断是否坚持离婚决定留出了较为充分的时间。[18]法律委员会提出的建议旨在删除离婚法定事由中的过错要件，从而避免当事人矛盾加深，影响未来在子女抚养方面的合作和各自发展。该建议实则主张彻底破裂主义。

然而，尽管大法官事务部（Lord Chancellor’s Department，2007年更名为司法部）接受了法律委员会提出的诸多建议，但在关于离婚制度改革方面提出了较多要求。出于维护婚姻制度的考量，大法官事务部强调发挥调解在离婚制度中的作用，并于1993年和1995年分别出台了两份名为《面向未来：调解和离婚理由》（*Looking to the Future: Mediation and the Ground for Divorce*）的报告，对离婚与离婚理由作出探讨。在1995年的报告中，大法官事务部建议离婚双方在离婚前需参加离婚信息说明会议，知晓离婚的可能后果、考虑婚姻是否无可挽回地破裂，并向他们宣讲调解制度的优势；设立一年的离婚反思考虑期；在离婚程序中引入综合性的家庭调解机制；等等。[19]1995年的改革方案与1990年

17 The Law Commission，“Family Law: The Ground for Divorce”，*available at* https://assets.publishing.service.gov.uk/government/uploads/system/uploads/attachment_data/file/228985/0636.pdf（last visited Apr.30，2019）.

18 The Law Commission，“Family Law: The Ground for Divorce”，*available at* https://assets.publishing.service.gov.uk/government/uploads/system/uploads/attachment_data/file/228985/0636.pdf（last visited Apr.30，2019）.

19 Lord Chancellor’s Department，“Looking to the Future: Mediation and the Ground for Divorce”，*available at* https://assets.publishing.service.gov.uk/government/uploads/system/uploads/attachment_data/file/272042/2799.pdf（last visited Apr.30，2019）.

的提议相比，在确立破裂主义的同时维护婚姻稳定的目的比较明显。正如有学者所指出，改革的目的从法律委员会的简化离婚程序扩展为既要挽救危机婚姻，又要结束死亡婚姻，两个目的“本就具有一定的矛盾”。[20]故而在议会辩论过程中，政府承担的压力也不断增加，这也就导致最终制定的版本与最初的方案之间差异较大。

（三）1996 年《家庭法》的出台与弃用

1996 年 7 月，在政府的主导下，1996 年《家庭法》获得了英王的认可。根据 1996 年《家庭法》，“婚姻已破裂至无可挽回之程度”是唯一的离婚理由。并且只有在以下情形下，婚姻视为彻底破裂：婚姻当事人一方或双方作出声明，称该婚姻已经破裂；婚姻当事人一方或双方作出声明的反思考虑期已届满，而且提出离婚申请的申请人同时宣布，对婚姻破裂已经过反省且考虑了当事人对今后安排的要求，仍然认为婚姻已经无法维持。同时，该法规定在离婚程序中增加离婚前的信息说明会议和反思考虑期，在该期间内可以接受调解服务。该规定在取消过错要件、确立彻底破裂主义的同时，注重挽救可以挽救的婚姻。

该离婚制度改革的内容在出台后遭到了质疑，很多人主张应继续维系婚姻制度，而非过度鼓励离婚自由。针对原始草案，出现了诸多修订的提议，该法案未被议会通过实施。究其原因来看，一方面在于该法案由政府主导而非民众主张，民众对改革离婚制度缺乏热情，并且对其中部分内容并不认同；另一方面，为了防止法案失败，政府不得不接受对法案的修订，如部分修订反映了对维护婚姻制度的关切，部分修订在于增加对婚姻的支持和咨询服务，部分修订旨在保障未成年人的利益，这些修订内容的提出最终使得起初简明的离婚理由制度最终变得异常复杂。[21]

1997 年 6 月，英国推出了一系列信息会议试点项目，其中六项试点项目在 1999 年完成。1999 年 6 月，当时的大法官欧文勋爵确认，试点项目的初步结果让人失望。2000 年 9 月，纽卡斯尔家庭研究中心出具了最终评估报告。报告结果显示，参加了信息说明会议的当事人只有 7%选择了调解，而且很多离婚当事人并未一起参加信息说明会议，该制度根本没有实现政府最初设定的目的，即鼓励离婚当事人参与调解，挽救可以挽救的婚姻。[22]2001 年 1 月，欧文勋爵宣布

20　石雷：《英国现代离婚制度研究》，北京：群众出版社 2015 年版，第 179 页。

21　Judith Masson，Rebecca Bailey-Harris，Stephen Cretney，Rebecca Probert，*Principles of Family Law*，Sweet & Maxwell，2008，p.308.

22　Stephen Gilmore，Lisa Glennon，*Hayes and Williams' Family Law：Principles，Policy，and Practice*，Oxford University Press，2012，p.82.

政府会在适宜时机请议会修改法案第二部分的相关内容。

1996 年《家庭法》第二部分中的大部分条款并未施行，直到进入 21 世纪以来，英国推进家事审判改革，诸多条款被 2014 年《儿童与家庭法》第 18 节取代。在为该节内容的制定进行委员会讨论的过程中，时任司法部部长的麦克纳利勋爵指出，他一直坚持无过错离婚的原则，但在 2001 年，政府得出的结论是这些条款“不可行”。他指出，他完全理解 1996 年《家庭法》第二部分的规定在于挽救可挽救的婚姻，减少婚姻必然结束时的冲突，并且把无可挽回的破裂作为唯一的离婚理由。然而需要注意的是，第二部分其实涉及两个问题。在规定无可挽回的破裂这一离婚理由之外，第二部分还规定了信息说明会议这一不可分割的内容。2001 年政府得出结论认为这些条款不可行，不能够实现挽救婚姻和减少冲突的目标，应当取消，这其实是第二个问题。同时，政府作出这些条款不可行的论断是基于试点项目的评估，然而该试点项目中的信息说明会议存在不灵活、介入时间过晚、提供的信息缺乏针对性等问题。[23]因此，政府关于彻底破裂主义不可行的判断缺乏有力依据。

尼古拉斯·沃尔是当年托马斯·博伊德-卡本特所任命的大法官咨询委员会中的一员，他提出了无过错离婚的 1996 年《家庭法》的完善提供建议。他指出，一份法律委员会制定的好法案，通过了上议院的审查，但最终政府决定不实施该法案。除此之外，家庭法之中有不少法规从未得以施行，如 2010 年《儿童、学校和家庭法》中第二部分的规定。[24]

1996 年《家庭法》第二部分的内容未予施行，也与当时保守化改革有关。20 世纪八九十年代，英国推行了大量保守化改革，执政党在政策议程方面相较其他国家而言更容易妥协。同时，议会受到政府的影响比较大，故而在立法上体现了政府的主观愿望。在 1996 年《家庭法》出台之前，英国政府仍以保守派思想为主，这从制定离婚理由制度的宗旨和目的中可见一斑。进入 21 世纪以来，英国的家庭组织和观念不断发生变化，离婚自由的主张也不断加强，政府的保守态度也不断转变，如同性伴侣结婚得到了法律保障。因此，在家庭观念转变、家事纠纷增多且日益复杂的情况下，伴随着社会观念整体的发展与变迁，对现行混合破裂主义的离婚理由制度的批判越来越多。

---

23 HL Deb 23 October 2013 cc365-6GC.

24 Nicholas Wilson，“Annual Resolution Conference”，*available at* https：//www.judiciary.uk/wp-content/uploads/JCO/Documents/Speeches/pfd-speech-resolution-annual-conference-240312.pdf（last visited Apr.30，2019）.

三、改革探讨：政府推动与社会各界积极响应

鉴于目前离婚理由制度存在诸多弊端，英国司法部发布了咨询文件，旨在引入无过错离婚制度。该咨询文件也引发了社会各界响应，并推动了议会对该问题的关注。早在此次探讨之前，英国诸多家事司法从业人员、权威人士已经多次呼吁，并进行了一定取消过错要件的探索。这均为未来无过错离婚制度的引入、彻底破裂主义原则的确立奠定了基础，也为今后改革提供参考。

（一）政府方案咨询：取消认定婚姻破裂的过错要件

英国司法部在 2018 年 9 月发布了《减少离婚矛盾：离婚法律要求之改革》的咨询文件，该咨询已于 12 月 10 日结束。政府建议改革离婚程序的法律要件，从而使得其与家庭法其他领域的改革相一致，并将关注点从当事人的责备和指责转移到当事人及其子女的未来发展方面。改革后的法律应当关注两个目标：一是确保离婚决定是一个可以持续考虑的问题，也即为当事人双方保留改变决定的可能性；二是确保离婚双方不会采取损害当事人或社会利益、可能导致冲突或对未成年人造成不利影响的法律措施。

为实现这两个目标，咨询文件建议调整关于婚姻破裂至无可挽回之状态的要件。调整内容之一即取消过错要件。因此，政府建议用向法院提供婚姻破裂至无可挽回之状态的说明来取代向法院提供破裂原因的要件。同时，政府建议取消一方当事人针对离婚进行抗辩的权利，也即如果一方向法院提出结束婚姻的决定，则司法程序应尊重而非妨碍该决定。重要的是，这种变革也可以用来防止家庭暴力事件中加害方在司法程序进行过程中对受害者的控制。

由此，政府发布咨询文件，征询如何修改法律以减少家庭纠纷、增强家庭责任的意见。政府肯定了人们思考自己婚姻结束的问题及责任的做法，政府的建议并非否定对婚姻破裂原因的思考，而只是将其从要件中删除。政府报告指出，婚姻破裂的原因并非法院需要考虑的法律问题，这是当事人的私人问题。政府的建议并非使得离婚更容易或是更迅速，而是使得离婚诉讼程序与家庭法的发展以及婚姻破裂的现实状况相适应。[25]

25　Ministry of Justice，“Reducing Family Conflict：Reform of the Legal Requirements for Divorce”，*available at* https：//consult.justice.gov.uk/digital-communications/reform-of-the-legal-requirements-for-divorce/supporting_documents/reducing family conflict consultation.pdf（last visited Apr.30，2019）.

（二）社会各界呼吁：引入“无过错离婚”之积极响应

英国国内目前关于取消过错要件的探讨颇多，人们普遍持赞同观点。相关调查显示，71%的受访者认为应适用无过错离婚，79%的受访者认为离婚或分居中的冲突会对儿童的心理健康产生不利影响，并影响儿童的学习成绩，对他们的社交行为和形成建立健康的恋爱关系的能力亦不利。尽管反对观点主张无过错婚姻会破坏婚姻的价值并导致离婚率的上升，但苏格兰的相关数据表明，自2006年改革以来，苏格兰的离婚率从长期来看并未增长。

家事司法从业人员也督促该改革的推进。一个代表了6500多名家庭法从业人员的组织（Resolution）指出，应尽快修改以过错为基础的离婚诉讼程序，以减少对儿童利益的损害。[26]该机构的前任主席奈杰尔·谢波德长期从事推进无过错离婚活动，认为英国新型的法律让离婚充满不必要的冲突，“我们努力了30多年，希望可以建立更适用于现代的法律体系，离婚双方可以被视为负责任的成年人，尽可能友好地解决分歧”。该组织在2015年发布的关于家庭法的宣言中就曾呼吁消除离婚诉讼中的过错要件，主张简化离婚中的冲突和压力来保障人们获得有尊严的生活和享受更文明的离婚过程。[27]

诸多家庭法律师等呼吁改革离婚法。英国著名的离婚律师阿耶莎·瓦尔德格批评该法规如同奴隶制，指出“限制离婚权的法律都是对个人和家庭生活权利的根本性侵犯”。人拥有选择是否结婚的自由，这是自治的绝对核心，任何限制该自由的法律都是社会中憎恶的、真正邪恶的根源。律师卡洛琳·埃利奥特强烈建议法律引入无理由离婚的概念，“目前夫妻需要根据不合理行为的相关法规指责对方，这会给个人及其家人带来巨大的压力”，“引入无理由离婚可以大大缓解这种冲突”。[28]另外，《泰晤士报》正在开展名为“家事”（Family Matters）的活动，主张推动家庭法的现代化，这其中也包括引入无过错离婚。[29]社会各界对无过错离婚的引入大多持积极支持的态度。

---

26 Resolution，“Divorce Law Reform Urgently Needed to Reduce Impact on Children”，*available at* http://www.resolution.org.uk/news-list.asp?page_id=228&page=1&n_id=387（last visited Dec.2，2018）.

27 Resolution，“Manifesto for Family Law”，*available at* http://www.resolution.org.uk/site_content_files/files/resolution_manifesto_for_family_law.pdf（last visited Apr.30，2019）.

28 Richard Spillett，“‘Unhappily Married’ Woman Loses Supreme Court Fight For Divorce”，*available at* https://www.dailymail.co.uk/news/article-5990015/Unhappily-married-woman-loses-Supreme-Court-fight-divorce.html（last visited Dec.3，2018）.

29 Frances Gibb，“Urgent Call for New Divorce Laws”，The Times，Nov.17，2017.

（三）家事司法高层人士之呼吁

近年来，诸多英国司法界的高层人士都呼吁过引入无过错离婚，如尼古拉斯·沃尔、詹姆斯·孟比、布伦达·黑尔、威尔逊爵士等。

早在2012年担任高等法院家事法庭庭长时，尼古拉斯·沃尔已经指出，他的立场非常简单，尽管他是婚姻的忠实信徒，但他看不到反对无过错离婚的有力证据。相反，他认为英国当下的离婚制度带有行政性质或者说是伪装成司法的内容。在19世纪和20世纪大部分时间里，离婚是一个关乎社会地位的问题，无论一个人是否离婚，或者说一个人确实离婚，证明自己属于"无辜的"一方非常重要，这在当今社会已经消失。捍卫离婚（Defended Divorce）[30]的状况在现今时代已经基本消失，根据第1条b款第2项提出的指控与离婚诉讼程序的其他方面关联较小，如果涉及辅助救济问题需单独辩护，也仅在需要附加严格标准时相关。也就是说，过错要件的规定并无必要，因此，他指出，属于无过错离婚的时代将要来临。[31]

2014年，詹姆斯·孟比担任高等法院家事法庭庭长时同样谈到了无过错离婚的问题。他提出了一系列问题，如：是否需要删除过错概念，将无可挽回的破裂作为离婚的唯一理由；是否需要将离婚程序与离婚后的经济索赔等程序分离；是否需要将离婚诉讼程序与离婚后的儿童抚养诉讼程序相分离等。由此，他还提出为解决这些问题而应思考的另一个重要问题，即离婚程序是否还需要受到司法的监督。[32]

布伦达·黑尔是无过错离婚的支持者。2014年，时任最高法院副院长的布伦达·黑尔呼吁在法律改革中引入无过错离婚以降低婚姻破裂过程中的成本和争议。她指出，夫妻可以通过声明婚姻关系失败径直结束婚姻关系，现有立法要求证明对方过错的规定应当被废除。如果离婚能够在一年之内结束，那么这会便于当事人解决离婚事项，使其免于陷入痛苦和昂贵的诉讼费用支出等问题中。[33]欧文斯夫人离婚案中，布伦达·黑尔的论证也说明了这一点。

威尔逊爵士在2017年表示对引入无过错离婚的不顺利进程失望，他还指出，

---

30 捍卫离婚，指在一方将离婚申请起诉法院后，另一方不认为婚姻关系破裂或主张起诉方诉讼请求所依据的事实不正确。在英国，捍卫离婚的状况目前少有发生，前文所述的 Owens v Owens 案是典型的捍卫离婚的案例。

31 Nicholas Wilson，"Annual Resolution Conference"，*available at* https：//www.judiciary.uk/wp-content/uploads/JCO/Documents/Speeches/pfd-speech-resolution-annual-conference-240312.pdf（last visited Apr.30，2019）.

32 James Munby，"In the President's Court：29 April 2014"，*Family Law*，Vol.44，2014，pp.820—828.

33 Martin Bentham，"Top Judge Calls for Rules Which Force Women to Take Off Veils When Giving Evidence in Court"，*available at* https：//www.standard.co.uk/news/uk/top-judge-calls-for-rules-which-force-women-to-take-off-veils-when-giving-evidence-in-court-9920224.html（last visited Dec.3，2018）.

已故的尼古拉斯·沃尔亦对此表示失望。[34]

（四）调研报告之支持

2014年，由戴维·诺格罗夫（David Norgrove）主导的英国家庭调解工作组（Family Mediation Task Force）发布相关报告，督促政府考虑改革离婚程序及相关材料中的对抗性语言，并主张修改以过错为要件的离婚理由制度，以减少现有法律规定对人们造成的损害。[35]

英国社会政策慈善机构纳菲尔德基金会（Nuffield Foundation）于2017年发布了名为《寻找过错：英国离婚法及其实践》（*Finding Fault? Divorce Law and Practice in England and Wales*）的调查报告，旨在探讨是否应该修改离婚法及如何作出修改。该报告指出，离婚申请通常不能够准确描述婚姻破裂的原因，法院对相关指控是否属实无法判断。43%被配偶主张存在过错的受访者不同意作为证明婚姻破裂的事由，37%的受访者在裁判文件中明确表示否认或反驳。然而，在被调查分析的592个离婚案件裁判文件中，尽管部分案件中被告作出了否认，但法院未对任何申请的真实性提出问题，除非在极少数案件中被告作出了有力反驳。[36]过错要件的适用加剧了当事人的矛盾，对儿童抚养安排产生了不利影响。

相关调查显示，62%的离婚申请人与78%的被申请人认为适用过错要件后，离婚诉讼程序变得更加痛苦，一部分寻求适用过错要件的当事人认为这加大了处理儿童抚养安排和财产分配问题的难度。同时，该报告指出英国的离婚制度落后于苏格兰、欧洲大部分国家和北美地区。由此，该报告得出的结论是，改革离婚法律制度、解决法律与实践脱节的问题具有紧迫性，现行法律制度并没有产生保护婚姻的良好效果，相反，其合法的错误方式掩盖了破坏性、为当事人带来痛苦的弊端。在新时代离婚程序数字化改革的背景下，推动早已落后的离婚法的修改具有可行性。[37]

---

34 Stowe Family Law，“Supreme Court Justice ‘Disappointed’ at Lack of No Fault Divorce”，*available at* https://www.stowefamilylaw.co.uk/blog/2017/02/27/supreme-court-justice-no-fault-divorce/（last visited Dec.3，2018）.

35 Ministry of Justice，“Report of the Family Mediation Task Force”，*available at* https://www.justice.gov.uk/downloads/family-mediation-task-force-report.pdf（last visited Apr.30，2019）.

36 Liz Trinder，Debbie Braybrook，Caroline Bryson，Lester Coleman，Catherine Houlston，Mark Sefton，“Finding Fault? Divorce Law and Practice in England and Wales”，*available at* http://findingfault.org.uk/wp-content/uploads/2017/10/Finding-Fault-summary-report.pdf（last visited Apr.30，2019）.

37 Liz Trinder，Debbie Braybrook，Caroline Bryson，Lester Coleman，Catherine Houlston，Mark Sefton，“Finding Fault? Divorce Law and Practice in England and Wales”，*available at* http://findingfault.org.uk/wp-content/uploads/2017/10/Finding-Fault-summary-report.pdf（last visited Apr.30，2019）.

（五）各党派之支持

2018年3月，巴特勒-斯洛斯夫人提交了一份法案草案，该法案的内容包括要求大法官审查涉及离婚的问题。该审查会考虑的问题包括是否修改现行离婚法律规定，从而使得婚姻无可挽回的破裂仅通过申请和通知制度就能证明。[38]在政府咨询文件出台之前的9月6日，英国保守党的国会议员在回答提问时指出，尽管欧文斯夫人离婚案属于特殊案例，但议会已关注到该案判决和前庭长詹姆斯·孟比对无过错离婚的支持，并期待与巴特勒-斯洛斯夫人达成合作。[39]

早在2015年，保守党派的下议院议员理查德·培根就提出了一项草案，主张夫妻可以共同宣布婚姻进入无可挽回的破裂状态而离婚，而不再将事实要件作为必要条件。[40]他指出，该主张的出发点并非便利离婚，而是在于减少矛盾和互相指责等问题。但该草案目前没有任何进展。

另外，工党和自由民主党都曾于2017年公开表示支持无过错离婚。例如，工党在2017年的声明中就曾承诺引入无过错离婚程序。[41]

在政府咨询文件发布和各界呼吁的基础上，英国议会也发布了相关文件。英国议会在2018年10月发布了讨论无过错离婚问题的简要文件，对英国现行离婚制度、欧文斯夫人离婚案、1996年《家庭法》第二部分、无过错离婚引入的呼吁、无过错离婚引入之反对意见、政府咨询文件及苏格兰的离婚法作出了梳理和总结。[42]该报告并未表达明确的观点和态度，但对无过错离婚相关问题作出了比较清晰的梳理和研究，也为英国之后关于离婚法改革的探索提供了资料支撑和理论研究。

四、无过错离婚引入的必然发展与合理构建

取消过错要件，引入无过错婚姻制度是世界各国离婚制度的普遍发展趋势，这在英国当前关于离婚制度改革的探讨中也有体现。无过错离婚制度的引入在英国具有必然性，数字化离婚系统的运行和调解信息评估会议的适用为无过错

38 Divorce（etc.）Law Review Bill [HL] 2017-19.

39 HL Deb 6 September 2018 c1894.

40 HC Deb 13 October 2015 c191.

41 The Labour Party，"For The Many Not The Few"，*available at* https：//labour.org.uk/wp-content/uploads/2017/10/labour-manifesto-2017.pdf（last visited Apr.30，2019）.

42 Catherine Fairbairn，"No-fault Divorce"，*available at* https：//researchbriefings.parliament.uk/ResearchBriefing/Summary/SN01409#fullreport（last visited Apr.30，2019）.

离婚制度的引入提供了有利条件，苏格兰的离婚制度改革为英国改革探索提供了借鉴。在取消过错要件的同时以婚姻无可挽回的破裂作为离婚的唯一理由，通过通知制度的具体运行保障离婚制度的有效适用，探索符合离婚制度改革的数字化离婚系统之完善，是英国离婚法改革的发展方向。

（一）无过错离婚引入的必然性

从过错主义到破裂主义是各国离婚理由制度的普遍发展方向，也是保障个人权利的重要内容。然而，无论是在20世纪90年代探索彻底破裂主义的确立，还是现今无过错离婚引入的改革呼吁过程中，英国始终存在一定的反对无过错离婚引入的观点。需要指出的是，通过具体分析可知，这些反对观点失之偏颇。

反对无过错离婚引入的论点主要在于英国现行离婚理由制度可以支持婚姻制度、引入无过错离婚会导致离婚率上升、家庭破裂会带来负面影响等。下议院议员爱德华·李指出，引入无过错离婚会使得离婚变得更加容易，以致增加离婚事件的数量。在1968年之前的一个世纪，加拿大的离婚率一直保持稳定，但在1968年引入无过错离婚后，两年之内离婚率增长了6倍。美国一项研究显示，75%低收入的离异并有子女的妇女在结婚时不贫穷。英国2009年的一项调查显示，生活在单亲家庭中的未成年人遇到的问题相对而言会更多，离婚会带来一系列的不利后果。经济学家道格拉斯·艾伦指出，离婚对夫妻双方的影响是复杂的，但对子女的影响是较为直观的。无过错离婚制度的真正的不利影响在于儿童，离婚率的提高意味着处于弱势地位的儿童的数量增加。[43]

英国一个名为婚姻联盟（Coalition for Marriage）的组织列举了无过错离婚会成为灾难的五个原因：导致每年有 1 万个婚姻解体；将婚姻的地位降到租赁合同状态，即可由一方通知解除，缺乏永久性期待；让忠实于自己婚姻的当事人不经辩护就遭受婚姻破裂、家庭分裂、财产分离等痛苦；让家庭中处于弱势地位的残疾人等处于离婚的危险之中；让当事人经两年冷静期即可离婚，但该期间对促进两者冷静和调和矛盾而言是否充分尚存争议。[44]

然而，需要指出的是，一方面，无过错离婚的引入并不必然带来离婚率的上升，苏格兰的改革即为例证。具体离婚率增长与否有待在实践中考察，正如近年来英国异性离婚率并未表现出增长趋势。另外，虽然美国在无过错离婚制度确立后出现了离婚率上升的问题，但相关调查显示，从长期来看，无过错离

43 Douglas Allen，“An Economic Assessment of Same-Sex Marriage Laws”，*Harvard Journal of Law & Public Policy*，Vol.29，2005.

44 Coalition for Marriage，“Five Reasons Why ‘No-Fault Divorce’ Would Be a Disaster for Marriage”，*available at* https：//www.c4m.org.uk/five-reasons-no-fault-divorce-disaster-marriage/=（last visited Dec.7，2018）.

婚制度的影响不在于离婚率的上升，而在于对家庭和社会观念的影响。[45]另一方面，离婚对未成年人的不利影响是显而易见的，但生活在已经处于死亡婚姻中的家庭中并不会导致未成年人有更好的发展，英国在 2011 年以来的家事审判改革中引入 26 周审限，在于防止久拖不判问题，减少对处于等待判决结果中的未成年人的不利影响。因此，在无过错离婚制度的引入不必然导致离婚率上升的前提下，离婚对未成年人造成的危害不必然增加，并且考虑到处于婚姻实际破裂家庭中的未成年人的生活状态可能不如在单亲家庭中的生活状态，故而对无过错离婚引入的担忧实则值得商榷。

在过错主义向破裂主义转变的探讨中，英国部分学者对过错要件的作用作出过探讨。1980 年，扬·格雷克指出当时日益明显的离婚法改革的趋势在于废止只有证明存在过错才能离婚的法定理由要件，转向对婚姻是否处于无可挽回的破裂状态的评估测试。然而，对有过错的婚姻当事人进行惩罚能够向社会传达出一定的信息，如家庭责任是一个人的最基本的责任。当然，他也承认，久拖不决的离婚并非弥补非过错方的最佳方法。[46]需要指出的是，一方面，将过错作为离婚理由的要件在向社会传达婚姻重要性的作用方面并无有力证明。从过错主义到破裂主义的转变过程中，尽管对过错的要求减少甚至消失，但并不意味着人们不再重视婚姻。另一方面，所谓惩罚过错方以在实践中防止当事人“犯错”的效果有限，并不能实现维系婚姻的功能。此外，在英国离婚纠纷中，过错要件与财产分割等并无关联，不会给当事人带来财产损失或其他消极后果，故而在英国家事司法实践中，部分案件中当事人为尽快离婚而编造过错事实。[47]在这种情况下，保留过错要件的目的和意义并未实现。

正如前文所探讨的，保留过错要件不具有必要性，相反，彻底破裂主义的确立更有意义。无过错离婚具有诸多优势，其典型体现之一即在于可以促进双方以平等的身份对话，推动离婚案件通过调解等非诉纠纷解决方式解决的可能性增大，由此减少家事法院的工作压力，提升家事司法的效率。[48]同时，无过错离婚的引入与离婚制度的指导思想相适应，能够将离婚对当事人的影响降低到最低程度，减少当事人之间不必要的冲突和矛盾，从而更好地促进当事人和未成年人的未来发展。从各国婚姻法发展来看，与社会的变迁和家庭法观念的现代化相伴随，彻底破裂主义的确立是普遍的立法动态或发展方向。

45　Douglas W.Allen，“Do No-Fault Divorce Laws Matter? A Survey，1995—2006”，*available at* http：//citeseerx.ist.psu.edu/viewdoc/download?doi=10.1.1.618.1560&rep=rep1&type=pdf（last visited Dec.8，2018）.

46　〔英〕约翰·伊克拉：《家庭法和私生活》，石雷译，北京：法律出版社 2015 年版，第 116 页。

47　石雷：《英国现代离婚制度研究》，北京：群众出版社 2015 年版，第 186—187 页。

48　Resolution，“Manifesto for Family Law”，*available at* http：//www.resolution.org.uk/site_content_files/files/resolution_manifesto_for_family_law.pdf（last visited Apr.30，2019）.

（二）数字化离婚改革为无过错离婚提供便利

自 2011 年家事审判改革推进以来，推进家事司法程序的数字化建设也是“互联网＋”时代英国家事司法发展的重要内容。就离婚制度而言，英国不断探索数字化离婚改革，以便于离婚案件的处理和当事人纠纷的解决。

2017 年 1 月 30 日，英国司法部发布了关于在线离婚试点的实践指引，支持英国第一个在线离婚系统的试点运行。该试点是法院和裁判所事务管理服务局（Her Majesty’s Courts And Tribunals Services）的在线服务系统，旨在通过对部分程序在线操作的新系统和方法评估来实现更大范围内的婚姻诉讼后期程序的在线服务。[49]自 2018 年 5 月 1 日起，英国开通网上离婚服务，申请人只需通过网络填写信息、上传材料、缴费就能办理离婚手续。该系统是英国法庭现代化举措之一，至该月 8 日已处理了 1000 多起离婚申请，满意度颇高。[50]全数字化离婚系统的适用修复和更新了试点时的技术手段，简化了流程，并使得文书填写阶段的出错率比试运营阶段大大降低。为推进数字化离婚系统作用的发挥，在申请完成后当事人会收到调查问卷，问卷调查结果显示用户满意度高达 90%。网上申请也缓解了法院的压力，节约了法院的工作成本。法院工作人员审议离婚材料的时间缩短，申请提交之后 6 周左右，婚姻即可合法结束。

就英国数字化离婚系统的操作程序来看，当事人注册后在相关网站系统填写基本信息，后续的电子材料由法院以电子邮箱的形式向申请人发送，并且会对申请人完成全部流程提供配套指导。同时，该系统还提供在线支付功能，在线申请离婚费用为 550 英镑。从数字化离婚系统的适用来看，该离婚申请程序简便，便利当事人的离婚申请的处理，也为无过错离婚的引入提供了条件。不过，目前该系统在使用过程中还存在一定操作上的不便利问题，例如，在涉及过错事由的离婚案件中，当事人会面临是否将第三人列为共同被告的问题，而其律师往往建议不勾选该选项，否则会为原告带来不必要的麻烦。[51]取消对过错要件的要求，才能保障数字化离婚系统中当事人申请的有效操作，真正实现数字化离婚系统在便利当事人离婚申请、减轻法院案多人少压力大的作用，推动离婚制度在程序和制度上的进步。英国司法部长弗雷泽指出，在下一阶段的数字化法律改革进程中，法院可能更多地采用电子邮件方式处理案件、更多使用网络作为抗辩方式、更多借助人工智能的帮助等，英国司法部亦将投入 12 亿英

49 *See* Practice Direction 36D-Pilot Scheme：Procedure for Using an Online System to Generate Applications in Certain Proceedings for a Matrimonial Order.

50 《英国推行“网上离婚”系统 满意度高达 91%》，资料来源：http：//ip.people.com.cn/n1/2018/0508/c179663-29971008.html，访问日期：2018 年 5 月 15 日。

51 涂钒：《英国：数字化离婚》，《检察风云》2018 年第 13 期。

镑来推进该数字化计划。在数字化离婚系统进一步推进的过程中，无过错离婚制度的引入具有必要性和可行条件。

（三）苏格兰经验的有效借鉴

苏格兰的离婚法改革经验是英国修改离婚法讨论中一直强调借鉴和参考的重要内容。就离婚理由而言，苏格兰主要规定了两种离婚理由：一是婚姻无可挽回地破裂，二是伴侣中一方性取向有所改变。导致婚姻无可挽回的破裂包括如下事实因素：被告的通奸行为；自结婚之日起被告表现出来的、无论基于何种原因导致的离婚申请人对继续生活在一起不存在合理预期的行为；分居一年且对方同意离婚；对方不同意离婚的情况下分居两年；任何一方获得临时性别认证证书。

苏格兰 1976 年《离婚法》中关于离婚的规定与英国 1973 年《离婚法》相似。婚姻无可避免地破裂必须符合五种事实要件之一，这其中包括分居两年且同意及分居达五年以上。然而，苏格兰施行 2006 年《家庭法》后，对离婚法律制度作出了修改。该法案将分居两年并同意的时间降低为一年，对方不同意离婚的分居从五年减为两年。“遗弃”这一事实要素被删除。简易离婚（Do-it-yourself）程序可以适用无过错事实因素，但也需要符合相关条件。相关调查显示，分居期间的缩短在苏格兰离婚实践中具有重要意义，目前在苏格兰仅有 5%的离婚基于过错要件。[52]

苏格兰政府相关司法统计数据显示，尽管苏格兰规定的分居期间降低，但苏格兰的离婚率呈缓慢下降趋势，在 2016 至 2017 年度，苏格兰的离婚率比上一年度降低了 11%，61%的离婚采取简易程序。[53]苏格兰改革之后离婚率并未增长，且呈现出缓慢下降的趋势，该事实也是英国呼吁无过错离婚引入的有力例证。英格兰与威尔士家事审判改革中即对苏格兰家事司法领域的诸多先进改革措施作出了借鉴，无过错离婚制度的引入也成为英格兰和威尔士在探索离婚理由制度改革方面借鉴与参考的重要内容。

（四）无过错离婚引入的制度构建

目前英国国内在呼吁引入无过错离婚制度，无论是政府咨询文件的发布、议会的探讨还是社会各界、各党派的积极响应，无过错离婚制度的引入成为英

52 Catherine Fairbairn，“No-fault Divorce”，*available at* https：//researchbriefings.parliament.uk/ResearchBriefing/Summary/SN01409#fullreport（last visited Apr.30，2019）.

53 Scottish Government，“Civil Justice Statistics in Scotland”，*available at* https：//www2.gov.scot/Topics/Statistics/Browse/Crime-Justice/civil-judicial-statistics（last visited Apr.30，2019）.

国家庭法领域进一步发展的重要内容。尽管取消现有法律规定中的过错要件、引入无过错离婚制度是目前英国离婚法改革的基本主张，但如何进一步改革离婚理由制度、完善相关制度构建是英国需要进一步探索的内容。

政府改革咨询文件对取消过错要件之外的其他改革方法或途径作出了否定，如重新引入1996年《家庭法》第二部分、缩短分居期间、不经司法程序的离婚等。政府认为目前关于修改离婚法律规定的提案可以实现1996年《家庭法》的主要目标之一，即减少冲突，因此不需要大规模地改革现行法律和诉讼程序。针对保留通奸等过错行为要件、降低对分居时间要求的提议，政府认为这不会解决家庭冲突的问题，因为这仍会使得行为与分居事实之间存在时间问题。将分居期间作为唯一事实要素的主张也没有得到政府的认可，因为这将使得离婚必须等另一方面的同意或对分居日期进行操作。将通知事实作为附加路径的做法同样不会明显地减少家庭冲突，并且可能会进一步混淆目前已经很复杂的法律。同时，针对有观点主张的非经法院的离婚，政府认为离婚仍应是法院负责的一项事务，只有法院有权发布离婚令。[54]由此，无过错离婚制度的引入综合来看成为最可行的改革方式。

就具体改革方式来看，英国各项关于离婚理由制度改革的呼吁普遍是取消涉及过错要件的相关要求，以婚姻无可挽回的破裂作为唯一的离婚法定理由，并用通知制度等保证离婚程序的开展。例如，2017年纳菲尔德基金会的调查报告提出取消过错要件、代之以通知制度的提议，即一方或双方登记认定婚姻处于无可挽回的破裂状态，然后在6个月的最低时限内一方或双方确认其离婚意图。通知系统具有清晰、操作简单、费用较低等优点，但该方式有赖于立法的修改。[55]

至于1996年《家庭法》第二部分中规定的信息说明会议制度，在英国2011年家事司法审查之后的家事审判改革中，调解信息评估会议已经在家事私法案件中得到了适用。根据2014年4月22日生效的2014年《儿童与家庭法》，家事私法案件中调解信息评估会议的适用正式在立法中得到确认。调解信息评估会议并非调解本身，而是由调解员及争议双方共同或单独参与的、时长在40分钟左右的、旨在评估调解可行性的会议。[56]调解信息评估会议并非事实意义上的

54 Ministry of Justice，“Reducing Family Conflict：Reform of the Legal Requirements for Dvorce”，*available at* https：//consult.justice.gov.uk/digital-communications/reform-of-the-legal-requirements-for-divorce/supporting_documents/reducingfamilyconflictconsultation.pdf（last visited Apr.30，2019）.

55 Liz Trinder，Debbie Braybrook，Caroline Bryson，Lester Coleman，Catherine Houlston，Mark Sefton，“Finding Fault? Divorce Law and Practice in England and Wales”，*available at* http：//findingfault.org.uk/wp-content/uploads/2017/10/Finding-Fault-summary-report.pdf（last visited Apr.30，2019）

56 Sarah Blackmore，Jacqui Thomas，Reforming Family Justice：A Guide to the Family Court and the Children and Families Act 2014，1st ed.，Jordan Publishing Limited，2014，p.100.

调解，而是在于传达关于调解的信息及评估具体案件适用调解机制的可行性。调解信息评估会议为当事人提供了非诉纠纷解决机制适用的评估和考量，这在离婚案件中同样适用。调解信息评估会议的适用同样为英国无过错离婚制度的引入提供了制度保障，为当事人在反思与确认其离婚意图期间内提供了有效解决纠纷的途径和对离婚决定的考量，以便于无过错离婚制度的适用。

由此，就英国离婚理由制度的发展来看，取消离婚事由的过错要件，以婚姻无可挽回的破裂作为唯一的离婚法定理由是英国离婚法改革的方向。在具体制度构建方面，通过调解信息评估会议和数字化离婚系统的运行保障无过错离婚制度的适用，通过通知制度或相关机制的构建以保障离婚程序的有效运行，是无过错离婚制度运行的重要内容，也成为英国后改革时代离婚法发展的重要内容。

五、结　语

英国目前积极探讨引入无过错离婚制度以减少不必要的冲突，推进离婚制度的现代化改革，在吸取 1996 年《家庭法》制定与适用过程中的诸多经验、借鉴苏格兰离婚法改革相关内容的同时，借助数字化离婚系统的改革和调解信息评估会议的适用，推动彻底破裂主义的确立和无过错离婚制度的引入，构成家事审判改革之后英国家庭法发展的重要内容和离婚法改革的重要方向。我国《婚姻法》将破裂作为唯一的离婚理由，最高人民法院《关于人民法院审理离婚案件如何认定夫妻感情确已破裂的若干具体意见》对司法实践中婚姻破裂的认定作出指导，但实践中的适用有待进一步完善。同时，我国为期两年的家事审判试点改革工作已经结束，进一步深化改革仍在推进过程中。如何在试点改革之后的深化改革阶段更好地推进相关法律制度的适用和完善，思考对离婚自由的保障和司法在维系婚姻家庭关系稳定中的作用，推动彻底破裂主义在离婚实践中更好地适用，显然也有待在深化改革和民法典施行过程中进一步思考。

On the Reform of Introduction of No-fault Divorce in the United Kingdom

Qi Kaiyue

Abstract: The UK Ministry of Justice issued a consultation paper on reforming the legal system for divorce, which triggered a new discussion on the development of divorce law in the UK.The current mixed broken principle in Britain is irreparably broken as a legal ground for divorce.However, five facts are listed, and some include fault elements.The system has aggravated contradictions and it is not conducive to the follow-up cooperation of the parties in child support, etc., which has triggered demands to introduce a system of no-fault divorce from the government, all sectors of society and various parties.In the new era of the operation of digital divorce system as well as mediation information and assessment meetings, how to introduce no-fault divorce and construct a reasonable notification system to guarantee the operation of the divorce procedure under the guidance of the principle of complete rupture is a new discussion on the divorce law in the UK.It also reflects the developmental direction of British family law.

Keywords: No-fault Divorce; Unreasonable Behavior; Broken Principle; Fault; Digital Divorce

机关法人财产独立制的财政法反思与构造

张成松

摘　要：作为一种团体构造，机关法人欲以自己的名义享有权利与承担义务，前提便要掌握其财产能力。按照通说观点，机关法人理应拥有独立的财产，强调财产独立性。但是，机关法人财产主要来源于国家拨款，甚难保障其自主性，从而揭示了机关法人的特殊性。从财政法的角度观测，机关法人并非是一个独立的财政主体，也并非仅以预算资金作为收入基础。在性质上，财产独立制与国家所有权相关联，但机关法人并不具有所有权，仅享有支配权；在财产构造上，机关法人财产应由公法和私法进行一体保护，尤其要财政法予以调整。而在公共财产法语境下，机关法人的财产属性体现在公共财产的取得、用益和处分上，故可从取得、使用、收益和处分上对其财产权进行规范构造。

关键词：机关法人；财产独立制；独立经费；公共财产权；财政法

作者简介：张成松（1988—　），西南政法大学经济法学院讲师，中国财税法治研究院研究员，法学博士，博士后研究人员，主要研究方向为财政法、税法。

基金项目：西南政法大学2018年度校级科研项目“财政法对民法机关法人的承接与调整研究”（项目编号：2018XZQN-14）。

目　次

一、问题意向

纵观机关法人的缘起与发展，1922 年通过的《苏俄民法典》首创了国家机关的法人地位，在承认国家私法人格的同时全面赋予国家机关以法人资格。在苏联国家机关法人理论的基础上，我国在制定民事基本法律时借鉴和吸收了《苏俄民法典》（第 13 条）的规定，“机关法人化”从此走向实践。1986 年《民法通则》第 50 条将“有独立经费的机关”确定为机关法人，2017 年《民法总则》将机关法人列为“特别法人”，并在《民法通则》的基础上，新增“承担行政职能的法定机构”[1]，扩展了机关法人的主体范围，且其指向的仅是“可以从事为履行职能所需要的民事活动”。反观实践，国家机关从事民事活动的现象愈发普遍，原先仅满足于自己的公务需要，现在则变成了一种实现公法目的的手段，如政府购买公共服务。而现行民法中有关机关法人的规定却相当简单，[2]且涉及公、私法规范的“接轨”问题，加之理论研究相对薄弱，机关法人制度的弊端日渐暴露，机关法人财产独立性问题便是其中之一。

事实上，机关法人表似一个简单的民事主体，实则是一个典型的财政法问题。机关法人的行为既是一个外部行为，也是一个内部行为，前者指向对外的民事活动，后者是一个典型的财政行为，涉及收入的来源、哪些资产可用以民事活动等。一般而言，无论执行或管理何种事务，机关法人均要以一定的财产为基础，否则任何公共事务的履行都无法达成。例如，《日本独立行政法人通则法》第 8 条就强调独立行政法人必须有相应的资金和财产基础。按照通说观点，机关法人理应拥有独立的财产，强调财产独立性。据此，需要反思机关法人财产是否具有独立性？其财产包括哪些？是否仅以预算资金作为收入基础？如何诠释“独立经费”？机关法人财产的性质为何？哪些财产能执行或不能执行？面对作为管制与自治工具的公、私法规范，机关法人到底是遵守民法规则（私法），还是遵守财政法（公法）？凡此种种，皆值得深思。

---

1 《民法通则》（1986）第 50 条第 1 款规定：“有独立经费的机关从成立之日起，具有法人资格”；《民法总则》（2017）将机关法人列为“特别法人”，第 97 条规定：“有独立经费的机关和承担行政职能的法定机构从成立之日起，具有机关法人资格，可以从事为履行职能所需要的民事活动”。

2 从现行民民法律的规定来看，有关国家机关法人的规定除《民法通则》第 50 条第 1 款、第 121 条和《民法总则》第 97 条、第 98 条外，还有《物权法》第 53 条、《担保法》第 8 条、《著作权法》第 22 条第 7 项等。

二、机关法人的财产独立性反思

在不同的历史时期与不同的法人类型中，法人财产的独立性程度有所不同。例如，在罗马法上，法人拥有独立财产的过程，就是法人取得所有权的历史过程。[3]就机关法人而言，其开展民事活动必然以相应的财产为前提和基础，但是否拥有独立的财产，是否应该享有独立的财产，则常有争论。

（一）机关法人的资金来源考量

财政资金的支出，系为确保公共任务的执行，及其业务发展的永续性。而机关法人“经费之来源，以及政府财务支持之持续性，将会是未来法人推动时最受各单位关注，以及维持法人定位与公共任务达成的重要课题”[4]。机关法人的资金来源于财政拨款，但机关法人是否仅以预算资金作为收入基础，值得考量。

公共预算是一个集体选择问题、一个利益博弈与交换的议题。[5]预算资金使用者，由各政府部门、财政拨款的事业单位等组成。这些资金使用者，在提供公共产品的同时作为相应的交换，将从财政部门获得资金。这里的资金使用者，与机关法人大有重合之处，有着相似的价值取向与行为模式。例如，在组织结构上，预算资金使用者大多具有“科层制”组织的特点，总体上是一些具有自身利益取向的利益集团。深究之，预算资源在不同目的之间分配以获得最大的回报，[6]公共预算资金分配现状是各博弈主体博弈结果的外在表现。我国形成了以中央政府为主的集中分配制度和以各地区为主体博弈的纵向垂直利益分配形式。纵向垂直利益博弈的核心是，中央政府和各地方政府在事权确定后，在二者之间对公共预算资金进行分配。[7]

那么，机关法人的预算资金是否足以处理其事权之需？面临财政压力，其

---

3 参见张力：《法人独立财产制研究：从历史考察到功能辨析》，北京：法律出版社 2008 年版，第 44—45 页。

4 朱宗庆：《行政法人运作的再思考》，《研考双月刊》2009 年第 3 期。

5 马蔡琛：《公共预算资金使用者的行为特征与竞争博弈分析》，《甘肃社会科学》2008 年第 6 期。

6 参见武玉坤：《预算资金分配的内在逻辑：政治还是经济？》，《中山大学学报（社会科学版）》2010 年第 2 期。

7 分税制改革前，公共预算资金博弈表现为：中央向地方确定财政收入任务、下级政府向上级政府要财政收入指标，完成任务后的机动财力由地方自己控制，这些任务较固定且几年不变，地方财政收入增长幅度大。分税制后，彻底改变了纵向垂直分配的博弈规则，使得中央政府在公共预算资金的分配中掌握主动，在随后的公共预算资金分配中也就处于有利地位。参见殷汉植：《和谐社会与我国公共预算资金利益博弈》，《当代经济科学》2005 年第 3 期。

要遵守政府预算补助保障原则。地方欲实现发展经济和维护社会安定的目标，必然要有足够的资金以作支持。而大多数地方政府都存在财政资金缺口，在此情形下，其往往会寻求筹集资金的渠道，其中预算外收入就是极为奇特的一部分。[8]根源在于，与财政收入相比，预算外收入之于增加地方收入更为便捷。在单一制中国，除开各中央级机关法人，其他机关法人基本上不具备制税权，不能设立新税种，也不能随意变更税率。加之预算外收入的自主性，[9]非对称的财权上收而事权下放，预算外收入成为其最为可能的收入来源，但也面临着诸多限制，如收入基础和交易成本。[10]例如，基层法院的“财政收入在经费来源上呈现以同级财政负担为主的地方性色彩；在收入性质上，从社会主体直接汲取的诉讼费、罚没收入等预算外收入成为法院经费的组成部分”[11]。作为机关法人的一种，实际上其经费构成仍然呈现出“同级负担为主，上级补助为辅”的特点。从国际上看，国家机关的一切活动，均得以预算拨付的财产为额度，但允许国家机关以民事手段获得财产以补预算之不足。结合我国政府机关的实践运行情况，将预算资金作为机关法人的全部收入来源，确为理想之举，但在以往实践中往往难以做到。

（二）机关法人“独立经费”的诠释

独立经费是法人承担民事责任的财产保障。同样地，国家机关的功能主要定位在承担社会公共管理事务上，机关法人亦不例外，理当拥有独立的经费。[12]机关法人在实现公法职能时，同时有购买办公用品等私法诉求，需与相关民事主体展开交易。而支付给交易相对人办公费、会议费、水电费、差旅费等各种费用，这些都必须以独立的经费作为保证。对此，《民法总则》第 97 条作了较为详尽的规定，有独立经费即为机关法人成立的必要财产或者经费条件。但是，何谓《民法通则》第 50 条和《民法总则》第 97 条的“独立经费”？尚无规定，亦未有定论。

国家机关的经费主要来自预算拨款。基本流程在于，根据国家的预算安排，机关法人先向财政部门或上级主管部门获取经费，在年度终了时再向其报销。

---

8 参见马元燕：《分税制改革后省级预算外收入膨胀的原因分析》，《公共管理学报》2005 年第 1 期。

9 *See* Bahl R. “A Regression Approach to Tax Effort and Tax Ratio Analysis”. International Monetary Fund Staff Papers，1971，18（3），pp.570—612；王峥、周全林：《地方政府预算外收入与财政努力研究》，《当代财经》2014 年第 12 期。

10 参见武玉坤：《中国地方政府非税收入汲取研究——一个财政社会学分析框架》，《贵州社会科学》2015 年第 10 期。

11 左卫民：《中国基层法院财政制度实证研究》，《中国法学》2015 年第 1 期。

12 参见徐强胜：《正确理解机关法人制度》，《人民法治》2017 年第 10 期。

此外，除开财政拨款，机关法人尚有一定的其他财政收入，例如海关、工商等收取的罚没收入、公证费、登记费等规费收入，出租房屋、设备等的租金收入。至于收费权限，则在于其承载的社会管理职能所致，因而可以根据国家的规定收取相应的费用，以供职权行使的需要。当然，机关法人的预算外收入主要存在于 2001 年《关于深化收支两条线改革进一步加强财政管理的意见》[13]之前，之后各种收入全部纳入预算管理抑或财政专户管理。同时，机关法人的独立经费并不限于当年的，还包括往年累计的经费，如建筑物、设备等支出形成的固定资产。[14]

申言之，以独立的预算作为机关法人的认定标准，并非最为妥当。因为在机关法人与预算经费的关系上，预算经费以机关法人的存在为前提，先有国家机关，后才有财政预算拨款。从实证法的考察来看，尚未有法律对机关法人的独立经费作详尽诠释和规定，从而导致机关法人主体资格认定标准的法律缺位，表现为认定的随意性。不止于此，经费划拨属于国家财政管理的内部事务，交易相对人既无从知晓机关法人是否真的具有法人资格，也难获得独立经费与否的全部信息，二者之间信息呈不对称的态势。当机关法人经费不足以偿还债务时，如果没有经费而又须由其独立承担私法责任，显然对交易相对人不利。反之，如果坚持责任非独立性，由国库或上级机关填补资金缺口，则将动摇机关法人的法律地位。[15]此外，机关法人的财产被界定为经费，这意味着上级机关对下级机关在财政上的控制，这种控制被人们理解为机关法人不具有自己独立的财产。实质上，从货币的本身属性而言，经费一旦进入下级机关的控制范围，其就是下级机关的财产，这是由动产因占有关系而发生所有权的转移决定的。

正因如此，机关法人的独立经费应当理解为单位预算经费。目前，我国预算体系框架由四个层次组成，分别为国家预算、一级预算、部门预算和单位预算。据此得知，《民法通则》第 50 条和《民法总则》将机关法人列为“特别法人”，且均将机关取得法人资格的要件限定为“有独立经费”，在编制预算时这至少也要属于单位预算。鉴于机关法人的公共目的，国家机关和法定职能机构获得法人的资格应尽量严格一些。因此，可以考虑将机关法人“独立经费”调整为一级预算经费，且不会影响机关机构职能的正常运行和发挥。更何况，单位预算经费的独立性日渐降低，所以一级预算经费更符合机关法人的相对独立性诉求。[16]

---

13 国办发〔2001〕93 号。

14 参见江平主编：《法人制度论》，北京：中国政法大学出版社 1994 年版，第 63—67 页。

15 参见王春梅：《苏联法对中国民事主体制度之影响》，北京：法律出版社 2017 年版，第 141 页。

16 参见路松明：《机关法人制度法律研究》，北京：中国政法大学 2008 年硕士学位论文。

三、机关法人的财产权限度

按照通识性的判断，作为一种拟制的法律主体，机关法人拥有法人人格，应当有用独立财产来进行民事活动的能力，[17]即要有区别于成员、可独立处分，同时也构成对外担保的财产能力。[18]但是，法人人格由法律赋予，其独立性与财产多少没有牵连。财产只是以团体开展事业目的和营业目的的物质条件，而不是法人人格取得的必要条件。由于机关法人的特殊性，机关法人并非一个独立的财产主体，其只具有部分权利能力。是故，虽然公法上的权利能力并不等同于私法上的权利能力，而结合国家所有权诠释机关法人的财产独立制问题，揭示机关法人财产范围的有限性，乃考证其财政能力的题中之义。

（一）财产独立制 VS 国家所有权

坚持“机关法人人格说”，必然涉及责任财产，进而聚焦机关法人财产独立制的问题。而就独立财产而言，按照传统法人通说，独立财产与法人人格的获取紧密关联，但与自然人人格的取得没有关系。在此基础上，学者们推导出“无财产即无人格”的论断。按照独立财产制，各机关法人都应当享有财产权，不仅与物权法理相吻合，更为重要的是，有助于确定政府责任，规范政府行为，实现政府私法行为的公法约束。[19]具体至机关法人，财政预算拨款构成机关法人的独立财产，如果严格遵守财产独立制，则机关法人有权自主支配自己所享有的财产。然则，事实并非如此。作为单一的机关法人，其不仅在组织管理上隶属于上级机关，在财政经费的支配与使用上同样受上级机关管理和监督。基于此，机关法人根本不可能严格遵守财产独立制，在使用与处理上没有独立的制度基础。[20]

在我国，与机关法人财产类似的概念主要有“公共财产”、“国有财产”、“法人财产”，需作区分。在改革开放之前，非经营性国有资产的管理体制，承续苏联的带有计划经济色彩的行政管理模式。[21]《民法通则》将国家所有权管

---

17 参见佟柔著、周大伟编：《佟柔中国民法讲稿》，北京：北京大学出版社 2008 年版，第 154—157 页。

18 参见房绍坤、曹相见：《法人人格权的立法论分析》，《山东社会科学》2016 年第 12 期。

19 参见吕瑞云：《公法法人财产所有权问题研究》，北京：中国社会科学院研究院 2011 年博士学位论文。

20 参见王春梅：《潮流与现实悖反：我国机关法人之定位与重构》，《北京行政学院学报》2016 年第 3 期。

21 通览财政发展史，国家所有权为苏联公有制理论的直接产物。在此基础上，关于国有财产的主体，体现出唯一性和统一性的特质，而各级地方仅享有支配财产的管理权限。与此同时，考虑到地方积极性的调动和地方利益的保护，俄罗斯和之前的苏联在立法中均赋予地方对其直接支配国有财产的所有权。但是，此种立法中，地方所有视为国家所有的一种特殊类型，其性质仍属国家所有权。在借鉴和吸收苏联公有制理论的基础上，我国也设置了国家所有权的法律概念和法治意义。

理模式由公法单一调整的模式，转化为公法与私法二元并举的法律规范模式，从此也将国家所有权确定为一项独立的民事权利而存在。《物权法》作为物权规范的专门法，本应规定机关法人国有资产的所有权和使用权主体，却以“权利人”来规定物权主体（第1条），以“国家机关”和“事业单位”来界定非经营性国有资产的物权主体（第53条、第54条），而“国家机关”和“事业单位”究竟是国有财产的所有权主体抑或仅作为使用权主体，则语焉不详。时至今日，我国没有专门的“公产法”，而是以“国有财产”和“国家所有权”的概念形式立法。但是，学理上与立法实务中对“国家财产”的概念则异常泛化，比如《物权法》称之为“国有财产”、宪法谓之为“公共财产”（第12条），表述五花八门，不足而论。[22]“国家所有”概念在宪法及其法律法规中也大量存在，例如，宪法第9条的“全民所有”、第10条的“属于国家所有”等。而在调整模式上，则基本遵循公法与私法协同并用的二元方式，国有财产归公法调整和约束，国家私产由民法等私法规范。深究之，从我国的实证法规定来看，机关法人对其支配的财产仅享有使用权，而非完整意义上的所有权。机关法人在没有可供履行私法债务之时，一律由国有资产偿还。鉴此，既要求机关法人财产独立，同时又受制于财产的有限性，存在逻辑和执行上的障碍。例如，如果由机关法人独立偿还债务，则可能引发交易安全，毕竟除开财政部门，其他机关法人所管理和支配的财产都极为有限，实难满足债权人。实践中，地方各级国家机关大量负债，如果都由国家买单，财政将不堪重负。同时，也必须认识到国家机关“自负其责”的危害性，容易导致各级政府相互之间的“漠不关心”。因此，在自主和集权之间，该如何协调？[23]

在立法和理论研究中，常有意回避“法人财产权”的语义表达，指出国有财产主体（机关法人）仅享有经营管理权。与之相反，域外大多国家主张公法人财产所有权，如德国便强调公法人所有权的独立性。但是，国家所有权兼具公权和私权的二元性质，承载着公共利益与私人利益。根本而言，这是私法所有权在公法领域的继受与放大，实则是国家所有权的滥用。[24]也正因如此，实践中容易引发公法利益与私法利益的冲突。例如，《物权法》对国家机关财产界定缺位，一定程度上导致个别地方政府恣意处分行政资产，国有资产流失严重。再如，鉴于所有者行使部门长期缺位，国有资产考评、监督机制和责任追究机制缺乏等缘由，机关法人资产管理混乱、“三公”消费惊人，滥用预算内、外资金，非经营性国有资产流失严重。

而在学理上，法学界多从公法的角度展开反思，如将国家所有权定性为一

22 参见鲍家志：《非经营性国有资产使用权研究》，武汉：武汉大学2012年博士学位论文。

23 参见葛云松：《法人与行政主体理论的再探讨——以公法人概念为重点》，《中国法学》2007年第3期。

24 参见张力：《国家所有权遁入私法：路径与实质》，《法学研究》2016年第4期。

种宪法性公权。[25]具体而言，与传统的所有权相比，国家所有权的主体是国家，具有唯一性、统一性、抽象性和虚位性，表现为：国家不是一个具体的法律人格；国家兼具政治人和经济人的双重角色，国家所有权表现为公权力特征和私权利性质；国家是一个特殊的民事主体，它是以国库作为国家在私法上的人格特征。在此语境下，国家所有权的特殊性，易滋生行政权力和民事权利、公法主体与私法主体人格的混同。机关法人财产虽名为国家所有，但作为一个抽象主体，国家实难兼顾到社会的方方面面，而需要委托具体的主体进行管理。[26]例如，作为地方事务的管理主体，地方政府既是执行国家政策的行政机关，又是占有、使用行政资产的主体。在处理机关法人资产的归属和利用关系上，如果国家所有权行使主体与使用主体集于一身，如何将其行政权力的主体与民事主体相分离，又如何区分其行使公权和私权的内容？总之，财产独立制与国家所有权确有相互矛盾之处，集中体现在所有权与行政管理权、行政权与国家所有权、财产所有权与使用权等几对财产法律关系之间的分歧。

（二）机关法人的财产权解析

公产用于公共目的，对其法律地位的认识还局限于私法领域，相反，应当将其作为公法上的一项专门制度。[27]法人保护体系应以财产权为模型，“法人人格权本质上为财产权”。[28]因此，探究机关法人财产权的本质属性，揭示其财产限度，解构其财产范围，实为必要。

1. 机关法人的财产权属性

公共财产的所有权到底归谁所有？这种所有权究竟是公法权力还是私法权利？在全球化的进程中，财产权不断发生变化，尤其是公共财产理论的发展势必要求国际财产权法的出现。与行政私产不同，行政公产是公众使用或者公务使用的财产。行政机关是否对公产享有所有权，是一个存有较大争议的问题。19 世纪，理论界认为公产不能成为所有权的对象。依照罗马法和《法国民法典》的规定，公产是公众使用的财产，而所有权是一种独占的排他性权利，公产与所有权具有不同的理念。同时，行政机关不能对公产进行使用、收益和处分。

25　参见税兵：《自然资源国家所有权双阶构造说》，《法学研究》2013 年第 4 期；巩固：《自然资源国家所有权公权说再论》，《法学研究》2015 年第 2 期。

26　例如，大学使用之财产，行政法人成立前之校舍、土地及其他供教学用之物，行政法人仅有使用、管理权限，所有权属国家，行政法人成立后所增加之财产，才属行政法人所有。参见刘文丰：《两岸公立大学法人化之研究》，北京：中国政法大学 2008 年博士学位论文。

27　参见〔德〕汉斯·J.沃尔夫、奥托·巴霍夫、罗尔夫·施托贝尔：《行政法》（第 2 卷），高家伟译，北京：商务印书馆 2002 年版，第 456 页。

28　房绍坤、曹相见：《法人人格权的立法论分析》，《山东社会科学》2016 年第 12 期。

故而，行政机关对公产不具有所有权，而只有保管的权利。20 世纪，实证主义社会法学家狄骥等学者也否认行政机关对公产享有所有权。他们认为，不能将民法中的所有权理论搬到行政公产中来。然而，20 世纪主流的思想理论认为，应当承认行政机关对公产的所有权，M.奥里乌首倡公产所有权理论。实际上，行政机关对公产具有相当的使用权、收益权和处分权。在法国学术界，对行政公产所有权的法律性质有两种观点：其一，建立在民法所有权理论之下，认为公产所有权就是民法上的所有权，公产所有权具有公共使用和所有权的双重性质。其二，为行政法上的所有权，行政主体对公产的公共使用是行使所有权的重要表现形式。公产所有权来自民法中的所有权观念，但是行政法已经对其进行了修改。行政法上取得所有权主要是通过公用征收取得所有权。公产所有权归属于行政主体，而行政主体由国家、大区、省、市镇的行政机构组成。[29]

法人财产权是一种“源权利”，它的存在基础不仅是现有的权利，还是权利和法益的结合物。在传统大陆法系国家，财产权仅是一种财产的梳理与归类，而非法定之权利类型。民法中，财产权以“物”为基础，因“物”的占有、流通而分别形成物权、债权。[30]但是，不论是民法财产权抑或商法财产权，均为私法财产权。而时至今日，现代财产权理论已日益呈现为一种复合的财产权理论。也就是说，私法财产具有公共性，其权能（支配权、使用权等）行使日益受到公共利益及公共权力机构或公共目的的限制，体现为一种公共财产权。[31]

申言之，财产权具有个人性和公共性的双重属性，分别意味着要高度重视个人财产权以及注重财产权社会义务之面向，由各机关法人对这一部分重新进行合理分配。[32]换言之，财产权作为一个较为广义的概念，它既可以包括传统的私人财产权，也可以包括日益引起关注的公共财产权。从本质上看，在权利属性和来源层面，可将财产权理解为私人财产权和公共财产权两个范畴，即私权利与公权力的一体两面。诚然，公共财产权和私人财产权的并存，是矫正财产分配不公与推动社会发展的必要前提，但公共财产权的存在目的，在于实现社会公平，其实现形式主要是国家财产权和集体财产权。为了防止财产的浪费和权力的滥用，对于国家财产权和集体财产权应予以保护，但重在限制和监督。[33]与私法人制度相比较，归根到底，“非营利法人制度与营利法人制度都是一种

29 参见童彬：《法国财产权体系之源与流》，北京：法律出版社 2014 年版，第 189—191 页。

30 参见马骏驹：《法人制度的基本理论和立法问题之探讨（下）》，《法学评论》2004 年第 6 期。

31 参见蒋大兴：《论私法的公共性维度——“公共性私法行为”的四维体系》，《政法论坛》2016 年第 6 期。

32 参见朱振：《财产权的两重性与住宅建设用地使用权续期的制度安排》，《法制与社会发展》2017 年第 6 期。

33 参见马涛：《财产权的公法学解读——基于社会主义法理论的一种思考》，《求索》2012 年第 12 期。

法技术工具”[34]，区别在于其内部有无自然人及其股权的存在，是单向性还是双向性的财产权构造。作为特别法人的一种，机关法人与非营利法人相近，亦有着独特的法人财产权构造。[35]

机关法人的财产，主要包括以公务为目的的非经营性资产和自身拥有的为公共提供的具有财产价值的公权利，包括非经营性的动产、不动产、无形财产等。[36]因此，机关法人的财产权是一种公共财产权，“其功能是利用责、权、利之间互相制约和促进作用”。[37]但是，机关法人并非公共财产的所有权人，仅是在其财产存续期间，在法律的授权范围内行使相应的支配权。机关法人既要履行管理公共财产的“行政职责”，也要合目的性地履行对财产的利用权与处分权。机关法人虽不宜作为公共财产的所有权人，但依旧可以行使公共财产的“合目的性处分权”，实现公共财产的公共利益追求。为此，“公法所有权”理论不可盲目移植，要坚持所有权的权利本位，使公共财产权真正为权利所为，为权利奉献。[38]

2. 机关法人的财产归属：一种支配权

纵观所有权的演进史，从所有权绝对到所有权的社会化，所有权受到了公法和私法的双重限制，因为所有权绝对会可能导致财产支配权的滥用。[39]申言之，国家对财产权的限制，主要表现为对所有权人权利的限制，诸如财产的使用、收益和处分，使得公法与私法相互渗透。各种法律技术被用于财产权的限制，如税法、公益性役权、公共利益。所有权受到诸多的限制，甚至有可能被剥夺。为公共利益，私人所有权可能被征收，也可能实行国有化。如果财产权自由与公共利益相违背，那么财产权利将会受到公法或宪法的限制。税法等公法也侵害着私人所有权领域，税款本身就是对所有权的限制。同时，财产权的限制，应当保护财产权利人的相关利益，还应当符合宪法及其他公法的规定。因此，民法已不能满足财产法的要求，财产权在民法领域之外获得了越来越多的空间。财产权使公法和私法相互融合，并且公法有着许多对财产权的规定。[40]根本而言，机关法人财产所有权受到了公法的限制，而非完整意义上的所有权。

在我国，《物权法》第 41 条确认了“专属于国家所有的不动产和动产”，国家机关并不享有独立的财产权。而在理论上，机关法人财产是否可以作为所

34 税兵：《非营利法人解释》，《法学研究》2007 年第 5 期。

35 参见税兵：《非营利法人解释》，《法学研究》2007 年第 5 期。

36 参见王继远：《我国机关法人财产立法保护初探》，《特区经济》2009 年第 4 期。

37 吴宣恭：《论法人财产权》，《中国社会科学》1995 年第 2 期。

38 余睿：《公共财产所有权的法律属性》，《江西社会科学》2015 年第 1 期。

39 参见童彬：《法国财产权体系之源与流》，北京：法律出版社 2014 年版，第 201—202 页。

40 参见童彬：《法国财产权体系之源与流》，北京：法律出版社 2014 年版，第 192 页。

有权的标的，主要有行政法上的物权说、公共所有权说、公法法人所有权说等三种。其实，不论哪种学说，都倡导法律主体（含机关法人、行政主体、公法法人等）享有财产的所有权。纵观机关法人的制度演进，我国机关法人的经费主要来源于各级政府的财政拨款，例如，20 世纪 80 年代，对行政机关试行“预算包干”的办法，机关法人因自有“小金库”而对其独立经费部分享有所有权。而现如今，机关法人财产预算与资金使用分离，机关无自有“小金库”，机关法人呈现财产非独立的形态，亦就难言财产所有权。当然，“独立财产”不仅应包括“独立经费”，还包括一些实用财产，如办公大楼、划拨的土地使用权。

就支配性财产关系而言，基于机关法人的性质定位，当无成为知识产权权利人的可能，而主要是对因履行职能需要的动产、不动产予以支配。[41]因此，在学理上，机关法人财产的形成，来自机关法人本身的独立人格和国家、地方财政的拨款，但实际上，国家权力的配置却造成了机关法人人格与财产的分离，机关法人财产权实际上由国家、机关法人、公务员所享有。其中，国家享有所有权，机关法人代表国家享有财产支配权，如对办公用品、办公大楼等物的占有，而执行职务的公务员享有财产使用权。例如，我国历朝历代的财产一般由私人所有与国家所有，国有财产又由各级地方具体管理。受过去苏联国有制的理念影响，我国遂将中央与各级地方所有直接支配的财产均视为国有，却并没有赋予各级对其享有所有权。一言以蔽之，机关法人对其财产仅享有占有、使用的权利，在性质上属于支配权。[42]

（三）机关法人的财产范围

鉴于财产权的支配限制，机关法人所拥有的财产并非都能用于“从事为履行职能所需要的民事活动”，那么，机关法人的财产究竟包括哪些？机关法人的财产有直接财产和间接财产之分，哪些资产能用于民事活动？对于不能动的资产，如何从事民事活动？

一般而言，国有资产有经营性和非经营性之分，其中，经营性国有资产就是国有企业资产，非经营性国有资产是机关法人占有、使用的国家所有资产（财政资金形成的资产），如办公家具等。从其发展进程来看，国有资产渊源于罗马法上的神法物和人法物，但因为人格权和财产权的混杂不清、公法义务和私法义务的混淆，罗马时期的国家财产与私人财产处于模糊立法状态。而随着大陆

41 参见屈茂辉：《机关法人制度解释论》，《清华法学》2017 年第 5 期。

42 参见王继远：《我国机关法人财产立法保护初探》，《特区经济》2009 年第 4 期。不过，基于分权、效率等的考虑，推行机关法人独立财产制，赋予机关法人财产所有权大有裨益。而且国有财产均由国家作为统一主体进行具体管理，也不太现实。

法系公私法划分理论的勃兴，国有财产的类型化衍生出国家公产理论。[43]其中，法国是首创公产法律制度的国家，其财产权是公法与私法相互交织的权利体系。依照《法国国有财产法典》的规定，按其性质和用途，法国将国家财产分为行政公产和行政私产，行政公产为国家拥有的所有财产，不得转化为私人所有，不能进行商业交易，不得转让、不受抵押、不受时效约束，公法人对公产行使的权利并不是民法典意义上的所有权。行政私产指属于公法人的私产，可以进入法律意义上的商业交易，公法人对这些财产享有所有权，可以转让这些财产，可以用其设置利于个人的物权，个人也可以依时效取得这些财产。[44]

德国、日本的法律在调整国有财产上，基本沿循法国公产的立法体例，只不过名称使用“公物”罢了，也只是在内涵上有细微之别。例如，在内涵上，德国广义上的公物包括财政财产、行政财产、共用财产[45]，而狭义上的公物并不包括财政财产，仅包括后两者财产形式。日本的公物包含直接提供行政组织使用的物和直接由公众使用的物。[46]在“公产”名称术语上，法国视之为一种“财产”，日本将其规定为一种“有体物”，德国视其为一种“物”。但与之不同的是，意大利和瑞士则采取了公法和私法双重调整国家财产的立法体例。一方面，民法典规定了国家财产的范围及其限制，除法律有特殊规定外，国家财产不得转让、不得为第三人利益设定物上负担；另一方面，除民法典的规定外，国家财产由特别法作出规定。[47]英美法虽没有公私法的划分，也没有概括性的公产或公物的法律概念，但以公共信托方式来规制国家财产。

诚然，行政法上的行政公产是指由执法主体为了提供公用而所有或管领的财产，主要包括海洋公产、河川湖泊、空中公产、地面公产等。而行政私产是作为财政收入目的使用的财产，旨在增加财政收入，如供收益使用的房屋、土地、森林等。关于机关法人的财产范围，应当基于其私法性，并参照行政公产的划分，将其划分为供私法使用的财产和不能供私法使用的财产。对于前者，机关法人能够用其进行民事活动，履行民事责任，而之于后者，机关法人在为履行职能需要进行民事活动时，实难用以履行民事责任。申言之，供私法使用

---

43 公物是以德国、日本、我国台湾地区为代表的国家和地区的行政法学中广泛使用的概念，公产则是以法国为代表的其他大陆法系国家和地区行政法学上广泛使用的概念。在理论意义上，“财产”作为“物”的上位概念，财产权不仅包括客体物，还包括“债”。而“债”实际上根本无法成为公务用或公众用的客体。在这一意义上，使用“公物”的概念比“公产”更为严谨，使用“公物”的概念更符合我国的实际；使用“公物”的概念符合未来行政法学的发展趋势。参见姜广俊：《公物与公产概念辩析》，《求索》2008 年第 4 期。

44 参见童彬：《法国财产权体系之源与流》，北京：法律出版社 2014 年版，第 196 页。

45 参见陈新民：《行政法学总论》，台北：三民书局 1997 年版，第 335 页。

46 参见〔日〕盐野宏：《行政法》，杨建顺译，北京：法律出版社 1999 年版，第 752 页。

47 参见李志文、耿岩：《论公用物公法与私法层面上的双重法律规制》，《暨南学报（哲学社会科学版）》2007 年第 6 期。

的财产是作为行政经费或财源的财产，具体包含财政拨款、“规费”收益等国有资产，是为一种财政实用性资产，不能供私法使用的财产包括政府办公大楼、机关车辆、办公物品等，即前者明确能够用于支出，可以为机关法人从事必要的民事活动进行支出，后者一般不可用于应对民事活动，以及用以履行私法责任。但是，不论是供私法使用的财产抑或不能供私法使用的财产，都将其纳入预算之中。总体而言，鉴于财产权的支配权属性和机关法人从事民事活动的特殊性，机关法人的财产范围具有有限性。

四、机关法人财产的规范构造：一种公共财产权的视角

实际上，“所有权是一种法律拟制的制度事实”[48]，国家所有是一种在公共信托下的虚拟所有，旨在公平有效调配财产分配这一社会功能。[49]根据国库理论和“修正的私法所有权”理论，公物既适用私法所有权的所有规范，同时又因“公物设定”这一行政行为而受到公法限制。[50]其实，每一项财产权利都不是单纯由公法或私法调整，财产权不仅可由私法调整，也可由公法调整，或者实行公、私法二元规范。具体至机关法人占有和使用的国有资产，机关法人能够实际管领和直接支配财产，本质上是一种排他性的物权。基于机关法人财产和责任非独立的现实，若发生重大民事交易活动，机关法人该如何处理？机关法人兼具公、私法属性，其财产源于财政拨款，其财产权应当由公法和私法综合保护，尤其要运用财政法加以调整。而在公共财产法语境下，机关法人的财产属性体现在公共财产的取得、用益和处分上，因而从取得、使用、收益和处分上对机关法人财产权进行规范构造。

（一）机关法人财产的取得法定

“法无明文规定不得任意行政”，任何行政必须有法定依据。而从税收法定发展而来的财政法定，其立论基础在于财政权的扩张与控制[51]，财政收入法定是其中的一项法定范式。[52]在公共财产法的架构下，“财政收入是指政府基于公

48 王家国：《所有权的拟制属性与社会功能——兼论“公的所有权”及其实现路径》，《法制与社会发展》2015年第4期。

49 参见侯宇：《国家所有权之形与名》，《河南财经政法大学学报》2017年第6期。

50 参见袁治杰：《民法典制定中的国家与国库问题研究》，《中国法学》2017年第3期。

51 参见刘剑文：《论财政法定原则——一种权力法治化的现代探索》，《法学家》2014年第4期。

52 参见张成松：《财税权力清单的法治反思与体系构造》，《上海政法学院学报（法治论丛）》2017年第4期。

共性原则，依法将私人财产转化为‘公众之财’”[53]，因而要注重财产取得的正当性，对私人财产进行公法保护。众所周知，机关法人的财产来源于财政拨款，但如何获取财政资金，这涉及私人财产的取得与转化问题。对于私人财产转化为机关法人财产，公共财政理论、公共利益理论、基本权利理论为其奠定了正当基础。对于公共财产取得，借由公共财产权使私人财产转化为公共财产时，应严加约束并研判其正当性与必要性。例如，“国有化取得公共财产的行为，亦应具有宪法依据……在政府收费时，应遵循收费理性观念和受益负担原则”[54]。具言之，在公共财产的转化中，财政法定原则尤为重要，应逐步取消“授权立法”，推行完全的“人大立法”。量能课税、财政法定、稽征经济、财政需要、不溯及既往等是财税立法必须考虑和遵守的基本原则，而且还要遵循和贯彻更为具体的原则和规则，如比例原则、信赖保护原则；银行贷款、发行债券是政府负有偿还责任债务的主要来源，[55]收费立法应体现量能负担和平等原则，以保障公共财产权行使的均衡性与正当性；政府发行公债则应明确公债发行的偿付均衡原则，掌握好预算平衡与代际公平的尺度，避免损害全体人民的最终财产利益。总之，不同类型的财产适用不同的规则，不论是公共财产的转化抑或支配，都应纳入法定原则的范畴。作为机关法人的部分财产，根据法律自行取得的财产，同样要恪守取得类型、取得程序、取得范围等诉求。

为此，在遵循公法法理的同时不违背民法法理，创新机关法人的治理结构、破产能力等方面的理论与制度。除适用私法上有关财产所有权变动规则外，机关法人因其双重身份，而在财产所有权的变动方面受有很多限制。机关法人并不是财政收入主体，通常需要国家预算拨款，但实践中也会有法定之收费等收入行为，这也必须严格恪守法定主义，不能任意而为。[56]不同于私法，机关法人也不能因时效等法定事由而占有机关法人财产。

（二）机关法人财产的使用约束

机关法人财产如何使用？由谁使用？如何防止公共财产被挥霍滥用？谁来监督公共财产的公益性目的得以实现？通常而言，使用人对国家公产使用享有一种使用权利。相对于私法上的使用权利，国家公产的使用权利是一种公法上的权利，既为公法所创制，也可能为公法所变更或废止。机关法人财产根据公法规则确立，由机关法人提供公用，以满足公共利益的需要为宗旨，是一种具

---

53 刘剑文：《公共财产法：财税法的本质属性及其法治逻辑》，《财经法学》2015 年第 1 期。

54 刘剑文、王桦宇：《公共财产权的概念及其法治逻辑》，《中国社会科学》2014 年第 8 期。

55 参见张三保、田文杰：《地方政府企业化：模式、动因、效应与改革》，《政治学研究》2014 年第 6 期。

56 参见吕瑞云：《公法法人财产所有权问题研究》，北京：中国社会科学院研究生院 2011 年博士学位论文。

有公用价值的独立的财产形态。[57]这意味着财产管理人应当为了使公产实现公共使用的目的，而采取必要的一切行为，包括公共使用目的的变动，财产的维持、改善和保护，以及财产的使用管理。[58]根本而言，机关法人财产所有权的法律属性不是“公法权力”，而是“私法权利”。它与其他私法所有权一样，均接受私法的一体、平等保护。但是，公产的公益性和公共目的性，决定了其与一般私产在法律关系上的差异，包括政府在公物上的管理权和公众在公物上的使用权。[59]

深究之，在公、私法日益渗透的形势下，机关法人财产的利用关系是一种混合性的法律关系，当它遭受公权力机关或第三人侵害时，其与私人财产都应平等地受到公、私法保护。这表征着，适用于公产的法律规范并不以公法为限，相关的私法规范并没有完全被排除适用。根据修正的私有财产权，公产应当适用私法原则，在可能的范围之内，公共财产也是私法财产权的客体。同时公产处于特殊的公法支配权之下，公法支配权与私法支配权相对应并且交叉重叠。公法支配权在公务目的范围之内排斥私法支配权，但只有在法律有明确规定时，才能严重限制私有财产权。在与公法目的不一致的范围之内，公法支配权和所有权排斥私有财产上的权利。公共财产权产生于“公共支配权”理论，认为国家机关依法都应当拥有必要的财产，且这些财产受财政法、行政法等公法的调整和约束。[60]

国家对机关法人的经费拨款，都是按预算支出科目进行，机关法人必须遵照专款专用的原则使用，按规定的开支范围和货币额度用款。具体而言，国家对机关法人财产享有国家所有权，机关法人享有支配权，如何对其行使支配权应当由规制公共目的的法律来调整。基于机关财产的“非营利性”特质，其“规费”收取仅用于维持其事业，机关法人财产的利润不具有公司法人的分配功能，不能以任何形式转变为私人财产等。[61]从根本上说，公共财产的利用属于公共事务，[62]应当根据法律规定的许可使用，[63]机关法人只能是为了公共目的，对其独立财产进行私法性质上的使用。因此，机关法人财产的使用有着特殊的保护方式，应有以下限制性规定：其一，禁止将其让与他人，或于其上设定担保物权

57 参见余睿：《论行政公产的法律界定》，《湖北社会科学》2009 年第 9 期。

58 参见张建文：《公产法视角下的宗教财产透视》，《法律科学》2012 年第 6 期。

59 参见杨解君、赖超超：《公物上的权利（力）构成——公法与私法的双重视点》，《法律科学》2007 年第 4 期。

60 〔德〕汉斯·J.沃尔夫、奥托·巴霍夫、罗尔夫·施托贝尔：《行政法》（第 2 卷），高家伟译，北京：商务印书馆 2002 年版，第 476 页。

61 参见王继远：《我国机关法人财产立法保护初探》，《特区经济》2009 年第 4 期。

62 参见张力：《国家所有权遁入私法：路径与实质》，《法学研究》2016 年第 4 期。

63 李昌庚：《国家公产使用研究》，《政法论丛》2014 年第 2 期。

等私权，原则上不可自由处分，不得作为交易标的；其二，机关法人财产以公用为限，不得为扣押、拍卖等强制执行行为；其三，禁止对机关法人财产实行“征收”，以改变公物设定用途。[64]而且，机关法人必须履行正当使用、合理使用、特定使用、效益使用、公开使用资产等义务。例如，法国公产有一般使用和特殊使用之分，前者无需特别批准，除开法律为了其他共同使用人的利益作了例外规定，不得限制使用人的范围；[65]后者是预防性的使用许可赋予的一种物权。此外，机关法人财产的使用，应遵循“公共利益”的实质要件和“法律保留”的形式要件。[66]原则上，机关法人财产不得为强制执行标的，不适用取得时效，其融通、公用征收等都严格受到一定目的和条件的限制。总之，鉴于机关法人财产所有权利益归属的公共性和财产功能的多样性，其使用是有限制的，主要体现为使用主体和使用目的限制。

（三）机关法人财产的收益限制

在公共财政语境下，机关法人财产的根本目的在于保障和增进公共福利，以实现人的自由与尊严为宗旨。在收益上，必须坚持其服务公益的目的，以损益补偿为原则。遵照我国《物权法》第 53 条之规定，机关法人财产不具有收益功能。但是，实践中却有将闲置的行政大楼出租、公路横眉面或一侧设立广告牌、办公大楼外墙刷登广告等能够产生“收益”的行为。在此语境下应有所区分，如果机关法人财产只能用以直接提供公共服务，则禁止用于收益。但如果为了更好服务公益、提升机关法人财产能力考虑，收益行为也并非不可。核心问题是，机关法人财产在收益之时，要格外关注财产行为的公共目的，其适用要接受公法目的的考量。换言之，法律应当对机关法人财产的私法行为作规范限制和约束。

机关法人财产的用益，即财政预算管理及公共财产的保值增值。在现代市场经济中，机关法人的功能具有二重性：私法活动中的营利性功能和公法领域中的非营利性社会功能，即增值性和公益性。因此，为了更好地保障和增进公共福利，机关法人财产的使用和处分理应恪守效率原则，在不损公平、公正之余，尽可能提高机关法人财产的“流通”效率，实现财产的保值乃至增值。机关法人虽依法经财政预算取得财产，但使用和处分必须受公法约束，要尽到“支配”主体的勤勉义务。秉持量入为出和技术谦抑等基本原则，在公开透明、规

64　参见王成栋、江利红：《行政征用权与公民财产权的界限——公共利益》，《政法论坛》2003 年第 3 期。

65　参见〔德〕汉斯·J.沃尔夫、奥托·巴霍夫、罗尔夫·施托贝尔：《行政法》（第 2 卷），高家伟译，北京：商务印书馆 2002 年版，第 506 页。

66　参见张翔：《公共利益限制基本权利的逻辑》，《法学论坛》2005 年第 1 期。

范有序的制度环境下展开。不论是横向之维的机关法人抑或纵向层级的机关法人，财力差异不言而喻，但应强调公共财产用益的社会福祉性，通过财政工具来调整此种不平等性，达到公共财产分配正义的效果。[67]

不可否认，机关法人具有公法人与私法人的双重身份，集“运动员”和“裁判员”的二元角色于一体，因此在私法活动中要防止对财产收益控制的失范。至于机关法人财产用益的控制，重点还在于预算管理，以预算法促进和监督机关法人资产的保值增值。根本而言，财产增值虽不是机关法人的首要功能，但增值也不失为一种间接增强公共福祉的有效手段。不过，机关法人财产用益行为，均要纳入预算，由《预算法》对其进行严格规范和约束。[68]

（四）机关法人财产的处分规制

“公产位于私法与公法之间，不能只适用私法规范，否则，公共目的的执行就可能受私法权利人意志的摆布。”[69]对于机关法人财产，原则上不允许公产进行融通，不可自由处分。因为被设定了公务负担的公产属于禁止流通物，公法人的私法支配权受到了财产公法目的的约束。如果损害了确定的公产目的，私法行为、强制执行中的处分或者征收行为无效。如果允许自由转让公共财产，将公共所有权转让给他人，势必会影响到公产公共目的的达成。例如，法国行政法采取的是严格的禁止主义原则，公产在公共使用目的范围内，所有权不能转让。不过，机关法人财产虽属于不融通物，不得成为交易标的，但其目的在于使公产符合公之目的，因此，在不影响公共目的的限度内，公产具有相对可融通性，亦可进行处分。[70]公产在作为私法制度的客体时，可以参与权利的转让。此时，它处于私法规定的所有人处分权之下，可以成为法律行为的客体，比如可以私法方式出售或者设定义务。[71]也就是说，对机关法人财产而言，其所有权主体为国家，机关法人仅享有支配权，但在基于公共使用目的的私法人领域，仍可进行处分。如此的制度设计，既可弥补政府对公产建设投入的不足，又最大限度地开发了公产的效用。

从私法的角度看，处分包括事实处分和法律处分，前者的法律后果在于所有权的绝对消灭，如拆除房屋；后者则是所有权全部或部分权能移转。对于机

---

67 参见刘剑文、王桦宇：《公共财产权的概念及其法治逻辑》，《中国社会科学》2014 年第 8 期。

68 参见高桂林、翟业虎：《反思国有资本经营预算法律制度的目标定位》，《政治与法律》2009 年第 4 期。

69 〔德〕汉斯·J.沃尔夫、奥托·巴霍夫、罗尔夫·施托贝尔：《行政法》（第 2 卷），高家伟译，北京：商务印书馆 2002 年版，第 474 页。

70 参见李砾、王丹：《行政公产理论问题研究》，《广西政法管理干部学院学报》2002 年第 4 期。

71 参见〔德〕汉斯·J.沃尔夫、奥托·巴霍夫、罗尔夫·施托贝尔：《行政法》（第 2 卷），高家伟译，北京：商务印书馆 2002 年版，第 479 页。

关法人财产的事实处分，有害于行政公产本身的设立目的。但某些情况下的收益行为应可为之，如公园果树果实的采集。对于法律处分，若与其公共使命相悖则不得为之。对于自有公产，不得让与他人，或在其物上设定地上权或抵押权等限制物权；而对于他有公产，也只是在不妨碍公产使用目的范围内，方得为之。[72]

在设定上，机关法人财产以公共行政目标的实现为价值目的，以公共使用的目的为其前提，在此基础上，其处分也须以公共利益为核心。因此，在财产处分上，必须明确机关法人的处分权限、处分原则、处分程序等，以公益作为评价基准，以此区别私法上的行为“任性”。[73]机关法人在预算支出时，更应坚守公法约束性，严格履行公法义务，对机关法人的资产尤其是货币性资产要有行之有效的审计监督机制。除此开外，值得关注的是处分环节中机关法人财产转换为私人财产的情况。其转换方式有直接转化和间接转换之别，或者称之为显性转换和隐形转化之分。其中，间接财产转化中，机关法人财产通过披上法律之外衣，以“合法”形式将机关法人财产据为私人所有。这种境况与机关法人财产的公共职能目的极不吻合，不仅给国家财政带来损害，同时更是公民公共福祉的牺牲，必须高度关注和重视。[74]

五、结　　论

综上，机关法人财产的保障，不仅在实体环节要求严格遵循法定主义，注重财政行为的正当性，而且在程序上注重协商民主、问责监督与法律救济，强调公共财产权的民生品格与价值归宿。当机关法人财产遭到侵害时，机关法人可以对侵权人直接依法采取强制措施，排除对行政公产的妨害，以求公共财产的安全。[75]公产被损害或者损毁的，所有人可以要求损害赔偿，物主还对违反目的约束的行为享有公法上的补偿请求权。例如，在法国，根据发生争议的关系是私法性质还是公法性质，因公产发生争议的法律救济途径可能是普通法院，也可能是行政法院，但目的均在于保护公共财产。[76]总之，机关法人财产是财政收入的一部分，资产转换是民事主体之外的、复杂的内部管理活动，均要符合

72　参见梁凤云：《行政公产研究》，北京：中国政法大学 2011 年硕士学位论文。

73　参见吕瑞云：《公法法人财产所有权问题研究》，北京：中国社会科学院研究生院 2011 年博士学位论文。

74　参见刘剑文、王桦宇：《公共财产权的概念及其法治逻辑》，《中国社会科学》2014 年第 8 期。

75　参见黄维：《行政公产的理论问题探析》，《行政与法》2008 年第 1 期。

76　参见〔德〕汉斯 · J.沃尔夫、奥托 · 巴霍夫、罗尔夫 · 施托贝尔：《行政法》（第 2 卷），高家伟译，北京：商务印书馆 2002 年版，第 493 页。

预算法、财政法等的规定。当发生为履行行政职能所需的民事活动时，应由机关法人承担责任。对于没有独立经费的法定机构，由上级机关承担。通过民法（私法）和财政法（公法）的双重规范，终将实现规范和约束机关法人行为，进而实现公共福祉的目标。

Reflection and Construction of Financial Law on Independent Property System of Organs as Legal Persons

Zhang Chengsong

Abstract: As a kind of group structure, if Person of State Organ wants to enjoy rights and assume obligations, the premise is to master its property capacity. According to the general view, Person of State Organ should have independent property, emphasizing the independence of property. However, the property of Person of State Organ mainly comes from state appropriation, and it is difficult to guarantee its autonomy and it's specific characteristics. From the point of financial law, Person of State Organ is not an independent financial subject, and it is not based on budgetary funds alone. In nature, Separate Property is related to the state ownership, but Person of State Organ does not have the ownership, and has the right of domination; in the property structure, the property of Person of State Organ should be protected by both public law and private law, especially by the financial law. In the context of public property law, the property attributes of Person of State Organ are embodied in the acquisition, use and disposal of public property, so Separate Property can be regulated from them.

Keywords: Person of State Organ; Separate Property; Independent Funds; Communal Property; Financial Law

保险损失分摊原则之适用

郭梦圆

摘　要：保险为风险管理的重要手段之一，损失分摊原则，是重复保险情形下保险人如何承担责任的一项基本原则。损失分摊原则的适用问题，包括内部关系与外部关系两个方面。从损失分摊的内部关系来看，因消极财产保险无从估计保险标的之价值，采用最大责任计算法，将因被保险人订立其他保险契约金额之不同而影响其应负责之额度，因此，最大责任制无法适用于消极财产保险；积极财产保险中，独立责任计算法遵从各保险契约之独立性，将各保险契约之免责额、分担额等因素考虑在内，使得保险人之间的损失分摊更为周全。因此，损失分摊的内部关系中，应采独立责任计算法。从损失分摊的外部关系来看，通过比较三种不同的立法模式，分析民法上多数债务人之债中按份之债与连带之债区分的理论基础，认为对于数保险人与被保险人间的外部关系，分摊方式以连带赔付主义为宜，其正当性体现在对于损失补偿原则的服膺，以及连带赔付主义对保险消费者合法权益的保护等方面。

关键词：损失分摊；重复保险；损失补偿；多数人之债；保险消费者保护

作者简介：郭梦圆（1995—　），中南财经政法大学博士研究生，主要研究方向为经济法学。

目　次

损失分摊原则，是重复保险情形下保险人如何承担责任的原则，是损失补偿原则的派生原则。对于损失分摊原则，虽然各国保险立法都有规定，但具体内容可谓千差万别，在适用上极具争议。关于损失分摊原则，我国2009年修订的《保险法》第56条第2款作出了规定，但是其中的规定是否详尽？是否符合损失分摊原则之立法趋向？是否符合损失分摊制度之立法本旨？能否使保险人公平地分摊损失以及平衡保险契约双方利益？凡此种种，皆需进一步考量。本文将通过对损失分摊原则内部与外部关系两个部分的探讨，对各种分摊方式进行比较，分析争点，得出结论，澄清关于损失分摊原则具体适用问题的争议，并针对我国保险法对于损失分摊原则规定中的缺失，提出完善建议，以期服务司法，保护保险消费者合法权益，平衡保险契约双方利益，推动保险业的快速发展。

一、内部关系中的损失分摊：最大责任制抑或独立责任制

复保险情形下，为避免被保险人受到超额补偿，数保险人对损失进行合理分摊。损失分摊原则的重要层面之一，为各保险人间对于同一被保险人的损失如何计算与处理的问题，即损失分摊的内部关系问题。关于如何分摊，存在“最大责任制”与“独立责任制”两种计算方法。

（一）最大责任制与独立责任制的比较分析

1. 概念区分

最大责任制，是指损失发生时，各保险契约均为有效，按照每一保险人应当承担的最高给付份额，与数个保险人应承担的给付份额总和之比例，确定各保险人应当承担的份额。我国《保险法》与《海商法》均采用最大责任制。最大责任制的计算方法可以表示为如下公式：首先计算各保险人的给付总额，赔偿总额＝损失数额×（保险人总保险金额÷保险价额）；再计算各个保险人的给付份额，即各保险人赔偿额＝赔偿总额×（各保险人应承担最高给付份额÷数保险人应承担最高给付份额之总和）。

举例言之，A公司将其位于上海市仓库内的货物，向甲公司投保20万元的商业火灾保险，向乙公司投保30万元的商业火灾保险。该仓库于保险期间内发生火灾，经过保险公证公司理算发现，火灾发生之前一刻保险标的仓库中的货物价值30万元，而此次火灾所造成的货物损失为25万元。在此情况下，若依照最大责任制计算方法，甲公司应承担：25万元×［20万元÷（20万元＋30

万元）]＝10 万元，乙公司应承担：25 万元×［30 万元÷（20 万元＋30 万元）]＝15 万元。

独立责任制则与最大责任制不同，此种计算方法假定损失发生时没有其他保险契约存在，而按照各保险人应承担的无其他保险存在下的最高赔偿责任与数保险人应承担的最高责任之和的比例，计算各保险人应承担的份额。[1]即先行求出在没有其他保险契约存在时，各个保险人个别应负赔偿份额，再按照其与全部保险人总赔偿额的比例，分摊给付责任。一般称此为“净损失规则”的一种分摊。[2]依据法律规定对独立责任计算法的描述可知，独立责任制的计算方法可以表示为如下公式：首先计算无其他保险存在的情形下，各保险人的独立责任额；再依照各保险人之独立责任额占总独立责任额的比例分担损失金额，即各保险人赔偿额＝损失金额×（各保险人独立责任额÷保险人独立责任总额）。

举例言之，价值 100 万元的一批货物，甲保险公司承保 90 万元，乙保险公司承保 60 万元，该货物在保险期间内发生事故，经过保险公证公司理算发现，此次事故造成的货物损失额为 50 万元，在此情况下，若依照独立责任制计算方法，则赔款分摊计算如下：首先，甲保险人独立责任额＝90 万元÷100 万元×50 万元＝45 万元，乙保险人独立责任额＝60 万元÷100 万元×50 万元＝30 万元，那么全部保险人独立赔偿责任总额为 75 万元；甲保险人应负赔偿金额＝45 万元÷75 万元×50 万元＝30 万元，乙保险人应负赔偿金额＝30 万元÷75 万元×50 万元＝20 万元。

两者相比，最大责任分摊法的优点是简便易行，直接根据各保险金额的比例即可算出结果，不需要过多的计算步骤，因此为多数国家和地区所采用，如日本、韩国和我国台湾地区、澳门地区等。独立责任分摊法的优点则在于“并不停留于保险金额（责任限额）这一表面现象，而是透过现象看本质，充分考虑不同损失类型的具体情况，更为公平合理”。[3]

2. 比较法观察

保险实务存在“最大责任制”与“独立责任制”两种计算方法，在各个国家和地区，保险学说、立法和判例出现了较大分歧。

1）适用最大责任制之立法例

在域外立法例中，采最大责任制的主要有韩国《商法》第 672 条第 1 款，以及《魁北克民法典》第 2496 条第 3 款等，即都在法律条文中规定各保险人按照各自保险金额比例承担补偿责任，采取了最大责任制的内部分摊方法。此外，

1 陈欣：《保险法》，北京：北京大学出版社 2010 年版，第 232 页。

2 郑镇梁：《保险学原理》，台北：五南图书出版股份有限公司 2005 年版，第 249 页。

3 李玉泉：《保险法学——理论与实务》，北京：高等教育出版社 2007 年版，第 244 页。

最大责任制的分摊方法也被广泛应用于我国。我国《保险法》第 56 条第 2 款、《海商法》第 225 条以及我国台湾地区“保险法”第 38 条、我国澳门地区《商法典》第 1002 条规定，都采取了最大责任计算法。

从以上立法例可知，最大责任计算法是指损失发生时，各保险契约均为有效，按照每一保险人应当承担的最高给付份额，与数个保险人应承担的给付份额总和之比例，确定各保险人应当承担的份额。最大责任计算法以各个保险合同所应承担的最高给付份额与数个保险合同的最高给付金额总和的比例为依据，划分责任。这种计算方法不考虑各个保险合同中的特殊规定，仅以保险金额为基础进行计算，不需要过多的计算步骤，承担责任的比例与保险金额比例相对应，计算简便易行。因此，作为传统的内部分摊计算方法，为许多立法例所采用。

2）适用独立责任制之立法例

以德、日等国家为代表的立法例，主张一体化采用独立责任制，不论其为责任保险抑或财产损失保险。[4]德国 1908 年《保险契约法》第 59 条第 1 款规定，保险人就其应给付金额负连带债务人责任；第 2 款规定，各保险人的补偿金额依照在无其他保险契约存在时应给付的数额为定。德国于 2008 年修改了《保险契约法》，但对此条并无其他修改，仅将条款序号进行了变更。因此，德国保险立法沿用了其最初确立的独立责任制，至今未曾改变。

《日本商法典》第 632 条规定，各保险人按照各自保险金额比例负担给付金额。1995 年，日本损害保险法制研究会建议采用独立责任制。损害保险法制研究会制定的损害保险合同改正试案第 632 条第 2 项规定，各保险人的分担比例为其合同的独立责任额与总独立分担额的比例。日本于 2008 年颁行了单行《保险法》，于第 20 条第 1 第 2 项作出了详细规定，并采纳了上述关于采用独立责任制的意见，确立了独立责任计算法，并沿用至今。

1906 年英国《海上保险法》第 80 条第 1 款中，对于应当负责的数额如何理解，英美等国司法判例与学说产生了认识上的分歧。相对立的争论在于，一种观点认为是指保险人对于事故发生后的损失承担按照其份额比例应给付的最大责任，另一种观点则认为，是指保险人对于事故发生后应承担的是单独的实际责任，这两种观点分别对应两种计算方法，即“最大责任计算法”与“独立责任计算法”。赞成“最大责任计算法”的人主张分摊的基础应当是，订立较高责任额的保险契约应承担绝大部分的损失。但反对者认为，应当解释为采用独立责任基础。

4　樊启荣：《复保险中损失分摊原则之现代整合——兼论〈中华人民共和国保险法〉第 56 条第 2、4 款之完善》，《法商研究》2012 年第 6 期。

美国实务中的争议，在 American Surety Co.v.Wrightson 一案中予以明确。法院考虑到实际情况下，各保险契约可能存在分担条款，或者依照比例分担所得的结果并不明显，[5]因此在此案中，Hamilton J.主张各保险人所应付责任为，假设无其他保险契约存在时，以该保险人应负担的份额与总份额的比例计算其分担额，即称为“independent liability basis”，采用了独立责任制。

而英国法院则于 Commercial Union Assurance Co.v.Hayden 一案中，通过判决对适用最大责任制抑或独立责任制的争议作出了明确表态。[6]本案中，Donaldson 法官支持最大责任计算方法，因为在无分担条款的财产保险中，最大责任计算法为其基础。但上诉法院法官并不这样认为，而持相反意见，认为应采用独立责任制，因为合理商人更倾向于此种做法。“在订立保险合约时并没有想到会有双重保险，如果在事后扯上其他的保险人按最高责任分摊是不恰当的”。[7]与德、日等国不区分责任保险与财产保险而一体化采用独立责任制的立法例不同，20 世纪下半叶，英美法系国家法院的普遍做法是，对财产保险与责任保险分别使用不同计算方法，即将独立责任制适用于责任保险，而在财产保险中适用最大责任制。[8]其理由在于，一些学者认为，财产保险与责任保险存在许多区别，基于其中的区别，不应采用相同的理论一体化地解决不同的问题。

（二）最大责任制之摒弃：无法适用于消极财产保险

财产保险合同，其保险标的为财产及其相关利益，是投保人通过支付保险费，换取事故发生时保险人对损失承担给付责任的合同。现代意义上的财产保险，起源于海上保险，构造了填补被保险人损失的制度结构，承保现实生活中影响被保险人的“财产及财产利益”安全的各种损失风险。[9]财产保险以财产及相关利益为保险标的，在对财产保险进行分类时，依据保险利益种类的不同，即订约时是否能合理估计其保险标的之实际价值，可以区分为积极保险与消极保险。[10]

1. 消极财产保险之特殊性

消极财产保险是指，“保险契约所保障的对象，为被保险人的消极保险利益，此保险利益是特定人对于某一‘不利’之关系，此不利之发生将使特定人

---

5 〔英〕奥梅、希尔：《海上保险：法律与保险单》，郭国汀等译，北京：法律出版社 2002 年版，第 615—616 页。

6 〔英〕奥梅、希尔：《海上保险：法律与保险单》，郭国汀等译，北京：法律出版社 2002 年版，第 615 页。

7 杨良宜：《海上货物保险》，北京：法律出版社 2010 年版，第 506 页。

8 程兵：《保险损失补偿原则研究》，北京：法律出版社 2015 年版，第 275 页。

9 邹海林：《保险法》，北京：社会科学文献出版社 2017 年版，第 14 页。

10 樊启荣：《保险法诸问题与新展望》，北京：北京大学出版社 2015 年版，第 314 页。

产生财产上之损害”[11]。消极财产保险是为了防止被保险人因法律规定、契约义务或其他事实引起财产上的负担而设，其保险标的并非特定的财产或利益。“消极保险利益可分为两种类型，即‘损害赔偿责任负担类型之利益’和‘费用负担类型之利益’，前者以责任保险为典型，后者以实支实付型医疗保险为著例”。[12]

1）消极财产保险之特殊性：无“保险价值”概念存在

“保险价值”一词，是财产损失保险合同中的重要概念，保险利益是一般财产保险成立的重要条件。保险人所填补的损失，以“保险金额”表示。“保险金额”为保险人“约定的”最高限度，而“保险价值”则为“法定的”最高限度，两者尚有不同。保险价值作为法定的最高限额，是为了防范道德危险以及防范赌博而设，是公序法上的限制，当事人仅能在此范围内约定低于或等同于此限额的给付。[13]在规范范围上，保险价值是财产损失保险合同中的特有范畴，对人身保险而言并无太大意义；依照法本质角度，保险价值作为一种货币评价，其并非针对保险标的物本身，而是对保险利益的货币评价。从法功能的角度而言，保险价值是保险人给付的法定的最高额度。[14]

消极财产保险的主要特征在于，它的关系连接对象是被保险人的一般财产，而非特定的财产。消极财产保险的保护对象并非某种特定的物或权利，其所保护的是被保险人的整体财产状况。[15]消极财产保险所填补的是被保险人经济上的负担，而非被保险人特定财产所遭受的损害。“责任保险的标的是被保险人不时拥有的财产，即容易受到损害赔偿的‘家产’。简而言之，标的就是他的‘钱袋’。”[16]消极财产保险之保险标的不是被保险人特定的物或财产，因此在保险事故发生前无法估计保险标的之保险价值。“在消极保险中，保险人以一定金额为上限，对被保险人的损失提供保障，但从订约之际至保险事故发生前，均无法预先判断有无违反不当得利禁止之可能，仅待损失发生之后方可判断被保险人之实际损失”。[17]所以，与一般财产保险相比，消极保险的特殊性在于，无“保险价值”概念之存在。

2）消极财产保险与复保险之适用

损失分摊原则是复保险情形下保险人如何承担给付责任的一项原则，积极

11 江朝国：《保险法逐条释义》（第1卷），台北：元照出版有限公司2012年版，第884页。

12 樊启荣：《保险法诸问题与新展望》，北京：北京大学出版社2015年版，第314页。

13 杨仁寿：《海上保险法论》，台北：三民书局1996年版，第198页。

14 樊启荣、康雷闪：《保险价值之法本质与功能解释》，《法学》2013年第4期。

15 樊启荣：《保险法诸问题与新展望》，北京：北京大学出版社2015年版，第314页。

16 〔英〕克拉克：《保险合同法》，何美欢、吴志攀等译，北京：北京大学出版社2002年版，第101页。

17 樊启荣：《保险法诸问题与新展望》，北京：北京大学出版社2015年版，第315页。

财产保险当然适用复保险的有关规定，但消极财产保险是否适用复保险制度的相关规则，存在争议。

我国《保险法》第56条与《海商法》第225条对于重复保险的界定，都要求保险金额总和超过保险价值这一要件。基于上述对于消极财产保险特殊性的探讨可知，消极财产保险中并无“保险价值”这一概念的存在，因此，消极财产保险是否适用复保险制度的有关规定存在争议。

反对复保险有关规定适用于消极财产保险的观点认为，“保险价值”这一概念仅存在于积极财产保险中，通说要求复保险的构成须以“超额”为要件。消极保险并不存在“保险价值”这一概念，故复保险难以适用于消极保险。首先，限额型医疗费用保险、责任保险，在性质上固然属于损失填补保险，但其保险标的均无从确定其保险标的之价值，所以在重复投保情形下，不得适用复保险的规定，仅能适用保险竞合。[18]其次，禁止不当得利是复保险制度的立法目的之一，在消极财产保险中，被保险人受损害数额无法认定，故其保险金额是否高致被保险人有不当得利之虞，无法确定。从而，在肯认复保险应以保险金额总额大于保险价额为要件前提下，也明确消极保险无法适用于重复保险。[19]

笔者认为，消极保险未必不适用重复保险制度的相关规定。首先，从制度设计机理角度观之，复保险制度的设立目的是，在保障被保险人充分受偿的前提下，防止被保险人受到超额补偿，“由于利得禁止原则为损害保险上最基本之原则之一，纵使是消极保险，仍然不许要保人或被保险人借着复数之保险契约来获取额外之利益”[20]。消极财产保险中虽无“保险价值”之存在，但当被保险人获得超过损失数额之补偿时，依然存在不当得利之虞，所以不论积极财产保险抑或消极财产保险，均应有复保险制度之适用。是否适用重复保险的相关规定，要从复保险制度的立法目的角度进行考虑，只要存在不当得利的可能，即应有复保险相关规定的适用，而不论其是否为积极财产保险。若消极财产保险不适用相关规定，那么在多个保险皆为重复保险，且被判定为不构成重复保险时，将会有纵容被保险人获得超额补偿之疏漏。其次，消极财产保险在保险事故发生前，虽然无法估计保险标的之保险价值，但于保险事故发生后，可依“损害额度”为标准，计算保险金给付数额，以禁止不当得利之发生，避免被保险人获得超额补偿。因此，在对复保险构成条件及适用范围的问题进行讨论时，不能仅考虑是否存在保险价值，刻板依据传统保险合同构成要件一体化解决不同类型的保险合同构成问题，而应考虑到除了保险价值之外，仍有损失额

---

18 林勋发：《保险契约效力论》，作者自版1996年版，第159页。

19 江朝国：《保险法逐条释义》（第1卷），台北：元照出版有限公司2012年版，第886页。

20 叶启洲：《保险法关于复保险规定之问题与修正建议》，《保险经营与制度》2011年第1期。

等因素的存在，不可武断通过保险价值判断是否适用复保险，此种做法将使得损失分摊原则无法适用于消极财产保险，属于立法规范上的疏漏之处。

2. 最大责任制于消极财产保险之适用困境

在英国，首先涉及分摊计算方法的是上诉庭先例 Commercial Union Assurance Co Ltd v.Hayden（1997）1 Lloyd' s Rep.1，即商业联合保险公司诉海顿案。[21]案情涉及责任保险的双重保险问题，商业联合保险公司签发公众责任保险单，最高赔付金额为 10 万英镑，而劳合社也签发了一张最高赔付额为 1 万英镑的保单。两家保险公司都提前声明，仅对其比例内份额承担给付义务，若存在复保险情形，对超出份额部分不予赔偿。受保人在发生事故后，向商业联合保险公司提出索赔，获得 4425.45 英镑的赔款。后商业联合保险公司向海顿先生要求分摊，问题在于分摊额度如何计算。海顿先生认为，应根据最大责任制法，商业联合保险公司承担赔付额的 10/11，海顿方劳合社承担 1/10；但商业联合保险公司则认为，既然赔付款未超过两份保单的最高赔付额，就应该根据独立责任制法计算，两个保险人各承担一半赔付额。上诉法院未与高级法院持相同意见，上诉法院认为，两家保险承保人应按照仅存在单独保险契约情况下其应当承担的独立最高赔付额为准进行赔付，采取每一保险人应承担的最高份额为标准，将会存在不公平。此案例是具有十分重大的借鉴意义，它是关于消极财产保险中如何合理分配责任的集中体现。

消极财产保险作为财产保险之一种，其所填补的并非被保险人特定财产所受损害，而是被保险人因各种事项产生的经济上之负担。因此，此类保险仅能确定所承保之保险事故、保险金额，无法估计保险标的之价值。故在订立契约时至损失发生前，无法经由保险标的价值与保险金额之关系，判断是否有违反损失填补原则之可能。此类保险于订约之际，仅约定保险金额为保险人承担损失之最高限制。保险金额在责任保险以及其他消极财产保险中的功能，在于防止巨大损失的发生造成对保险人承担能力的影响。[22]保险人在订立合约时一般不会将前提设为有重复保险存在，所以在对同一损失进行分摊时，应以无其他保险契约存在时保险人应承担的独立责任为基础，计算各保险人的分摊额度。如果以最大责任制为基础，则该保险人如遇到其保险金额范围内之损失时，将因被保险人订立其他保险契约金额之不同而影响其应付责之额度，而且如于最大责任基础中，对于保险人使用保险金额最大目的仅借以防止不可预料之巨大损失实有违误。[23]另外，采用最大责任基础有一项缺点：若其中一保险契约无保险

---

21 杨良宜：《海上货物保险》，北京：法律出版社 2010 年版，第 506 页。

22 汪信君、廖世昌：《保险法理论与实务》，台北：元照出版有限公司 2006 年版，第 123 页。

23 汪信君、廖世昌：《保险法理论与实务》，台北：元照出版有限公司 2006 年版，第 123 页。

金额上限，此时最大责任基础计算方法即失去其基础而难以适用。如英国汽车责任保险，依据英国 1972 年《道路交通法》，如有多数保险时，各保险契约皆无保险金额作为最大责任基础之计算而难以适用此分摊方式；[24]再如船东互保协会或岸上汽车的第三人保险，这些责任保险合约没有最高赔付限额或投保金额，无法按照最高责任计算。[25]故在消极财产保险中，以独立责任制为宜。

（三）独立责任制之采行：积极财产保险中更为周全的分摊方式

积极财产保险是指，“保险契约保障之对象为被保险人之积极保险利益，此利益系特定人对某一积极肯定有利之经济地位或特定积极财产之关系，当此关系受害时，被保险人将蒙受损害”[26]。积极财产保险的客体，一般为有形财产，也可为权利，例如请求权、抵押权，或为一种期待性的经济地位，如期待利益。

1. 积极财产保险采用不同计算方式的效果

与消极保险所保护之对象为被保险人之“整体财产状况”不同，积极财产保险所保障的对象为有形财产、权利或期待性的经济地位，是特定的物或者权利，在契约订立时，保险标的的价值可以预先估计，再依次预测保险事故发生时被保险人可能遭受的损失范围。如前述，对于各保险人内部分摊的计算方法，英国法院倾向将两种计算方法分别适用于不同的财产保险类型，而日本实务不加区分地一体化采用独立责任制，其缘由需要进一步探讨。

保险金额为保险人所承担的给付责任的约定最高限额。在数个积极财产保险构成重复保险的情况下，如果各保险契约均未规定保险金给付条件等限制，此时，采取两种计算方法产生的结果基本相同。但是假如保险标的物为部分损害，而承保此风险的数个保险合同，其中有部分合同在订立时明确规定了分担条款，此时依据两种计算方法得出的结果就会显现出不同。

举例言之，假设有海上货物一批，在货物原产地的保险价额为 40 万元，现有保单 A，保险金额为 20 万元，且附有分担条款[27]，另有保单 B，为实损填补保险，未约定分担条款，保险金额为 20 万元。该货物在保单有效期内发生保险事故，经过保险公证公司理算，造成的货物损失额为 20 万元。那么依照最大责任计算法与独立责任计算法，其结果何如？第一种情况，若依最大责任计算法，A 公司应承担：20 万元×［20 万元÷（20 万元＋20 万元）］＝10 万元；B 公司

24 汪信君、廖世昌：《保险法理论与实务》，台北：元照出版有限公司 2006 年版，第 123 页。

25 杨良宜：《海上货物保险》，北京：法律出版社 2010 年版，第 506 页。

26 江朝国：《保险法逐条释义》（第 1 卷），台北：元照出版有限公司 2012 年版，第 884 页。

27 所谓分担条款，也称损失分担条款（Average Clause），是指在不足额保险情形下，保险金额与保险财产之价值不相符时，被保险人在保险事故发生后承担一部分损失，即保险人与被保险人按投保比例分别负担部分损失。

应承担：20 万元×［20 万元÷（20 万元+20 万元）］=10 万元。就此 20 万元损失，由于 A 与 B 之保险金额都是 20 万元，故各保险人都承担 10 万元的赔偿责任，此时，A 保单中的分担条款失去其规定之意义。第二种情况，若采用独立责任计算法，则赔款分摊计算如下：首先，由于 A 保单附有分担条款，就其独立责任依分担条款计算结果，A 保险人独立责任额=20 万元÷40 万元×20 万元=10 万元；由于 B 保险人无分担条款存在，且其保险金额为 20 万元，所以依照独立责任法计算，应承担数额为 20 万元。对于货物之损失，A 仅承担 10 万元÷（10 万元+20 万元）=1/3，B 保险人承担 20 万元÷（10 万元+20 万元）=2/3，故 A 保险人最终应负赔偿金额=20 万元×1/3=6.67 万元，B 保险人最终应负赔偿金额=20 万元×2/3=13.33 万元。独立责任计算方法下，考虑到了分担条款的存在，计算结果相较而言更为合理。

2. 采独立责任计算法更为公平

由上述积极财产保险采用不同计算方法的效果可知，对于保险人而言，独立责任计算法为更公平的分摊方式。若未约定免责额条款等保险金给付限制，于积极财产保险中，采用不同责任制进行计算时，其结果并无太大差异，最大责任计算法使得各保险人通过商议即可解决的内部份额问题，复杂化为各保险人与被保险人间的外部问题，导致被保险人行使权利费时旷日，造成时间、经济成本的提高。最大责任计算法，以保险金额作为划分责任的唯一依据，而忽略免责条款或分担条款的存在导致的保险金额之变化，未能考虑到保险金额与保费之对价平衡关系，导致各保险人间风险与责任分配不均。不同于最大责任计算法，独立责任计算方法的好处在于，它是一种更加公平的分摊方式，在进行计算时，不仅考虑到保险金额问题，还将眼光放得更加长远，考虑到不同损失情况下如何合理划分给付责任。[28]此计算方法以单个保险契约为基础，遵从各保险契约之独立性，将各保险契约之免责额、分担额等因素考虑在内，使保险人间之损失分摊更为公平。

综上，无论是积极财产保险抑或消极财产保险，独立责任制都是较为理想的损失内部分摊计算方法。我国《保险法》第 56 条第 2 款规定，各保险人按照其保险金额与保险金额总和的比例承担赔偿保险金的责任。基于此款规定可知，我国《保险法》对于损失分摊原则于内部关系的适用，采取了最大责任制，其缺失已不言自明。采用此种最大责任制不利于重复保险各保险人责任公平、明确的划分，计算方法影响因素过多。而采用独立责任计算法，一方面可以避免部分损害情形下因采用最大责任制造成的困扰，又可以使得分摊结果更为公平，

28　李玉泉：《保险法学——理论与实务》，北京：高等教育出版社 2007 年版，第 244 页。

因此以独立责任制为宜。[29]独立责任计算法中，考虑因素较为全面，对于各保险合同各自规定的分担额、免责额等特殊规定，也充分予以考虑，所以独立责任计算法无论从何种角度来看，都是更加合理公平的方法。英国法院于责任保险中采用独立责任制，于一般财产保险中采用最大责任制的不同做法，不利于计算方法的统一与简化。正如学者所言，“在复保险下，责任保险与一般财产保险采用不同的分摊原则，并无充分的理由，因此，可以预见：对于一般财产保险，一体化采用独立责任制，只是时间上的问题”[30]。

二、外部关系中的损失分摊：比例赔付抑或连带赔付

损失分摊原则最为核心的问题，是数个保险人应按照何种比例承担因保险事故发生造成的损失所带来的给付责任。保险人之间承担损失的方式会对被保险人能否充分受偿产生影响，这就涉及损失分摊的另一重要层面——损失分摊之外部关系，即各保险人与被保险人间的关系。

（一）三种立法模式的比较分析

对于规范各保险人与被保险人间法律关系的立法模式，各国和地区有不同规定，主要可归纳为以下三种模式。

1. 日本模式：优先赔付主义

此种赔付模式，是单一理论下债务承担采顺序主义的体现。以保险契约订立时间为标准，复保险契约可分为同时复保险与异时复保险，优先赔付主义仅适用于异时复保险。在异时复保险情形下，各保险人承担保险金给付责任的顺序依照保险契约成立次序而定，契约成立在先的保险人具有先给付保险金义务，如有不足情形，再由后成立契约的保险人依次补足，后保险契约可为前者之溢额保险，后保险契约与前保险契约重合的部分无效。采优先赔付主义的立法例相对较少，且随着社会发展，逐渐被各立法例所抛弃。旧《日本商法典》第633条的规定曾经为优先赔付主义之典型，原《法国商法典》第334条第3款、第359条也有类似规定。但优先赔付主义已失其势头，逐渐被废止。在随后的修法过程中，法国于19世纪70年代通过了《海上保险法》，对原《法国商法典》中的优先赔付主义予以摒弃；日本也在2008年《保险法》的第20条第2款废止

29 樊启荣：《复保险中损失分摊原则之现代整合——兼论〈中华人民共和国保险法〉第56条第2、4款之完善》，《法商研究》2012年第6期。

30 程兵：《保险损失补偿原则研究》，北京：法律出版社2015年版，第275页。

了优先赔付主义。

优先赔付主义的优点在于，保险人按照保险契约订立的不同时间为依据，按照时间顺序确定给付顺序，此种方式责任划分明确，简单易行，有利于防止被保险人受到超额补偿，进而造成不当得利。但优先赔付主义之所以被现代各国立法所抛弃，其缺点是显而易见的。首先，违背公平原则。优先赔付主义要求先订立的保险契约的保险人承担第一位的保险金给付责任，若有不足情形，再由后订立契约的保险人补足。此种模式，造成保险人间的损失分摊不均。善意复保险并不增加危险发生的概率，但在优先赔付主义下，前保险人并未因重复保险的存在而使责任得以分摊，相反，后保险人的赔偿责任被减轻甚至免除。[31] 其次，有违对价平衡原则。保险契约订立时，依照对价平衡原则，保费的收取与承担的风险形成对价。若采用优先主义，后订立契约收取了高额保费，却因先订立契约的存在，承担小部分责任或不承担责任，有违保费与风险的对价平衡原则。最后，不利于被保险人之利益保护。在异时复保险情形下，后契约当然无效违反当事人订约时寻求多重保障的目的。[32]被保险人订立多重保险的目的，在于其内心存在保险人支付能力不足以承担保险事故发生造成的损失之忧虑，因此为了使保险标的获得多重保障，被保险人才投保了多份保险用以充分实现契约目的。采用优先主义时，在先契约之保险人失却清偿能力的情况下，后契约又当然无效，此时被保险人将有不能充分受偿之虞。

2. 法国模式：比例赔付主义

比例赔付主义是指，在复保险情形下，各保险人依各保险契约之保险金额与总保险金额之比例承担保险责任。采比例赔付主义立法例以法国为代表。法国《保险合同法》第 30 条第 3 项规定，不论是同时或异时复保险，都依照保险金额的比例承担责任。

采用该种责任分摊方式的域外立法例还有瑞士《保险契约法》第 53 条、第 70 条，《魁北克民法典》第 2496 条第 3 款，《亚美尼亚共和国民法典》第 1007 条第 4 款，《立陶宛共和国民法典》第 1001 条第 4 款等。[33]比例赔付主义也被广泛应用于我国，我国《保险法》第 56 条第 2 款、我国台湾地区“保险法”第 38 条、我国澳门地区《商法典》第 1002 条第 4 项都采用了比例赔付主义。

与优先赔付主义相比，采取比例赔付的优点首先在于，此时不需要区分同时复保险与异时复保险，每个保险契约均为有效，数个保险人共同对保险事故造成的损失进行分担，对各保险人来说，损失分摊较为公平。其次，比例赔付

31 程兵：《保险损失补偿原则研究》，北京：法律出版社 2015 年版，第 269 页。

32 汪信君、廖世昌：《保险法理论与实务》，台北：元照出版有限公司 2006 年版，第 110 页。

33 程兵：《保险损失补偿原则研究》，北京：法律出版社 2015 年版，第 268 页。

计算简便，各保险人之间责任划分明确，且每个保险人的责任相互独立，任一保险人无义务负担其他保险人的份额，事后不存在相互追偿的困扰。但其缺点也是不可否认的。首先，被保险人请求保险给付不便利。在按份赔付主义下，若有多份保单承保同一事故，各保险人承担损失额度互不牵涉，被保险人必须向各保险人一一求偿，并无任何选择空间。在求偿过程中，被保险人会耗费高昂的时间与金钱成本，无法在保险事故发生后尽快获得补偿。保险人理赔时须确定自己的份额，待各保险人份额确定后，被保险人才能实现其保险金请求权，[34]导致被保险人获得赔偿的时间大大延长。其次，被保险人可能无法充分受偿。在此种模式下，各保险人的给付责任相互独立，其中一个保险人若无法清偿，被保险人无法请求其他保险人分担其份额。采取此种赔付方法，将会使被保险人期求获得多重保障的愿望落空，因为在订立契约时，被保险人由于投保了多份保险，其所交纳的保费一般要高于仅投保一份保单所需交纳的保费，但基于比例赔付主义，在事故发生后，若其中一个保险人无法对其份额进行给付，其他保险人也并无承担其份额的义务，这就导致被保险人虽然多支付了保费，但未能获得充分的补偿，有违其订约目的与预期。因此，从风险与保费的对价平衡角度观察，比例分担主义存在可能减轻保险人责任、无法保障被保险人获得充分给付的问题，所以此分摊方法面临着是否为偏袒保险人一方而设的质疑。

3. 德国模式：连带赔付主义

所谓连带赔付主义，是指各保险人就其各自所承保之保险金额限度内，对被保险人负连带责任。此立法例被多数国家和地区所采纳，其中较为典型的是德国，于《保险合同法》第 78 条第 1 款作出了明确规定。其他国家立法例中，《韩国商法典》第 672 条第 1 款、英国 1906 年《海上保险法》第 80 条第 1 款、《意大利民法典》第 1910 条第 4 款也都采用了连带赔付主义，我国《海商法》也采用连带赔付主义。

连带赔付主义之所以被大多数国家和地区采用，其优点可归纳为以下方面。首先，连带赔付使得给付责任在数保险人间公平分摊。连带赔付主义下，保险人之间以各自的保险金额为限承担连带责任，若各保险人偿付能力充足，各保险人最终按比例承担责任；若部分保险人丧失偿付能力，其他保险人最终按比例分摊。[35]所以从最终承担责任的额度上讲，各保险人承担的是其依照保险合同应承担的份额，保险人内部责任划分明确、合理。其次，被保险人行使权利更为便捷高效。连带赔付主义下，被保险人选择权更为宽泛，权利行使更为便利，免除了被保险人因一一求偿所生之不利益，由支付保险金的保险人承担风险。

---

34 程兵：《保险损失补偿原则研究》，北京：法律出版社 2015 年版，第 271 页。

35 程兵：《保险损失补偿原则研究》，北京：法律出版社 2015 年版，第 271 页。

被保险人从订立合同时起，到保险事故发生时，直至最后获得保险金给付，整个过程中，被保险人承担的风险相较于其他计算方法都要更低，其利益被充分保护。最后，保障被保险人充分受偿。连带赔付主义模式下，如果个别保险人因故无法给付，由于此种模式下被保险人并不承担此种风险，而是将风险转移给其他保险合同的保险人，由他们向被保险人履行清偿责任，此时，被保险人仍然可以获得充分补偿，符合被保险人订立保险契约时的期待，这也是现代保险法充分保障保险消费者利益理念的集中体现。

（二）与民法上多数债务人之债的衔接

各保险人与被保险人间的关系，依民法原理而论，此损失分摊之外部关系，可溯源于多数债务人之债的外部效力问题。“法律对多数人责任及多数人之债有两个层面的功能设定，第一个层面解决债权人与债务人之间的权利义务配置，即多数人之债的外部效力……；第二个层面则解决债务人之间的权利义务分配，即多数人之债的内部效力。”[36]对于多数债务人之债的外部效力，各国民事立法安排了“两种类型”：按份债务与连带债务。[37]此多数人之债的外部效力问题，应用于复保险立法上，为按份赔付主义与连带赔付主义。

1. 多数人责任的主要形态及理论基础

“债之关系，以其主体人数为标准，可分为单数主体之债与复数主体之债。”[38]多数债务人之债本身并不是一种独立的债之形态，其有多种可能的组合形式。存在多个债务人时，基于禁止重复满足的立场，在设计多数债务人关系时，当事人之间利益或损害的分配可谓其核心与关键。按照债务人之间的关联程度，多数人责任可分为按份责任、连带责任、不真正连带责任等。此处我们主要讨论按份之债与连带之债两种主要形态。

1）按份之债

所谓按份之债，亦称可分之债。按份之债是以同一给付为标的，但其权利分别享受、义务分别承担。从我国《民法总则》第 178 条规定来看，按份之债为原则，连带之债为例外。有特别规定或约定时，从其规定或约定，若无特别规定或约定时，法律原则上即认定为按份之债。在按份之债下，若其中一债务人无偿付能力，对于该债务人所应负担部分，债权人不得向其他债务人请求。

按份责任的理论基础在于责任自负，与民法传统理论相符合。按份责任理

36 李亚成：《多数人责任体系的检讨与重构》，载王卫国：《民商法新观察》，北京：中国政法大学出版社 2008 年版，第 251 页。

37 〔德〕迪特尔·梅迪库斯：《德国债法总论》，杜景林、卢谌译，北京：法律出版社 2004 年版，第 606 页。

38 郑玉波：《民法债编总论》，北京：中国政法大学出版社 2003 年版，第 380 页。

论中，多数人债务被分为多个不同部分，各个债务相互独立、互相区别，体现了现代社会的个人主义。“罗马法以来，大陆法系之立法例，多系如此，所谓债权当然分割（nominasunt ipso iure divisa）是也，不过此一原则，乃个人主义思想之表现”。[39]古代身份社会注重人与人之间特定关系的申明，特定人对另外一些人来说，存在着身份关系上的依赖与从属地位。因此，在古代身份关系色彩强烈的社会，很难孕育出个人权利义务理念。伴随着商品经济的发展繁荣，市场交易越来越普遍和迅捷，社会化大生产催生了平等理念的出现，并使其不断深入，契约代替身份关系成为权利义务分配的依据。现代社会与古代社会最重要的区别在于，古代社会遵循奴隶制，肯认人与人之间的不平等地位，人格独立不被倡导；而现代社会基于人与人之间的平等关系构建了契约社会，人与人互相独立，每个人为自己的行为负责，按份责任正是在这样的基础上被逐渐确立下来的。

2）连带之债

连带债务中，债务人有数人，各债务人对债权人承担连带清偿义务。连带之债中，为保护债权人利益，债权人可依其意愿选择各个债务人给付的份额，但不得超过债权总额。连带债务相对于债权人而言，为十分有利的状况，因其可对连带债务中之任一人为全部给付之请求，纵使其中部分债务人无力清偿，只要有一债务人尚有清偿能力，其债权就能得到满足。但对于债务人而言，则是极为不利的状况。被请求之债务人给付后，虽然可依照原本应承担的比例就超出其份额的部分向其他债务人求偿，但存在其他债务人失却清偿能力的风险。连带责任中，债权人不承担任一债务人不能清偿债务的风险，此风险转由全体债务人承担。连带债务的目的在于保障债权人利益，但其依然禁止债权人获得重复赔偿。“连带债务使得债权人实现债权的方式更为简便，对于部分债务人无法清偿所带来的风险，该风险被随机分配到某个已经给付的债务人身上，此风险并非理性而有计划地分配。如果仅仅从逻辑角度分析，该种责任承担方式违反个人责任自负的原则，也纵容了无清偿能力的债务人，因为存在兜底。”[40]正因连带责任对债务人极为不利，故在立法政策上，只有契约双方约定或法律明确规定，连带债务始能成立。

连带责任的理论基础主要可归纳为以下几个方面。首先，现代社会遵循责任自负，但是个人权利与社会整体利益具有千丝万缕的联系，个人的权利在得到保护的同时，人与人之间的关系也越加密切。正是由于社会中的个人与团体相互融合、相互影响，社会这个整体才得以存续和发展，“蝴蝶效应”越来越

39　郑玉波：《民法债编总论》，北京：中国政法大学出版社 2003 年版，第 83 页。

40　阳雪雅：《连带责任研究》，北京：人民出版社 2011 年版，第 120 页。

明显。个体的进步与发展推动着整个社会的繁荣，因此，现如今的社会，几乎没有人可以自信地以为其可以“独善其身”，每个人都处于一个“牵一发而动全身”的社会。其次，在契约社会中，其基本理念为平等、意思自治，此种理念是契约社会得以存续与发展的重要支撑，但契约社会中民事主体间的经济能力之强弱差别，造成了交易中的地位不平等现象，这种经济上的支配地位形成了新型的身份关系，诸如生产者与消费者、雇主与雇员等关系，这些身份关系中，存在相对的弱势群体。所谓的平等仅是理念上的平等与相对化的平等，在具体操作过程中，由于各个主体之间天然存在的经济、社会地位等的差异，此时如果一味秉持原始的平等理念，就会造成实质上的不平等，效率虽然较高，但对于经济弱者来说实际上是不公平的。在这些相对不平等的身份关系中，为平衡双方利益，经济强者相应地应承担高于经济弱者所承担的责任，而这些责任，可通过对经济强者施以连带责任来实现。在这些特定场合中通过适用连带责任，一方面有利于节约信息监督成本，更好地监督行为人，另一方面有利于合理分配社会责任，谋求形式正义与实质正义、效率与公平的统一。对经济强者来说，其独特优越的经济地位常常带来身份关系中的不平等，故为了平衡双方利益，其应当承担更多的社会责任。法律规定中体现此项原理最为典型的，是生产者、销售者对消费者承担连带责任的例子。因此，法律通常对经济强者施以连带责任，通过此种规范平衡强者与弱者之间的经济力量，保护弱势群体利益。最后，连带责任充分体现了补救与威慑功能的统一。连带责任中，若某一债务失却清偿能力，其份额由其他债务人承担，风险由债务人方承担，给予债权人充分保护。连带责任中，债权人不承担任一债务人不能清偿债务的风险，此风险转由全体债务人承担。连带债务目的在于保障债权人利益的制度，但其依然禁止债权人获得重复赔偿。此外，规定债务人承担连带责任，能够引起债务人提高注意程度，债务人在合同存续期限内，会利用自身资源和条件互相监督，避免其他债务人存在资信不良状况。因此，连带责任还体现了威慑与监督功能，由于不能清偿的风险一直由债务人承担，故债务人将更加注意相互之间的资信监督，起到一定的威慑作用。

2. 适用于外部分摊方式：以连带赔付主义为宜

复保险中数保险人与被保险人的关系，为多数债务人关系之一种，多数人之债的外部效力问题，应用于复保险立法上，为损失分摊的外部关系，即按份赔付主义与连带赔付主义。

经过对上述不同立法例以及多数人责任不同形态确立基础的讨论，我们认为，对于数保险人与被保险人间的外部关系，分摊方式以连带赔付主义为宜。我国《保险法》第 56 条第 2 款规定，各保险人按照其保险金额与保险金额总和的比例承担赔偿保险金的责任。基于此款规定可知，我国《保险法》对于损失分摊原则于外部关系的适用，采取了比例赔付主义，其缺失已不言自明：立于保险人角度，存在给付责任分配不公平的问题；立于被保险人角度观察，会导致被保险人无法充分受偿，违背现代保险法保护保险消费者权利的目的。数保险人作为事故发生后的债务人一方，因收取了作为风险对价之保费，负有保险金给付之责任，形成了紧密联系。在复保险契约双方的法律关系中，被保险人在资讯的收集以及对市场的了解等方面处于弱势地位，为平衡契约双方利益，部分保险人无法给付保险金的风险转由其他保险人承担，避免被保险人在复保险下无法充分受偿的情况发生。因此，基于保护被保险人即契约弱势方的利益之考虑，数保险人承担连带责任，保障被保险人充分受偿。同时，在复保险情形下，禁止重复得利与保障充分受偿同等重要，此时，连带赔偿主义即为最优之选择，既能使各保险人合理分摊损失，避免不当得利发生，又能充分保障被保险人权益，平衡契约双方利益，符合保险损失补偿原则之法理。因此，从民法多数人之债的本源出发，在损失分摊之外部关系问题上，以连带赔付主义为宜。

（三）连带赔付主义之正当性分析

作为保险法中的基本原则，损失补偿原则贯通整部保险法，是保险法上诸多制度设计的基石，复保险中的损失分摊原则即为其派生原则之一。损失补偿原则之精髓，在于禁止得利与完全补偿之统一，作为派生原则，在对损失分摊方式进行选择时，不得违背上位原则的设立目的。

1. 按份赔付主义无法保障被保险人完全受偿

关于外部分摊方式的选择问题，在“禁止得利”层面，采按份赔付主义与连带赔付主义，其效果是一样的。按份赔付主义下，为防止被保险人重复受偿，各保险人按照保险金额比例承担给付责任，各部分损失额独立承担，各保险人给付金额总和不超过损失额；连带赔付主义下，各保险人对外承担连带责任，但任一保险人或部分保险人承担的也仅为不超过损失额的部分责任或全部责任，无不当得利之可能。故无论采用按份赔付主义抑或连带赔付主义，皆可起到禁止不当利得的目的。

但在“完全受偿”层面，按份赔付主义与连带赔付主义的区别则较为明显。按份赔付主义下，若有多份保单承保同一事故，各保险人承担损失额度互不牵涉，被保险人必须一一向各保险人求偿，并无任何选择空间。在此情形下，保险事故发生后，被保险人无法尽速获得补偿，权利行使的时间与金钱成本大大提高。除此之外，可能导致被保险人无法充分受偿。按份赔付主义下，各保险人的给付责任相互独立，若部分保险人无法给付，被保险人无法请求其他保险人分担其份额，导致被保险人因重复保险支付了高于单一保险下的保费，在保险事故发生时，却仅能获得少于单一保险下所获之补偿，不符合保险损失补偿之法理。此种种结果，与损失补偿原则保障被保险人充分受偿之设立目的相违背。但是，采用连带赔付主义即无此种问题。被保险人可依其意愿自由选择行使权利的对象、次序以及份额，权利行使更为便利，免除了被保险人因一一求偿所生之不利益，若部分保险人丧失清偿能力，由其他保险人承担此保险人不能清偿之份额，将债务不能清偿之风险转移给保险人，保障被保险人之受偿权。

因此，按份赔付主义存在无法保障被保险人完全受偿的缺点，不利于保护保险消费者权益。

2.疑虑与释疑：将风险归于保险人是否合理

理论界关于连带赔付主义适用的疑虑在于，债务不能清偿的风险归于保险人是否合理。保险人与被保险人作为保险合同的两方主体，应平衡合同双方当事人利益，不可过分偏颇。通常情况下，债务人仅承担自己份额内的给付责任，强制其承担连带责任时，如果单纯从逻辑上分析，依民法原理而论，连带责任赔付主义实际上与责任独立的理念相违背，可能纵容不能承担给付责任的债务人，不利于保险人间义务划分的均衡。另外，采用连带赔付主义，有加重先为给付保险人责任之虞，在求偿过程中，可能增加支出费用或遭受求偿不能之不利益。

笔者认为，以上疑虑看似合理，实则未能理解连带赔付主义之精义。首先，所谓“加重先为给付保险人责任”的观点，实际上未对连带给付中的内外关系加以区分。连带责任的立法目的在于保护受害人充分受偿之权利，因此使各债务人承担连带责任。但部分债务人承担失却清偿能力债务人的份额并非终局结果，而只是为使债权人尽速获得补偿而暂时地承担义务，此超出应承担份额的责任并非永久责任，法律赋予其向其他债务人追偿的权利。因此，“连带”是以保险人与被保险人的外部关系为视角，其内部是按份责任，超过其份额部分可以向其他保险人追偿，而非先为给付之保险人终局承担。债权人与全体债务人之间的权利义务归属只是所谓的“第一次分配”，而各债务人内部如何对责任进行划分是责任的“最终分配”环节，此时的结果才是各债务人责任的最终归属。“第一次分配”所带来的暂时性责任分配不均衡只是相对失衡，不足以作为反对此项责任分配之理由，因其并非终局责任。其次，所谓“增加支出费用或遭受求偿不能之不利益”的观点，实际上未考虑到风险与保费的对价平衡关系。立于先为给付的保险人之角度，在契约订立时，其自然不会以复保险的存在作为前提，故在收取保险费时，是以单一保险为基础计算保费。在先为给付后，其可以向其他保险人请求摊负，故其实际收取的保费已经超过实付发生时应支付之损失，其差额可作为承担其他保险人不能清偿风险之对价。因此，所谓的“不利益”，实际上并未将利益分配的两个环节区分开来，而仅仅看到第一次分配利益的结果，并未从终局结果与保险合同的特性中区别对待此问题，此看法不足以作为反对连带赔付主义的理由。就对价平衡原则而论，保险人求偿过程中所支付的费用与求偿不能之不利益，为其多收保费所对应的风险，并未违背利益平衡原则。所以“连带责任制度并非为求保护被保险人之利益而另外加以规定，而应为各保险人对于被保险人本身依其契约本质上所应负担之责任。连带责任制本身乃为损失分摊原则之基本法则，比例分担制度则为保护保险人而为另行规范”[41]。

“从完全补偿与不当得利之间的关系来看，前者是前提，后者为结果；只有被保险人在获得了‘完全补偿’之后，方有‘不当得利’之可能”[42]，“禁止得利”与“完全补偿”为损失补偿原则的两大制度目的，两者同样重要，不可偏废。“不过，由于过去大多强调前者，所以目前更重要的是强调后者”[43]，因此，基于损失补偿原则的要求，采用连带赔付主义具有必要性。

三、损失分摊原则的适用与保险消费者利益保护

损失分摊内部关系与外部关系计算方式的选择，从根本上而言，是对保险契约双方利益衡量的体现。如何平衡保险人与被保险人之间的利益，是保险契约从合同订立到义务履行都需要考虑的问题。保险业发展初期，由于存在信息不对称、保险人承保技术落后、危险评估能力低下等问题，立法者更多考虑的是保险人的利益，要求被保险人承担较重义务，以保护和促进保险业的发展；随着保险业的不断发展，保险人承保技术不断提高，危险评估体系更加完善，保护被保险人利益成为现代保险业演进过程中日益高涨的呼声。在保险业不断繁荣发展的今天，面对民法领域注重消费者保护的思潮，我们应该思考的是，由传统大民法的一般规范具体延伸到各种保险制度与险种时，是否应该于此种情况下一律侧重于保护被保险人利益？又或者某种立法模式的选择是否能够较好地做到保护保险消费者利益？

41　汪信君、廖世昌：《保险法理论与实务》，台北：元照出版有限公司2006年版，第115页。

42　樊启荣：《保险损害补偿原则研究——兼论我国保险合同立法分类之重构》，《中国法学》2005年第1期。

43　樊启荣：《保险法诸问题与新展望》，北京：北京大学出版社2015年版，第155页。

（一）保险契约作为商品之复杂性

保险契约属于“法律商品”的一种，是一种无形的金融商品，此种商品由复杂的契约条款及各项文件构成，专业性强、复杂程度高。而保险消费者，不仅包括自然人，也包括经济组织体，消费者并不限于商品的直接购买人，还包括最终的使用者，因此，投保人、被保险人、受益人都可归入保险消费者的范畴。

在保险消费中，保险人提供的产品和服务集中体现为保险契约，与传统有形商品相比，保险产品极具专业性、抽象性和复杂性，正如英美保险法谚所言，“保险业是由人和纸组成的行业，保险单是一张读不懂的畅销品”。保险消费标的具有无形性，保险消费内容不易识别，且保险消费的交易结果具有不确定性，保险销售过程中存在极大的保险销售误导之风险。由于经营者在商场交易中的固有地位，其对有关商品的各类信息获取手段多样，且操作简便。消费者则因为处于弱势地位，对于市场交易之信息相对闭塞，大多依赖经营者获得信息。由于契约双方在经济地位、信息掌握等方面的不平等，法律倾向于对消费者给予特殊保护。“立法者倾向于保护最弱者，打击最强者，保护外行，打击内行”。[44]

损失分摊原则外部关系中，在连带赔付主义与按份赔付主义的选择问题上，若采用按份赔付主义，各保险人互不牵涉，被保险人或投保人须一一向各保险人求偿，并无任何选择空间。“如此一来，被保险人在权利的行使上费时旷日，与保险事故发生后被保险人应尽速获得补偿之保险理赔原则有违”。[45]且在其中一人存在给付不能的情况下，被保险人无法请求其他保险人分担其份额，有不能充分受偿之虞。反之，连带赔付主义则不存在此一问题。连带赔付主义下，权利行使更为便利，且不能清偿的风险由保险人承担，从订立合同时起至保险事故发生后进行保险金给付，保险契约订立与履行的过程中都切实保护被保险人的利益，可谓周全。

（二）重复保险中的保险消费者保护：应区分投保人主观状态

保险消费者权利保护的问题在于，是否所有保险契约中的投保人或被保险人一方都应一律保护？重复保险的投保人值得被保护吗？保险通过集合多数具有相同危险的个体组成危险共同体，在事故发生后，共同分担个体所受损失。保险共同体的利益与保险个体利益紧密联系，并非立于敌对地位，而是一荣俱

44　〔法〕热拉尔・卡：《消费者权益保护》，姜依群译，北京：商务印书馆 1997 年版，第 5 页。

45　樊启荣：《保险法诸问题与新展望》，北京：北京大学出版社 2015 年版，第 327 页。

荣、一损俱损的关系，所以在处理个案时，不应仅将目光停留在个体的损失之上，过分偏于被保险人，而应从整个共同体角度观察，平衡个体与团体之利益。因此，在个案处理时，不仅应着眼于单个保险契约中消费者一方的利益保护，还应从共同团体的利益出发，以求平衡。

“妨碍保险市场完美运营的障碍之一在于信息不充分”[46]，保险时时受到逆向选择和道德风险这两个潜在的破坏性因素的影响。逆向选择使保险环境恶化，出现“柠檬市场”，保险市场交易成本大大提高；道德风险使保险人收取的对价低于承保的风险，保险被沦为赌博工具，不利于保险公司的运营和保险业的发展。

依重复保险投保人投保时的主观状态，可将复保险分为善意复保险与恶意复保险。对重复保险的投保动机进行分析可知，投保人多是出于多重保障的原因而对同一保险利益投保多份保险，大多数投保人并非旨在恶意骗取保费。与恶意复保险企图以化整为零的方式达到超额保险之目的不同，善意复保险多是投保人为防止因单个保险人失却清偿能力导致无法受偿，而投保多份保险以加强保障，主观并无取得多重保险金之恶意。因此，对于重复保险的投保人是否需要被保护的问题，应从善意复保险与恶意复保险的区分入手，使善意复保险投保人及被保险人得到充分受偿之保护。

在保险消费者保护的问题上，应立于保险合同双方利益平衡的角度观察。在对个案进行分析处理时，要考虑保险个体与保险共同体以及保险经营者多方利益，不可使利益天平过分倾斜。既要充分给予相对处于弱势地位的投保人及被保险人以法律上的保护，但是也不可持“一概而论”之想法，过分偏向被保险人代表的受损害个体，而损害共同团体利益以及保险制度的发展。保险法的相关规定在解释和运用时，“须衡量当事人地位之消长及强弱；其解释不仅尽量保护被保者个人之权益，亦不可偏废承保者之危险共同团体性，唯执两而用中，方达真正公平正义及实质契约自由之法谛”[47]。

四、结　　语

损失分摊原则是重复保险情形下，保险人如何承担责任的一项基本原则。关于损失分摊原则的具体适用问题，理论界未形成统一意见。从损失分摊原则

46　〔美〕肯尼斯·S. 亚伯拉罕：《美国保险法原理与实务》，韩长印等译，北京：中国政法大学出版社 2012 年版，第 6 页。

47　江朝国：《保险法基础理论》，北京：中国政法大学出版社 2002 年版，自序。

的立论基础，以及损失分摊制度的本旨出发，就损失分摊之内部关系问题，即各保险人之间对于损失如何计算与处理，应采用独立责任制；就损失分摊之外部关系问题，即各保险人与被保险人之间的关系，应采用连带分担主义。如此可以将损失在各保险人之间公平合理分摊，平衡各保险人利益，又能使被保险人获得充分补偿，保护保险消费者利益。我国《保险法》第56条第2款规定，“除合同另有约定外，各保险人按照其保险金额与保险金额总和的比例承担赔偿保险金的责任”。对此条款分析可知，我国立法在各保险人间的内部关系中采用最大责任制，在各保险人对被保险人的外部关系中采用比例分担制。依前述研究结论，上述规定之缺失已不言自明。

基于上述结论，本文建议，将《保险法》第56条第2款修改为：“除合同另有约定外，各保险人依照其保险合同独立责任额与全部保险合同独立分担额总和之比例对被保险人承担连带责任。”

Application of the Principle of Insurance Loss Apportionment

Guo Mengyuan

Abstract: Insurance is one of the important means of risk management, loss allocation principle, is a basic principle of how to assume the responsibility of the insurer in the case of repeated insurance.The application of the principle of loss allocation includes two aspects: internal relation and external relation.From the perspective of the internal relationship of loss allocation, the negative property insurance cannot estimate the value of the subject matter insured, so the maximum liability calculation method will affect the amount of liability due to the difference of the insured's other insurance contracts.Therefore, the maximum liability system cannot be applied to the negative property insurance.In active property insurance, the independent liability calculation method follows the independence of each insurance contract and takes into account the exemption and share of each insurance contract, so as to make the loss apportionment among insurers more comprehensive. Therefore, in the internal relation of loss apportionment, independent liability calculation method should be adopted.From the point of the external relations of loss apportion, by comparing three different legislative model, on the analysis of the civil law in the majority of the debt of the debtor to distinguish between of debt and the debt of joint according to the theoretical basis, think to count the insurer and the insured the external relations of the world, share the way with the advisable, jointly and severally paid its legitimacy embodies the correspond to the principles of compensation for loss, as well as the joint compensation doctrine of insurance consumers' legal rights and interests protection.

Keywords: Loss Allocation; Duplicate Insurance; Compensation for Loss; The Debt of the Majority; Insurance Consumer Protection

经合组织国家社保体系中破产企业职工养老金与工资债权规则的比较——一项应对底特律州和美国现状的分析

Paul M.Secunda* 著

刘 静 郝 亮* 译

译者导读：美国底特律市政府的破产，使公职雇员的养老金和工资权益得不到支付保障。美国缺乏处理市政破产的案例，《破产法》第507条规定的工资和养老金债权的优先权并不适用于市政破产应当适用的第九章程序。前述无资金的养

* 这篇文章的一部分最初是一份报告，是按照加拿大《工资收入保护计划法案》第42条“《工资收入保护计划法案》应在其制定后的五年内对其管理和运作进行法律审查”的规定（加拿大法规 c.47，s.42），以及加拿大联邦行业部投资、破产、竞争和公司政策总局的要求准备的。我在2013年10月11日召开的“福特汉姆都市法律评论”之年度库珀沃尔什学术讨论会中发表了这篇文章。我想感谢参会者提供的有用意见。我还要感谢帮助我理解其国家的破产和保障制度中养老金和工资债权处理的复杂问题的以下各位：戈登·安德森（新西兰），拉尔夫·安齐维诺（美国），苏珊·布洛克-利布（美国），阿里·西姆·布达克（土耳其），罗莎琳德·康纳（英国），戈德威茨（以色列），丹尼尔·基廷（美国），克里斯蒂纳·科丁斯卡（捷克），汤玛斯·库塔卡斯（芬兰），让-菲利普·埃尔尼尔德（法国），利拉齐·卢里（以色列），皮埃特罗·曼泽拉（意大利），奥拉弗·马尔盖尔松（冰岛），菲利普·马丁（法国），巴勃罗·阿雷拉诺·奥尔蒂斯（智利），弗兰斯·彭宁（荷兰），克里斯蒂娜·罗萨多（西班牙），费利克斯·韦尔蒂（德国）。我还要感谢哈里·阿尔瑟斯向我推荐了加拿大项目，感谢加拿大行业部的保罗·莫里森协助我准备政府报告。最后，马凯特大学法学院2014级的瑞安·塞申给予本文研究和写作极大的支持。当然，我要对我的报告和本文中提出的所有事实和意见负全责。我将这篇文章献给底特律市的公职职工及退休人员。

* 原作出处：Paul M.Secunda，*An Analysis of the Treatment of Employees Pension and Wage Claims in Insolvency and Under Guarantee Schemes in OECD Countries：Comparative Law Lessons for Detroit and the United States*，41 Fordham Urban Law Journal 867（2014）。译者在本文最后附录了术语表，和中国法的概念作一个大致的对接和解释，如有错漏，请不吝批评。本文的翻译特别感谢北京外国语大学法学院硕士生周珣、英国肯特大学法学院博士生谢平尧艰苦而耐心的校对工作；翻译得到了北京外国语大学法学院闫冬副教授、加拿大多伦多大学法学院张佳慧同学、英国华威大学管理学院张尧同学、上海方达律师事务所陈冠兵律师的大力帮助，提出了很多宝贵的修改意见。

老金债权既不能通过社会保险得到支付，也没有针对工资债权的保障制度，因此，作者按照养老金债权和工作债权有无破产优先权及优先权级别，以及有无保障基金制度，对加拿大以及经合组织国家的处理方法，按照国别进行了介绍及分类，以说明国际上对此债权的处理趋势及其简单的原因。作者认为：基于职工的弱势地位和缔约、谈判等经验与风险防范能力的不足，应赋予市政破产和企业破产背景下一定范围内的养老金和工资债权以超级破产优先权，并建立保障基金确保前述债权的实现。

作者简介：保罗·M. 赛昆达，马凯特大学法学院教授。

译者简介：刘静（1974—　），北京外国语大学法学院副教授，主要研究方向为破产法、民事诉讼法。

郝亮（1982—　），四川发现律师事务所律师，主要研究方向为破产法、商法。

基金项目：本译文系广东省深圳市中级人民法院委托课题“中外个人破产制度研究”（课题编号：251079900004）研究成果。

目 次

引　言

2013 年夏天，底特律市政申请了破产保护，这是美国历史上最大的一宗市政破产案件。[1]许多批评人士将该市的不幸归咎于失控的养老金以及退休人员医疗历史包袱。[2]这种批评实际上与一些有关私营部门破产的同类观点一致，即私营部门失控的历史包袱是导致世界各地知名企业破产的原因。[3]

尽管关于《密歇根州宪法》应否为底特律市政府职工养老金提供保护的争论仍在持续，[4]但对于大多数人来说，养老金和职工的其他工资债权现在已经面临难以支付的危险。[5]这就引发了以下问题：根据美国《破产法》的规定，或在各种保障基金或保险机制中，这些职工对底特律市政的债权能得到何种保护？有关市政破产法和公共职工福利法的研究极不充分，且缺乏可遵循的先例，使得这个问题的答案不甚明朗。[6]令人担心的是，市政职工和退休人员的福利和工

1　见大卫・A.利布，*Detroit Bankruptcy Tests State Pension Protections*，YAHOO! NEWS（2013 年 7 月 24 日），http：//news.yahoo.com/detroit-bankruptcy-tests-statepension-protections-065517091.html。据估计，底特律有 70 万公民，有 2.3 万名退休职工和 9000 名现任公职人员。见社论：*For Detroit Retirees，Michigan' s Pension Promise Must Be Kept*，DETROIT FREE PRESS（2013 年 8 月 1 日），http：//www.freep.com/article/20130801/OPINION01/308010019。

2　见，例如，理查德・萨默菲尔德，*Legacy Costs Push Communities to the Brink*，FINANCIER WORLDWIDE（2013 年 10 月），http：//www.financierworldwide.com/article.php（"虽然各案例中情况都是不同的，但是，大多数市政和镇政破产中最常见的问题之一是严重的历史包袱。"）；也见维罗妮可・得・鲁吉，*What Detroit' s Debt Problem Looks Like*，NAT' L REV.ONLINE（2013 年 7 月 19 日），http：//www.nationalreview.com/corner/353917/what-detroits-debt-problem-looks-veronique-de-rugy（阐述了底特律近半的债务（185 亿美元）是源于无资金的养老金（35 亿美元）和退休人员医疗应付款（57 亿美元））。

3　见菲奥娜・斯图尔特，*Benefit Protection：Priority Creditor Rights for Pension Funds*（2007 年经合组织关于保险和私营养老金第 6 号工作文件），http：//www.oecd.org/pensions/insurance/37977393.pdf；也见安德鲁・B.道森，The Impact of Collective Bargaining Agreements on Corporation Reorganizations 1（底稿由笔者存档）（"对于雇主经营失利，工会最近备受指责"）。

4　见利布，前注 1。《密歇根州宪法》规定："州及其政府部门的每一项养老金方案和退休制度的应计财务福利的提供应当是其合同义务，故不得消灭或减损。" MICH.CONST.art.IX，§ 24。

5　在此定义一些贯穿全文的术语。破产中的"职工债权"由职工的"养老金债权"和"工资债权"构成。"养老金债权"是指各类职业养老补偿安排，例如确定给付型养老金方案或确定缴费型养老金中的补偿安排，而笔者对"工资债权"进行了广义定义，不仅包括未偿的工资、薪金和佣金，而且还包括法定假期工资和节假日补贴、病假工资、经济补偿金和其他约定的福利（包括健康保险、人寿保险、长期伤残保险和退休人员医疗福利）等其他款项。这一定义与美国《破产法》第 507 条的工资定义是一致的。见 U.S.C.§ 507（a）（4）（2012）。

6　见利布，前注 1。当然，在美国，市政破产仍然是一种相对罕见的现象。见伊丽莎白・K. 凯拉，*Why Municipal Bankruptcy Is Rare (and Should Be)*，ICMA（2013 年 8 月 29 日），http：//icma.org/en/icma/newsroom/highlights/Article/103661/Why_Municipal_Bankruptcy_Is_Rare_and_Should_Be（"在过去的五年，只有 13 个地方政府（低于所有可寻求破产保护的市政的 1%）寻求了破产保护"）。

资债权可能会被大幅削减。[7]更糟糕的是，底特律的一些市政职工，如警察和消防队员，如果由于市政破产而失去养老金，他们将处于更危险的境地，因为他们无法通过社会保险获得政府养老金的支付。[8]

在讨论破产中的养老金和工资债权应当如何处理时，应将底特律市政职工的困境放入一个国际的、比较的视野中。讨论其他国家的企业破产时如何处理类似的职工养老金和工资债权问题，具有一定的指导意义。与美国不同的是，大多数国家的市政机构不具有这种经济独立性，无法通过借款或通过发行市政债券来承担债务，因此，本研究应关注其他国家的企业破产问题，以资借鉴。[9]此外，探索其他国家的企业破产制度，为美国市政破产的处理提供了一种有益的参照，特别是涉及职工债权时，美国的企业破产和市政破产有许多相同之处。[10]

---

7 有人提出，退休人员可能在底特律破产中损失了高达 83%的退休金。见克里斯·伊西多尔，*Detroit Files for Bankruptcy*，Cnnmoney（2013 年 7 月 18 日），http://money.cnn.com/2013/07/18/news/economy/detroit-bankruptcy。在加利福尼亚州斯托克顿市破产案中，退休人员在重整过程中损失了 30%～70%的养老金和医疗福利（尽管不涉及加州公共职工退休基金（CalPERS）的缴费）。见劳拉·马霍尼，*Stockton Poised to Approve Ch.9 Plan，Ask Bankruptcy Court for Approval*，Pension & Benefits Daily（BNA）（2013 年 10 月 3 日），http://news.bna.com/pdln/PDLNWB/split_display.adp?fedfid=36982339&vname=pbdnotallissues&jd=a0e2e0g8b0&split=0。另一方面，像加利福尼亚州的瓦列霍这样的城市，在过去的破产程序中，尽管没有涉及公共职员退休制度的养老金缴费，但如今又很难支付养老金成本，并且面临重新进入破产程序的危险。见蒂姆·里德，*Two Years After Bankruptcy，California City Again Mired in Pension Debt*，REUTERS，2013 年 10 月 1 日，http://www.reuters.com/article/2013/10/01/usa-municipality-vallejoidUSL2N0HM05C20131001。美国宪法第十一次修正案保护州政府机构，包括养老金机构，不会被市政根据《破产法》第九章规定的破产程序强行拉入联邦法庭，在一定程度上影响了公共职员退休制度的缴费，见：CalPERS，CalPERS Files Amicus Brief Supporting State Dispute with City of San Bernardino（2013 年 11 月 1 日），https://www.calpers.ca.gov/index.jsp?bc=/about/newsroom/news/2013/files-brief.xml。

8 见社论，前注 1（“在城市的债权人中，退休人员是最脆弱的。他们的养老金虽然很少，警察和消防人员每年平均为 3 万美元，其他城市职工为 19000 美元，但养老金对他们的生存绝对是至关重要的”）；凯拉，前注 6（“底特律的警察和消防人员不在社会保障体系中，所以市政养老金可能是他们唯一的退休收入”）。

9 美国市政债券市场有大约 3.7 万亿美元的未偿债券，“在过去 15 年里，年度债券发行量超过 2000 亿美元”。见克里斯汀·斯加拉塔·钟，*Municipal Securities：The Crisis of State and Local Government Indebtedness，Systemic Costs of Low Default Rates，and Opportunities for Reform*，34 CARDOZO L.REV.1455，1458（2013）。另一方面，仅举一个欧洲的例子，英国的市政不能像美国一样自主发行债权或借款。见：罗莎琳德·康纳发送给保罗·M. 赛昆达的电子邮件（2013 年 10 月 1 日）（笔者存档）。英国市政的法律实体地位似乎与世界许多国家的市政运作方式更加一致。见《市政法》，2001，S.O.2001，c.25 § 17（安大略省政府禁止其市政进行破产）。此外，在大多数发达经济体，市政通常没有自己的养老金和职工福利计划，而是通过国家计划覆盖公共职工的养老金和福利。见：让-菲利普·埃尔尼尔德发送给保罗·M. 赛昆达的电子邮件（2013 年 10 月 1 日）（笔者存档）（“法国的市政和地方当局没有任何形式的养老金或福利基金”）。

10 见查尔斯·E. 威尔逊，*The Replacement of Lawful Economic Strikers in the Public Sector in Ohio*，46 OHIO ST.L.J.639，654 n.111（1985）（建议美国《破产法》允许市政雇主按照与第十一章“私营雇主”相同的标准和程序进行破产财务重整）。诺特：*Executory Labor Contracts and Municipal Bankruptcy*，85 YALE L.J.957，958 n.7（1976）（使用第十一章的标准解释第九章）。

事实上，与底特律市的情况类似，世界各地的企业破产不仅造成了职工失业，而且还让职工损失了巨额的养老金和工资福利。[11]然而，由于缺乏话语权以及缺乏分散风险的能力，[12]职工可谓是破产程序中最弱势的公司债权人，他们要么只能等待漫长的破产程序结束后获得清偿，[13]要么陷入到复杂的破产程序中。[14]

因此，本文对比了经济合作与发展组织（以下简称“经合组织”）的 34 个成员国在破产程序中和通过保障制度对养老金和工资债权的处理方式，以了解美国在破产程序中（包括企业破产和市政破产）对职工债权问题的处理方法是否与国际准则一致。对比之后（在附录中详细列出），本文将重点讨论这些问题的一般解决路径以及路径之间的重要区别，并通过几个表格进行总结。

首要问题是，在大多数国家，破产申请前和破产申请后产生的养老金和工资债权是不同的。破产申请前的养老金和工资债权享有不同程度的优先权（如下文所述），破产申请后的养老金和工资债权则通常被视为破产财产的管理费用，享有优先于其他大多数无担保债权的优先权。[15]就破产申请前的职工债权而

11　见戈登·约翰逊，OECD，Insolvency and Social Protection：Employee Entitlements in the Event of Employer Insolvency 1–2（2006），http：//www.oecd.org/corporate/ca/corporategovernanceprinciples/38184691.pdf（“工资通常是职工财富的重要组成部分，在雇主违约的情况下，他们没有多少后路可供选择”）。

12　见国际破产协会，First Draft Report by the Social Claims Committee of the International Insolvency Institute on Employee，Pension and Related Social Claims in Insolvency（2009），http：//www.iiiglobal.org/component/jdownloads /finish/560/1828.html（讨论职工债权人缺乏权力）。

13　在清算案件中，这种情况最为常见。另一方面，在第十一章的企业重整中，“债务人通常在案件的第一天提出动议，主张机构支付所有的[工资]金额，若得不到支付，这些金额是正常业务范围内的优先债权”。弗兰克·范·杜森、泰勒·罗杰斯，Aba Labor & Employment Section，on the Hook? Individual Liability on Wage Claims When an Employer Files for Bankruptcy 1 n.2（2010），http：//www.apps.americanbar.org/labor/errcomm/mw/Papers/2010/data/papers/026.pdf。就破产申请前的工资而言，职工也可受益于联邦和州工资及工时法，这些法律要求，在职工受雇期间和离职后的一段特定时间内，其按特定工作制进行的所有工作都应得到报酬。见 1938 年《公平劳动标准法案》（编纂为 29 U.S.C.§§ 201–219（2012））（规定被覆盖的职工应得的工资补偿按工作的天数或小时计算）；《威斯康星州工资支付和收款法》，WIS.STAT.§ 109.03（1）（2013）（要求至少按月支付工资）。事实上，正如范·杜森和罗杰斯所指出的那样，“几个州法院及联邦法院已经判定，雇主破产不能免除公司高层因雇主违反工资法而应承担的个人责任”。范·杜森、罗杰斯，同文，第 1 页。然而，如果职工已经就未偿工资提出了州工资债权，那么当雇主提交破产申请时，这些债权将自动冻结，而且这些债权应当与其他债权一起等待重整或破产财产清算后才能得到清偿。见理查德·I. 亚伦，Bankruptcy Law Fundamentals 267（2013）（“破产法 §362（a）规定了自破产申请之时起的自动冻结”）。

14　这种情况主要出现于提出养老金和其他福利债权时。见第二章第一节第一部分（描述在美国雇主破产后，其职工追回养老金债权的过程）。

15　事实上，这是根据美国《破产法》第 503 条规定处理破产申请后工资债权的方法。见 U.S.C.§ 503（b）(1)（A）（2012）；见同法§ 507（a）(1)–（2）(规定了管理费优先权债权，包括在申请破产之后的职工工资及福利，除有关赡养费、生活费或抚养费的，不会在企业案件中出现优先债权为第一顺位的优先权，几乎优先于所有其他债权）。根据美国《破产法》，称这些破产申请后的管理费债权享有超级优先权是不恰当的，因为这个术语仅用于两个超级优先债权，即担保债权人对未得到充分保护的债权，规定于同法 § 507（b），以及经营管理债务人的贷方的债权（但只有在法院命令时），规定于同法 § 364（c）(1）。

言，大多数国家的破产法都赋予这类职业养老金欠缴费债权（无论是在确定给付型计划还是确定缴款型计划中）一些优先权，但限于破产申请前特定期间内，且有特定限额。[16]无资金或资金不足的职业养老金债权（一般在确定给付型方案的背景下），则被视为无担保债权。[17]在被研究的大多数国家，工资债权在破产程序中通常会有一些优先权，但仍仅限于破产申请提交前特定期间内，且有特定数额的最高限额。[18]

除破产外，大多数经合组织国家都有养老金和/或工资保障制度保护职工的债权，作为现有破产制度的补充。如果职工在这些保障制度下获得支付，保障机构通常会在破产程序中代位取得职工的权利（一般来说，包括职工可能拥有的优先权）。[19]这类代位权意味着谈判能力更强的保障机构取代了职工的地位，因为它能提出更为全面广泛的诉求。随后，这一机构能从破产雇主那里获得比职工债权人更大比例的清偿，这有助于确保保障制度的可持续性。[20]

本文主要借用了戈登·约翰逊建立的国家模式，对经合组织各国破产中各种职工债权的处理模式进行了分类。约翰逊指出，在雇主破产时，各国处理职工债权的模式可以分为四类。[21]本文对其进行了微调，采用了包含三种模式的分类方法，以进一步强调各国在雇主破产时的职工债权保护问题上的相似之处。正如本文所述，采用模式一的国家只规定破产优先权，很少甚至没有规定保险或保障制度（如智利和墨西哥）。采用模式二的国家采用混合模式，既规定某种形式的破产优先权，又有针对职工债权保障基金（如加拿大、法国、爱尔兰、瑞典和英国）。采用模式二的国家还根据破产优先权的优先程度和保障制度的保障程度，进一步细分为强力型和有限型两种。采用模式三的国家不规定破产优先权，只有保障基金（如芬兰和德国）。

---

16 见第三章第二节和表 3。

17 如下所述，破产程序中职工债权的无担保性质意味着这种债权不太可能得到清偿。见第一章第五节。正如下文所详细描述的，养老金方案可以根据其是否有资金，大致分为确定给付型方案和确定缴费型方案。见第一章第二节。

18 见第三章第二节表 3。

19 11 U.S.C.§ 364（c)（1）。

20 见第四章第一节第六部分。

21 见约翰逊，见前注 11，第 4—6 页。如下所述，第四类仅限于“亲职工”的中国制度，不在本研究范围之内。同见约翰逊。所有经合组织国家都规定了或破产优先权，或保障制度，或两者兼有。见第三章第二节表 3。另一方面，这种优先权和保障制度在美国的州政府和市政破产中是闻所未闻的（与保险背景下存在的州保障协会不同）。见 *Policyholder Information*，NAT’L ORG.OF LIFE & HEALTHINS.GUAR.ASS’N，http：//www.nolhga.com/policyholderinfo/main.cfm（“保障系统安全网可保障保险业的承诺，即使公司破产”）。美国缺少州保障制度可能是由于多年来市政破产申请的稀缺性。见珍妮特·诺依曼，U.S.Cities Grapple with Finances.WALL ST.J.，2013 年 10 月 27 日，http：//online.wsj.com/news/articles/SB10001424052702304799404579157780077670894（“自 1954 年以来，仅 63 个城市、县和村政府，包括底特律，申请了政府破产保护。”）。

当然，即使在同一种模式中，也因下列相关因素而存在显著区别：①债权人优先权的强度（如绝对优先权或相对优先权）；②债权是否有最高限额（就优先权或保障基金覆盖的范围而言）；③职工债权所覆盖的时间长度（如破产申请前 3 个月或破产申请前 12 个月）；④破产和保障条款都规定了还是都没有规定养老金和工资的问题；⑤破产程序和保障制度中“工资”的构成；⑥破产与保障制度各自独立运行的方式，或通过某种机制（如代位权）互相补充的方式。[22]

总的来说，大多数经合组织国家都采用了模式二，即混合制度，对养老金和工资债权都赋予一些形式的优先权，并设立某种保障基金，作为破产制度的补充。保障基金的存在尤为重要，因为破产程序可能持续数年之久，而保障制度更有可能在几周或者几个月内实现职工的债权。[23]可惜的是，美国采取的模式二属于有限型。在大多数破产程序中，美国仅规定了有限的优先权（且第九章市政破产程序中的工资和养老金债权都没有优先权），[24]而养老金保障公司的保障制度仅覆盖养老金方案，且仅适用于私营部门的确定给付型养老金方案。[25]在美国，私营部门的确定缴费型养老金方案和公共部门的养老金方案都不为保障制度覆盖。[26]

解决当前问题的一种可能方案是，学习其他诸多经济发达的国家，采取类似模式二的强力型计划这种方式。事实上，在市政破产和企业破产中，处理职工债权的途径之一是借鉴加拿大于 2008 年颁布的《工资收入保护计划法案》的

---

22 见第二章第二节

23 见斯图尔特，前注 3，第 4 页。

24 养老金和工资的优先权规定于美国《破产法》第 507 条（a）（4）和（5），11 U.S.C.§ 507（a）（4），（5）（2012），不适用于第九章程序。见威廉・L. 诺顿四世、威廉・L. 诺顿三世 Nortonbankruptcy Law and Practice § 90：3 n.5（第 3 版，2008 年）（“破产法中一些重要规定不适用于第九章的例子包括……§ 507（除了§ 507（a）（1））（债权的优先权，第 § 503（b）规定的管理费除外）”）；也见约瑟夫・利奇特曼，*Protecting Detroit Pensions May Violate Bankruptcy Code–Judge*，Reuters，2013 年 10 月 21 日，http：//www.reuters.com/article/2013/10/21/usa-detroitbankruptcy-idUSL1NOIB1HY20131021（“审查底特律破产申请的联邦法官称该市的养老基金为‘无担保债权人’，并表示为他们提供任何特殊保护都将违反联邦破产法。”）。

25 养老金保障公司根据《职工退休收入保障法案》第四章规定设立。29 U.S.C.§§ 1301–1461（2012）；见马克・丹尼尔斯，*Pensions in Peril：Single Employer Pension Plan Terminations in the Context of Corporate Bankruptcies*，9 HOFSTRA LAB.L.J.25，32（1991）（分析和批评了企业破产期间养老金方案债务的处理）。

26 见苏珊・托普尔，*Pension Safety Net Won’t Help City of Detroit Retirees*，Detroit Free Press，2013 年 6 月 27 日，http：//www.freep.com/article/20130627/COL07/306270021/Detroit-bankruptcy-retirees-PBGC-Susan-Tompor（“对州或市政养老金而言，纳税人通常是其支撑。”）。

部分内容，颁布美国的养老金和破产改革法案。[27]与美国体系不同，《工资收入保护计划法案》赋予了破产中的养老金缴费及广义工资债权有限的、绝对的优先权，并规定了强有力的工资保障制度。[28]这种方法背后的政策似乎更强调必须保护破产中弱势的职工债权人，而不是保证公司和政府能获得低利率的信贷。[29]

本文建议：考虑到职工的相对弱势，而其他债权人的经验更为丰富，美国政府应当平衡各方利益，通过赋予工资债权和养老金债权以优先权，辅以养老金和工资债权保障制度，为破产程序中的职工债权提供更好的保护。[30]前述建议与科尼尔斯议员在2013年1月提出的《企业破产中职工和退休人员保护法案》中的部分内容相同，认为在破产程序中，应当赋予更多类型的工资债权和养老金缴费更大的优先权。[31]此建议坚持要求联邦政府就广义工资债权作出回应，包括假期工资和经济补偿金，它根据加拿大政府的一项发现，“据估计，在《工资收入保护计划法案》颁布之前，每年有1万～2万工人有未偿的工资债权，但

27　见《工资收入保护计划法案》，S.C.2005，c.47，s.1（加拿大）。正如戈德威茨在他对本文的回应中评论的那样，这种立法的挑战之一就是管辖权，包括应赋予国会中哪个委员会以主要权力来审查它，且假设立法之后，应赋予哪个行政管理部门以主要权力来管理它。见以色列·戈德威茨，Response to Professor Paul Secunda’s Comparative Analysis of the Treatment of Employment Claims in Insolvency Proceedings and Guarantee Schemes in OECD Countries，41 Fordham Urb.L.J.1027，1034–36（2014）。此外，通过将建议的保障制度的范围扩大到覆盖市政破产，可能会产生复杂的有关联邦制度和礼让问题的宪法问题。在本文中，笔者没有尝试着回答这些重要而棘手的问题。

28　见全文，西尔维·哈特菲尔德、大卫·温克，*The New Wage Earner Protection Program Act: What Does It Mean?*（2008）（笔者存档）（描述与《工资收入保护计划法案》有关的破产和保障制度）。

29　见约翰逊，前注11，第7页。

30　通过提出将现行养老金保障制度扩展到私营部门确定给付型养老金方案之外，本文提议为《工资收入保护计划法案》增设一个额外部分，因为目前的《工资收入保护计划法案》不包括养老保障计划。虽然安大略省在1980年建立了养老金保障基金，但是在其他省份或联邦范围内并不打算设立这种基金。另一方面，安大略省专家养老金委员会的主席哈里·阿瑟斯教授，于2008年撰写了养老金改革报告。见H. W. 阿瑟斯，Expert Comm’n on Pensions，A Fine Balance：Safe Pensions，Affordable Plans，Fair Rules（2008），http://www.fin.gov.on.ca/en/consultations/pension/report/Pensions_Report_Eng_web.pdf。关于养老金保障基金的未来发展的部分，报告指出这样的保障基金可能会造成道德风险，而且由于加拿大有社会保障网，这种保障基金可能是不必要的。同报告，第119页（“一个常见的观点是，如果经济困难的计划的资金支持者知道这些福利受到了养老金保障基金的保护，他们可能会故意为其计划提供不足的资金，而工会也会默许与资金不足相关的风险，这样原本应用于养老金缴费的资金就可被转用于商业投资或改善其他方面的薪酬。在这一分析中，养老金保障基金导致了所谓的‘道德风险’——一种导致过度冒险行为的诱因，目的是使与该行为相关的正常风险得到缓解。”）；也见同报告，第120页（“对于一些人来说，养老金保障基金为解决计划失败的风险提供了‘皮带和背带’的方法——一种多余的保护形式。他们指出，为使职工不受资金不足的计划失败的全面影响，职工受到了两次保护——一次是由养老金保障基金提供的，第二次是由更广泛的加拿大社会保障系统提供的。”）。

31　H.R.100，113th Cong.§§ 101，103，105，201，203（2013），http://beta.congress.gov/bill/113th/house-bill/100. 当然，正如戈德威茨在他的回应中所指出的那样，在2013年，华盛顿特区的政治现实（在笔者撰写本文时，华盛顿刚刚经历了一次为期16天的政府停摆）使得这种立法办法不太可能在短时间内实现。当然，作为一名法学教授的好处是能够脱离当今的现实，播下思想的种子，它们可能会在不同的时间和地点开花结果。

未偿的工资债权仅能得到13%的支付”[32]。尽管戈德威茨在回应本文时提出，在这一领域的法律改革中，工资保障制度并没有那么重要，[33]但本文仍然坚持，加拿大及拥有类似计划的其他国家的证据显示，在美国建立一个覆盖广义工资债权的工资保障制度的重要性不亚于养老保障体系的持续和拓展。

本文的比较分析分为四章。第一章粗略介绍了养老金和破产法的背景知识，从而将破产程序中的职工债权置于相应的法律背景下。第二章介绍了当前美国和加拿大在破产程序中和保障制度下对职工债权的处理方式，同时，讨论了包括欧盟和国际劳工组织在内的大型国际组织近年来对这些问题的处理方法。通过一系列表格比较34个国家在破产程序中和保障制度下对职工债权问题处理方式，第二章提出了本文的发现。第三章就本研究发现的问题得出初步结论，并敦促美国采用类似于加拿大《工资收入保护计划法案》，在市政破产和企业破产时，通过破产程序和保障制度对职工养老金和工资债权提供保护。

一、职工福利比较和破产法简介

在讨论破产程序中养老金和工资债权的处理时，本部分力求达到六个主要目标。第一节对大多数发达市场经济体中职工享有的养老金和退休计划进行分类，区分这些所谓的退休储蓄的“支柱”。关于职业养老金方案，也是本文主要关注的部分，第二节讨论了各种职业养老金方案的重要区别以及公共部门计划和私营部门计划的区别。第三节考察了所谓的“工资债权”的特征。第四节研究了一些职业养老金和工资债权是如何以政府融资的保险或保障制度作为后盾的。第五节阐述了大多数国家破产法的基本框架，讨论了各类债权人的各种权利，以及在破产程序中赋予养老金和工资债权以优先权的重要性。第六节审视了支持与反对在破产程序中赋予养老金和工资债权更高优先权的观点。

（一）政府提供的养老金与雇主提供的养老金

养老金，或储蓄型退休金，大致可以分为三个支柱：政府提供的或公办的养老金（第一支柱）；公司提供的职业养老金（第二支柱），通常由职工出资一部分；个人购买的养老金方案（第三支柱）。[34]这种分类方法并不能将所有国家

32 见哈特菲尔德、温克，前注28，第14—16页。

33 见戈德威茨，前注27，第1032—1034页。

34 见世界银行，Averting the Old Age Crisis：Policies to Protect the Old and Promote Growth 15（1994）。约翰·A.特纳，*Book Review*，48 INDUS.& LAB.REL.REV.862，862—63（1995）（评论世界银行）（区分组织支柱系统的起源）。

的养老金进行分类，[35]但它提供了一种梳理多个国家多种养老金供给类型的方法。许多发达的市场经济国家在一定程度上结合了这三种类型的退休金机制，但并非所有国家都这样做，下文将进一步对此进行阐述。

此外，即使在各种养老金支柱中，这些养老金的融资方式和结构也有很大的不同。例如，在第一支柱中，一些国家的公共社保机制采用基于职工工资税的现收现付融资模式，[36]而其他国家则通过一般税收为公共养老系统提供资金。[37]此外，一些国家的公共计划是按照确定给付型运作的，即根据特定的公式，对公民承诺在特定年龄有特定福利，[38]而其他国家则有额外的或独立的确定缴费型方案，即国家在公共社保体系中引入个人退休账户（机制）。[39]

然而，由于本文的重点在于公司和市政破产程序中对养老金和工资债权的处理，因此主要围绕第二支柱，对涉及职业养老金方案的退休储蓄展开讨论。换句话说，政府管理的社会保障计划，无论是确定给付型还是确定缴费型，也无论是通过现收现付的形式还是基于一般税收融资，在雇主面临清算或重整时，职工都不会对雇主提出“职工债权”。[40]不足为奇，第二支柱的职业养老金在破产程序中对雇主的影响最大。正如下文将进一步讨论的那样，本文研究的国家采取了各种各样的职业养老金模式。某些国家在职业养老金设计方面没有任何经验，而相当多的国家已经制定了法定的职业养老金方案，建立起与雇主隔离的养老基金或保险计划，其他国家（如美国和加拿大）则有雇主运营的职业养老金方案。第二支柱中的每一种方法，都将对本文研究各个国家如何在破产制度中处理职工的养老金和工资债权产生影响。

---

35 见格雷戈里·N. 菲洛萨，International Pension Reform: Lessons for the United States，19 TEMP.INT’L & COMP.L.J.133，139（2005）；迈克尔·K. 斯特兰斯基，诺特，*Mailing It in: European Union Efforts at Pension Reform*，2 CHI.J.INT’L L.315，318（2001）。

36 美国的社会保障制度就是这样的制度。见《社会保障法》，42 U.S.C.§§ 301–1397（2012）。见全文，保罗·M. 赛昆达，*Explaining the Lack of Non-Public Actors in the USA Social Insurance System*，*in* NON-PUBLIC ACTORS IN SOCIAL SECURITY ADMINISTRATION: A COMPARATIVE STUDY，第 234—241 页（与弗兰斯·彭宁等人合写，2013 年）（概述美国社会保障制度的运作情况，这是基于现收现付融资机制的第一支柱确定给付型养老金方案）。

37 见詹妮丝·萨拉，Recognizing Workers’ Economic Contributions: The Treatment of Employee and Pension Claims During Company Insolvency，A Comparative Study of 62 Jurisdictions 25（2008），http://www.iiiglobal.org/component/jdownloads/finish/572/5379.html。

38 见赛昆达，前注 36，第 230 页和 n.3（“首先，‘美国的社会保障’主要是指政府管理的针对老年人和残疾人的养老、生存和残疾保险计划，这个计划以现收现付的方式为基础，并采取确定给付型养老金方案的形式）。

39 见菲洛萨，前注 35，第 139—140 页（指出美国没有为社会保障进行长期的改革）；也见赛昆达，前注 36，第 234—241 页。下一章将深入探讨职业养老金方案中确定给付型制度和确定缴费型制度的区别。

40 政府养老金方案可能会对雇主提出其他类型的债权（如税收债权），超出了本章讨论的范围。见萨拉，前注 37，第 48 页（指出国内有完全由国家管理的养老金或社会福利计划时，雇主的破产不会对职工造成实质性的影响）。

（二）职业养老计划的特点

所有的养老金方案，不论属于何种支柱类型，都可以进一步分为两种主要的养老金方案。在传统的确定给付型方案下，用人单位代表职工个人定期向基金缴费。个人退休后，基于工作年限和工资历史，通过固定支付公式计算，获得已承诺的养老金（一次性养老金或年金形式）。[41]一般情况下，雇主代替每名职工为这些确定给付型方案提供最低限度的、基于精算的资金，然后自己或委托第三方中介管理这些资金，以获取必要的利润，在职工退休后为其提供承诺的养老金。[42]在公司破产的情况下，一些确定给付型方案会以政府保险计划作为后盾。例如，美国的养老金保障公司为倒闭的私营部门的确定给付型方案提供政府保险。[43]

在过去的几十年里，第二种职业养老金方案在许多国家越来越受到重视。在确定缴费型方案中，雇主和/或职工向职工的个人养老金账户缴费，由雇主挑选好投资工具，然后由职工进行选择，并负责管理这些资金，以保证自己在退休后有足够的钱。[44]换句话说，在确定缴费型方案下，职工能否有足够的退休金，很大程度上取决于职工能否从其个人养老金账户中获得足够的投资利益。[45]这类计划在私营部门已经推广了一段时间，在公共部门也开始变得越来越普遍，[46]尤其是在那些有新就业职工的公共部门。[47]

然而，这些确定缴费型方案并没有政府保险计划作为后盾。[48]确定给付型方案和确定缴费型方案的另一个显著区别是，前者的通货膨胀、投资利润以及职工寿命等风险由雇主承担，而在确定缴费型方案下，上述风险均由职工自行承

41 杰弗里·H. 赫希等人，Understanding Employment Law 198—199（第2版，2013年）。

42 同上注。

43 同上注，养老金保障公司是按照《职工退休收入保障法案》第四章的规定设立的，29 U.S.C.§§ 1301—1461（2012），其运作方式在第二章第一节中有更详细的讨论。

44 见赫希等人，前注41，第199—200页。

45 同上注，第199页。

46 最近，底特律的紧急管理人建议，在底特律破产程序中冻结其确定给付型方案，并将所有职工纳入确定缴费型安排中。见玛丽·威廉姆斯·沃尔什，*A Proposal to Freeze Pensions in Detroit*，N.Y.TIMES，2013年9月27日，B1（“提议的底特律养老金冻结，将中止向在职职工和退休人员的非养老金支付。当前的退休人员的生活费用也将不会继续每年受到调整。当前的市政职工将被转入新的确定缴费型方案中，类似于401（k）计划）。

47 见保拉·桑福德、约书亚·M. 弗兰泽尔，The Evolving Role of Defined Contribution Plans in the Public Sector 6（2012），http：//www.slge.org/wp-content/uploads/2012/10/The-Evolving（“许多政府官员都在关注其当前使用的确定给付型方案的长期成本，他们将继续重新设计这些计划，并考虑替代退休安排。然而，目前已做出的改变，包括转为混合的，且核心为确定缴费型的计划，通常会对新职工造成影响。”）。

48 见赫希等人。前注41，第199页。

担。[49]就雇主破产而言，确定给付型方案与之关联性更大。这是因为在确定给付型方案下，就两种主要类型的养老金债权而言——对无资金的养老金债权和对拖欠的养老缴费债权——职工对雇主的债权请求数额会更大，因为在确定给付型方案下，雇主的缴付份额和出资义务是该方案运行的核心。[50]

另一方面，可能除了小额的养老金欠缴费之外，确定缴费型方案都有到位的资金。[51]在确定缴费型方案的背景下，不存在无资金的养老金债务的问题，因为一旦雇主对养老金方案缴费，其义务就结束了。[52]在确定缴费型背景下，若雇主拖欠缴费，尽管破产中会出现这类问题，但是也不足以造成太大影响，因为这种缴费是定期进行的，并且在破产程序中不会构成养老金债权的很大一部分。然而，正如下文按国别说明的那样，在讨论雇主养老金未缴费的优先债权时，需要讨论的职业养老金机制可能是确定缴费型方案，也可能是确定给付型方案。[53]

美国职业退休福利领域的最后一个重要区分，特别是为了探讨由历史包袱引起的市政破产的根源，是对由各州或市政管理的公共养老金方案和私营部门的养老金方案进行区分。（州或市的）政府计划一般不受 1974 年《职工退休收入保障法案》的影响。[54]国会将州和地方纳税人视为这些计划的主要后盾，大概也是基于联邦制的考虑。[55]

因为不受《职工退休收入保障法案》的影响，市政养老金方案不像其他养老金方案那样受到相同程度的监管。例如，此法案下的养老金方案必须“依照联邦规则设计、构架计划并获取资金”，而公共养老金方案“在很大程度上可以根据合适的方式自由构建，并且除法律的强制性规定之外，不受其他资金规

---

49 同上注，第 198—199 页。

50 见萨拉，前注 47，第 48 页（发现主要依靠雇主设立和供资的养老金方案的辖区会受到雇主的影响，尤其是在养老金方案是确定给付型方案的情况下，表现为当雇主周期性地面临经济困难时，就会出现对养老金承诺提供的资金不足的情况）。

51 见艾米·B. 莫纳汉、雷尼塔·K. 图克拉尔，Federal Regulation of State Pension Plans：The Governmental Plan Exemption Revisited，28 ABA J.LAB.& EMP.L.291，316（2013）（部分原因是这些计划都有到位的资金，因此《破产法》和《职工退休收入保障法案》对确定缴费型方案的监管程度低于确定给付型方案）。

52 见赫希等人，前注 41，第 199 页。

53 见第三章第二节

54 29 U.S.C.§ 1003（b）（1）（2012）（《职工退休收入保障法案》政府免责规定总则）；同法，§ 1002（32）（政府计划的定义）；同法，§ 1321（b）（2）（政府计划不被养老金保障公司计划覆盖）；也见《国内税收法典》§§ 401，414（d）（2012）（适用的税法规定）。

55 见莫纳汉、图克拉尔，前注 51，第 297 页（引用 H.R.2，93d Cong.§§ 101，201，301（1973 年 1 月 3 日出台））：

> 最终……（政府）计划被排除，而国会在《职工退休收入保障法案》中增加了一项规定，要求国会对政府计划进行研究，以使其在采取任何对此类计划有影响的措施之前，充分了解其信息。[29 U. S. C. § 1231]。多年以来，尝试了许多法条使《职工退休收入保障法案》审查政府计划，但都没有成功。

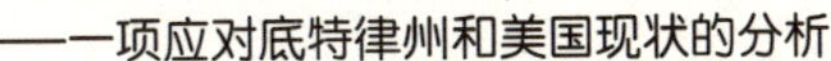

范的约束”。[56]市政养老金方案缺乏严格的资金规范，通常被视为导致美国许多公共养老金方案资金严重不足的原因。[57]

最近，参议员哈奇提出了新的联邦立法——2013 年的《职工退休年金保障法案》。[58]《职工退休年金保障法案》将建议联邦法律启用一种新的政府计划，在这项计划中，“州政府和地方政府可以用稳定的、可预测的成本来提供有保障的养老金”。[59]通过投资年金合同，这些计划将“消除养老金方案资金不足的影响……向职工提供终身退休收入……被消费者保障体系覆盖，联邦政府的参与度极小，且没有联邦税收”[60]。撰写本文时，该法律尚未颁布，而且鉴于目前的政治现实，颁布的机会非常渺茫。

（三）工资和其他职工福利的特征

除了通过职业养老计划提供的退休福利外，在雇主破产时，其可能还拖欠职工工资债权和其他各种福利款项。这些工资债权可能包括：拖欠工资、假期工资、节假日补贴、经济补偿金、解约费、差旅费和其他合同福利（例如健康保险、人寿保险、长期伤残保险和退休人员医疗福利）。[61]

这些类型的职工福利债权与养老金债权不同，这些债权是在适当的条件和环境下应获得的，而养老金则是在未来某个时候（例如，在正常退休年龄）的一种延期补偿。[62]这些其他职工福利，通常被笼统地称为“工资债权”，在破产程序中，处理工资债权的方法有时与养老金相同，但有时也可根据特定国家的制度得到更好或更差的待遇。[63]与养老金相同，在经合组织各国，这些工资债权及其他职工福利的定义也有很大不同，这种福利涵盖的范围以及在破产程序中的处理方式也不同。[64]

---

56 见莫纳汉、图克拉尔，前注 51，第 292 页。

57 见罗杰·洛温斯坦，*Broke Town，U.S.A.*，N.Y.TIMES，2011 年 3 月 3 日，MM26（公共养老金承诺的无资金金额估计在 1 万亿至 3.5 万亿美元之间）。也见安德鲁·巴里，*Munis on the Mend*，BARRON’S（2013 年 10 月 14 日），http：//online.barrons.com/article/SB50001424053111903891504579121802222118332.html#articleTabs_article%3D1（“大多数养老金资金充足的州与那些赤字严重的州之间的区别在于，其是否愿意按精算确定的缴费水平持续地为其计划缴费。”）。

58 《职工退休年金保障法案》，S.1270，113th Cong.（2013），http：//www.govtrack.us/congress/bills/113/s1270/text。

59 见新闻稿，奥林·哈奇，美国参议员，Hatch Unveils Bill to Overhaul Pension Benefit System，Secure Retirement Savings（2013 年 7 月 9 日），http：//www.hatch.senate.gov/public/index.cfm/releases?ID=bb7de6e5-a45f-4851-b17e-2c9c6dce972b。

60 同上注。

61 见萨拉，前注 37，第 9—11 页。

62 见赫希等人。前注 41，第 199 页。

63 见第二章第二节，表 3。

64 同上注。

（四）政府保险或保障制度的主流

研究中的一些经合组织成员国有养老金和/或工资保险计划，或在雇主破产时有保障机构保护职工的职业福利和与工资相关的福利。这些计划背后的公共政策目标是，在雇主破产时，为职工提供一种更为及时的工资和福利支付方式。[65]通常情况下，可以比职工通过破产程序得到养老金和福利清偿提早若干年。[66]如上文所述，养老金保障公司是美国养老金保障计划的一个主要机构，[67]尽管英国[68]和加拿大安大略省[69]也存在类似的组织。此外，与养老金一样，研究中的许多经合组织国家都有保障制度，在雇主破产时，这些机制将有助于支付职工部分基于工资的福利，至少能支付破产前一段特定期间内产生的未偿福利，最高可达到规定的限额。[70]加拿大在工资收入保护计划下本身也有一项工资保障制度。[71]

尽管在雇主破产的情况下，政府的保险计划和保障制度相互补充地保护养老金和其他职工福利，但它们在破产程序中也会单独发挥重要作用。很多时候，保障机构将代位取得养老金或与工资相关的债权。[72]这样做的好处是，保障机构作为大债权人，在破产程序中会更有能力实现债权。[73]然而，若保障机构无法通过破产程序确保职工债权获得清偿，就可能会导致机构财务不稳定性的增加和/或其他雇主保险费率的提高（至少在雇主缴费作为资金来源的计划中是这样的）。[74]

（五）破产程序与优先债权人的权利概述

虽然本文研究的国家之间的破产制度存在显著差异，但仍存在一些重要的共性。首要的问题是，大多数国家似乎都认可各种类型的公司破产程序。[75]大多数国家认可的两种程序是：①清算程序，公司解散并将剩余财产公平分配给债

65 见萨拉，前注 37，第 23—24 页。

66 见约翰逊，前注 11，第 7 页（指出保险基金的一个好处是可向职工立即支付，而不是等待雇主清算以实现债权的冗长过程）。

67 1974 年《职工退休收入保障法案》，29 U.S.C.§ 1302（2012）；也见萨拉，前注 37，第 61—64 页（讨论养老金保障公司在美国的作用）。

68 见萨拉，前注 37，第 57 页。

69 同上注，第 57—60 页。

70 见第 3 章。

71 见《工资收入保护计划法案》，S.C.2005，c.47，s.1。

72 见约翰逊，前注 11，第 5—6 页。

73 见萨拉，前注 37，第 28 页（讨论由于信息、资源和债权规模大小不同，这些基金为何比个人职工更有能力实现债权）。

74 见前注，第 85 页（指出许多司法管辖区的保险基金的运作以通过对该行业或商业惯例的风险分析确定的保险费为基础，因此未清偿的债权可能会导致保险费上升）。

75 本文不涉及第七章清算中的消费者/职工破产问题。

权人；[76]②企业重整程序，公司清偿部分现有债务以实现重整，并最终从破产程序中解脱出来。[77]美国的市政破产不适用清算程序，而只能对债务进行重整。[78]

无论破产程序中涉及清算还是重整，其目标都是将公司财产公平分配给各个债权人。[79]破产程序开始后，法院会发布自动冻结令，立刻阻止债权人对公司财产采取的大部分形式的行动。[80]在企业管理层继续经营企业的企业重整中，管理层被称为"经营管理债务人"。[81]经营管理债务人拥有管理人的所有权力，管理人则是指管理破产程序的个人或者数人。[82]

重要的是，许多养老金和职工福利基金的建立仅为托管职工参与人及其受益人的福利。如果参与人或其受益人破产，来源于福利基金的资金不被视为破产财产的一部分，因此不能供其他债权人分配。[83]换句话说，这种以信托为基础的利益是不可剥夺的，在破产中，这是对职工的重要的保护。[84]然而，这种以信托为基础的福利计划仍可能存在资金不足和雇主未足额缴费的情况，这些情况主要存在于确定给付型养老金方案中。养老基金或保障制度需要从破产公司获得支付以弥补资金的不足。[85]

雇主破产时，其债权人会收到雇主破产申请的通知，并可向管理人申报债权，要求雇主清偿债务。[86]管理人将根据预先确定的债权等级，在切实可行的范围内尽快清算公司的部分或全部财产。[87]优先于其他债权的债权称为享有"优先

---

76 见亚伦，前注 13，第 25 页。

77 同上注，第 33 页（讨论对比第七章清算与第十一章重整的概念）。

78 见克里斯汀·德宗、贝丝·多格蒂，Nuveen Asset Mgmt.，Municipal Bankruptcy：A Primer on Chapter 9，第 1 页，（2013）可见 http：//www.nuveen.com/Home/Documents/Viewer.aspx?fileId=48362（"与公司不同的是，市政是永久性的，不能进行破产清算"）。

79 见亚伦，前注 13，第 608 页（讨论破产的传统目标，即将破产财产分配给普通债权人）。

80 见上注第 267 页。

81 见上注，第 36 页（"第十一章重整涉及的当事人与第七章清算涉及的当事人有很大的不同。管理层作为经营管理债务人，继续经营企业，经营管理债务人有管理人的权力"）。

82 同上注。

83 见帕特森诉舒马特案，504 U.S.753，762—763（1992）（认为无论州法律如何规定，所有由《职工退休收入保障法案》授予资格的养老金方案都不在破产财产内）。

84 29 U.S.C.§ 1056（d）（2012）（《职工退休收入保障法案》反异化规定）；同法第 401 条（有资格的计划的反异化规定）。

85 见约翰逊，前注 11，第 7 页。在没有保障制度的情况下，职工或退休人员只能通过破产程序申报对资金不足的债权。然而，保障制度向职工和退休人员支付后，就代位取得了他们的债权。见后注 307—308 及对应的文字。

86 见亚伦，前注 13，第 28 页。第十一章重整中对债权人通知的运作方式略有不同，由最大的债权人组成一个委员会，按照破产管理人指令，监督经营管理债务人。见 11 U.S.C.§ 1102（a）（1）（2012）。

87 见亚伦，前注 13，第 29 页、第 35 页。

权”的债权，在债权中首先得到清偿。[88]由于破产雇主的财产有限，因此，优先权的概念很重要。[89]只有那些优先级最高的公司债权才可能得到全部债权的清偿。[90]优先级越低，债权人从公司剩余资产中实现的债权就越少，甚至得不到任何清偿。[91]

担保债权人是指在公司违约的情况下，就相关担保物完备了相应法律手续的、享有优先权的债权人。[92]另一方面，无担保债权人（又称普通债权人）是指那些没有抵押物担保其债权的债权人，其债权由公司的普通财产予以清偿。[93]除了担保债权和普通债权，还有许多有超级优先权（或绝对优先权）以及有相对优先权的债权。[94]超级优先债权优先于无担保债权得到清偿，在某些国家甚至可以优先于担保债权得到清偿。[95]相对优先债权仍然是无担保债权，其优先级介于担保债权和普通无担保债权之间。[96]

一般来说，假设至少有无担保财产可供分配，破产程序中的债权清偿顺序是：①超级优先（绝对优先）债权；②担保债权；③相对优先债权；④无担保债权。同样，债权人的优先级越高，其债权就越有可能得到清偿。因此，如果养老金和工资债权在雇主的债权中优先级相对较低，那么职工的退休金或工资债权很可能得不到任何清偿。[97]因此，通过立法赋予养老金和其他职工权利以优先权，对于雇主破产时职工债权能否得到清偿至关重要。[98]

---

88 同上注，第 429 页。

89 见约翰逊，前注 11，第 5 页（详细说明了职工即使有优先权，也很难从雇主资产中得到债权清偿）。

90 见亚伦，前注 13，第 429 页。

91 同上注。

92 见上注，第 405—406 页。

93 见伊丽莎白・M. 威廉姆斯，*Bankruptcy*，*Business Reorganization*，*in* THE A–Z Encyclopedia of Food Controversies and the Law 44（2011）（“只有优先债权人得到清偿后，普通无担保债权人才能得到清偿。当资产清算后资金不足以清偿普通无担保债权时，他们就可能无法从破产程序中得到任何清偿”）。

94 见亚伦，前注 13，第 454 页。

95 见上注，第 293 页（讨论超级优先权，以及当它优先于所有其他管理费用时会有哪些影响）；也见后注 298 和对应的文字。

96 见萨拉，前注 37，第 83—84 页。根据各国的破产立法，优先权债权享有的优先保护程度不同。同上注。

97 见亚伦，前注 13，第 429 页。

98 见威廉姆斯，前注 93，第 44 页。在第十一章重整的背景下，计划的一致通过要求计划提出者承诺清偿全额的优先债权，尽管“全额清偿”可能一段时间后才能实现，因此会产生利息。在通过的计划中，优先债权是否必须以现金全额清偿，取决于涉及的优先债权类型。见 11 U.S.C.§ 1129（a)(9)(2012）。即使职工债权有优先权，雇主仍可能会在破产中采取行动（例如《破产法》第 363 条规定的“无负担出售”），逃避清偿优先债权。见丹尼尔・基廷，Some Lessons for Congress to Ponder About the Labor-Bankruptcy Intersection，第 9—10 页（2013）（未发表稿件）（笔者存档）（描述“经管债务人有权根据破产法第 363 条规定的无负担出售条款转让破产财产，维持企业继续运营的价值”，应当注意的是，尽管“破产中特定优先权应当成立于出售收益上……第 363 条规定的出售收益[可能]很大程度上受担保债权实现的影响”）。

除了破产程序中工资和养老金债权的优先权之外，美国的市政破产程序和公司破产程序的区别也是同样重要的问题。美国《破产法》第十一章规定了公司破产重整程序，而《破产法》第九章规定了市政破产程序。如前所述，不能对市政实行强制清算。[99]此外，州必须有通过的立法规定其市政可以根据第九章寻求破产保护。[100]此外，即使该州有前述规定，[101]仍需进行一个非常耗时的资格检验程序，即由联邦破产法院确定该市政能否进入第九章规定的破产程序。[102]即使具备了上述两项条件，在市政破产时仍须考虑各种问题。比如，继续提供必要的公共服务（例如警察、消防、卫生和公共事业）[103]，市政当局通过征税创造额外税收的能力（与公司通过重整提高创收能力相对应）。[104]当然，的确有对市政当局持有债券的债权人和其他债权人，这一点与私营公司一样。[105]

另一个相似之处，也是本文的重点，即私营公司和市政当局都有职工，在雇主寻求破产保护时，职工享有养老金和工资债权。正如下文所述，[106]虽然第十一章程序赋予了工资和养老金债权以优先权，但是在第九章中，它们却不享有优先权。[107]可惜的是，工资和养老金债权在企业破产和市政破产中的这一区

99 见德宗、多尔蒂，前注 78；也见 11 U.S.C.§§ 301，904（2012）（禁止市政进行非自愿破产）。然而，市政仍然可以出售资产，而市政的担保债权人可取消其赎回权。见同法 § 1123（b）（4）（适用于第九章程序）；也见杰斐逊县破产案，阿拉巴马州，484 B.R.427，第 462—463 页（Bankr.N.D.Ala.2012）（“第九章债务人……不仅保留对其财产的全部所有权，而且在破产案件中也保持同样程度的控制权）”（引用 11 U.S.C.§ 904（2012））；W. 克拉克·沃森等人，国家债权律师协会，MUNICIPAL BANKRUPTCY：A GUIDE FOR PUBLIC FINANCE ATTORNEYS，第 61—62，75—76，87 页（2011），可见 http：//www.nabl.org/uploads/cms/documents/municipal_bankruptcy_a_guide_for_public_finance_attorneys.pdf。另一方面，根据第九章，各州目前不能申请破产。同文，第 39—40 页（指出 11 U.S.C.§ 109 没有将州列为可寻求破产保护的实体）。然而，“国会最近举行了公开意见听证会，考虑在破产法中规定州可以成为债务人的可能性”。同文，第 103 页。

100 见 15 Mcquillin Municipal Corporations § 39：76（第 3 版，2013 年）；也见兰迪·索里夫等人，Business Workouts Manual § 35：5（2013—2014 年版，2013）（讨论依据美国宪法第十修正案，破产法第九章规定承认州对地方事务的管辖权）。

101 见丹尼尔·J. 弗赖伯格，评论，*Municipal Bankruptcy and Express State Authorization to Be a Chapter 9 Debtor：Current State Approaches to Municipal Insolvency—and What Will States Do Now?*，23 Ohio N.U.L.Rev.1001，1008–16（1997）（列出了一些州的破产状况）。

102 见全文埃里克·W. 兰姆，*Municipal Bankruptcy：The Problem with Chapter 9 Eligibility—A Proposal to Amend 11 U.S.C.§ 109（c）（2）（1988）*，22 ARIZ.ST.L.J.625（1990）。

103 见迈克尔·W. 麦康奈尔、兰德·C. 皮克尔，When Cities Go Broke：A Conceptual Introduction to Municipal Bankruptcy，60 U.Chi.L.Rev.425，483–89（1993）（讨论市政在破产中的剩余义务）。

104 见凯文·A. 科达纳，Tax Increases in Municipal Bankruptcies，83 VA.L.REV.1035，1104–06（1997）（评估市政破产中的税收增加是否有效）。

105 见上注，第 1046 页（讨论在第九章破产程序中市政债券持有人的地位）；也见麦康奈尔、皮克尔，前注 103，第 429 页（比较私营与公共部门破产中的债权）。

106 见第二章第一节。

107 见前注 13 和对应的文字。

别，在其他国家没有现成的经验可资比较，因为市政破产在其他国家不可能发生，或非常罕见。[108]

（六）对赋予职工债权破产优先权的支持观点和反对观点

对赋予职工养老金和工资债权优先权持支持观点的人认为，由于市场失灵，且大多数职工债权人缺乏分散风险的手段，这种做法是必须的。[109]市场失灵的观点认为，尽管职工在养老金、工资和其他职工福利计划中是雇主的债权人，但他们根本不清楚自己在进行什么样的交易。[110]事实上，绝大多数职工没有必要的能力或信息来了解他们的养老金方案的性质，无法或没有能力像其他债权人那样在被公司负债之前，对公司进行信贷分析。[111]正如詹尼斯·萨拉所发现的那样：

> 当公司遭遇财务困境时，职工是最脆弱的债权人之一。经验丰富的债权人可以设法进行担保登记，保护他们的债权地位，并更容易获得管理信用风险所需的信息。职工与他们不同，在公司破产时，除了失业以外，职工往往会损失应得的工资和福利。[112]

简而言之，“职工依靠雇主支付工资来维持生计，与其他债权人不同，他们在签订劳动合同时并不同意雇主迟延履行支付义务”[113]。

风险分散的观点称，即使是更有经验的职工，也无法在福利计划中分散他们所面临的风险，而大多数债权人能够通过多重投资来做到这一点。[114]正如菲奥娜·斯图尔特所言：“有职业养老金的职工的当前和将来收入均从一个来源获得，他们的养老金可能是他们唯一拥有的实质性金融资产。”[115]其他金融债权人则并非如此。只有职工债权人“格外容易受到债权风险的影响，特别是那些养老金方案是强制性的，或终身受雇于一家公司的，或那些养老金由账面储

---

108 见前注 9 和对应的文字。

109 见萨拉，前注 37，第 6 页；也见约翰逊，前注 11，第 2 页。

110 见萨拉，前注 37，第 51 页。

111 见约翰逊，前注 11，第 2 页。

112 见詹尼斯·萨拉，A Brief Overview of the Treatment of Employee Claims and Collective Agreements in Canadian Insolvency Law 1（2006），http://www.iiiglobal.org/component/jdownloads/finish/60/4072.html。

113 见哈特菲尔德、温克，前注 28，第 14—15 页。

114 见马克·丹尼尔斯，*Pensions in Peril: Single Employer Pension Plan Terminations in the Context of Corporate Bankruptcies*，9 HOFSTRA LAB.L.J.25，109（1991）；也见小大卫·A. 斯基尔，*Employees, Pensions, and Governance in Chapter* 11，82 WASH.U.L.Q.1469，1478（2004）（讨论职工倾向于为自己工作的公司投资而不是分散投资）。

115 见斯图尔特，前注 3，第 5 页。

备支付的职员”[116]。

一些持反对观点的人认为，养老金和其他职工福利债权不应当在破产程序中获得任何特殊待遇，而应作为普通的无担保债权。他们还指出，赋予其优先权会损害国家的资本市场和投资环境，[117]老谋深算的雇主会利用其他破产机制来逃避清偿这类优先债权，使对变卖财产收益无担保权的职工债权很大程度上受担保债权实现的影响。[118]

赋予职工债权优先权会损害国家投资环境的观点认为，提高职工债权的优先地位会增加其他无担保债权人借款给公司的风险，使公司的信贷成本更高。[119]目前，美国未赋予职工债权超级优先权或绝对优先权而使其优先于担保债权，本文研究的其他国家中也鲜有这种立法例。如果信贷成本增加，赋予职工债权绝对优先权可能会产生更大的影响，因为这样会使担保债权人不能通过处置抵押物获得债权的清偿。[120]的确，世界银行和联合国国际贸易法委员会都倡导建立仅由担保债权和无担保债权构成的扁平化债权等级制度。这样，通过减少对一般优先权次序规则的偏离，债权人的合法预期才能得到维护，商业交往中的可预测性也会大大提高。[121]在确定给付型方案背景下，这里的部分论点似乎与最近的大型养老金方案资金不足，以及这种状况如何影响公司的信用等级的案例直接相关。[122]

即便考虑到上文所述的成本和风险，本文仍更倾向于通过提升职工债权的优先权，强化对弱势的、经验不足的职工债权人的破产保护。然而，在那些实现了从确定给付型方案到确定缴费型方案的重大转变的国家（如美国）中，赋

116 同上注，账面储备是下文深入描述的一种直接的雇主养老金承诺。见后注 268 和对应的文字。

117 见斯图尔特，见注 3，第 7—8 页。

118 见基廷，前注 98，第 13 页（“通用汽车和克莱斯勒的案子并不是经营管理债务人利用第 363 条规定的出售而越过传统的第十一章中的计划程序的首例，他们以此规避退休人员医疗福利这一重大优先事项[根据第 1114 条]对其重整能力的影响。”）；也见同文（“退休人员的第 1114 条无担保福利债权须针对第 363 条出售所得的福利提出，但这些福利很大程度上受担保债权清偿的影响”）。

119 同上注，第 8 页。就担保债权人而言，只有当抵押品不足以全额清偿其债权时，这种问题才会出现。见亚伦，前注 13，第 39 页（“如果抵押物的价值不足以清偿担保债权，将会产生一个和抵押物价值相当的担保债权和一个对抵押物价值不足部分的无担保债权 ”）。

120 见亚伦，前注 13，第 39 页，也见萨拉，前注 112，第 7 页。

121 见世界银行，前注 34，第 4 页（讨论是否需要建立以区别担保债权和无担保债权为基础的，有效、透明、可靠的信用体系）；也见联合国国际贸易法委员会，Legislative Guide on Insolvency Law 27（2005），见 http://www.uncitral.org/pdf/english/texts/insolven/05-80722.ebook.pdf（“破产法应该尽量降低无担保债权的优先权”）。

122 见斯图尔特，前注 3，第 9 页（指出资金不足的养老金方案对这种汽车公司，例如通用汽车和福特汽车，以及德国企业集团的影响）。

予职工债权以破产优先权观点的影响却有所减弱。[123]在这些国家，人们不再特别关注资金不足的养老金方案对其他公司债权人债权的影响，可能仅仅是因为无资金的养老金债权已经不再是一个大问题，或者这个问题可以在公司外部解决。[124]此外，在那些职业养老金市场不发达的国家，赋予养老金债权以优先权对资本和信贷市场的影响可能很小，因为这些国家养老金方案的任何债权可能都相对较小。简而言之，优先权政策，特别是养老金债权的优先权政策，对那些实行确定给付型职业养老金方案的国家影响最大。[125]

在这方面，美国处于某种独特的地位，因为尽管越来越多的企业将其职业养老金方案转变为确定缴费型方案，但大多数公共养老金方案仍然是确定给付型方案。[126]所以需要强调的是，赋予此类债权更高的优先权对市政破产程序的影响与公司破产程序的情况是不同的。

二、各国破产程序中职工福利债权的处理

本部分旨在研究经合组织国家目前如何在破产中和保障方案下处理职工债权问题。如上所述，尽管这里的重点主要是私营部门破产时养老金和工资债权的处理，但很多经验同样适用于美国的市政破产。

除了美国和加拿大以外，本文后面的附录还简述了 32 个经合组织国家的国别概况。[127]本部分第一、二节首先考察了美国和加拿大的制度（因为两国有类似的职业职工福利制度，但在破产中对职工债权的处理方法是不同的）。考察的目的是提供一个基准来比较美国和加拿大的制度，并和其他经合组织国家采取的路径进行比较。考察了美国和加拿大的现行法之后，第三节根据欧盟关于破产期间养老金和工资债权的指令以及国际劳工组织审议类似问题的公约，考察了欧盟国家的具体问题。最后，通过一系列表格总结了职工福利和破产法的比较研究成果。

---

123 见赫希等人，前注 41，第 198 页（讨论雇主倾向于使用确定缴费型方案而不是确定给付型方案的趋势和理由）。

124 也见萨拉，前注 37，第 48 页（指出一些国家“拥有‘超级基金’，它们是行业范围的养老基金或超级年金基金，不受该行业内一家公司破产的影响”）。

125 见前注 50 和对应的文字。

126 见前注 47 和对应的文字。

127 在附录中，国家概述部分分别概述了破产中的退休金和破产中的其他职工福利（工资）债权。将养老金和其他职工福利部分进一步细分为：首先，考虑职工债权的优先于各种债权的顺位或优先权；其次，是否有保障制度为这些职工债权提供保护；最后，在每个国家的部分都指出保障制度是否在破产中代位取得了职工的权利。

（一）美国破产养老金和工资债权的概况

1. 养老金

首要的问题是，根据美国联邦最高法院对“帕特森诉舒马特案”的判决，[128]无论各州法律如何规定，所有符合《职工退休收入保障法案》的（私营部门）养老金方案都被排除在（可供分配的）破产财产之外。[129]同样地，《国内税收法》第 401 条 a 款第 13 项[130]和《职工退休收入保障法案》第 206 条 d 款[131]都有相同的反异化条款，规定企业其他债权人不能分配符合《职工退休收入保障法案》规定的养老金方案的资金。[132]

美国《破产法》第十一章主要适用于公司的破产重整，明确规定赋予确定给付型方案和确定缴费型方案下的雇主欠缴费债权以优先权。[133]现在这条规则与确定缴费型方案（如第 401 条 k 款的工资延期缴费计划）的关联性更大，因为在美国，大多数雇主不再制定确定给付型方案。[134]法律规定的限额（截至 2013 年 4 月 1 日为 12475 美元）内的养老金债权及工资债权享有优先权。[135]职工在破产申请前 180 天内的前述债权享有优先权。[136]只有在工资债权（《破产法》第 507 条 a 款第 4 项规定的第四顺位优先权）不超过 12475 美元限额的情况下，[137]养老金债权（《破产法》第 507 条 a 款第 5 项规定的其他职工福利享有第五顺位优先权）才能获得优先权。[138]在这种情况下，超过前述限额的前两种债权为无

128 504 U.S.753（1992）。

129 同上注，第 762—763 页。

130 I.R.C.§ 401（2012）。

131 29 U.S.C.§ 1056（2012）。

132 对比 I.R.C.§ 401（a)(13)(A）（“除非包含信托的计划规定该计划下提供的福利不得转让或异化，否则该信托就不应是有资格的信托。”）与 29 U.S.C.§ 1056（d)(1）（“每项退休金计划都应规定，计划下提供的福利不得转让或异化。”）。

133 见 11 U.S.C.§ 507 (a)(4)—(5)(2012)（赋予“对雇主福利计划的缴费的无担保债权”第五顺位的优先权）。

134 见赫希等人，前注 41，第 198 页。或者如果他们有这样的计划，其中一些计划处于冻结状态，且最终将通过法律认可的程序终止，该程序在《职工退休收入保障法案》第四章中被称为“标准终止”。见 29 C.F.R. § 4041.21（2013）。这种终止与困难终止是有区别的，后者可能导致养老金保障公司自愿或非自愿终止一项确定养老金。见 29 U.S.C.§ 1341（2012）；*Distress Terminations*，PBGC.GOV，http：//www.pbgc.gov/prac/terminations/distress-terminations.html（最后访问时间为 2014 年 3 月 9 日）。

135 鲍勃 · 艾森巴赫，Going Up：Bankruptcy Dollar Amounts Will Increase on April 1，2013，IN THE（RED）：THE BUS.BANKR.BLOG（Feb.26，2013），http：//bankruptcy.cooley.com/2013/02/articles/business-bankruptcy-issues/going-upbankruptcy-dollar-amounts-will-increase-on-april-1-2013。

136 11 U.S.C.§ 507（a)(4)—（5)(2012）；见亚伦，前注 13，第 444 页。

137 § 507（a)(5）。

138 § 507（a)(4）；见亚伦，前注 13，第 444 页（只有在工资债权没有达到限额的情况下，养老金才有优先权）。

担保债权。[139]无资金或资金不足的养老金债权没有优先权。[140]

美国《破产法》第九章市政破产程序并没有太多处理职工债权的经验（尽管在最近的一些城市的市政破产中，特别是在加利福尼亚州，养老金没有被削减）。[141]较为明确的是，《破产法》第 507 条规定的工资和养老金优先权并不适用于第九章程序。[142]因此，大多数人认为无资金的市政养老金的债权是没有保障的。[143]最后，目前尚不清楚应如何处理集体劳动合同，其债务能否适用第 1113 条而被免责，或退休医疗福利债务能否适用第 1114 条而被免责，尽管大多数评论者和法院似乎一致认为，这些情况在市政破产中应适用另一标准。[144]

在确定给付型方案中，当雇主破产时，养老金保障公司向职工支付养老金。[145]确定缴费型方案不受养老金保障公司的保护。[146]养老金保障公司的资金来自每位职工每年 30 美元的保费，如果某方案已经出现资金不足的情况，则多收取资金不足部分的 0.9%作为保险费。[147]养老金保障公司向职工支付法定保障限度内

---

139 亚伦，前注 13，第 444 页；见斯基尔，前注 114，第 1471 页（“除了这项有限的优先权之外，职工没有得到其他特殊待遇，他们与公司的其他普通债权人一样，因此仅能得到‘破产美元’，即按比例得到债权的清偿。”）。

140 见迈克尔·佩斯金，Pension Funds and Corporate Enterprise Risk Management，*in* The Oxford Handbook of Quantitative Asset Management 426（伯恩斯·舍勒、肯尼斯·温斯顿编，2012）（“由于无资金的养老金债务是公司的无担保债务，并且与无担保债券类似，因此它们应当按公司的无担保借贷成本确定金额。”）。与养老金缴费相反，“无资金的养老金债务是向公司退休人员持续支付的债务，在他们停止为公司工作后，只要还活着就应得到支付，而且其数额基于复杂的精算计算”。见 Office of Wayne Marston，MP，Backgrounder：Amending Canada’s Bankruptcy Laws（2011），http：//www.usw.ca/admin/union/soar-news/files/Background-Bill-C-331-Pension-Protection-Act.pdf。

141 见前注 7 和对应的文字。

142 见前注 24 和对应的文字。

143 见全文，詹姆斯·E. 斯皮托，Chapman & Cutler LLP，Unfunded Pension Obligations：Is Chapter 9 the Ultimate Remedy? Is There a Better Resolution Mechanism? 6，（2011），http：//www.sec.gov/spotlight/municipalsecurities/statements072911/spiotto-slides2.pdf（“市政职工的养老金债权没有破产优先权，也没有延期赔偿保护”）。

144 至少有一个法院发现，第 1113 条不适用，而且根据 NLRB 诉比尔迪斯科案的判决，465 U.S.513（1984），旧的、亲雇主的劳动合同解除法适用。见关于巴列霍市，403 B.R.72，77—78（Bankr.E.D.Cal.2009）（“根据第 365 条，未终止的集体劳动合同是可拒绝的待履行协议。国会将第 365 条纳入第九章，没有限制其适用于集体劳动合同……第 1113 条不适用于第九章的情况，第九章的债务人无须遵守该条，而可拒绝待履行的集体劳动合同）。也见沃森等人，前注 99，第 81 页（“需要注意到，第 901 条并没有将第 1113 条中关于拒绝集体劳动合同的特别规则列入第九章”）。

145 见萨拉，前注 37，第 289 页。

146 同上注。

147 见 29 U.S.C.§ 1306（a）(3)（A）(i) —（E）(ii)（2012）。此外，《职工退休收入保障法案》还规定，参与的单位成员——80%拥有共同的业务——破产时共同和分别承担养老金缴费、养老金保障公司保费和养老金资金不足的债务。见 29 U.S.C.§§ 1307（e），1362（a）(2012）。《职工退休收入保障法案》还规定，如果以前参与的单位成员为逃避责任而处置其权益，则该成员仍负有责任。见 29 U.S.C.§ 1369（a）(2012）。

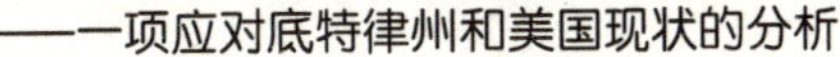

的金额。[148]在2013年，最高保障额度可达57500美元，并以一份终身年金的形式进行支付。[149]如果职工提前退休，最高保障额度会低于前述金额。[150]如果职工已经退休并继续缴费3年，他还可能领到超过出正常法定保障范围的其他福利。[151]根据《职工退休收入保障法案》第1344条a款，这些类型的退休金债权优先于养老金保障公司的保险费债权。[152]

当确定给付型方案资金不足时，养老金保障公司支付了职工的养老金后，就取得了破产程序中职工债权的代位权。[153]养老金保障公司在破产中按照它认为的该方案资金不足的金额申报债权。[154]养老金保障公司有权就方案资金不足的债权，对公司净资产的30%享有留置权。[155]虽然养老金保障公司曾提出过反对意见，[156]法院仍普遍认为，当雇主对方案拖欠最低缴费时，养老金保障公司没有优先权，属于无担保债权人。[157]

养老金保障公司对遗漏缴费享有优先权的一个罕见例外是，根据《职工退休收入保障法案》第4068条，如果雇主拖欠的缴费超过100万美元，那么养老

148 见萨拉，前注37，第62页。

149 见29 U.S.C.§ 1322（b）（3）（2012）。在2013年，不包含遗属福利的人寿年金最高保障额为：65岁时每年57477.24美元（每月4789.77美元）；62岁时每年45407.04美元（每月3783.92美元）；55岁时每年25864.80美元（每月2155.40美元）。*PBGC Maximum Insurance Benefit Increases for 2013*，PBGC.GOV（Nov.27，2012），http：//www.pbgc.gov/news/press/releases/pr12-35.html。

150 见*PBGC Maximum Insurance Benefit Increases for 2013*，前注149。

151 29 U.S.C.§ 1344（2012）（确定单雇主计划终止时参与者和受益人之间的优先级顺序）；Priority Categories，PBGC.GOV，http：//www.pbgc.gov/wr/other/pg/priority/categories.html（最后访问时间为2014年3月9日）（指定"在计划终止之前已退休或应退休3年以上的参与者"有第三顺位优先权，第四及第五顺位分别为自愿性职工缴费和强制性职工缴费）。

152 29 U.S.C.§ 1344（a）（3）（A）。

153 见萨拉，前注37，第62页（注意，养老金保障公司将"与破产计划资金发起者一起承担养老金方案成员签订的协议下的所有债权"）。

154 见劳拉·罗森博格，*Understanding PBGC's Role in Bankruptcy：Dealing with the 800-Pound Gorilla*，TURNAROUND MGMT.ASS'N（2006年8月1日），http：//www.turnaround.org/Publications/ Articles. aspx?objectID=6429。

155 29 U.S.C.§ 1368（2012）。这是很少出现的，但公司债务人可能有拥有清偿能力的子公司，它们的净资产用作此目的。同上注。

156 见以色列·戈德威茨、马克·S. 普费弗，Pension Benefit Guarantee Corporation Litigation Outline 24（2010），http：//www.pbgc.gov/docs/PBGCLitigationOutline2010.pdf。

157 见查特奥赛公司案，115 B.R.760，787（Bankr.S.D.N.Y 1990）（拟议的判决），adopted，130 B.R.690（S.D.N.Y.1991），各方当事人同意撤销，1993 U.S.Dist.LEXIS 21409（SDNY 1993年6月7日）（裁定养老金保障公司的最低缴费债权产生于职工在雇主破产申请前的工作，不会产生破产申请后针对破产财产的福利，且养老金保障公司的债权不能作为管理费而享有优先权）。尽管此案判决已被撤销，但许多法院都引用此案，作为最低缴费债权无优先权的先例。见乔纳森·刘易斯、维韦克·梅尔瓦尼，*Treatment of Pension Plans When an Employer Is in Bankruptcy*，BENDER'S LAB.& EMP.BULL.，2006年4月，第163页、第168页（"由于查特奥赛公司案，养老金保障公司不再称其全额的无资金养老金债权享有管理费优先权"）。

金保障公司就基于这些拖欠的缴费债权享有留置权。[158]在这种情况下，欠缴费债权中金额超过 100 万的部分享有优先权。[159]

2. 其他职工福利

如前所述，工资债权（包括假期工资、经济补偿金[160]和病假工资）和养老金缴费债权加起来不超过优先权最高限额（2013 年为 12475 美元）的部分享有优先权。[161]破产申请前 180 天内的职工债权享有优先权。[162]在雇主的所有债权人中，工资债权享有所谓的第四顺位优先权，其他职工福利（包括养老金）享有第五顺位优先权。[163]只有在第四顺位的工资债权未达到 12475 美元的最高限额时，养老金才享有第五顺位优先权。[164]超过这一最高限额（以及破产申请前 180 天之前）的养老金和与工资相关的债权是没有保障的。[165]每个职工必须基于未偿工资、医疗保险合同缴费以及其他离职后的职工福利，对自己的工资和其他福利主张具体的优先权。[166]

养老金保障公司不保障工资债权，雇主破产时，美国也没有相应的工资保障基金[167]（除了由各州运行的、更为广泛的失业保险计划，适用于非因自身过错而失业的职工，向其支付预期的工资而非支付以前的工资）。[168]美国还有一项

---

158 29 U.S.C.§ 1368；I.R.C.§ 430（k）（2012）。

159 29 U.S.C.§ 1368；I.R.C.§ 430（k）。

160 一个著名的第二巡回法庭案件（许多法庭仍遵循其判决）认为，破产申请后的经济补偿金债权可能享有管理费优先权。见斯特劳斯-迪帕尔凯公司诉第 3 号当地工会，国际电气工人兄弟会，386 F.2d 649，651（2d Cir.1967）；也见马特森诉阿拉孔案，651 F.3d 404，409（4th Cir.2011）（根据第 507 条（a）（4）对破产申请前的经济补偿金作出类似判决）。

161 见亚伦，前注 13，第 444 页。

162 同上注。

163 同上注。

164 同上注。

165 同上注。

166 见斯基尔，前注 114，第 1471 页（“对于没有被集体劳动合同覆盖的个人职工，第十一章是有很大不同的。不仅公司解雇职工的权力受到很少的限制，职工甚至没有受到在公司破产时得到公司拖欠的全部金额的保障。”）。另一方面，工会将试图根据集体劳动合同为在职职工申报债权，尽管还不清楚工会在第十一章破产程序中是否有正式的地位。见全文，道森，前注 3。更不清楚公共工会对于市政债务有何正式地位。然而，底特律的公职职工工会正在极力对第九章破产程序的有效性提出质疑，从而确保成员职工的福利。见约瑟夫·利希特曼、伯尼·伍德尔，Detroit Union Files Challenge to City’s Bankruptcy Petition，REUTERS，2013 年 8 月 29 日，http：//www.reuters.com/article/2013/08/19/us-usa-detroit-idUSBRE97I0WC20130819（“美国州、县和市职工第 25 委员会称底特律……仍未证明其无力偿债，也未与其债权人真诚谈判……工会称，它也在质疑联邦破产法第九章的合宪性，认为它侵犯了州的权利。”）。

167 见萨拉，前注 37，第 61—62 页（指出养老金保障公司的覆盖范围仅限于确定给付型养老金方案，不覆盖其他非确定给付型方案）。

168 关于美国失业补偿制度的一般解读，见全文赫希等人，前注 41，第 133—191 页。

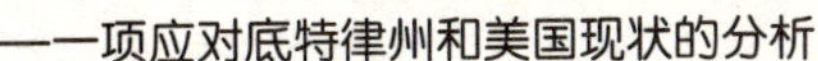

法律，即《工作调整与再培训通知法案》，[169]该法案规定，当职工人数多于或等于100人的雇主停业时，雇主须提前60天通知职工和/或向职工发放经济补偿金[170]（但该法案也有很多例外，因此，它并非总能为职工带来福利）。[171]

（二）目前加拿大对破产中的养老金和工资债权的概况

1. 养老金

加拿大的破产制度包括两部法律：《破产法》[172]和《公司债务重整法》[173]。《破产法》规定了商主体和消费者破产的一般程序框架（包括清算和重整），[174]《公司债务重整法》则侧重于规范企业重整程序。[175]加拿大公司破产时适用《破产法》还是《公司债务重整法》，在一定程度上取决于破产公司的债务总额，只有债务总额超过500万美元的公司才能适用《公司债务重整法》规定的重整程序。[176]

加拿大联邦和省政府都对职业养老金方案进行了一定程度的规范。[177]联邦对银行、交通和电信及所有跨省的行业都有司法管辖权，[178]这些行业的养老金方案是根据1985年《养老金标准法案》制定的。[179]职业养老金方案只有10%的资产属于联邦体系。[180]其他所有的养老金方案都是由省级立法规定的。[181]

自2008年《工资收入保护计划法案》颁布起，破产程序就专门规定了养老金债权的优先顺位。[182]根据这一制度，《破产法》赋予了破产中当前的养老金欠缴费以超级优先权，位于下文讨论的职工工资优先权之后，但属于同种类型的优先权。[183]养老金缴费的超级优先权针对所有破产财产，不光针对流动资产，而是针对各种财产。[184]更具体地说，这一优先权涵盖了：①从职工工资中扣除

169 见29 U.S.C.§§ 2101—2109（2012）。

170 见 §2102。

171 见 §2103（详细说明《工作调整与再培训通知法案》的特定例外）。

172 《破产和无力清偿法》，R.S.C.1985，c.B-3。

173 《公司债务重整法》，R.S.C.1985，c.C-36。

174 见斯图尔特，前注3，第11页。

175 同上注。

176 同上注。

177 同上注。

178 《养老金标准法案》，R.S.C.1985，c.32，§ 4（2d Supp.）。

179 同上注。

180 见斯图尔特，前注3，第11页。

181 同上注。省级养老金立法的例子包括两项安大略省立法，细节见保罗·M.赛昆达，*Lessons from the Ontario Expert Commission on Pensions for U.S.Policymakers*，28 ABA J.LAB.& EMP.L.87，92（2012）。

182 见《工资收入保护计划法案》，S.C.2005，c.47，s.1。

183 见萨拉，前注37，第54页；斯图尔特，前注3，第11页。

184 见《破产和无力清偿法》，R.S.C.1985，c.B-3，81.5；也见米勒·汤姆森，LLP，加拿大《商业法》 § 25：80（2013）。

的养老金缴费；[185]②雇主须根据确定缴费型方案缴纳的金额；[186]③“正常成本”金额（指在给定年度内需要向养老保险基金支付的金额）。[187]这一优先权适用于联邦和各省所规定的养老金方案。[188]无资金的养老金债权仍然为无担保债权。[189]

另一方面，职业养老金是仅为养老金参与人及其受益人的利益而设立的信托，独立于公司的其他财产。[190]因此，职业养老金方案的资产不属于破产财产，不能供其他债权人分配。[191]然而，与美国的类似方案一样，在这种养老金方案中也存在着无资金的养老金债务或雇主对养老金欠缴费的情况。[192]

与美国不同的是，加拿大仍然大多采取确定给付型的职业养老金方案，[193]这也许意味着应在破产程序中更加关注养老金方案资金不足和雇主欠缴费的情况。另一方面，除了安大略省，加拿大其他省份都没有建立雇主破产时能够保障职业养老金方案同福利债权相关的制度。[194]即使是安大略省的养老金保障基金，对职业养老金债权的保护也非常有限，仅提供了一个相对较低的法定最高限额。[195]它是仅适用于单一雇主的方案（而不是多雇主的方案），[196]而且对个人的保障仅限于每月最高 1000 加元，外加一定比例拖欠的福利金。[197]

2. 其他职工福利

加拿大对职工福利债权进行了分类，并根据其取得的优先权进行区别对待。2008 年《破产法》修正案规定了职工债权中未偿工资及假期工资债权（不包括经济补偿金和解约费）对破产雇主的流动资产拥有有限的超级优先权。[198]这种

185 见《破产和无力清偿法》，R.S.C.1985，c.B-3，at 81.5；也见萨拉，前注 37，第 54 页；斯图尔特，前注 3，第 11—12 页。

186 见《破产和无力清偿法》，R.S.C.1985 年，R.S.C.1985，c.B-3，81.5。

187 同上注。

188 见斯图尔特，前注 3，第 12 页。

189 见萨拉，前注 37，第 54 页；斯图尔特，前注 3，第 11 页。

190 见萨拉，前注 37，第 48—49 页。

191 同上注，第 49 页。

192 同上注。

193 见杰伊·库珀，*Canadian Pension Plans Take the Risk-Shedding Route*，PROF.PENSIONS（2011 年 4 月 6 日），http：//www.professionalpensions.com/globalpensions/feature/2040750/canadian-pension-plans-risk-sheddingroute#ixzz1xMP1c6oU（沃森·塔沃森公司的高级顾问珍妮特·拉波夫斯基估计，加拿大 94%的养老金资产仍处于确定给付型方案中）。这些加拿大的确定给付型方案目前资金状况非常好：“2010 年第三季度末，加拿大企业计划的平均融资比率为 88%，而美国企业为 82%，英国为 85%，欧洲大陆为 66% 。”同上注。

194 见萨拉，前注 37，第 115 页。

195 见安大略财政服务委员会，养老金保障基金，https：//www.fsco.gov.on.ca/EN/PENSIONS/PBGF/Pages/default.aspx（最后访问时间为 2014 年 3 月 9 日）。

196 同上注。

197 见萨拉，前注 37，第 12 页。

198 同上注，第 45 页。

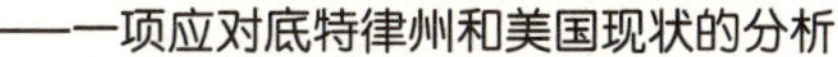

优先权的有限性在于，它仅针对破产人的流动资产，即现金、应收账款和存货。[199]这种优先权保障职工在破产申请前 6 个月内的未偿工资和假期工资，每名职工的最高限额为 2000 加元。[200]

这些修正案出台之前，工资和假期工资债权的优先权劣后于担保债权。[201]在之前的制度下，未偿工资债权估计仅能得到 13%的清偿，而且只有在可能长达 3 年之久的破产程序结束时才能得到清偿。[202]虽然新制度生效以来尚无确切的统计数据可供参考，但预计赋予这些债权有限的优先权后，清偿率可望达到 50%。[203]

除了优先权之外，还有一项由一般税收支持（估计每年最多划拨 5000 万加元的资金）的工资保障制度。[204]劳动部部长负责“工资收入保护计划”的事务，加拿大服务局则代为支付。[205]根据工资收入保护计划，2008 年 7 月 7 日后破产雇主的职工，有权从该联邦项目中获得雇主破产前 6 个月未付的工资（截至 2013 年，最多不超过 3646 加元），或根据《雇佣保险法案》的规定，获得最高可保周工资四倍的款项。[206]这项政府工资基金支付拖欠工资、假期工资、经济补偿金和解约费，整体的工资债权支付率估计可以达到 97%。[207]在向职工支付工资后，工资收入保护计划在其支付的范围内代位取得职工对破产雇主的所有工资债权，并享有与职工相同的优先权。[208]

关于加拿大破产程序中的雇佣债权，最后一项很有趣的发现是：尽管解约费和经济补偿金在破产程序中几乎得不到任何保护，但在工资保障制度下，它们获得了与其他工资相关的类似福利甚而至于更好的保护。

（三）欧盟和国际劳工组织法对破产职工债权的经验

本节需要强调，在本报告研究的 34 个经合组织国家中，有 21 个国家也是

---

199 同上注。

200 《破产和无力清偿法》，R.S.C.1985，c.B-3，81.3。

201 见萨拉，前注 37，第 45 页。

202 见哈特菲尔德、温克，前注 28，第 14—16 页。

203 同上注，第 14—17 页（“估计享有新的有限的超级优先权后，加拿大政府将得到高达 50%的清偿”）。

204 同上注，第 14—16 页；见 *Wage Earner Protection Program: What Does It Mean for Employees of Bankrupt Companies?* HOYES＆MICHALOS，http：//www.hoyes.com/bill-c-12-wage-earner-protection-pogram.htm（最后访问时间为 2014 年 2 月 9 日）。

205 见哈特菲尔德、温克，前注 28，第 14—18 页。

206 见 *Wage Earner' s Protection Program*，CANADA' S ECON.ACTION PLAN，http：//actionplan.gc.ca/en/initiative/wage-earner-protection-program-0（最后访问时间为 2014 年 3 月 9 日）。

207 见哈特菲尔德、温克，前注 28，第 14—16 页。

208 见艾伦·纳坎，*Lenders Beware—New Canadian Legislation Puts Employee Wages First*，ACCUVAL（2008 年 9 月），http：//www.accuval.net/insights/ featuredarticle/detail.php?ID=22。

欧盟的成员国。[209]这一点尤其重要，因为欧洲议会和欧洲理事会于 2008 年 10 月 22 日发布的 2008/94/EC 指令规定了雇主破产程序中的职工保护问题，并且对所有欧盟成员国均有约束力。[210]该指令为所有欧盟国家设定了最低标准（各国将其制定进国内法律或法案内），但并没有禁止各成员国在破产程序中为职工提供水平更高的保障。[211]它还要求成员国建立一个机构，保障部分或全部的职工债权。[212]

此外，国际劳工组织还有一项有关雇主破产时职工债权保护的公约。只有 9 个经合组织国家签署了国际劳工组织的 C173 号《职工债权（雇主破产）保护公约》。[213]

本节分为三个部分，前两部分侧重于讨论欧盟指令和一些阐释该指令的案例，最后一部分则着重讨论国际劳工组织公约。

1. 欧盟指令及范围的讨论

欧盟指令（2008/94/EC）规定了雇主破产时的职工应有的保障，该指令是欧洲在这个领域的主要立法。[214]欧盟补充立法的重点是为了提高养老金的供款水平，从源头上解决雇主破产带来的职工债权问题（尤其是偿付能力指令Ⅱ和职业养老金提供机构指令）。[215]2008/94/EC 指令实际上是对 1980 年指令（1980/987/EEC）的重申，[216]1980 年指令规定，雇主破产时，职工及其福利应当受到“保障”。[217]

根据 2008/94/EC 指令的规定，欧盟成员国应设立专门机构，在雇主破产时

---

209 奥地利、比利时、捷克共和国、丹麦、爱沙尼亚、芬兰、法国、德国、希腊、匈牙利、爱尔兰、意大利、卢森堡、荷兰、波兰、葡萄牙、斯洛伐克、斯洛文尼亚、西班牙、瑞典和英国。尽管挪威和瑞士是欧洲经合组织国家，却不是欧盟国家。List of Member States of the EU，EUROPEAN UNION，http：//europa.eu/about-eu/countries/index_en.htm（最后访问时间为 2014 年 3 月 9 日）。

210 见全文，Council Directive 2008/94，2008 O.J.（L 283）36（EC）（“关于雇主破产时对职工的保护。”）。

211 同上注。

212 同上注。

213 见 C173—《职工债权（雇主破产）保护公约》（即国际劳工组织公约），1992（No.173），INT’L LABOUR ORG.，http：//www.ilo.org/dyn/normlex/en/f ?p=1000：11300：0：：NO：11300：P11300_INSTRUMENT_ID：312318（最后访问时间为 2014 年 3 月 9 日）（只有 9 个经合组织国家批准了该公约：澳大利亚、奥地利、芬兰、墨西哥、葡萄牙（截至 2012 年仍未生效）、斯洛伐克、斯洛文尼亚、西班牙和瑞士）。

214 见委员会指令 2008/94，2008 O.J.（L 283）36（EC）；也见萨拉，前注 37，第 30 页、第 150 页（将该指令称为欧盟有关通过破产来保护职工权利的政策）。

215 见委员会指令 2009/138，2009 O.J.（L 335）1（EC）（“关于保险和再保险业务的使用与目标（偿付能力Ⅱ”）；委员会指令 2003/41，2003 O.J.（L 235）10（EC）（“关于职业退休养老金机构的活动和监督”）。

216 比较，委员会指令 2008/94，2008 O.J.（L 283）36（EC），与委员会指令 80/987，1980 O.J.（L 283）（EC）。

217 委员会指令 80/987，2008 O.J.（L 283）36（EC），art.3（1）。

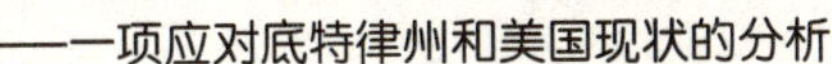

为未清偿的职工债权提供保障，[218]保障职工养老金和工资债权的支付。该指令第 1 条第 1 款规定涵盖了“职工因雇佣合同或雇佣关系的存在，对破产雇主拥有的所有债权”[219]。

在大多数欧盟国家，这种保障是由保障基金或方案提供的（如英国的养老金保障基金）。[220]这些机构为破产雇主的职工支付养老金或其他种类的工资福利。[221]这种保障通常限于雇主破产前特定时间内产生的职工债权，并且有法定的最高限额（考虑到通货膨胀，最高限额通常每年都必须进行调整）。[222]

2. 欧洲法院的判例法对雇主破产指令的解释

在最近的一个欧洲法院案例（涉及爱尔兰）“霍根诉社会和家庭事务部部长案”中，[223]法院判决 2008/94/EC 指令适用于职业养老金方案，并且量化规定了雇主破产时职工的最低保护水平。[224]更具体地说，该指令“被解读为依据雇主设立的补充养老金方案，赋予前职工享受养老金的权利”[225]，并且“确保职工能够依据职业养老金方案领取应得养老金金额 49%以上的款项”[226]。爱尔兰的方案没有达到这一标准，因此，法院认定它严重违反了成员国的义务。[227]

霍根案的判决在一定程度上依据了欧洲法院先前的一项判决，即“罗宾斯诉国家就业与养老金部部长案”的判决。[228]在该案中，欧洲法院认为，如果雇主破产且补充养老金方案的资金不足，成员国自身不必为职工的应得养老金债权提供资金，也不必全额补足。[229]在雇主破产时职业养老金的保障方式上，该指令第 8 条赋予了各成员国一定的自由度。[230]这意味着，各成员国可以要求“雇主承担为保障机构的设立投保或提供资金的义务，保障机构会规定具体的缴费

218 委员会指令 2008/94，2008 O.J.（L 283）36（EC），pmbl。

219 同上注，第 1 条（1）。

220 见萨拉，前注 37，第 55 页、第 60 页（指出大多数国家为何拥有这种保障基金或计划，并分析了有养老金保障基金的英国模式）。

221 见约翰逊，前注 11。

222 同上注，第 7 页、第 8 页（讨论保障制度的方法，以及为支付结构设定限额或限制，为基金的持续运营而限制基金支付的可行性）。

223 见 C-398/11，霍根诉社会和家庭事务部部长案，2013 年 4 月 25 日，http: //curia.europa.eu/juris/celex.jsf ?celex=62011CJ0398&langl=en&type=NOT&ancre=。

224 见上注，¶¶ 27，44—46。（确定了 2008/94 号指令必须适用于这种职业养老金方案，并确定了对职工权利的最低保护程度）。

225 同上注，¶¶ 27。

226 同上注，¶ 53。

227 同上注。

228 见案例 C-278/05，罗宾斯诉国家就业与养老金部部长案，2007 E.C.R.I-01053。

229 同上注，¶ 46。

230 同上注，¶ 36。

规则，而不是由政府当局提供资金”。[231]然而，需要指出，“关于指令所要求的保护程度”，这一判决也要求，“对破产雇主的职工采取必要保护措施的同时，‘也应考虑欧洲共同体的经济和社会平衡发展的需要’”。[232]

除了 2008/94/EC 指令第 8 条规定保护职业养老金权利以外，该指令的第 3 条、第 4 条还涉及未支付的职工债权的最低保障问题。[233]在“弗朗索维奇诉意大利共和国案”中，根据先前的 1980 年指令，欧洲法院审查了一位意大利职工对其破产公司的债权。[234]该指令第 3 条要求按照规定设立的保障机构向职工支付特定日期前一段时期的职工债权。[235]2008/94/EC 指令允许成员国在与破产或者雇佣关系终止有关的三个日期中进行选择。[236]它还允许成员国规定保障机构承担支付责任的最高限额。[237]

根据第 4 条的规定，如果成员国选择以破产启动的时间为基准确定特定期间，保障机构必须确保向职工支付雇主在破产程序启动前 6 个月内，至少是劳动合同期内最后 3 个月的拖欠工资。[238]毫无疑问，根据 2008/94/EC 指令的规定，弗朗索维奇在雇主破产时享有未偿的工资债权。[239]唯一的问题是，在意大利当时没有设立工资保障基金的情况下，他能否向意大利主张债权。[240]欧洲法院的结论是，由于意大利未能将 80/987/EEC 指令转化为国内法，应对弗朗索维奇的损失和损害承担赔偿责任。[241]

3.《国际劳工组织第 173 号公约》：职工债权（雇主破产）保护，1992 年

受 2008/94 指令约束的一些欧洲国家也批准了《国际劳工组织第 173 号公约》，该公约同样强调保护雇主破产时的职工债权。[242]该公约更新了 1949 年《工资保护公约》的内容（特别是 1949 年公约的第 11 条，关于雇主破产时职工债权处理的规定）。[243]

第 173 号公约第 3 条规定，批准本公约的成员国要么承担第二章规定的义

231 同上注，¶37。
232 同上注，¶38。
233 见合并案件 C-6 和 C-9/90，弗朗索维奇诉意大利共和国案，1991 E.C.R.I-5403，¶15。
234 同上注，¶6。
235 同上注，¶15（讨论指令的解释）。
236 同上注。
237 同上注，¶21。
238 同上注，¶16；也见委员会指令 1980/987，1980 O.J.（L283）23（EC）。
239 合并案件 C-6 和 9/90，前注 232，¶2。
240 同上注，¶7（1）。
241 同上注，¶46。
242 见《职工债权（雇主破产）保护公约》，前注 213。
243 同上注，pmbl。

务，通过赋予雇主破产时的职工债权一定特权而予以保护，要么履行第三章规定的义务，即设立保护职工债权的机构，要么同时履行这两章规定的义务。[244]因此，公约设计的框架是，雇主破产时，通过赋予职工债权优先权或国家发起的保障制度保护职工债权，或两种方式兼采。[245]

关于赋予职工债权以特权或优先权，第 5 条和第 6 条解释了这一权利的范围。第 5 条规定，职工债权“应享有以下特权的保护：（职工）可以在无特权债权人得到按份清偿前，从破产雇主的财产中得到清偿”。[246]换句话说，职工的以下债权应优先于其他债权。第 6 条规定，有优先权的职工债权至少包括：①破产前至少 3 个月的工资债权；②假期工资债权；③其他类型的带薪休假工资债权；④经济补偿金债权。[247]有趣的是，此规定不涵盖养老金欠缴费债权，而公约仅重点关注了破产中与工资相关的债权。更有趣的是，当职工债权受到保障制度保护时，破产程序中工资债权得到的优先权保护可能要比未受保障制度保护时更少。[248]

关于保障机构或保障制度，第 173 号公约第 9 条规定，“当雇主因破产而无法清偿、职工因雇佣关系而对雇主主张的债权时，该债权应通过保障机构获得支付”[249]。同样，这种保护也仅限于与工资相关的债权。第 12 条界定了可保障工资的类型：①“特定期间内的职工工资债权，此期间不得少于破产前的八周”；②“职工的节假日补贴债权”；③“其他类型的带薪休假工资债权”；④“雇佣终止的经济补偿金债权”。[250]这些工资保障制度似乎未要求养老金缴费得到保障。

国际劳工组织第 173 号公约于 1995 年 6 月 8 日生效，有 21 个国家加入了该公约。[251]在本报告研究的国家中：澳大利亚只接受了优先权规定；奥地利只接受了保障计划；芬兰只接受了保障计划；墨西哥只接受了优先权规定；葡萄牙接受了优先权规定和保障计划（截至 2012 年 11 月，只是签署了公约，但尚未生效）；斯洛伐克只接受了优先权规定；斯洛文尼亚只接受了保障计划；西班牙接受了优先权规定和保障计划，但存在例外；瑞士接受了优先权规定和保障计划。[252]因此，仅有略多于四分之一的经合组织国家批准了国际劳工组织公约

244 同上注，第 3 条（1）。

245 同上注。

246 同上注，第 5 条。

247 同上注，第 6 条。

248 同上注，第 8 条（2）。

249 同上注，第 9 条。

250 同上注，第 12 条。

251 见《职工债权（雇主破产）保护公约》，前注 213。

252 同上注（规定了本文第二章中的优先权和第三章的保障制度）。

的部分条款，在加强保护公司破产中的职工债权方面，该公约似乎只发挥了相对较小的作用。

重要的是，那些最大的经合组织经济体（包括美国、加拿大、德国、法国和英国）在该公约出台后的接近二十年里，都没有批准公约。至少就欧盟国家而言，有一种可能是，因为它们通过了欧盟关于雇主破产时职工债权保护的指令，所以它们认为不需要再批准国际劳工组织第 173 号公约。[253]例如，欧盟指令对工资债权和职业养老金都进行了规定，而国际劳工组织公约只涉及对工资相关的债权的保护。[254]另一方面，有观点指出：该公约提供的保护水平超过了欧盟指令的规定，更多国家应当另行批准该公约。[255]

三、比较分析经合组织成员国在破产和保障制度中对职工债权的规定

本章主要分为两节。第一节主要讨论经合组织国家在破产程序中和/或在保障基金或计划下对养老金和工资债权的处理趋势。第二节根据附录所述的经合组织各国在破产中对职工债权的处理方式，通过笔者绘制的表格，对这些方式进行分类，说明美国和加拿大的处理方式与其他经合组织国家是如何一致的。

（一）经合组织国家在破产程序中对养老金和职工福利债权的处理趋势

在讨论经合组织国家在破产中对养老金和职工福利债权的处理趋势时，有两项结论是明确的。大多数经合组织国家（这可能是因为大多数经合组织国家都是须遵守职工破产指令的欧盟国家）建立了一项制度，赋予破产中的养老金和工资以优先权，[256]并为雇主破产中的养老金和/或工资提供了保障制度（尽管通常仅保障工资债权）。[257]只有深入比较细节，才能发现各国对待破产中职工债权的区别往往与各国福利制度的建立或结构相关。基于对经合组织国家的分析，下文将对七个初步的结论依次作进一步的讨论。

---

253 见布兰多拉・巴托罗米，Employees’ Claims in the Event of Employer Insolvency in Romania：A Comparative Review of National and International Regulations 35（克里斯蒂纳・米尔斯、维莱娜・施密特编，2011）。

254 对比，议会指令 2008 / 94，2008 公报（L283）36（EC），与《职工债权（雇主破产）保护公约》，前注 213。

255 见巴托罗米，前注 253，第 35 页。

256 见联合国国际贸易法委员会，前注 121，第 272 页（“在大多数国家，工人的债权（包括工资、请假或假期工资、其他带薪休假工资和经济补偿金）构成破产中的一类优先债权”）。

257 见约翰逊，前注 11，第 5—6 页。

1. 国家主导的养老金方案，法定养老金与雇主经营的养老金

本部分主要讨论各国养老金制度的不同规定，以及当公司破产时这些方式的选择会对职工有何影响。本部分还将讨论各国实现其他职工福利的路径，以及雇主破产时这些路径对职工有何影响。

1）养老金

关于养老金，各国在职业养老金的规定上有着重要的区别。首先，一些国家几乎没有或根本没有职业养老金方案，取而代之的是国家主导的社会保险计划或自愿的以职工缴费为基础的计划。[258]这种类型的国家有 7 个：智利、捷克共和国、爱沙尼亚、希腊、匈牙利、斯洛伐克和土耳其。[259]这些主要依靠非职业养老金制度的国家几乎没有必要在破产中赋予职工债权以优先权，或设立养老金保障制度，因为雇主破产对养老金的支付几乎没有影响。[260]毫无意外，在这些国家，雇主破产时养老金债权几乎没有优先权，也没有保障制度。[261]

其次，大部分欧盟国家都遵循法定的职业养老金模式，在这种模式下，养老基金与公司独立。[262]在大多数情况下，雇主需要向这些养老基金（或保险公司）缴费，但这项缴费就是他们全部的供款义务。[263]有 20 个国家属于这种类型，包括：澳大利亚、比利时、丹麦、芬兰、法国、冰岛、以色列、意大利、日本、韩国、卢森堡、墨西哥、荷兰、新西兰、挪威、波兰、葡萄牙、斯洛文尼亚、西班牙和瑞士。[264]与上文讨论的第一类国家相似，除了公司对外部的养老基金可能有拖欠的缴费，雇主破产对这些公司影响甚微。[265]因此，在这些国家中，破产优先权最多只涉及公司拖欠的缴费（而不是无资金的养老金债权），而且几

258 见，例如，凯拉·奥奇尔等人，Employment and Employee Benefits in Turkey：Overview，PRACTICAL L.，http：//uk.practicallaw.com/8-383-1562?service=pensions#a172331（最后访问时间为 2014 年 3 月 9 日）（指出养老保险费仅缴付给标准的社会保障计划，而不是职业养老金方案）；*Social Insurance System in Slovakia*，Socialna Poistovna，http：//www.socpoist.sk/social-insurance-system-in-slovakia/24533s（最后访问时间为 2014 年 3 月 9 日）（概述了斯洛伐克的养老金方案仅依赖于社会保险制度）。

259 见附录。

260 见萨拉，前注 37，第 48 页。

261 同上注，第 84 页.

262 见，例如，富而德律师事务所，Pensions and Insolvencies Across Europe 6，8，11，15（2010），http：//www.rln.lv/lv/pdf/PensionsAndlnsolvency.pdf（举了主要使用分离于公司的、独立的法定职业养老金模式的国家的例子）。

263 同上注，第 6 页（举了欧盟国家芬兰的例子，该国强制雇主向其法定制度缴费，且可以选择——但不要求——额外的养老金安排）。

264 见附录。

265 见罗萨洛德·康纳，International Pension Guide 16（2013）（指出如果有单独的养老金融资计划，雇主的破产对确定缴费型方案不会造成太大的影响，因为雇主缴费不受其他债权人的追索，而确定给付型方案会导致资金不足的风险）。

乎没有养老金保障制度。[266]事实上，养老金只有在被视为工资的情况下才有保障。[267]

最后，包括美国和加拿大的一小部分国家的职业养老金方案是由雇主经营的，这类方案或基于账面储备模式（类似于德国和奥地利），或基于确定给付型方案融资模式（尽管其中一些国家，如美国，正在经历着向确定缴费型方案的重大转变）。[268]一些国家（如美国、加拿大和英国）的养老金资产由信托托管或隔离，不受其他债权人的影响。[269]然而，这些方案的雇主破产对养老金债权的影响最大，因为雇主对计划负有缴费义务。[270]这类方案不仅必须关注养老金缴费问题，雇主破产时还可能存在无资金或资金不足的养老金负债。[271]第三类国家有 7 个：奥地利、加拿大、德国、爱尔兰、瑞典、英国和美国。[272]这些国家大都倾向于既在破产程序中赋予养老金债权以优先权（但德国是一个明显的反例），[273]又有某种形式的养老金保障制度（至少是在确定给付基础上融资的养老金）。[274]

应该指出的是，这三类养老金方案的界定没有刚出现时那样明确了。一些国家跨越了两种不同的养老金类型的界限。例如，奥地利和瑞典都采用了外部融资的养老基金和直接基于账面储蓄的养老金保障的组合模式。[275]同样，墨西哥也有一些外部融资的养老金，但是大多数职工似乎只参与了国家主导的养老

266 见，例如，附录。

267 见，例如，附录 No.3（指出在比利时，通过国家工资保障基金处理未偿的养老金债权），No.6（指出在丹麦，养老金缴费按工资债权处理），No.13（指出在冰岛，拖欠的养老金缴费按工资处理，并受国家工资保障基金的保护）。

268 账面储备是公司作出的直接养老金承诺，通过公司的资产负债表分配从而供资，而不是通过外部保险计划或养老基金。见米卡·维德伦德等人，Finnish Centre for Pensions，The Structure of Pension Provision and the Significance of Occupational Pensions in Different Countries 17—20，（2012），http：//www.etk.fi/en/gateway/PTARGS_0_2712_459_770_3439_43/http%3B/content.etk.fi%3B7087/publishedcontent/publish/etkfi/en/julkaisut/reviews/the_structure_of_pension_provision_and_the_significance_of_occupational_pensions_in_different_countries_7.pdf（概述了美国和德国的雇主供资的养老金制度）。

269 同上注，第 31 页表格 5（指出美国和英国的制度依赖信托作为职业养老金的工具）。也见詹姆斯·M. 鲁肯达、金伯利·A. 维特罗克，Underfunded Pension Plans：A Looming Crisis for Corporate America?，22 AM.BANKR.INST.J.20，22（2003）。

270 维德伦德等人，前注 268，第 15 页。

271 见萨拉，前注 37，第 50 页（指出由于资金不足的风险，确定给付型缴费计划的风险增加了，或者在美国的例子中，公司没有分散这些计划的风险，而导致了更大的风险）。

272 见表 1。

273 见富而德律师事务所，前注 262，第 1 页、第 9 页、第 19 页、第 21 页（举了国家使用这种混合制度的例子）。

274 同上注。

275 见附录。

金制度。[276]相似的例子比比皆是。然而，通过这个角度观察各国的养老金方案，可以解释为什么某些国家的养老金债权能得到更多或更少的破产保护和保障基金的保护。可以肯定的是，本文研究的大多数国家都建立了独立于雇主的外部养老基金的法律模式，与其破产优先权和保障制度（如果有的话）的运行方式相关联。在有外部养老基金的国家，当雇主破产时，职工养老金损失的风险较小，破产优先权和保障制度的必要性也就相应较弱。[277]

2）其他职工福利

与养老金不同，与工资相关的福利通常不是由雇主出资和/或资助的。因此，法定福利计划和雇主经营的福利计划之间的类似区别并不重要。[278]然而，美国就是一个主要靠雇主运营的福利计划[279]来提供相关工资福利的例子，例如医疗保险、长期残疾保险、人寿保险和退休医疗福利。[280]

2. 职工债权人在破产程序中的痛点

很多文献主张，破产制度应赋予职工养老金和工资债权某种形式的优先权。[281]学者们担心，如果不赋予养老金和工资债权以超级优先权或相对优先权，这些债权很有可能得不到清偿。[282]当然，这些担忧是有依据的，而且从理论上讲，这种优先权规定能使职工债权在破产程序中得到较大比例的清偿（尽管可能并不是最快的方式）。[283]

从实际出发，无论是讨论养老金债权还是工资债权，职工在破产程序中通

---

276 见约翰逊，前注 11，第 5 页。

277 见前注 270—272 和对应的文字。

278 见，例如，《工资收入保护计划法案》，S.C.2005，c.47，s.1（Can.）（举了国际组织和国家发起的关于工资相关福利的制度的例子）；委员会指令 2008 / 94，2008 公报（L283）36（EC）；《职工债权（雇主破产）保护公约》，前注 213。

279 就美国提供的健康保险而言，53.5%的人享有雇主发起的医疗保险，19.5%没有保险，17.6%由医疗补助覆盖，6.4%有个人保险，3.0%有医疗保险。见夏平・怀特、詹姆斯・D. 雷克夫斯基，Great Recession Accelerated Long-Term Decline of Employer Health Coverage 2（2012），http: //www.nihcr.org/EmployerCoverage.pdf; 也见赛昆达，前注 36，第 230—231 页（“除了那些穷人和慢性病患者有资格使用联邦医疗补助计划，或年龄在 65 岁或以上或残疾人可使用联邦医疗保险计划，大多数美国人都是使用私营雇主提供的医疗计划，从而获得医疗保险。”）。

280 赫希等人，前注 41，第 205 页。然而，为退休人员提供医疗福利的雇主正快速减少。见苏珊・E. 坎切洛西，The Bell Is Tolling: Retiree Health Benefits Post-Health Reform，19 ELDER L.J.49，51（2011）（“尽管退休医疗福利对于受其覆盖的个人特别重要，但在过去二十年中，退休人员的医疗福利急剧减少。由于难以处理迅速上升的医疗费用和保留在职职工的保险，雇主往往选择终止退休人员的保险。”）。

281 见约翰逊，前注 11；萨拉，前注 37；斯图尔特，前注 3。

282 见约翰逊，前注 11，第 10 页；萨拉，前注 37，第 9 页（都描述了雇主破产期间职工可能会处于危险的境地，并强调应提供更多的或专门的支付方法）。

283 见斯图尔特，前注 3，第 4—5 页。

过优先权获得雇主清偿时遇到的问题都与职工的信息不足和缺乏话语权有关。[284]即使是工会代表职工参与破产程序，情况也是如此。事实上，工会在破产程序中没有可以申报债权的法定地位。[285]由于涉及债权的金额、程序的复杂性、职工缺乏相关知识等因素，职工很难利用其债权获得的优先权。[286]不仅如此，即便职工尝试着在程序中进行谈判，及时提出债权，且得到了相当大比例的清偿，考虑到破产程序完成需要花费的时间，他们可能很多年后才能收到清偿款。[287]因此，如果社会保障制度的目的是，雇主破产时，职工的应收养老金、工资和其他职工福利能够得到及时、有效的保护，那么仅赋予职工优先权可能不是最好的解决方法。

因此，保障基金的存在对养老金及工资债权都非常重要，它为破产雇主的职工提供了其所需的社会保障。职工通过养老金和工资保障基金申报债权，能获得更好的保护，而不必担心破产程序中的谈判，以及与资金更充足、信息更灵通的其他公司债权人争夺有限的资金。[288]尽管在这种保障基金下，获得的支付仅限于破产申请前特定期间内的款项，[289]但是它确实为保护职工应当获得的养老金和工资债权提供了一种更为迅速可靠的方法。[290]

3. 保障基金的地位日益突出

基于大多数国家破产制度的现状，也许通过保障制度为雇主破产时职工的养老金、工资和其他职工福利提供保护的方式已经成为共识。尽管欧盟国家通

---

284 见约翰逊，前注 11，第 2 页。

285 见道森，前注 3，第 28 页（“当然有理由质疑，即使工会是债权人委员会的成员，在破产管理中，工会代表职工参与也等同于职工自身参与。即使公会代表职工参与破产管理，职工的特别利益也可能劣后于其他债权人的与职工利益冲突的利益。”）。

286 见约翰逊，前注 11，第 7 页。

287 见上注（指出破产清算的漫长性，即使有优先权的职工仍须等待很久才能实现债权，但在保障制度中，职工可以立即得到支付，而保障机构——可以等待这种延迟清偿——代位取得破产债权）。

288 见哈特菲尔德、温克，前注 28，第 14—15 页（“职工是企业破产和破产管理中最脆弱的一方，因为他们没有足够的经济实力，因此不能放弃对工资的追偿。他们依靠工资为生，与其他债权人不同的是，职工在签订雇佣合同时不会同意雇主拖欠工资”）；也见约翰逊，前注 11，第 2 页（“其他债权人可以在确定价格或贷款利率时将这种违约因素算入进去，而通常没有资源确定这些风险……经常与雇主进行交易的债权人……可获得债务人的财务和经济数据，并可以……根据其承担的风险，设定交易条件。”）。

289 见，例如，11 U.S.C.§ 507（a）（4）—（5）（2012）（美国规定养老金保障公司可保障的债权限于破产前 180 天内）；委员会指令 2008 / 94，2008 公报（L283）36（EC），第 3 条（指出成员国可指定债权的可保障期限）；《职工债权（雇主破产）保护公约》，前注 213，第 12 页（规定保障制度可保障的支付的具体期限为雇主破产 8 周前）；*Italy：Wage Guarantee Fund，Solidarity Agreements，Bilateral Bodies and Wage Guarantee Fund in Derogation*，EUROFOUND，http：//www.eurofound.europa.eu/emire/ITALY/WAGESGUARANTEEFUNDCIG-IT.htm（最后更新时间为 2009 年 8 月 14 日）（意大利通过收入补偿基金支付最多 80% 的损失款项）。

290 见约翰逊，前注 11，第 7 页。

过法律要求建立某种形式的保障机构，极大地推动了保障制度的发展，其他国家也有类似的制度，但在范围上有很大的不同。

例如，大多数有保障基金的国家（尽管美国法是个较大的例外）都对工资债权提供了一些保护，大多数国家对工资进行了广义规定，包括假期工资、节假日补贴、经济补偿金、解约费甚至是差旅费。[291]这类债权通常设置了最高限额，并限于雇主申请破产前的某段期间内产生的债权。[292]

另一方面，养老金保障基金通常较少。这可能是因为被研究的大多数国家要么没有职业养老金，要么规定了养老金资产独立于雇主的法律制度。[293]在这种情况下，雇主破产对职工几乎没有什么影响，因此养老金保障基金的必要性较小。[294]这种情况也可能与该国是否主要推行确定给付型方案有关，在这种模式下，雇主有义务保证养老金充足，而在主要或完全推行确定缴费型方案的国家，雇主仅负责缴费或代付职工缴费，不负担其他义务。[295]由于确定缴费型方案下，缴费是非常频繁地累积的，雇主的欠缴费不可能占到职工到期应付养老金数额的较大部分，所以，没有必要为确定缴费型方案背景下有风险的金额设立保障基金。[296]另一方面，在确定给付型方案背景下，养老金保障制度更为必要，因为这种方案由雇主负责缴费并持续缴费以维持资金充足，从而向职工支付退休及退休后的福利金。[297]因此，毫无意外的是，有养老金保障基金的国家和省份（例如美国、英国和加拿大安大略省）规定其保障基金仅限于确定给付型方案，而不面向确定缴费型方案。[298]

4.各种养老金债权的优先权的区别

尽管实行确定缴费型方案的国家并未作此区分，但在确定给付型方案仍然持有大部分养老金资产的国家，需要在破产中对拖欠的养老金缴费的债权和无资金或资金不足的养老金债权的优先权问题进行区分。[299]一般来说，在研究对象国，拖欠的养老金缴费（无论是在确定给付型方案下还是确定缴费型方案下）在破产程序中享有优先权。[300]这种优先权可能是优先于大部分担保债权的超级优

---

291 见附录。

292 见，例如，纳坎，前注 208（讨论加拿大工资收入保护计划的影响及其约 3000 美元的最高保障限额）。

293 见全文，第二章第一节。

294 见萨拉，前注 37，第 48 页。

295 见赫希等人，前注 41，第 201—202 页。

296 见上注，第 203 页。另一方面，确定缴费型方案总是资金充足且不需要保障制度的这种说法没有考虑雇主破产时可能对基金有拖欠缴费。

297 见维德伦德等人，前注 268，第 35 页。

298 见第二章第一节（美国）和第二章第二节（加拿大）；附录。

299 见萨拉，前注 37，第 49 页。

300 同上注，第 51 页；见联合国国际贸易法委员会，前注 121，第 272 页。

先权（例如加拿大），也可能是仅优先于无担保债权的相对优先权（例如美国）。[301]这种优先权可能没有最高限额，也可能没有期间限制，[302]但通常都限于破产申请前特定期间内的一定数额。[303]超出限额或超出特定期间的部分则被视为无担保债权。[304]

无资金或资金不足的养老金债务主要存在于确定给付型方案的背景下，在破产程序中通常作无担保债务处理（美国、英国和加拿大均如此）。[305]这种债权没有获得优先权似乎基于这样一种观念，即它们与通常享有优先权的工资债权区别较大。[306]这也可能是因为，由于无资金的养老金债权规模较大，若赋予其优先权会对其他人和更为广泛的资本市场造成更大的影响。[307]

5. 工资相关福利债权保护范围的区别

所有赋予工资债权以优先权和/或提供了保障基金的经合组织国家都对未偿工资进行了保护（至少是破产申请前特定期间内和一定额度的工资债权）。[308]各国对应保护的工资构成存在着分歧。一些国家对工资进行了广义定义，包括假期工资、节假日补贴、经济补偿金、解约费和差旅费（同样限于一定额度和特定期间）。[309]另一些国家对工资进行了狭义定义，或仅包括未偿工资，或仅包括未偿工资和假期工资（但不包括经济补偿金和解约费）。[310]

有趣的是，有些国家将养老金缴费界定为一种工资。[311]当养老金被视为工

301 见联合国国际贸易法委员会，前注 121，第 272 页（“在许多情况下，这些职工的债权的优先顺位要比其他大多数优先债权要高，特别是税收和社会保障债权，且在少数情况下，如上所述，高于担保债权。”）

302 见，例如，附录。

303 见约翰逊，前注 11，第 7 页（描述在建立员工福利债权制度时，有必要设定限额或期限，以将成本负担维持在业务水平范围内）。

304 例如，考虑美国对超过法定限额的破产申请前的工资和养老金债权的处理。见前注 137—139 和对应的文字。

305 见，例如，11 U.S.C.§ 507（a）（5）（2012）；前注 194—197 和对应的文字（加拿大）；附录。在养老金承诺作出时，没有人能预知未来无法清偿的痛苦，破产企业未来的养老金负债可能会高达数百万美元（甚至数十亿美元），因此解决破产中的无资金的养老金债务的政治意愿可能也会减弱。见基廷，前注 98，第 26 页（“对于雇主来说，在以往那些养老金方案无需提前出资，且退休人员的医疗福利债务甚至不需要在雇主的资产负债表上显示的年代，雇主很容易提供慷慨的确定给付型养老金方案和退休医疗福利。在那个年代，雇主对职工作出这类承诺（而不是当时支付更高的工资）即使事实上不是由得到未来养老金承诺的职工所背负的庞氏骗局，这种承诺能力也类似于雇主的无限制的无担保信贷额度。”）。

306 见斯图尔特，前注 3，第 2 页。

307 同前注，第 8—9 页。

308 见，例如附录。

309 见，例如附录（提出在日本、卢森堡、瑞士和英国，假期工资有优先权）。但是见下面的附录 No.20（墨西哥拒绝承认假期工资为工资债权）。

310 关于破产工资的优先权，加拿大是一个将解约费和经济补偿金排除“工资”定义外的主要例子。见前注 198 和对应的文字。

311 见，例如附录。

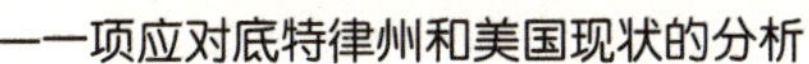

资时，在破产程序中，这种养老金债权也享有与工资债权一样的优先权，同时也由工资保障基金覆盖。[312]这些国家则没有必要单独设立养老金保障基金。

6. 保障基金的代位权

当工资或养老金保障基金向破产雇主的职工进行支付后，职工就不能继续在破产程序中申报债权（因为这会导致重复清偿或不当得利）。[313]相反，在大多数国家，保障基金代位取得职工的债权，并且在破产程序中取代职工的地位。[314]

这种代位权中存在两个重要问题。第一，保障机构在破产程序中通常但并非总是能取得与职工同样的优先权。[315]这种代位权有一些明显的例外（例如丹麦、瑞典和瑞士），在这些国家，保障基金在破产程序中是无担保债权人，即使职工个人的债权是享有优先权的。[316]基金没有代位优先权也许是基于以下考虑，在职工已经通过保障制度获得部分支付后，职工债权就变得不那么重要了。

第二，与职工个人相比，保障基金可能会在破产程序中得到更高比例的清偿，既因为基金了解破产程序制度，又因为与其他债权人相比，其债权额相对大很多（将其代位的所有职工的债权作为一个整体提出）。[317]因此，保障基金的存在不仅使得职工更有可能迅速获得养老金和工资债权的清偿，还使破产雇主更有可能通过向保障基金支付应付给职工的款项，满足其中一些债权（特别是保障基金在破产程序中享有优先权时）。[318]当然，保障制度为了确保能有运行资金，其通过破产程序得到养老金和工资的清偿是极为重要的。[319]

7. 养老金与工资债权在破产中的总体处理方式和国家模式

早在 2006 年，戈登 • 约翰逊将国家解决雇主破产时职工债权问题的方法进行分类，确认了四种模式的体系及变型。[320]笔者借鉴了这种区分方法，并在本文中使用一种略微修改过的分为三种模式的版本，以强调经合组织各国对养老

312 见，例如附录。

313 见约翰逊，前注 11，第 7 页。

314 见前注；也见，例如，《工资收入保护计划法案》，S.C.2005，c.47，s.36（1）（注意加拿大政府有权根据工资收入保护计划分配的数额，代位取得职工的任何权利）。

315 见，例如附录 NO.8（注意在芬兰，“在这一工资保障制度下，国家代位取得职工在破产程序中的债权和相同的优先权”）。

316 见附录。

317 见萨拉，前注 37，第 28 页（讨论因为信息、资源和债权规模不一样，这些基金是如何比个人雇员得到更好清偿的）。

318 见约翰逊，前注 11，第 7 页。

319 见前注 72 和其所对应的文字。

320 见约翰逊，见前注 11，第 4—6 页。

金和其他工资债权的总体处理方式的相似之处。[321]

采用模式一的国家赋予破产优先权，几乎没有保险或保障制度。[322]这类国家有 4 个：智利、墨西哥、新西兰和土耳其。

采用模式二的国家采取了混合制，即既为职工债权规定某种形式的破产优先权，又提供至少一种形式的保障基金。[323]这类国家数量较多，为了强调它们在方法上的显著差异，笔者将进一步对比采用强力型模式二的国家和采用有限型模式二的国家。基本的区别在于，采用强力型模式二的国家为养老金和工资债权都赋予优先权并规定了保障制度，而采用有限型模式二的国家通常仅为工资债权赋予优先权并规定了保障制度，或者没有优先权或保障制度。

采用强力型模式二的国家有 11 个，包括：比利时、加拿大、丹麦、冰岛、爱尔兰、以色列、意大利、挪威、瑞典、瑞士和英国。大多数经合组织国家采用的是有限型模式二，这类国家包括：澳大利亚、捷克共和国、法国、希腊、匈牙利、日本、韩国、卢森堡、荷兰、波兰、葡萄牙、斯洛伐克、斯洛文尼亚、西班牙和美国。

最后，采用模式三的国家不规定破产优先权，仅有保障制度。[324]这类国家有 4 个，包括：奥地利、爱沙尼亚、芬兰和德国。

当然，即使在这四种所列举的模式中，也存在如下明显的重叠和变型：①债权人优先权的强度（如超级优先权或一些较小的优先权）；②债权有最高限额或债权无最高限额（优先权或保障基金的覆盖额度）；③破产申请前债权可覆盖的期间（大多数国家一般赋予破产申请后的债权以超级优先权，在此不单独进行讨论）；④基于破产和保障制度的目的而定义的工资的构成（包括一些国家将养老金缴费按工资处理）；⑤保障机构在破产程序中的代位方式（有无优先权）。下一节的表格总结了这些差异。

（二）表格：经合组织国家在破产中和在保障制度下对养老金和工资债权的处理

本节总共有 5 张表格，以总结比较研究的结果。在这些表格中，加拿大和美国被加粗，以方便对比这两个国家与表格中的其他国家在破产程序中对职工

---

321 更具体地说，笔者扩大了约翰逊体系中模式三的范围，以识别各种混合制度，并除去了他的“模式一：亲职工模式”，因为它指的是中国所使用的保险制度，而中国不在此进行研究。同上。当然，按照如何在破产中或保障制度下处理职工债权，对国家进行分类的办法有无数种。仅举另一个例子，萨拉教授描述了 7 种不同类型的工资和相关债权的优先权。见萨拉，前注 37，第 15 页。

322 约翰逊把这些国家称为采用模式二的国家。见约翰逊，前注 11，第 5 页。

323 根据约翰逊的体系，这些国家为采用模式三的国家。同上，第 5—6 页。

324 根据约翰逊的体系，这些国家为采用模式四的国家。

养老金和工资债权的处理方法。

表 1 将这些国家分为没有或几乎没有职业养老金制度的国家，有与雇主独立的职业养老金制度的国家，和以雇主为基础的养老金制度的国家。表 2 列出了经合组织国家在破产中采取的养老金和工资债权总体处理的不同模式（例如采用模式一的国家、采用强力型模式二的国家、采用有限型模式二的国家、采用模式三的国家)。表 3 详细列出了各国在处理职工养老金和工资债权方面的各种区别(包括代位方式)。表 4 基于破产程序中养老金和工资债权的优先权种类，将国家进行分类。表 5 基于雇主破产中养老金和/或工资债权的保障基金的性质，将国家进行分类。

表 1　经合组织国家在破产中对养老金债权的处理概况

（按养老金方案分类）[325]

类别	经合组织国家（共计 34 个）
第一类：没有或几乎没有职业养老金制度	智利，捷克共和国，爱沙尼亚，希腊，匈牙利，斯洛伐克，土耳其（7 个）
第二类：法定的外部养老基金	澳大利亚，比利时，丹麦，芬兰，法国，冰岛，以色列，意大利，日本，韩国，卢森堡，墨西哥，荷兰，新西兰，挪威，波兰，葡萄牙，斯洛文尼亚，西班牙，瑞士（20 个）
第三类：雇主经营	奥地利，**加拿大**，德国，爱尔兰，瑞典，英国，**美国**（7 个）

表 2　经合组织国家在破产中对工资和养老金债权的处理概况

（按国家采用的模式分类）

<table>
<tr><th colspan="2">国家模式</th><th>经合组织国家（共计 34 个）</th></tr>
<tr><td colspan="2">模式一（有破产优先权，没有或几乎没有保障制度）</td><td>智利，墨西哥，新西兰，土耳其（4 个）</td></tr>
<tr><td rowspan="2">模式二</td><td>强力型（混合型，养老金和工资都有破产优先权和保障制度）</td><td>比利时，加拿大，丹麦，冰岛，爱尔兰，以色列，意大利，挪威，瑞典，瑞士，英国（11 个）</td></tr>
<tr><td>有限型（混合型，养老金或工资有破产优先权和保障制度）</td><td>澳大利亚，捷克共和国，法国，希腊，匈牙利，日本，韩国，卢森堡，荷兰，波兰，葡萄牙，斯洛伐克，斯洛文尼亚，西班牙，美国（15 个）</td></tr>
<tr><td colspan="2">模式三（无破产优先权或仅有有限的破产优先权，但有某种形式的保障制度）</td><td>奥地利，爱沙尼亚，芬兰，德国（4 个）</td></tr>
</table>

325　表 1、表 2 是根据附录中的信息编制而成的。

表 3　经合组织国家在雇主破产后对养老金和工资债权的处理的区别

国家	破产养老金优先权	破产工资优先权	养老金保障制度	工资保障制度	代位权
1.加拿大	超级优先权：缴费（针对所有破产财产，且无最高限额）；无担保：无资金的债务	超级优先权：工资和假期工资，不包括经济补偿金和解约费	仅安大略省——养老金保障基金——覆盖范围有限	工资收入保护计划——6个月的工资，最高限额为每周最大可保收入的4倍	有，有相同的优先权
2.澳大利亚	缴费有优先权（时间和期间无限制）	工资、假期工资、经济补偿金和解约费有优先权	无	普通职工权利和失业计划——3个月工资，16周的假期工资、经济补偿金、解约费	有，有相同的优先权
3.奥地利	无优先权，但职工债权人对50%的应得福利享有优先权（与托管相同）	仅有有限的优先权，优先于无担保债权人	有，以所欠金额为限，但限于24个月，限于账面储备	有，覆盖广义的工资	有，同样无优先权
4.比利时	缴费有有限的优先权，仅针对动产	工资有有限的优先权，仅针对动产；有最高限额	部分养老金保障	停业基金，保障特定的工资	有，有相同的优先权
5.智利	几乎没有职业养老金	固定最高限额内有优先权	无	无	不适用
6.捷克共和国	无职业养老金	对30%的雇主财产有超级优先权，有最高限额	无	有，但有最高限额	有，但无优先权
7.丹麦	缴费有优先权	6个月内的广义工资有优先权	保护程度类似于工资	有，但有最高限额	有，但无特权

续表

国家	破产养老金优先权	破产工资优先权	养老金保障制度	工资保障制度	代位权
8.爱沙尼亚	主要是国家主导的，职业计划无优先权	无优先权	无，仅保障国家主导的养老金	无，仅由失业计划覆盖	不适用
9.芬兰	无优先权	无优先权	有，有最高限额	有，有最高限额	有，但无优先权
10.法国	法定方案的欠缴费有优先权	劳动法规定60天内的工资有超级优先权，民法规定6个月内的工资有优先权	无	工资保障制度，广义工资，有最高限额	有，有相同的优先权
11.德国	无优先权	无优先权	养老金保障基金，有最高限额	破产赔偿基金，最多3个月工资	有，都没有优先权
12.希腊	职业养老金为无担保债权	有，申请前2年内的大部分工资享有第三顺位优先权	无	有，3个月的工资，不包括解约费	有，有相同的优先权或同样无优先权
13.匈牙利	几乎没有职业养老金；绝大部分是国家主导的养老金	有优先权，无最高限额；6个月的经济补偿金；工资优先权有限	无	未偿工资的100%，最多6个月的经济补偿金	有，有相同的优先权
14.冰岛	养老金欠缴费有优先权，限于过去18个月内	工资，解约费，假期工资有超级优先权，限于18个月	被视为工资处理，受工资基金保护，有最高限额	是，3个月的工资和解约费	找不到相关数据
15.爱尔兰	养老金缴费有第三顺位优先权；无资金的养老金债权没有优先权	4个月的工资有第三顺位优先权；节假日补贴；经济补偿金；解约费（无限制）	有，最多破产申请前12个月内	有，广义工资	有，有相同的优先权

续表

国家	破产养老金优先权	破产工资优先权	养老金保障制度	工资保障制度	代位权
16. 以色列	优先权限于平均工资的2倍	有，第一顺位优先权，但在担保债权人之后，浮动抵押担保债权人之前	被视为工资处理，限于2倍平均工资	有，广义工资，有最高限额，申请前12个月内	有，有相同的优先权
17. 意大利	针对动产的债权享有优先权	针对动产的大多数的工资债权有优先权	有，针对欠缴费债权	有，最多申请前3个月内	有，有相同的优先权
18.日本	不同养老金处理方式不同；职工养老基金（公共/个人混合养老金）有部分优先权	最多申请前3个月内的有优先权	养老基金协会仅保障职工养老基金的养老金	最多6个月的工资，退休津贴，有最高限额	有，至少工资保障有优先权，不清楚养老基金协会是否有优先权
19.韩国	无优先权	最多3个月的工资和退休津贴有超级优先权	基金破产有储蓄保险，职工计划没有	最多3个月的工资和退休津贴	有，有相同的优先权
20. 卢森堡	无优先权	最多6个月的广义工资有超级优先权，有最高限额	无	与工资优先权相同——6个月，有最高限额	有，与工资优先权相同
21. 墨西哥	无优先权	申请前2年内的工资有超级优先权，有最高限额	无	无	不适用
22. 荷兰	缴费有优先权	作为针对破产财产的债权处理，有超级优先权	无，但有12个月的失业补偿	劳动保险机构——13周的工资，12个月的节假日补贴	有，有相同的优先权

续表

国家	破产养老金优先权	破产工资优先权	养老金保障制度	工资保障制度	代位权
23. 新西兰	Kiwisaver 基金的缴费有优先权，无最高限额	申请前4个月内的大部分工资有优先权，有最高限额	无	无	不适用
24. 挪威	缴费有超级优先权，最多6个月	大部分工资有超级优先权，最多6个月	工资和退休金加起来不超过基本金额的2倍	工资和退休金加起来不超过基本金额的2倍	有，有相同的优先权
25. 波兰	养老金缴费有优先权	大部分工资有优先权，没有时间和金额限制	无	3个月的工资，有最高限额	有，有相同优先权
26. 葡萄牙	养老金缴费有优先权	工资，解约费和工伤赔偿有优先权	无	4个月的大部分工资，有最高限额	有，有相同的优先权
27. 斯洛伐克	按照法律，不能设立职业养老金	最多3个月有优先权，劣后于担保债权	无	3个月的大部分工资	有，有相同的优先权
28. 斯洛文尼亚	无优先权	大部分工资作为破产费用享有超级优先权，3个月，无最高限额	无	3个月的大部分工资，有最高限额	有，有相同的优先权
29. 西班牙	无优先权	申请前30天内的大部分工资有优先权，有最高限额	无	120天的工资，12个月的经济补偿金，有最高限额	有，有相同的优先权
30. 瑞典	缴费有优先权；6个月的账面储备模式下的养老金直接承诺	工资和节假日补贴有优先权	养老金互助保险公司——仅保障白领，其他作为工资处理	大部分工资，包括养老金，最多3个月；当年和去年的节假日补贴	无工资优先权，但在养老金互助保险公司计划下可以是受保障的债权人
31. 瑞士	养老基金有优先权，而非职工	6个月的大部分工资，无最高限额	有，有最高限额	过去4个月，有最高限额	有，但养老金债权无优先权，仅工资

续表

国家	破产养老金优先权	破产工资优先权	养老金保障制度	工资保障制度	代位权
32. 土耳其	无职业养老金，但自愿养老金缴费有优先权，1年	申请前1年有优先权	无	仅失业基金，仅3个月	找不到相关数据
33. 英国	前1年的欠缴费有优先权（确定给付型方案和确定缴费型方案和国家就业储蓄信托）；无担保：无资金的养老金，包括财务支持指令	前4个月的大部分工资有优先权，有最高限额	养老金保障基金：仅确定给付型方案	国家保险基金，8周的工资，6周的节假日补贴，12周的经济补偿金，30周的解约费，有最高限额	有，养老金保障基金为养老金的无担保债权人；国家保险基金有同样的工资债权优先权
34. 美国	最多前90天内的确定给付型方案和确定缴费型方案中的养老金债权有优先权，与工资债权加起来有一个最高限额	最多前90天内的工资有优先权，与养老金债权加起来有一个最高限额（尽管工资优先于养老金）	养老金保障公司：仅确定给付型方案；有最高限额	无，仅有更普遍的失业计划以及《工作调整与培训通知法案》的通知计划	有，养老金保障公司有代位权，但大多数情况下无优先权

表4　各国破产程序中养老金和工资债权的优先权类型

债权	处理方式	国家
工资	超级优先权	荷兰，斯洛文尼亚
	有最高限额的超级优先权	加拿大，捷克共和国，法国，冰岛，日本，韩国，卢森堡，挪威，墨西哥，西班牙
	优先权	奥地利，澳大利亚，匈牙利，意大利，以色列，波兰，葡萄牙，瑞典
	有最高限额的优先权	比利时，智利，丹麦，希腊，爱尔兰，新西兰，斯洛伐克，瑞士，土耳其，英国，美国
	无担保债权	奥地利，爱沙尼亚，芬兰，德国

续表

债权	处理方式	国家
养老金——欠缴费	超级优先权	**加拿大**，日本（仅职工养老基金）
	有最高限额的超级优先权	挪威
	优先权	澳大利亚，丹麦，爱尔兰，意大利，荷兰，新西兰，波兰，葡萄牙，瑞士
	有最高限额的优先权	比利时，冰岛，以色列，瑞典，土耳其，英国，**美国**
	无担保债权	奥地利，捷克共和国，智利，爱沙尼亚，芬兰，法国，德国，希腊，匈牙利，韩国，日本（非职工养老基金），卢森堡，墨西哥，斯洛伐克，斯洛文尼亚，西班牙
养老金——无资金的养老金	超级优先权	无
	有最高限额的超级优先权	无
	优先权	日本
	有最高限额的优先权	挪威，**美国**
	无担保债权	澳大利亚，奥地利，比利时，**加拿大**，智利，捷克共和国，丹麦，爱沙尼亚，芬兰，法国，德国，希腊，匈牙利，冰岛，爱尔兰，以色列，意大利，韩国，卢森堡，墨西哥，荷兰，新西兰，波兰，葡萄牙，斯洛伐克，斯洛文尼亚，西班牙，瑞典，瑞士，土耳其，英国

表 5　经合组织国家雇主破产中养老金和工资债权保障基金的性质

保障制度	付款类型	国家
养老金保障制度	无资金的养老金	**加拿大（仅安大略省）**，日本（仅职工养老基金），英国（仅养老金保障基金），**美国（养老金保障公司）**
	养老金缴费	比利时，意大利，瑞典（仅养老金互助保险公司）
	有最高限额的养老金缴费	奥地利，**加拿大（仅安大略省）**，爱沙尼亚，芬兰，德国，爱尔兰，瑞士，英国（养老金保障基金），**美国（养老金保障公司）**
	通过失业补偿制度支付	荷兰

续表

保障制度	付款类型	国家
养老金保障制度	在工资保障下按工资处理	丹麦，冰岛，以色列，挪威，瑞典（非养老金互助保险公司）
	无计划	澳大利亚，智利，捷克共和国，法国，希腊，匈牙利，日本（非职工养老基金），韩国，卢森堡，墨西哥，新西兰，波兰，葡萄牙，斯洛伐克，斯洛文尼亚，西班牙，土耳其
工资保障制度	广义的工资债权	爱尔兰，意大利，斯洛伐克，瑞典
广义工资包括未偿工资和至少三种其他类别的工资债权（节假日补贴，假期工资，经济补偿金，解约费，差旅费等）	有最高限额的广义工资债权	澳大利亚，**加拿大**，捷克共和国，丹麦，芬兰，法国，德国，以色列，日本，韩国，卢森堡，荷兰，波兰，葡萄牙，斯洛文尼亚，西班牙，瑞士，英国
狭义工资包括未偿工资和少于三种的其他类别的工资债权	狭义的工资债权	希腊，匈牙利，冰岛
	有最高限额的狭义工资债权	比利时，挪威
	失业补偿计划替代	奥地利，爱沙尼亚，土耳其，**美国**
	无计划	智利，墨西哥，新西兰

总之，通过表格可以看出，大多数经合组织国家，包括美国和加拿大，都属于采用模式二的国家，它们至少在某种程度上采用了混合制度，至少赋予了一些职工债权以优先权，同时结合了一些形式的保障基金以在雇主破产后迅速支付养老金和/或与工资相关的款项。然而，如上所述，即使是采用模式二的一些国家，它们的破产保护的性质和保障制度的有效性也存在重大区别。

加拿大和美国之间的区别是一个现成的例子。加拿大在破产中赋予了养老金缴费和一些工资债权以超级优先权，同时也有国家工资保障制度（《工资收入保护计划法案》）。[326]另一方面，美国为破产程序中职工债权赋予了较弱的优先权（赋予破产申请前特定期间内的、最高限额内的工资和养老金缴费，优先于其他无担保债权的优先权），有一项有限的养老金保障制度（养老金保障公司仅保障确定给付型方案），没有国家工资保障制度（除非算上失业补偿提供的部分保护，但它不支付应得工资和养老金债权），也没有像《工作调整与再培训通知法案》这样的法律（适用于职工人数多于或等于 100 人的雇主的大规模停工和

326 见上文第三章第二节。

工厂关闭，在雇主破产前 60 天通知其覆盖的职工）。[327]

四、结　论

鉴于在目前的全球经济中，许多雇主（无论是私营部门还是公共部门）都处于经济困难的状况，且他们认为此状况很大程度上是他们之前对职工的工资和养老金承诺导致的，因此，须考虑雇主破产时，应如何合法地处理这些职工债权。考虑到职工能否保持良好的经济状况取决于这些债权能否得到支付，这个问题对于他们尤为重要。

对比研究经合组织 34 个成员国在破产程序中对养老金和工资债权的处理后发现，大多数国家在破产程序中为养老金和工资债权都赋予了某种形式的特权或优先权（尽管大多数国家将无资金的养老金债权和特定类型的工资排除在优先权之外）。这种优先权的强度可能会有所不同，可清偿债权的最高限额不同，且优先权覆盖破产程序开始前多长期间内的债权也不同。尽管这种优先权是一种保护职工债权的措施，但经验和证据表明，由于职工债权人缺乏相关知识，且无法等待周期冗长的破产程序结束，职工个人在破产程序的谈判中会遇到诸多困难，且很难成功申报债权。

同时，研究中的大多数国家都有保障基金，在雇主破产时替代雇主向职工支付部分债权。[328]这一制度不仅使职工更容易得到养老金和工资债权的支付，而且在破产程序中保障基金会取代职工的地位，通过用保障基金进行补偿的方式，使破产雇主更有可能指定部分剩余财产用于偿还职工债权。破产优先权和保障基金的相结合的混合模式（国家模式二）似乎逐渐成为在雇主破产期间处理职工养老金和工资债权的国际主流方法。然而，主要基于这些国家的养老保险制度的类型及国内是否有工资保障制度，这些保障制度的强力性或有限性仍然存在很大差异。[329]例如，若一个国家到目前为止有很少的职业养老金或没有职业养老金，或按照法定计划建立了外部养老基金，该国家就不太可能有或需要养老金保障制度。在工资保障方面，一些国家，如美国，似乎更倾向于通过失业保险制度来运行其各种相关制度，而失业保险制度并不覆盖未偿的应得养老金或工资债权。[330]

这种破产优先权与保障制度相结合的安排应得到发展，因为它能够保护被

---

327 见上文第三章第一节。

328 见第三章第二节，表 5。

329 见第三章第二节，表 3。

330 见第三章第二节，表 3。

动的、弱势的职工债权人。尽管有些人可能会认为这种安排与信贷市场可预测、价格合理的发展方向不相称，但由于职工债权人的相对弱势地位和经验的匮乏，相关利益须向职工一方进行倾斜才能达到平衡，而风险应该转移给国家和雇主，因为他们更有能力承担此类风险。

加拿大2008年《工资收入保护计划法案》与《破产法》的结合适用，阐释了在雇主破产时为公共部门或私营部门职工提供更好保护的一种可能的方法。这种混合方法在雇主破产时为大多数职工债权提供了强有力的保护，但美国目前的制度中并没有这种方法。更具体地说，这种类型的制度能使受破产影响的职工通过保障基金获得更及时的支付，然后由保障基金代位取得职工在破产程序中的地位。事实上，本文通过比较研究得出主要结论之一就是，加拿大目前对破产程序中的养老金和职工福利债权的处理方式，与其他大多数经合组织国家在破产程序中对类似债权的主流处理方式完全一致，而相比于其他先进经济体，美国在雇主破产期间保护养老金和其他工资债权（包括退休健康保险债权）的方法较为落后。在美国的公共部门和私营部门中，这都是一个现实存在的问题。

基于这些发现，美国国会应研究加拿大《工资收入保护计划法案》和《破产法》，建立相关制度，在市政和企业破产时向职工债权人提供必要的法律保护和社会保护。下文将概述为建立该制度，美国国会可能需要考虑的立法。

笔者认为，此项立法应有四项主要规定：①养老金优先权；②工资优先权；③养老金保障制度；④工资保障制度。就养老金和工资优先权而言，法律应赋予未偿的工资债权和雇主养老金缴费以有限的超级优先权，优先于针对流动资产（现金、应收账款和存货）的担保债权，每项债权的最高限额为2000美元（与加拿大《工资收入保护计划法案》一致）。[331]在养老保障制度方面，笔者建议扩大养老金保障公司的保障范围，使其覆盖养老金缴费和公共养老金方案，范围的扩大还应基于最优的保险实践活动，并都在政府税收中立的背景下进行。对于工资保障制度，应设立另一个类似于养老金保障公司的机构，其运行应与多个行政部门相独立，尤其是劳动部。工资计划将向破产雇主的职工支付未偿工资、应得的假期工资和其他工资。[332]根据加拿大《工资收入保护计划法案》目

---

331 笔者同意，鉴于雇主在承诺这些福利时仅考虑到了当前的支付能力，而没有考虑到未来的风险，赋予资金不足的养老金方案或无资金的退休人员医疗福利以优先权将造成严重的道德风险问题。但是，可以根据经合组织的最佳做法来设立养老金保障：①保障的福利范围应该是有限的，使未来受益人承担部分风险；②定价或收费应以风险为基础；③保障基金应正确制定合适的融资规则，并应在资产负债管理下谨慎运作；④该计划必须有足够的权力，以避免道德风险。见阿瑟斯，前注30。减少此类计划中道德风险的一种方法是，要求计划发起者破产前5年内承诺的无资金福利，在计划中的所有其他福利得到清偿后才能得到支付。同前注。

332 《工资收入保护计划法案》不覆盖经济补偿金，见2005年《工资收入保护计划法案》，S.C.2005，c.47，s.2（1）（加拿大）。但在笔者提出的立法中，只要这些款项在破产程序中不会被用于操控破产程序，从而针对特定职工，就应受到覆盖。

前的规定，向每人支付的最高限额为3000美元。工资计划的资金来源于雇主缴费，此缴费基于统一的保险费和根据雇主经济状况评估的破产风险。诚然，这项法律的概述看起来非常粗略，但希望能为未来相关的立法讨论起到抛砖引玉的效果。

这种方法的优点在于，可以向职工及时支付其应得的养老金和工资，同时建立一个有效的法律机制，使多个职工的债权合并为保障机构的统一债权。若保障制度在破产程序中对职工的养老金和工资债权有代位权，有同样强度的优先权，那么保障制度可以保持税收中立。此外，税收中立可以建立在以下基础上，方案“通过复杂的风险评估建立起来，并由出资者缴纳费用，其有充分理由预期在正常情况下其缴费完全可以满足即将到来的支付义务”。[333]

总而言之，笔者提出的计划中的高级优先权覆盖确定给付型和确定缴费型背景下的养老金缴费债权，即企业破产和市政破产背景下的广义工资债权。赋予破产优先权的同时，建立联邦养老金和工资保障基金（覆盖公共和私营部门职工），以便及时向职工预先支付由保障基金覆盖的养老金和工资福利债权。此计划的资金来源于雇主支付的保险费，保险费金额取决于对雇主的风险评估及该计划在破产程序中能否代位求偿。虽然必定有批评者指出这种保障基金的方法会为雇主带来更大的成本负担，但本文认为，破产风险应当在破产前通过保险基金由雇主承担，而不是在雇主破产后由职工和其他普通债权人承担。

附　录

经合组织国家在破产程序和保障制度中对职工养老金和工资债权的处理方式研究（加拿大和美国除外）

下文讨论了32个经合组织国家（在正文部分已经讨论的美国和加拿大除外）在雇主破产时对养老金、工资和其他职工福利债权的处理方式。这部分除了讨论国家的破产规定是否赋予了这些债权以优先权之外，还讨论是否有针对养老金和/或工资债权的保障制度。

在下文关于优先权的分析中，除非另有说明，其信息仅涉及破产申请前的债权。这是因为在大多数国家，大部分破产申请后的养老金和工资债权作为破

333 见阿瑟斯，前注30。更具体地说，笔者认为，计划应按照阿瑟斯在安大略省养老金专家委员会报告中提出的原则进行融资：①基金应自筹资金；②不得为履行义务而接受政府补助和补贴；③应允许其以商业的形式向政府借款，但限于特定目的和特定次数；④应明确规定在何种情况下基金应被视为破产，及破产的效力。同上注。

产财产的管理费用，有最高的优先权。[334]本报告还假定，尽管一些国家的破产程序的运行方式有所不同，但在雇主清算的情况下，雇佣合同是立即终止的。本报告中的术语"优先权"和"特权"可互换使用，指破产中优先于无担保债权的债权。

最后，必要的免责声明。由于问题较为复杂，且各国情况会快速变化，这项分析的一些来源可能会互相矛盾。在可能的情况下，笔者试图提供有关处理破产中职工债权的法律的最新理解，但不可避免地会存在一些矛盾之处（特别是由于有些法律或法律评论没有翻译成英文的版本）。

（一）澳大利亚[335]

1. 养老金

在澳大利亚，"超级年金"这一术语指专门提供退休财政支持的储蓄。由于历史原因，澳大利亚更多使用"超级年金"而不是"养老金"（主要因为长期以来澳大利亚职工更倾向于一次性领完福利而不是每年领取年金）。根据 1992 年《超级年金（管理）法案》，职工总工资的至少 9.25%（截至 2013 年 1 月）被扣除并缴入经批准的超级年金基金。从 2013 年到 2020 年，雇主须缴纳的最低额将逐年增加至 12%。如果雇主未足额缴费，则向雇主征收税款以弥补资金缺口，这被称为"超级年金保障费"。

关于公司的清算，2001 年《公司法》第 556 条第 1 款规定了优先于其他无担保债权的各类债权的优先级划分。最高等级的债权为破产的管理费用和程序费用。其次，第 556 条第 1 款第 e 项到 h 项规定了四种等级的职工债权：①工资、超级年金缴费和超级年金保障费；②伤害赔偿；③应得的带薪休假工资；④裁员补偿金（经济补偿金）。第 556 条第 2 款将"裁员补偿金"定义为由于雇佣关系终止而应得的款项，换句话说，它就是一种解约费或经济补偿金。

就《公司法》规定的优先权顺序而言，工资、超级年金缴费和超级年金保障费优先于伤害赔偿，伤害赔偿优先于带薪休假工资，休假工资优先于裁员补偿金。

---

334 见前注 15 和对应的文字。

335 关于该国养老金和工资的信息来自以下第一来源和间接来源：2001 年《公司法》，ss 556，560，可见 http://www.austlii.edu.au/au/legis/cth/consol_act/ca200117; Superannuation Guarantee（Administration）Act 1992，http://www.comlaw.gov.au/ Details/C2013C00394；萨拉，前注 37；斯图尔特，前注 3；加拿大行业部，International Comparison of Priority Status of Employee Claims（2010）（未发表稿件）（笔者存档）；General Employee Entitlements and Redundancy Scheme（GEERS），AUSTRALIAN GOV'T DEP'T OF EMP.，http://employment.gov.au/ general-employee-entitlements-and-redundancy-scheme-geers（最后访问时间为 2014 年 3 月 9 日）；Australia：Protection of Rights，INT'L SOC.SECURITY ASS'N，http://www.issa.int/country-details?countryId=AU®ionId=ASI&filtered=false（选择超链接"Pensions（mandatory）"；然后选择"Protection of Rights"）（最后更新时间 2013 年 1 月 1 日）。

总而言之，全额的拖欠养老缴费和保障费均被赋予了优先权，这意味着职工享有的优先于无担保普通债权的前述债权没有最高限额或期间的限制。

澳大利亚没有政府提供的养老金保障，对于采用职业确定缴费型方案模式的国家来说，这并不是奇怪的现象。

2. 其他职工福利

如上文所述，根据《公司法》的规定，全部金额的工资债权，包括职工补偿债权、休假工资债权和裁员补偿金债权，在破产程序中均优先于无担保债权。

澳大利亚虽然没有养老金保障基金，但有一项政府基金，名为“普通职工权利和失业计划”，最多可向职工支付 3 个月的未偿工资，以及 16 周的假期工资、裁员补偿金（遣散）和解约费。它由联邦雇佣和劳资关系部管理，并通过一般税收支持。

在澳大利亚，当普通职工权利和失业计划实现了职工债权后，国家代位取得职工债权。在这种情况下，《公司法》第 560 条的效力是，联邦雇佣和劳资关系部因提前对职工债权进行支付而代位取得的债权的优先权等同于职工未得到支付的情况下本应享有的优先权。

（二）奥地利[336]

1. 养老金

在奥地利《破产法》中，养老金没有任何优先权。然而，奥地利允许职工就其 50%或更多的累积福利成为“优先债权人”，这意味着，这部分福利资金本质上是信托利益，不供其他债权人分配。此外，职业养老金缴费债权按工资债权处理，并由下文所述的工资保障制度保护。

不过，奥地利确实在其破产薪酬基金下有一项针对各种养老金的养老金保障制度。破产薪酬基金向养老基金或保险计划支付雇主的欠缴费用，然后再向雇主追索这笔资金。另一方面，破产薪酬基金将为雇主的直接养老金承诺（账面储备）提供有限的保护。它将直接按月向职工支付 24 个月的养老金。然后，该基金可从雇主受保护的担保金，即雇主持有的、与公司独立的、作为养老金储备的资产中，直接获得资金补偿。

336 该国的养老金和工资信息来自以下第一来源和间接来源：康纳，前注 265；EUROPEAN FOUND.FOR THE IMPROVEMENT OF LIVING AND WORKING CONDITIONS，RESTRUCTURING IN BANKRUPTCY：RECENT NATIONAL CASE EXAMPLES（2009），可见 http：//www.eurofound.europa.eu/docs/erm/tn0908026s/tn0908026s.pdf [*hereinafter* EUROPEAN FOUND.]；富而德律师事务所，前注 262；萨拉，前注 37；加拿大行业部，前注 335。

2. 其他职工福利

奥地利赋予破产程序开始前的职工工资债权有限的优先权。这些债权优先于无担保的债权人。

奥地利有一项工资保障基金，即破产赔偿基金。其资金主要来源于失业保险的年度保费。雇佣关系中产生的以下债权受到该基金的保护：①工资债权，包括未偿工资债权、解约费债权、假期工资债权以及公司养老金缴费债权；②损害债权，包括雇佣关系被非法终止的赔偿债权。在支付后，破产赔偿基金代位取得职工的破产债权，且优先权相同。

（三）比利时[337]

1. 养老金

在比利时，职业养老金通常通过保险合同或者养老基金设立。养老基金是一种独立于雇主的法律实体，区别于雇主以"养老金融资组织"的形式设立的法律实体。因此，除了拖欠的养老金缴费外，一般而言，由于职业养老金这种福利不是由雇主出资支付的，因此，破产中通常不存在与养老金有关的债权。

在比利时，对雇主破产中职工债权保护的主要措施是要求职业养老金的外部融资。因此，雇主破产不会对职工的职业养老金权益造成太多不利影响。如果雇主没有为养老金方案提供足够的资金，职工的养老金权益将减少，国家的失业基金（即下文讨论的国家工资保障基金）可能会进行干预。

在养老金方案资金不足的情况下，职工在该计划下的养老金权益可能会减少。职工可以向破产公司申报债权，以追回由于资金不足而造成的损失。这些职工债权，包括对养老金方案汇款的债权，在破产程序中享有优先权。然而，这种优先权仅针对雇主的"动产"（如股票、存货和现金账户）。

2. 其他职工福利

职工针对破产公司动产的工资债权享有优先权。这些与工资相关的优先债权包括：①破产申请前的工资、赔偿和福利（包括假期工资和经济补偿金），最高达 7500 欧元（截至 2008 年）；②解约费，最高达 7500 欧元（截至 2008 年，每两年进行调整）；③超过 60 岁的职工的高龄保障金。解约赔偿、滥用职权解雇职工的赔偿以及解雇受保护的职工的赔偿债权优先权无额度限制。不享有优先权的工资债权包括节假日补贴（优先顺位低于其他工资债权，但仍高于其他

337 这个国家的养老金和工资信息来自以下第一来源和间接来源：欧洲基金会，前注 336；富而德律师事务所，前注 262；萨拉，前注 37；加拿大行业部，前注 335；Fonds tot Vergoeding van de in Geval van Sluiting van de Onderneming Ontslagen Werknemers，欧洲基金会，http：//www.eurofound.europa.eu/emire/BELGIUM/REDUNDANCYPAYMENTSFUND-BE.htm（最后更新时间为 2009 年 8 月 14 日）。

无担保债权）、职业病或工作事故的额外赔偿，以及社会保险未覆盖的其他赔偿。

此外，还有一个“政府工资基金”（失业基金），它是在公司破产时用于补偿失业职工的补偿基金，向破产公司的职工作出特定的支付。在失业基金下，如果雇主无法在破产申请后的15天内支付工资，该基金开始对职工进行支付。该基金还向蓝领工人最多支付雇主破产前一年和破产后一年的工资，向白领工人最多支付失业前18个月及失业后18个月的工资。该基金通过雇主和政府缴费获取资金。在该基金向职工作出支付后，国家代位取得破产程序中职工的债权，且优先权相同。

（四）智利[338]

1. 养老金

智利通常没有职业养老金。相反，智利是将个人账户引入社会公共保障体系的一个突出例子。这种个人化的社会保障体系要求个人必须有独立账户，资金主要来源于职工缴费（至少10%），并由大型基金管理公司管理。因此，这些基金管理公司独立于雇主和政府（至少理论上如此）。因此，在智利，当雇主破产时，通常职工没有对公司的职业养老金债权。

到2008年，智利已经试验了工资延期确定缴费型的职业养老金方案。不过，直到2013年，智利几乎没有此类计划，也没有采用这些计划的雇主破产的处理经验。

当前，雇主在破产中对于职工养老金债权的唯一义务是为养老金方案支付伤残和生存保险费。雇主还负责从职工的薪酬中扣除应缴费，并将其缴存至第一支柱的养老基金公司。如果公司没有支付养老金保险费，或者没有向养老基金公司缴纳所需的汇款，智利还在破产程序中赋予这些债权以超级优先权。但同样，这些都不是传统意义上的职工债权，而是政府对于社会保障计划中雇主缴费的债权。

智利没有养老金保障基金，在破产中也没有针对养老金债权的保障保险，鉴于智利没有职业养老金和确定给付型养老金方案，这种现象并不奇怪。

2. 其他职工福利

在智利，最高限额内的未偿工资、经济补偿金和其他与工资相关的债权在破产程序中有优先权。根据《智利民法典》的规定（第2472条，已修订），第

338 这个国家的养老金和工资信息来自以下第一来源和间接来源：CÓD.TRAB.，art.61（仅西班牙语版本）；CÓD.CIV.2472（仅西班牙语版本）；智利《破产法》第148条（仅西班牙语版本）；萨拉，前注37；加拿大行业部，前注335；智利奥斯特拉尔大学劳动和社会保障法教授巴勃罗·阿雷拉诺·奥尔蒂斯发送给马凯特大学法律学者、法学教授保罗·M.赛昆达的电子邮件（2013年7月12日）（笔者存档）。

一顺位的债权包括：①职工的酬金、工资和家庭津贴；②从酬金和工资中扣的社会保障缴费；③截止到行权日的应计职工经济补偿金债权，每个职工最多10年，每年最多按3个月的工资来计算（截至2013年7月，总计约为11330美元）。超过该最高限额的职工债权为无担保债权。在破产程序中，假期工资也享有优先权，且无限制。这些第一顺位的优先债权可通过处置破产财产得到清偿，债权人无需在破产程序中申报债权（智利《破产法》第148条）。

至于其他职工福利，破产制度似乎并未承认与其他工资相关的债权享有额外的优先权。因此，雇主破产中职工福利损失的债权是通过公私部门共用的劳动保险/失业保险计划来处理的。

在雇主破产中，智利没有针对与工资相关的职工债权的政府保障制度。

（五）捷克共和国[339]

1.养老金

捷克共和国没有职业养老金制度。然而，在个人养老金制度中有一些职业社会保险的要素（即雇主可以为职工的个人养老金缴费）。最近推出的“养老金储蓄制度”甚至都不算真正的职业养老金制度，因为由被保险人决定是否将最多3%的强制性的第一支柱养老金缴费用于这种新制度。个人也可以继续缴入自己2%的工资。在这一制度下，雇主没有为职工继续缴费的法定义务。

就第一支柱养老金制度而言，在由《破产和债务整理法》规定的破产程序中，如果雇主由于破产而没有向社会保障计划缴付养老保险费，捷克社会保障管理局将成为债权人。这种债权不是职工债权，而是政府债权，因此超出了本报告的研究范围。

由于捷克共和国通常没有职业养老金，所以也没有养老金保障制度。

2.其他职工福利

雇主破产时的职工工资受到有关法律的保护。职工只有有限的绝对优先权，仅一定比例的工资债权得到优先清偿。具体来说，担保债权人就破产雇主70%的破产财产优先受偿，然后，破产雇主剩余30%的财产用于清偿有超级优先权

339 这个国家的养老金和工资信息来自以下第一来源和间接来源：Zákon č.426/2011 Sb.（养老金储蓄系统），http://portal.gov.cz/app/zakony/zakon.jsp?page=0&nr=426~2F2011&rpp=15#seznam（没有英文版本）；Zákon č. 118/2000 Sb.（破产程序），http://portal.gov.cz/app/zakony/zakon.jsp?page=0&nr=182~2F2006&rpp=15#seznam（没有英文版本）；Zákon č.118/2000 Sb.（雇主破产时的职工保护），http://www.mpsv.cz/ppropo.php?ID=z118_2000o（无英文版本）；康纳，前注265；欧洲基金会，前注336；加拿大行业部，前注335；捷克共和国查尔斯大学法学教授克里斯蒂纳·科丁斯卡发送给马凯特大学法学教授、法学学者保罗·M.赛昆达的电子邮件（2013年8月2日）（笔者存档）；捷克共和国查尔斯大学法学教授克里斯蒂纳·科丁斯卡发送给马凯特大学法学教授、法学学者保罗·M.赛昆达的电子邮件（2013年6月26日）（笔者存档）。

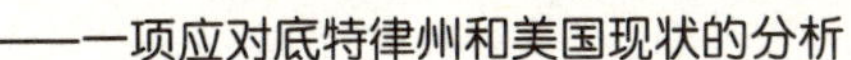

的职工债权。

此外，作为工资保障安排的一部分，捷克劳动局向职工支付未偿的部分工资。支付的最高限额为 3 个月的工资，经济补偿金的最高限额为平均支付金额的 3 倍。然后，捷克劳动局在破产程序中代位取得职工的债权人地位。

（六）丹麦[340]

1. 养老金

在丹麦，很多人都被纳入公司养老金方案或集体养老金方案中，这些方案是雇佣合同的一部分。集体养老金方案在公共部门也非常普遍，在公共部门，职工向养老金储蓄计划缴付其税前薪金的 17.1%。雇主承担养老金缴费义务的三分之二，最后的三分之一则从职工的薪金里扣除。在私营部门，公司通常会提供一个养老金方案，公司缴付约为职工薪金 10%的款额，职工缴付其工资的 5%。这些养老金方案由外部的养老基金管理，而这些养老基金是独立于雇主的法律实体。因此，当雇主破产时，与在其他有外部养老基金的国家一样，最重要的问题是，雇主是否拖欠了养老基金的缴费。

在丹麦，无担保债权人的顺位是由丹麦《破产法》第 93 条至第 98 条规定的。职工的养老金和工资债权的顺位在担保债权和其他特定优先债权之后。因为职工债权优先于普通的无担保债权，因此通常认为职工债权是有特权的。

在丹麦，养老金缴费作为一类工资处理，因此，下文所述的工资保障基金也保护养老金缴费。

2. 其他职工福利

根据丹麦《破产法》第 95 条的规定，工资债权与养老金债权一样，在破产情形下具有优先权。第 95 条规定的优先权债权包括：①破产通知之日前 6 个月内的应得工资/薪金债权；②雇佣关系终止的赔偿债权（经济补偿金）；③破产通知之日前 6 个月内发生的解雇或雇佣关系终止的赔偿债权；④节假日补贴债权。根据雇佣和支付条款，如果优先权显失公平，破产法院可能会拒绝赋予优先权。

还有一项工资保障基金，即针对工资债权（包括上文提到的养老金缴费）的“职工保障基金”。该保障基金成立于 1972 年，由雇主负责注入资金。该基金按照 2005 年 10 月 28 日《合并法案》第 1043 条“保障基金”的规定而设立和管理。保障基金可以支付的最高金额约为 15000 欧元。基金在破产程序中代位取得职工的债权，但不享有与职工相同的优先权。

---

340 这个国家的养老金和工资信息来自以下第一来源和间接来源：丹麦《破产法》第 93—98 条（Bekendtggrelse af Konkursloven）（总结于 www.practicallaw.com/2-502-0073）；Lovbekendtgørelse 2005-10-28 nr.1043 om Lønmodtagernes Garantifond（无英文版）；欧洲基金会，前注 336；萨拉，前注 37；加拿大行业部，前注 335。

（七）爱沙尼亚[341]

1. 养老金

爱沙尼亚主要推行国家主导的养老金模式。该国仅有少量确定给付型的职业养老金方案，由独立于雇主的管理公司运营。因此，在爱沙尼亚养老金制度下，雇主破产不影响职工领取养老金的权利，因为养老金领取的权利通常与雇主无关。因此，养老金缴费在破产程序中无任何优先权。

在该国中，的确有针对国家主导的养老金方案的养老金保障基金，并在雇主破产时，为养老基金下的职工进行固定水平的赔偿。保障基金对于 10000 欧元以内的职工损失进行全额赔偿，且对超过 10000 欧元的损失按 90%的比例赔偿。

2. 其他职工福利

在破产程序中，爱沙尼亚没有赋予工资债权以优先权。虽然爱沙尼亚没有工资保障制度，但它根据《失业保险法案》处理工资及相关福利损失中的一些相同的问题。根据该法案，特定限额内的工资、假期工资、经济补偿金和解约费都受到保护。根据《失业保险法案》第 44 条的规定，在雇主破产时，国家就雇主拖欠的失业保险费，在破产程序中成为债权人。然后，国家把破产程序中得到的清偿款转入失业基金账户，以便向职工支付与工资相关的债权。

（八）芬兰[342]

1. 养老金

在芬兰，雇主的破产或其他破产问题对职工工资或职业养老金权利的影响甚微。应得工资和养老金受到芬兰宪法（第 15 条“财产保护”）的保护。

在养老金方面，职业养老金方案是强制性的，而且覆盖所有职工。该计划

341 这个国家的养老金和工资信息来自以下第一来源和间接来源：《失业保险法案》第 44 条（破产财产），https://www.riigiteataja.ee/en/eli/518112013008/consolide；欧洲基金会，前注 336；富而德律师事务所，前注 262；萨拉，前注 37。

342 这个国家的养老金和工资信息来自以下第一来源和间接来源：芬兰宪法第一章第 15 条，http://www.servat.unibe.ch/icl/fi00000_.html；《养老金法案》（395/2006）第 181 条，http://www.finlex.fi/en/laki/kaannokset/2006/20060395；《支付保障法》（866/1998），http://www.finlex.fi/en/laki/kaannokset/1998/19980866；欧洲基金会，前注 336；富而德律师事务所，前注 262；萨拉，前注 37；维德伦德等，前注 268；加拿大行业部，前注 335；芬兰养老金保障，芬兰养老金中心，http://www.etk.fi/en/service/the-pension-system/1399/the-pension-system（上次访问时间为 2014 年 3 月 9 日）；东芬兰大学法学教授托马斯·科塔斯发送给马凯特大学法学学者、法学教授保罗·M. 赛昆达的电子邮件（2013 年 8 月 1 日）（笔者存档）；东芬兰大学法学教授托马斯·科塔斯发送给马凯特大学法学学者、法学教授保罗·M. 赛昆达的电子邮件（2013 年 6 月 24 日）（笔者存档）。

的管理权下放给各类获得授权的养老金提供机构。对于私营部门的职工而言，养老金管理机构分为获得授权的个人养老金保险公司（在 2012 年覆盖 69%的被保险人）、公司养老基金（在 2012 年覆盖 1%的被保险人）以及行业养老基金（在 2012 年覆盖 1%的被保险人）。公共部门所有职工的养老金由一家名为凯瓦公司（在 2012 年覆盖 28%的被保险人）的公共养老金机构管理。

私营部门雇主的破产对职工的养老金权利没有影响，因为所有养老金管理机构的运营都是与雇主独立的。即使是某一家养老金管理机构破产，职工应得的养老金权利仍然不会受到影响，因为所有养老金管理机构负连带责任。根据《职工养老金法案》（395/2006）第 181 条，如果养老金管理机构破产，导致养老金全部或部分无法得到保障，其他养老金提供机构应共同对由该破产养老金管理机构保障的、与收入成一定比例的福利承担支付义务。

除了强制性的养老金方案之外，还有雇主自愿加入的私营养老金方案。这些养老保险产品由私营保险公司出售，且确定缴费型类型所占比例越来越大。由于强制性的养老金制度没有为养老金积累设置收入最高限额，因此自愿的个人养老金方案仍不成熟，仅占芬兰全部养老金支出的 5%。自愿的个人养老金方案是雇主招聘新职工时使用的一种“奖励性养老金”。

如果一个为职工采用了自愿养老金政策的雇主破产，受保护的职工可有权获得保费交清的保单，职工也可以将其作为个人保单，继续缴付保费。因此，即便是奖励性养老金方案，雇主破产对自愿养老金的影响也是有限的。在这些计划下，养老金欠缴费债权是无担保债权。养老金保险公司（而非职工）负责就这些养老金欠缴费申报债权，并承担破产财产无法清偿的风险。

养老保险、自愿养老金保险和资本回赎合同都没有类似于保障储蓄存款的银行存款保障基金那样的法定保障基金。但是，保单持有人的金融权益受各种方式的保护，例如，人寿保险公司的财务状况受到监督。在保险公司倒闭或破产时，客户的利益由《保险公司法》的条款保障。这些条款涉及保险组合向另一家公司的转移以及职工对于保险公司的优先债权。

在随后的雇主破产程序中，国家代位取得职工的养老金债权，但是同样不享有优先权。

2. 其他职工福利

芬兰并未在破产程序中授予职工工资债权以优先权。节假日补贴、经济补偿金、解约费也为无担保债权。

然而，如果一个雇主破产，不能支付工资债权或与其他与雇佣相关的债权时，职工的债权受到《工资保障法案》（8661/1998）的保护，该法案设立了一项工资保障基金。根据法案第 9 条的规定，作为工资保障，政府向每名职工支付的未偿工资债权最高限额为15200欧元。2012年芬兰的月平均工资为3100欧元。

在这一工资保障制度下，国家代位取得职工在破产程序中的债权和相同的优先权。

（九）法国[343]

1. 养老金

养老金不是法国的核心问题，因为在法国，大多数养老金和其他“社会保障”福利是由法定方案提供的。因此，破产的相关风险很小，而且只涉及全部养老金中非常有限的一部分。由雇主运营的个人职业养老金方案在法国尚不成熟。

法国的养老金没有国家保障，下文所述的工资也是一样。不过，有些职业养老金方案是按照集体劳动合同或雇主的单务合同约定，由雇主向职工提供的。除了一些特殊情况，这些方案都是与雇主隔离的，也就是说它们是由私营保险公司管理的。

这类方案通常为三方法律结构：养老金方案依据集体劳动合同或雇主单务合同中雇主对职工的养老金义务而设立；缴费和福利则依据雇主与保险公司签订的“团体保险合同”进行管理。法国的成文法规定了一些关于雇主和保险公司责任的条款，以确保这些福利得以支付。

如果雇主在这些情形下破产，法国法院会支持职工按照工资保障方案（下文所述的破产支付工资的一种强制保险制度）领取一定范围内的福利金。但是，在雇主破产的情形下，法院不要求该方案支付雇主对保险公司拖欠的缴费。

法定方案的欠缴费债权在破产中享有优先权，但外部养老基金的欠缴费债权没有优先权。

2. 其他职工福利

对于破产程序中工资债权的处理，《法国民法典》和《劳动法》都有一些规定。根据《法国民法典》规定的特权，即使破产程序没有开始，职工也可以向雇主主张优先受偿。这一特权覆盖过去 6 个月的未偿款项（工资、经济补偿金和不公平解雇的损害赔偿）。《劳动法》规定了超级特权，职工的工资债权优先

343 这个国家的养老金和工资信息来自以下第一来源和间接来源：萨拉，前注 37；加拿大行业部，前注 335；Garantie des Salaires Après Redressement ou Liquidation Judiciaire SERVICE- PUBLIC.FR，http: //vosdroits.service-public.fr/particuliers/F2337.xhtml（最后更新时间为 2014 年 1 月 1 日）（法文版）；让-菲利普・埃尔尼尔德发送给马凯特大学法学学者、法学教授保罗・M. 赛昆达的电子邮件（2013 年 6 月 11 日）（笔者存档）；巴黎政治学院经济学教授菲利普・马丁发送给马凯特大学法学学者、法学教授保罗・M. 赛昆达的电子邮件（2013 年 6 月 27 日）（笔者存档）；巴黎政治学院经济学教授菲利普・马丁发送给马凯特大学法学学者、法学教授保罗・M. 赛昆达的电子邮件（2013 年 6 月 17 日）（笔者存档）。

于税收债权得到清偿。这一特权只适用于破产开始前 60 天内的债权，最高限额为 6172 欧元。《劳动法》规定的这一方案还涵盖部分遣散费（规定了无固定期限合同情形下的通知期限、固定期限合同下的经济补偿金支付）。该方案还涵盖了特定限额（30 天工资）的假期工资。

法国工资保障方案涵盖了破产程序开始前和破产程序进行中的广泛的职工工资债权，包括解约费、经济补偿金、不公平解雇赔偿以及其他与雇佣合同有关的债权（例如雇主签订的个人方案下职工的应得福利）。工资保障方案保障的工资债权限额为 74064 欧元，在支付后，其在破产程序中代位取得职工的权利，并同时享有《法国民法典》规定的“特权”和《劳动法》规定的“超级特权”。

（十）德国[344]

1. 养老金

根据《德国破产法典》的规定，养老金债权没有优先权。德国规定了“扁平”的债权人等级，仅分为担保债权人和无担保债权人，即使是像职工这样的特殊群体也没有例外。1994 的《德国破产法典》废除了所有的优先权。

由互助保险协会管理的法定破产保险制度，称为“养老金保障基金”，在雇主破产时对当前的和未来的受益人予以保护。该基金的资金来源于提供职业养老金的雇主每年支付的保险费。在 2006 年，该基金的融资机制从部分缴费融资模式转变为完全的资本覆盖系统。破产保险覆盖养老金支付和既得权利。养老金保障基金支付的月养老金的最高限额为 7875 欧元（2012 年数据）。如果判定某项权利（例如就在破产前两年内的福利金的增长）发生的目的是向养老金保障基金转移资金，那么这项权利不在破产保险的范围之内。破产费用不由政府支付，而由联邦劳工局支付，资金来源于缴费，并通过一种自治的三方系统进行管理。

养老金保障基金取代所有受益人成为雇主的债权人，且成为主要债权人。随后，与受保护的养老金义务相关的任何保险金或基金都将依法转移给养老金保障基金。

职业养老金破产规定于 1974 年的《职业养老金促进法》第 7 条至第 15 条

344 这个国家的养老金和工资信息来自以下第一来源和间接来源：Sozialgesetzbuch[社会法典]，1997 年 3 月 24 日[SGB]，第 165—172 条，http：//www.gesetze-im-internet.de/sgb_3；Insolvenzordnung [破产法规]，1994 年 10 月 5 日[BGB1]，http：//www.gesetze-im-internet.de/inso；Gesetz zur Verbesserung der Betrieblichen Altersversorgung [BETRIEBSRENTENGESETZ-BetrAVG] [职业养老金法]，1974 年 12 月 19 日[BGB1]，第 7—15 条，http：//www.gesetze-im-internet.de/betravg；康纳，前注 265；欧洲基金会，前注 336；富而德律师事务所，前注 262；萨拉，前注 37；斯图尔特，前注 3；加拿大行业部，前注 335；德国卡塞尔大学教授费利克斯·韦尔蒂发送给马凯特大学法学学者、法学教授保罗·M. 赛昆达的电子邮件。（2013 年 6 月 16 日）（笔者存档）。

中。职业养老金是受保护的，因为雇主有义务为职工提供保险，以应对破产。

2. 其他职工福利

与养老金一样，工资债权（包括假期工资、经济补偿金或解约费）也没有优先权。

有一项为工资提供保障的政府基金，即“破产赔偿基金”。该政府基金的资金来源于雇主支付的保险费，其向职工支付最后 3 个月的工资。向职工支付了“破产清偿款”后，联邦劳工局代位取得职工权利，但没有任何优先权（与职工一样）。

（十一）希腊[345]

1. 养老金

仅由社会保障基金会（现有的最大的公共和半公共养老基金）保障的国家主导的养老金债权才有优先权。根据 3588/2007 号法律（《希腊破产法典》）的第 154 条，这些债权的优先权排第六顺位。与下文讨论的工资一样，仅破产前两年内产生的债权享有优先权。而所有其他的养老金债权，包括职业养老基金的欠缴费债权，都是无担保债权。

希腊没有在破产期间保障养老金的保障基金或保险。

2. 其他职工福利

> 根据 3588/2007 号法律的第 154 条，希腊的职工工资债权（包括经济补偿金、解约费和假期工资）的优先权排第三顺位。在破产程序开始前两年内产生的工资债权，包括假期工资、经济补偿金和解约费，是有优先权的。然而，雇佣关系解除的赔偿债权的优先权则没有期间限制。
>
> 希腊还设立了“保护职工免受雇主的不稳定性影响基金”，以保护工资债权。该基金的资金来源主要是雇主的强制性缴费（职工工资的 0.15%）和国家供款，及基金用其持有的资产进行投资而获得的收益。该基金的支付限额为破产前 6 个月内的最多 3 个月的应付工资，不支付雇佣合同终止的赔偿债权。在支付后，国家在破产程序中代位取得职工的债权。

345 这个国家的养老金和工资信息来自以下第一来源和间接来源：Nomos（2007：3588）《破产法》，2007 年，第 154 条（没有英文版本）；欧洲基金会，前注 336；萨拉，前注 37；加拿大行业部，前注 335。

（十二）匈牙利[346]

1. 养老金

在匈牙利，因为没有个人养老金，养老金债权一般没有优先权。匈牙利只有一个共同养老金制度，部分是国家主导的，且养老基金完全是由国家保障的。

在破产程序启动之初，属于养老基金的资产须立即转移给清算人。这些资产必须分开处理，并且只有在清偿养老金债务后，这些资产才能用于偿还其他债务。

在匈牙利，所有的养老基金都必须由匈牙利养老金保障基金授予成员资格。养老金保障基金是一个法定机构，其资金来源于所有养老基金的强制性季度缴费，缴费比例从 0%到 0.4%。

保障基金在养老基金清算时负责保障累计的福利。对受益人的保障覆盖其福利总额，而对养老基金缴费成员的保障仅限于清算程序开始前累计的缴费额。

2. 其他职工福利

根据有关工资保障基金的 1994 年第 66 号法案，职工工资债权享有有限的优先权。这种优先权只优先于无担保债权，且仅涵盖工资和收到清算通知的职工的经济补偿金。工资债权的优先权没有限制，但经济补偿金额度仅限于 6 个月的工资、假期工资、解约费、差旅费及其他债权不享有优先权。

此外，保障工资的政府基金支付职工的未偿工资。该基金覆盖职工的全额工资及相当于 6 个月工资的经济补偿金。在清算时，如果清算人无法清偿职工债权，则职工可从该基金获得补偿。支付后，国家在破产程序中代位取得职工的债权，并且享有同样的优先权。该保障基金的资金来源于雇主缴税和政府缴费。

346 这个国家的养老金和工资信息来自以下第一来源和间接来源：1994 年。évi LXVI.törvény a Bérgarancia Alapról（有关工资保障基金的 1994 年第 66 法案）（没有英文版本）；康纳，前注 265；欧洲基金会，前注 336；萨拉，前注 37；加拿大行业部，前注 335。

（十三）冰岛[347]

1. 养老金

冰岛的养老金制度依据于两部法律：有关强制性养老金保险和养老基金活动的1997年第129号法案，以及有关职业养老基金的2007年第78号法案。冰岛的职业养老金是强制性的，职工向基金缴付其工资的12%，由养老金管理公司管理，8%的缴费来自雇主。这些强制性的职业养老基金是冰岛养老金制度的主要成分，且大多是确定缴费型方案。

由于养老基金与雇主独立，只有当雇主对养老基金拖欠缴费时，雇主破产才会影响到养老基金。1991年冰岛《破产法》第112条规定，参照日（破产申请日）前18个月内的养老金缴费债权在破产程序中享有优先权。无论如何，由于养老金缴费是按月向养老基金缴付的，所以当公司破产时，通常不会存在金额太大的欠缴费。

虽然冰岛没有单独的养老金保障基金或计划，拖欠的养老缴费都按工资处理，并依据下文所述的《工资保障基金法案》受到保护。该制度保障养老基金对于雇主在保障期内欠缴的养老金保险费的债权。支付责任仅限于12%的最低缴费额。

2. 其他职工福利

根据《破产法》第112条规定，各种工资债权和养老金缴费一样，享有最高顺位的优先权。这种优先权涵盖：①参照日前18个月内应得的工资债权；②参照日前18个月内雇佣协议终止的赔偿债权；③参照日前18个月内的假期工资。

冰岛有一个工资保障基金——工资收入保障基金，按照第88/2003号工资保障基金法案设立，用于保障雇主破产时的职工工资。具体而言，该基金保障下列工资债权：①职工在雇佣期最后3个月内为雇主工作而应得的工资债权；②雇佣合同终止造成的最多3个月的工资损失的赔偿金债权；③假期工资。

基金的支付责任取决于该笔职工工资债权是否属于《破产法》第112条的优

347 这个国家的养老金和工资信息来自以下第一来源和间接来源：2007年《职业养老基金法案》，http：//eng.fjarmalaraduneyti.is/media/laws_regulations/Act_no_78_ 2007.pdf；2003年《工资保障基金法案》，http：//eng.velferdarraduneyti.is/acts-of-Parliament/nr/3698；1997年《养老金法案》，http：//eng.fjarmalaraduneyti.is/legislation/nr/817；1991年《破产法》，第12条，http：//eng.innanrikisraduneyti.is/laws-and-regulations/english/nr/6570；玛丽安娜·乔纳斯多蒂尔，The Icelandic Pension System，冰岛财政部（2007），http：//eng.fjarmalaraduneyti.is/media/Lifeyrismal/The_Icelandic_Pension_System_032007.pdf；经合组织，*Pension Country Profile：Iceland，in OECD* Private Pensions Outlook 2008，210（2009），http：//www.oecd.org/finance/private-pensions/42566195.pdf；加拿大行业部，前注335；英国埃克塞特大学博士研究生奥拉弗·马尔盖尔松发送给马凯特大学法学学者、法学教授保罗·M. 赛昆达的电子邮件（2013年7月19日）（笔者存档）。

先债权。目前尚不清楚该基金是否可在破产程序中代位取得职工债权。

（十四）爱尔兰[348]

1. 养老金

1963 年爱尔兰《公司法》第 285 条规定，公司根据超级年金福利支付计划应缴的所有款项有优先权（排在固定费用和管理费之后，第三顺位）。因此，养老金欠缴费被赋予了优先权。另一方面，无资金的养老金债权是无担保债权。

在破产支付计划下，如果雇主破产并且拖欠养老金缴费，1984 年《职工保护（雇主破产）法案》规定由一项法定基金支付这些养老金欠缴费，该基金由企业、贸易和就业部管理。该法定基金下的债权额为雇主欠缴费和破产前 12 个月内职工未向该计划支付的应缴费或计划赤字，以较小额为准。

破产支付计划支付养老金欠缴费后，政府代位取得职工权利，成为优先债权人。

2. 其他职工福利

与工资有关的债权拥有与养老金欠缴费同样的优先权。具体来说，以下债权有优先权：①职工在相关日期前 4 个月内的工资和薪金，最高限额为 3174 欧元；②所有应计假期工资，无最高限额或期间限制；③雇主没有在法定最短通知期前通知职工解约时，职工所有的解约赔偿；④一次性领清的法定经济补偿金；⑤在不公平解雇诉讼中，由劳动上诉法庭判给的补偿。

当雇佣关系因雇主破产而终止时，破产支付计划向职工支付其与福利相关的特定未偿权益。此款项由社会保险基金支付。该计划涵盖未偿工资、节假日补贴、未进行法定通知的赔偿，以及雇主可能未支付给职工的一系列其他权益，还包括在雇佣权利立法中规定的涉及不公平解雇、歧视、工作时长和最低工资等问题的权利。

在破产支付计划支付了与工资相关的债权后，政府就代位取得了职工债权，作为优先债权人。

348 这个国家的养老金和工资信息来自以下第一来源和间接来源：1984 年《职工破产保护法》（第 21/1984 号法案），http：//www.irishstatutebook.ie/1984/en/act/pub/0021/index.html；1963 年《公司法》（第 33/1963 号法案），第 285 条，http：//www.irishstatutebook.ie/1963/en/act/pub/0033/secO285.html；欧洲基金会，前注 336；加拿大行业部，前注 335；斯图尔特，前注 3；*Employer Representative Guide to the Insolvency Payments Scheme，Protection of Employees（Employers’ Insolvency）Acts 1984 to 2006*，IRISH DEP’T SOC.PROTECTION（2011 年 10 月），http：//www.welfare.ie/en/Pages/Employer-Representative-Guide-to-the-Insolvency-Payments-Sch.aspx。

（十五）以色列[349]

1. 养老金

根据《国家保险法》第 184 条，以及《公司条例》和《破产法》，在以色列破产程序中，养老基金的支付应得到优先处理。该优先权最高限额为平均工资的两倍。

然而，养老金的支付与雇主的破产往往并无关联，因为养老金资产由养老基金持有，与雇主独立。尽管如此，在一些养老基金破产的案例中，雇主可能长期没有向其缴付足够的资金。对此，法律对养老基金规定了严格的义务，要求基金通知职工并起诉雇主。养老基金如果不能收回雇主欠缴的资金，它可能需要自行补全。

以色列按照《国家保险法》建立了国家保险协会，该协会是一个针对社会债权的国家基金。根据《国家保险法》第 184 条规定，养老金与工资一样受到保障计划的保护。根据这项计划，如果雇主没有在养老基金中存入雇主应缴资金，或没有从职工的工资中扣除职工的应缴资金，国家保险协会将向职工的养老基金支付这些资金。国家保险协会转移给养老基金的资金额等于债务额，加上根据债务产生之日起到实际支付日止的指数变动计算的数额（例如生活费用的调整），法律规定最高限额为平均基本薪资的两倍，即 16974 新谢克尔（截至 2013 年 1 月 1 日）。支付后，国家保险协会在破产中代位取得职工的债权，享有相同的优先权。

2. 其他职工福利

在破产中，《公司条例》第 354 条 A 款第 1 项 A 段规定职工工资优先于其他担保债权人，享有第一顺位优先权。此外，根据 1963 年《经济补偿金法》第 4 条，因公司清算而解约的职工，按被解雇处理，有权领取经济补偿金。《经济补偿金法》第 27 条补充规定，这种经济补偿金应按应得的工资处理，优先于其他债权。

---

349 这个国家的养老金和工资信息来自以下第一来源和间接来源：《工资保护法》（5718-1958），第 19—19A 条，http: //www.moital.gov.il/NR/rdonlyres/763192Al-4853-490C-AC7D-08E98CC382C3/0/16.pdf；《破产条例》（5740-1980），第 78 条（只有希伯来语版本）；《公司条例》，第 354 条（只有希伯来语版本）；《国家保险法》，第 184 条（只有希伯来语版本）；1963 年《经济补偿金法》，第 4 条、第 17 条（只有希伯来语版本）；利拉齐・卢里，*Can Unions Promote Employability? Senior Workers in Israel' s Collective Agreements*, 42 INDUS.L.J.249（2013）；经合组织，Review of Recent Developments and Progress in Labour Market and Social Policy in Israel：Slow Progress Towards a More Inclusive Society（2013）；萨拉，前注 37；巴伊兰大学大学法学教授利拉齐・卢里发送给马凯特大学法学学者、法学教授保罗・M. 赛昆达的邮件（2013 年 6 月 25 日）（笔者存档）。

根据 1958 年以色列《工资保护法》第 19 条，当雇主破产或进行清算时，可由国家保险协会支付的职工债权包括雇主拖欠的工资（包括假期工资）和经济补偿金，有法定的最高限额。支付的债权期间最多为 12 个月，不低于《最低工资法》规定的职工最低工资。

在破产中，如果清算人根据《经济补偿金法》作出清偿，经济补偿金和工资的清偿额加起来不得超过法定最高限额的 150%。然而，如果由国家保险协会作出支付（即清算人无法清偿这些债权），那么这些债权会有超级优先权，优先权最高限额为市场平均薪金的 10 倍。随后，国家保险协会在破产中代位取得职工债权，并享有同样的优先权。

（十六）意大利[350]

1. 养老金

意大利的养老基金通常是独立的法律实体或资产池，是与雇主发起者隔离的。因此，破产程序通常不涉及养老基金的资产。

无论如何，《意大利民法典》第 2116 条确保了职工能够领取他们的养老金。因此，雇主违反缴费义务不会导致职工养老金的丧失或减少。雇主违反义务所造成的风险不会由职工承担。

此外，根据《意大利民法典》第 2751 条，因雇主未能进行社会缴费，包括养老金缴费，而产生的职工损失赔偿债权，对于雇主的动产有普通特权。这项债权的优先顺位列于第一顺位的破产费用之后，但与非法解雇债权及工资债权优先级相同。

养老金缴费保障制度在雇主破产中有权提出拖欠的养老金缴费的债权。更具体地说，1992 年 1 月 27 日第 80 号立法令第 5 条规定，如果雇主因破产而不能部分或全部缴费时，职工可向国家社会福利机构设立的特别保障基金寻求支付。之后，该机构代位取得职工在破产中的权利。

2. 其他职工福利

根据《意大利民法典》第 2751 条，在任何形式的破产程序开始时，职工与应得薪酬相关的债权对雇主的动产享有一般特权。因此，未偿的工资、假期工

350 这个国家的养老金和工资信息来自以下第一来源和间接来源，《意大利民法典》第 2116 条和第 2751 条（仅意大利语版本）；Decreto Legislativo 5 dicembre 2005 n.252，http：//www.camera.it/parlam/leggi/deleghe/05252dl.htm；Decreto Legislativo 27 gennaio 1992，n.80，art.5，http：//www.normattiva.it/uri-res/N2Ls?urn：nir：stato：decreto：1992；80!vig=；欧洲基金会，前注 336；富而德律师事务所，前注 262；萨拉，前注 37；加拿大行业部，前注 335；意大利摩德纳雷焦艾米利亚大学马可·比亚吉经济学研究所博士后研究员皮埃特罗·曼泽拉发送给马凯特大学法学学者、法学教授保罗·M. 赛昆达的电子邮件（2013 年 6 月 25 日）（笔者存档）。

资、经济补偿金、解约费和其他雇佣费用（例如差旅费）享有优先权，仅劣后于破产管理费用。雇佣年限和应得额度都不影响债权优先权的主张。

意大利有一个工资保障基金，由意大利国家社会保障缴费管理局管理。该政府基金在 15 天内支付破产前最后 3 个月内全部的经济补偿金、未偿工资和福利。该基金的资金来源于雇主缴付的保险费。该基金支付后，代位取得职工对于雇主的债权，且优先权相同。

（十七）日本[351]

1. 养老金

在日本，养老金债权根据其计划的特定种类而得到不同的处理。确定给付型的职业养老金方案在破产程序中受到的保护很少，养老金债权是无担保债权。另一方面，与雇主独立的养老金基金一般不会受到雇主破产的影响，除非雇主未代表职工向养老金基金缴费。在雇主未代表职工向养老金缴费时，养老金基金的债权或职工的债权也是无担保债权。

在日本，另一种类型的养老金方案是职工养老基金，它管理私营部门的养老金，也管理部分的公共养老金方案（养老金保险）。职工养老基金管理的公共养老金部分被称为“代行给付”。就职工养老基金的优先权而言，该基金对雇主的缴费有优先权，养老基金协会（下文所述的职工养老基金的保障计划）对“代行支付”部分的债权享有优先权，而职工养老基金对欠缴费债权没有优先权。如果把职工养老基金换成上文所述的确定给付型方案，那么它就丧失了这些优先权。

就养老金保障计划而言，只有职工养老基金的保障。在职工养老基金下，当向计划缴费的雇主破产时，职工养老金由养老基金协会保障，该协会管理强制性破产保险计划。职工养老基金向这项保险计划缴费的金额根据雇主在统计上的破产概率和该计划如果清算时不足以支付养老金的债务数额来确定。养老基金协会的保障不适用于日本其他形式的职业养老金安排。目前尚不清楚养老基金协会能否在破产程序中代位申报职工养老基金的债权。

2. 其他职工福利

日本赋予破产中的职工工资债权以优先权。这些优先债权优先于无担保债

351　这个国家的养老金和工资信息来自以下第一来源和间接来源：MINPŌ [MINPŌ] [CIV.C.] 第 306 条和第 308 条，http：//archive.org/stream/cu31924025028303/cu31924025028303_djvu.txt；萨拉，前注 37；斯图尔特，前注 3；加拿大行业部，前注 335；*Guide for Replacement Payment of Unpaid Wages*，日本劳动健康福利组织，http：//www.rofuku.go.jp/Portals/0/data0/kinrosyashien/pdf/tatekae-seido english.pdf（最后访问时间为 2014 年 3 月 9 日）。

权，在某些情况下优先于担保债权。根据《日本民法典》第306条和第308条，职工债权按法定留置权处理。破产程序开始前 3 个月内产生的工资债权享有超级优先权。

日本有一项工资保障制度，名为“未偿工资的替代支付”计划。雇主向基金支付缴费，作为工伤保险费的一部分。能够得到替代支付的未偿工资包括未偿的固定工资和特定期间内到期的退休津贴，特定期间为退休日前的 6 个月到申请替代支付债权之日的前一天。实际替代支付的金额为未偿工资总额的80%，有法定最高限额。这些工资包括假期工资、经济补偿金和解约费，按退休费处理。

随后，保障制度代位取得职工在破产程序中的权利。

（十八）韩国[352]

1. 养老金

韩国立法没有赋予退休养老金方案下的养老金债权以优先权。这种立法的缺失是因为职业养老基金不是在公司内部设立的，而是由公司外部的金融机构建立的，这意味着雇主破产不会对养老金的支付带来风险。但养老金债权的确是存在的，资金不足的养老金和无资金的养老金债权在破产程序中作为普通无担保债权处理。

虽然韩国没有养老金保障制度，但有保险保障破产中的养老金债权。2009年 6 月 6 日，韩国储蓄保险公司引入了养老金支付保护系统，扩大了它的管辖范围。在这项保险计划下，如果管理养老金的养老基金公司破产，养老金会得到保障，最高限额为 5000 万韩元（约 47000 美元）。这个系统很像银行的储蓄保险，但它不是传统的职工养老金保障基金。

2. 其他职工福利

韩国《劳动标准法案》第 37 条规定了职工工资债权的优先权。这些债权享有一个超级优先权，即破产前 3 个月内的工资优先于抵押债权、税收/公共费用债权等。这些债权的优先权有最高限额。

此外，就破产程序而言，经济补偿金也有优先权，最高限额为 3 个月的薪金，但这些经济补偿金债权的优先权是有限的。只有最后 3 年的退休津贴才享

352 这个国家的养老金和工资信息来自以下第一来源和间接来源：韩国《工资债权保障法》，第 5513 号法案，1998 年 2 月 20 日，翻译见：http：//www.koilaf.org/KFeng/engLaborlaw/laborlaw/WAGECLAIMGUARANTEEACT.pdf；韩国《劳动标准法案》，第 5309 号法案，1997 年 3 月 13 日，第 37 条，翻译见：http：//www.ilo.org/dyn/natlex/docs/WEBTEXT/46401/65062/E97KOR01.htm；萨拉，前注 37；加拿大行业部，前注 335；斯图尔特，前注 3。

有超级优先权。另一方面，假期工资、解约费、差旅费和其他费用没有优先权。

韩国《工资债权保障法案》保障支付破产程序中有优先权的职工工资债权。基金只保障最后 3 个月的工资、意外赔偿津贴和最后 3 年的退休津贴（经济补偿金，数额等于 90 天的平均工资）。保障基金根据工资类型和职工年龄进行保障，有最高限额。目前的最高限额为 1020 万韩元（约合 6500 美元）。该基金的资金来源于劳动部部长行使代位权获得的清偿款、雇主的缴费、金融机构的借款及管理和经营基金获取的利益。

退休津贴不属于养老金，是一项独立的法律权益，雇主须向工作满 1 年的职工支付至少相当于 30 天平均工资的退休津贴。

（十九）卢森堡[353]

1. 养老金

在卢森堡，退休养老金全部由政府向退休职工支付。由于职工以前的雇主不负责支付养老金，因此该类职工债权在破产程序中没有优先权。

如果雇主设立一个单独的职业养老金方案，该方案可由雇主进行内部融资（账面储备），也可以向外部的保险公司或养老基金缴费。如果是内部融资，雇主必须购买破产保险，以保障其养老金承诺。如果是外部缴费，就不需要这样的安排了，因为如果雇主破产，养老金资金仍独立于破产财产。

无论采用何种形式融资的职业养老金，都必须遵守这些保险的规定，所以卢森堡没有养老金保障基金。

2. 其他职工福利

根据《卢森堡民法典》第 2101 条和《商业法》第 545 条，工资债权（包括假期工资、经济补偿金、解约费、差旅费等）的特权为超级优先权和超级优先权范围外其他债权的普通优先权。有超级优先权的仅限于破产前最后 6 个月的工资债权，以及由于雇佣合同终止而产生的各种形式的赔偿性债权，最高限额为社会平均最低工资的 6 倍，截至 2008 年 3 月为 9657.18 欧元。超出最高限额的债权有普通优先权。

就业基金保障一定限额内的工资债权（包括假期工资、经济补偿金、解约费、差旅费等）。该基金的资金来源于雇主缴费和各种形式的税收。它保障职工最后 6 个月的工资和由于雇佣协议终止而产生的其他赔偿款。保障的最高限额

---

353 这个国家的养老金和工资信息来自以下第一来源和间接来源：《卢森堡民法典》，第 2101 条；卢森堡《商业法》，第 545 条；欧洲基金会，前注 336；萨拉，前注 37；加拿大行业部，前注 335；*Restructuring and Insolvency in Luxembourg: Overview*，Practical Law，http://us.practicallaw.com/6-501-9478（最后访问时间为 2014 年 3 月 9 日）。

与破产程序中工资债权享有的超级优先权的最高限额相同。基金在进行支付后，代位取得职工在破产程序中的债权，具有同样的优先权。

（二十）墨西哥[354]

1. 养老金

墨西哥的职业养老金不属于破产财产，因为它们是强制性的个人养老基金的一部分，与雇主独立。因此，在破产程序中一般不考虑养老金的问题。然而，有一种观点认为，职工对于养老基金的债权可以视为对职工的补偿，因此，应按其他工资债权处理，享有同样的超级优先权。

如果雇主在破产前未能向养老基金缴付所有养老金供款，职工对于没有缴费的这部分债权没有优先权。此外，在破产中，资金不足或无资金的养老金债权也没有优先权。

墨西哥也没有设立养老金保障基金。

2. 其他职工福利

墨西哥宪法第 123 条规定，在破产中，职工对于未偿工资的债权有宪法优先权或超级优先权，最高限额为 3 个月的工资。此外，根据《联邦劳工法》第 162 条的规定，“工龄”费是强制性的，职工在工龄满 15 年后开始领取。职工在被雇佣期间每年有权多领取 12 天的薪酬，作为工龄奖金。这些工龄费享有相同的超级优先权。工龄费和工资的超级优先权限于破产前的 2 年雇佣期内应得的这类款项。经济补偿金也享有优先权，最高限额为 3 个月的工资。未偿的假期工资没有优先权。

墨西哥也没有在破产时保护工资债权的工资保障基金或保险。

354 这个国家的养老金和工资信息来自以下第一来源和间接来源：Constitución Política de los Estados Unidos Mexicanos [C.P.]，Diario Oficial de la Federación [DO]，5 de Febrero de 1917，第 123 条；Ley Federal del Trabajo [LFT] 《联邦劳工法》，Diario Oficial de la Federación，第 162 条；萨拉，前注 37；加拿大行业部，前注 335。

（二十一）荷兰[355]

1. 养老金

根据荷兰法律，职业养老金方案由养老基金或保险公司管理。这些计划大部分是确定给付型方案（只有大约 5%是确定缴费型方案）。公司和养老基金必须严格隔离，养老基金在法律上和财务上独立于公司。因此，养老基金并不受公司破产的直接影响，除非雇主对养老基金拖欠缴费。

此外，包括荷兰央行和荷兰金融市场管理局在内的监管机构，持续监督基金能否履行未来支付养老金的义务，如果发现基金无法履行义务，监管机构将对基金采取措施（包括削减养老金）。如果雇主破产而未向养老基金缴付养老保险费，（最多）最后 12 个月的欠缴费将由失业保障基金直接支付给养老基金（参见下文对失业保险机构的讨论）。破产申请前根据雇佣合同到期的养老金享有概括优先权。

荷兰没有养老保险计划。上文提到的基金制度为荷兰的养老金受益人提供了主要的保护措施。

2. 其他职工福利

根据荷兰《破产法》第 40 条关于雇佣合同的规定，自破产宣告之日起，与雇佣合同有关的未偿工资和保险费成为不动产债务。不动产债务赋予债权人优先权（不动产债权），必须最先从破产财产中得到清偿。

此外，在雇主破产时，荷兰劳动保险机构将替代雇主对职工履行部分经济义务，包括：①支付最多 13 周的工资和福利（包括加班费）；②支付最多 1 年的未偿节假日津贴和养老金欠缴费。养老金缴费不支付给职工，而是直接支付给养老基金。破产雇主对于职工的义务不包括发出解约通知或支付解约费，因为荷兰法律中没有规定这种义务。

在破产程序中，劳动保险机构就其向职工和第三方（如养老基金）支付的

---

355 这个国家的养老金和工资信息来自以下第一来源和间接来源：Faillissementswet [Fw] 第 40 条（荷兰《破产法》），翻译可见 http：//www.dutchcivillaw.com/legislation/ bankruptcyact022.htm；Dutch Ass’n of Indus.-Wide Pension Funds & Dutch Ass’n of Co.Pension Funds，the Dutch Pension System：An Overview of the Key Aspects，http ： //www.pensioenfederatie.nl/Document/Publicaties/English%20publications/Nederlandse_pensioensysteem_Engelstalige_versie.pdf（最后访问时间为 2014 年 2 月 9 日）；欧洲基金会，前注 336；富而德律师事务所，前注 262；诺玛・科恩、马修・斯坦拉斯，*Yawning Deficits Force Dutch Pension Funds to Cut Payouts*，Financial Times（2013 年 5 月 27 日），http：//www.ft.com/intl/cms/s/0/ae66abba-9e07-11e2-9ccc-00144feabdc0.html#axzz2WgZaOnVC；加拿大行业部，前注 335；斯图尔特，前注 3；弗兰斯・彭宁发给马凯特大学法学学者、法学教授保罗・M. 赛昆达的电子邮件（2013 年 8 月 12 日）（笔者存档）；弗兰斯・彭宁发给马凯特大学法学学者、法学教授保罗・M. 赛昆达的电子邮件（2013 年 6 月 19 日）（笔者存档）。

金额享有优先债权。

（二十二）新西兰[356]

1. 养老金

新西兰对破产中的养老金债权并没有明确的保护。新西兰的大多数超级年金计划必须按照 1989 年《超级年金计划法案》注册登记。根据该法案，登记注册的计划必须遵守一些规定，例如信托和报告要求，以保护超级年金计划不受雇主破产的影响。

2007 年，新西兰实施了一项名为“Kiwisaver 养老基金”的新型职业养老金方案。该计划要求选择该计划的职工向养老基金缴付一定比例的工资。这些“获批准的储蓄计划”有不同程度的预期风险和回报，是独立于雇主运营的，因此，雇主破产不会影响职工对 Kiwisaver 养老基金的债权。自 2013 年 4 月以来，雇主和职工的最低缴费比率从工资的 2%提高到总薪金的 3%（职工亦可选择按 4%或 8%缴费）。如果破产的雇主拖欠缴费，这些对缴费的债权在破产中有优先权，且无最高限额。

新西兰没有针对超级年金计划的保障基金或保险制度，但从职工工资中扣除的养老金缴费与破产中的工资债权（如下文所述）以同样的方式受到保护。

2. 其他职工福利

根据新西兰《公司法》第 312 条和附录 7 的规定，破产雇主的职工的优先债权包括：①清算前 4 个月的工资；②节假日补贴；③裁员赔偿金（因遣散和解约）；④工资扣除；⑤其他各种款项，总计最高限额为 16420 新西兰元（截至 2008 年）。这些款项必须优先于其他无担保债权清偿。更具体地说，这些职工债权应优先于存货和应收账款上的担保权益，除非存货价款的担保权益已经因登记等方式而得以完善，或因转让应收账款而进行了完善的担保权益。

新西兰没有针对工资债权的工资保障基金或国家保险。

356 这个国家的养老金和工资信息来自以下第一来源和间接来源：1993 年《公司法》第 312 条和附录 7，http://www.legislation.govt.nz/act/public/1993/0105/latest/ DLM319570.html；1989 年《超级年金计划法案》，http://www.legislation.govt.nz/act/public/1989/0010/latest/DLM143292.html；萨拉，前注 37；加拿大行业部，前注 335；惠灵顿维多利亚大学法学教授戈登·安德森发送给马凯特大学法学学者、法学教授保罗·M. 赛昆达的电子邮件（2013 年 9 月 19 日）（笔者存档）。

（二十三）挪威[357]

1. 养老金

自2007年以来，挪威开始实行一项强制性的职业养老金方案，雇主必须向养老基金缴付职工工资至少2%的款项。根据《债权清偿法案》第9-3条的规定，雇主破产时，养老金缴费享有超级优先权。限于破产申请前6个月内的养老金债权可以进行申报。

如果破产财产不足以清偿养老金，《破产工资债权国家保障法案》第1条规定了养老金的国家保障。保障基金的资金来源是雇主缴费。保障最高限额为“基本金额”的2倍。这项“基本金额”每年都会进行调整（截至2013年5月，基本金额为每年85245挪威克朗）。

2. 其他职工福利

根据《债权清偿法案》第9-3条的规定，工资和其他酬金债权与养老金一样，在破产中享有超级优先权。同样，工资债权仅限于产生于破产申请前6个月内的。在破产申请前24个月内应得的节假日补贴债权为优先债权。

《工资保障方案》第1条规定，工资和其他酬金由国家保障。工资和养老金债权受到同样的国家保障，两者合计有一个最高限额，为基本金额的2倍。随后，工资保障方案在破产中代位取得职工的权利，并与职工享有同样的优先权。

（二十四）波兰[358]

1. 养老金

波兰的职业养老金方案与雇主是独立的，除非雇主没有缴付应缴费，否则方案不会受到雇主破产的影响。在波兰的制度下，雇主通过缴费为养老金承诺提供资金，职工也可以缴费。

---

357 这个国家的养老金和工资信息来自以下第一来源和间接来源：《债权人债权清偿法案》（1984年6月8日）第9-3条，翻译可见 http：//www.ub.uio.no/ujur/ulovdata/lov-19840608-059-eng.pdf；1973年12月14日《破产工资债权国家保障法案》第1条，翻译可见 http：//www.ub.uio.no/ujur/ulovdata/lov-19731214-061-eng.PDF；欧洲基金会，前注336；萨拉，前注37；加拿大行业部，前注335。

358 这个国家的养老金和工资信息来自以下第一来源和间接来源：波兰《破产法》，第230条、第345—346条，http：//isap.sejm.gov.pl/DetailsServlet?id=WDU20091751361（仅波兰语版本）；2006年7月13日《职工债权保护法》，讨论于 *Protection of Employee Claims in Case of Employer Insolvency*（15-04-2010），欧洲劳动法网，http：//www.labourlawnetwork.eu/national_labour_law_latest_country_reports/national_legislation/legislative_developments/prm/109/v__detail/id__954/category__27/index.html（最后访问时间为2014年3月9日）；康纳，前注265；欧洲基金会，前注336；萨拉，前注37；加拿大行业部，前注335。

如果雇主没有向养老基金缴支付应缴费，波兰《破产法》赋予退休养老金缴费第一顺位优先权但不是超级优先权。养老金债权的优先顺位与破产程序费用相同，在有抵押、登记质押和质押的担保债权得到清偿后，才能得到第一顺位的清偿。这是因为根据波兰《破产法》第 345 条至第 346 条的规定，担保债权清偿后的剩余财产才是破产财产。

虽然波兰有一项保障基金（如下文所述），为第一支柱社会保障款项提供保护，但是它并不保障职业养老金方案的养老金缴费。

2. 其他职工福利

因雇佣关系产生的债权（包括假期工资、经济补偿金和解约费在内的工资债权）在破产程序中享有与养老金相同的优先权。与雇佣合同终止有关的经济补偿金和损害赔偿组成了《破产法》第 230 条规定的“破产程序费用”，故享有优先权。根据《破产法》，与雇佣有关的债权的优先权没有最高限额或者期间的限制。

波兰设立了职工债权保障基金，以保障包括假期工资、节假日补贴、经济补偿金和解约费在内的工资债权。该基金遵循《职工债权保护法案》的规定。其资金来源于行业收入、运行费用、雇主税金和普通税收。在雇主破产时，该基金可最多支付 3 个月的工资债权，前提是雇佣关系终止于破产前的 9 个月内。支付给职工的总金额不能超过中央统计局公布的上一季度全国平均工资的 3 倍（截至 2013 年约为 10500 波兰兹罗提）。

该基金在破产程序中就其支付的金额代位取得职工债权，并享有同样的优先权。

（二十五）葡萄牙[359]

1. 养老金

在葡萄牙，职业养老金方案是通过养老金合同或保险合同设立的。由于这些计划是独立于雇主而设立的，只有在雇主拖欠缴费而导致基金不足时，雇主破产才会对这些计划造成影响。葡萄牙法律赋予了职工劳动债权一定的优先权，包括对养老金欠缴费的债权。

当雇主拖欠法定最低限额的缴款而导致养老金方案资金不足时，养老基金立法规定养老基金管理者有义务推动出资人补足缴费，如果一年内没有制定出合适的融资计划，养老基金必须停止运营。在这种情况下，养老基金的资产按

359 这个国家的养老金和工资信息来自以下第一来源和间接来源：欧洲基金会，前注 336；加拿大行业部，前注 335；斯图尔特，前注 3。

照以下顺序用于保障养老金权利：基金费用、个人账户（如果可行的话）、养老金领取者、达到或超过退休年龄的职工、有既得权利的前职工、职工的既得权利，最后是养老金领取者福利的增加部分。葡萄牙没有适用于雇主破产的国家养老金保障制度。

2.其他职工福利

根据《葡萄牙破产法典》的规定，工资债权在破产程序中享有优先权。工资债权包括未偿工资、工龄津贴、不公平解雇赔偿以及工伤补偿。因雇主破产而失去工作的职工享有法定赔偿，赔偿额为每月基本工资（加上工龄补贴，如果适用的话）乘以工作年限，且总额不低于3个月的基本工资（加上工龄补贴，如果适用的话）。葡萄牙法律在破产中赋予了职工债权人的劳动报酬以特权。

工资保障基金在雇主破产时对职工进行保护。该基金由国家和社会合伙人管理，由雇主提供资金。该基金保障公司破产申请前6个月内的职工应得款项。除了未偿的工资，该基金还保障节假日补贴和裁员费。保障最高限额为 4 个月的工资且不超过最低工资的3倍。

随后，该基金在公司破产程序中代位取得职工的债权，且优先权相同。

（二十六）斯洛伐克[360]

1.养老金

斯洛伐克有外部的养老基金，负责管理职业养老金，名为“养老金资产管理公司”。事实上，斯洛伐克法律禁止公司设立养老基金。

与德国一样，斯洛伐克也没有赋予养老金债权以优先权。然而，由于职业养老金的融资和管理都是与雇主独立的，因此雇主破产不会导致养老金方面的问题。这意味着养老基金在雇主破产时应受到保护。

由于这一计划属于确定缴费型类型，没有保障机构保护该计划，资金不足通常不可能发生。

2.其他职工福利

在斯洛伐克，职工的未偿工资、节假日补贴、裁员费、解约费和差旅费债权被赋予优先权。工资债权优先于浮动抵押债权，但顺位低于担保债权人（因此不是超级优先权）。这种优先权范围是破产宣告前3个月内的未偿工资。

当雇主破产时，这些工资债权也由社会保险局的保障保险计划保护。基于破产申请前18个月内的雇佣关系，职工有权获得最多3个月的工资。随后，社

---

360 这个国家的养老金和工资信息来自以下第一来源和间接来源：康纳，前注 265；欧洲基金会，前注 336；加拿大行业部，前注 335；*Social Insurance System in Slovakia*，前注 258。

会保险局从破产管理人那里收回这些支付款项（即代位取得这些债权）。

（二十七）斯洛文尼亚[361]

1. 养老金

根据斯洛文尼亚法律，养老金债权没有优先权。职业养老金，通常是自愿的确定缴费型类，且与雇主资产隔离。因此，雇主破产对于这些外部养老基金运作的影响很小。此外，养老金管理公司有义务设立一个保险基金，须足够覆盖各会计期内的全部有保障的养老金。因此，这些计划中不可能出现资金不足的情况。然而，雇主对养老基金的欠缴费在破产程序中没有优先权，斯洛文尼亚也没有对逾期缴费的规定。职工对于逾期缴费和欠缴费的债权与其他债权优先级相同，即无担保债权。

雇主破产中没有养老金保障机构。

2. 其他职工福利

在斯洛文尼亚，破产中的工资债权享有超级优先权。根据《强制和解、破产与清算法》第 160/2 条和第 160/4 条的规定，集体劳动合同确定的基本工资及破产程序开始前 3 个月内的未偿工资享有优先权，且没有最高限额。截至 2007 年，这些工资和相关补偿（包括解约费）在破产中被赋予超级优先权，可全部作为破产费用处理。

斯洛文尼亚也有用于支付社会债权的专项基金，向职工支付：①雇佣关系终止前 3 个月的未偿工资；②雇佣关系终止前未付的 3 个月带薪缺勤补偿金；③上一年度未请假的工资补偿；④劳动关系法下规定的补偿金。这些支付的最高限额与最低工资额有关。该系统由公共保障和维护基金管理，其资金来源于职工、国家和基金自身运营。

---

361 这个国家的养老金和工资信息来自以下第一来源和间接来源：欧洲基金会，前注 336；米奥德拉格·多德威克，World Bank，Commercial Enforcement and Insolvency System（2003 年），http://siteresources.worldbank.org/GILD/ConferenceMaterial/20157436/Slovenia%20-%20CR2.pdf；经合组织，Slovenia：Review of the Private Pension System（2011 年），http://www.oecd.org/finance/private-pensions/49498109.pdf；萨拉，前注 37。

（二十八）西班牙[362]

1. 养老金

根据西班牙《破产法》，养老金没有任何优先权。养老基金（存在确定给付型方案和确定缴费型方案两种类型）必须与公司分开设立，因此，公司破产一般不会对这些养老基金产生影响。在公司破产或清算时，由保险公司和养老基金保留职工所缴付和拥有的资金，并保障养老金的支付。在破产程序中，雇主对养老基金拖欠的缴费没有优先权，这种债权也很少出现。

西班牙没有养老保险基金。

2. 其他职工福利

根据西班牙《破产法》第 84.2.1 条的规定，破产前雇佣期间的最后 30 天内的工资债权（包括假期工资、经济补偿金、解约费）有超级优先权，优先于所有其他债权。根据第 91.1 条的规定，在此期间以外的工资债权有普通优先权，优先于无担保债权。这些债权的最高限额为最低工资的 3 倍。

西班牙有一项工资保障基金。该基金吸收行业资金，须遵循 1985 年 3 月 6 日关于工资保障基金组织和运作的第 505/1985 号皇家法令的规定。该基金最多支付 120 天的工资（含解雇赔偿）和 12 个月的经济补偿金，最高限额为最低工资的 3 倍。支付后，工资保障基金在破产程序中代位取得职工的债权，并享有同样的优先权。

（二十九）瑞典[363]

1. 养老金

瑞典的职业养老金可以由雇主直接承诺（账面储备），也可以是独立于公司的养老基金或人寿保险合同的一部分。《养老金义务保障法案》规定了有关账面

---

362 这个国家的养老金和工资信息来自以下第一来源和间接来源：西班牙《破产法》，第 84.2.1 条、第 91.1 条（B.O.E.2003，13813），http：//www.boe.es/boe/dias/2003/07/10/pdfs/A26905-26965.pdf（仅西班牙语版本）；Real Decreto 505/1985 de 6 de marzo sobre organización y funcionamiento del Fondo de Garantía Salarial（BOE 1985，6029），http：//noticias.juridicas.com/base-datos/Laboral/rd505-1985.html（仅西班牙语版本）；欧洲基金会，前注 336；富而德律师事务所，前注 263；萨拉，前注 37；加拿大行业部，前注 335。

363 这个国家的养老金和工资信息来自以下第一来源和间接来源：LÖNEGARANTILAG《工资保障法》（Svensk författningssamling [SFS] 1992：497），http：//www.government.se/sb/d/5807/a/104977；12 §FORMANSRATTSLAG《优先权利法案》（Svensk författningssamling[SFS] 1970：979）（讨论于 *Changes in the Rights of Priority Act*，WORLD SERVICES GROUP，http：//www.worldservicesgroup.com/publications.asp? action=article&artid=2849（最后访问时间为 2014 年 3 月 9 日））；欧洲基金会，前注 336；富而德律师事务所，前注 262；萨拉，前注 37；加拿大行业部，前注 335；斯图尔特，前注 3。

储备和养老基金的制度。现在养老金的主要模式是，每个职工每月向保险公司缴费，该保险公司承担未来向职工支付养老金的义务。因此，公司的资产负债表上通常不会承担养老金责任。在养老金互助保险公司的保障制度（下文讨论）以外，养老基金对未缴费债权有优先权。

破产申请前 6 个月到申请后 6 个月内、直接承诺（账面储备）的养老金债权享有优先权。破产申请前 3 个月到破产开始后 1 个月期间内，与其他养老金有关的债权享有优先权，最高限额为基本金额的 10 倍（截至 2010 年，约为 425000 瑞典克朗）。

在瑞典，白领工人的职业养老金由一个保障基金——养老金互助保险公司提供保障。在该公司向职工支付养老金后，它通常不会成为破产程序中的优先债权人，仅对破产前 3 个月内应得退休金权利总额的最多 5%享有优先债权。然而，保障公司可以要求公司提供抵押物作为其系统的一部分，因此保障公司在破产程序中是担保债权人。

根据《优先权利法案》第 12（6）条的规定，《工资保障法》适用于养老金债权，如果雇主破产时必须向职工直接支付职业养老金（账面储备），职工的债权就被工资保障制度所覆盖，保障的水平与工资保障制度覆盖的其他债权相同。如果根据雇主与职工之间签订的合同，雇主有义务向职工的个人养老保险缴费，那么该项债权属于《优先权利法案》第 12（1）条规定的范畴。这意味着，与缴费义务有关的债权被视为与工资相关的债权，因此，也被工资保障制度所涵盖。工资保障制度最多覆盖 12 个月的养老金，截至 2010 年，其最高限额约为 170000 瑞典克朗。

国家和养老保险公司可在破产程序中向雇主追索其替雇主支付的欠缴费款额，但此债权并无任何优先权。

2. 其他职工福利

在瑞典破产制度下，破产申请前的应得工资债权（包括节假日补贴债权）有优先权。

职工有“工资保障”，即在破产公司没有足够的资产支付职工债权时，由国家支付补偿金。国家保障基金覆盖破产或重整申请前 3 个月内的工资，以及地区法院批准破产或重整申请后的第一个月的工资，但其支付有最高限额。工资保障还覆盖解约通知期间的工资以及本年度和上一年度的应得节假日补贴。

如果工资由工资保障基金支付，与职工债权一样，国家的债权在破产中也没有优先权。

（三十）瑞士[364]

1. 养老金

职业养老金是由养老金保险机构设立的，是独立于雇主的。雇主代表其职工向这些保险机构缴费。如果雇主未付养老金缴费并处于破产状态，根据瑞士《债务执行和破产法》第 219 条的规定，保险机构的债权享有优先权。然而，职工并没有对于雇主或保险机构的债权。全额的未缴费债权享有优先权。

因为破产程序不处理养老金债权，由补充养老基金的联合保障基金确保补充养老基金的支付能力，而当被保险人的年龄结构不佳时，保障基金也会向养老基金补充资金。保障基金的资金来源于养老金提供者的缴费。该基金保障的福利金有最高限额，2011 年的最高可补偿金额为 125280 瑞士法郎。

该保障基金在破产程序中代位取得职工权利，成为债权人，但是并无优先权。

2. 其他职工福利

瑞士《债务执行和破产法》第 219 条规定了三种不同的无担保债权人，分配破产财产的全部剩余部分。第一顺位的优先债权包括破产程序开始前 6 个月内产生或到期的未偿职工债权（包括未偿工资、解约费、经济补偿金和假期工资），但是不能超过 12600 瑞士法郎（截至 2013 年）。

根据瑞士《失业和破产保险法》第 51 条的规定，不仅破产雇主的职工的工资和解约费在破产程序中有优先权，在雇佣关系终止后，公共保险基金还会向其支付过去 4 个月的未偿工资。该基金的资金来源于职工和雇主的缴费，职工的缴费从工资中扣除。职工最多能得到的支付是 8900 瑞士法郎（目前的工资金额）的 4 倍。

根据瑞士《失业和破产保险法》第 54 条的规定，公共保险基金在破产程序中代位取得职工的权利，并享有同样的优先权。

---

364 这个国家的养老金和工资信息来自以下第一来源和间接来源：BUNDESGESETZ ÜBER SCHULDBETREIBUNG UND KONKURS《联邦债务执行和破产法》，SYSTEMATISCHE SAMMLUNG DES BUNDESRECHTS [SR] 1889 年 4 月 11 日，SR 281.1，第 219 条，于 1994 年 12 月 16 日修订，http://www.admin.ch/ch/d/sr/c281_1.html（只有德语、法语、意大利语版本）；BUNDESGESETZ ÜBER DIE OBLIGATORISCHE ARBEITSLOSENVERSICHERUNG UND DIE INSOLVENZENTSCHÄDIGUNG《瑞士联邦强制性失业保险和破产赔偿法》，SYSTEMATISCHE SAMMLUNG DES BUNDESRECHTS [SR] 1982 年 6 月 25 日，SR 837.0，第 51 条、第 54 条，http://www.admin.ch/opc/de/classifiedcompilation/19820159/index.html（只有德语、法语、意大利语版本）；萨拉，前注 37；加拿大行业部，前注 335；斯图尔特，前注 3。

（三十一）土耳其[365]

1. 养老金

截至2001年，土耳其已经建立了资金到位的自愿确定缴费型方案制度。在这个制度中，个人可与一个或多个养老金公司签订合同。雇主可向职工的个人养老金账户缴费，但并不是强制性的。目前，该系统内大约有17家养老金公司。作为第三支柱的制度，雇主并没有起到很大的作用。

除了由公共社会保障基金提供资金的现收现付的确定给付型第一支柱系统之外，没有额外的第二支柱养老金方案。事实上，与其他许多国家不同的是，该国自愿性的个人养老金制度为第三支柱，而不是第二支柱。

按照土耳其《执行和破产法》第206条规定，雇主向这些养老金方案自愿缴付的款项在破产中享有优先权，为“职工的其他应得款项”。这一优先权适用于破产申请前1年内未缴费。

对于这些养老金方案，并没有养老金保障基金或保险计划。

2. 其他职工福利

正如上文所讨论的，根据土耳其《执行和破产法》第206条的规定，破产程序开始前1年内的职工工资和其他应得款项享有优先权。

按照土耳其《劳动法》第33条规定，失业保险基金内应设立一个工资保障基金，其资金来源为雇主向失业补偿系统缴费的1%。该基金保障雇主申请破产前最后3个月的职工工资。该基金似乎并不保障薪金以外的其他形式的工资，例如假期工资、解约费或经济补偿金。工资保障基金向职工支付福利后，似乎在破产程序中不取得任何代位权。

---

365 这个国家的养老金和工资信息来自以下第一来源和间接来源：《民事执行和破产法》，第206条（笔者存档）；土耳其《劳动法》，第33条（2003年5月22日颁布），http：//www.ilo.org/public/english/region/eurpro/ankara/download/labouractturkey.pdf；经合组织，*Pension Country Profile：Turkey*，in OECD Private Pensions Outlook 2008，at 287（2009），http：//www.oecd.org/finance/private-pensions/42575085.pdf；斯蒂芬・贝斯特、埃利夫・阿尔廷索伊，The Bankruptcy Law of the Republic of Turkey，（April 2009）（未发表稿件），http：//www.altinsoy.av.tr/doc/bankruptcy.doc；Employment and Employee Benefits：Turkey，Practical Law CO.（2013年11月），http：//uk.practicallaw.com/8-383-1562?service=pensions；土耳其伊斯坦布尔大学法学教授阿里・西姆・布达克发送给马凯特大学法学学者、法学教授保罗・M. 赛昆达的电子邮件（2013年7月25日）（笔者存档）。

（三十二）英国[366]

1. 养老金

英国有职业确定给付型方案和确定缴费型方案。计划的资产以信托的形式建立，不受公司的其他债权人追偿。在自动登记条款下，雇主必须向一些养老金安排支付最低限度的缴费，且可以选择使用全国就业储蓄信托（以下描述的确定缴费型方案）或其他计划。

就英国破产制度下的养老金债权而言，欠付的养老缴费为优先债权（在英国 1986 年《破产法》附录 6 规定下，劣后于第四类别的担保债权），而资金不足或无资金的养老金债权（即第 75 条规定的债务）为无担保债权。英国各种养老金方案（确定给付型方案或确定缴费型方案，基于信托或基于合同）中的任何欠缴费债权都有优先权，且优先于除担保债权以外的其他债权。这种优先权覆盖一年的欠缴费。

2008 年《养老金法案》为雇主增设了一项新的义务，即为大多数职工提供职业养老金方案。如果雇主选择使用 2012 年 10 月设立的全国就业储蓄信托下的确定缴费型方案，则需要支付最低限额的缴费。如果破产雇主无法向全国就业储蓄信托计划支付应缴费，职工对此缴费的债权的优先权（破产前 1 年内）与英国任何养老金方案的欠缴费优先权相同。

就养老金保障基金而言，2004 年《养老金法案》设立了养老金保障基金，在发起基金的雇主破产时，基金向职工支付职业确定给付型方案中的未缴费和无资金的养老金债权。该基金每年向所有职业确定给付型养老金方案收取法定资金（它不保障确定缴费型方案）。该基金的支付有法定最高限额，仅限于应得养老金的一定比例。在养老金保障基金下，若个人年龄达到了计划规定的退休

366 这个国家的养老金和工资信息来自以下第一来源和间接来源：2008 年《养老金法案》，http：//www.legislation.gov.uk/ukpga/2008/30/contents；2004 年《养老金法案》，http：//www.legislation.gov.uk/ukpga/2004/35/contents；2002 年《企业法案》，c.40，第 251 条，http：//www.legislation.gov.uk/ukpga/2002/40/contents；1996 年《雇佣权力法案》，第 184 条，http：//www.legislation.gov.uk/ukpga/1996/18/contents；1986 年《破产法》，c.45，第 175 条，第 386 条，附录 6，http：//www.legislation.gov.uk/ukpga/1986/45/contents；马克・阿布拉姆斯，国际破产协会，The Nortel Experience：Tensions in Cross-Border Insolvencies—The U.K.Pensions Perspective（2010），http：//www.iiiglobal.org/component/jdownloads/viewdownload/103/3887.html；康纳，前注 265；欧洲基金会，前注 336；富而德律师事务所，前注 262；萨拉，前注 37；加拿大行业部，前注 335；斯图尔特，前注 3；蕾妮・戴利、马克・恩丁格，UK Supreme Court Throws Out the Nortel and Lehman Pension Baby Claims with the Bathwater，布雷斯韦尔 & 朱利亚尼公司（2013 年 7 月 26 日），http：//www.jdsupra.com/legalnews/uk-supreme-court-throws-out-the-nortel-a-22587；罗萨洛德・康纳发送给马凯特大学法学学者、法学教授保罗・M. 赛昆达的电子邮件（2013 年 7 月 30 日）（笔者存档）；罗萨洛德・康纳发送给马凯特大学法学学者、法学教授保罗・M. 赛昆达的电子邮件（2013 年 7 月 29 日）（笔者存档）；罗萨洛德・康纳发送给马凯特大学法学学者、法学教授保罗・M. 赛昆达的电子邮件（2013 年 6 月 26 日）（笔者存档）。

年龄，那么他就可以获得100%的保障补偿。若职工已经退休，但其年龄没有达到计划规定的退休年龄，就能获得 90%的保障补偿。养老金保障基金向职工支付后，就取得了对破产雇主的债权，取代职工成为无担保债权人。

2004 年《养老金法案》设立了养老金管理人。养老金管理人的职责之一是，当养老金方案资金不足时，向与雇主有关联的各种实体发布财政支持指令。财政支持指令要求这些实体提供方案，说明其将如何提供财政支持以消除养老金方案的资金赤字（例如，在向保险公司购买保险以转移债务的基础上，向方案支付资金，以确保有足够的资产来解决债务。参见第 75 条，买断债务）。如果收到指令的实体未能向养老基金提供财政支持，养老金管理者可发布缴费通知，为该实体增设一项法定债务，要求实体支付特定金额以弥补养老金赤字。这对于破产程序中的养老金债权很重要，因为最近的北电网络公司案涉及英国《破产法》下财政支持指令的优先权。此案的问题在于，这些养老金工具的债权是否可作为破产财产管理费而享有优先于其他所有债权的超级优先权，包括有担保的银行贷款债权和债券持有人债权。最近，英国最高法院裁定，此类指令应作为普通的无担保债权，因为此类债权涉及养老金资金不足的负债。这一裁定推翻了下级法院的判决。

2. 其他职工福利

破产申请前 4 个月内的、最高限额以内（目前为每名职工 800 英镑）的工资（包括假期工资）债权享有优先权。节假日补贴也按工资处理，破产申请前 12 个月内的未偿节假日补贴债权享有优先权。这些优先权规定于 1986 年《破产法》第 386 条和附录 6，而 2002 年《企业法》第 251 条对此进行了修订。此外，《破产法》第 175 条第 2 款 a 项规定，如果公司无法全额支付优先债权，这些债务必须从浮动抵押或抵押的财产中支付。因此，这些优先工资债权优先于由任何浮动抵押担保的债权得到清偿。超过最高限额的工资债权为无担保债权。

就工资保障计划而言，根据 1996 年《雇佣权利法》第 184 条，独立的法定计划通过国家保险基金向破产雇主的职工支付工资。国家保险基金的资金来源于系统费用、雇主税收和一般税收。该基金支付：最多 8 周的工资；最多 6 周的节假日补贴；按持续工作的年度计算，每个年度算最多 1 周、最多 12 周的通知费（即经济补偿金）；法庭判决的不公平解雇的补偿金、学徒费的偿还和裁员费（即解约费）（按特定年龄段内的工作年限计算，最多 30 周的工资）。这些款项的支付有法定最高限额，2013 年为每周 450 英镑，或按最多 30 周的不公平解雇的补偿金算，最高限额为 13500 英镑。

随后，在针对雇主的集团诉讼中，国家保险基金成为破产程序中的优先债权人，代位取得职工的债权，并享有相同的优先权。

术　语

（1）职工福利债权（employee benefit claim）：雇主破产时，职工基于雇主拖欠的与工资或养老金相关的款项，与雇主的债权相对。

（2）本文中的工资债权在定义上为广义上的工资债权，包括拖欠的工资（unpaid wage）、假期工资（vacation pay）、节假日补贴（holiday pay）、经济补偿金（severance pay）、解约费（termination pay）、差旅费（travelling pay）及其他约定的福利（包括健康保险、人寿保险、长期伤残保险和退休人员医疗福利）。

（3）养老金（pension）：在本文中指广义上的养老金，即职工基于养老金计划或承诺，在退休后以年金形式或一次性领清的退休福利金。

（4）确定给付型方案（defined benefit scheme）：雇主代替每名职工为这些确定给付型方案提供最低限度的、基于精算的资金，然后自己或委托第三方中介管理这些资金，以获取必要的利润，在职工退休后为其提供承诺的养老金。

（5）确定缴费型方案（defined contribution scheme）：在确定缴费型方案中，雇主和/或职工向职工的个人养老金账户缴费，由雇主挑选好投资工具，然后由职工进行选择，并负责管理这些资金，以保证自己在退休后有足够的钱。

（6）无资金的养老金债务（unfunded pension liability）：在雇主承诺利用其当前收入为养老金支付提供必要的资金的方案中，雇主破产时，无法对这些养老金承诺进行支付，职工就此养老金承诺，对于雇主的债权而言为无资金的养老金债权。

（7）资金不足的养老金债务（underfunded pension liability）：养老金方案负债大于资产而无法支付现在的及将来的职工养老金，在这种情况下职工的养老金债权为资金不足的养老金债权。

（8）缴费（contribution）：按照养老金方案设立的标准，雇主向养老基金支付的基于雇员工资比例的金额，和/或雇员支付的其工资的一定比例的金额。

（9）保障基金（guarantee fund）：雇主破产时，替代雇主向职工支付养老金和拖欠工资的基金，其随后在破产程序中可代位取得职工债权。

（10）互助保险公司（mutual insurance company）：被保险人为保障自己的经济利益而创设的一种合作性保险组织。其特点是被保险人同时也是保险人，保险资本通过由各成员认缴的方式聚集，并接受外部的参股资金。

（11）经济补偿金（severance pay）：适格的职工在被解雇后应得到的补偿金。它补偿长期为公司工作的职工失业时所遭受的损失。

（12）解约费（termination pay）：此术语在各国语境下含义不同。美国基本

上不存在解约费。在加拿大指替代解约通知的补偿金，与中文语境中的“代通金”类似。在法国，解约费包含两个范畴，即替代解约通知的赔偿金和经济补偿金，由雇佣合同所定。荷兰与美国的情况类似。鉴于各国情况不同，译者将此术语直译为“解约费”。

《生物多样性公约》、《名古屋议定书》、《粮食和农业植物遗传资源国际公约》背景下“相互支持”获取和惠益分享机制的实施

Michael Halewood et al. 著

李一丁　余亦竹 译

付瑶 校

作者简介：迈克·赫尔伍德（Michael Halewood），生物多样性国际政策研究中心主任；其他作者还包括 Elsa Andrieux，Léontine Crisson，Jean Rwihaniza Gapusi，John Wasswa Mulumba，Edmond Kouablan Koffi，Tashi Yagzome Dorji，Madan Raj Bhatta 和 Didier Balma 等。原文刊载于《法律、环境和发展》在线期刊 2013 年第 1 期。

译者简介：李一丁（1984—　），法学博士，贵州大学法学院副教授、硕士生导师，主要研究方向为环境法、科技法、知识产权法。

余亦竹（1995—　），贵州大学法学院 2017 级环境与资源保护法学硕士生。

校者及通信作者简介：付瑶（1981—　），植物学博士，中国科学院昆明植物研究所助理研究员。

基金项目：本文系生态环境部“生物多样性调查评估项目”（2019HJ2096001006）课题阶段性成果。

目　次

一、引　　言

《生物多样性公约》和《粮食和农业植物遗传资源国际公约》（以下简称《粮农公约》）的目标是接近一致的——提升生物多样性保护和可持续利用以及公平分享其利用所产生惠益的水平。[1]但是，这些国际公约为其成员国实现上述目标提供不同获取和惠益分享机制。在《粮农公约》背景下，前述机制表现为支持国际粮农植物资源池的创设及为农业研究和粮食安全分享惠益。在《生物多样性公约》背景下，前述机制表现为在单独创设惠益分享协议前提下允许所有国家对主权范围内生物遗传资源[2]进行完全控制。

各国实施上述机制的进展明显比预期来得缓慢，其中一个原因即为很多国家政策制定者并不清楚如何区分上述机制之间的内部关联。在很多国家，该项挑战也加重了各国农业部门在国内实施《粮农公约》的职责和环境部门实施《生物多样性公约》的职责，而这些部门通常并未在获取和惠益分享议题政策发展过程中保持协调合作。另外一个原因即为目前并未创设一项综合性指南或决策制定工具以协助各国实施《粮农公约》获取惠益分享多边系统。这些指南的出现也应尊重《生物多样性公约》项下的获取和惠益分享规定，特别是2002年在荷兰海牙举行的《生物多样性公约》第六次缔约方大会通过的《关于获取遗传资源并公正和公平分享通过其利用所产生惠益的波恩准则》（以下简称《波恩准则》）。不过，《波恩准则》并未注意到各国实施《粮农公约》的关联。[3]

本文试图回应上述挑战。本文指出在实施《粮农公约》获取和惠益分享多边系统过程中需要关注基本事项及各国政策制定者需要遵守的步骤。本文也提出在各国层次上《粮农公约》获取和惠益分享多边系统与《生物多样性公约》项下获取和惠益分享法律表现形式的交叉点。本文还指出对关联内容管理失当所引发的风险以及克服这类风险的相应建议，以确保《粮农公约》和《生物多样性公约》获取和惠益分享机制能够相互支持。为了明确分析对象，本文开始

1　1992年6月5日在里约热内卢通过《生物多样性公约》，31 *Int' l Leg.Mat.*818（1992）[CBD]；2001年11月3日在罗马通过《粮食和农业植物遗传资源国际公约》。可参见http://www.planttreaty.org/ content/texts-treaty-official-versions [ITPGRFIA]。

2　译者注：本文所提到的生物资源、生物遗传资源、粮食和农业植物遗传资源、作物和饲料植物遗传资源等表述各有所指。其中，生物资源、生物遗传资源来自《生物多样性公约》，粮食和农业植物遗传资源、作物和饲料植物遗传资源来自《粮农公约》，各项表述不具有相互替代关系，特此说明。

3　2002年4月在海牙召开的《生物多样性公约》第六次缔约方大会通过《关于获取遗传资源并公正和公平分享通过其利用所产生惠益的波恩准则》，Decision Ⅵ/24，（简称《波恩准则》）。

即对《生物多样性公约》（包括最近通过的《名古屋议定书》）[4]和《粮农公约》获取和惠益分享最突出（相反）的要点进行简要介绍。

本文以生物遗传资源政策项目（第二期）在各国开展研究结果为基础。该项目是一个支持《粮农公约》获取和惠益分享多边系统国内实施的国际项目。[5]本文提到的多边机制实施步骤也是由生物遗传资源政策项目（第二期）所支持并称为“试点”项目的八个国家项目负责人提出。

二、两种不同视角：多边惠益分享和单边惠益分享

（一）《粮农公约》获取和惠益分享多边系统

《粮农公约》所创设的多边系统，是指缔约国同意创设以为研究、育种和农业与食物相关培训目的而利用和保护，包括64种作物和饲料植物遗传资源的虚拟“粮农植物遗传资源池”（第12条第3款A项）。多边系统主要的吸引力在于允许所有参与者享受多重效益。而将所列示粮食和农业植物遗传资源交换至系统后，它们就能在最低交易成本基础上更为便捷地获取其他 127 个缔约国提供的其他类型的粮食和农业植物遗传资源。若干研究也证实，缔约国能够主动利用这项便利条件，更加接近该系统以获得更多类型的粮食和农业植物遗传资源，

4 2010年10月29日在名古屋召开的《生物多样性公约》第十次缔约方大会通过《关于获取遗传资源并公正和公平分享通过其利用所产生惠益的名古屋议定书》，（简称《名古屋议定书》）。

5 本文对《生物多样性公约》和《粮农公约》127个缔约国获取和惠益分享机制实施进展情况进行了文献研究，作为作者对各国所作调研的补充信息。作者对在实施《粮农公约》获取和惠益分享多边机制中取得显著进展的 33 个国家进行了调查，重点了解这些国家如何兼顾《生物多样性公约》项下获取和惠益分享法律。本项目的第一期（2002—2008）建立了多方利益相关者跨学科、跨部门间的研究平台，从而促进各国在国家层面农业生物多样性相关政策的制定。这些成果分别发表在2007年和2009年《生物多样性保护》（*Biodiversity Conservation*）期刊上。发表论文详见 E.Wale，N.Chisakwe & R.Lewis-Lettington，“Cultivating Participatory Policy Processes for Genetic Resources Policy：Lessons from the Genetic Resource Initiative”，18 Biodiversity Conservation 1（2009）；E.Wale，“Challenges in Genetic Resources Policy Making：Some Lessons from Participatory Policy Making：Some Lessons from Participatory Policy Research with a Special Reference to Ethiopia”，17 Biodiversity Conservation 21（2007）。本项目二期的成果可以在如下网站中查看，http：//grpi2.wordpress.com/about/grpi-2/。

在数量上经常多于它们的交换数量。[6]多边系统也是国际上经过各方协商一致确认的第一例粮食和农业植物遗传资源获取和惠益分享模式。商业化进程（或自愿捐赠）产生的货币惠益直接投入国际惠益分享基金中，该基金也在《粮农公约》管理机构的指导下进行分配。

前述 64 种作物和饲料植物遗传资源并非全部纳入多边系统调整。各方在《粮农公约》协商过程中表示这是非常困难的，如果可能的话，多数国家当然同意将该公约附件清单中所有粮农植物遗传资源悉数置入多边系统之中。因此，它们同意采取一种将公约附件清单粮食和农业植物遗传资源自动置入多边系统的做法，除非/直到自动纳入，其他公约附件清单中的粮食和农业植物遗传资源仍然排除在多边系统调整范围之外。[7]

依据《粮农公约》规定，多边系统粮食和农业植物遗传资源获取应"迅速"且遵循最低成本（第 12 条第 3 款 A 项），并使用管理机构审批的标准材料转让协议（SMTA）。[8]该标准材料转让协议包括如指定资源许可使用、惠益分享、知识产权禁止性规定、报告义务、信息分享、争议解决以及多边系统第三方惠益分享代表的实施[9]等非协商条款（即强制性条款——译者注）。标准材料转让协议

6　全系统遗传资源项目（SGRP），国际农业研究磋商组织管理机构关于标准材料转让协议附件一和非附件一作物经验，Doc IT/GB-4/11/inf.10（2011），可参见 http：//www.planttreaty.org/content/gb4；参见 I López Noriega et al.，Flows under Stress：Availability and Policy Change（Copenhagen：CCAFS，Working Paper 18，2012），available at http：//hdl.Handle.net/10568/21225；M.Halewood et al.，Germplasm Flows in and out of Kenya and Uganda Through the CGIAR：A Case Study of Patterns of Exchange and Use to Consider in Developing National Policies，in *Report to Bellagio Meeting on Plant Genetic Resources in East and Central Africa：Protecting and Embracing the Ability of the Public Sector Scientists to Freely Access Germplasm*（Washington，D.C.：Meridien Institute，2004）；C.Fowler，S.Gaiji & M.Smale，"Unequal Exchange? Recent Transfer of Agricultural Resources and their Implications for Developing Counties"，2 *Dev.Policy Rev.*181（2001）。

7　多边系统第三种材料来自《粮农公约》管理机构签署协议的国际机构，将管理机构置入《粮农公约》框架下。2006 年，7 个持有粮食和农业植物遗传资源的国际农业研究磋商组织签署协议。截止到目前，这些收集机构（登记数量大约为 750000）代表着大部分粮食和农业植物遗传资源也在多边系统中得到确认。当然本文聚焦于各国实施多边系统的情况（并非国际组织），所以本文也并不打算涉及国际组织持有的材料。

8　标准材料转让协议和多边系统不设名额技术咨询委员会最近提出的"所涉成本最小化"理念应作狭义解释，它仅是指运送和处置样品的成本，参见标准材料转让协议和多边系统不设名额技术建议委员会第四次会议报告（罗马：联合国粮农组织，2012），可参见 http：//www.planttreaty.org/sites/default/files/ACSMTA4Re.pdf。

9　依据标准材料转让协议规定，关于遗传资源，也应提供可以获得的、非保密的拟转移资源的信息（Article 5b）。接收者也不应对多边系统中的材料寻求知识产权以限制其他主体依据接收者所接收的形式获取相同资源（Article 6.2）。来自多边系统材料的使用者必须在两项强制性货币惠益分享选择中作出决定。默认的惠益分享方案即为如果多边系统获取的材料产生新的粮食和农业植物遗传资源产品进入商业化，多边系统中接收者应将总收入的 1.1%捐赠给《粮农组织》创设国际惠益分享基金，并禁止转移给其他人用于培训研究或育种（Article 6.7）。相应地，接收者亦可以选择另一种惠益分享方案，即将所有粮食和农业植物遗传资源产品总收入的 0.5%进行捐赠，而不管该产品是否属于上述系统以及新产品可否不受限制地获得（Article 6.11）。依据标准材料转让协议，某位接收者保护和接收材料产生新的粮食和农业植物遗传资源（例如交叉育种）发生的转移也应使用标准材料转让协议。

以多边系统基本条款约束提供者和获取者，并为实施这些条款设定具体步骤。有趣的是，标准材料转让协议作为独立提供者、接收者之间的具有私法性质的合同，却需要依赖国际公法创设的多边系统实施原则机制。[10]并不奇怪的是，《粮农公约》各缔约方仍然花费多年时间来协商标准材料转让协议。[11]

然而一旦标准材料转让协议签署（它的条款不得改变），可以认为下列艰巨工作——关于惠益分享条件协商一致——已经完成。当出现要求从多边系统获取粮食和农业植物遗传资源的请求时，各缔约国的任务就是实施该系统以为标准材料转让协议实施提供支持。而从这个方面来说，缔约国也承担“必要时采取法律或其他适当措施为其他获取缔约国、该国自然人和法人提供[便利]”的义务（第 12 条第 2 款）。本文第三部分指出各国应当关注评估和实施相关措施的九大问题。

（二）《生物多样公约》、《名古屋议定书》背景下双边获取和惠益分享管制

多边系统国内实施并不会发生在政策真空状态下。粮食和农业植物遗传资源相关请求（或除了标准材料转让协议以外设置的其他目标）将会被默认受到该国其他法律或政策限制。通常《粮农公约》127 个成员国也签署了《生物多样性公约》，所以在这些国家管辖范围内多边系统以外的材料也应受到《生物多样性公约》获取和惠益分享机制启发并与其保持一致。[12]

诸多国家依据《生物多样性公约》规定早就创设了获取和惠益分享的国内立法。[13]我们在这将我们认为最为显著，尤其是那些《粮农公约》项下与多边系统相对应的因素析出，以帮助读者领会为什么两大公约项下获取和惠益分享机制具有如此复杂的关联。《生物多样性公约》第 15 条强调各国政府对生物遗传

---

10 D.Manzella，“The Design and Mechaics of the Multilateral System of Access and Benefit-sharing”，*in* M.Halewood，I López Noriega，S.Louafi（eds），*Crop Genetic Resource as a Global Commons：Challenges in International Law and Governance*（London：Routledge，2013）.

11 E.S.Lim，“El proceso de elaboration del acuerdo normalisando de transferencia de material”，*in* Recursos Naturales y Ambiente（ed.），*El sistema multilateral de acceso y distribucion de beneficios del Tratado International sobre los Recursos Fitogeniticos para la Alimentacion y la Agricultura*（Turrialba：Centro Agronómico Tropical de Investigación y Enseñanza（CATIE），2008）.

12 《生物多样性公约》有 198 个缔约方。

13 J.Cabrera，F.Perron-Welch & O.Rukundo，*Overview of National and Regional Measures on Access to Genetic Resources and Benefit-Sharing：Challenges and Opportunities in Implementing the Nagoya Protocol*（Montreal：Centre for International Sustainable Development Law，1st ed.2011）；G.S.Nijar et al.，Framework Study on Food Security and Access and Benefit-Sharing for Genetic Resources for Food and Agriculture，Background Paper No.42，2009）；R.J.Lewis-Lettington & S.Mwanyiki（eds），*Case Studies on Access and Benefit Sharing*（Rome：International Plant Genetic Resource Institute（IPGRI），2006）；K.Nnadozie et al.，*African Perspective on Genetic Resource：A Handbook on Laws，Policies and Institutions Governing Access and Benefit-Sharing*（Washington，DC：Environmental Law Institute，2003）.

资源获取进行行政监管的国家主权。它明确该类获取必须受到国家行政主管部门事先知情同意和共同商定条件限制。这在理论上为各国依法创设多边获取和惠益分享机制提供可能性——事实上，这也是《粮农公约》一直在做的事情。不过，截止到目前，各国对第15条的实施多表现为创设便利个案获取实践的机制，申请方、提供方和各国行政主管部门协商的结果即为单独创设获取和惠益分享协议。[14]本国立法和规则创设适用于获取、协议协商及从行政主管部门获得许可等程序以便提升上述方式的实施效果。这种设计将确保杜绝未授权获取行为的漏洞。[15]《生物多样性公约》第十六次缔约方大会通过的《波恩准则》强化了双边协议做法，所以诸多国际组织提供大量指南和决策工具以为各国实施《生物多样性公约》提供技术援助。[16]《生物多样性公约》秘书处信息交换所表示大约57个国家采取各种获取和惠益分享形式。更多国家正在进入开发/考虑立法过程。某些国家——特别是发达国家——采取的立场是在不创设专门性法律的前提下有能力达到《生物多样性公约》所要求的获取和惠益分享的规范效果。

虽然《名古屋议定书》并未生效（本文写作于2013年，《名古屋议定书》于2014年生效——译者注），本文对其予以考虑也很有必要。《名古屋议定书》在获得土著和当地社区生物遗传资源和相关传统知识事先知情同意等缔约国义务设定方面比《生物多样性公约》更为超前。与《生物多样性公约》相比，《名古屋议定书》也要求缔约国在符合外国获取和惠益分享法律及协议前提下采取遵约监督机制，并在疑似不遵约情形下采取便利遵约措施。越来越多的国家批准了《名古屋议定书》，某些国家也在考虑采取政策和法律予以实施。某些感觉没有必要通过立法来实施《生物多样性公约》第15条的国家现在也考虑在《名古屋议定书》背景下有必要/至少在某些方面培育立法条件（使用者措施，并非获取措施）。[17]

---

14 M.Halewood，I.López Noriegav & Louafi，“The Global Crop Commons and Access and Benefit-Sharing Laws: Examining the Limits of International Policy Support for the Collective Pooling and Management of Plant Genetic Resources”，*in* Halewood，I.López Noriegav & Louafi，note 9 above.

15 M.Ruiz & R.Vernooy，*The Custodians of Biodiversity: Sharing Access to and Benefits of Genetic Resources*（London: Routledge and Ottawa: International Research Development Centre，2012）; *see* Cabrera，Perron-Welch & Rukundo，note 12 above and Nijar，et al.，note 12 above.

16 J.Cabrera，*ABS Management Tool: Best Practice Standard and Handbook for Implementing Genetic Resource Access and Benefit Sharing Activities*（Winnipeg: International Institute for Sustainable Development，2007）; R.J.Lewis-Lettington et al.，*Methodology for Developing Policies and Laws for Access to Genetic Resource and Benefit Sharing*（Rome: IPGRI，2006）; L.Glowka，*A Guide to Designing Legal Framework to Determine Access to Genetic Resource*（Bonn: International Union for the Conservation of Nature（IUCN），1998）.

17 European Commission，Proposal for a Regulation of the European Parliament and of the Council on Access to Genetic Resource and Fair and Equitable Sharing of Benefits Arising from their Utilisation in the Union（Brussels: European Commission，2012）.

（三）虽然不同，但是仍应“相互支持”

虽然上述事实表明获取和惠益分享机制仍有不同，《生物多样性公约》、《名古屋议定书》、《粮农公约》协商主体仍然认为将这些公约相互协调亦非常重要。《粮农公约》第1条第1款、《名古屋议定书》前言确认多边系统应与《生物多样性公约》保持一致。《名古屋议定书》第4条关于“与其他协议的关系”并未明确提到多边系统，但是清晰指出应认识及排除影响《名古屋议定书》实施的因素。相同条款也指出该议定书应以“一种相互支持的方式”与包括《粮农公约》在内的其他公约共同实施，《名古屋议定书》缔约方大会会议文件也采纳该议定书承认《粮农公约》、《波恩准则》的表述，《名古屋议定书》、《生物多样性公约》均为全球获取和惠益分享法律体系的组成部分。[18]

虽然有上述言论，诸多国家政策制定者仍然无法确定在何处以及如何依据《生物多样性公约》、《名古屋议定书》所创设的国内获取和惠益分享机制与《粮农公约》多边系统划清界限并进行管理。本文第三部分即对前述边界和关联进行区分，特别在某些国家中《生物多样性公约》（《名古屋议定书》）被证实为实施《粮农公约》多边系统的“试点型”机制。本文作者也指出了上述机制关联中影响实施的内部或相关因素，并对两大协议（《生物多样性公约》和《粮农公约》）共同协作以创设相互支持机制中的权责部门设置提出实施建议。

三、多边系统在各国国内层面实施情况

《粮农公约》管理机构并未实施多边系统创设指南，所以多年以来各国提出实施多边系统的问题和协议要求（非正式的、非书面的）进展缓慢。上述非正式协议部分来自简单阅读《粮农公约》后产生的常识，部分来自经过这些年的发展所产生的经验和可分享的知识。《粮农公约》管理机构创设的标准材料转让协议和多边系统不设名额技术建议委员会，提供不具约束力的关于国家层面的实施多边系统的若干意见。[19]国际研究和保护组织、大学也创设介绍性说明指

---

18 《生物多样性公约》缔约方大会，关于获取生物遗传资源和公平公正分享其产生的惠益 X.1 号决议，Doc UNEP/CBD/COP/DEC/X/1（29 October 2010），可参见 http：//www.cbd.int/decisions/cop/?m=cop-10。事实上，在《粮农公约》协商伊始就有明确假设。1992年内罗毕最后草案（《生物多样性公约》秘书处，2005）也呼吁国际社会解决在遵约公约背景下粮食和农业植物遗传资源相关的突出问题。1993年，联合国粮农组织委员会要求粮食和农业植物遗传资源国际谅解重新协商小组（不具有法定约束力的组织）依据《生物多样性公约》规定工作。上述重新协商也导致《粮食和农业植物遗传资源国际公约》的出现。

19 《标准材料转让协议》技术和咨询建议委员会，详见注释 7。这些报告可参见 http：//www.planttreaty.org/inter-sessional.

南[20]、训练材料[21]以及对关键条款进行学理解释[22]。它们也组织了多边系统实施状态的评估研究。[23]某些国家也正以自己方式设置程序并采取它们认为合适步骤。[24]

以上述程序为基础，由生物遗传资源政策项目提供支持的八个国家《粮农公约》信息交换所为首的研究小组，同来自生物多样性国际技术专家共同努力，开发出一套关于研究与能力提升的、支持各国实施多边系统的常规词条参考。[25]这些参考包括对研究人员实施多边系统应当考虑的核心要素展开调查。而在随后时间内，以各国经验及研究成果为基础，本文作者提炼出具有实效性的、法定的行政管理方面的九大常见注意事项。当然，各国也应考虑它们所采用方法与多边系统相匹配可能存在的空间。缔约国可以超越本文以下建议的内容，以便提高对多边系统和委托人利用多边系统能力的价值。我们也会注意到某些正在发生的选择过程。不过，此处的目的仍为提出一个有意义的国家层面上的实施多边系统的最低步骤。

---

20 G.Moore & W.Tymowski，Explanatory Guide to the International Treaty on Plant Genetic Resources for Food and Agriculture（Bonn：IUCN，2005）.

21 G.Moore & E.Glodberg，International Treaty on Plant Genetic Resource for Food and Agriculture：Learning Module（Rome：Biodiversity International，2010），available at http：//www.biodiversityinternational.org/training/training_materials/international_treaty.html.

22 C.Correa，"Recursos fitogenéticos bajo la administración y control de las partes contratantes y en el dominio público：Naturales y Ambiente（ed.）"，*El Sistema multilateral de acceso y distribucion de beneficios del Tratado International sobre los Recursos Fitogeniticos para la Alimentacion y la Agricultura*（Turrialba：CATIE，2008）；C.Correa，"Plant Genetic Resource under the Management and Control of the Contracting Parties and in the Public Domain：How Rich Is the ITPGRFA' s Multilateral System?" *in* Halewood，López Noriega & Louafi，note 9 above；G.S.Nijar，Malaysia' s Implementation of the Multilateral System of Access and Benefit-Sharing（Rome：Biodiversity International and Kuala Lumpur：Malaysia Agriculture Research Development Institute，2012）.

23 I.López Noriega，P.Wambugu & A.Mejias，"Assessment of Progress to Make the Multilateral System Functional：Incentives and Challenges at the Country Level"，*in* Halewood，López Noriega & Louafi，note 9 above；G.Mwila，"From Negotiations to Implementation：Global Review of Achievement，Bottlenecks and Opportunities for the Treaty in General and the Multilateral System in Particular"，*in* Halewood，López Noriega & Louafi，note 9 above；M.Halewood et al.，"Changing Rates of Acquisition of Plant Genetic Resources by International Genebanks：Setting the Scene to Monitor an Impact of the International Treaty"，*in* Halewood，López Noriega & Louafi，note 9 above.

24 联合国粮农组织，多边系统实施回顾，Doc IT/GB-3/09/13（1-5 June 2009），可参见 http：//www.planttreaty.org/content/gb3；联合国粮农组织，缔约方实施多边系统报告汇纂，Doc IT/GB-4/11/Inf.09（14-18 March 2011），available at http：//www.planttreaty.org/content/gb4。

25 R.Vernooy & M.Halewood，Strengthening National Capacity to Implement the International Treaty on Plant Genetic Resource for Food and Agriculture：Report of the Research Planting and Training Workshop（Rome：Biodiversity International，2012），available at http：//www.biodieversityinternational.org/index.php?id=19 & user_biodiversitypublications_pi1 [showUid]=6930.

（一）要点一：多边系统实施还有“法律空间”吗？

各成员国必须能够通过标准材料转让协议在《粮农公约》多边系统项下提供便利获取粮食和农业植物遗传资源条件。一个基本的问题即为所有成员国有必要指出该国生效的政策或法律是否构成阻碍。在上述语境下为实施《生物多样性公约》而通过获取和惠益分享法律是特别重要的。很多国家多是在加入《粮农公约》之前创设获取和惠益分享专门法律，所以它们并没有包括实施多边系统相关程序。[26]而在这种情况下，有必要调查该法修改的方式或实施该法的行政主管部门设置，以便创设必要的“法律空间”，从而为通过标准材料转让协议、便利多边系统获取提供可能（见例 1）。而在缺乏上述考量前提下，全面实施多边系统几乎不太可能。

例 1：成员国国内获取和惠益分享法律限制多边系统实施的实例

印度《生物多样性法案》(2002）和《生物多样性规则》(2004）创设要求、授予生物遗传资源和相关传统知识许可标准。它们也创设国家生物多样性总局行使行政审批职权。前述法案和规则在其共同适用范围内包含粮食和农业植物遗传资源，但是也有排除适用涉及生物遗传资源的联邦政府审批交换项目的规定。上述例外也适用于通过标准材料转让协议将经过批准后少量某些粮食和农业植物遗传资源转移出印度等情形。[27]不过上述例外也不能适用过于频繁，就其自身而言已然提供全面实现多边系统的必要空间。一种选择即为上述情形通过《生物多样性法案》(2002）第 40 条规定而实现，即联邦政府宣布前述法案并不适用于《粮农公约》或多边系统项下粮食和农业植物遗传资源。[28]

---

26 很多国家依据《生物多样性公约》通过本国获取和惠益分享法律并未包括粮食和农业植物遗传资源相关规定，参见 Nijar et al.，前述注解 12。

27 S.K.Datta，A.Lal & V.Tyagi，“Major Patterns of Germplasm Flow within，into and out of India”，*in* M.Halewood et al.（eds），*A Road Map for Implementing the Multilateral System of Access and Benefit-Sharing in India*（Rome：Biodiversity International and New Delhi：Indian Council of Agriculture Research and National Bureau of Plant Genetic Resource，2013）.

28 R.C.Agrawal，P.Brahm & P.L.Gautam，“A Note on the State of Implementation of the MLS in India”，*in* Halewood et al.，note 26 above；S.Arora，“Fostering Collaboration between National Implementation of CBD and ITPGRFA：Challenge and Opportunities”，*in* Halewood et al.，note 26 above.

为了实现《环境管理和协同法案》（1999）所授予的权力，肯尼亚环境和自然资源部制定《环境管理和协同规则》（生物多样性和生物资源保护，以及生物遗传资源获取和惠益分享，2006）。规则要求各参与主体在肯尼亚获取生物遗传资源，包括大部分适用多边系统的粮食和农业植物遗传资源[29]，均应适用于国家环境管理部门授予获取许可。上述规则包括申请获取程序、费用，以及包括在所有获取协议中、与通过标准材料转让协议在多边系统项下提供便利获取不相一致的强制规定清单。肯尼亚在2003年批准加入《粮农公约》，但在2006年规则中并无任何条文提到《粮农公约》或多边系统。该国工作组和跨部门会议有必要将实施多边系统预留法律空间作为讨论主题。[30]

而《粮农公约》生效后创设获取和惠益分享法律表明下列选择：要么在可适用的现行法律中明确排除适用粮食和农业植物遗传资源（见例 2）；要么抓紧通过粮食和农业植物遗传资源专门性法律（见例 3）。与第二种方式相比，第一种方式可能适用更为普遍。正如本文作者所观察到的，没有国家会预期创设多边系统专门法律并让其实质性生效。除了少数例外，几乎所有国家会在本文后半部分提到“衡量”多边系统实施过程中取得的成绩，主要表现在：没有任何获取和惠益分享专门法律；或者本国获取和惠益分享法律明确排除适用于多边系统项下粮食和农业植物遗传资源。而在这些国家之中，材料提供法律障碍的缺乏（即对法律空间进行消极处理）被视为开始实施多边系统的充分先决条件。正如本文作者意识到的，没有额外法律、行政命令或高级别政策认为有必要，至少在目前能够取得很大进展。

但是对上述结论予以检视是非常重要的。正如后文所述，其他某些仅缺乏法律禁止性规定的国家也提供粮食和农业植物遗传资源便利获取条件并不足以证明多边系统实施取得显著进展。而在这些国家中，应有必要考虑积极地实施法律（例如，法律、法规、行政指令或官方指南等法律表现形式）以采取措施和在实施过程中赋予行动者相应的权力。值得注意的要点还包括，即使若干国

29　肯尼亚相关规则适用于所有粮食和农业植物遗传资源，除非“来自于植物育种者并符合种子和植物新品种法案规定”，它们属于“经过同意在注册的肯尼亚学术和研究机构内部实现教学目的的教研活动组成部分”，或者它们是为满足自身消费需求而在本地社区交换（第 3 条）。

30　P.Wambugu & Z.Muthamia，“Incentives and Disincentives for Kenya’s Participation in the Multilateral System of Access and Benefit-Sharing”，*in* I.López Noriega，M.Halewood & I.Lapena（eds），*The Multilateral System of Access and Benefit-Sharing：Cases Studies on Implementation in Kenya，Morocco，Philippines and Peru*（Rome：Biodiversity International，2013）.

家有可能在目前取得显著进展（例如，确定大范围的移地粮食和农业植物遗传资源自动适用多边系统），这些国家仍然需要修改或新设法律、政策、行政指南以提供获取特别条件或《粮农公约》项下就地材料的获取条件。而在下列实例中这些国家也感觉（或并未感觉）到新设与积极实施法律的必要性。

例 2：获取和惠益分享法律排除多边系统适用的实例

秘鲁《生物遗传资源获取和惠益分享规则》为了实施安第斯共同体第 391 号决议而创设，它明确排除适用《粮农公约》附件一所包括的作物和饲草植物遗传资源。

不丹《生物多样性法案》(2003) 所创设生物遗传资源获取和惠益分享规则排除“植物和动物遗传资源获取，它们将通过特殊规则或规定或者在符合国际法前提下由获取和惠益分享多边系统设定条件来调整，尤其是在粮食和农业植物遗传资源领域”。

乌干达《生物遗传资源获取和惠益分享指南》(2007) 第 3 条第 2 款指出：“某些关于获取国家生物遗传资源的活动不适用于获取许可的要求[而由其他指南予以调整]。它们包括：获取粮食和农业植物遗传资源应与现存相关法律和国际公约保持一致，例如《粮食和农业植物遗传资源国际公约》(乌干达于 2003 年批准加入)。”[31]

例 3：获取和惠益分享法律预留空间适用多边系统的实例

哥斯达黎加《生物多样性法案》(1998) 并没有提到粮食和农业植物遗传资源。2003 年由环境部倡议并由总统签署的第 31514 号法令也是如此。2007 年由农业和环境部倡议第 33697 号法令承认获取粮食和农业植物遗传资源应当与《粮农公约》创设规定保持一致并指出创设相关规则必须实施《粮农公约》规定。目前正在进行政策和机构创设过程以符合《粮农公约》规定，包

31　技术咨询委员会有关标准材料转让协议例外示例即为：“依据《粮食和农业植物遗传资源国际公约》所设置义务规定”，公约适用于粮食和农业植物遗传资源获取和转移活动，以及因利用而产生的惠益分享等，都仅在适当情形下受到该公约条件的限制或与其保持一致。参见标准材料转让协议和多边系统不设名额技术咨询委员会第四次会议报告（罗马：联合国粮农组织，2012 年 11 月 6—7 日），可参见 http://www.planttreaty.org/sites/default/files/ACSMTA4Re.pdf。亦可见《澳大利亚环境保护和生物多样性保护规则修正案》(2005)，该修正案目标即为“提供管控联邦生物资源获取方案”。该规则指出：“环境保护行政主管部门认为本部门并不适用于特定生物资源或生物资源专门收集机构（包括未来其他收集机构），获取资源管控必须符合澳大利亚加入的任何国际协议的规定。例如，《粮食和农业植物遗传资源国际公约》，澳大利亚即为缔约国，应受到获取管控规定的影响。”

括明确作为长期信息交换所的行政机构，以及可能创设多部门协商委员会以协调获取和惠益分享及粮食和农业植物遗传资源相关事宜。不过，第33697号法令也指出获取粮食和农业植物遗传资源必须受到《粮农公约》规定约束且符合第31514号法令要求，第31514号法令也对所有其他类型生物遗传资源行政监管部门作出规定。

挪威第100号法令是2009年颁布的《生物、地理和景观多样性法案》(《自然多样性法案》)。该法第59条规定：“排除2001年11月3日生效的另一个国际协定——《粮食和农业植物遗传资源国际公约》所调整的遗传材料后，本协议所设定标准条件才能得以适用。”第60条规定：“在挪威境内因研究或商业开发目的使用2001年11月3日生效的国际协定——《粮食和农业植物遗传资源国际公约》相关遗传材料时，应提供获取该材料符合前述公约所设定标准材料转让协议条件的相关信息。”第61条规定：“实施《粮食和农业植物遗传资源国际公约》即表明，国王将在挪威法律体系中设定实施该公约的具体规则。该规则将进一步得以明确并将本章规定视为例外。”

（二）要点二：何种类型的生物遗传资源自动适用多边系统？

《粮农公约》附件 所包括的64种作物和饲料植物遗传资源只有在各国政府“管理和控制”或位于“公共领域”才能在缔约国批准或加入后自动适用多边系统。评论家和技术建议委员会成员也对上述模式关键性用语予以解释说明。[32]技术建议委员会认为“管理和控制”是指缔约国“有能力决定如何处置该材料但并无法定权力掌控这些材料”，而“控制”具体是指“具有掌控上述材料的法定权力”。“缔约国”是指各国政府，而非省级或市级政府。技术建议委员会及评论家也指出，“公共领域”应被理解为不受知识产权影响的空间。[33]评论家和技术建议委员会强烈同意就地保存材料也属于各国政府“管理和控制”以及处于“公共领域”，以至于能够适用多边系统。[34]多边系统中就地保存的粮食和农业植物遗传资源相关论述详见下文。

---

32 *See* Correa，“Recursos fitogenéticos”，note 21 above；Correa，“Plant Genetic Resources”，note 21 above；Moore and Tymowski，note 19 above.又可见标准材料转让协议和多边系统不设名额技术咨询委员会第一次会议报告（罗马：联合国粮农组织，2010年1月18—19日），可参见 http：//www.planttreaty.org/content/first-meeting-ad-hoc-technical-advisory-commitee-standard-transfer-agreement-and-multilater。

33 *See* TAC of the SMTA，note 31 above at 10—11，*see* Moore & Tymowski，note 19 above.

34 *See* Moore & Tymowski，note 19 above；标准材料转让协议和多边系统不设名额技术咨询委员会第二次会议报告（罗马：联合国粮农组织，2010 年），可参见 http：//www.planttreaty.org/content/second-meeting-ad-hoc-technical-advisory-commitee-standard-transfer-agreement-and-multilate。

在很多案例中，十分明显的是粮食和农业植物遗传资源并不完全处于各国政府“管理和控制”及处于“公共领域”。自动明确适用多边系统的粮食和农业植物遗传资源的原型，即位于各国基因银行的附件一中的作物和饲料植物遗传资源，它并不受到知识产权或保密协议限制。事实上，迄今为止，上述论断所涉材料仍然构成多边系统缔约方所确认的大部分材料。即使各国项目仍在不断创设和运营，上述情形几乎确定性地存续，即公共性质的基因银行所控制的大部分材料将自动适用多边系统。

同样情况也存在于粮食和农业植物遗传资源。它们不在各国政府“管理和控制”之中，也并非位于“公共领域”，而存在于土地或省、市级政府控制收集机构、农民土地、社区基因银行、公司收集机构之内，或受到植物育种者权利或专利限制等。还有一种粮食和农业植物遗传资源明确不属于各国政府“管理和控制”的情形就是，材料被自然人或法人依据合同存储于基因银行，该基因银行不具有重新产生或分配该类材料（通常是指“黑箱操作”）的功能。这在某些基因银行属于惯常操作，当存储者没有能力保护自己或存储材料时，由前者提供相应服务。在资源基因多样性较为独特以及可能会遗失或者存储者缴交服务费用等情形下，基因银行更有可能参与到协议制定过程中来。

不过，某些案例并未清晰表明附件一作物和饲料植物遗传资源是否自动或不能适用多边系统。例如，混合经营公司或各国政府所控制管理的公立大学所属经营机构持有粮食和农业植物遗传资源就是个问题。在这种情况下，从马来西亚多边系统运营经验得知，马来亚大学著名学者 Gurdial Singh Nijar 教授分析该国创设法律和机构存在的问题以便确认是否有能力制定管理和控制上述收集机构的政策和实践或是否受到中央最高权力机构监管（参见例 4）。[35]他的分析报告亦是由生物遗传资源项目（二期）提供支持。如卢旺达和乌干达这些国家政策制定者就无法确认混合经营性质组织持有的材料的性质。

例 4：马来西亚对“管理和控制”表述的解释

马来西亚有很多不同组织运营粮食和农业植物遗传资源收集机构，包括各个大学和有自己管理机构的混合经营性质组织。在某些情况下，这些组织以及收集机构是否是由该国中央政府管理和控制并不明确。为了解决这个问题，Nijar 教授对适用于马来西亚农业研究和发展研究所（MARDI）及若干公立大学的法律进行分析。最终，他认为前述研究所履行了若干本质上属于政府职能及针对（来自于农业部）粮食和农业植物遗传资源收集机构独立创设

35　*See* Nijar，note 21 above.

政策或赋予实践能力，而这种能力本应由政府管理和控制，尽管它也有自己的董事会。而在上述开端之后，下一步即为确定收集机构中任意一种材料是否因协议规定而受到非官方存储者控制或受到知识产权限制。Nijar 教授的分析结论是该国工作组参与主体代表为所有相关行政部门、研究组织和农民协会。[36]

根据前述思考，确定附件一作物和饲料植物遗传资源是否处于“管理和控制”或“公共领域”状态的步骤大致可分为如下几步：

首先，确认官方公共收集机构收集附件一作物和饲料植物遗传资源的具体情况。如果附件一作物属于就地品种，则应确认各国政府所有或控制土地情况。

其次，如果出现任何质疑各国政府管理和控制组织持有作物和饲料植物遗传资源的理由，应对创设该组织（或保护地）的相关法律或行政命令进行检索，以明确该组织是否独立创设收集机构相关政策或是否受到各国政府过度干预。

再次，一旦确定收集机构或就地种群受到各国政府管理和控制，应考虑该作物和饲料植物遗传资源是否受到知识产权限制（因此它并非处于“公共领域”）。

截止到目前，若干缔约国已通过前述实践至少确认境内某些种类粮食和农业植物遗传资源“身份”且认为自动适用多边系统。2013 年 3 月，33 个缔约国代表向《粮农公约》秘书处递交通知以确认并告知纳入多边系统收集机构详情。而在很多场合，这些材料明确被认为属于各缔约国管理和控制之下（据此推断仅有极小部分自动适用《粮农公约》，详见以下论述）。还有其他两个国家——爱尔兰和拉脱维亚——已在欧洲粮食和农业植物遗传资源分类检索提供信息，并通过多边系统对材料进行共享（虽然上述两国并未通知公约秘书处）。这便可以准确地推断，在诸多案例中，各国包括行政主管部门主导的某些评估过程也可以确保粮食和农业植物遗传资源转移自动适用多边系统，以及转移粮食和农业植物遗传资源主体行为也是自动合法的。

正如本文作者所认识到的，这些行动早就属于行政主管部门现有命令、权力、决策权限范围以及各国实践。新设或修改现有法律或法规并无绝对必要。从另一方面而言，某些国家应认识到政府官员对于“管理和控制”以及粮食和农业植物遗传资源收集机构是否处于“公共领域”状态或它们所管理就地种群观念上的不确定性也是非常重要的。正如 Nijar 教授所示，这些不确定性“可能

36 *Id.*

会阻碍那些清晰地处于政府管理和控制情形下的材料交换”[37]。而在这些案例中，即使合法性并不必要，“政府在与持有附件一材料的机构协商时也应谨慎行事，以明确所讨论的材料是否正处于各国政府的管理和控制，因此允许‘管理者可通过多边系统立即获得所需要的材料’”[38]。

上述论断的实现以何种层级政府及何种形式出现取决于各国政治和法律文化。在这个问题上，Nijar 教授提到由各国公立大学作为代表解决迟疑不定的问题或许值得考虑，以通过修法创设一间大学，明确假定该组织持有的材料处于各国政府“管理和控制”之下。在秘鲁，国家创新研究所正和某些公立组织（如拉莫利纳大学）签署协议，以确认后者所收集的附件一材料适用多边系统。[39]正如本文作者所示，没有任何国家创设执行命令、部门指令或者新设或修改法律法规以确认该国粮食和农业植物遗传资源是否处于缔约国“管理和控制”和“公共领域”程序组成部分。

在《粮农公约》项下采取步骤通过标准材料转让协议较为简单地确认粮食和农业植物遗传资源是否适用多边系统之前，并无必要对一国所有粮食和农业植物遗传资源状态予以全部识别。事实上，各国所取得的进展更像是一种实用主义的做法，首先耗尽能量和资源明确将那些显而易见的粮食和农业植物遗传资源自动适用多边系统（同时公开并分享这些材料信息，详见以下论述），如果后期出现任何问题及时予以解决。

（三）要点三：鼓励自然人和法人持有粮食和农业植物遗传资源自然纳入多边系统

《粮农公约》项下缔约国“同意采取适当措施鼓励境内自然人和法人”将持有附件一粮食和农业植物遗传资源自愿纳入多边系统（第 11 条第 3 款）。2013 年 3 月，缔约国并未向《粮农公约》管理机构提交任何自愿纳入多边系统的进度报告，但包括法国、德国、荷兰、秘鲁、英国和瑞士等在内的欧洲国家仍提交了相应材料。[40]而到目前也仅有少量文件确证各成员国鼓励这种做法。瑞士联邦政府要求得到联邦财政预算支持的研究项目对包括通过多边系统获得粮食和农业植物遗传资源行为展开研究。[41]韩国国家基因银行也常规性地资助研究机构

---

37 *Id* at 35.

38 *Id* at 35.

39 I.Lapeña，M.Sigüeñas，I López Noreiga & M.Ramirez，Incentivos y Desincentivos para la Participación del Perú en el Sistema Multilateral del Tratado Internacional sobre Recursos Fitogenéticos para la Alimentación y Agricultura（Rome：Biodiversity International，2010）.

40 *See* FAO，*Compilation of Submission*，note 23 above.

41 *See* López Noriega，Wambugu & Mejias，note 22 above.

复制并向基因银行存储有价值的粮食和农业植物遗传资源以便产生一种基因银行有能力免费重新分配材料的认识（Dr.Hyun-Jin Baek，个人观点）。对这些国家基因银行和研究机构常规鼓励自然人或法人将其粮食和农业植物遗传资源存储于基因银行或者参与以及许可收集活动以最终将粮食和农业植物遗传资源存储于公共基因银行等做法的动机进行考虑是大有益处的。自从公约生效以来，某些国家也在最近组织收集活动，将大量的粮食和农业植物遗传资源存储至基因银行。[42]

《粮农公约》并无关于自然人和法人如何将粮食和农业植物遗传资源置入多边系统的具体规定。一种可能性即为早期讨论的情形，自然人或法人与维持存储材料的收集机构各组织签署协议，在国家基因银行等相关资金支持下，依据《粮农公约》提供维持或样品的实践（资金支持）。应将“自愿纳入”的粮食和农业植物遗传资源也转为各国政府“管理和控制”。第二种可能即自然人或法人通过标准材料转让协议提供粮食和农业植物遗传资源。[43]第三种可能即存储于国际机构管理的国际收集机构，并与《粮农公约》管理机构签署协议，由后者将其纳入多边系统。这些方式并非相互排斥，所有这三种方式均能潜在适应并在国内实施战略中得到鼓励。

从现在开始，很多缔约国会在确定附件一作物和饲料植物遗传资源是否自动纳入多边系统问题上优先采取行动。上述行动更像是确认它们直接控制等若干情况的回应。为自然人或法人创新一项新机制或动能是下一步不了考虑的事项。

（四）要点四：告知潜在使用者生物遗传资源已纳入多边系统

已自动或自愿纳入多边系统的粮食和农业植物遗传资源仅在人们知道它们存在并获得相关信息（包括证照信息、分类及评估数据信息）时才能发挥作用。信息分享对于发挥多边系统功能是大有必要的。该公约预计（第 13 条第 3 款 A 项）最终创设并在《粮农公约》框架下提升的全球信息系统将会提供缔约国信息。全球信息系统最终可以采用多种方式，从高度集中到彻底联合，创设构建的基础是现有系统不同力量的协作结合。但是，直到目前，管理机构层面并无任何全球信息系统形式、成分和功能的协议。至此，目前也并无常规意义下协商一致的议定书和/或多边系统信息分享的场所。为了解决这个问题，《粮农公约》秘书处集中了各国公约信息交换所关于多边系统等收集机构的信息请求。截止

---

42 联合国粮农组织，《第二次世界粮食和农业植物遗传资源状况报告》（罗马：联合国粮农组织，2010），可参见 http：//www.fao.org/docrep/013/i1500e/i1500e00.htm。

43 *See* TAC of the SMTA，*Report of the Second Meeting*，note 33 above.

到目前，33 个国家提供了相关信息，还有更多的国家也打算启动该项工作。上述信息主要发布于公约网站上，包括在诸多情况下，与包括新增相关证照、分类及评估数据内容（并非保密）数据库相联系。

某些发布通知的缔约国并无提供额外信息链接的能力，因为它们并没有新设信息系统。而在某些情况，上述通知就表明缔约国在未来打算让这些信息处于可获得状态。值得强调的是，没有必要将新增数字化的信息通知多边系统收集机构秘书处。这就是说，从长期来看，缔约国将会通过发展这类系统显著推动将具有潜在可能材料纳入多边系统。美国农业部创设的全球遗传资源系统是一个全球植物遗传资源信息管理系统，若干国家正在试验性地使用或已经接受。公约秘书处也为各国考虑采纳全球作物多样性基金等这些系统提供技术支持。

当然，公约秘书处网站目前是多边系统分享材料信息的唯一渠道。秘书处网站也标记了很多收集机构背后的组织网站，也可以据此获得相应信息。相类似地，地区遗传资源协作网络也可以发布通知。很多国家抱怨它们没有资源进行区分并对早已拥有的材料完成评估。地区协作网络中一项比较重要的增值活动就是各国可以参与（或寻求支持）多边系统产生并获得信息的活动。

（五）要点五：谁在多边系统中有权考虑获取请求或提供材料？

《粮农公约》对缔约国的资格进行了规定：考虑/批准多边系统粮食和农业植物遗传资源获取要求；按照常规提供资源。正如前所述，自动纳入多边系统的粮食和农业植物遗传资源通常散见于各国政府研究组织、基因银行和保护地。自愿纳入的粮食和农业植物遗传资源也存在于社会基因银行、公司收集机构、农民土地或某种喜好之人的花园。理论上说，正如前所示，所有这些组织或个人均有权考虑/批准多边系统粮食和农业植物遗传资源获取要求并按照常规提供资源。

相应地，有权考虑/批准/拒绝前述请求的主体也应受到小部分个人/组织/仅为一个中央政府最终决定限制。同时，所要获取资源相关条款也受到小部分提供者或可能存在最终提供者限制，而后者是以该国所有可能提供者最大的“指挥者”身份出现。这种情形也适用于最开始自然人或法人同意自愿将粮食和农业植物遗传资源置入各国政府管理和控制多边系统的情形。因此，有必要让各国行政主管部门管理上述请求并提供相应材料。当然这也存在某些风险，即这种集中系统很难实施并将导致程序出现瓶颈。

在此背景下，在多边系统范围内回顾受到相对严格范围限制是非常重要的。关于获取和惠益分享、报告、争端解决等条件以及类似内容早就应该确定并包括在明确的标准材料转让协议之中。但是仍有部分议题需要提供者在个案中予以考虑：

处于讨论过程中的粮食和农业植物遗传资源是否能够足够提供样品；

试图免费提供样品或以最低成本进行海运或处置；

可以获得，同时提供资源或如何提供资源信息的非保密信息；

考虑以非《粮农公约》缔约国来源国立场拒绝请求（如果提供者拥有关于不向非成员国提供材料的政策）；[44]

实际得知材料将会以标准材料转让协议设定目的获取并使用，它们应提供或使用其他适当材料转移工具并获得必要授权。[45]

而这些讨论中的资源实际管理者处于确认前述三个问题的最佳位置。而对于第四个问题，不管提供者是否会向非成员国接收者提供材料，能够从更多的政策层面解决这一问题以供分散管理的提供者遵守。至此，为了与《生物多样性公约》规定保持一致，国家也更适合通过权限分配以考虑/批准多边系统粮食和农业植物遗传资源获取要求而非假定创设一个更大的行政主管部门，类似角色也已在很多生效的获取和惠益分享立法得到体现。[46]

不管最终通过什么方法解决上述问题，最为根本的是该国所有感兴趣的参与者清晰了解可适用的政策和为遵守而必须采取的步骤。如果各组织或个体均有考虑获取需求和自身提供材料的权限，在很多国家比较重要的问题就是通过各行政部门明确政策声明以提供支持。否则，这些参与者将不太情愿作为提供者参与到多边系统活动中，因为事后会因处事不当遭到谴责。[47]同样地，如果自然人或法人的获取请求必须最终由中央行政主管部门批准，提出请求的程序就必须清晰创设并被相关主体认识了解以能够轻松遵守。而在缺乏清晰度的情况下，前述请求可能很快就失去时效，并无任何决定作出，也无人担责。Peterson Wambugu 和 Zachery Muthamia 所称关于获取和惠益分享的“未知恐惧”以及决策机构将会导致出现活动补偿及系统失灵等情况。[48]

同时，政府层面必须发布清晰的政策声明，它们传递方式（范围从政府网站描述到议会法案修改）也取决于每个国家的政治和法律文化。例 5 就包括不同国家采取不同方式实例。

---

44 《粮食和农业植物遗传资源国际公约》创设了一项为其他成员国提供便利获取的积极义务。但是，它并不阻止提供国使用标准材料转让协议自愿将多边系统材料转移给非成员国。这是每个国家都必须考虑的事项。

45 提供国并无确认接收国如何使用获取材料的积极义务。如果提供者知道实现的目的与标准材料转让协议并不相符，它们应当拒绝或者使用其他工具。标准材料转让协议和多边系统不设名额技术咨询委员会第三次会议报告（罗马：联合国粮农组织，2012），可参见 http://www.planttreaty.org/sites/default/files/ACSMTA3re.pdf.The SMTA includes an undertaking on the part of the recipient that they will use it only for the prescribed purposes。

46 很多依据《生物多样性公约》通过各国获取和惠益分享的立法都要求一个单独、集中的行政主管部门批准所有获取和惠益分享协议。参见 Nijar，前注释 12。授权自然人和法人独立接收并决定多边系统中的材料请求是一种明显不同的方式。

47 *See* Wambugu & Muthamia，note 29 above.

48 *Id* at 29.

例5：谁会在多边系统中考虑粮食和农业植物遗传资源获取要求？

在荷兰，考虑和通过标准材料转让协议转移粮食和农业植物遗传资源的行政职能部门有很多。自然人和法人——例如，两个荷兰非政府组织向管理机构（2011）提交报告，自愿将其持有的材料纳入多边系统——能够使用标准材料转让协议向世界各地发送材料而无需从中央政府主管部门获得许可或履行告知义务。

在加拿大，只有一个机构持有并提供各国政府“管理和控制”或处于“公共领域”的粮食和农业植物遗传资源样品。这就是加拿大植物基因资源研究所（PGRC），隶属于联邦政府农业和农业食品部。它主要的基因银行位于萨斯喀彻温省萨斯卡通，此外还有安大略省哈温无性基因银行以及新不伦瑞克省弗雷德里顿土豆基因银行。加拿大政府并没有制定明确政策将植物基因资源研究所作为最终决定植物基因资源获取请求的唯一国家行政主管部门。相反，植物基因资源研究所的角色更多反映出该国仅有一家机构持有粮食和农业植物遗传资源自动纳入多边系统的客观事实。在该国将自然人或法人粮食和农业植物遗传资源纳入多边系统使用最多的方式是向植物基因资源研究所捐赠种质资源。此外更为简单或直接且对存储者更有成效的做法是，通过植物基因资源研究所在线分类标准，将更多的粮食和农业植物遗传资源广泛传播。这就是说，该国目前并无任何禁止自然人或法人直接使用标准材料转让协议将粮食和农业植物遗传资源纳入多边系统的规定（Brad Fraleigh，个人观点）。

秘鲁近期正在创设该国实施《粮农公约》机构框架的法令草案，即该国公约信息交换所将会接收和集中多边系统粮食和农业植物遗传资源获取请求。[49]最近起草一项指令则明确信息交换所的具体职责，指出信息交换所有权考虑“管理和控制”或“公共领域”粮食和农业植物遗传资源获取请求，如果自然人或法人希望自愿纳入多边系统，则存在是否能够直接提供材料的问题。[50]这个方式应与通告保持一致，社区所管理的秘鲁土豆基因银行也自愿纳入多边系统。

---

49 最高法令草案通过国家农业创新研究所指定农业部作为公约信息交换所和负责履行《粮食和农业植物遗传资源国际公约》的机构。第2条指出：“联络点的职能之一即为在《粮食和农业植物遗传资源国际公约》便利获得多边系统框架内接收和集中关于遗传材料的法律请求。”

50 第XXX-2010-INIA-DIA/SUDIRGEB号指令的提案，INIA作为国际条约多边系统国家联络点的责任和义务，特别是第5条第2款规定：“所有适用于要求转让的‘国际条约’多边系统下的粮食和农业植物遗传资源以及秘鲁国家管理和支配的遗传材料，将根据‘标准材料转让协议’（ANTM）进行。”这里所提到的材料仅限于缔约方管理和控制下的公共领域的材料，没有提到自然人和法人作为附录一材料的提供者提供材料的问题。

政策发展还在实施中，尤其对于移地机构来说，乌干达预计一个或两个机构被设计成为各国政府“控制和管理”项下多边系统粮食和农业植物遗传资源提供者。这种方法也被告知存在某些事实，即乌干达很多收集机构由各大组织管理，而这些组织也正位于整个乌干达农业研究组织和公立大学伞形排序之下。应考虑就地、农场内粮食和农业植物遗传资源（非自动纳入多边系统）相关获取和惠益法律、法规提供居民个体、社区自行就市政委员会承担主要部门角色相关事项展开协商的空间。为了解决各国获取和惠益分享法律与多边系统之间内在关联存在的问题，尤其是粮食和农业植物遗传资源存储于国家基因银行（正如本文第三部分所讨论）而自愿纳入多边系统等事项，将会为数以百计的潜在“核心主管部门”使用示范条款/机制/程序提供助益。

（六）要点六：为国内国际粮食和农业植物遗传资源转移提供新的法律工具

当标准材料转让协议依据前述讨论内容处于实质上的使用状态，我们集中的经验也被认为值得在本文中预留部分章节讨论在国际和国内转移发生情况下使用标准材料转让协议。《粮农公约》秘书处也在协调某些有效工具的发展以帮助缓解各大组织交替使用标准材料转让协议的难度——例如，“简易标准材料转让协议”就是一个任何提供者使用后便能填好格式合同并将结果提交给管理机构的软件。各国实施《粮农公约》的行政主管部门也能在国内提升这些工具使用效能并在必要情形下要求公约秘书处提供技术援助。

值得强调的是，标准材料转让协议应在国内和国际场合用于多边系统粮食和农业植物遗传资源转移活动。《粮农公约》项下获取和惠益分享（以及其他）术语和条件必须在完整的环节中进行转移，包括从提供者到接收者，直到新的粮食和农业植物遗传资源相关产品最终开发完毕。如果各国基因银行向该国大学研究人员转移材料的时候没有使用标准材料转让协议，研究人员或者大学可以在不执行获取和惠益分享条款的前提下将其商业化或者将其转移给国有公益或国际公司分支机构（这些机构通过内部转移至其他国家分支机构）。

（七）要点七：如何在获取就地保存粮食和农业植物遗传资源时使用多边系统？

处于各国政府“管理和控制”以及“公共领域”状态的、以就地形式保存的《粮农公约》附件一作物和饲料植物遗传资源也适用于多边系统，[51]例如各国政府保护地内附件一作物野生近缘种。[52]很多国家早就实施从保护地获取和收集粮食和农业植物遗传资源的法律和指南，这些规则试图对栖息地进行保护，例如限制到访人数、规范他们在景点的行为，以及限制他们收集粮食和农业植物遗传资源数量。通常这些规则实施多与环境部门有关，然而，与农业部门以及保护地管理部门就实施《粮农公约》保持协调亦很有必要。[53]即使需要组织国内收集机构获取就地粮食和农业植物遗传资源，缔约国就地存储的粮食和农业植物遗传资源，"依据各国国内法提供规定，如果缺乏这类法律，则以符合管理机构设置的标准提供规定"（第 12 条第 3 款 h 项）。技术咨询委员会也注意到很多国家可能"早就有能力依据多边系统提供便利获取的国内框架"，以及"第十二条规定为了提供便利获取国内立法并非先决条件"。[54]正如本文作者所看到的，没有国家为多边系统内就地存储的粮食和农业植物遗传资源获取创设专门目标法律、法规或指南，管理机构也没有创设任何相关标准。

正如前所述，在将关注焦点集中于就地材料专项策略时，各国只是首先为适用移地粮食和农业植物遗传资源的系统创设较低门槛。通过各国粮食和农业植物遗传资源项目实质运作，某些可能被认为较为紧急的、与获取就地保存粮食和农业植物遗传资源相关的、缺乏实质性进展的事项也能得到缓解。很多国家基因银行强制性职责之一即为收集特别感兴趣或者易损坏的就地保存粮食和农业植物遗传资源并将其移地保存。昨日就地保存状态的粮食和农业植物遗传资源可能明日就变成移地保存状态（这一程序反之亦然）。然而就地保存粮食和农业植物遗传资源，从一开始就处于各国政府"管理和控制"以及"公共领域"状态之下（例如，各国公共保护地野生近缘种），它们在多边系统中的状态并不随各国基因银行移地收集和存储而改变。就地粮食和农业植物遗传资源收集状

51　参见 J.Santilli，*Agrobiodiversity and the Law：Regulating Genetic Resources，Food Security and Cultural Diversity*（London：Routledge，2012）。此外参考菲律宾生物勘探活动联合行为指南，Doc DENR-DA-PCSD-NCIP Administrative Order No.1，该指南不适用于菲律宾依据所加入国际公约获取的移地材料，具体包括多边系统的运作及移地收集机构的运作，但是并不包括就地材料。参见：Guidelines for Bioprospecting Activities in the Philippines，Joint DENR-DA-PCSD-NCIP Administrative Order No.1，2005，available at http：//www.cbd.int/doc/measures/abs/mrs-abs-ph2-en.pdf。关于移地条件获取遗传和生物化学元素及生物多样性条例，哥斯达黎加第 339797 号法令在 2007 年由农业和环境部通过，可参见 http：//www.cbd.int/doc/measures/abs/msr-abs-cr3-es.pdf。初步可在《粮食和农业植物遗传资源国际公约》和多边系统项下提供移地材料。根据《粮食和农业植物遗传资源国际公约》规定，没有相应预期能让多边系统提供就地材料。

52　生活在政府保护区内的居民有可能在培育及维持附件一作物和饲料植物遗传资源过程中起到积极作用。我们并不建议这些材料由各国政府"管理和控制"。基于此，我们提供野生近缘种的案例。

53　*See* TAC of the SMTA，*Report of the First Meeting*，note 31 above.

54　*Id* at 14.

态从一开始就不适用于多边系统，而存储于各国移地收集机构会让状态更趋复杂，更多内容亦将在第四部分进行详述。

（八）要点八：向国内和国际报告粮食和农业植物遗传资源转让情况

标准材料转让协议要求所有提供国必须直接向管理机构报告转移信息。这些信息都在日内瓦得到加密存储。前述简易标准材料转让协议也会让履行报告义务更为便捷。若干国家已经表示有兴趣开发这一额外机制，因为提供者也向所在国行政主管部门提交转移相关信息。从这个角度来说，对国内、国外粮食和农业植物遗传资源分配的所有记录进行保存是可以做到的。然而这些提议并不是由《粮农公约》提出，也不是管理机构主导，因为它们有意为便利获取制造障碍。

（九）要点九：提高多边系统的适用能力

通过多边系统可以使更大范围内的粮食和农业植物遗传资源使用者从获取遗传多样性和相关信息中获益。不过，某些使用者，比如社区和农业组织并没有能力充分运用。通过多边系统国内实施，政策制定者也应该考虑通过某些方式提升前者充分运用这些机制的能力。例如，对于国家基因银行来说，应不限于与农民和保护团体开展工作，向其告知多边系统相关信息并为这些团体找寻定位、请求或接收来自国内和外国种质资源提供的技术支援。某些国家农业研究组织和基因银行也成为试点单位，如尼泊尔、不丹、乌干达、卢旺达、科特迪瓦、布基纳法索、印度和巴布亚新几内亚等，它们与农民一起在所辖土地内识别适应气候变化条件的材料。这些实践还包括提供训练、技术支援、服务条款、使用气候分析工具、作物（生长）模拟、新增信息系统，以便通过多边系统获取有用的粮食和农业植物遗传资源，以及对这些材料用途的表现进行参与式评估。

四、《生物多样性公约》、《名古屋议定书》项下获取和惠益分享多边机制内在关联产生问题

多边系统与《生物多样性公约》项下各国获取和惠益分享法律之间边界重要性在很多场合不断提及。而在本部分，我们将更为详尽地探讨“边界”相关若干议题。因为很多粮食和农业植物遗传资源使用者、保护者、提供者和接收者（如农民、基因银行、植物育种者和国家公园）并没有在该项或其他各项机

制中相互排斥，所以才出现前述情形。诸多行动或决定超越了《粮农公约》、《生物多样性公约》获取和惠益分享内在关联。每种情形的分析将会突出相关机构之间在实施前述两大公约过程中保持协调的重要。而在很多国家，这些机构仍然没有在创设获取和惠益分享相关政策过程中保持紧密协调，我们也将分析这些事项状态作出贡献的因素。

（一）粮食和农业植物遗传资源自愿性纳入：将材料从某个管制体系转移到另一个管制体系

当某个国家批准加入《粮农公约》，通过多边系统可以获得的粮食和农业植物遗传资源多样性并不意味着国内和国际移地保存机构（本国政府控制的本国移地保存机构）也可以获得确定数额的材料。多边系统创设的理念是它能够持续性地被新的多样性更新替代，而这些多样性来自全球农业系统中生物和非生物要素的胁迫，尤其是那些符合气候变化的具有优良特性的种质来源。不过，正如本文引言和第二部分所述，大量植物遗传资源多样性并未自动纳入多边系统。它应当自愿性地包括农民、花圃主人、业余爱好者，以及已经在保护和开发活动中承担关键角色的商业、各地植物育种者和研究人员。

对粮食和农业植物遗传资源纳入各国和国际收集机构的一种认识就是这些材料在后续可以重新分配，它们并不是新的。这是所有收集机构最为常见的手段，而且这属于本国和国际遗传资源保护和可持续利用战略的关键要素。[55]事实上，从 1996 年到 2007 年，各国所开展的项目在基因银行新增收集和存储 240000 作物和饲料。[56]而从 2007 年到 2010 年，国际农业研究磋商小组基因银行也通过标准材料转让协议从 17 个国家就地保存机构（立即、事先）以重新分配全球材料的方式接收了数量不等的材料。[57]

不过，在这种情况下，对近些年来两项重要的发展进行强调是非常重要的。首先是至少在某些国家出现正式法律要求，如在获得粮食和农业植物遗传资源前要获得农民事先知情同意、共同商定条件并存储于国家基因银行。某些国家现存立法，如乌干达、菲律宾和哥斯达黎加就是这么规定的。然而某些国家获取和惠益分享立法仅要求获得行政主管部门的许可，《生物多样性公约》并未要求各国为获取者获得土著和当地社区事先知情同意设置额外要求，但是逐渐增加的责任保证来自各国项目收集者（通常是指合同主要部分）应向当地居民解

55 FAO，Second Global Plan of Action for Plant Genetic Resource for Food and Agriculture（Rome：FAO，2012），available at http：//www.fao.org/docrep/015/i2624e/i2624e00.htm.

56 FAO，Second Global Plan of Action for Plant Genetic Resource for Food and Agriculture（Rome：FAO，2012），available at http：//www.fao.org/docrep/013/i1500e/i1500e00.htm.

57 *See* Halewood et al.，note 22 above.

释收集活动目的并获得许可。《名古屋议定书》国内实施也应指出本国相关政策、法律领域的灰色地带，它可能要比《生物多样性公约》有关各国保护土著和当地社区义务以及在其控制之下使用生物遗传资源和相关传统知识等表述上更进一步。《粮农公约》第 9 条提升农民权利国家战略的相关表述也能较为明确地作出贡献（也会受益于协同政策发展）。

第二个比较重要的发展即为《粮农公约》项下各缔约国所作出的地理范围的分配承诺。最开始的时候，很多国家（包括各国基因银行，这是值得注意的例外）在本国限制自身材料转移活动。而成为《粮农公约》缔约国以后，它们开始通过多边系统向全世界接收者提供需要获取的粮食和农业植物遗传资源。考虑自然人和个人的收集请求（考虑直接存储于各国基因银行）的时候有必要了解这些粮食和农业植物遗传资源潜在用途的扩张。

《生物多样性公约》（包括《名古屋议定书》）与《粮农公约》之间的内在关联在现阶段环境下是非常重要的。希望丰富多边系统材料多样性的粮食和农业植物遗传资源收集者应提升并遵守各国规范多边系统以外的相关获取和惠益分享形式的理解和规定。它们有必要在《生物多样性公约》、《名古屋议定书》、《粮农公约》规定下积极地参与国家、地方获取和惠益分享行政监督管理活动，以确保作为潜在提供者的农民的权利和利益得到理解和遵守。而在这个等式的另一边，《生物多样性公约》、《名古屋议定书》获取规则和程序必须清晰设定且容易遵守，从而使得对多边系统材料感兴趣的农民和其他主体有能力处理且无需花费较高交易成本。支持上述法律实施的机构和代理也要让农民和其他主体知道多边系统的选择。

《名古屋议定书》第 17 条是关于国际遵约认证证书最低信息的规定。对于农民、土著和当地社区、其他主体或组织自愿纳入多边系统粮食和农业植物遗传资源相关协议（通过存储于基因银行）所设置的最低标准，也被认为属于《名古屋议定书》适用范围。我们初步分析建议标准材料转让协议应包括前述标准且将其适用于材料初始转移/储存活动。[58]相应地，只要包括最低标准且表明接收机构能在后续使用材料过程中采用标准材料转让协议，[59]可以考虑不适用《名古屋议定书》。正如《名古屋议定书》所示，最初自愿转移至多边系统的材料信息也有必要进行分享。一旦粮食和农业植物遗传资源以这种方式纳入多边系统，

58　SGRP，A De Facto Certificate of Source：The Standard Material Transfer Agreement Under the International Treaty（Rome：Biodiversity International，2007）.

59　新成立的尼泊尔国家基因银行为实现保护目的，开始从农民和社区基因银行收集就地材料。这是一个不断改进中的协议，且被注册为存储机构一致同意、识别贡献并标示登记号码的证明。粮食和农业植物遗传资源国际研究磋商组织依据合同收到很多国家存储的粮食和农业植物遗传资源且上述合同表明其处于保护状态，且通过标准材料转移协议多边系统分配材料，参见 SGRP，前述注释 5。

在《粮农公约》框架下后续使用标准材料转让协议的情况就是以《名古屋议定书》第4条对多边系统规定为认识基础。[60]

这就产生了另外一个在很大程度上超出本文讨论范围的比较严重的问题，但是却又较为紧迫，即：多边系统中农民和农场自愿将粮食和农业植物遗传资源纳入多边系统的必要性是什么？各国或国际基因银行（作为多边系统中主要材料存储机构）或者其他有兴趣的行动者在一种现实的、正在进行中的、可持续为基础上，要求农民和其他可能提供者自愿将粮食和农业植物遗传资源纳入多边系统的动力或利益又是什么？[61]

（二）农民为非食物/非繁殖或直接培育（多边系统内其他）粮食和农业植物遗传资源而提出的要求

《粮农公约》项下缔约国为多边系统粮食和农业植物遗传资源提供便利获取仅为研究、育种和农业与食物相关培训而进行使用和保护，只要上述目的不涉及化学、制药和/或其他非食物/繁殖方面的要求。然而为了满足其他目的而获取材料时，应考虑符合可适用的多边系统以外的生物遗传资源获取和惠益分享国内法律或政策规定。为粮食和农业植物遗传资源保护作出贡献的基因银行偶尔也会收到一些材料使用要求，即并非用于非食物/非繁殖用途，比如生物燃料相关研究和生产。实际上这些需求正在成倍增长。这些收集机构的管理者有必要同时熟悉多边系统实施规则以及其他获取和惠益分享适用规定。收集机构有必要了解是否及何时有必要从不同的行政主管部门获得许可及具体程序为何，

60 有个需要厘清的问题即是标准材料转让项下的粮食和农业植物遗传资源接收者并非《粮农公约》缔约国情形应如何处理（但是该接收者是《名古屋议定书》缔约国）。它们能够借由标准材料转让协议，而不用额外得到主管部门授权情形下传递材料吗？各国必须依据《名古屋议定书》予以考量。参见《名古屋议定书》，前述注释3，第4条第3款。

61 详细分析这个问题已经超出本文讨论范畴，但是我们仍然需要表明若干观察结论。有证据表明，很多自愿存储的材料并不需要支付大量现金。20多个国家组织同意提交唯一的安全备份（这些粮食和农业植物遗传资源事先就存储于本国收集机构），作为全球作物多样性信托基金少量现金支出，支持材料再生行动。这些同意向基因银行提交再生材料样品的存储者能够通过标准材料转移协议对材料进行重新分配。参见 Halewood et al.，前述注释22。类似地，通过《粮农公约》惠益分享基金为成本相对较低的研究和能力建设提供支持，同意存储粮食和农业植物遗传资源的各国项目、土著和当地社区、个体也属于多边系统资助对象。很多通过多边系统潜在分享粮食和农业植物遗传资源的个体、居民、社区以及组织都希望，它们集中保护的自身努力和提升资源价值等工作能够得到支持和认可。这也反映出多边系统现在并非自身永久存在的系统（至少并不是长久以来以可持续方式吸引多样性）。目前，自愿纳入多边系统的新材料可持续速率很可能取决于支持形式，通常在国际上是相互协作和支持的。另外值得强调的是，那些所谓的存储者需要外界对它们的贡献予以信任和认可，一旦它们自愿作出贡献就并不希望从记录中消除。所以创设贡献主体身份记录及宣传（不管是在国内还是国外）机制是有必要的。基因银行及社区之间的良好的工作关系也至为根本。如果基因银行主动介入社区活动，不仅社区更易于获得种质资源并提升遗传资源管理技巧，农民也将更可能认识多边系统支持的“国际联合保护和使用”目的，以及多边系统的理论、惠益和所包括的材料情况。

以及当它们能够以非食用/非繁殖目的而转移粮食和农业植物遗传资源的时候应使用何种类型的材料转移协议。

农民直接培育多边系统的粮食和农业植物遗传资源相关要求也产生了很多类似问题。直接培育即是指将多边系统所接收的粮食和农业植物遗传资源直接进行生产，而无需任何形式的改变/提升，而这并非多边系统所包括的使用类型。从《粮农公约》、《生物多样性公约》内在关联视角来看，如何发现某位农民直接使用上述资源或农民应在何时对上述资源进行试种以表明他们的行为构成研究或育种活动（以便符合标准材料转让协议所接受的“使用”定义）？如果提供者确定前述农民也即接收者将会直接使用上述资源，提供者应该怎么做呢？提供者拥有《生物多样性公约》、《名古屋议定书》默认的法定遵约权利允许在符合获取和惠益分享规则情形下提供这些资源吗？如果答案是肯定的话，基于何种条件，又应该采用哪种标准材料转让协议呢？而在采取上述行动之前，提供者应该获得何种许可呢？

技术咨询委员会认为这些问题在过去就被认为是常见问题并提醒潜在提供者保持关注。[62]德国已经更进一步，比如拟采用一种一页多纸的材料转移协议（而非标准材料转让协议），将农民或花园主人能够获取材料的条件限制为：如他们明确指出不会将材料用于研究、育种或培训，且不会向第三方转移材料或在转移过程中受到同样的限制。因此，上述材料也仅能由农民或花园主人直接使用且不得超出标准材料转让协议设定目的范围（Dr Frank Begemann 的个人观点）。[63]

（三）多边系统获取就地粮食和农业植物遗传资源的要求

从保护地获得粮食和农业植物遗传资源并从其中收集生物成分早就受到各国各种形式的调整和规范。《粮农公约》第 12 条第 3 款 B 项指出多边系统中获取就地保存粮食和农业植物遗传资源的意图必须符合相应的法律规定，如果不存在这些法律则应立即进行创设。而对《粮农公约》体系的解释也表明这些法律运行应确保收集活动尊重本国保护、植物检疫、文化等其他标准。假如或当其他标准得到满足/被遵守的时候，前述就地保存粮食和农业植物遗传资源应通过标准材料转让协议而最终可得。[64]现有规则必须修改或发展新的规则。某些具有监管职责的行政主管部门——通常也并不是农业行政主管部门对多边系统其

62 *See* TAC of the SMTA，Report of the Second Meeting，note 33 above and TAC of the SMTA，Report of the Third Meeting，note 44 above.

63 F.Begemann et al.，*Recommendations for the Implementation of the Nagoya Protocol with Respect to Genetic Resource in Agriculture Forestry，Fisheries and Food Industries*（Bonn：Secretariat of the Scientific at the Federal Ministry of Food，Agriculture and Consumer Protection，2012）.

64 *See* note 51 above，regarding PGRFA managed and controlled by farmers on such lands.

他方面实施负有监管职责——将会成为实施该机制的首要部门。比较清楚的是，它们有必要协调《粮农公约》实施部门与保护地行政监管部门之间的关系。此外，这些地区管理者也要了解适用规则的不确定性以及由哪类行政主管部门制定指南和审批。

（四）为多边系统运营创造法律空间

正如本文第一段所强调的，《生物多样性公约》项下获取和惠益分享法律实施有可能阻碍多边系统的实施。“相互支持”的理念即要求，至少通过修正或调整让符合《生物多样性公约》规定的各国获取和惠益分享法律为多边系统实施提供空间。很多国家也提出应当在现有获取和惠益分享法律下为多边系统实施“开拓空间”。某些国家，例如秘鲁，在创设获取和惠益分享国内立法的时候就为多边系统实施预留空间（但是事先已在该领域取得相当进展）。其他可以考虑的途径则是溯及既往，对以往获取和惠益分享法律进行修改。不过，值得提醒的一点即为没有任何国家已经在过去完成获取和惠益分享法律修改工作。影响该项进程的某些因素将在下部分详述。

在某些国家，获取和惠益分享法律草案并未包括多边系统除外规定，它们被认为是属于影响多边系统实施的没有法律约束力的国内因素。而在若干国家——例如，尼泊尔——某些法律草案持续多年且仍在不同政府部门考量之间来回打转，并追溯到该国成为《粮农公约》缔约国历史时期。但是，上述事例表明，这些草案以及它们所涵括的愿望已经成为长期以来有关正式认可的部门（行政）角色及监管地位公共讨论内容之一。

而在展开本部分论证之前，必须关注选择创设综合性立法以试图同时解决《生物多样性》、《粮农公约》履约所产生的问题，以替代那种承诺分别创设政策和机制而排除适用多边系统以视为履约的做法（哥斯达黎加和挪威已经启动这项工作，但是并没有最终完成）。除此之外，这些法律也赋予不同部门相应职责以考虑多边系统粮食和农业植物遗传资源的要求，以及包括哪些是多边系统运营所必需的信息，这些都取决于该国政治和法律文化。更重要的是，这些拟创设的立法能够直接服务于那些不同生物遗传资源获取申请以及对要求进行重新定位及监督而创设的跨部门机制。上述法案也能够创设跨部门委员会以便在适用规则不甚明确等疑难案件情形下发挥作用，当然这也取决于早期对各种变量的研判，包括涉及的资源、谁持有这些资源、可能的用途等等。

（五）通过标准材料转让协议提供多边系统以外的粮食和农业植物遗传资源

各缔约国通过多边系统便利获取的范围仅限于《粮农公约》附件一所包括的 64 种作物和饲料。但是，为了缓解收集机构持有人的行政负担，某些国家自

愿通过政策规定明确不属于附件一的、处于公共收集机构持有的生物遗传资源也适用标准材料转让协议。事实上，这类政策已在欧盟层面推广实施，如欧盟创设的基因银行整合系统（AEGIS）。[65]为了采取这个方案，各国实际上也在依据《生物多样性公约》（通过国内法律实施《生物多样性公约》）实现它们的权利，以决定讨论中的材料是否适用标准材料转让协议。正如本文作者所见，没有发展中国家通过该项政策。[66]

（六）对多边系统知之甚少（《生物多样性公约》更是如此）

在很多国家，仍然存在对《粮农公约》常规情形特别是多边系统所获得惠益的低水平认识。这在农业部门和其他部门都是如此。在很多国家，少部分不属于育种者、大学研究人员、粮食和农业植物遗传资源专家以及少部分农民和公民组织身份的主体会提到获取遗传资源多样性对各国食品安全之重要。相反，生物剽窃的故事也被很多国家公众广为传播。据此，未授权获取和惠益分享的控制也会黯然失色，在某种程度上破坏了通过多边系统分享获取生物遗传资源所产生的公共利益。为了改变上述现象，生物遗传资源政策项目（第二期）所资助的八个国家国内合作伙伴开展研究，记录下这些国家能够从其他国家获得粮食和农业植物遗传资源相关惠益的程度。上述研究内容还包括收集各国种质资源流入、存在、流出数据，国际当代纯种流入本国情况，以及这些种群对该国经济发展贡献。各国研究小组也将分析各国依赖多边系统中其他国家粮食和农业植物遗传资源是否构成气候变化的原因。[67]

低水平认识所带来的挑战，夹杂着农业研究组织作为农业行政主管部门履行《粮农公约》的代表，或由这些组织内部某些部门处理遗传资源保护工作等现象出现。这些部门及其行动地位相对较低，以至于它们很难让所在部门认识到多边系统实施的重要性。Michael Petit[68]及其同事在 12 年前《粮农公约》协商过程中就曾提到这种现象，而这一现象也延续到今日并已成为影响国内实施因素之一。

Isabel López Noriega、Peterson Wambugu 和 Alejandro Mejias[69]也指出，《粮农公约》低水平的认识导致某些国家加入公约之前协商活动并不多。某些国家

---

65 *See* Begemann et al.，note 62 above.

66 标准材料转让协议技术咨询委员会创设示范例外条款，同更广泛的范围保持一致。参见 TAC of the SMTA，note 30 above。

67 *See* Vernooy and Halewood，note 24 above.

68 M.Petit et al.，*Why Government Can't Make Policy：The Case of Plant Genetic Resources in the International Arena*（Lima：International Potato Centre：2001）.

69 *See* López Noriega，Wambugu and Mejias，note 22 above.

进行履约合作的各行政主体——包括环境行政主管部门——事实上完全或并不知道多边系统有关情况且没有关于重要性的共同感受。结果，它们被认为并不是那么迫切地适应现状，并没有为实施多边系统创设政策空间。同样的情况也会发生在很多国家农民和公民社会之中。从这种角度来看，多边系统低水平的认识的确成为阻碍履约进程的重要因素。

非常清晰的是，必须完成更多的工作，从而提升多边系统便利种质资源获取所产生的惠益分享，以支持国家和本地研究及开发活动的认识。本文最开始是以《粮农公约》履约视角展开论证，所以它关注的是《粮农公约》低水平认识所带来的挑战等问题。但更值得评论人员注意的是，《生物多样性公约》国内层面的低水平认识也是一个需要克服的挑战。[70]

《生物多样性公约》与《粮农公约》有关提升意识的努力、开展能力建设以及获取和惠益分享也是完全分开且有区别的实践。某些逐渐形成的“从下至上”的趋势被视为很多国家不同行政主管部门行使协商权限和实施不同协议客观事实的结果。它也在“从上至下”方面得到加强，即通过各部门专门渠道提供国际发展援助。

在所有可适用的国际法前提下提高本国所有生物遗传资源获取和惠益分享问题的意识是非常有意义的。不过，这些资源也不会以最合适的方式被使用，协作履约的可能性可能会被忽略（当协作大有必要的时候），对各部门之间获取和惠益分享事项存在竞争予以克服的可能性就越来越低了。

（七）《粮农公约》各实施部门之间缺乏协作与视域分享

正如本文第一部分所强调的，虽然《粮农公约》、《生物多样性公约》提到了相同的实践目标，但是它们规范调整获取和惠益分享的方式完全不同。《生物多样性公约》所设定的获取和惠益分享条款的目的很大程度上是为了回应先前发达国家不加约束地获取发展中国家生物遗传资源所产生的不正义。发达国家在国际贸易谈判中将其纳入知识产权议题也加重了对上述事项的关注，而 20 世纪 80 年代生物技术公司对相同问题所持有的价值观也相继催生。[71]很多发展中国家依据《生物多样性公约》所设计的获取控制规则看似已停止实践且迫使使用者为获取这些资源而支付公平对价。[72]毫不夸张地说，在很多发展中国家，获

70 *See* Cabrera，Perron-Welch & Rukundo，note 12 above.

71 M.Halewood，“Governing the Management and Use of Pooled Microbial Genetic Resources：Lesson from the Global Crop Commons”，4（1）*International J.Commons* 404（2010）；Petit et al.，note 67 above and S.Safrin，“Hyperownership in a Time of Biotechnological Promise：The International Conflict to Control the Building Blocks of Life”，98 *Am.J.Int’l L.*641（2004）.

72 *See* Halewood，*id.*

取和惠益分享法律的发展就是为了缓解减轻历史、地理不公平和不正义而创设的。

各国参与多边系统以不同的历史理由及"元叙事"为基础。所有国家都相互依赖粮食和农业植物遗传资源，所有国家均能够从提供前述资源过程中获得收益。没有任何一个国家能够保护所有粮食和农业植物遗传资源以支持农业研究、开发和植物育种项目。很多资源种类早已散落各地且供各类潜在提供者获得。为多边系统共享粮食和农业植物遗传资源池提供便利获取的收益已远远超过严格控制各类资源获取所可能获得的收益。所有发达国家和发展中国家所获得的收益将会超出国界和兴趣范围，也将会在全球保护、使用和惠益分享领域进行合作且共担责任。上述事项必须理解成应对多边系统推动保护、促进农业研究和植物育种等事项予以肯定，但最终的食物保障仍是一个更复杂的问题，也不能立刻从"历史错误和权利重构"的观点中强行脱离。

《生物多样性公约》早于《粮农公约》十年左右实施。由具有高度积极性的公民社团提供支持的环境部、国际保护组织（如世界自然保护联盟）以及全球捐赠者早就展开思考，在《生物多样性公约》实施过程中如何应对《粮农公约》或多边系统的出现。这是一个可以理解的趋势，从《生物多样性公约》所取得的某些进展来看，《粮农公约》和多边系统更像是一位"不请自来"的"小弟弟"，并且极可能会转移走"兄姐"原来的注意力及资源。

早期所提出的结构及其紧张状态也可能更加使得国内法律修改延迟，同时也限制了国内多边系统实施。它们也有可能为下列事项作出贡献，正如作者所意识到的，农业和环境行政主管部门并未联合创设指南、联合出版信息文件，或发出通告称开展联合支持服务以解决本文所强调内在关联等事项的可能性。

（八）协同实施

前述分析讨论并不意味着在获取和惠益分享机制实施过程中不能克服农业和环境等行政主管部门之间的分歧。某些国家在各自核心部门领导下的协同发展政策及实施努力展现出充满希望的案例。某些国家正在尝试跨部门、跨多方主体方式帮助解决前述提到的问题。卢旺达以及乌干达等国也创设永久跨多方主体委员会或董事会以便利信息分享、意识提升、跨部门协调以及各国依据《生物多样性公约》、《粮农公约》作出国内政策选择（见例 6）。这个委员会包括来自农业、环境、森林以及司法等行政主管部门代表，也应包括各国农民组织、土著居民、工业协会、公民组织等代表。不过在很多国家，这种跨多方主体的委员会也仅仅存在于纸面且仍需要资源付诸实践。

例 6：卢旺达在《生物多样性公约》、《粮农公约》规定下采用跨部门、多主体参与机制引导获取和惠益分享实施案例

在卢旺达，一个负责实施《生物多样性公约》的指导委员会由来自不同部门的代表组成，包括农业和动物资源等部门代表。卢旺达最近刚刚批准加入《粮农公约》，所以目前并无正式监督委员会。从这个方面考虑，卢旺达农业委员会（RAB）——一个国家级农业研究组织，提出了国家基因银行战略建议（由该国农业部门以及自然资源部门批准）。除此之外，它也提出要创设一个永久性的国家指导委员会，为收集、保护、可持续利用和惠益分享提供政策指导。这个委员会包括来自前述委员会代表（目前作为《生物多样性公约》和《粮农公约》信息交换所而存在）、卢旺达国家基因银行、卢旺达环境管理局（《生物多样性公约》信息交换所）、农业和畜牧部、农业和动物资源部、卢旺达自然资源局、卢旺达科学技术研究所（包括国家植物标本馆）、卢旺达国立大学、农民协会以及卢旺达发展委员会（包括保护地）。

此外，正如其他国家——例如，卢旺达和科特迪瓦——也在讨论由环境部和农业部共同合作创设单一立法，以及与各部门所选代表在《生物多样性公约》、《名古屋议定书》项下实施多边系统的可能性。哥斯达黎加和挪威貌似承诺将采取相应措施提供必备的支持政策和机制，但仍未有进展。这些国家所采取的方式看上去简单易懂，正如卢旺达一样，不管是《粮农公约》抑或《生物多样性公约》，获取和惠益分享的信息交换所均为同一主体，不丹也是相同的政府部门。

五、结　　论

本文一共提出各国政策制定者需要解决的九大问题及在《粮农公约》项下实施多边系统过程中采取的相应步骤。从这个方面来看，它也反映出对现有多边系统实施情况进行实证分析和系统研究的明确要求。

本文也指出了各国实施多边系统与实施《生物多样性公约》（也有可能是实施《名古屋议定书》）创设获取和惠益分享机制相互冲突的情形。本文作者对前述两大公约内在关联管理失当所导致的实际后果进行了描述，并提出各国行政主管部门应从技术支持方面与保护者、使用者、提供者和接收者的代表在两大系统前沿层面开展协作。作者也希望本文能够增加各国政策制定者在收集能力方面的信息，以便清晰、实际地描绘两大体制之间的内在关联。

最后，本文也从结构、行政及政治因素等方面提出了目前在《生物多样性公约》、《粮农公约》项下相互支持实施获取和惠益分享机制所面临的挑战。从这个方面来看，本文应着重关注的事实即为，在很多国家，大多数协调两大机制的努力都是通过大量的不同的独立程序来完成。当这些相对独立的方式在很多场合被接受的时候——这也并不必要在所有方面得到协调——它看上去会对某些带来障碍的政治发展过程带来助力，至少从多边系统的实施角度来看的确如此。而创设某些“药方”以应对行政、结构及政治上的挑战俨然超出本文讨论范围。事实上，本文意图在各国政策制定过程或在为这些过程提供支持的前提下帮助解决这个问题。这就是说，本文仍然会强调直接来自前述分析的若干观察结论。这对于工作在农业部门的社区居民是特别重要的，一方面在环境领域，另一方面以便克服他们与其他主体参与获取和惠益分享活动显然不情愿的状态。现阶段实施《粮农公约》、《生物多样性公约》、《名古屋议定书》的职权部门推进工作时能够交换信息、增加信任并对各自支持者产生共同感觉。然而这并不是依据《粮农公约》和《生物多样性公约》协调国内获取和惠益分享模式的最好方式。最为重要的是实施《生物多样性公约》、《粮农公约》可适用的若干规则早已清晰创设，当提供者和接收者在出现适用困境、谁对这些规则具有行政监管职权以及不确定如何推进、应获得何种援助等情形时能够轻易确认。上述情形最终如何得到细化，不同国家的讨论情况取决于不同的政治和法律文化，同时这些议题也比较敏感或具有不确定性。某些国家也要求更加明确的、正式的机制，如新设或修改规则、行政命令或部门指令等。对其他人来说，这也足以要求政府出版信息文件以便清晰描述实施中的系统以及它们如何工作并产生关联。

为了达到拟要求的明确性，主要依据《生物多样性公约》、《粮农公约》负责实施获取和惠益分享的行政主管部门不应像现在状态而有必要更加紧密地开展工作。为了达到上述目标，它们应该开展联合背景调查、能力建设以及工作组、国别磋商及能力提升等工作。如果它们需要财政支持，它们应当通过联合提议的方式进行捐赠，为实施《生物多样性公约》、《粮农公约》、《名古屋议定书》而提供补充性政策选择及机制以作为同等项目的另外成果。这些协作过程将会通过联合跨部门委员会的创设而最终结束，或者它们仍将保持这种非正式及不设名额的特设状态。各国所面对的不同环境将会为最合适的安排进行提示。在缺乏上述努力的情形下，所有三项工具的实施将会在某些国家明显延宕甚至完全失败，它们对保护和公平、可持续利用生物多样性所作出的全部贡献也将不会实现。

世间又多一少年（诗三篇）

易继明*

世间又多一少年

将老未老的时候
苍天又将你带到我身边
于是
时间停滞在你的脸上
也停留在我的青春岁月里

青春未曾雕饰
岁月已然丢弃
所有的激情都燃尽在那个初夏
所有的乡愁都萦绕在那个日暮的深秋
所有的爱恋都洒落在那个江南的梅雨里

而如今
一个梅雨放晴的午后
台北的诚品书店
弥漫着你淡淡的哀愁与喜悦
我知道
那是苍天的再次垂怜
也是岁月留给我的最后一丝缝隙

* 易继明，北京大学法学院教授。

透过这丝缝隙
我走进了你
你也走进了我
从此
我要捡拾起那些丢弃的日子
而世间
又多了一位多愁善感的少年

2019 年 5 月 4 日于台北桃园机场

一辈子疯狂

你的嘴
宛如羞涩的蓓蕾开启
我的唇
落在刚开启的蓓蕾上面
炽热　一浪高过一浪

我想更猛烈一些
却担心惊扰了花的绽放

没有云裳
没有花香
掌心的白皙与温婉
化为舌尖的滋润
润泽我干涸的心田

我的心田
早已干涸千年
如今　在你的唇舌之间
富饶而又丰沛
那蔓生的野草疯长
恰如青春的疯狂

可是　你可知道
那疯狂的青春
其实就是你我一辈子的模样

2019 年 5 月 7 日清晨六点半

奔　跑

宝贝　奔向你的爱
忘掉来时的路径吧
昨夜的泪
是洒落在浑浊河水里的明矾
沉淀了过去
所有的不快与尘埃

掬水抚脸
再舀一瓢清澈
畅饮甘甜
让身体
跟着心的方向奔跑
一路欢畅

2019 年 5 月 9 日凌晨四点

注释体例

一、文章采用脚注，每篇文章重新编号；编号序号依次为：1，2，3，……

二、统一基本规格（包括标点符号）

◆〔国籍〕主要责任者【两人以上用顿号隔开；以下译者、校订者同】编或主编：文献名称（加书名号），译者，校订者，出版地点：出版社与出版年代及版次（第1版略），第××页。

三、注释例

（一）著作类

●〔英〕F. H. 劳森、B. 拉登：《财产法》（第2版），施天涛、梅慎实、孔祥俊译，北京：中国大百科全书出版社1998年版，第89—90页。

●魏振瀛主编：《民法》，北京：北京大学出版社、高等教育出版社2000年版，第90页。

（二）论文类

●易继明：《评财产权劳动学说》，《法学研究》2000年第3期。

●梁慧星：《制定中国物权法的若干问题》，载梁慧星主编：《民商法论丛》2000年第1号/总第16卷，香港：金桥文化出版（香港）有限公司2000年版，第342页以下。

（三）报纸类

●沈宗灵：《评"法律全球化"理论》，《人民日报》1999年12月11日，第6版。

（四）文集和选集类

●王泽鉴：《物之瑕疵与不当得利》，载王泽鉴：《民法学说与判例研究》（第3册），台北：三民书局1996年版，第109页。

●〔美〕哈罗德·拉斯韦尔:《政策分析研究:情报与评价功能》,载〔美〕格林斯坦、波尔斯比编:《政治学手册精选》(上卷),竺乾威、周琪、胡君芳译,王沪宁校,北京:商务印书馆1996年版,第557页。

●参见〔苏〕列宁:《关于司法人民委员部在新经济政策条件下的任务——给德·伊·库尔斯基的信》,载〔苏〕列宁:《列宁全集》(第42卷),北京:人民出版社1987年第2版,第424—429页。

(五)古籍、辞书类

●《管子·牧民第一》卷一。

●〔清〕沈家本:《沈寄簃先生遗书》甲编,第43卷。

●《辞海》,上海:上海辞书出版社1999年版,第983页。

(六)网络资料

●顾昂然:《关于〈中华人民共和国民法(草案)〉的说明——2002年12月23日在第9届全国人民代表大会常务委员会第31次会议上》,资料来源:http://law-thinker.com/detail.asp? id=1501;更新时间:2002年12月26日08:28:35;访问时间:2003年4月1日。

(七)英文类

1. 外文著作

● Robert Gilpin, *Economy of International Relations*, Princeton: Princeton University Press, 1986, p. 5.

● *See* G. Gordon & P. Miller (ed.), *The Foucault Effect: Studies in Governmentality*, Hemel Hempstead, England: Harvester Wheatsheaf, 1991, pp. 32—35.

2. 文集中的论文

● K. J. Leyser, "The Polemics of the Papal Revolution", *in* Berly Smally (ed.), *Trends in Medieval Political Thought*. Oxford: Oxford University Press, 1965, 3 rd ed., p. 53.

3. 期刊中的论文

●Alessandro Giuliani, "The Influence of Rhetoric of the Law of Evidence and Pleading", *in Judical Review*, 62(1969), p. 231.

四、其他外文文种

从该文种注释体例或习惯。

五、其他说明

(一)引自同一文献者,同样应完整地注释,不得省略为"见前注"或"前引"等。

(二)非引用原文,注释前加"参见";如同时参见其他著述,则再加"又参见"。

(三)引用资料非原始出处,注明"转引自"。

稿　约

一、《私法》系一个具有广泛参与性的开放的法学学术园地，旨在加强私法领域内的各学科及其整合性研究，以进行私法理论的抽象和私法文化的提炼，从而倡扬乃至于形成一种权利文化。

二、《私法》刊载著述、大家文章、新锐作品，广采博收。主要栏目包括“主题研讨”、“论文”、“评论”、“案例研究”、“书评”、“杂文”和“学术动态”等。

三、来稿语种、篇幅不限，唯求能充分表达深刻而真灼之学术观点为要。《私法》对来稿一律采取匿名评审，并实行责任编辑初审、学术委员评议和编辑部会议审定三级评审制度。

四、来稿要求附有作者简介、联系方式；论文和评论还要求附有中英文内容摘要；打印稿要求附有磁盘或发来电子文档。注释体例参见本卷“注释体例”。

五、本刊所采用稿件，一律不支付稿酬，但赠送本卷 2 至 4 册，并附赠未来 5 年出版各卷各一册。

六、所有署名作者向《私法》提交文章发表之行为，视为授权本刊在所投稿件刊发后，将该文的电子版提交学术期刊光盘版和数据库，以数字化方式复制、汇编、发行、信息网络传播本刊全文，并许可《私法》结集出版。如有异议，请在投稿时说明，本刊将按作者说明处理。

七、投稿邮箱：yijiming@pku.edu.cn

投稿地址：中国・北京市海淀区颐和园路 5 号北京大学理科 5 号楼 414 室《私法》编辑部 易继明（收）

邮政编码：100871

电话：0086-10-62759361

传真：0086-10-62754023

图书在版编目(CIP)数据

私法. 第17辑. 第1卷:总第33卷/易继明主编. —武汉:华中科技大学出版社,2020.6
ISBN 978-7-5680-6315-9

Ⅰ.①私… Ⅱ.①易… Ⅲ.①私法-研究-丛刊 Ⅳ.①D90-55

中国版本图书馆 CIP 数据核字(2020)第 109240 号

私法 第17辑·第1卷(总第33卷) 易继明 主编
Sifa Di 17 Ji · Di 1 Juan (Zong Di 33 Juan)

策划编辑:钱 坤
责任编辑:殷 茵
封面设计:潘 群
责任校对:张会军
责任监印:周治超
出版发行:华中科技大学出版社(中国·武汉) 电话:(027)81321913
武汉市东湖新技术开发区华工科技园 邮编:430223
录 排:华中科技大学惠友文印中心
印 刷:武汉科源印刷设计有限公司
开 本:787mm×1092mm 1/16
印 张:35.5
字 数:767千字
版 次:2020年6月第1版第1次印刷
定 价:68.00元